Otto Ludwig, Adolf Stern, Erich Schmidt

Otto Ludwigs gesammelte Schriften

Otto Ludwig, Adolf Stern, Erich Schmidt

Otto Ludwigs gesammelte Schriften

ISBN/EAN: 9783741166112

Hergestellt in Europa, USA, Kanada, Australien, Japan

Cover: Foto ©ninafisch / pixelio.de

Manufactured and distributed by brebook publishing software (www.brebook.com)

Otto Ludwig, Adolf Stern, Erich Schmidt

Otto Ludwigs gesammelte Schriften

Schrift (Jubiläums-Fraktur) von Bauer & Co. in Stuttgart,
Druck von Oscar Brandstetter,
Papier von Ferd. Flinsch, Einband von Julius Hager
in Leipzig.

Otto Ludwigs
gesammelte Schriften

Fünfter Band

Studien

Erster Band

Leipzig
Fr. Wilh. Grunow
1891

Herausgegeben von
Adolf Spreck

Studien
und kritische Schriften

Erster Teil

Vorbericht
von Adolf Stern

Als Schluß unsrer Gesamtausgabe der Werke Otto Ludwigs veröffentlichen wir „Studien und kritische Schriften," von denen ein Teil und zwar der in gewissem Sinne wichtigste Teil unter dem Titel „Shakespeare-Studien" als zweiter Band der von Moritz Heydrich herausgegebnen „Nachlaßschriften Otto Ludwigs"*) gedruckt und erschienen ist. Das Aufsehen, das diese „Shakespearestudien" erregten, die beinahe leidenschaftliche Bewundrung und Zustimmung von einer, der nicht minder leidenschaftliche Widerspruch und entrüstete Protest von andrer Seite, leben in frischer Erinnerung der enggewordnen Kreise, die an der Litteratur und ihren Geschicken tiefern Anteil nehmen. Wer damals (1874) vorausgesagt hätte, daß die von Ludwig freudig bekannte, aus dem eignen Leben, der eignen Entwicklung entstammte, im Studium Shakespeares lediglich gestärkte und vertiefte realistische Kunstanschauung nicht volle zwei Jahrzehnte später einer Gruppe von Ästhetikern und Schriftstellern als Hyperidealismus, als Rest einer überwundnen Welt erscheinen würde, wäre einfach verlacht worden. Wenn heute Otto Ludwig als Dichter in die Verurteilung und Geringschätzung eingeschlossen erscheint, die aller vor 1880 entstandnen Poesie von dieser Gruppe ge-

---

*) Nachlaßschriften Otto Ludwigs. Mit einer biographischen Einleitung und sachlichen Erläuterungen von Moritz Heydrich. Zwei Bände. Leipzig, Verlag von Carl Cnobloch, 1874.

widmet wird, so hat er auch als Kunstforscher und
Kritiker wenig bessere Aussichten, als daß man in
seiner gegnerischen Stellung zum rhetorischen Idealismus, in seiner energischen Betonung und Ergründung
der Leidenschaft schwache Anfänge zur „modernen" Kritik
und Ästhetik erkennen wird. Um so gewisser darf der
Dichter wie der künstlerische Denker Otto Ludwig auf
ein reiferes Verständnis und eine klarere Gerechtigkeit
für die Zukunft auch bei Naturen rechnen, die zur
Zeit der ersten Veröffentlichung der „Shakespearestudien" seine Polemik gegen Schiller, seinen unbe-
dingten Enthusiasmus für Shakespeare mißzuver-
stehen vermochten. Der phantastisch rauhe Wirbelwind,
der die lebendige und lebensvolle Poesie zweier Jahr-
tausende von heute auf morgen hinweg- und die großen
Wirklichkeiten des Lebens und der Menschheit aus der
Litteratur hinausfegen will, hat wenigstens das Gute,
daß er alle auf dem gemeinsamen Boden der Natur und
der Dichtung stehenden enger aneinanderrückt und die
Parteiungen auf diesem Boden zwar keineswegs als
nichtig, aber doch als untergeordnet und unwesentlich
gegenüber der Frage erscheinen läßt, ob es überhaupt
eine Poesie aus schöpferischem Geiste und im Einklang
mit der Ganzheit des Daseins geben soll oder nicht.
Auch der unbedingteste Anhänger der rhetorisch-
idealistischen Poesie, der schärfste Widersacher des in
den „Shakespearestudien" bekannten und vertretnen
Realismus wird einräumen müssen, daß Ludwig die
deutsche Litteratur weder der idealen Intentionen noch
des unerläßlichen Zusammenhanges mit den ewigen
Überlieferungen aller Dichtung zu berauben gedachte.
Er wird erkennen lernen, daß die hartangefochtne
kritische Strenge Ludwigs aus dem Grunde einer tiefen
Empfindung und unauslöschlichen Begeisterung für eine
gesunde, mächtige, ihren höchsten Aufgaben zugewandte
und gewachsene Litteratur hervorging. Alle aber, die

schon beim ersten Erscheinen der „Shakespearestudien" sich mit der Grundanschauung Ludwigs eins fühlten, werden heute stärker und unerschütterlicher als damals überzeugt sein, daß die Hauptresultate und Erkenntnisse, die in den Untersuchungen und Betrachtungen Ludwigs niedergelegt sind, dereinst einer glücklichern Zukunft der deutschen Litteratur zu gute kommen müssen. Die schlichte Größe, der gewaltige Wahrheitsdrang, die Reinheit der künstlerischen Absichten, die den Dichter Otto Ludwig auszeichneten, hat auch der Kritiker nirgends vermissen lassen. Und in dem Kampfe zwischen dem echten, von falscher Romantik, hohler Phrasenpoesie und ungesunder Geistreichigkeit erlösenden poetischen Realismus und der neusten vorgeblich naturalistischen, in Wahrheit naturlosen Tendenzlitteratur geben Ludwigs kritische Arbeiten unzerbrechliche Waffen ab. Was in den „Shakespearestudien" ergänzt, was von seither ungedruckten kritischen Arbeiten Ludwigs hinzugefügt worden ist, verstärkt, vertieft und erweitert den Gehalt dieser wertvollen Hinterlassenschaft, aber es ändert nichts an ihrem Geist und innersten Wesen.

Die Studien und Untersuchungen Ludwigs waren in ihrem ersten Ursprung durchaus nicht zur Veröffentlichung bestimmt und jahrelang fortgeführt worden, ehe Ludwig selbst unter dem Eindruck vielfach an ihn ergehender Aufforderungen, in der Einsicht, daß er einen guten Teil seines Innenlebens und seiner besten Kraft an diese Forschungen gesetzt habe, mit der Hoffnung, klärend und fördernd auf die Litteratur der Gegenwart zu wirken, an ihre Bearbeitung und Verwertung für den Druck dachte. Von früh auf hatte der Dichter in seinen Tagebüchern und Kalendern, in besondern Heften, in denen er in buntem Wechsel seine poetischen Pläne, die Titel der von ihm gelesenen oder noch zu lesenden Bücher verzeichnete, Auszüge aus einzelnen ihn anhaltender beschäftigenden

Werken machte, auch eigene Gedanken und Urteile über künstlerische Fragen und Schöpfungen niedergeschrieben. Die erste Spur, daß dies in gewisser Weise systematisch geschah, findet sich in einem Briefe an Eduard Devrient (Dresden, 24. Februar 1847), in dem Ludwig vermeldet: „Nun hab ich die eigne Produktion auf eine Zeitlang beiseite geschoben, die ich ausschließend der Zergliederung gesehener und gelesener Stücke widmen will und bis jetzt schon gewidmet habe. Ich prüfe sie an dem, was Sie mir bei Gelegenheit meiner Sachen von den Erfordernissen einer gediegnen dramatischen Arbeit geschrieben, und werde dabei immer mehr von der Zweckmäßigkeit dieser Vorschriften überzeugt. Und je mehr ich durch diese Beschäftigung lerne, worauf es ankommt, mit desto größerm Vertrauen und desto größrer Lust geh ich dem Sommer entgegen, mit dem ich um die Wette produzieren will." Zwischen 1850 und 1855 erweiterten sich diese Erörterungen und Niederschriften zu den Anfängen der „Shakespearestudien." In den Jahren von 1856 bis 1860 überwogen die Studien die eignen poetischen Arbeiten, denen sich der Dichter geradezu zu entwinden, auf die er bis zur Vollendung seiner künstlerischen Selbsterziehung absichtlich zu verzichten trachtete, ohne doch die schaffende Phantasie immer niederhalten zu können. In einem Briefe (vom 24. November 1858), den Ludwig an den Rektor Klee in Dresden richtete, sagt er ausdrücklich: „Dem falschen Idealismus in meiner Kunst zu entgehen, war ich in den Naturalismus, den entgegengesetzten Fehler geraten, den ich nicht eher erkannte, als bis er so tief in das Wesen meines Schaffens sich verwachsen hatte, daß eine Radikalkur nötig erschien, ihn wieder auszuscheiden. Ich unternahm sie und wagte damit in Betracht meiner Kränklichkeit und Lage zu viel; der Eifer, mit dem ich das Studium begann, das allein mich heilen konnte, ließ mich dies übersehen. Weil mein Studium noch nicht vollendet, daher seine Resultate noch nicht sichergestellt, noch weniger in das Ganze meines Wesens übergegangen und unmittelbares Gefühl geworden waren, geriet ich praktisch immer wieder in die Mängel und vergrößerte sie — denn jede falsche Richtung hat diese Eigenheit —, aus denen mich herauszuarbeiten ich rang. Ich empfand bitter, daß halbes Studium gefährlicher als die rohe Unbefangenheit des Talentes." Wenn aber Ludwig im gleichen Briefe meinte, daß er nun (Ende 1858) so weit sei, „ein neues künstlerisches Leben zu beginnen" und „die durchgreifende Revolution seiner schaffenden Natur," auf die es ursprünglich allein abgesehen war, vollendet habe, so irrte er sich und erfuhr, daß die Versenkung in die poetische Welt des brütischen Genius, die ihm lediglich als Hilfsmittel, als Heilprozeß hatte dienen sollen, unerwartet ein Selbstzweck geworden war. Ludwig ließ sich um so nachgiebiger auf dem Wege der Reflexion weiter und weiter locken, als er zu dieser Zeit noch immer die Gestalt der Agnes Bernauer sich vorschweben sah, ohne über die endgiltige Behandlung dieses tragischen Problems völlig ins Klare kommen zu können, außerdem den geheimen Reiz empfand, der im Erkennen und Enthüllen poetischer Schönheiten eines großen Dichters liegt. Er mochte mit Friedrich Hebbel darauf vertrauen, daß „auch der größte Physiolog seine Kinder im Traum zeuge," und griff, namentlich so oft ihm die Krankheit den Verzicht auf neue Schöpfungen, den Stillstand in den schon begonnenen gebot, wieder und wieder zum Shakespeare. So wandelten sich die tagebuchartigen Aufzeichnungen, die ursprünglich nur Vorbereitung für eignes Schaffen, Maximen seiner künstlerischen Selbsterziehung hatten sein und werden sollen, in eine ernste Lebensarbeit. Die selbständige Bedeutung seiner Beobachtungen und Vergleiche, die vielfach geradezu zu Offenbarungen über poetische Absichten, künstlerische Mittel und poetische Zusammenhänge Shakespeares wurden, mußte Ludwig den Wunsch nahelegen, die Resultate in irgend einer Form der Mit- und Nachwelt zu erhalten. In der krausen Wirrnis der sechs umfangreichen, mit immer kleiner und gedrängter werdenden Handschrift bedeckten Hefte, deren erste fünf in vier Bänden als „Shakespearestudien" vereinigt wurden, finden sich auch einige Entwürfe und Überschriftsgruppierungen, Stichworte, die auf beabsichtigte Ausarbeitung einzelner Kapitel der großen Stoffmasse hindeuten. Wirklich zur Ausführung gekommen ist nur jenes Bruchstück „Die dramatischen Aufgaben der Zeit," das Ludwig Ende der fünfziger Jahre für die „Grenzboten" (deren damalige Herausgeber, Julian Schmidt und Gustav Freytag, wie an seiner ganzen Entwicklung so auch an den Studien Ludwigs den lebhaftesten und wärmsten Anteil nahmen) abfaßte, ohne es doch zu vollenden und zu veröffentlichen, und das wir als die treffendste und von ihm selbst gewollte Einleitung dem Neudruck der „Shakespearestudien" vorangestellt haben. Es ist wenigstens eine klare Andeutung, in welcher Weise sich Ludwig die endliche Sichtung und Ausführung des Angesammelten und Aufgespeicherten, der ungeheuern Gedankenarbeit dachte, die ihn Tag und Nacht in Atem hielt.

Mehr und mehr wurde Shakespeare, wie er der Ausgangspunkt seiner Reflexionen gewesen, wie er im Mittelpunkt seines Denkens und Grübelns stand, auch der alleinige Zielpunkt. Der Erkenntnis Shakespeares ward die ursprüngliche Absicht unbewußt geopfert. Wärmer als Hunderte von Erklärern, als Tausende von Darstellern durchlebte Ludwig in sich die Handlungen der Shakespearischen Dramen, schuf ihre Gestalten nach und fühlte ein geheimnisvolles Nachzittern der Phantasieschwingungen, die vor Jahrhunderten den britischen Genius durchbebt hatten.

Auch wo er in diesen ein Jahrzehnt lang fortgesetzten Niederschriften seinen Blick bei zeitgenössischen Erscheinungen und den eignen poetischen Gebilden festzuhalten beabsichtigte, sah er sich, wie mit dämonischer Gewalt, zur Größe und Mustergiltigkeit Shakespeares zurückgezogen, und auch längst nachdem er klar erkannt hatte, daß die immer erneute Beschäftigung mit den Dramen Shakespeares seine eigne poetische Ader und den frischen Fluß des Bildens und Vollendens unterbinde und hemme, zwang es ihn, den Faden, den er hundertmal entschlossen durchschneiden wollte, aber höchstens auf eine kurze Weile fallen ließ, immer wieder aufzunehmen. In der Lebensgeschichte des Dichters habe ich versucht, den Zusammenhang seiner Lage, seiner körperlichen Zustände mit der immer stärker werdenden Neigung zur grüblerischen Reflexion und mit der beständigen Rückkehr Ludwigs zu den Shakespearestudien nachzuweisen. Im Wesentlichen hat schon Moritz Heydrich in seinem Vorbericht zu den von ihm herausgegebenen Shakespearestudien das Zugeständnis gemacht, daß Ludwig, was er auch für die Erkenntnis des größten Dramatikers, für die allgemeinere Einsicht in das innerste Wesen, den spezifisch poetischen Kern, in die künstlerische Technik Shakespeares gewonnen, und wie unzweifelhaft er sich mit seinen Studien den hervorragendsten schöpferischen Kritikern unsrer Litteratur gesellt habe, doch für sich selbst und sein eignes Schaffen nicht zu dem ersehnten Gewinne gelangt sei. Nachdem er auseinandergesetzt hat, daß das kritische Talent die Prozesse des dichterisch-schaffenden Talents sehr wesentlich gefördert, aber auch oft gestört habe, sagt er: „Es kam zu keinem normalen Verhältnis, so ernstlich dies auch erstrebt wurde. — Der strenge, unerbittliche Wahrheitssinn des Forschers störte und hemmte oft die geniale Phantasieintuition, die naive Behaglichkeit des Dichters, beide Talente vermengten sich oft, wo sie sich hätten trennen sollen. Sie förderten und hemmten zugleich, sie wechselten die Gestalt und die Gestalten. Sein kritisches Talent war durchaus positiver Art, es sollte als untergeordnetes Element der Durchbildung des dichterisch-schaffenden Talents dienen. Auch die bedeutendsten energisch errungnen Resultate seiner kritischen Forschungen waren ihm nur Material zu künstlerischer Gestaltung. Auf diese war er bis zuletzt vorzugsweise gerichtet. Daß er dem Drange nach künstlerischer Vollendung treu blieb bis zum letzten Augenblick seines Lebens, dies war eben die Größe, die Ureigentümlichkeit dieser tiefinnerlichen, tiefeinsamen Charaktergestalt. Der künstlerische Gestaltungstrieb war zu allen Zeiten das vorherrschende Element seiner Natur.

„Das Haupthindernis war unzweifelhaft die dämonisch-eingreifende Krankheit, deren Hemmungen in den Niederschriften der Pläne und Studien unverkennbar sind. Sie vor allem hinderte die Behaglichkeit künstlerischer Ausführung, sie überfiel ihn oft im feurigsten Aufschwunge des Schaffens. Ohne seine Krankheit würde er die kritischen Forschungen schwerlich so lange Zeit fortgesetzt, sie jedenfalls früher druckfertig abgeschlossen haben. Die Krankheit gab seiner durchaus normalen, kerngesunden Natur oft den Schein, das Gepräge abnormer Eigentümlichkeit. Auch die Studien haben oft etwas von einer Krankheitsgeschichte, aber von der eines der bedeutendsten und tüchtigsten Menschen, der dabei geistig gesünder war, als viele scheinbar Gesunde seiner Zeitgenossen. Mannhafte Selbständigkeit, standhaft beharrliches Emporstreben nach klar erkanntem Ziele wurde durch die Krankheit nicht verkümmert und eingeengt, nur verstärkt und geläutert.

Aber sie war ganz unzweifelhaft die Haupturſache des immer neuen Schwankens zwiſchen dichteriſcher und kritiſcher Thätigkeit. Sie ſteigerte die angeborne Gewiſſenhaftigkeit oft zu ſehr, ſie nährte die Luſt zur Einſamkeit, die doch, faſt ohne alle Abwechſlung, nicht ſo ausſchließlich das Lebenselement des Künſtlers ſein darf, wie dies bei Ludwig der Fall war. Dies war ein Mangel ſeines Entwicklungsganges, der hier nicht verſchwiegen werden darf. Die ſteigende Krankheit ließ dieſe Abwechſlung immer weniger zu, ſie ſchwächte daher die ausführende Kraft des Dichters wie des Forſchers. Sie lähmte vor allem die Elaſtizität, die der Dichter braucht, um nach wichtigen Studienabſchlüſſen wieder mit geſtärkter, unzerſplitterter Kraft zur Produktion überzugehen. Sie war, das ward mir im perſönlichen Verkehr und nach gründlichem Studium des Nachlaſſes vollſtändig klar, unzweifelhaft der Hauptgrund, warum das Verhältnis des kritiſchen und dichteriſchen Talents bis zuletzt, trotz gewiſſenhaftem Streben danach, nicht zur normalen thatkräftigen Vollendung kommen konnte, für die Ludwigs Natur den vollſten, eminenteſten Beruf hatte. Dies hier auszuſprechen iſt mir heiligſte Pflicht, weil ich es ſelbſt mit erlebte, weil es mich oft tief bewegte und bekümmerte. Auch die treffendſte, genialſte aller mir bekannten Beurteilungen Ludwigs, von H. von Treitſchke, iſt doch ebendeshalb nicht ganz zutreffend, weil ſie den vollen Thatbeſtand ſeiner Entwicklungsprozeſſe und der Krankheitshemmungen derſelben nicht kannte. Die Krankheit vertiefte, iſolierte ihn immer mehr, ſie ſteigerte den angebornen Wahrheitsdrang, die Gewiſſenhaftigkeit, ſie drängte das kritiſche Element immer mehr vor, ſie bedingte es, daß das Verhältnis des kritiſchen und dichteriſchen Talents ſehr gegen ſeinen Willen ſich nicht normaler, harmoniſcher geſtalten konnte.

„Die kritiſche Forſchung, zu eifrig, zu ununterbrochen fortgesetzt, minderte doch auch ganz unverkennbar die naive Unbefangenheit, die Schaffensfreudigkeit des Dichters, sie nährte entschieden zu sehr die von Jugend an vorhandne Neigung zur Einsamkeit. Auch in seiner Leipziger Studienzeit sahen wir diese Liebe zur Einsamkeit sehr vorherrschend. In der letzten Periode glich sie fast der Isoliertheit Beethovens. Je klarer ihm sein Ziel wurde, desto eifriger suchte er die Einsamkeit, um es trotz ungünstiger Verhältnisse zu erringen, desto mehr floh er Zerstreuungen, um sich zu konzentrieren, um seine innerlichst gewaltig gärende Welt zu gestalten und durchzubilden. Er war in der Einsamkeit am wenigsten allein. Geselliges Leben, bloß als Zerstreuung, als Flucht vor sich selbst, war ihm so wenig zusagend, wie dilettantisches Sichgehenlassen in der Kunst. Die Antworten, Einwendungen auf seine drängendsten Fragen hatte er doch meist schon selbst sich wurzelhafter, besser gegeben, als andre es vermochten. Dazu kam, daß er mit der dramatischen Litteratur seiner Zeit nur wenig Anknüpfung und Einverständnis hatte und haben konnte. Die Klarheit darüber wurde durch seine Shakespearestudien nur gefördert, seine Isoliertheit auch der Litteratur gegenüber nahm deshalb immer mehr zu. Er war auf sich selbst angewiesen, er mußte sich einsam zurecht finden. So teilnehmend und anregend auch bis zuletzt der Umgang und das Verhältnis insbesondre mit Auerbach, Ed. Devrient, Lewinsky, mit Freytag, Geibel, J. Schmidt, H. Weiße u. a. war, so innig er sie verehrte und an ihren Bestrebungen teil nahm, so blieb er doch auch ihnen wie allen gegenüber innerlichst isoliert, nur in stiller Einsamkeit vermochte er es, über sich selbst, über die innerste Natur seines Talents, über die einzuschlagenden Wege vollständig klar und sicher zu werden. Und bei seiner meist beharrlichen Verschwiegenheit über diese Prozesse konnten auch die Teilnehmendsten, Sachkundigsten die innerliche Notwendigkeit dieser Wege leicht verkennen oder falsch beurteilen. Er mußte selbst am besten, was ihm fehlte, was ihn einengte, was er besaß, was er festhalten und erringen mußte; er konnte es eben nur auf seinem Wege suchen und finden, soweit dies überhaupt möglich war."

Wenn Heydrich dann weiterhin wiederholt hervorhebt, daß Ludwig selbst sehr wohl gewußt habe, daß ihm „die unbedingt notwendige Abwechslung des still einsamen und eines den Dichter fördernden, gesellig anregenden öffentlichen Lebens" fehle, daß ihm „die Isolkertheit, die seiner ganzen Erscheinung etwas Gewaltiges, eigentümlich Imponierendes gab," oft „selbst etwas unheimlich geworden sei," daß die Trennung vom bewegten Leben selbst sich zum Hindernis für die Vollendung des Dramatikers, des Romandichters gestaltet habe, und der kühne, tiefe, durchs Leben wie durch eigenste Erfahrung gebildete Denker immer selbständiger in den Vordergrund getreten sei, so hätte er wohl Bedenken tragen müssen, an zahlreichen andern Stellen seiner Einleitung sich so unbedingt panegyrisch über den Weg, den Ludwig seit der Mitte der fünfziger Jahre eingeschlagen hatte, auszusprechen. Er hätte nicht die letzte Lebensperiode des Dichters schlechthin als die letzte kühn aufstrebende bezeichnen, die Shakespearestudien, die unsern Dichter thatsächlich umfingen wie eine Zauberwildnis, der er nicht mehr zu entrinnen vermochte, „den direktesten, förderndsten Weg zu seinem Ziele" nennen, nicht sagen dürfen „es würde meines Erachtens der Kritik schwer fallen einen Weg zu zeigen, auf dem Ludwig von den Fehlern deutscher dramatischer Behandlungsweise sich und andre direkter und sicherer zu befreien vermocht hätte, als auf dem seiner Studien." Ihm, der die Handschrift Ludwigs genauer kannte als ein andrer der Lebenden, hätten die erschütternden Selbsterkenntnisse und Geständnisse

Otto Ludwigs an mehr als einer Stelle der „Shakespearestudien," namentlich aber im vierten Bande, einige Zweifel einflößen sollen. „Mein Fehler ist der, daß ich die Erfordernisse einzeln durchnehme, daß ich meine Aufgabe in mehrere zerlege und dann jede dieser neuen Aufgaben auf das genaueste lösen will. Auch was ich von technischen Mitteln finde, das will ich gleich auf die Spitze treiben. Ich muß den Stoff, den ich bewältigen will, ganz lassen, ihn nicht in seine Faktoren zerlegen. Ich muß weit naiver und konkreter verfahren. Mein ganzer Fehler geht aus einer Mutlosigkeit, einem Mangel an Zuversicht hervor, der bei meinem körperlichen Zustande und der Überhäufung mit Sorgen sehr natürlich ist, aber nichts von alledem bessern kann. Tann die Richtung nach der Innerlichkeit, die mir als Kind meiner Zeit anhängt, meine psychologischen und technischen Studien." „Jetzt, da ich wieder lesen kann, sehe ich, wie weit ich mich verirrt. Ich habe überall zu große langatmige Motive und die einzelnen Szenen zu ganzen Dramen ausgesponnen. Wenn ich nur wieder so weit wäre, als ich war, ehe ich zum Erzählen griff. Meinem „Erbförster" fehlt nur, daß die Situation nicht von Hause aus tragisch und daß der Idealnexus daher nicht mit dem kausalen zusammenfällt, außerdem ist er ganz gut und in shakespearischer Technik gedacht und gearbeitet." „So sind wir wieder einmal am Kreuzwege, unser gewöhnlich Los, wozu nur drückende Sorge und Schmerzen sich zu gesellen brauchten, die ganze bereits gethane Arbeit vergeblich zu machen, bis jetzt seit lange unser gewöhnlich Los!" „Alles wird zu kompliziert, zu abstrakt, zu wenig einfach, man muß nicht alles auf einmal wollen." „Wer den Sinn überzeugen will, lähmt die Phantasie, wer immer den Geheimnissen der Technik nachjagt, trübt den unbefangnen Blick für die lebendige Erscheinung." „Und dies ist am Ende der Hauptgrund neben Krankheit gewesen, warum ich seither nichts zustande brachte, weil ich die vollständigste Illusion anstreben und doch zugleich der Schönheit und der Technik genug thun wollte. Ist ein Spiel nur schön und im ganzen wahr und gut, und für Gehalt, Wechsel und Kontrast gesorgt, die Charaktere interessant, bietet sich Dichtkunst und Schauspielkunst darin die Hand, oder vielmehr sind sie eins, so findet sich der rechte Grad von Illusion von selbst; man darf nicht besonders danach streben." — Schon früher hatte er (was auch Heydrich nicht entgangen ist) sich eingestanden, daß er, um seine Phantasie zu disziplinieren, zu sehr nach klarstem Bewußtsein gestrebt habe. „Hätte ich die Zeit machen lassen, sie hätte allein gebracht was ich brauchte. Ich träumte immer weniger, schlief ganz leicht und fast mit Bewußtsein; der Wille ist der entschiedenste Antagonist der Phantasie, er vermag gar nichts, sie zu reizen. — Ich empfinde statt der unmittelbaren Empfindung zu sehr die Vorstellung ihrer Regel oder ihres Gesetzes. Meine Lage lähmt die Phantasie, ich will ihr mit dem Verstande zu Hilfe kommen und lähme sie damit vollends. Der Verstand wird bei mir Tyrann der Phantasie. Mein Konzipiertalent hat in meiner Studienzeit eine Ausbildung gewonnen, die mit dem so lange gänzlich unbeschäftigten Talent der Ausführung sich nicht mehr verständigen kann. Naturgemäß muß eines am andern wachsen, so müssen sie zusammen fortschreiten in Kraft und Bildung. — Ich glaube, ich bin in Gefahr zu großer Vertiefung und Verinnerlichung und zu detaillierter Charakteristik." Und endlich im vierten Bande wendete Ludwig mit der dämonischen Unbarmherzigkeit des Genies einen der gewaltigen Cynismen Montaignes auf seine Befangenheit in Reflexion und seine allzu strengen Forderungen an sich selbst an: „Im Montaigne finde ich eine Stelle, die abscheulich gut auf mich paßt, wie ich jetzt bin! Ich kenne einen solchen Pedanten, welcher, wenn ich frage, ob er dies oder jenes weiß, mir ein Buch absorbert, um es darin aufzusuchen; und sich nicht getraut, mir zu sagen, er habe die Krätze am After, ohne auf der Stelle im Wörterbuche unter A und K nachzuschlagen, was After und was Krätze heißt."

Kein Zweifel, Otto Ludwig unterschätzte im Augenblicke solcher Niederschriften die Fülle der Phantasie und die Kraft naiven Gestaltens, die ihm trotz der Shakespearestudien geblieben war und in einigen der im vierten Bande veröffentlichten dramatischen Fragmente so siegreich aufleuchtet. Seine spätre Selbsterkenntnis nahm eine ebenso düstre Färbung an, als seine frühere Meinung vom Wert oder vielmehr Unwert seiner besten abgeschloßnen Schöpfungen. Man braucht nicht wie Gutzkow ebenso flach als unfreundlich („Rückblicke auf mein Leben," Berlin 1875, S. 32) vom „Verranntsein in jene Prinzipien, die auch Otto Ludwig ruiniert haben, siehe seinen Nachlaß und die achtmalige Veränderung seiner Agnes Bernauer" zu reden und kann doch die Empfindung haben, daß der Abbruch, der nach Umständen willkürliche und gewaltsame Abschluß der „Shakespearestudien" für Otto Ludwig segensreich gewesen wäre, kann doch Bedenken tragen, die beständige Wiederaufnahme dieser Studien mit Heydrich den „direktesten förderndsten Weg zu seinem Ziele" zu nennen und das eifrige beharrliche Verfolgen dieses Weges unbedingt zu preisen. Das innre Bedürfnis des Dichters, sich durch das Eindringen in Shakespeares Welt- und Kunstanschauung, das Vertiefen in die dramatische Technik und die Kompositionsgeheimnisse Shakespeares zur Klarheit zu verhelfen und für die ernste Kunstlaufbahn, die vor ihm lag, zu stählen, wird keiner, der sich nur etwas mit der Natur und dem wuchtigen Ernst Ludwigs vertraut gemacht hat, je bestreiten. Auch wird jeder Leser der „Shakespearestudien" darin mit dem ersten Herausgeber übereinstimmen, daß Ludwigs Untersuchungen durchaus selbständig und eigentümlich waren, lehrreich fesselnd durch schärffte Hervorhebung des künstlerisch praktischen Gesichtspunktes, durch gründliche Erörterung des Verhältnisses der tragischen Kompositionsweise Shakespeares und der Deutschen. „Er betrachtet sie nicht mit dem Fernglase des philosophischen Systematikers, sondern mit dem naiven, das feinste Detail liebevoll beobachtenden Auge des praktischen Künstlers." Aber was in seinen Anfängen und bei verhältnismäßiger Gesundheit des Dichters noch wohlberechtigt gewesen war und zu den Resultaten, die für uns vorliegen, auch solche für den Verfasser der „Shakespearestudien" ergeben konnte, das wurde je länger um so mehr eine kraft- und lebenverzehrende Einspinnung in die Welt eines andern, von der keine Brücke mehr zurückführte. Niemand hätte Otto Ludwig bestreiten können, daß Shakespeare eine Welt für sich sei, und daß es in ihr immer noch zu schauen, zu ergründen, Rätsel zu lösen und Gesetze zu erkennen gebe. „Der einsame Denker glich zuletzt in seinem Verhältnis zu Shakespeare einem Bergmann, der bis in die letzten Tiefen, die erschlossen und erschließbar sind, hinabgestiegen, ganz wohl weiß, daß er den Gluttern der Erde nicht erreichen, noch erspähen kann, der aber ein geheimes Gelüst, auch dies zu versuchen, nicht zu überwinden vermag" — dies Bild tritt mir auch hier vor die Augen. Dazu kam, daß Otto Ludwig auch bei den schöpferischen Anläufen, die er noch nahm, eine Wirkung des shakespearischen Stils auf sich verspürte, die wohl „mit einem gewissen Zwang, die Ursprünglichkeit des Ausdrucks beschädigend" (Dr. Hermann Lücke in den Schlußbemerkungen zur Jankeschen Ausgabe der Werke) auftrat und nun wiederum besiegt werden mußte. Es war in Ludwig bei der immer ausschließlichern Beschäftigung etwas von der selbstvergeßnen Hingabe erwacht, die einen echten Dichtergeist im Mit- und Nachgefühl fremder Herrlichkeit und Vollendung ergreifen kann. Gewisse einzelne Stellen in den „Shakespearestudien," gewisse Situationen in Ludwigs letzten poetischen Plänen und manche Wendungen mahnen durchaus an Goethe, der, als er 1798 vom Plan der „Achilleis" erfüllt war, auch wörtlich an Schiller schrieb: „Soll mir ein Gedicht gelingen, das sich an die Ilias einigermaßen anschließt, so muß ich den Alten auch darin folgen, worin sie getadelt werden, ja ich muß mir zu eigen machen, was mir selbst nicht behagt; dann nur werde ich einigermaßen sicher sein, Sinn und Ton nicht ganz zu verfehlen."

Wenn sonach der gegenwärtige Herausgeber der „Studien und kritischen Schriften" Ludwigs die Überzeugung seines Vorgängers, daß Ludwig mit der konsequenten Weiterführung seiner Reflexionen zum Gewinn eines „vaterländischen Volksdramas" und zu „dem vom deutschen Kunstgenius immer und immer wieder erstrebten Ideale einer Shakespeare ebenbürtigen Kunstweise" unfehlbar gelangt sein würde, nicht teilen kann, und wenn er es unumwunden beklagt, daß Ludwig statt eines oder des andern Teils der Studien nicht einige vollendete Dramen und Erzählungen mehr hinterlassen hat, so denkt er darum nicht minder hoch von dem Werte der Studien selbst, die in der deutschen dramaturgischen und kritischen Litteratur allezeit ihren hohen Rang behaupten werden und im Grunde unentbehrlich für jeden geworden sind, der über die letzten Gründe, die treibenden Mächte, die wahren Ziele der realistischen Bewegung unsrer deutschen Dichtung, die sich alle in Otto Ludwig gleichsam verkörpert hatten, Aufschluß sucht. Ohne Frage haben namentlich die „Shakespearestudien" neben ihrer unmittelbaren Bedeutung auch die mittelbare eines bleibenden Zeugnisses für den innern Gärungsprozeß einer großangelegten poetischen Natur. Es kann eine Auffassung geben, nach der nicht die objektiven Ergebnisse scharfsinnigen Eindringens in Shakespeares dramatische Welt, tiefsinniger vergleichender Prüfung der Shakespearischen Leidenschaftsdarstellung an der menschlichen Natur und dem selbsterkannten Wesen der Leidenschaft, feinfühliger Erkenntnis der feinsten Kunstmittel des englischen Dichters, sondern die subjektiven Momente, die Selbstcharakteristik Ludwigs, „sein Suchen, Irren, Schwanken, sein siegreiches Vordringen nach klar erkanntem Ziele, das in diesen merkwürdigen Monologen mit einem an Lessing erinnernden strengen Wahrheitssinne, mit schlichter Bescheidenheit treuherzig-naiv abgespiegelt ist" (Heydrich) zur Hauptsache werden. Wenn der in der That vorhandne ideale Zusammenhang (der indes weit mehr in der Naturanlage und der Grundanschauung Otto Ludwigs, als in einer vorwärts weisenden Linie des Vortrags lag) das allein maßgebende, der Anschluß an die tagebuchartige Entstehung sowohl der „Shakespearestudien" als der zwischen die beiden ersten und beiden letzten Bände dieser fallenden „Romanstudien" das vorzugsweise zu berücksichtigende wäre, so würde es bei der Anordnung, die Moritz Heydrich getroffen hatte, sein Bewenden haben müssen. Zieht man dagegen in Betracht, daß sich Ludwig bei seinen Untersuchungen von den verschiedensten Seiten her dem Kern, der Frage nach der höchsten Vollkommenheit dramatischer (und epischer) Komposition näherte, beständig den Standpunkt wechselte, daß die Mehrzahl seiner tagebuchartigen Niederschriften, seiner inhaltvollen Monologe, die unter Umständen Nachklänge gehabter Gespräche, meist aber Nachwirkungen seiner einsamen Lektüre waren, ohne eine methodische Folge entstand, daß die jeweilige Lage

des Dichters unverkennbaren Einfluß auf die Form
der Niederschriften halte, so liegt es nahe, eine andre
Gruppierung der kritischen Erörterungen, Darlegungen
und Gedanken Ludwigs zu versuchen. Die streng
chronologische Folge an der Hand der allmählich entstandnen Niederschriften würde Otto Ludwig selbst,
wenn er je zur Ausgestaltung und Veröffentlichung
seiner Studien gelangt wäre, nach meiner von seiner
Familie durchgehend bestätigten Überzeugung in keinem
Falle beibehalten haben, doch geben die gelegentlichen ganz
vereinzelten Entwürfe zur Behandlung ein und des andern
Kapitels durchaus keinen Anhalt für seine letzten Absichten.
Sicher würde ihn schon die Rücksicht auf die einfache
Zweckmäßigkeit und Übersichtlichkeit bestimmt haben,
die dem Inhalt nach verwandten, wennschon aus verschiednen Jahren stammenden Aufzeichnungen näher
aneinander zu rücken, wahrscheinlich hätte er sie, was
kein Herausgeber sich anmaßen darf, zu geschloßnen,
einheitlichen Aufsätzen verarbeitet. Wohl möchte auch
ihm, dem geistigen Urheber der kritischen Aufsätze und
Aphorismen, nicht leicht geworden sein, was für uns
nunmehr unmöglich ist, immerhin bleibt es uns unbe-
nommen, dem Dichter selbst zuzutrauen, daß er seinen
aus eminent-künstlerischem Geiste entsproßnen Arbeiten
auch eine künstlerische Form verliehen haben würde.
So wie uns diese Arbeiten überliefert sind, lassen sich
sehr verschiedne Anordnungen denken, deren jede mit
andern Schwierigkeiten und mit andern wohlbegrün-
deten Bedenken zu kämpfen haben wird. Moritz Heydrich, der sich darauf berufen durfte, daß er die in
Ludwigs Heften „wiedergespiegelten Prozesse seiner
künstlerischen Selbsterziehung" selbst mit erlebte, hat
sich über seine bei der Herausgabe der „Shakespearestudien" befolgte Methode in seinem Vorbericht ausführlich vernehmen lassen:

„Die persönliche naive Selbstcharakteristik ist der

ureigentümliche, unvergängliche Zauber, der uns an
Lessings Untersuchungen immer wieder fesselt, auch da,
wo uns der Inhalt, wie etwa in den antiquarischen
Briefen, als veraltet jetzt doch nur wenig interessiert.
Ganz so fesselt uns in diesen merkwürdigen Selbst-
gesprächen Ludwigs die eigentümliche Art seines Forschens, die innerste Natur eines durchaus originalen
Charakters. In keinem seiner Werke ist sie so lebendig,
so anschaulich gespiegelt, wie in diesem treusten Abbilde seiner Gespräche, die mächtig und ureigen aus
dem Innersten emporquellend freilich oft mehr Monologe als Dialoge waren. Man beobachtet ihn hier
unmittelbar in seinem Selbstgespräche, auf dem Wege
seines Suchens und Forschens, ganz wie bei Lessing,
der ja auch systematisch abgeschloßne Darstellung nicht
liebte, weil sie seiner Natur widerstrebte. — Der sachlich
wichtige Inhalt war vom persönlichen hier durchaus nicht
zu trennen. Ich verwarf daher ganz und vollständig
eine zunächst von mir versuchte Zusammenstellung des
Details nach dem Inhalte, eine übersichtliche Gruppierung desselben nach den Haupt- und Nebenthemas, so
wünschenswert es auch wäre, daß das Zusammenge-
hörende, daß die wichtigsten Themas der Untersuchungen, z. B. über das Verhältnis Shakespeares zur
deutschen Tragödienbehandlung, insbesondre Schillers,
übersichtlicher, besser im Zusammenhange dargestellt
wären, während sie an verschiednen Orten, oft nur an-
deutungsweise, oft mit wörtlichen Wiederholungen be-
sprochen wurden. Auch Lessings Dramaturgie ist
nicht in wissenschaftlich-strenger Form angeordnet und
abgeschlossen. Auch hier wird manches Wichtige,
Wesentliche immer wieder eingeschärft und wiederholt,
vieles, oft das Wichtigste auch hier oft nur angedeutet,
es wird dem Leser getrost überlassen, sich den Inhalt
selbst zu schematisieren, zu rubrizieren, ihn zu gruppieren, wie er eben dazu Lust und Bedürfnis hat.

Auch Lessings Verfahren war es, die Resultate nicht dogmatisch fertig vorzuzeigen, sondern sie uns miterleben, sie uns gleichsam selbst empfinden zu lassen, die Selbstthätigkeit des Lesers zu wecken, ihn von den verschiedensten, oft scheinbar entlegensten Wegen aus immer wieder auf dieselben Punkte zu führen, auf die es vor allem ankommt. In sehr ähnlicher Weise suchte auch Ludwig dem Gegenstande seines Forschens immer näher zu kommen, ihn von den verschiedenartigsten, oft scheinbar ganz heterogenen Wegen aus zu beleuchten.

„In vielen dieser Niederschriften ist die markige Prägnanz, der durchbringende Scharfsinn, der frappant kühne, naiv bildliche Ausdruck lebendigst gespiegelt, die in seinen glücklichsten, klarsten Gesprächsstunden wie mit Zaubermagie an ihn fesselten. Manches Schwerfällige, Verworrne, Sichwiederholende erinnert allerdings auch an die getrübte Ausdrucksweise düstrer Stunden, wo er sich im Kampfe mit der Krankheit müde gedacht hatte. Vieles davon mußte weg, manches jedoch durfte nicht ganz ausgeschieden werden, so unzweifelhaft es auch Ludwig selbst beseitigt haben würde, wenn ihm eine künstlerisch freie Umgießung des Materials vergönnt gewesen wäre. Manches hie und da Schroffe, ja Einseitige, wie es eben die Gesprächsweise mit sich brachte, durfte doch nicht getilgt werden, eben um ihre Unbefangenheit, ihr behagliches Sichausleben nicht zu verletzen. Hätte Ludwig das Werk selbst für den Druck vollendet, so würden wir vielleicht ein ganz andres Werk, noch richtiger im Inhalt, noch bestimmter n der Form haben, aber wie es eben vorlag, mußte man sich an die Form halten, die gegeben, und doch aus der Sache selbst gleichsam herausgewachsen war. So wurde es mir denn während der langen mühevollen Arbeit, die mir die eigenhändige Abschrift des oft schwer zu entziffernden, oft überaus schwierig auszuwählenden Originaltextes zur Pflicht machte, ganz

klar und unzweifelhaft, daß das Werk nicht anders
geordnet werden durfte, als wie es vorlag, in der
tagebuchähnlichen Gestalt, in streng festgehaltner chro-
nologischer Reihenfolge, wegen des psychologischen
Interesses der Ideenassoziation, wegen des dramatisch
bewegten Rhythmus, in dem die Haupt- und Nebenthemas der Untersuchung fast in der Weise musikalisch-
thematischer Verwebung vor- und zurücktreten und ineinander greifen. Diese Ludwig eigentümliche Darstellungsweise streng festzuhalten, sie durch Ausschei-
bungen klar und anschaulich zu machen, sie möglichst
herauszumeißeln aus dem oft überwuchernden Detail,
das schien mir die Hauptaufgabe der Redaktion zu
sein." —

 Heydrich hatte sich, wie aus dem Vorstehenden erhellt, selbst gesagt, daß die Unübersichtlichkeit, die
Herübernahme des Chaotischen der Handschrift (mochte
diesem Chaotischen auch ein im höchsten Sinne Organisches zu Grunde liegen!), der bunte Wechsel grund-
verschiebner Themata und die Zufälligkeit, die ein und
das andre Thema in den verschiednen Heften der
„Shakespearestudien" in den Vordergrund drängte, der
Mehrzahl seiner Leser anstößig sein würde. Da
er jedoch darauf beharrte, die Forschungen und
Betrachtungen Ludwigs in der Hauptsache nur als
Zeugnisse der dichterischen Entwicklung seines Freundes
anzusehen, da er nur an Leser dachte, die dem
innern Zusammenhang in Ludwigs Persönlichkeit
und Phantasieanschauung gleich ihm selbst liebevoll
nachgehen würden, da er voraussetzte, daß die Studien
in seiner Redaktion gewißermaßen ein einheitliches
Werk geworden seien, so konnte er kaum anders verfahren. Der Mißmut, den die krausen Zufälligkeiten des
Bandes vielfach erregten, die rasch verbreitete Einsicht,
daß es verhältnismäßig nicht allzu schwer gewesen sein
würde, die größern und kleinern Abschnitte wenigstens

übersichtlicher zu ordnen, dazu das Eingeständnis
Heydrichs, daß er zu mannigfachen Weglassungen genötigt
gewesen sei, erzeugten bei vielen eine verdroßne Stimmung
und eine Neigung zum Tadel seiner Arbeit, die beide
den ganz außerordentlichen Verdiensten Heydrichs nicht
gerecht geworden sind. Ich halte es für eine heilige
Pflicht nach eigner eingehender und anhaltender Beschäftigung mit den „Shakespearestudien" und Ludwigs
sonstigen kritischen Schriften, Zeugnis für die unvergleichliche Pietät, die unermüdliche und ausdauernde
Hingabe Heydrichs abzulegen. In der Hauptsache hat
er den Gedankengehalt der vielfach krausen, schwer
leserlichen und stellenweise geradezu unleserlichen Handschrift Otto Ludwigs redlich ausgeschöpft; selbst wo ich
mit seinen Auslassungen und Wegschnitten nicht einverstanden gewesen bin, habe ich niemals den Eindruck
der Willkür oder Oberflächlichkeit gehabt.

Da ich selbst im Einverständnis mit andern
Freunden Ludwigs und urteilsfähigen Kritikern eine
andre Einteilung und Gruppierung der aus der Origi-
nalhandschrift mannigfach vervollständigten „Shakespearestudien" für unerläßlich hielt und überhaupt
den gesamten kritischen Nachlaß des Dichters zu berücksichtigen hatte, so bin ich schuldig zu sagen, daß
Heydrich mit bestem Gewissen und guten Gründen seine
Anordnung getroffen, dabei allerdings nur einen engern
Kreis ins Auge gefaßt hatte. Wenn in unsrer Ausgabe eine andre, wir hoffen übersichtlichere, die
eigentlichen Resultate Ludwigs besser klarstellende
Gruppierung versucht wird, so vergessen wir nicht,
daß noch eine dritte, vierte, vielleicht zehnte möglich
sein würde, die gewisse Vorzüge vor der Heydrichschen
wie vor der unsern in Anspruch nehmen könnte.

Wer je einen Blick in die vierbändige Handschrift
der „Shakespearestudien" (fünf Hefte in vier Bänden, denen sich noch ein sechstes aus den letzten Lebens-

lagen Ludwigs stammendes Heft zugesellt) gethan hat,
der weiß auch, daß es nicht schlichtweg für unmöglich erklärt werden kann, sie in einfacher Folge, wie
sie Otto Ludwig im Laufe der Jahre niedergeschrieben
hat, mit all ihren Randglossen, Nachträgen, Korrekturen,
mit der krausen Wirrnis dramaturgischer, ästhetischer
und psychologischer Untersuchungen, Abhandlungen wie
flüchtiger Bemerkungen, mit den dazwischen geschobnen
Selbstbekenntnissen und Ausrufungen, in denen sich das
gepreßte Herz des kranken Dichters von Zeit zu Zeit
Luft macht, mit ihren bogenlangen Auszügen aus den
verschiedensten Werken, mit ihren Szenarien fremder
(meist Shakespearischer) und ihren Plänen eigner künf-
tiger Dramen, mit ihren längern Gedankengängen
über Shakespearische Kompositionsgeheimnisse, die plötzlich von einem Abschnitt Ad Camiolam! oder einem „Was
den Waldstein betrifft" oder auch mit einzelnen Aus-
rufen „Poesie! Poesie!" oder „Immer lebendiger gehen
meine Pläne auf, wäre ich in der Lage, sie durchzuführen!" durchbrochen werden, vollständig abzudrucken.
Nur daß an einen solchen philologisch treuen Abdruck
so lange und überall nicht zu denken ist, als man für
den poetischen Dramaturgen und Kritiker ein Publikum
erwartet und zu gewinnen sucht. Jede Auswahl, jede
Weglassung, jede Interpolation unleserlicher Worte,
jede Verdeutschung durchaus überflüssiger Fremdwörter
(wie Erzählung für „Narration") oder jede Ergänzung
unvollständig gebliebner Sätze durch Hinzufügung des
vergeßnen Zeitworts oder Hilfszeitworts schließt ja
im Sinne gewisser Buchstabengläubigen eine Willkür
ein. Aber jeder, der sich wirklich in diesen eigentümlichen Nachlaß hineingelesen hat, wird empfinden, daß
die Pietät vor dem großen Schriftsteller gebietet, über
einen gewissen Punkt der Wiedergabe nicht hinauszu-
gehen. Die Bestimmung dieses Punktes wird dem
Geschmack und den besondern Absichten des einzelnen

Herausgebers anheimfallen. Jedenfalls liegt in der hier befolgten Anordnung eine Art Erleichterung und die Füglichkeit, sich zunächst mit einzelnen Gedankengängen Ludwigs, mit bestimmten Gruppen seiner Erkenntnisse und Reflexionen vertraut zu machen.

Freilich vollständig und mit aller Strenge durchführen ließ sich auch die hier befolgte Einteilung nicht. Bei der Eigenart dieser tagebuchmäßigen, zunächst ausschließlich für den eignen Gebrauch bestimmten Niederschriften waren nicht nur zahlreiche Wiederholungen (und bei den Beziehungen der Niederschriften zu Otto Ludwigs Lieblingsgesprächen oft wörtliche Wiederholungen) unvermeidlich, sondern auch die Vorausnahme späterer Gegenstände, das rasche Einwerfen eines Satzes, der unter ein völlig andres Stichwort gehören würde, der plötzliche Rückblick auf eine frühere Erörtrung durchaus natürlich. Auch in den dramaturgischen Aphorismen, die sozusagen die reinen Resultate der langjährigen Studien in sich begreifen sollen, kehrt der Name Shakespeare unabläßig wieder, und mitten in den „Romanstudien" versagt es sich Ludwig nicht, auf ein Thema dramaturgischer Natur eingehend zurückzukommen, sich selbst die Fundamentalsätze seines dramatischen Glaubensbekenntnisses ins Gedächtnis zu rufen. Die Gewißheit, daß eine völlig klare und strenge Unterordnung unter systematischschematisierte Begriffe nicht möglich sei, wenn man nicht wenigstens die Hälfte des mit einer Fülle von Geist und dem Herzblut des Dichters getränkten Stoffes opfern wollte, mag Moritz Heydrich mit bestimmt haben, sich einfach an die Folge der Handschrift anzuschließen, konnte aber mich von dem Versuche nicht zurückschrecken größere Übersichtlichkeit zu gewinnen und zu bieten.

Irre ich nicht völlig, so tritt durch die in unsrer Ausgabe getroffne Anordnung der außerordentliche

Reichtum der in den „Shakespearestudien" und „Roman=
studien" niedergelegten Anschauungen, Künstlerkenntnisse,
der tiefen und überzeugenden Gedanken besser zu Tage,
als im bloßen Anschluß an die Jahreszahl der Nie=
derschriften. Die chronologische Anordnung ist dabei
nur insoweit beibehalten worden, als die Aufsätze über
das gleiche Thema in der Folge mitgeteilt sind, wie
sie sich in den verschiednen Bänden der „Shakespeare=
studien" vorfinden. Alle Widersprüche und gelegent=
lichen Dunkelheiten hatte auch die rein chronologische
Wiedergabe nicht zu beseitigen vermocht, sie wurzeln
in der Eigenart der Niederschriften selbst, die Jahre
hindurch lediglich für Ludwigs Handgebrauch bestimmt
waren und auch in späterer Zeit, wo er eine Bearbeitung
und Veröffentlichung ins Auge gefaßt hatte, unwill=
kürlich in den Ton der Selbstgespräche zurückfielen,
der dem einsamen Dichter ein innerstes Bedürfnis war.
Je nach der Vorstellung, die ihn erfüllte, dem Zweck,
den er im Auge hielt, der Lektüre, die ihm die Richtung
gab, vielleicht nach geheimen Einwirkungen seiner kör=
perlichen Zustände trat bei Ludwig eine Frage, eine
Gedankenreihe in den Vordergrund, und die Besorgnis
vor dem zu einseitigen oder zu schroffen Ausdruck
seines Urteils, vor der Unvereinbarkeit späterer mit
früher verzeichneten Sätzen konnte ihm um so weniger
kommen, als er bis zuletzt noch Zeit zu haben glaubte,
die Redaktion seiner Studien selbst in die Hand zu
nehmen. Gewisse Verweise aus einem Hefte der Nie=
derschriften in das andre, die vereinzelt auftauchen,
bezeugen, daß ihm selbst die Hauptsachen des früher
Gewonnenen im Gedächtnis lebten, und daß er seine
in unablässigen geistigen Kämpfen geläuterte Grund=
anschauung vom Wesen wie von der Aufgabe der Poesie,
der dramatischen Poesie zumal, durch die geistvollen,
aber grüblerischen Untersuchungen über den dramatischen
Dialog, den parenthetischen Ausdruck und andre niemals

beeinträchtigt fühle. Im ganzen wird der Leser der kritischen Schriften Ludwigs nicht vergessen, daß die tiefsten Einblicke in das Wesen der Kunst mit der schöpferischen Begabung, dem weltumspannenden und seelenergründenden Blick des Dichters in unlöslichem Zusammenhang und förderlicher Wechselwirkung standen, und daß die allzuzugespitzte Reflexion, allzupeinliche Strenge nur eine Trübung des ursprünglichen Lichtes war.

Die Quelle, aus denen der wesentliche Inhalt des fünften und sechsten Bandes unsrer Ausgabe geschöpft wurde, war mit wenigen geringfügigen Ausnahmen der handschriftliche Nachlaß Ludwigs. In erster Linie die vier Bände der „Shakespearestudien," die fünf umfangreiche Hefte enggeschriebner kritischer Untersuchungen, größter Aufsätze wie flüchtiger und kurzer Bemerkungen umfassen. Von den vier Bänden (a, b, c, d) sind die beiden ersten (a und b) und der letzte (d) auf Papier in Groß-Quart geschrieben, während der dritte (c) aus Briefpapierbogen in Oktav besteht. Nur der zweite Band schließt zwei Hefte ein, während der erste, dritte und vierte mit je einem Heft identisch sind. Der erste Band enthält das erste, der zweite Band das zweite und vierte Heft, der dritte Band das dritte, der vierte Band das fünfte Heft der Studien. Die Unterbrechung der richtigen Folge der Hefte erklärt sich ganz einfach aus der Verschiedenheit des Formats und den Bedürfnissen des Buchbinders. Ein begonnenes sechstes Heft (e) der „Shakespearestudien" schließt sich dem vierten Bande unmittelbar an und setzt sich aus Oktav- und Quartblättern unregelmäßig zusammen. Der erste Band (und das erste Heft) umfaßt 246 enggeschriebne Seiten (Heydrich zählt 248 und rechnet dabei zwei Seiten eines voranstehenden Inhaltsverzeichnisses mit), Ludwigs Paginierung reicht bis Seite 248, die Handschrift schließt aber schon 245 ab, auf der 246.

Seite findet sich nur noch eine Überschrift „Befangenheit der Kunstrichter in der Vorstellung von Shakespeares Naturgenie." Die sämtlichen Niederschriften gehören nach Heydrichs Feststellung, deren Richtigkeit ich nicht in Zweifel ziehe, den Jahren 1851—1855 an. (Bei einer der ersten Niederschriften über Lessings „Emilia Galotti" stehen Auszüge aus den Grenzboten des Jahres 1850.) — Der zweite, wie schon gesagt, aus zwei der Zeit nach auseinanderliegenden Heften zusammengesetzte Band umfaßt das zweite Heft (78 enggeschriebne Großquartseiten) und das vierte Heft (104 Quartseiten, von denen indes die Seiten 7—14 und 30 nur beziffert und im übrigen völlig leer sind, sodaß das Heft in Wahrheit 95 beschriebne Seiten enthält), von denen Heydrich die Niederschrift des zweiten in die Jahre 1855 und 1856, des vierten in die Jahre 1858—60 setzt. Im vierten Heft bestätigt eine Bezugnahme auf das Gastspiel von Julie Rettich am Dresdner Hoftheater im Juli 1859 diese Zeitangabe.

Der dritte Band (das dritte Heft einschließend) enthält 142 Seiten in Großoktav, von denen die 142. mit Bleistift geschriebne nahezu unleserlich geworden ist, die Seiten 50—53 wiederum unbeschrieben sind und stammt aus den Jahren 1857 und 1858. Der vierte Band endlich (das fünfte Heft) ist der umfänglichste. Er zählt 282 enggeschriebne Quartseiten (Heydrich sagt 290, rechnet die letzten acht nur paginierten, aber völlig leeren Seiten mit), von denen einige nach Ludwigs Diktat von der Hand seiner Gattin Emilie Ludwig herrühren. Die Niederschriften dieses Bandes gehören den Jahren 1860 bis 1865 an, und das letzte nur 20 Schreibseiten in Oktav und Quart zählende sechste Heft (e) aus den ersten Monaten des Jahres 1865 schloß sich unmittelbar an diesen Band an. — Den „Shakespearestudien" gesellen sich zwei Hefte (in einem Bande in Großquart) „Romanstudien," von denen das erste 134, das zweite nur 34 engbeschriebne Seiten umfaßt. Während aus den „Shakespearestudien" die Mitteilungen und Veröffentlichungen Heydrichs nur durch Einschaltung einer Reihe von Weglassungen ergänzt, durch Hinzufügung einer mäßigen Anzahl bisher unbekannter Urteile und Aussprüche Otto Ludwigs vervollständigt werden konnten, erscheint der bei weitem größte Teil der „Romanstudien" in unsrer Ausgabe zum erstenmal im Druck (Heydrich hatte im ersten Band der Nachlaßschriften Seite 92 bis 101 nur einige Proben aus denselben gegeben), und niemand wird sich dem Eindruck entziehen, daß die Untersuchungen und Reflexionen Ludwigs über die Natur des Epischen und namentlich des Romans und der Erzählung von großer Bedeutung und reichstem Gehalt sind. — Außer diesen Hauptquellen für die „Studien und kritischen Schriften" entstammen noch einige wenige kleinere Aufsätze den frühern vor dem Beginn der „Shakespearestudien" liegenden Notizbüchern und Planheften des Dichters. Ich bin hier über das von Heydrich aus diesen Vorstudien (V) bereits Veröffentlichte nicht hinausgegangen. Besondre Manuskriptblätter kritischer Aufsätze waren im Nachlaß nur wenige vorhanden und sind ausdrücklich als Einzelhandschriften (E) bezeichnet worden. Nur mit der größten Zurückhaltung konnten die zahlreichen Plan- und Skizzenhefte des Dichters zu seinen eignen ausgeführten oder beabsichtigten dramatischen Dichtungen und Erzählungen für diese Auswahl der kritischen Schriften benutzt werden. Über den wirren und verwirrenden Reichtum der dramatischen Entwürfe, Szenarien und Vorarbeiten hat Erich Schmidt in seinem Vorbericht zum vierten Bande unsrer Ausgabe knapp und klar Auskunft gegeben und es außer Zweifel gesetzt, daß eine Wiedergabe auch nur eines größern Teiles dieser inhaltreichen, die Phantasiefülle und rastlose geistige Beweglichkeit Ludwigs bezeugenden Skizzen schlechterdings nicht möglich sei. Doch schien es mir unerläßlich, dem Abschnitt „Zum eignen Schaffen" wenigstens einige Niederschriften des Dichters über Idee, Handlungsgang und Gestalten der letzten dramatischen Pläne hinzuzufügen, die ihn wieder und wieder und zum Teil noch auf dem letzten Lager beschäftigten und seine Seele über die Schauer des herannahenden Todes erhoben.

Die deutsche Litteratur ist reicher als jede andre an Dichtern, die mit ihren schöpferischen Leistungen die schärfste und tiefste Erkenntnis der Gesetze und der Praxis ihrer Kunst verbanden. Die Neigung nahezu all unsrer bedeutenden poetischen Talente zur poetischen Begründung ihres Schaffens, zur Polemik wider kunstfeindliche Mächte und der eignen Überzeugung entgegenwirkende Richtungen, so tief sie in der deutschen Natur wurzelt und so unlöslich sie mit der ganzen Geschichte der deutschen Dichtung verbunden erscheint, hat neuerdings starke Anfechtungen und zum Teil aus bessern Motiven, als den der Arbeitsteilung und dem Spezialitätsglauben entnommenen, erfahren. Auch Otto Ludwigs Beispiel widerlegt die Behauptung, daß diese Neigung ein zweischneidiges Schwert sei, das zwar die Gegner treffe, aber den eignen Träger verwunde, keineswegs. Doch bilden nichtsdestoweniger die „Studien und kritischen Schriften" Otto Ludwigs eine kostbare Bereicherung unsrer ästhetischen Litteratur, haben für die Litteraturentwicklung am Ausgang des neunzehnten Jahrhunderts kaum geringre Bedeutung als Lessings kritische Schriften für die Entwicklung in der zweiten Hälfte des achtzehnten Jahrhunderts und tragen, wie anfechtbar und widerlegbar einzelnes in ihnen sei, im ganzen das Gepräge des ehernen Bestandes, der lebendigsten und gesündesten Nachwirkung. Steht der schwere, ja wuchtige Ernst, mit dem Ludwig alle Probleme der Kunst erfaßt, mit dem er unabläffig

den ethischen Beruf und die ethische Gewalt der Poesie
betont, rückgewandt die Abscheidung eines Teiles der
deutschen klassischen Dichtung vom Leben beklagt und
vorwärtsschauend eine Zeit hofft, in der die Poesie die
ursprüngliche Ganzheit des Lebens wieder herzustellen
vermag, im schroffsten Gegensatz zu der aus dem Fieber
des Größenwahns und der Frivolität der Erfolgssucht
um jeden Preis seltsam gemischten Stimmung des
Tages, so wird seiner, der etwas vom Gange der
Geschichte und dem Verlauf geistiger Entwicklungen
weiß, daran zweifeln, daß die höhere und mächtigere Auf=
fassung schließlich auch die siegende sein wird. Die
Wärme der Liebe, die neben der höchsten Reife der
Bildung, neben aller kritischen Strenge und dem
feinsten Kunstgefühl auch diese Abhandlungen und
Aphorismen durchdringt, ist der Gesamtnatur Ludwigs
so gemäß, als die kühne Plastik und Bildlichkeit, die
bald zu energischer Schärfe zugespitzte, bald zu sinnen=
der Ruhe gesammelte Kraft seines Stils, seines Aus=
drucks. Wer Otto Ludwig persönlich gekannt hat, ver=
nimmt in den kritischen Schriften überall den Nachhall
der aus leidenschaftlichem Feuer und bequemem Phlegma,
aus hohem, fast priesterlichem Ernst und scherzender,
schalkhafter Anmut seltsam gemischten Eigenart seiner
mündlichen Rede. Es liegt außerhalb der Grenzen
dieses Vorberichts, zu erörtern, welchen Anschauungen
Otto Ludwigs die Zukunft gehört, und inwieweit die=
selbe einzelne seiner Resultate und Urteile berichtigen
mag. Dem Ruhm eines tiefen und redlichen Wahr=
heitssuchers und eines schöpferischen Lösers schwierigster
Fragen thut es niemals Eintrag, wenn er da und
dort nicht auch Wahrheitfinder gewesen ist und einzelne
Fragen ungelöst gelassen hat.

Shakespeare-Studien

Die dramatischen Aufgaben der Zeit
— Mein Wille und Weg —

Durch die philosophischen Schulsysteme wird das Naturtalent des Dichters beirrt, es hat keinen Nutzen von solcher Lektüre, es muß seine konkrete Richtung verlieren. Besser, man geht von der greifbaren Wirklichkeit aus. Ich gehe von keiner Philosophie aus, denn die, auf welche ich meine Untersuchungen gründen wollte, könnte aus der Mode kommen, ehe ich fertig werde. Ich gehe von der menschlichen Natur aus. — Meine Beschäftigung mit Shakespeare ging lediglich aus dem Triebe hervor, als ausübender Künstler von ihm zu lernen; vom Standpunkte des Ethikers oder des ästhetischen Philosophen ihn zu betrachten, dazu entging mir mit dem Berufe der Wille. Ich betrachte seine Werke nach der technischen Seite. Jede Kunst schließt ein Handwerk in sich ein; das Handwerk der Kunst nenne ich den Teil derselben, der gelehrt und gelernt werden kann; wo das Handwerk aufhört, da beginnt erst die eigentliche Kunst. Gar mancher oft nicht schlecht begabte bleibt lebenslang im dramatischen Handwerk stecken; gleichwohl führt der Weg zur künstlerischen Vollendung durch seine Werkstätte, und die glänzendsten Geister haben ihre Verachtung des Handwerkes durch die Unvollkommenheiten ihrer Kunstwerke bezahlen müssen. Der ausübende Künstler sollte daher die dramatische Kunst zunächst von keinem andern Gesichtspunkte als von dem des Handwerkslehrlings ins Auge fassen. — Unter allen Künstlern, die ich kenne, ist am schwersten bei Shakespeare das Handwerk von der Kunst zu trennen, weil sein Schaffen ein vollkommen organisches ist. Um die Gründe für das Kleinste seiner äußern Form zu finden, muß man ihn als Künstler, nicht als Philosoph betrachten. Betrachtet man die dramatische Kunst vom Standpunkte des philosophischen Ästhetikers, so fehlen in der deutschen Litteratur sehr tüchtige Führer nicht. Doch möchte ich nicht dazu raten, wenigstens nicht, ehe man des Handwerkes vollständig gewiß ist, praktisch wie theoretisch. Wer die dramatische Litteratur der neueren Zeit in Teutschland ins Auge faßt, wird dem üblen Einflusse des zu zeitigen philosophischen Studiums überall begegnen in dem qualitativ und quantitativ ungeheuern Übergewichte der Intentionen über das künstlerische Handwerk. Die Luft schwirrt von Seelen, die keinen Leib finden. Die ungeheuersten Aufgaben, neben völliger Unkenntnis der allerersten und einfachsten Mittel zur Ausführung auch der leichtesten dramatischen Aufgabe. Der feine Duft ist die letzte Hand der Künstlerin Natur an der Pflaume; wir beginnen die Schöpfung der Pflaume mit dem Dufte; wir fangen den Bau eines Turmes von der Spitze an. Ich glaube, nicht allein für den Künstler, für den Menschen überhaupt ist es kein Glück, wenn er zu früh an das Studium der Philosophie herantritt, wenn er die Dinge früher durch das Glas der Abstraktion als durch das natürliche Auge kennen lernt; ich verkenne keineswegs den hohen Wert der Philosophie, nur meine ich, sie sollte der Schlußstein und nicht der Anfang unsrer Bildung sein. Für den Künstler ist der Nachteil ein doppelter, dessen beste Stärke im natürlichen Auge liegt. Es ist bekannt, daß bei Sängern die Ausbildung der

Gesangswerkzeuge unter der gleichzeitigen Übung der Sprachwerkzeuge leidet; ähnlich schadet die Übung der philosophischen Abstraktion der Ausbildung der künstlerischen, die innerhalb der Anschauung vollzogen werden muß, während jene die Anschauung hinter sich läßt. Klagt doch selbst unser großer Schiller, daß er, wo er dichten wollte, unbewußt ins Philosophiren geraten, und umgekehrt.

In der philosophischen Betrachtung wohnt im Gedanken beisammen, was sich im Raume feindlich abstößt; sie kann verbinden, was die Kunst, ihr folgend, nur mechanisch zu verzapfen vermag; sie kann aus den heterogensten Erscheinungen ein Ideal bilden, weil sie von aller endlichen Bedingung zu abstrahieren vermag, ein Ideal, welches, poetisch nachgeschaffen, da die reale Erscheinung von ihren Bedingungen nicht zu trennen ist, zur Schattengestalt, zum Undinge wird. Die Philosophie nimmt, bei ihrer Betrachtung eines poetischen Kunstwerkes, von diesem, was sie handhaben kann, die direkt ausgesprochenen Gedanken; sie muß, was der Dichter den Sinnen zeigt, und was er unmittelbar zum Gefühle spricht, in Gedanken des Geistes übersetzen, wobei, wie bei allen Übersetzungen, oft das Beste verloren geht, nämlich das, was die Poesie zur Poesie macht, was ihr Denken und Schaffen von dem Denken, von der Spekulation der Philosophie unterscheidet. Der dramatischen Poesie ist die Gestalt und ihre Bewegung, das poetisch und schauspielerisch Überzeugende dieser Gestalt, die Leidenschaft wichtiger; dies übersetzt der Philosoph in die Idee einseitiger Berechtigungen und macht das, was dem Dichter das Mittel war, in seiner Betrachtung zum Zweck. Untersucht der philosophische Geist die poetischen Erfordernisse, wie die des Erhabenen und Tragischen, so wird der ihm eigne Gang der Untersuchung ihn von Stufe zu Stufe zum Geistigen, Abstrakten hinaustreiben, unbekümmert, ob die Poesie, wenn sie Poesie bleiben will, ihm folgen kann; wo ihr die Lebensluft ausgeht, da fängt der Philosoph erst kräftig zu atmen an; wie ihr wohl war, wo er sich beengt fühlen mußte. In der That ist das Aufsteigen im Philosophischen ein Absteigen im poetischen Genügen; je näher der Erde, den dunkeln Mächten des Instinktes, die keine Frage thun nach ihrem Warum, desto gewaltiger wächst ihre wunderbare Gestalt, desto fester steht ihr Fuß; ihre Natur ist Gebundenheit, seine — Freiheit; je einträchtiger die gezwungene Ehe, desto entfremdeter sind die Gatten ihrer eignen Natur.

Die Philosophie hat das unzweifelhafte Recht, den philosophischen Inhalt jeder Wissenschaft und Kunst und so auch den der Poesie und ihrer Erzeugnisse philosophisch zu erörtern; aber der junge Dichter, der sie bei diesem Geschäfte längere Zeit begleitet, kann leicht vergessen, daß sie die Poesie und ihre Werke nur philosophisch betrachten, aber nicht künstlerisch beurteilen und noch weit weniger selbst künstlerisch schaffen zu lehren vermag; und je geringer sein poetisches Talent ist, desto stärker wird der Einfluß der gewohnten philosophischen Betrachtungsweise auf ihn wirken, auch beim poetischen Schaffen ihren Weg zu gehen, welcher der Richtung, die der Dichter einschlagen muß, geradezu entgegengesetzt ist. Er wird zum Zwecke machen, was ihm nur Mittel sein sollte; er wird sein Gedicht nicht als Dichter denken, sondern als Philosoph; nun wird seine Aufgabe so schwer als undankbar; er hat eine abstrakte Einheit in konkrete Mannigfaltigkeit, Gedanken in Anschauungen, in Gefühle und Sinnesempfindungen, Ideen in Leidenschaften, einseitige Berechtigungen in geschlossene, ganze Menschencharaktere zu übersetzen, wobei im besten Falle immer ein ansehnlicher Bruch übrig bleiben wird. Es ist leicht, Gerste in Spiritus zu verwandeln, aber er soll nun Spiritus

wiederum auf Körner zurückführen; im besten Falle
wird seine Arbeit eine dichterisch eingekleidete philo=
sophische Absicht, aber kein Gedicht, im schlimmeren
Falle ein lyrisch-rhetorisches Rechten zwischen Gesichts=
punkten, ein dialektischer Kampf von Schattengestalten;
die Menschen werden philosophisch=abstrakte Gedanken,
sie denken und reden philosophisch=abstrakte Gedanken
des Dichters. Von allem dem, was er wissen will,
wird er wenig oder nichts von den philosophischen
Ästhetikern erfahren; ihre Werke werden dem schaffen=
den Künstler mehr schaden als nützen. Er muß von
der unmittelbaren Anschauung der Wirklichkeit aus=
gehen.

Wer die deutsche Litteratur und besonders die
dramatische seit kurz vor dem Beginne dieses Jahr=
hunderts mit unverblendeten Augen ansieht, der muß
zugestehen, daß die Gefahr, von der ich rede, die Ge=
fahr des Einflusses der philosophischen Betrachtungs=
weise auf das poetische Schaffen, keine bloße Möglich=
keit, noch weniger ein bloßes Wahngebilde der voraus=
greifenden Furcht ist, er muß zugeben, daß sie schon
eingetroffen ist und nicht jetzt erst, er muß beklagen, daß
schon mit der Knospe unsrer neuesten Litteraturblüte
der Wurm entstand und mit der Blume zunahm, die
nun durch seine Schuld blätterlos steht. Es liegt in
der Natur der Sache, daß der Geist der lyrischen Dichtung
am wenigsten dabei zu Schaden kam; denn in ihr will
und soll der Dichter ja nur seine eignen Gedanken
und Gefühle geben; er hat besonders in Goethe und
Schiller Blüten getrieben, die unverwelklich aller
Zeit trotzen werden, von keinen andern übertroffen;
ich sage, der lyrische Geist, nicht bloß die lyrische
Gattung, denn viele der besten seiner Leistungen finden
wir, wo man sie nicht suchen sollte — im Drama.
Und dem Drama mußte jener Einfluß vor allem Scha=
den bringen, da in ihm die Poesie am meisten Poesie,

am meisten unmittelbare Anschauung, sinnlich-begrenzte
Darstellung sein muß. Denn die Gestalten der andern
Gattungen haben zum Stoffe und zum Schauplatz den
unendlich dehnbaren inneren Sinn, zum Maßstabe
lediglich die Phantasie; die Gestalten des Dramas
werden von wirklichen Menschen reproduziert und gemessen von den unbestechlichen äußeren Sinnen, vom
Auge und Ohre. — — Noch eines durch seine Nachteile wichtigen Einflusses, der das deutsche Drama berührte, ist hier zu gedenken. Er kam von den alten
griechischen Tragikern. Den zwei ältesten von ihnen
drohte nichts von jener Gefahr. Ihre Zeit und Nation
hatte noch nicht die Nabelschnur der Natur durchschnitten; ihre Bildung — und wer möchte diese ihnen ab-
sprechen! — war eine wesentlich poetische und künstlerische, und keine philosophische, wie die Bildung unsrer
Tage. Unter mancher Entstellung der Natur durch
willkürliche Konventionen hatten wir Poesie und Bildung verloren; nach beiden ging in der letzten Hälfte
des vorigen Jahrhunderts das Streben der Teutschen;
die damals aufblühende Philosophie bot ihre Hilfe zu
beidem, und es ist begreiflich genug, wie an das Schicksal des Pferdes in der Fabel erinnernd, das den Menschen gegen den Hirsch zu Hilfe rief, der Helfer zum
Herrscher werden konnte. Es war eine Ahnung dieses
Ausganges, daß wir uns zugleich zu jenen Alten
wandten, um bei ihnen die Poesie zu suchen, die uns
fehlte, und die urwüchsig aus uns selbst zu entwickeln
wir weder unsrer Zeit noch unserm Volkscharakter die
notwendigen Bedingungen zutrauten. Indem wir aber
Zugeständnisse ohne die Nötigungen, welche dieselben
rechtfertigten, mit aufnahmen, so gesellten wir zum
ersten den zweiten Fehler, und unser Drama mußte
jenen zweideutigen Gewinn für das ganze Feld der
Poesie mit doppeltem Nachteile auf seinem besondern
Gebiete bezahlen. — Die griechische Tragödie stellt

Heroen dar, ein Geschlecht, an Schönheit und Größe über den Menschen, welche sie spielten, und welche die Zuschauer die Spieles waren. Diese Mängel der Spieler vor der äußern Anschauung auszugleichen, wandte man Maske und Kothurn an. Wir Neuern können den Gebrauch der Maske nicht begreifen; uns wiegt die Individualität schwerer, deren Ausdruck das Gesicht ist; während dieses der gegnerischen Anschauungsweise der Griechen ein Körperteil war, wie ein andrer auch, und ihnen mehr an der Harmonie desselben mit den übrigen lag, als an einem überwiegenden Vortreten desselben. Der Kothurn ist, selbst wenn wir uns in die Anschauungsweise der Griechen zu versetzen suchen, ja aus der Anschauungsweise jener Alten heraus uns noch unverständlicher; denn die künstliche Verlängerung des unteren Beines mußte die Harmonie des Gliederbaues aufheben und durch die Gewänder hindurch beim Schreiten das Knie zu hoch erscheinen lassen, ein Übelstand, den ihr feines Gefühl an einer Bildsäule gewiß nicht ertrug. — Man nahm nun die feierliche Allgemeinheit und Gemessenheit, den mehr lyrischen Pomp und Nachdruck der Reden, wie er der übermenschlichen Gestalt und Schönheit von Heroen und dem bewegungslosen Gesichte angemessen war, in ein Drama herüber, dessen Personen Menschen waren, und dessen Darsteller ihr eignes lebendiges, nacktes Gesicht trugen. Die philosophische Betrachtung kann ihrer Natur nach nicht auf solche Umstände der Anschauung eingehen, aber wer Sinne hat, deren Schärfe noch nicht durch die Gewohnheit gelitten hat, sich nach innen zu richten, wenn etwas außer ihnen zur Kenntnisnahme auffordert, d. h. zu reflektieren, wenn es scharf zu sehen gilt, die Augen zuzumachen, wo es gilt, sie offen zu machen, der wird zugeben müssen, daß der Gebrauch der Maske, und was durch die Notwendigkeit der sinnlichen Übereinstimmung aller

Teile der poetischen Wahrheit aus demselben für das griechische Drama folgte, eben eines der vornehmsten, unterscheidendsten Merkmale des antiken und modernen Dramas und zugleich einer der Gründe sei, warum das letztere sich hüten muß, von jenem zu entlehnen.

Wem das eben Gesagte nicht einleuchten sollte, der denke sich oder sehe, wenn er es sonst kann, ein Stück von Sophokles auf dem modernen Theater. Wenn der Schauspieler nicht unnötige, dem Ton, Rhythmus und Inhalt seiner Reden widersprechende mimische Künste anwenden will, so wird momentan sein lebendiges Gesicht zur Maske, seine Gestalt zur Statue erstarren müssen, ein mindestens ebenso unschöner Anblick als eine Statue, der man durch Farbe und Beleuchtung den ganzen vollen Anschein des wirklichen Lebens leihen könnte, nur dieses selbst nicht; wirkliches Leben, das den Schein des Unbelebten sich anfünstelt. Man denke sich Hamlet oder die Gräfin Orsina — in Masken gespielt! — Es ist ein thörichter Versuch, das altgriechische Drama ganz wiederherstellen oder auch nur teilweise es in unser modernes deutsches hineinbauen zu wollen, jenes Drama, das eben darum so vollkommen erscheint, weil es nichts von andern äußerlich entlehnt, sondern so ganz und gar bis in die äußersten Wipfel hinauf mit seiner Wurzel Eines war; oder daß wir endlich auf den Einfall geraten könnten, in unserm Drama ein Ragout von dem Schmause aller Zeiten, Nationen und Gattungen chemisch zusammenzubrauen. Im Gegenteile müssen wir ein Drama suchen, welches unser sei, wie das griechische für die Griechen war; ein Drama, lediglich aus seinen Bedingungen entwickelt, nicht wie diese irgendwo, irgendeinst waren oder endlich zu aller Zeit im Äther sein könnten, sondern wie sie in der Natur der Gattung, unsrer Zeit und unsrer Volkstümlichkeit gegeben, wirklich sein können und wirklich sind; als Gattung einer Poesie, die selbst nicht aus dem flüchtigen Tage, sondern aus dem Großen und Ganzen unsers wirklichen Lebens organisch hervorgegangen ist. — Den späteren in ähnlicher Weise auf unser Drama schädlich wirkenden Einfluß Calderons übergehe ich, weil er wenigstens die großen Männer nicht berührte, die wir, wie sie als große Denker und Dichter und als Bildner der Nation die Heiligenbilder unsrer Verehrung sind, gern auch als Wegweiser und Muster alles unsers poetischen Schaffens aufrichten möchten. Nur hindeuten will ich noch auf unser Studium des größten Epikers aller Zeiten, des alten Homer, welches uns verleitete, auch rein epische Schönheiten in unser Drama aufzunehmen und es zum Orte machen zu helfen, wo zu seinem Nachteile die Reize aller Dichtungsarten aller Jahrhunderte sich ein verwirrtes und verwirrendes Rendezvous gaben.

Durch alles das entstand bei uns die Lehre vom abstrakten Kunstwerke, in welchem nicht der Geist, sondern die zufällige äußere Form entschied, ob es für lyrisch, episch oder dramatisch gelten sollte. So erhielten wir Gedichte, in denen eine Handlung nicht dargestellt, sondern dialektisch erörtert, lyrisch durchempfunden und episch geschildert wurde, sogenannte Litteraturdramen. Die Wechselwirkung zwischen Schauspieler und Publikum hatte sie nicht erst fertig zu machen, und da die Aufführung dem Kunstwerke nicht zu nützen vermochte, so konnte sie natürlich nur schaden, und so war es nur folgerichtig, wenn man sie als eine Art Verunreinigung und Entweihung des Kunstwerkes ansah und es dem Dichter übel nahm, wenn er bei der Arbeit an die Aufführung gedacht zu haben und somit die Absicht zu verraten schien, sein eignes Kind der Schändung zu verkaufen. Diese Folgerichtigkeit hatte eine andre Schule nicht für sich, welche das sogenannte Bühnengerechte mit dem poetischen Kunstwerke mechanisch verbinden wollte, d. h. deren Grundsatz es war, das Poetische und das sogenannte Bühnengerechte abwechseln oder im besten Falle gleichgiltig nebeneinander hergehen zu lassen; denn in der einen Meinung waren sie und alle übrigen Richtungen unsers dramatischen Schaffens einverstanden, daß beides, das Poetische und das Bühnengerechte, durchaus verschiedene, ja wohl in manchen Fällen geradezu widersprechende Dinge seien. Gleichwohl hatten wir auf unsern Bühnen fast täglich den thatsächlichen Beweis vor Augen, daß poetische und theatralische Wirkung nicht nur Hand in Hand gehen, nein, daß sie völlig eins sein können. Und dies Vorbild, wenn nicht aus unsrer Nation im engern Sinne, doch aus demselben Volksstamme und fast aus denselben klimatischen und sprachlichen Bedingungen hervorgegangen, in Gesinnung und Religion und Bildung uns unendlich näher stehend als der unumwölkte Himmel jenes in Raum und Zeit durch unaussprechliche Kluft von uns geschiedenen Hellas, hatten alle Klassen der Nation mit einer Begeisterung begrüßt, die das innere Bedürfnis bewies; während das von den Griechen und Romanen entlehnte wie eine Art vornehmer Luxus nur allmählich und zuerst nur bei den Gelehrten und durch ihre Bildung dem nationalen Charakter bereits Entfremdeteren Eingang fand. Und der Mann — unser Stolz, daß er ein Teutscher war —, der zuerst und mit dem größten Nachdrucke auf dies stammverwandte Muster zeigte, hatte nicht allein als ausübender Künstler in seinen Dramen, sondern auch als Kritiker in seiner Hamburgischen Dramaturgie für den Aufmerksamen Wege genug gebahnt, zum Verständnisse dessen, worauf es hier vor allem ankam, vorzubringen. Er hatte gezeigt, daß die Poesie, die der Theaterwirkung fremd oder gar mit ihr unverträglich, eben keine dramatische war, und daß das echte Bühnengerechte eben nichts

anderes sei als die natürliche Gestalt der dramatischen
Poesie — das echte Bühnengerechte; denn auch das
wies er bereits nach, daß es auch ein falsches gebe,
bestehe es nun in bloß äußerlichem Schmucke der Szene
für das Auge, in volltönender lyrischer Rhetorik für
das Ohr, in einem bloß dichterischen Effekte, wo vorübergehend oder schlimmer gar für die Dauer des
ganzen Stückes der Schauspieler zum bloßen Deklamator wird, oder endlich in willkürlich eingelegten schauspielerischen Effekten, in denen der Schauspieler sich
eigenmächtig losmacht von der Hand des Dichters,
um auf Kosten des Ganzen zu wirken.

Was Lessing fehlte, war das tiefere Verständnis
des Tragischen beim Shakespeare, welches wir bei
Goethe wiederum in Betrachtung durchdrungen, aber
in seinen Dramen einseitig von der gleichfalls dramatischen Bedingung des Schauspielerischen abgelöst
finden. Wie die deutsche dramatische Litteratur, besonders in ihren dramatischeren Leistungen, gleichsam
eine Reproduktion Shakespeares aufweist, wo man
nicht bloß in den Grundanschauungen ganzer Werke
eine Wiederaufnahme Shakespearischer Gedanken, sondern auch häufig in den wirkungsvollsten Szenen absichtliche Kopien von Shakespearischen Szenen deutlich
herauserkennt — so hatten ihre Heroen sich in die
Eigenschaften geteilt, deren Gesamtbesitz Shakespeare
zum dramatischen Dichter macht, sie hatten dieselben
aber mit ganz verschiedenartigen, oft unverträglichen
Einflüssen von anderswoher versetzt. Diese Vermischung
scheint bei unsern großen Dichtern in Weimar zuletzt
eine grundsätzliche geworden zu sein. In Schillers
Briefen an Goethe finden wir öfters angedeutet, einmal auch nackt ausgesprochen den Satz, ein Gedicht
sei desto poetischer, je weniger streng und vollständig
es das Wesen seiner besondern Gattung ausdrücke.
Dies ist schon völlig herausgebildeter Gegensatz zu

Leſſings Meinung, „ein Drama ſei ein um ſo vollkommneres Gedicht, je mehr es Drama ſei; das Drama müſſe dramatiſche Schönheiten haben; was im Epos, im lyriſchen Gedichte höchlich zu loben ſei, das gereiche, ins Drama verpflanzt, zum gerechten Tadel, denn Schönes ſei nur an der rechten Stelle ſchön." Die neue Meinung ſiegte, Leſſings Einfluß ſank in demſelben Maße, als er unentbehrlicher wurde; wo er allein helfen konnte, war man ſeiner am liebſten überhoben; es wurde immer bequemer, geringſchätzig auf ihn und ſeine Bemühungen herabzuſehen, als ſie zu nutzen und von ihnen zu lernen. Und der thatſächliche Beweis ſteht heute noch zu erwarten, daß durch Vermiſchung der Gattungen etwas Poetiſcheres hervorzubringen ſei, als die ſtreng dramatiſchen Werke Shakeſpeares ſind. — Werfen wir einen Blick auf das geheimnisvolle Weſen, welches das „Bühnengerechte" hieß, auf den Gegenſtand der Verachtung der exkluſiven Dichter, die Milchkuh der ſogenannten Macher, das notwendige Übel für die Männer der Mitte, welches ſie geringzuſchätzen vorgaben und doch im Schweiße ihres Angeſichtes ſuchten. Seine Geſtalt war eine doppelte, je nachdem es einem bereits fertigen „Kunſtwerke" nachträglich beigebracht oder einem neu zu fertigenden zu Grunde gelegt wurde, welches letztere dann, weil es mehr äußere Kunſtfertigkeit als künſtleriſches Vermögen in Anſpruch nahm, zum Unterſchiede von jenem ſogenannten Kunſtwerke wohl ein Kunſtſtück zu heißen verdiente. Es beſtand aus einzelnen Handwerkskniffen, die weder organiſchen Zuſammenhang untereinander noch zum Gegenſtande eine notwendige Beziehung anſprachen, meiſt von alleräußerlichſter Art; ihre Anwendung verlangte weniger Kühnheit als ſtumpfe Gleichgiltigkeit gegen alle edleren Anforderungen von Geſchmack und Bildung; ein wirklich poetiſcher Geiſt und eine edle Natur waren die größten Hindernisse des Gelingens. Auch wirkliche dramatische Kunstwerke, die für die Aufführung gedacht sind, müssen es sich gefallen lassen, noch einmal für die Bühne eingerichtet zu werden. So die Shakespeares. Man mißverstehe mich nicht dahin, als erklärte ich mich gegen alles und jedes Streichen bei Shakespeare; ich bin nur gegen jenes zweckwidrige Streichen, wodurch der kausale Zusammenhang des Vorganges und die Notwendigkeit seiner Tragik aufgehoben und ein falsches Verhältnis der Teile und ihrer Bedeutung unter sich und für das Ganze hervorgebracht wird. Und nicht allein dies geschieht; wir haben es oft genug erlebt, daß selbst Schauspieler, selbst aus ihren eignen Rollen Stellen entfernten, welche sie, wenn sie Schauspieler genug waren, ihr eignes Interesse zu verstehen, vor allen andern hätten hegen müssen. Leider muß gesagt werden: unter dem vereinten Einflusse der Macher und der exklusiven Dichter haben viele Schauspieler die Natur ihrer Kunst so gänzlich verkennen gelernt, daß sie auch in wirklich dramatischen Gedichten die lohnendsten Schauspieleraufgaben oft gänzlich übersehen und sie entweder als „undankbar" entfernen oder, was schlimmer, zu lyrisch-rhetorischen Wirkungen verwenden, womit sie gegen des Dichters, des Zuschauers und ihr eignes Interesse deklamieren, statt zu spielen und darzustellen. —

Jede Kunst schließt ein Handwerk in sich, einen Teil, der gelehrt und gelernt werden kann, und über welchen hinaus die eigentliche Kunst erst beginnt. Das Genie bedarf ihrer nicht, auch nicht der Rückführung des Wertes der einzelnen Kunstmittel auf ihr jedesmaliges Verhältnis zum Kunstzwecke; es bedarf keiner besondern Vorschrift, denn das ist eben sein Wesen, daß es in einer und derselben Anschauung alle Bedingungen der Gattung und alle nach ihrem relativen Werte umfaßt. Wir aber stehen ohne Ausnahme noch als Lehrlinge und angehende Gesellen des dramatischen Handwerkes vor jenem einzigen Meister der dramatischen Kunst, und dennoch —! — Es ist nicht streng genug zu rügen, in welcher unverantwortlichen Impietät nicht allein die meisten einrichtenden Regisseure, auch die meisten Theaterintendanzen und Direktionen und Personales bis zum geringsten Statisten herab mit Shakespeare verfahren, den sie doch nicht entbehren können. Das elendeste neuere Machwerk hat sich größerer Rücksicht von ihnen zu rühmen, als die vortrefflichsten Werke des größten Dramatikers, der fast allein die Würde ihrer Bühnen aufrecht erhalten muß. Man hat eben keine andre Rücksicht als den eignen Nutzen und beschwichtigt, was selbst der Eigennutz, wenn er nicht ohne alle Einsicht ist, an diesem Verfahren tadeln muß, damit, daß „Shakespeare nicht tot zu machen sei." Man kann den Satz ihnen zugeben, denn wahrlich, sie haben alles gethan, was möglich war, die Wahrheit desselben zu erproben. Und da ich den alten königlichen Lear Shakespeare der Kindlichkeit seiner dankbaren Töchter, der deutschen Theater, überlassen muß, so ist freilich zuzugeben, daß äußerliches Schneiden und Zusammendrängen allein gewiß nicht imstande ist, die Wirkungsfähigkeit seiner Dramen vollständig aufzuheben. Denn er hat schon vor der poetischen Ausführung das dramatisch Wirkende seines Stoffes so energisch zusammengedrängt und das Wirkungslose als Wirkungswidriges, denn ein drittes giebt es nicht, so unerbittlich hinausgewiesen, daß die Schere des Einrichters sich nur an der freien Entfaltung versündigen kann, die der Dichter nach solchem Verfahren der Darstellung seines Vorganges vergönnen durfte, um alle störende Absichtlichkeit der Wirkung zu entfernen. Aber jene dramatische Absicht, in welcher der engste Kern der Fabel schon die dramatische Wirkung des ganzen Stückes im Keime in sich enthält, ist nicht nachträglich erst in ein Stück, dem dies fehlt, hineinzubringen, am wenigsten hineinzuschneiden; der Einrichter eines sogenannten abstrakten Kunstwerkes, in welchem jener dramatische Keim entweder gänzlich mangelt oder doch zum dramatischen Baume sich nicht entfaltet hat, muß sich daher begnügen, für die eine große, selbstthätig aus dem Innersten herausdrängende und bis in die äußersten Zweigspitzen schwellende dramatische Wirkung eine Anzahl kleiner, einzelner, äußerlicher einzusetzen. Zunächst nun spitzt er die Aktschlüsse zu, wodurch die Stetigkeit des Ganzen aufgehoben und auf dessen Kosten der einzelne Teil emanzipiert wird; diese Spitzung gerät dadurch, daß das Charakteristische, wenn welches darin vorhanden ist, zurück- und die abstrakte Handlung in den Vordergrund tritt, zu einer mehr lyrischen als dramatischen Steigerung des Momentes; ferner sucht er das Abtreten der Personen entweder durch epigrammatische Zuspitzung oder durch lyrisch-deklamatorisches Anschwellen der Rede herauszuheben, was in der Theatersprache „Abgänge machen" heißt. Der Macher eines solchen neuen Stückes verfährt dann in ähnlicher Weise. Zunächst faßt er ins Auge, „was die Zeit bewegt," so heißen für ihn oft jene kranken Paradoxieen des Denkens und Fühlens, die, hervorgegangen aus der Geburtsstätte unsrer Kleidermoden, wie diese erst frappieren, dann unvermeidlich und zuletzt, wenn eine neuere sie verdrängt, um dieselbe kurze Tagesreise zu machen, lächerlich werden; jene Fragen, welche die Geistreichen so aufregend beschäftigen, den Verständigen kaum ein verwundert-mitleidiges Kopfschütteln abnötigen können, jener grillige, äußerste Fransenbesatz am Gewande der Zeit; dabei versteigt er sich auch wohl zu wirklichen Fragen des Jahrhunderts, auf die aber niemand weniger zu antworten geschickt ist als die Poesie; dann nimmt er prüfend durch, was irgend

in der letzten Zeit auf den Brettern Glück gemacht
und, leichtverkleidet wiedergebracht, noch einmal dort
Glück zu machen verspricht. Aus all diesem letzteren
sucht er seinen Stoff zusammen, denn das organische
Entwickeln eines Ganzen aus einem einzigen lebens-
vollen Keime ist seine Sache nicht; von dem ersteren
entlehnt er seine Rhetorik, denn das mechanisch zu-
sammengebrachte Werk hat kein eignes Herz, keinen
eignen Odem; daß es als solches nicht selbst seinen
Körper schaffen kann, dies beunruhigt ihn nicht; um
so weniger wird es Widerstand leisten, wenn er seine
kleinen Theatereffekte hinzubringt, die ebenfalls zu-
sammengelesen, weder unter sich noch mit der Natur
des Stoffes irgendwie in notwendigem Zusammenhange stehen. Nun leimt er seine Aktschlüsse, Abgänge
und die unvermeidlichen Reden zwischen diesen großartigen Momenten entweder zu einer Mausefalle für
die geschickt geköderte Neugier, oder er fügt sie zu einer
Maschine zusammen, welche die Säfte des Zuschauers
durch geschicktes Prickeln nach den Thränendrüsen
kitzelt und den sinnlichen Schmerz der Überfüllung
derselben nach vier Akten langer, wohlberechneter
Steigerung im fünften mit der sinnlichen Lust ihrer
Entladung bezahlt. Und selten wird er sich verrechnet
haben; denn so angelegentlich, wie irgend einer, der
ein Günstling werden will, Launen und Schwächen
seines Herrn, hat er Launen und Schwächen des großen
Publikums studiert und weiß, daß auf einen geglückten,
auf die Stärken der Menschen angelegten Plan immer
drei durch Benutzung ihrer Schwächen gelungene
kommen.

Von allen diesen Richtungen des sogenannten
dramatischen Schaffens unsrer Zeit kommen wir
immer wieder auf die Frage zurück, von der wir aus-
gingen, auf die sie alle uns keine genügende Antwort
geben können. Wir verlangen von einem dramatischen

wie von jedem andern Kunstwerke vor allem andern,
daß es ein Organismus sei, daß es an jeder Stelle
alle seine Bedingungen und alle in der innigsten
Durchdringung in sich habe; bei der abstrakt-poetischen
Schule fanden wir, daß sie nur eine Bedingung ihres
Daseins organisch durchbilde, die andern dagegen als
ein Frembes, Störendes von sich weise, bei der akkom-
modierenden, daß sie die verschiedenen Bedingungen
nur mechanisch verbunden enthalte, bei den Machern
endlich, daß sie von einer organischen Verbindung
gänzlich absehen und das Kunstwerk lediglich auf dem
mechanischen Wege im Kunststücke suchen. Und so
bleibt uns denn nichts andres übrig, als, so gut wir
können, selbst die Antwort auf unsre Frage zu suchen.
— Die Schwierigkeit, das zu lösen, was ich als Aufgabe fand, hat mich oft an meinem Talente zweifeln
gemacht. Doch hat der Gedanke, andern zu nützen,
die ihre Kraft im Ringen mit dem Irrtume noch nicht
verzehren mußten, mich beharren lassen. Der jetzige
Stand der Dramatik rechtfertigt meine Studien. Ich
kam aus einem Schiffbruche; die noch übrige Kraft
setzte ich daran ohne Studium; ich fand Freunde,
Ermunterer, vor allem in Ed. Devrient. Ich mußte
der Kritik in vielem recht geben, in andrem, was
sie nicht berührte, fand ich selbst Zweifel. Die Art
der Kritik belehrte mich nicht. Die Not unsrer Bildung
ist nicht die Armut, sondern der Reichtum. Wir haben
überall genascht; es fehlt uns nicht an Rat, es wird
uns zuviel erteilt. Wir müßten eher vergessen als
hinzulernen. Der Instinkt hat seine Unbefangenheit
verloren. Doch aus der Irre, in die wir durch Reflexion geraten, kann uns nur Reflexion befreien, wir
müssen uns durch sie von ihr befreien. Und sollte
es mein Schicksal sein, daß ich an die Findung eines
Weges meine letzte Kraft zusetzte und ihn nicht selbst
begehen könnte, so wird er vielleicht andern zu gute

kommen. Habe ich manches nicht gebilligt, was der Nation heilig geworden ist, so kann ich mich nur mit der Gewissenhaftigkeit meines Strebens rechtfertigen. Ich habe auch meine eignen Wünsche und Vorurteile für nichts geachtet. Mir war es darum zu thun, das Wesentliche der Aufgabe zu finden und es abzulösen von historischen Einflüssen. Die Philosophie hat ein Ideal dargestellt, sie kann von individuellen Bedingungen absehen und die abgelösten Begriffe neu verbinden. Der Dichter kann das nicht. Ich gehe den Weg als Praktiker. Man hat nicht allein die dramatischen, auch die lyrischen und epischen Schönheiten zu einem Ideale verbunden, das nur abstrakt genommen Existenz hat, das aber durch praktische Verwirklichung zur Ungereimtheit wird. Die philosophische Abstraktion hat sich der dichterischen untergeschoben. Man sagt mir, nachtwandle fort, besser als thatlos stehen bleiben. Aber nachtwandeln kann ich nicht mehr. Einmal in den Apfel der Erkenntnis gebissen, muß man weiter und weiter; halbe Einsicht ist schlimmer als keine. Ich muß suchen durchzukommen. Die Verwirrung ist zu groß, das Dramatische ist verloren gegangen. Man hat nicht allein die Schönheiten aller Zeiten, sondern auch ihre Konventionen, nicht allein die dramatischen, sondern auch die epischen und lyrischen ins Drama herübergenommen; unser Unglück ist nicht der Mangel, sondern der Überfluß an Mustern. Ich muß mir meinen Weg suchen und tröste mich, wenn nicht mehr mir, so kommt er andern zu gut. Das Schlimmste ist, daß wir Jetzigen unsre beste Kraft im Wegsuchen verlieren müssen und meist wohl am Anfange desselben liegen bleiben. Unsre großen Dichter hatten sich eine andre Aufgabe gestellt, als die dramatische, das Drama war ihnen nur Mittel, und es hat dafür büßen müssen. Die Bildung, die sie uns brachten, kommt uns allen zu gute, und wir müssen dankbar sein.

— Shakespeare ist der Spiegel, nicht das Spiegelbild seiner Zeit. Er zeigt uns die Leidenschaften seiner Zeit dramatisch in den Kämpfen handelnder und leidender Menschen; aber nirgends ist er selbst lyrisch in den Kampf hineingerissen, den er darstellt, mit so wunderbarer Kraft der Anschauung er sich auch in jede seiner Personen zu versetzen weiß, sodaß er, wie Gervinus sagt, ihre Gedanken mit ihnen denkt und ihre Sprache spricht. Das Publikum ist seine berufene Jury. Der ganze Fall wird von den Geschworenen vernommen, die ganze Handlung ereignet sich vor ihren Augen; kein Beweggrund bleibt ihnen verborgen; denn der Beweggrund ist es, der dem Handeln das Urteil spricht; nichts wird beschönigt, nichts halb gezeigt, um das Urteil der Geschworenen zu irren; wir sehen, wie der Schuldige war, ehe er schuldig wurde, den Keim, aus dem der giftige Baum emporschießt, den Samen der Leidenschaft, wir sehen ihn wachsen, bis er die Vernunft überwächst. Wir sehen den Menschen schuldig werden, wir sehen ihn, mit ihren Folgen kämpfend, die Schuld vermehren und endlich an ihr untergehen. Mitleid mit der menschlichen Schwäche faßt uns, die Stärke imponiert selbst noch am Gefallenen. — Aber über alles das weiß er uns hinauszuheben auf den Standpunkt seines eignen unbeirrten sittlichen Urteiles. Nicht die sogenannte Idee, die der Gegenstand der Leidenschaft ist; die Leidenschaft selbst begehrt, wird schuldig und kämpft; der Stern bleibt unverrückt und ungetrübt, aber der Mensch, der ihn durch Schuld erreichen wollte, stürzt mit gebrochenem Flügel in die Tiefe; nicht das Schöne geht zu Grunde, nur die Schuld; die Wirklichkeit ist weder das Gute noch das Schlimme, weder das Schöne noch das Häßliche; sie hat beides in sich, dem Menschen steht die Wahl offen, und sein Schicksal hängt an seiner Wahl. Im neueren Drama dagegen wie fast in der ganzen neueren Litteratur ist der Dichter selten der Spiegel, meist das Spiegelbild der Zeit, sind die Leidenschaften der Zeit nicht der objektiv behandelte Stoff, sondern sie diktieren ihm subjektiv den Stoff, sie sind nicht der Gegenstand seiner Darstellung, sondern die maßgebenden Mächte derselben, es erscheinen die Menschen und Verhältnisse nicht in eigner Gestalt und Farbe, sondern durch das parteiisch gefärbte Glas einer herrschenden Leidenschaft angeschaut. Der neuere Dichter ist nicht mehr der Richter des Falles, er ist der Anwalt der unterliegenden Partei, er verwirrt das Bild des Falles, er macht die Ausnahme zur Regel, bemäntelt und beschönigt hier, entschuldigt und verdächtigt dort, schiebt die Schuld von dem Angeklagten auf die Situation, auf die Zeit, auf den Richter selbst, macht ein Ding aus dem Helden, um nur unser Mitleid ihm zu sichern; zu Hilfe nimmt er die Leidenschaften des Tages, die menschlichen Schwächen der Geschworenen, um sie in die Parteinahme für seinen Klienten hineinzureißen; im Helden fällt nun nicht ein Schuldiger, sondern ein Opfer der materiell mächtigeren Gegenpartei; sein Ausgang ist nicht die Folge seiner Schuld, sondern das Los des Schönen auf der Erde; der Haß des Publikums hilft das Schöne an dem rohen Schicksal, das Ideal an der schlechten Wirklichkeit rächen; und so ist es nur zu loben, daß in dem Stücke eigentlich niemand spricht, als der Dichter selbst, denn es ist in der That niemand anders der wahre Sieger und der eigentliche Held des Stückes, als der geschickte Advokat, der glänzende Redner, der tapfere Verteidiger und Rächer des ungerecht Gerichteten, der Dichter in seiner eignen vor Vortrefflichkeit glänzenden Person. Die meisten Katastrophen unsrer Tragödien und Novellen sind dergleichen Meuchelmorde der Wirklichkeit an dem Schönen, ersonnen von dem Anwalte zu seiner eignen Verherrlichung in der Verherrlichung der Leidenschaft der Zeit. Und nachdem einmal ein geistreicher, schön und tapfer redender Advokat in dieser Weise vor dem bewundernden Publikum geglänzt, ist die Eitelkeit, einen ähnlichen Triumph zu feiern, oft der ganze Beruf zum dramatischen Dichter. Er sucht nun irgend ein Unrecht der Wirklichkeit, d. h. des Bestehenden, gegen den Einzelnen, eine Roheit des Schicksals gegen das Schöne, um es in einem Gedichte vor dem Leser oder Zuschauer siegend zu bekämpfen; es ist kaum eine gesellige Einrichtung, die ehrwürdigsten nicht ausgenommen, die sich nicht zu solcher Bärenhetze hergeben müssen. Und findet die Hast der entzündeten Eitelkeit des Dichters kein wirklich Bestehendes, dessen Unrecht, d. h. dessen Kehrseite sich hervorwenden, dessen Recht sich verschleiern ließe mit geschickter Dialektik, dem segensreichen Angebinde der neueren Philosophie, so fängt er das Werk der poetischen Erfindung wohl schon hier an, schnitzt und kleistert einen Theaterdrachen von Unrecht aus Pappe, mit rotlichener Zunge; dann zieht er die Rüstung der goldenen Phrasen an; an seinem Speere flattert die Fahne der Humanität, des Aufstandes gegen Tyrannei von allen Sorten, und so sprengt er, des Beifalls gewiß, Staub und Worte wirbelnd auf sein eignes Gemächte los und stößt ihm den löblichen fünften Akt tief in sein pappenes Herz. Ich sollte nicht scherzen; denn die Sache hat ihre sehr ernste Seite. Wer sich gewöhnt, die Wirklichkeit als einen endlosen Herodischen Kindermord des Schicksals an dem Schönen zu betrachten; wer immer nur die Schattenseiten des Lebens in das Auge faßt, um sie noch durch den Kontrast des absoluten Ideales zu vertiefen, das er daneben hält; wer dann seine Mißstimmung dadurch in selbstmordlüsternem Behagen noch immer schärfer wetzt, daß er die bunten, schönen Blasen seiner Träume gegen die schroffen Ecken der Dinge treibt, woran sie platzen müssen; wer sich so zum Spielzeuge seiner kindischen Wünsche macht, der darf sich nicht beklagen, wenn die Welt, die er sich selbst entgöttert, ihm zur Wüste wird, wenn die gewaltige Wirklichkeit das schwache Kind seiner eignen Verwöhnung aus allen seinen Sinnen schreckt, das nicht einmal die gewaltigeren Gebilde einer männlichen Kunst ertragen kann. So nahm man dem Leben die Kraft, den Mut, den Glauben an sich, alles, woraus ein freudiges Handeln erwachsen konnte, so nahm man dem Leben alle Bedingungen seiner eignen naturwüchsigen Poesie und beklagte sich, daß das Leben poesielos sei. Die wahren Dichter, und wie große darunter, wanderten aus in ferne Lande und Zeiten, in das alte Hellas, in das romantische Mittelalter, in den rauschduftenden Orient, ja in geträumte künftige Jahrhunderte und überließen den Boden, den Geburt und Natur ihrer Bearbeitung anvertraut, der Überwucherung von Unkraut, dessen Geilheit wenigstens die Fruchtbarkeit des Bodens bewies und zur doppelt gewichtigen Anklage der berufenen Gärtner wurde.

Gewiß haben unsre politischen Zustände das Ihre zu alledem beigetragen; unsre Poesie hat ihnen zu allen Zeiten diesen Vorwurf gemacht, aber ihrerseits nichts oder doch selten das gethan, was sie bessern helfen konnte. Wie die Lyrik in das Technische des Dramas, ebenso griff die lyrische Anschauung und die Reflexion überall verwirrend in das poetische Bild der Geschichte, welche nur episch oder dramatisch sich treu auffassen und darstellen läßt. In dem großen Gedichte, welches, in Teutschland das erste, von einem edlen, männlichen Geiste geschaffen, ein Bild des großen Lebens der Geschichte vor die gerechte Bewunderung der Nation hinstellte, geschah es, daß ein lyrischidyllisches Interesse sich dem dramatisch-historischen gegenüber lagerte, nicht als ein aus sich selbst aufgeschossener Parasit an der Wirkung desselben, sondern absichtlich ersonnen, um jenes zu parodieren und grundsätzlich die Flucht vor dem Geschichtlichen, dem großen handelnden Leben, in das Idyll und die lyrisch-innerliche Beschaulichkeit zu predigen. Neuerlich mischte die lyrische Anschauungsweise sich innerhalb ihrer eignen Gattung in die Politik, um unter dem Namen politischer Lyrik eine lyrische Politik in die Nation zu bringen — als ob nicht eben die lyrische Richtung der neueren deutschen Bildung schon das Haupthindernis wahren politischen Lebens gewesen wäre. — Wer unser Reden, Handeln, Fühlen, Dichten und Trachten in den letzten zwanzig oder dreißig Jahren unbefangen betrachtet, der muß sich gestehen, daß unser Interesse an der Politik meist ein philosophisch-lyrisch-rhetorisches, daß es uns weniger um die Realitäten, um das Praktische, um bestimmte endliche Erfolge des politischen Lebens zu thun war, als um etwas zu haben, was wir philosophisch ergründen, worüber wir geistreich und begeistert deklamieren und uns in überschwengliche lyrische Stimmungen versetzen konnten. Und merkt man sorgfältig auf das, was Dichter durch ihre Wahl, Kritiker und Publikum durch ihr Urteil von allen Gattungen der Poesie als das eigentlich Poetische anerkennen, so wird man finden, es ist das Lyrische und Idyllische. Für das männliche Element der Poesie, für die Poesie der Kühnheit und der thatkräftigen Tüchtigkeit ist die Empfänglichkeit durch Mangel an Übung verkümmert; schon Schillers Theorie des Erhabenen hat für das Erhabene der Thatkraft keine Stelle, und Luther, Friedrich der Große und alle Repräsentanten desjenigen, was man ehemals das Teutsche nannte und mit Begeisterung als den eigentlichen Herzpunkt der Poesie des deutschen Wesens hegte,

mußten ihre ganze schroffe Kraft und männliche Schön=
heit aufgeben und sich lyrisch-idyllisch zurichten lassen,
um den zarten poetischen Seelen unsrer Zeit nicht
geistiges Magenweh zu erregen. — Unsre großen
Leidenschaften sind, unterbunden von philosophischer
und lyrischer Betrachtungs= und Anschauungsweise,
zu ihren eignen Zerrbildern verschrumpft, und die
kleinen wuchern desto lustiger, der zwergige Geck Eitel=
keit vor allen spreizt sich im vollen Besitze über ihren
gelähmten Riesengliedern. Die Geschlechtslaster der
Frauen sind nun die der Männer geworden; unsre
Bildung ist eine vorwiegend lyrische, weibliche, die
den Mann zu einem zarten Genossen des Weibes,
nicht das Weib zur starken männlichen Gesellin des
Mannes erzieht; das Männische, wo es nicht zu er=
sticken war, muß als unberechtigt und ausgeschlossen
zu barer Roheit entarten; und da die Männer
Frauen geworden sind, was sollen die Frauen, durch
diese geschlechtliche Völkerwanderung aus ihrer natür=
lichen Sphäre verbrängt, thun? Wer kann sich wun=
bern über die weiblichen Emanzipationsversuche der
Zeit? Bleibt denjenigen Frauen unter ihnen, die keine
Kinder werden wollen oder können, etwas andres,
als das Feld zu erobern, das die Männer verließen,
um das Gebiet einzunehmen, welches ehedem das ihre
war? Mag man in diesen Sätzen Übertreibung sehen;
aber frage man reihum, und man wird bei unsern
Frauen weit mehr Tüchtigkeit, Entschlossenheit und
Charakter finden, als wir Männer aufzuweisen uns
rühmen dürfen.

Um von diesem Seitenwege uns zurück zu wenden,
den näher zu beachten wir uns nicht versagen durften,
fassen wir den Punkt, nach dem wir steuern, wiederum
scharf ins Auge. Wir suchen das Bild eines Dramas,
welches das unsre wäre; wir konnten keine Kunst und
kein Kunstwerk anerkennen, als worin alle Bedingungen

ihres Daseins, jede in dem Maße ihrer Wichtigkeit
für das Ganze vertreten, an jedem einzelnen Punkte
des Ganzen sich organisch durchdringen. Es bleibt
nichts übrig, als demgemäß die wesentlichen Faktoren
des Dramas gründlich zu untersuchen. Diese Faktoren
sind eben Dichter, Schauspieler, Publikum. Aus ihrem
gegenseitigen Verhältnisse die Technik des Dramas zu
entwickeln, ist die Aufgabe dieser Untersuchungen. Das
Drama darf sich nicht abscheiden vom Leben; wo erscheint selbst die Gottheit göttlicher? wo sie sich zu den
Bedürfnissen der Gottarmen herniederläßt, um diese
mit sich empor zu heben, oder wo sie in unfruchtbarem
Selbstgenügen in stolzer Erdenferne von ihren Engeln
sich verehren läßt? Das Drama muß herniedersteigen
zu den gemeinen Bedürfnissen der Menge; die Kluft,
die unser dramatisches Leben auch auf dieser Seite
von dem der alten Griechen trennt, ist unübersteiglich.
— Dort ein religiöses Volksfest, das die Bewohner
des Landes in der Stadt des Jahres ein- oder zweimal vereinigte. Das Publikum schon beim Beginne
des Spieles in der erhöhten Stimmung; das Spiel
selbst eine Art religiöser Ceremonie, das Theater,
dessen Dach der freie Himmel, wie ein Tempel dem
Ärmsten im Volke offen — hier das Theater ein täg-
licher Vergnügungsort, geöffnet nur für Geld, wie
Ball- und Konzertsaal, das Publikum stimmungslos,
geteilt zwischen den empfangenen Eindrücken des heutigen und den zu erwartenden des morgenden Arbeits-
tages, oder lediglich einer zum Bedürfnis gewordenen
Gewöhnung folgend, dessen Aufgeben unangenehm
wäre, dessen Befriedigung aber durch Alltäglichkeit
den positiven Reiz verloren hat, den nur weise Spar-
samkeit dem Genusse zu erhalten versteht; oder um,
wie Hebbel unvergleichlich treffend sagt, nicht von den
Mühen des Lebens, sondern von dem Leben selbst aus-
zuruhen, viele, um die Welt und sich selbst zwei

Stunden lang los zu sein, nicht wenige, um nur die Zeit zwischen Thee und Abendessen auf erträgliche Weise hinzubringen. Was alle diese und fast alle, die das Publikum unsers Schauspieles bilden, in diesem suchen, ist Unterhaltung. Das Drama soll das Unterhaltungsbedürfnis nicht nur eines Alters, eines Geschlechts, einer einzigen Bildungsstufe berücksichtigen. Seine Thüre steht allen offen, und es muß darauf denken, „allen etwas zu bringen." Zu seinem Vorteile entsprechen die verschiedenen Bildungsschichten den verschiedenen Geschlechtern und Altersstufen; der ungebildete Mensch aus dem Volke bringt die Forderungen des Kindes, der Überbildete, Kulturmürbe die Ansprüche des höheren Alters vor den bunten Vorhang. Die feine Bildung findet sich mit der Zartheit des weiblichen Geschlechtes ein, das männliche Element ist es, was in den Erwartungen der niederen, noch unverweichlichten Klasse sich geltend macht. Sie haben ein Recht, vom Dichter Unterhaltung zu fordern, denn sie haben es bezahlt. Aber weit entfernt, daß die Befriedigung all dieser verschiedenen Ansprüche zu gleicher Zeit den wahren Dichter, der sie nicht auf mechanischem Wege sucht, zwingen sollte, seinem Kunstwerke und damit der Kunst selbst etwas zu vergeben, enthält sie vielmehr die Nötigung, nach der höchsten Wirkung aller Kunst zu ringen. Indem er fortwährend die Gesamtheit der menschlichen Kräfte in ein lebendiges Spiel versetzt — denn jene verschiedenen Anforderungen gehen wesentlich aus dem einseitigen Vorwiegen einer derselben hervor —, indem er den Sinn durch Mannigfaltigkeit und Bewegung, die Phantasie durch Ausdehnung, das Gemüt durch Zusammendrängung, den Verstand durch kausale Geschlossenheit, den Witz durch überraschende Kombinationen, den Scharfsinn durch Probleme, den Tiefsinn durch die aufgedeckte Spur zur innersten Wahrheit des Lebens, das moralische

Gefühl und die Vernunft durch sittliche Auffassung
des Schicksals, das Schönheitsgefühl durch Harmonie
befriedigt, stellt er in dem einzelnen Zuschauer, wie
sehr besondere Lebensstellung, Erziehung, Lebenserfahrungen, besondere tägliche Berufsarbeit ihn auch
zerstückelten und unter höchstmöglicher Ausbildung
einzelner Bruchteile seines Wesens die andern in
Übungslosigkeit verkümmern ließen, wenigstens für die
kurze Zeit der vollen Kraft seines Zaubers die ursprüngliche Ganzheit des Menschen wieder her. —

Charaktere Shakespeares

Die zwischen * * eingeschlossenen Stellen sind aus Ludwigs Handschrift neu hinzugefügt worden und fehlen in den von M. Heydrich
herausgegebenen „Shakespeare-Studien."

Molière und seine Nachfolger haben einen Charakter zum Zentrum ihrer Stücke gemacht: dasselbe
that Shakespeare, nur daß er dem Charakter auch eine
Persönlichkeit gab, was Molière zu seinem Nachteile
nicht that. *So könnte Hamlet: der Unentschlossene
heißen, Macbeth: der Ehrgeizige, Lear: der thörichte
Vater, Shylock: der Wucherer, Othello: der Eifersüchtige. ¡Selbst in den Historien Heinrich IV. oder auch
König Johann: der Usurpator, Heinrich V.: der Held,
Heinrich VI.: der fromme Schwächling auf dem
Thron u. s. w.¡*

Shakespeare giebt gern zwei oder mehreren Charakteren eine ähnliche Situation; dadurch werden zwei
nebeneinander laufende Handlungen organisch verbunden; zugleich ist die Verschiedenheit, mit der sie
sich darin benehmen, anthropologisch interessant, und
moralisch dient zuletzt der eine dem andern zum Gericht und zur Folie. So Lear und Gloster, Hamlet
und Laertes, Timon und Apemantus, Orsino und
Malvolio (in der Einbildung des einen zu lieben, des
andern geliebt zu werden), so Macbeth und Banquo,
Brutus und Cassius, Antonio und Shylock (den einen

treibt sein Unstern zu wohlfeiler Resignation, den andern zu übermäßiger Rachelust), Othello und Jago, in der verschiedenen Art, wie beide den vermeintlichen Ehebruch der Gattin rächen, der eine als Schurke, der andre als Ehrenrichter. Immer aber gehen, wenigstens im Trauerspiel, beide zu weit — niemals ist Shakespeare an der Klippe der vollkommenen Charaktere gescheitert.

Auf die Vorgänge in einer Person wird oft von einer andern wie von einer Art Chorus noch besonders aufmerksam gemacht; der Eindruck, den der Zustand einer Person macht, wird durch die Beschreibung und die Gefühle einer andern erhöht, die gleichsam in dem Augenblicke mit zum Zuschauer wird. Besonders im Lear. So muß dort z. B. Edgar auf die Mischung von Tiefsinn und Aberwitz in Lears Reden aufmerksam machen. Die Glostergruppe tritt, so wie Lear austritt, aus der Stellung leidender und selbst tragischer Figuren in die von Zuschauern, wodurch meisterhaft die Haupthandlung vor und die Nebenhandlung zurückgerückt wird. Das größere Leiden wächst dadurch noch mehr, daß gezeigt wird, wie es den Eindruck des kleineren entkräftet. — Die Nemesis in den Charakteren wird entweder von den Betreffenden selbst oder von andern bei jeder Gelegenheit hervorgehoben. So die Blindheit Glosters. Das ist der Antike ähnlich, wo Ödip durch Blindheit für seine Blindheit gestraft wird.

Der Held des Stückes, die Sonne, im vollen Lichte, die übrigen Personen wie die Planeten nur auf der dem Helden zugewandten Seite hell und vom Lichte verschiedenen Grades erhellt.

Charakter und Leidenschaft. Episch und dramatisch

Es ist Shakespeare bis auf wenige Ausnahmen, z. B. im Shylock, gar nicht um recht ungewöhnliche

Charaktere zu thun. Der Charakter ist ihm bloß der
Boden für die Leidenschaft, die er schildern will. Das
Handeln der Hauptperson ist allemal das wenigste;
die Hauptsache ist ihr Leiden, die Leidenschaft. Er
will irgend eine Leidenschaft in all ihrer Vollständigkeit sich steigernd vom leisen Anfange bis wo sie ihren
Träger tötet, ein Leiden ausmalen, z. B. Lear; dazu
wählt er als Faden einen Charakter, in dem diese
Leidenschaft so recht normal ihren Verlauf haben kann,
z. B. Romeo, die Art Mann, die der Liebe am zu-
gänglichsten ist, und zwar einer hingebendsten. Er
sucht für sein Feuer allemal das Holz, an dem jenes
seine Erscheinung am kräftigsten und vollständigsten
erzeigen kann. "Der Charakter macht allemal die
Möglichkeit der Leidenschaft, dann aber macht die
Leidenschaft den Charakter. Wir sehen erst das Stück
Holz als ein zur Feuernahrung wie ausdrücklich und
vor allen andern gemachtes; dann sehen wirs ergriffen
und zuletzt mehr, was das Feuer überhaupt mit dem
Holze anfängt als das Holz selber, mehr die Natur
der Leidenschaft als die des Charakters an sich." —
Der Charakter ist dann bloß der Faden, an dem die
Phasen der Leidenschaft sich reihen. Was er auch im
unangegriffenen Zustande gewesen sein mag; er geht
immer mehr in der Leidenschaft selbst auf, und seine
Schilderung in der Schilderung der Leidenschaft. —
Mir unbegreiflich, wie man z. B. die Form des Götz
shakespearisch nennen kann. Shakespeare zerreißt die
Handlung scheinbar, um die Charakterentwicklung,
ihre Steigerungen u. s. w. desto stetiger zu behandeln,
während im Götz um der Buntheit und des Reichtums
der Handlung willen die Entwicklung der Charaktere
überall durchschnitten wird. Die shakespearische ist die
eigentlich dramatische Form, wenn das Werden und
Wachsen das Dramatische ist, was es auch wirklich
ist; dagegen im Götz die wahrhaft epische Form

erscheint, äußere Veränderung um das Gleichbleibende
herum. Das Dramatische ist das Wechseln im Be=
stehenden, das Epische das Bestehen im Wechsel. Der
epische Charakter geht durch die Handlung hindurch,
der dramatische geht aus der Handlung hervor. —

Ideale Charaktere, Mischung, Widersprüche

Man findet in Shakespeares Helden die heterogen=
sten Charakterbestandteile, und in der That beruht dar=
auf zumeist ihre Wirkung. Das Anziehendste im
Hamlet ist seiner Stärke und Schwäche Kontrast.
Stärke und Schwäche kann dieselbe Quelle haben und
muß das unbedingt in der dramatischen, überhaupt in
der poetischen Gestalt, sonst hebt der Widerspruch die
Wahrheit derselben auf. Die Stärke bezahlt sich mit
Schwäche, jeder Vorzug mit einem Mangel. Der
Mensch kann nicht die verschiedenen Seiten seines
Wesens in gleicher Stärke besitzen, vollkommene Wesen
schafft die Natur nicht. Konzentriert sich seine Ge=
samtkraft hauptsächlich nach einer Richtung hin, so
müssen die andern Richtungen weniger ausgebildet
erscheinen, besonders die jener entgegengesetzte. In der
That finden wir dies an jedem Menschen, und der so=
genannte Charakter besteht ja eben im poetischen Sinne
in einer gewissen Einseitigkeit. Manche Gemütseigen=
schaften fehlen manchen Menschen fast ganz, z. B. Mut.
Desto größer wird in der Regel ihre Geselligkeit sein.
Je weniger sie ihren eignen Kräften zutrauen, je mehr
werden sie sich an fremde anlehnen. In Fällen frei=
lich, wo die Geselligkeit Mut verlangt, wird der Mut=
lose allein gehen, wie der Mutvolle, wenn nicht die
Gesellschaft ihm die Gefahr geteilt zeigt, und er sich
lieber mit der Masse fortreißen läßt, als daß er sich
auf sich allein stellte. — Der Mann, der zu praktischem
Thun aufgelegt, wird selten eine große Phantasie haben,

der Phantasiemensch zu praktischem Thun weder Lust noch Geschicklichkeit zeigen. Der Grübler wird sich nicht schnell oder gar nicht zum Handeln entschließen, der Freund schnellen Handelns wird nicht immer überlegt handeln. Der Sanfte wird vor gewaltsamer That Scheu tragen. Der Schwache wird sich so lange hudeln lassen, bis er aus Verzweiflung gewaltsam wird, er kann dadurch zum Verbrecher werden, während festes, ruhiges Entgegentreten zur rechten Zeit ihn und seinen Feind gerettet hätte. Hier scheint auch ein Charakterwiderspruch zu sein. Es sind dies interessante psychologische Probleme, die tragische Geltung haben.

Dramatische Charaktere

Bei den Charakteren ist eine Hauptsache, daß man sie nicht immer im Wappenrocke des Affektes sieht, wie sie ihrer Intention nachjagen. Man muß sie auch in der Vertraulichkeit des täglichen Lebens sehen, in ihrem Benehmen mit Untergebenen 2c. Es kann einer die heftigste Leidenschaft in der Brust tragen, den raffiniertesten Plan im Kopfe, er kann eine ungeheure That vorhaben; es kommt ihm ein Bekannter in den Weg — nur daß er ihn nicht hindert, aufhält 2c. —, und er wird den gewöhnlichen Ton des täglichen Verkehrs anschlagen, vielleicht auf Momente abgezogen von jenem; ja, je entschiedener z. B. der Entschluß zum Selbstmorde, desto weniger merkt man dem Träger an; desto leichter stimmt dieser in die gewohnten Scherze und Neckereien ein. Ja, er lacht wohl. Und nur wenn man diese beiden Seiten an den Personen sieht, kann man an sie glauben als an Menschen, an Wesen, die nicht bloß personifizierte Leidenschaften, Gewohnheiten 2c. sind. — Was den Charakteren Shakespeares diese überzeugende Wahrheit und uns am Ende eines Stückes das Gefühl giebt, als hätten wir mit diesen

Menschen jahrelang gelebt, das ist, daß wir sie nicht bloß in ihre Leidenschaft, ihren Affekt eingeklemmt, sondern auch in gleichgiltigeren Berührungen mit andern sehen, in typischen Szenen des gewöhnlichen Lebens, in denen sich viele andre ähnlich benommen haben würden; hier sind sie nicht bloß nach ihren individuell-charakteristischen, sondern auch nach den generellen Zügen, ja mehr nach diesen dargestellt. "Die temporäre Stimmung blickt dann zuweilen durch, zuweilen nicht; Stand, Bildungsstufe, allgemeine Liebhabereien, Gewohnheiten, Alter, Nationalität treten hier vor den eigentlichen Charakter heraus." So sehen wir Hamlet als Sohn und Hofmann, als Prinzen und Freund eines Niederen, als einen, dessen Vater plötzlich gestorben, dessen Mutter sich so schnell wieder verheiratet; ferner in seinem Benehmen gegen Schulfreunde, die ihn sondieren wollen, mit einer Geliebten, der er als wahnsinnig gelten muß; ja sogar als Patron von Schauspielern, als Kunstfreund und Kunstrichter; dann mit sich selbst beschäftigt; was zuerst durchschien durch sein Benehmen, das von den Äußerlichkeiten geboten war, das tritt jetzt sichtbarst auf die Oberfläche 2c. Und alle diese Szenen sind so bis ins einzelnste durchlebt; wir sehen ihn nicht bloß handeln im engeren Sinne, wir sehen ihn leben, existieren, seine Art und Weise in den verschiedensten Situationen des Lebens. Seine Art, die Dinge zu nehmen, sein Urteil über Dinge und Menschen; die ganze Art seines Gehabens, eine Summe seiner Existenz. —

Unterhaltende Charaktere Shakespeares

— Wenn wir Shakespeares Gestalten sich vor uns ausleben sehen, so wird der nicht am wenigsten treffende Ausdruck für die Art ihrer Wirkung der sein, der sie als „amüsant" bezeichnet. Welch amüsanter

Bösewicht ist Jago! Sie sind alle gute Gesellschafter, in deren Gegenwart Langeweile nicht aufkommen kann. Lewes hat die Aufgabe des dramatischen Dichters richtig hingestellt: „Die große Frage bei einer Bühne ist, wie sich die Ansprüche des großen Publikums, das unterhalten sein will, mit den Forderungen der Kunst, welche über die bloße Unterhaltung hinausgehen, vereinigen lassen." — Und so mag doch Voltaire recht haben: „Die einzige schlechte Art zu dichten ist die langweilige." —

Keine Tugendhelden. Tragische Formel Shakespeares

Daburch sind Shakespeares Tragödien so ewig wahr, daß er durchaus keine Tugendhelden vorbringt, nur Züge der Natur. Sie unternehmen ein Wagnis, zu dessen Durchführung ihre Natur nicht geeignet, ja die der entgegengesetzt ist, der das Wagnis gelingen könnte. Daraus folgt das tragische Leiden. Seine Helden haben alle etwas Imposantes; das läßt den Nachahmer leicht fehlgreifen, weil der wohlfeilste Weg, eine Gestalt imposant zu machen, der ist, daß man ihr ein tüchtig Teil von dem Übergewichte des höheren Begehrungsvermögens über das niedere giebt. Aber in Shakespeares Gestalten siegt nie die Freiheit, die Vernunft, auch nur vorübergehend; was in ihnen die Gewalt hat, was an ihnen imponiert, ist die Gewalt der Leidenschaft, eben die Gewalt, das Übergewicht der niederen Begehrungskraft über die höhere. Der wirklich vernünftige Mensch wäre überhaupt der ungünstigste Gegenstand für die Tragödie, schon wegen der Unterordnung von Gefühl, Begehren und Phantasie in ihm. Es braucht deshalb kein Verbrecher zu sein. Bei Shakespeare ist das Tragische, wenn ein Mensch seine Totalität aufgiebt und ein falscher Bruch eines einzigen Triebes wird. Wenn ein Begehren im Menschen so riesig anschwillt, daß eine förmliche Verrückung des geistigen und sinnlichen Organs entsteht, wenn eines davon alles Blut des Körpers in sich saugt, sodaß die andern darüber verkümmern; eine Aufhebung aller Harmonie, eine geistige Entzündung, die mit dem Tode des Organismus endet. Von seinen tragischen Figuren übt keine auch nur eine Tugendthat. Das ist's, worin Goethe Shakespeare gefolgt ist, nur daß er an die Stelle des Imponierenden die Liebenswürdigkeit des Helden setzt. Die Personen bei Shakespeare, in welchen das obere Begehrungsvermögen das stärkere ist, gehen nicht unter, z. B. Edgar. — Man kann das ganze Verfahren Shakespeares aus dem Streben nach dem Typischen ableiten. Die poetische Abstraktion geht auf den Typus, wie die philosophische auf die Idee. — Soll nun die Handlung ein Typus sein, soll sie, wie Lessing sagt, „zu ihrem eigenen Ideale simplifiziert werden" — so ist die Thätigkeit dabei eine doppelte, alle schlechthin individuellen Züge müssen entfernt, dafür typische hereingenommen werden; darauf muß alles Neuhinzuthun und Immerwiederausscheiden ausgehen; so müssen auch die Charaktere Typen sein, d. h. alles, was nicht zu dem Typus, der die Aufgabe des Stückes ist, stimmt, was nicht selbst ein Teil dieses Typischen ist, muß heraus. Die Szenen und Gespräche müssen Typen der erregten Natur oder des bloßen Lebens, gleichgiltige Mimen nicht bloß des Staats-, Kriegs-, Geschäfts- und Gesellschaftslebens sein. Auch der Kausalnexus muß durchaus typischer Natur sein; alles im Drama muß sein, nicht, was wohl einmal ohne Unwahrscheinlichkeit geschehen konnte, sondern wie es immer geschieht, wie es die Regel ist. Das ist die einzig statthafte Idealität des Dramas wie aller Poesie. Mit der reintypischen Behandlung ist die Geschlossenheit, Ganzheit, Einheit, Vollständigkeit, Übereinstimmung und Notwendigkeit, d. i. die poetische Wahrheit gesetzt. —

Die Gesamtphysiognomie eines Charakters

Die Existenz ist nicht besser sichtbar zu machen, d. h. die Gesamtphysiognomie eines Charakters, als daß man diese von mehreren Seiten zeigt, en face (in den à parts, wo er sozusagen dem Zuschauer direkt zugewandt ist), en profil links und rechts, ganz und halb, d. h. die Physiognomie seiner Verhältnisse mit andern, z. B. Hamlets mit sich selbst, mit Horatio, dem Könige, der Königin, mit Polonius, Laertes, Rosenkranz ꝛc., mit Ophelia und dem Totengräber. Mit jedem von diesen ist Hamlet ein andrer, einem jeden wendet er einen andern Teil seines Gesichtes zu; sich selbst das volle Gesicht, Horatio schon etwas vom Profile, den andern mehr oder weniger davon; das Gesicht, wie es ist, nur sich selbst; dem Polonius eine Art von komischer Maske ꝛc. Aus diesen Wendungen des wahren Gesichtsausdruckes, die mehr oder minder wahr oder falsch sind, entstehen eine Unzahl mimischer Kombinationen. Es ist nicht genug, daß man namentlich des dramatischen Helden Gesicht kennen lernt, man muß auch seine Gesichter kennen lernen. —

Die tragische Anlage des Charakters

Die tragische Anlage muß durchaus sinnlich erscheinen können, weil sie der Schmied des eignen Schicksals und das schauspielerische Hauptmoment zugleich sein muß; sie darf nicht zu der theoretischen Seite des Charakters gehören, sondern zu der pragmatischen, zur sinnlichen. Wiederum, je größer der sinnlich erscheinende Kontrast zwischen dem, was die Aufgabe von dem Helden fordert, und der Unangemessenheit seiner Natur, d. h. je stärker das sinnlich ausgeprägt ist, was diese Natur, der Aufgabe nachzukommen, unfähig macht, und zugleich je klarer, ja bis zu sinnlicher Deutlichkeit das herausgestellt ist, was die Aufgabe fordert, und in je unmittelbarere Gegenwärtigkeit, je näher zusammengerückt in Zeit und Ort sie einander und uns zugleich auf den Hals gerückt sind, desto dramatischer. Wie ist uns eben eingeprägt, wie Coriolan sein muß, um das wütende Volk zu gewinnen, die Mutter spielt es ihm in einer kleinen Szene vor, und wie leuchtete es aus allen seinen Reden, aus denen, die den Entschluß aussprechen, daß er so sein, so reden, sich so gebärden will, wie die Mutter ihm rät, so deutlich hervor, daß er nicht so sein, nicht so reden, nicht so sich gebärden, nicht so sein und nur scheinen wollen kann, als er meint, daß er es können werde, und in welchem drastischen Kontraste steht nun sein wirkliches Sein, Reden, Sichgebärden vor dem gegenwärtigen Volke wenige Minuten später zu seinem Entschlusse, als Illustration! Ein andrer Kontrast ist oft im Richard III. zu finden, der: zwischen dem angenommenen Scheine, wie er sei, und der Wahrheit, wie er ist. Mit wie grellen Farben und starken Zügen ist uns eingetieft, wie er in Wahrheit ist, und zwar gewöhnlich unmittelbar vorher oder nachher, ehe der in eben so lebhaften Farben und starken Zügen aufgetragene Schein sich uns repräsentiert, so z. B. das Erstaunen und der Hohn nach der gelungenen Werbung um Anna. Ein dritter Kontrast, der zwischen Sein und Schein, aber ohne Absicht, ja ohne Wissen der Person, an der er erscheint; Ophelia. — Man sieht, daß den mehreren Verhältnissen, die Aristoteles als tragische Erfordernisse anführt, das eine Moment des Kontrastes zwischen dem Scheine und der Wahrheit oder auch des Kontrastes von einem Vorher und Nachher zu Grunde liegt, welche beide ziemlich auf einen hinauskommen, da das jetzt noch bestehende Glück, das, wie wir bereits wissen, bald zu seinem Gegenteile werden wird, sich zu diesem wie Schein zur Wahrheit verhält. Es giebt unzählige

Fälle, nicht bloß im Kontraste des Wahnsinnes, in denen die Meinung einer Person von ihrer Situation im grellsten Kontraste steht mit unsrem Wissen um ihre wahre Situation. — Wie sinnlich kräftig hat Shakespeare den Kontrast zwischen Leidenschaft und Gewissen im Macbeth hingestellt durch die dargestellte Gewalt des Gewissens, durch welche die anfänglich noch stärkere Gewalt der Leidenschaft dadurch mit dargestellt ist, daß er dieselbe die Kritik des Gewissens besiegen läßt! —

Explikation der Charaktere

— Entwicklung im richtigen und dramatischen Sinne ist Herauswicklung, Entfaltung des schon Vorhandenen, welches durch den Vorgang nicht gemacht, nur gezeigt wird. Weder Shylock noch Porzia z. B. zeigen das Werden eines Charakters. Es tritt nur allmählich ans Licht, was sie sind, es ändert sich aber nichts an ihnen. Porzia ist deshalb eine so hinreißend schöne Gestalt, weil sie nicht erhitzt, getrübt oder sonst alteriert wird. In ihrem heiteren Sichgleichbleiben ist etwas Seliges. — Selbst im Macbeth, wo eine Entwicklung am sichtbarsten, scheint es gar nicht darauf angelegt, und erkennt man sie nur aus Anmerkungen wie: „Verloren hab ich fast den Sinn der Furcht" und „Sie hätte ein andermal sterben können." — Bei Desdemona, Cordelia, Ophelia ist es, als hätte die auch nur momentan entstellende Macht des starken Affektes keine Gewalt über sie. Sie sind wie Kinder, die gar die Schrecklichkeit ihres Schicksals nicht kennen, nicht begreifen. Im Romeo ist schon in der Gartenszene die Liebe in voller Blüte. Shakespeare hat sich keine Mühe gegeben, eine Steigerung hineinzubringen, noch weniger ein Werden der Charaktere gezeigt. Julia betrügt den Vater, aber es ist bloß momentane Not-

mehr, es geschieht dadurch keine Änderung in ihrem
Wesen; es wird nicht etwa eine Lügnerin von Fach
oder dergleichen aus ihr, es kommt nur die ungeheure
Biegsamkeit und Schnellkraft der weiblichen Natur in
ihrem Thun zu Tage. Noch weit sprechender ist Gretchen im Faust, die unglücklich, aber außerdem noch
ganz dasselbe Wesen ist wie im Anfange, ebenso naiv
und sozusagen unschuldig. Ja auch im Lear ist es
nur eine sozusagen körperliche Krankheit, die wir
wachsen sehen; der eigentliche Mensch wird nur matter,
schwächer, sonst nicht anders. — Hier möchte ich wohl
meinem Hauptfehler auf den Grund gekommen sein.
Ich will das im Drama machen, was das Drama
am wenigsten zuläßt. Wie kann man einen Charakter
darin darstellen als einen werdenden! Man müßte
ihn auf jeder neuen Stufe durch alle seine Verhältnisse
durchnehmen. Das geht höchstens im psychologischen
Roman, in welchem die Charakterdarstellung bereits
das Gebiet der eigentlichen Poesie verläßt. Der sogenannte Reichtum des Charakters ist gar nicht zu
ermöglichen, wenn es nicht derselbe Mensch ist, den
wir in den verschiedenen Verhältnissen sahen; deshalb
hat eben Shakespeare die Leidenschaft mit dem betreffenden Menschen sozusagen identifiziert. Nun
denke man sich, Shakespeare hätte sich darauf kapriziert,
zu zeigen, wie Hamlet aus einem gesunden Menschen
ein siecher wird, statt plastisch den fixierten Moment
darzustellen, in dem die schönste Fülle erreicht ist.
Also kein Anderswerden, kein allmähliches Umbilden
und Neuentstehen der Charaktere im Drama, was
mehr ein psychologisches Problem für den Verstand
wäre. Macbeth wird grenzenlos unglücklich, lebens-
satt, wenn auch vor dem Jenseits zurückschaudernd,
stumpf, fühllos; das alles aber ändert an seinem ursprünglichen Charakter nichts; sowie ein müder Mensch

nicht ein schwacher Mensch überhaupt geworden ist.
Ein Gesicht kann faltig, die schwarzen Haare weiß
werden, die schwarzen Augen einsinken und ihr Feuer
verlieren, aber es wird kein andres Gesicht. — —

Stimmung der Szenen

In Shakespeare ist alles individualisiert und dann
durch Erhöhung und Verstärkung idealisiert. "Jede
Rede nach dem Gefühl, das sie eingiebt, jedes Gefühl,
jede Handlung nach Charakter und Situation, jeder
Charakter, jede Situation eins durch das andre, beide
durch die Individualität der Zeit. Jede Rede und
Situation durch Zeit und Ort noch mehr individuali=
siert, sogar durch Naturszenen." Jedes seiner Stücke
hat seine eigne hellere oder trübere Atmosphäre.
Jede Szene hat wieder ihre Stimmung; seine wunder=
barste Kunst, wie er alles, was sie nur erwecken kann,
an einander reiht, und so auch die Phantasie, nicht
allein den Verstand, zum Kühnsten vorbereitet. Die
Stimmungen aller Szenen setzen wiederum die Stim=
mung des Ganzen in ähnlicher Weise zusammen, eine
Art Kausalitätsnexus der Phantasie. "Selbst die Me=
thode des Motivierens in jedem andern Stücke eine
andre." — Dadurch, daß er solchergestalt hauptsächlich
auf die Phantasie wirkt, macht er es dem Gemüte
möglich, das Herbste zu tragen. In der Empfindung
des Großen vermählt sich Schmerz des Gemütes und
Lust der Phantasie; so wird die Hälfte der Last der
elastischeren Phantasie überlassen, und das Gemüt muß
nicht unterliegen. — Jeder Ausdehnung des Gefühls
giebt er sogleich einen Inhalt von Lebenserfahrung
und Lehre. Dies ein Hauptpunkt; dadurch hat er,
wenn auch den Scheitel am Himmel, doch immer den
Fuß stramm auf der Erde. "Also: nicht allein in

Hinsicht des Ganzen der Stücke, sondern möglichst selbst in jedem kleinsten Einzelnen derselben die sämtlichen Vermögen des Menschen beschäftigt, Phantasie, Vernunft und Verstand."

Behandlung der Leidenschaft bei Shakespeare

Bei Shakespeare ist keine Figur ganz in eine Leidenschaft verwandelt, sondern sie hat wenigstens Augenblicke, wo sich das Gleichgewicht des Menschlichen in ihr wiederherstellt oder sich dem Gleichgewichte wenigstens nähert, oder wo sie, durch äußere Umstände geniert, die Leidenschaft zu vergessen scheint (Hamlet beim ersten Auftreten der Schauspieler, nach deren Abgange die Selbstverachtung ihn doppelt packt). Dies geschieht gewöhnlich in beiläufigen Bemerkungen, auf die den Helden sein Zustand führt, in Bemerkungen über sich oder andre, Vergleichungen u. dergl., "Betrachtungen, Beziehungen des eignen Zustandes auf das Allgemeine der menschlichen Natur und des menschlichen Schicksals. Die Betrachtungen vertreten die Stelle des antiken Chors und sind" oft wie ein Kommentar über die psychologischen Prozesse Offenbarungen der Intentionen des Dichters. Oft stehen die Bemerkungen in scheinbarem Widerspruche mit den herrschenden Leidenschaften, aber das ist eben die Natur der Leidenschaft, daß der von ihr erfüllte Mensch wie ein an einer fixen Idee laborierender über Dinge, die diese Idee nicht berühren, ganz vernünftig denken kann, ja über diese Idee selbst, ohne sich doch von ihrem Zauber losmachen zu können. Ein schlagendes Beispiel der von der Leidenschaft des Trunkes Besessene, der Wollüstling ꝛc. Dieser kann von dem Gedanken der Reinheit zu Thränen gerührt werden, aber der Engel in ihm wacht nur so lange, als das Tier schläft, und das Tier beschmutzt dieselbe Reinheit, die den Engel gerührt hat. Aus dieser momentanen Freiheit in der Knechtschaft entstehen die humoristischen Blitze, das Lächeln im Weinen, und umgekehrt der Selbsthohn, das Selbstbelächeln, das Mitleid mit sich selber, gleichsam des Freien in uns mit dem Bewältigten in uns. Dieses Wissen um sich selbst giebt den Shakespearefiguren oft die Selbständigkeit und das Überzeugende ihres Daseins, indem ihre beiden Seiten sichtbar werden; zugleich auch die plastische Ruhe, die so sehr imponiert.

Keine Leidenschaft zeigt sich an sich selbst als immerwährender Affekt, jede ist nur eine Neigung zu einem Dinge, die ihre Ebbe und Flut haben kann. Der Besitz macht aus ihr ein ruhig Fortbestehendes; aber bei jeder Kreuzung, bei jedem Hindernisse flammt sie auf, und oft zeugt nur diese stellenweise hervorbrechende Flamme von der Kohle, die unter der Asche sonst ungesehen glimmt.

"Mäßigung in der Leidenschaft"

Was Shakespeare den Hamlet von den Schauspielern verlangen läßt: „Mitten in dem Strome, mitten in dem Sturme, mitten im Wirbelwinde der Leidenschaften müßt ihr noch einen Grad von Mäßigung beobachten, der ihnen das Glatte und das Geschmeidige giebt," das erfüllt er selber in der Dichtung. Dies ist's, was man bei ihm fleißig studieren muß. Auch wo dieses Anhalten in der Eile durchaus nicht im speziellen Charakter der sprechenden Person liegt, findet man dasselbe. Er fixiert die einzelnen Grade des Leidenschaftsausbruches vor dem Ohre und Auge des Zuschauers im Widerspruche mit der Natur, die zum äußersten eilt, und giebt ihnen eine gewisse Ruhe und Breite; dadurch wird alles deutlich, und auch das Äußerste erschreckt den Zuschauer also künstlerisch ge-

mildert nicht; es ist immer, als wäre etwas noch Un-
geheures vorhanden, was der Dichter aus Schonung
verschwiege. Und dennoch nimmt dies dem Eindrucke
nichts, sondern macht ihn nur überzeugender. Der
Affekt eilt nicht so schnell, daß unsre Fassungskraft
und unsre Sympathie nicht Schritt halten könnten.
Zugleich gewinnen die Personen durch das à plomb
der immer noch gemessenen Rede selbst ein à plomb
und werden plastischer; das Ungreifbare scheint greif-
bar zu werden. Was die Leidenschaft an Plötzlichkeit
verliert, gewinnt sie an Nachdruck. "Über den Blitz
erschrecken wir, wenn er schon vorüber ist. Shakespeares Blitze sind ganze Feuermeere, die majestätisch
über den Himmel rollen; kein flüchtiges Erschrecken
des Kreatürlichen in uns, welches dennoch wenig Spur
im Gemüte hinterläßt, weil es nicht die Zeit hatte,
sich hier tief einzudrücken. Und alle Natur in diesen
Reden weist sich immer als Kunst aus und spricht so
zur Phantasie."

Shakespeares Phantasie

Habe wieder einmal einige Szenen im Othello
gelesen. Wie ist doch das Ganze, ohne es von seiner
Wurzel zu trennen, in eine poetische Höhe gehoben
samt der Wurzel! Die Phantasie, der Kunstverstand
und das moralische Gefühl sind am meisten bei der
Darstellung beteiligt: was man Gemüt nennt, weniger,
daher wirken die gräßlichsten Stoffe bei ihm so wenig
peinlich. Er idealisiert bloß mit der Phantasie, nie
auch mit dem moralischen Gefühle, d. h. er macht alles
größer, stärker, aber er macht seine Menschen nicht
besser, als sie in der Natur sind. Alles ist naiv,
nirgends etwas Krankhaftes, Sentimentales. Er ist
nirgends spekulativ, überall steht er auf der Erfahrung,
wie Shylock auf seinem Scheine. — Seine Ähnlichkeit

mit Tizian, Paolo Veronese, Giorgione fällt mir
immer mehr auf, namentlich wenn man sie im Gegensatze zu Correggio faßt. Überall Existenz, Verklärung
des Irdischen ohne Sehnsucht, ohne Nimbus, ohne
Sentimentalität, auch im Tragischen heiter durch
Heiterkeit der Kunst; nirgends Verzerrung, weder nach
der Ekstase noch nach der Gemeinheit zu; den Naturalisten Caravaggio, Ribera ebenso fern als dem
Correggio und dem Parmegianino; gleichweit von der
Nüchternheit der Caracci und der Zerflossenheit, Sentimentalität des Guido und des Dolce. Nur daß nach
Maßgabe der beiderseitigen Kunstmittel, von denen
der Gedanke geistiger, die Form und Farbe sinnlicher
Natur, sein Kunstideal dem der Venetianer gegenüber
ein geistiges ist. — Er arbeitet mehr mit der expan-
siven als mit der intensiven Seite der Phantasie, wie
es dem Dramatiker zusteht; zu große Innerlichkeit,
Nieblichkeit, Nippfischfigurenfeinheit vermeidet er. Diese
gehören dem Lyriker. Er vereinigt die Geistigkeit der
neuen mit der Naivität der alten Welt. "Innerlichkeit wird stets verführen, sich in den Naturlaut mehr
zu vertiefen, als dem Dramatiker ziemt, der mit dem
Ganzen wirken will." Er macht den seelischen Naturlaut geistig durch Gehalt. Er verliert nie den Gegenstand, aber er giebt nur ein vom Geiste geschwängertes
Abbild davon, sein Abbild wird nie zu der Sache
selbst, gleichwohl luxuriert auch der Geist nie vom
Gegenstande losgelöst. Er bildet einen Heftigen ab,
aber das Abbild wird nicht heftig, es bedeutet nur den
Heftigen. Seine Poesie steht der Wirklichkeit gegenüber, wie die Metapher dem eigentlichen Ausdrucke,
sie erhöht ihn, ohne ihn zu verfälschen. Shakespeare
verliert sich an keinen Moment, an keine Figur. —
Der Naturlaut muß durch die Hände der Phantasie
gehen und nicht allein Gestalt, sondern auch Gehalt
empfangen, ehe er sich an uns wendet. —

Anforderungen der Phantasie an die Darstellung

— Die Motive müssen klare sein, d. h. uns klar im Augenblicke, wo sie wirken, aber nicht deutlich, denn die Deutlichkeit verkleinert und schwächt die Dringlichkeit des Moments, da der ins Spiel gerufene Verstand dem Zuschauer das Vergrößerungsglas der Phantasie vom Auge nimmt und seine scharfe Brille an die Stelle setzt. Der poetische Gedanke, der die Empfindung, sie mildernd, plastisch macht, muß schon die Szenen, die der Wirklichkeit am nächsten sind, sozusagen symbolisieren; dann läßt man sich auch ganze Szenen gefallen, in denen nur symbolische Wahrheit ist, z. B. die Werbungsszene Richards III. um Anna. Deshalb darf auch die prosaische Form, d. h. die Stelle, wo der Dialog in Prosa ist, die Region der Bildlichkeit nicht verlassen. Wie viel diese Bildlichkeit und der geistige Gehalt thut, wird man zu seinem größten Vorteile in den Szenen gewahr, die ohne dies Mittel peinlichst wirken würden. Das Ganze des Vorganges muß in Szenen, wo dem Sinne etwas Schreckliches gezeigt wird, zu einem geistig konzentrierten Phantasiebilde, sozusagen zu einem emphatischen Gleichnisse werden. Indirekte Darstellungsmethode. — Der Affekt hat eine beständige Tendenz zum allgemeinen. Er hat eine gewisse Ungerechtigkeit und Rücksichtslosigkeit darin, daß er in dem Individuellen, das ihn erregt, etwas Allgemeines finden will. So wird z. B. der betrogene Liebhaber dem ganzen Geschlechte das schuld geben, was das Individuum an ihm verbrochen hat. Der Menschenhaß ist sozusagen ein chronisch gewordener Affekt über einige wenige individuelle Erfahrungen. Die Stimme des Affektes liest sich in der ganzen Natur; die Nachtigall singt, der Waldbach rauscht, was der Affekt fühlt. Der Affekt ist daher ein großer Helfer beim Verallgemeinern. Was Lear im Affekte sagt, z. B. in der Sturmesszene, dann in der, wo er predigen will, sind ganz allgemeine Typen. Verkehrt ist daher die eigensinnige Konsequenz der sich immer steigernden Individualisierung des schon Individuellen aus der Bemühung, ja immer Wahrheit zu geben. Dadurch hauptsächlich entsteht Poesie, daß im Typus stets der einzelne Fall, und im einzelnen Falle der Typus zugleich erscheint, zu dem er gehört. Dies stete Verbesondern des Allgemeinen und Verallgemeinern des Besonderen geht bei Shakespeare Schritt vor Schritt mit der Darstellung des Verlaufes. Die besondere Handlung selbst und die Charaktere sind eine stete Individualisierung; in den Seelenzuständen und dem geistigen Gehalte, auch in den primitiven Motiven verallgemeinern sich jene wieder. — Der Vers thut auch etwas zur Verallgemeinerung oder Milderung, während die Prosa leicht die unkünstlerische Illusion zur Folge hat. Wie nun Shakespeare dasjenige, was in wirklicherer Behandlung peinlich werden muß, in auch äußerlich abgehobener Poesie giebt, um immer zu erinnern, was man sehe, sei keine Wirklichkeit, so wird man kaum eine Szene der leicht peinlich werdenden Art in Prosa bei ihm finden. Ja ein Stück wie Richard III. hat gar keine Prosa, und der poetisch-allgemeine Ausdruck herrscht darin vor. Ein Charakter wie Richard III. konnte auch nur in durchaus poetischer Haltung entfaltet werden, ohne von seiner Großartigkeit zu verlieren; ein Grad mehr Vertraulichkeit im Tone, und er würde ins Gemeine, Widrige fallen. — Der spezifische Unterschied des Shakespearischen Dialoges vom antiken, worin die objektive Schilderung auch objektive Form hat, d. h. bloß eine rhetorische, ist der, daß der antike nicht zugleich mimische Darstellung ist.

Der Kosmos der Shakespearischen Dramen

Was wir bei Shakespeare finden, ist die Welt, aber ohne die Widersprüche, die uns in der wirklichen irren; eine Welt, deren geheimste Motive uns vor Augen liegen, wir sehen diese Menschen wie höhere Geister durch und durch; ihr Recht, ihr Unrecht, ihr ganzes Wesen und ihr Schicksal im notwendigen Verhältnisse dazu; wir sehen nichts, was uns an der Vernünftigkeit der Weltordnung zweifeln machen könnte. Diese Welt ist uns eine Schule für die wirkliche; sie lehrt uns, wie alle Art von Übermaß und Verkehrtheit, jede Störung der Harmonie der Kräfte sich straft, sie zeigt uns im scheinbar triumphierenden Bösen die Hölle im Herzen ꝛc. Der Tragödienstoff ist bei ihm nach allen Seiten geschlossen; er ist sein eigner Organismus — kein Mechanismus, wie bei Lessing (Emilia) und bei den klassischen Franzosen, wo Thatsache Thatsache herausfordert, wie beim Karten- oder Schachspiele, Stich auf Stich, Zug auf Zug, wodurch eine frostige Symmetrie hineinkommt, und alles in die Oberfläche gelegt wird. Er ist ohne Raffinement, auf ein oder zwei primitive und selbstverständliche Motive gebaut, wenn auf zwei, dann auf entgegengesetzte. — So leicht hat es Shakespeare sich nie gemacht, wie Goethe z. B. im Tasso. Um uns zu vermitteln, daß sein Held ein großer Dichter ist, giebt er ihm den Namen eines großen Dichters, ebenso dem Antonio den Namen eines Staatsmannes. Dieser würde uns ohne Alphonsos Zeugnis nimmermehr als ein großer Staatsmann vorkommen; was wir von ihm sehen, ist nicht danach; er benimmt sich vielmehr ebenso unmächtig seiner selbst wie Tasso. Was wir sehen, sind nur zwei eitle, krankhaft empfindliche Menschen. Wenn Shakespeare uns einen Coriolan zeigt, so braucht er eigentlich den historischen Namen und Beglaubigung

daher gar nicht. Wir sehen, daß er großsinnig ist bis
zum Übermaße, daß er ein gewaltiger Held ist, der,
nachdem er die andern besiegt hat, den stärksten, sich
selbst besiegt. Shakespeare mutet uns keinen Glauben
zu, als den unsre Sinne und unser Verstand sich selbst
bestätigen oder finden. Es ist gleichgültig, wie seine
Helden heißen: Coriolan könnte Tullius heißen oder
irgendwie sonst, er bliebe, was er ist, und wir sähen,
was er ist. Gebt diesem Tasso und Alphons andre
Namen und laßt uns nichts von ihnen erfahren, als
was wir sie selber thun sehen, und sie werden gewaltig
in unsrer Meinung sinken. —

Das Poetische Shakespeares

Wodurch ist Shakespeare so poetisch? Weil er in
jedem kleinsten wie größeren Teile, wie im ganzen
ein Allgemeines in einem Besondern giebt. Die Novellen, deren er sich bediente, waren wie ausersehen
dazu, daß er sich ihrer bedienen sollte. Denn sie alle
verkörpern ein Allgemeines in fast grillenhafter Besonderheit, wodurch sie der realistischen Behandlung
vorgearbeitet hatten. Und hier berühren sich die Extreme. Man betrachte Shakespeares Stoffe, und man
wird sich überzeugen, daß eben ihre Besonderheit es
ist, welche die typische Behandlungsweise möglich macht.
Eben nur am Besondern kann das Typische hervortreten. Ein andres Allgemeines, ein abstraktes Ideal
führt zur Unwahrheit, zur poetischen, zur leeren Phrase.
Das Typische aber ist die Zusammenfassung vieler
Züge. Wie es aus vielen einzelnen, besondern Erfahrungsfällen genommen ist, so muß das Mannigfaltige vieler einzelnen Fälle zusammengestellt werden,
um diesen Typus in eine Anschauung zu pressen. Das
Problem des Dichters muß also ein allgemeines sein.
d. h. eines, das womöglich sprichwörtlich und be-

Vorstellung des Publikums geläufig ist, d. h. es muß eine Regel sein und keine Ausnahme. Je mehr Fälle des gewöhnlichen Lebens in ihm zusammengefaßt sind, desto besser. Die einzelnen Motive müssen dieselben sein, die in den Menschen, im Publikum wirken, welche diese aus Erfahrung kennen, deren Notwendigkeit sie also begreifen. Die Fabel selbst in ihrem Reichtum, ihrer Zusammenstellung braucht den in der Wirklichkeit gewöhnlichen Fällen nicht zu entsprechen, ja sie kann es nicht aus schon beregtem Grunde. Doch ist es gut, wenn auch die Handlung bei aller Besonderheit in dem Sinne allgemeiner Natur ist, daß die darin dargestellten Mächte nicht als Sitten und Gebräuche auftreten, die nur zu gewisser Zeit und in gewissen Ländern gegolten haben, daß man auch demjenigen, was in der Gegenwart zufällig, was Krankheitserscheinung am moralischen Sinne oder am Menschenverstande und Schönheitssinne ist, den Eintritt verwehrt. Schillers Spruch: „Was niemals war, das ist zu allen Zeiten" läßt sich auch so umstellen: Nur was zu allen Zeiten war, das ist — für die Tragödie — wirklich. Auch Gervinus hat gefunden, daß die besondersten Charaktere Shakespeares zugleich die am meisten typischen sind. — In der Qualität muß der Dichter wie die Natur schaffen; in der Quantität darf er darüber hinausgehn. Er darf, der Tragiker muß sogar seinen typischen Fall extremer wenden, als die Fälle aus der Wirklichkeit, die er zusammenfaßt, ausgehen. Denn er braucht einen Abschluß, den die Fälle in der Wirklichkeit gewöhnlich nicht haben, wo das Leben ein Problem durch das andre, oft durch das verschiedenartigste modifiziert oder ganz verschlingt. Dem Dichter liegt ob, nicht was die Natur, sondern wie die Natur schafft, ihr nachzuschaffen. —

Der ethische Inhalt

Jede Shakespearische Tragödie hat sozusagen einen jüngsten Tag, ein Bild des großen Weltgerichts am Ende in sich. Bei den mehreren auseinander entstehenden Verbrechen im Hamlet, die sich in einem letzten, in einer Gesamtkatastrophe strafen, wird man an die kanonische Schreibart oder an die Fuge erinnert. Es ist der tragische Kontrapunkt. Zweimal dieselbe Situation mit kontrastiertem Hauptcharakter derselben. Hamlet rächt seinen Vater an dem Könige, Laertes rächt seinen Vater am Hamlet. Der König will sich retten und macht gemeinsame Sache mit Laertes, und holt sich so seine Strafe. — So finden wir bei Shakespeare wie bei den Griechen eine πρωταρχος ἄτη, eine anfängliche Schuld, die wie ein Wirbel andre, die nahe stehen, mit in sich hineinreißt. Denn das Böse, das sittlich oder intellektuell Verkehrte fällt nicht allein überhaupt auf des Begehrers Haupt zurück, sondern es reißt auch andre in den Wirbel hinein und zeitigt, was sie von Keimen zur Schuld in sich haben, durch seine Brutwärme, sich zu verschulden, dann straft eine Schuld die andre. —

Einheit bei Shakespeare

Wie Shakespeares ganze Poesie das Innerliche, Geistige, Wesentliche über das Äußerliche, Sinnliche, Zufällige setzt, so hat er auch die äußerlichen sogenannten Einheiten nichts geachtet; aus seiner Behandlungsart kann man aber leicht ersehen, daß er das nur that, weil er die inneren, geistigen, wesentlichen Einheiten, ohne deren Beachtung sie nicht möglich war, über sie setzte. Wie die ganze Dichtart in ein höheres Gebiet hinaufgerückt war, mußten es auch ihre Gesetze sein. Wir finden, den Einheiten des Aristoteles entsprechend, nun 1) die Einheit des typischen Falles, wonach der ideale Zusammenhang von Charakter, Schuld und Leiden eine Einheit bilden, 2) Einheit des Motivs, der Leidenschaft, 3) Einheit der Stimmung, Geschlossenheit des Gehaltes. — — Die Handlung der griechischen Tragödie eine idealisierte Anekdote, die der Shakespearischen ein individualisierter Typus. — Je wahrer eine Darstellung ist, desto schöner muß sie sein. — Als Idealist habe ich angefangen, dann schlug ich aus Ungenügen in den Realismus um und trieb diesen, soweit es möglich ist. Nun muß ich beide Einseitigkeiten zusammenzufassen suchen, was ja der Zweck meiner künstlerischen Selbsterziehung war. —

Shakespeares Komposition
(Aus einem Briefe)

— — Sie sagen: „Shakespeares Komposition sei nicht musterhaft." Was heißt das? Ich muß Ihnen aufrichtig bekennen, daß ich Komposition überhaupt für etwas Relatives halte und nicht weiß, wie man Shakespeares Kompositionsweise mit der eines andern Dichters vergleichen kann, weil kein andrer von diesen Bedingungen ausgeht und dieselben Absichten hat wie Shakespeare, und weil seine Komposition als ein Teil seiner Poesie gewisse Gesetze haben muß, welche eine andre Komposition nicht haben kann. Von seinem Gesichtspunkte aus, d. h. dasjenige zu erreichen, was er erreichen will, wozu die Komposition eines der mehreren Mittel ist, davon habe ich mich vollkommen überzeugt, giebt es keine zweckmäßigere Kompositionsweise. Und die theatralische Wirkung seiner Stücke beweist das noch täglich. Ich muß sogar bekennen, daß ich ihn gerade von der Seite der Komposition am meisten bewundere. Und mit welchem andern Dichter

wollen Sie ihn vergleichen? Oder was verlangen Sie
von der Komposition eines Trauerspiels? Verlangen
Sie, daß es eine künstliche Maschine, d. h. ein Kunststück sei, so steht Lessing über ihm (in der Emilia).
Verlangen Sie dagegen, daß sie ein Organismus (ein
Kunstwerk) sei, so weiß ich niemand über Shakespeare.
Oder wollen Sie mir die griechische Tragödie vor-
halten, in welcher das Lyrische und Epische noch un-
verbunden beisammen, wo Anfang und Ende Reliefs
und nur die Mitte freistehende Gruppe sind, wo die
arme Handlung gewaltsam gedehnt und immer, ehe
wir noch heimisch darin werden konnten, von unend-
lichen, undramatischen Chorgesängen zerrissen wird,
die uns im ganzen Mythenkreise herumführen, bis wir
schwindeln? Übrigens hat Lessing in der Emilia nur
das Versprechen gelöst, welches er in der Dramaturgie
gab, bei genauer Befolgung der Regeln der tragédie
classique etwas weit Lebendigeres und Ergreifenderes
zu leisten, als dieser bei allen Licenzen von der eignen
Konvenienz gelungen war. Und dies Versprechen hat
er gewiß auf die gloriofeste Weise gehalten. Aber das
weiß ich gewiß, daß er sein Werk in Hinsicht der
Komposition gewiß nicht den Shakespearischen eben-
bürtig erklären möchte. Lessing selbst macht auf den
Unterschied von Shakespeares Freskogemälden und den
französischen Miniaturbildern für einen Ring aufmerksam, und ihm sähe es am wenigsten ähnlich, die Gesetze
der Komposition eines solchen Ringbildchens auf die
Beurteilung der Komposition eines großen Freskobildes
anzuwenden. Ihre Meinung wird also wohl die sein,
daß die Shakespearische Kompositionsweise in Beziehung
auf seine eigne Absicht mit seinem tragischen Ganzen
fehlerhaft sei. Dann wird es Ihnen aber schwer halten,
nachzuweisen, wie es bei irgend einer andern Art zu
komponieren Shakespeare möglich gewesen sein würde,
seinen Dichtungen dasjenige zu geben, was Sie selbst

bewegt, ihn über alle andern dramatischen Dichter zu stellen. Wie bei Lessing ist es bei Schiller; die Maschinerie ist das Stück, und das, was eigentlich das Stück sein sollte, geht nebenher. — Das ist so schön bei Lessing, daß, wo er eine Behauptung aufstellt, wie diese, daß Shakespeare in der Komposition nicht musterhaft sei, er sie auch beweist. Mit einer solchen Behauptung ist überhaupt zu viel und zu wenig gethan. Man weiß nicht, ob der Kritiker meint, ein andrer Dichter sei in Hinsicht der Komposition mustergiltiger, und wer? Man weiß nicht, von welchen Vordersätzen er ausgeht, um entweder diese oder doch die Anwendung auf Shakespeare kontrollieren zu können. Man muß fast glauben, es solle, was den deutschen Klassikern auf einer andern Seite genommen worden, ihnen auf dieser wieder gegeben werden. Doch können Sie unmöglich meinen, Goethes oder Schillers Kompositionsweise sei vorzuziehen. Gedankenlose Menschen plaudern dann dergleichen als ausgemacht weiter, die andern wissen nicht, wie sie dran sind; etwas übles bei Gelegenheit von Historie oder Kritik oder bei beiden. Wenn nun jene Vorzüge Shakespeares, welche Sie anerkennen, nur diese Kompositionsweise erlauben? Man trägt sich heutzutage mit wunderlichen, völlig unkünstlerischen mechanischen Vorstellungen, z. B. Scribes oder auch altgriechische Komposition mit Shakespeares Charaktern zu verbinden. In der Emilia haben Sie nach meiner Überzeugung das Vollendetste, was auf diesem mechanischen Wege möglich ist; und doch ist es ein Kunststück, das überall auf Schrauben steht. —

Dramatische Technik Shakespeares

Die falsch verstandene Shakespearische Form ist ein unkünstlerisches Unding, aber die richtig gehandhabte die einzige mögliche für das nicht antike Drama.

Shakespeare simplifiziert seinen Stoff aufs möglichste. Er exponiert nicht erzählend. Unmerklich wird man mit den Vorbedingungen bekannt. — Er legt seinen Stoff so, daß er völlig dramatisch daliegt. Dann teilt er ihn in viele kurze Szenen, wodurch die Bewegung gewinnt. — Er macht lieber abstrakte Expositionsszenen, um die andern nicht mit dem epischen Beisatze zu verderben. Jede Handlung hat ihre eignen Gesten, ihre eignen Worte, eigentlich auch ihre eigne lokale Heimat. Dies giebt er jeder, um sie zu idealisieren, und hält sie auseinander. Bei der konzentrierten Form ist die Szene ein Raum, in den das Verschiedenartigste sich geduldig zusammendrängen lassen muß, wo das Ineinanderschreien der Stimmungen entweder gar keine aufkommen läßt oder das Gefühl beleidigt. — Shakespeare würde in konzentrierter Form wegen der Peinlichkeit der Spannung, Iffland in der freien Form wegen Mangels an aller Spannung unerträglich sein. Man thue jedes Ding an seinen Ort.

Einfachheit der Maschinerie

Größte Einfachheit der Maschinerie; der geistige ethisch-psychologische poetische Gehalt des Grundgedankens, nicht die Maschinerie, d. h. nicht der pragmatische Nexus als solcher, nein, nur insofern er mit dem idealen Nexus eins ist, muß das Stück sein. Dadurch erreicht Shakespeare beim größten Reichtum an Handlung und Begebenheit das behagliche Sichausleben der Gespräche und Personen, weil seine Handlung bis aufs innerste, bis auf den Kern simplifiziert und konzentriert ist. Dieser engste Kern wird wiederum durch die äußerste Kunst des Dialoges geschwellt.

Das Verbergen der Maschinerie. Schuld und Charakter

Wie flüssig ist bei Shakespeare der Vorgang, in welchen fast unmerklich die Handlung eingelassen ist, wodurch wir sie mit erleben, wir wissen nicht, wie? Wie ist es ihm gelungen, die Blumenstiele dem Auge zu verbergen, sodaß der Kranz nur aus den Blumen selbst zu bestehen scheint. Wie sind so gar keine Anstalten sichtbar! Das Ganze eine Reihe von Auslebeszenen der interessantesten und amüsantesten Art. Jene Verknüpfungen und Vorbereitungen, die uns in andern Stücken mehr oder weniger die Maschinerie sehen lassen — wie ist im Shakespeare keine Spur davon! Lessing sagt: „Wo wir viel nachdenken müssen, können wir wenig fühlen"; deswegen rät er dem Trauerspiele eine einfachste Verwicklung an. Die Shakespeares sind auch wirklich in diesem Sinne einfachst. — Er operiert mit den einfachsten, allgemeinsten, primitivsten Motiven. —

Seine Verknüpfung ist immer das einfachst-notwendige unmittelbare Hervorgehen der Schuld aus der Charakterdisposition, das unmittelbarst-notwendige Hervorgehen des Leidens aus der Schuld, nach dem einfachsten Naturgesetze der Seele, eine ideale Verknüpfung, in der die Idee selbst der Pragmatismus ist, so daß der ideal-ethisch-psychologische Gehalt des Stoffes und nichts andres, dieser Gehalt, unvermischt mit etwas anderm, als er selbst, das Stück ist. Jetzt ist die pragmatische Verknüpfung die Hauptsache, das ethische Resultat des Ganzen wird sozusagen gelegentlich mit erreicht, d. h. eigentlich zufällig. Das Resultat, auf so verschiedne Weise gewonnen, läßt sich charakterisieren dort als ethisch-psychologische Notwendigkeit der Sache, hier als poetische Gerechtigkeit des Autors. Man vergleiche den Macbeth mit der Emilia Galotti. Dort kann der Ausgang kein andrer sein, denn das Gewissen muß die That rächen, und wenn auch Macbeth am Leben und bei Macht bliebe. Das Stück ist eben nur die That und die Rache des Gewissens dafür. Hier könnte die Emilia recht gut gerettet werden und leben bleiben, die Maschine brauchte nur eine etwas andre zu sein; diese Änderung könnte pragmatisch eben dieselbe Musterhaftigkeit haben; aber, so oder so — der Ausgang folgte nicht aus der einfachsten Natur der Sache, sondern aus der Willkür des Autors. —

Allgemeine Form der Shakespearischen Komposition

In den meisten Tragödien Shakespeares ist eine Art Sonatenform anzutreffen, welche in der Mitte das Thema, die Charakteridee des Helden mit dem Gegenthema — dem andern Faktor des tragischen Widerspruchs — in die innigste Wechselwirkung und Kontrastierung bringt, in sogenannten Gängen die Motive des Themas sich harmonisch und kontrapunktisch charakteristisch an und gegen einander ausleben läßt, worauf der dritte Teil wieder ruhiger das ganze Thema bringt, in der Tragödie aber in der parallelen Molltonart. Im ersten Teile werden die Motive gegeben, die dann im zweiten auf Leben und Tod sich auf den Hals rücken, d. h. die sogenannte Verwicklung eingehen und die Spannung leidenschaftlich machen; als dritter Teil folgt die Auflösung der krampfig verschlungenen Motive in der beruhigenden Gewißheit des Ausgangs, die ausklingende Beruhigung und Versöhnung, die Rührung und Erschütterung über das sich auslebende Produkt des zweiten Teiles. Die Spannung wird zur rein tragischen Stimmung, die Ungewißheit zur Ergebung, die Furcht zum Mitleide. — Im ersten Teile exponieren sich die Faktoren des Widerspruchs und ihre Verkörperungen in den Verhältnissen des Helden, im zweiten erhitzen sie sich und treffen zusammen und brauen im wilden Gegeneinanderaufsieden das Schicksal, über welches im dritten die Stimmung in Erhebung feierlich ausklingt. So sehen wir im Coriolan die erst bloß genannten Motive sich jedes für sich ausleben im Verhältnisse Coriolans zum Volke, zum Feinde, zur

Mutter, das gefährliche Erſelbſtalleinſeinwollen, ſich nicht nach andern und in die Umſtände Schickenwollen und -können; und die ebenſo gefährliche Abhängigkeit von der Mutter. Jede dieſer zwei Situationen allein wäre weniger gefährlich, und er könnte dabei heil bleiben; aber daß ſie zuſammen ſind, daß die zweite ihm die Aufgabe aufzwingt, der die erſte ihn unangemeſſen macht, das macht beide zu tragiſchen und führt zu Leiden und Untergang. Will er ein Menſch aus dem Ganzen ſein, ſo muß er es auch ganz ſein, will oder muß er bloß der Selbſtbeſtimmung ſeiner Natur folgen, ſo ſollte er nicht der Mutter den gewaltigen Einfluß auf ſich einräumen wollen oder müſſen. Die Mutter bringt ihn dazu, ſich um das Konſulat zu bewerben; das Widerſtreben, die Unangemeſſenheit ſeiner Natur dabei macht, daß die Bewerbung eine vergebliche wird; ſeine Natur rächt ſich durch das gefährliche Herausſagen alles deſſen, was er gegen das Volk und ſeine Rechte auf dem Herzen hat. Ginge er nun aus dem Lande und ließe die Zeit machen, die ſeiner Verdienſte ſchon bedürfen wird, er bliebe heil; aber die Mutter will, er ſoll abbitten; das macht die Sache noch ſchlimmer, es iſt eine neue, unmögliche Aufgabe. Die Verbannung macht, daß er ſeinen Feind zur Rache gegen das ihm durch ſeine Schuld mit feindliche Vaterland wirbt; ſo wirkt ſein Leiden und ſeine Schuld — Schuld, die wieder zum Leiden führen muß. Aber dem völligen Untergange verfällt er doch dadurch, daß er der Mutter noch einmal den allmächtigen Einfluß auf ſein Wollen und Thun einräumt; dadurch wird ihm die Verbindung, die er mit ſeinem alten Feinde und Nebenbuhler eingegangen hat, tödlich. Wir haben alſo eine Reihe unlöslicher Aufgaben. Die erſte ſtellt ſein Verhältnis zur Mutter dar und was in dieſem Verhältniſſe von ſeiner eignen Natur iſt, die ſich eben eine unlösbare Aufgabe ſtellt, ſodaß er ſeine Natur nicht in Anschlag bringt, oder daß er dann ihrer nicht Herr wird, sie macht sein Verhältnis zum Volke unlösbar; die zweite ebenso. Nun stellt ihm sein Verhältnis zum Volke die dritte Aufgabe, die er eingeht in der Verbindung mit dem alten Feinde und Nebenbuhler; diese Aufgabe macht sein Verhältnis zur Mutter zu einer unlösbaren; die vierte, die dem Feinde gegenüber die Unterwerfung seiner Natur unter die Klugheit fordert, macht diese seine Natur unauflöslich. So ist in jedem dieser Verhältnisse nur eine Verkörperung eines Hauptzuges des Kontrastes seiner Natur. In seiner Mutter ist seine eigne Natur, aber mit der ihr Gefährliches balancierenden Gewalt über sich selbst, sein Stolz, aber in Unterordnung unter die Forderungen der Situation an die Klugheit in Handlung gesetzt und so mit seiner Natur kontrastiert. Räumt er ihr solchen Einfluß auf sich ein, so sollte er auch ihre Natur zu der seinen machen. Er giebt dem Feinde dadurch, daß er seiner Mutter seine Rache opfert, den Vorwand zu seinem Untergange. Nach dem, was er im Dienste seines Volkes den Volslern angethan, durfte er nicht in ein freundliches Verhältnis zu ihnen treten oder mußte in diesem konsequent aushalten. So folgt aus jedem seiner Verhältnisse eine faktische Lehre. Die dargestellte oder im Stücke ausgesprochene Kritik aber verfolgt nur sein Verhältnis zum Volke und darin seine tragische Charakteranlage, Stolz ohne Klugheit, Stolz bis zur Verachtung der Klugheit, die dem Stolze eine so nötige, unentbehrliche Begleiterin und Führerin durchs Leben ist. Noch ist zu erwähnen, daß Coriolan der einzige Shakespearische tragische Held ist, der eines gewaltsamen, unnatürlichen Todes stirbt, ohne eine Blutschuld zu haben, wie sogar der milde Brutus eine hat im Mitmorde Cäsars. —

Entwicklung der Fabel

Shakespeare entwirft die Fabel in wenigen großen Zügen, die, kausal miteinander verknüpft, feststehen. Dann teilt er die Fabel solchergestalt in Szenen, daß die Motive vollständig klar, der äußere Vorgang vollständig anschaulich sich darin darstellen können. Die Spannung liegt im Ganzen, das die Idee verkörpert. Er sucht nicht spezielle Spannungen und spezielle Interessen hineinzulegen neben jener großen Spannung, und alles Interesse strahlt von dem Ganzen aus, beides liegt im einfachsten Plane. Eine Hauptsituation, Ein Motiv, Ein Ziel Eines Hauptcharakters, also Eine Richtung desselben. "Nun bereichert er die Handlung mit mannigfaltigem Detail, das aber nicht unter sich selbst wieder Afterorganismen bildet, die ihre eigne Spannung und eignes Interesse haben, oder bedingend in den einfachen Hauptmechanismus eingreift. Nun sieht man in Monologen die innere Handlung als Gefühl der Situation und Trieb des Charakters die Entschlüsse gebären, die dann in Spielszenen vollzogen in äußerer Handlung zu Thatsachen werden, die wieder neue Entschlüsse hervorbringen." — Er erfindet seine Pläne als Stücke notwendiger Geschichte, als den Normalverlauf einer Leidenschaft. Diese faßt er, als in der Natur seines Haupthelden vorbestimmt, und erfindet die Situation, wie sie dient, an ihr ungezwungen jene Natur zu entwickeln. Die Schuld liegt schon als Keim in der Natur des Helden, das Schicksal ebenso in der Schuld. Die Spannung liegt einfach darin, daß wir im Keime den Baum schon sehen, der daraus erwachsen wird, daß wir mit der Angst des Mitleids die Maschine aufhalten möchten, deren Thätigkeitsziel das Verderben ist; wenn wir nicht wüßten, das wäre vergeblich, und wir müßten uns in die Notwendigkeit ergeben. Das Beugen vor der Notwendigkeit, die uns weh thut, die wir aber für vernünftig halten müssen, macht die tragische Stimmung zu einer im reinsten Sinne religiösen. — Wir möchten den Helden warnen, der sich selbst verdirbt, und wissen doch, was er begonnen, muß mit seinem Verderben enden. Affektvolles Mitleid, und doch immer die klare Einsicht, er ist selber schuld, niemand anders, er selbst hat sich die Schlinge gelegt, daraus entsteht die echt tragische Stimmung. Am vollkommensten ist sie im Macbeth, wo im Schicksal sich nur ein notwendiger Naturprozeß vollzieht. Wer einmal im Blute watet, kann nicht zurück. Die Reaktionen, an denen er scheitert, die inneren wie die äußeren, sind notwendig. "Je weniger der Zufall oder etwas Zufälliges sich einmischt, desto besser. So schadet es im Romeo, daß der Heiratsplan des alten Capulet sich einmischt, der von außen kommt, nicht in notwendigem Zusammenhang mit der Schuld liegt." — Im Macbeth ist ein Normalkrankheitsverlauf. Das Ganze spielt im Macbeth selbst, der Held ist das Stück. Denn alle Handlung im Stücke geht von ihm aus. Er ganz allein schmiedet sein Schicksal fertig. —

Vorbereitung des Effektes

Shakespeare bereitet seine Effekte so vor, daß die Vorbereitung, die Mittel dazu, die Gedanken abziehen, sodaß der Eintritt des Effektes vorbereitet und doch plötzlich, überraschend und desto imposanter erfolgt. So z. B. wie der Geist dem Hamlet erscheint, in dessen Rede von der Trinksucht der Dänen hinein. —

Dramatische Stoffe

— Man ist geneigt, Stoffe mit stark vorwärts treibenden Leidenschaften und viel äußerer Bewegung als die für die Tragödie günstigsten anzusehen, nament-

lich aber für die, deren Bearbeitung die wenigste
Schwierigkeit habe. Diese Meinung ist eine falsche.
Der Stoff ist unter den andern der glücklichste für
die Bearbeitung, der am meisten Stetigkeit hat, der
immer dieselbe kleine Anzahl von Personen im engsten
Raume zusammenhält und mit ruhiger Bewegung
seinem Abschlusse entgegengeht. So Hamlet, Othello,
der Anfang des Julius Cäsar ꝛc. In Szenen ohne
eigentliche Thathandlung, wozu ich auch Entschlüsse,
Pläne ꝛc. zähle, in welchen die Stimmung von einer
Thathandlungsszene wie in figurierten Orgelpunkten
ausklingt, oder in denjenigen, in welchen die Gegen-
harmonie als Zwischensatz einem erwarteten Thema-
eintritte unmerklich entgegenarbeitet, findet das poly-
phone Ausleben mehrerer kontrastierenden Stimmen
nebeneinander, worin die Poesie am meisten Spiel-
raum hat, am bequemsten Platz. Dahin sind zu rechnen
z. B. die Learszenen während des Gewitters, die im
Othello, wo Desdemona sich an Jago wendet ꝛc. Je
stärker die Kausalität vorschreit, desto weniger ist Raum
für Poesie; entweder sie kann sich nicht entwickeln,
oder es ist für den Zuschauer nicht die Stimmung
möglich, er hat nicht die Freiheit, sie auf sich wirken
zu lassen. Die günstigste Handlung, Thathandlung,
ist ein einfacher Stoff, in dem eine nicht zu große
Anzahl durch Gemütsart, Intentionen ꝛc. scharf kontrastierter Personen vom Anfang bis zum Ende auf
einen möglichst engen Raum zusammengedrängt sind. —

Der Kontrast

Alles Dramatischwirkende ruht auf dem Kontraste, der z. B. im Jago und Othello wie Thema
und Gegensatz in einer Bachischen Fuge durch das Stück
nebeneinander geht. Shakespeares ganze Kunst ist auf
dem Kontraste basiert. So die kontrastierenden Doppel-

handlungen, worin mehrere Charaktere in Bezug auf das Praktische, Ethische kontrastiert sind, wie er auch außerdem die Figuren gern wenigstens äußerlich kontrastiert, die am meisten zugleich auf der Bühne sind; wie er den Kontrast ins Innerste der Charaktere gelegt hat und wiederum äußerlich gern kontrastierende Motive in der Diktion zusammenbringt, z. B. Lächeln in Thränen, Witz des Ärgers und der Verzweiflung und des Wahnsinns Humor, Zeichnung auf einem Grunde von andrer Farbe, Dunkel auf Hell und umgekehrt; die Übergänge aus Freude in Schmerz und umgekehrt gehen ebenfalls durch diesen Kontrast hindurch. Die Albernen haben Weisheit, die Bösewichter Moral im Munde, ferner geheuchelte Ruhe bei innerem Aufruhr, die Angst, die sich selbst wegzuscherzen strebt; die große Meinung, die seine Thoren von ihrer Klugheit haben, die Selbstzufriedenheit der geistig und leiblich Armen, die Melancholie der leiblich und geistig Reichen (Antonio). Überhaupt die Einmischung des Komischen ins Tragische, Zerstreutheit, Vertiefung. Wo es nur geht, wird auch die Denkart kontrastiert, im Cäsar über Selbstmord, im Othello über Untreue (Desdemona und Emilie) u. s. w. Selbst in der äußeren Form des Dialogs; wenn der eine überfließt, ist der andre lakonisch. Alle Verstellung ruht auf dem Kontraste. Allen schauspielerischen wie tragischen Effekten liegt der Kontrast zu Grunde. Wie das Licht nur an Körpern, so kommt die Einheit nur am Kontraste zur Erscheinung. Wo kein Kontrast, da ist auch keine künstlerische Einheit. Daher bei Shakespeare die Charaktere die anziehendsten, in welchen die meisten Kontraste. Im bloßen Vorhandensein des Kontrastierenden, im gleichgiltigen Verhalten der kontrastierenden Züge ist nur die Möglichkeit der dramatischen Wirkung gegeben; diese selbst entsteht erst, wenn sie sich auf den Hals rücken, wenn der Kontrast unmittelbar in die Sinne fällt. Dann ist auch subjektiv, in der tragischen Stimmung ein Kontrast, und zwar ein doppelter, erstlich in der Sympathie an sich, dann in der Sympathie mit dem Gefühle der tragischen Gerechtigkeit. Wenn man wissen will, was die Dichtungen naiver Zeiten so sinnlich-kräftig macht, so prüfe man sie darauf, ob nicht die scharfen Kontraste überall die Wirkung thun; nicht der unwirkendste ist der Kontrast zwischen der Kühle des Dichters und dem Heißen, was er schildert. Man wird bald finden, daß die schädliche Wirkung der Reflexion auf den dichterischen Geist hauptsächlich darin besteht, daß sie die Kontraste unterminiert und aufhebt oder wenigstens schwächt. Ehe beim sentimentalen Dichter die harten Kontraste von Standesungleichheit 2c. wirken können, hat er sie schon ideal aufgehoben. Wie stehen die Shakespearischen Bösewichter dem Himmel im offnen Kampfe imposant gegenüber, eben darum, weil sie den Abstand auszufüllen nichts thun; dagegen zersetzt z. B. Franz Moor die Substanz des Sittlichen mit Reflexion; er meuchelt, er vergiebt gewissermaßen mit heimlichem Gifte; er steckt die sittliche Idee mit einer schleichenden Krankheit an, um seinen Gegner, den er im offnen Kampfe fürchtet, zu schwächen. Aber der Charakter ist nicht konsequent, oder vielmehr: es stecken, wie fast in allen Schillerischen Figuren, nicht zwei kontrastierende, d. h. durcheinander geschlungene, miteinander ringende Richtungen, sondern zwei ganz verschiedene Personen, die mit einander abwechseln, in diesem Franz. Zuweilen ist er der naive, außerdem ist er der sentimentale, der reflektierende Bösewicht. —

Entwicklung der Situation

— Shakespeare vermeidet durchaus den Anschein des Skelettartigen, Geradlinigen, Preßierten. Der Ast zweigt sich ab. Ausstiefung der Situation. Hier ein

Beispiel: Hamlet tritt vom Geiste geführt an einer
einsameren Stelle der Terrasse wieder auf. Er fragt:
Wo führst du mich hin? Red; ich geh nicht weiter.
Der Geist fängt nicht gleich an zu erzählen. Er sagt
erst: Hör an! Hamlet entgegnet: Ich wills. Und noch
beginnt der Geist nicht; er bereitet den Eindruck seiner
Rede noch vor durch: Schon naht sich meine Stunde,
wo ich den schwefligen, qualvollen Flammen mich übergeben muß. Hamlet sagt: Ach, armer Geist! Der
Geist beginnt immer noch nicht, Hamlet bringt auch
nicht auf die Erzählung. Er sagt: Beklag mich nicht,
doch leih ein ernst Gehör dem, was ich kund will thun.
Hamlet entgegnet wiederum bloß füllend: Sprich, mir
ists Pflicht, zu hören. Der Geist greift vor: Zu rächen
auch, sobald du hören wirst. Nun fragt Hamlet:
Was? — Nun noch immer nicht erzählt der Geist, er
sagt erst, wer er ist, was bloß verständig betrachtet
unnötig wäre. Noch immer bereitet er die Stimmung
vor, indem er seinen Zustand im Fegefeuer wirksamer
dadurch beschreibt, daß er sagt, welchen Eindruck die
Beschreibung, die er nicht machen dürfe, auf Hamlet
wirken würde. Zugleich giebt dies ihm Gelegenheit
zu wunderbar poetischem Ausdrucke. Nach einer langen
Periode macht sein: Horch! horch, o horch! einen
wunderbar stimmungsreichen Eindruck. Es sind zugleich Seufzer. Was muß das nur sein, was er zu
erzählen hat? Eine balladenmäßig volkstümlich grausen-
haft süße Spannung ist angelegt. Aber noch immer
kommt die Erzählung nicht. Es ist, als wollte der
Geist seine Erzählung selbst noch hinausschieben; dadurch wird die Erwartung noch gespannter. Nun
kommt aber erst noch einmal: Wenn du deinen teuern
Vater je liebtest — Hamlet schaltet ein; man sieht
seinen gespannten Zustand darin: O Himmel! — Wie
kann der Geist so fragen? und jetzt? wie kann Hamlet
jetzt austönen, wie er den Vater liebt, da tiefstes, un-

geheuerstes Mitleid diese Liebe noch entflammt und
der Drang, ihn zu rächen. Er soll den Vater rächen,
aber noch ist nicht gesagt, an wem. Erst sagt der
Geist noch wofür. Räch seinen schnöden, unverschämten
Mord. Hamlet fährt auf: Mord? Nun wird erst der
Mord noch allgemein beschrieben: Ja, schnöder Mord,
wie er aufs beste ist, doch dieser unerhört und unnatürlich. Hamlet: Eil ihn zu melden; daß ich auf
Schwingen, rasch wie Andacht und der Liebenden Gedanken, zur Rache stürmen mag. Zu bemerken, wie
hier das: Durch wen? daß ich ihn töte! plastisch gemacht ist. Der heftige Drang ist hier nicht durch heftig
ausgestoßene, rasche Worte ausgedrückt. Die Raschheit ist beschrieben: Er sagt: er will rasch sein, aber
er sagt es nicht rasch. Spricht der Schauspieler die
Rede rasch, so macht sie einen größeren Eindruck, als
wenn sie kurz wäre, also unmittelbar die Raschheit
ausdrückte. Nun noch immer sagt der Geist nicht, an
wem er gerächt sein will. Er sagt: Du scheinst mir
willig. Auch wärst du träger ꝛc. — Dadurch wird
die Idee von Hamlets Charakter und von dem ganzen
Stücke voraus ausgesprochen. Denn Hamlet zeigt sich
dann in der Rache wirklich so träge. Noch einmal
dann: Nun, Hamlet, höre. Nun sagt er, wie es von
seinem plötzlichen Tode heiße, und daß so das Ohr
des Reiches getäuscht werde, und nun endlich kommt,
an wem er Rache haben will. Wenn etwas, so erinnert das an Beethovens Modulation. Aber es
kommt erst ein Trugschluß; der Geist nennt noch immer
nicht ohne weiteres den Namen, er sagt: Wisse, die
Schlang, die deines Vaters Leben stach, trägt seine
Krone jetzt. Und Hamlet spricht erst aus, daß er es
geahnt: O mein prophetisches Gemüt! Und fragt,
endlich den Namen nennend, doch noch: Mein Oheim?
Ja, sagt nun endlich der Geist, und nun erst beginnt
die Erzählung. Dieses durch Rückhalten des Wortes

die Spannung zu steigern, ist ein Hauptkunstgriff
Shakespeares. Nach dieser Vorbereitung macht nun
erst das Wort den Eindruck, den es machen kann. Zugleich wird das bloße dünne Aufzählen vermieden,
und der Eindruck zugleich ein künstlerischer. Der Geist
könnte es gleich sagen, Hamlet weiß es eigentlich schon
durch die bloße Erscheinung und Aufforderung zur
Rache. Aber das Zögern beider, das das Schreckliche
hinhalten will, bringt sympathetisch im Zuhörer dieselbe Stimmung, dieselbe Angst vor dem Aussprechen
des Wortes hervor, das er gleich im Anfange des
Stückes erriet. Wunderbar ist die Mannigfaltigkeit
Shakespeares in diesen Vorbereitungen, sodaß man
fast jede einzelne Szene erst anatomieren muß, um zu
finden, daß sie fast alle so gebaut sind. — So wird
die Stimmung der einzelnen Szenen fixiert, und der
Eindruck jeder vollständig ausgebeutet und dem Hörer
ins Herz und Gedächtnis gegraben; was bei dem Reichtum seiner Stücke notwendig ist, wo sonst immer ein
Eindruck den andern verlöschen würde. Und so ist
auch in den affektvollsten Szenen ein reicher Gehalt
möglich. Ein Shakespearisches Stück ist eine fortwährend Vorbereitung auf die Katastrophe, und so
hat jede einzelne Szene ihre eigne kleine Katastrophe,
zu der der übrige Dialog Vorbereitung ist. — So ist
der darauffolgende Monolog Hamlets: O Herr des
Himmels! Erde! was noch sonst? nenn ich die Hölle
mit? nur eine auseinandergelegte Interjektion, ein ge-
gliederter Naturlaut. Eine Selbstreizung des Affektes,
der sich in kleinem Gelde gern ausgiebt, sich detail-
lierend auslobt, nicht von seinem Gegenstande los-
kommt. Hamlet, ein Mensch von äußerst reizbarem
Gefühls-, aber ebenso schlaffem Begehrungsvermögen. —
Es liegt auf der Hand, daß, um solche Wendungen
dem Gespräche zu geben und dadurch Gehalt und
sinnliche Bewegung in der Behandlung zu vereinen,

man durch den Stoff nicht geniert sein darf. Der wesentliche Inhalt einer solchen Szene muß jederzeit ein kleiner sein, ein leicht überfichtlicher. Das Maß muß jedes Stück sich sogleich selber vorschreiben, nach dem die auffassende Phantasie des Hörers seine Einzelheiten messen soll. Das an Handlung reichere Stück wird ein größeres Maß, größere Verkürzung verlangen, wird einen gedrängteren Auszug des Lebens vorstellen, als ein ärmeres. Man wird die Handlung äußerst simplifizieren müssen, um Platz für das Detail des Dialoges zu erhalten. Im Lear ist deshalb die eigentliche Handlung auf ihre Hauptzüge reduziert, dadurch ist Raum gewonnen worden für ganze Szenen, die fast nur Detail find, und in diesen ist der Gehalt. Im Detail leben sich die Charaktere aus und die Situation. Die eigentlichen Handlungsschritte sind die Rucke, durch die der Guckkastenmann Poet ein Bild verschwinden und ein andres erscheinen läßt. Das Detail ist dann die Betrachtung des neuen Bildes. Ohne solches Detail würde ein Stück einem Guckkasten gleichen, dessen Bilder sich unaufhörlich bewegend ablösten, der Zuschauer würde keines ordentlich beschauen können und zuletzt nicht wissen, was er gesehen und gehört. Eindrücke und kein Eindruck. —

Ökonomie des Dramatikers

In allen Shakespearischen Stücken ist die Handlung, die eigentliche, das Handeln möglichst einfach, es wird aber derselben durch Kunst der Schein einer reichen Handlung gegeben. Eine große Situation, aber diese vollständig ausgebeutet. Im Hamlet ist die Situation, die tragische, durch das ganze Stück: Hamlet soll seinen Vater rächen und kann die Entschlossenheit dazu nicht gewinnen. Im Lear das Leiden des Vaters durch die undankbaren Töchter. Im Romeo der Kampf der Liebe zweier Menschen gegen den Haß ihrer Familien. "Doch kommt hier gegen Shakespeares sonstige Weise noch ein äußerliches Motiv, die Vatergewalt, hinzu." —

Das Bemühen, das Entstehen eines Charakters durch eine große Anzahl von Umwandlungen zu führen, muß ich aufgeben vollends zweier oder noch mehrerer. Es finden sich auch im Anfange einer engen Handlung genug dramatische Momente, aber in kleinen Schritten. Jene Aufgabe kann nur die epische Poesie lösen, die nicht eine Anzahl von Personen zugleich in stetiger Folge vorschreitend darzustellen gezwungen, sich Sprünge erlauben darf, die bloße Resultate geben darf, wo ihr der Raum fehlt, oder wo die stetige Entwicklung nicht Gehalt genug fände. —

Zu aller Illusion gehört eine gewisse Breite; erst wenn man sich in eine Situation hineingelebt, begreift man, wozu sie führen kann. Alles, was etwas jäh erscheint und aus der Illusion reißen könnte, alles, was etwas gewagt und fremd, wenn auch nicht unwahrscheinlich ist, verlangt Vorbereitung. Wie bereitet Shakespeare seine Geistererscheinung im Hamlet vor! Womöglich müssen alle Kräfte des Zuschauers auf dergleichen vorbereitet sein. Der Verstand durch den Kausalnexus, die Phantasie durch die Stimmung. "Nicht genug, daß man sich selbst in die Situation vertieft, man muß es dem Zuschauer auch möglich machen, dem Dichter in die Tiefe zu folgen und da erst heimisch zu werden, ehe wir ihm zumuten, uns das Thun, das wir aus der Situation folgern, zu glauben. — — Die Motive groß und gemeinverständlich, einfach und zureichend. Nichts Gewaltsames auf der Szene als etwa dem Ende nah. — Also" eine in einfachster Erzählung ergreifende, einfache Fabel mit großen, einfachen Motiven, die keine zusammengesetzten Gerüste bedürfen und ebenfalls in einfachster Erzäh-

lung hinreichend und klar erscheinen. Der Gang
gleichmäßig, nur nach dem Ende zu beschleunigt,
immer aber noch einen Grad von plastischer Ruhe
festhaltend. Die Übergänge nicht zu jäh. — Je gewaltsamer die Handlung, desto idealer die Sprache,
desto ruhiger der Gang. —

Entwicklung, Stil und Tempo des Trauerspiels

In der Tragödie muß man auf das verzichten,
was man rasches Zusammenspiel nennt. Das gehört
ins Lustspiel. — Je lebendiger das Szenarium, desto
nötiger ist Haltung in der Ausführung, im Dialoge.
Shakespeares Szenarien sind alle höchst gedrängt von
Handlung und Gemütsaufregungen; in gleicher Ausführung würden seine Stücke voll Unruhe sein. Aber
er retardiert schon durch das Einführen von Personen,
die eigentlich nichts zu thun haben, als eben nur das
Gleichgewicht der Stimmung zu erhalten. — Bei ihm
findet man Mischung von höchster Leidenschaftlichkeit
des Dargestellten und höchster Ruhe der Darstellung
selbst. Darin ist er wie die Alten. Er stellt die Heftigkeit dar, aber nicht heftig, die Verworrenheit, aber
klar. Nur Eine große Krankheitsgeschichte zeigt er
uns in Einem Stücke, diese aber auch desto vollständiger und überzeugender. Die zwei ersten Akte des
Othello enthalten die Bedingungen, unter denen solche
Eifersucht möglich und wahrscheinlich, die andern drei
Akte enthalten nur die Darstellung dieser Eifersucht.
Ebenso im Romeo. Daher die große Geschlossenheit
dieser Stücke, daß nun alles, Handlung und Gehalt
der Reden aus der betreffenden Leidenschaft genommen
ist. Und darum hat er eigentlich die Leidenschaften-
tragödie erschöpft. Er hat die Tragödie der Liebe,
der Eifersucht, der Freiheitssucht, Ehrsucht, Herrschsucht, des Jähzornes, der Thatenscheu — er hat die

Gattungen erschöpft, es sind nur noch Individuen denkbar, die nun immer wie unvollständige und ungenügende Kopien jener erscheinen, oder Mischungen, die wie Centos aus jenen erscheinen müssen. Jedes Stück hat seinen eignen Maßstab, seine eigne Natur, seinen eignen Stil. In dem einen sind die Züge seiner, in dem andern derber: in einem herrscht die psychologische Entwicklung, in dem andern die Thathandlung vor. Vier Hauptcharaktere gehen durch, die konsequent geschlossen erscheinen: der historische, die Novelle, der Mythus, das Märchen. Ferner noch drei: Tragödie, Schauspiel, Komödie. Dem historischen Drama mischt er keinen novellistischen Zug bei, und umgekehrt; er giebt ihm nie den poetischen Schwung des Mythus. Den Mythus hält er rein von den feinen psychologischen Zügen der Novelle; das Wunderbare des Märchens erhält nie den schweren, ahnungsvollen, ernsten Ton des Mythus; das Wunderbare des Mythus nie den gaukelnden, heiteren des Märchens. In den Mythus ragt das Wunderbare unheimlich, geheimnisvoll und furchtbar in die Wirklichkeit herein als Symbol der Nachtseite des menschlichen Gemütes. Im Märchen ist das Wunderbare das Gewöhnliche, das Sichselbstverstehende, das Wunder ist der Alltag der geschilderten Welt des Märchens. —

Dramatische und lyrische Steigerung

Man muß vermeiden, daß die dramatische Steigerung zur lyrischen wird, in der das Gefühl so vorherrscht, daß Charakteristisches, Exponierendes, Motivierendes geradezu störend wird. Man sehe bei Shakespeare z. B. in der Gerichtsszene im Kaufmann, wo die Spannung am höchsten, wie da noch ausgesponnene Scherze stattfinden. Das ist nun die Probe des Echttragischen; an jeder Stelle könnte, auch in den pathetischsten Szenen, der Narr parodierend hineinreden, ohne daß das Pathos lächerlich würde. Das macht Shakespeares Poesie so notwendig, so heiter, selbst im schrecklichsten Vorgange alles Peinliche entfernend, das macht es ihr möglich, so gehaltvoll zu sein, so reich an Gedanken. Bei der lyrischen Behandlung ist ein stetes gewaltsames Anspannen und Zurücksinken des Affektes des Zuschauers; gegen das Ende des Aktes wird er immer stärker gepackt, am Ende ist er am aufgeregtesten. Nun beginnt der nächste Akt wieder in einer gewissen Nüchternheit, bis das Kunststück wieder beginnt. Die lyrische Weise hebt Stetigkeit und Ganzheit des Interesses auf; auf welche beiden dagegen die dramatische Weise als auf ihre Hauptbedingungen hinarbeitet. — Welche sinnliche Frische gewinnen Shakespeares Stücke dadurch, daß keine lyrische Steigerung der einzelnen Szenen dem Humor, und zwar dem heiteren, den Zutritt verwehrt. Die tragische Heiterkeit, ein Hauptpunkt, bei Shakespeare zu lernen! —

Das Bewunderungswürdigste bei Shakespeare, wie er zu konzentrieren weiß, wie er eine gewisse Anzahl Personen, die eigentlich das Stück spielen, sich so nahe zu rücken weiß, und wie schnell und ohne große Maschinerie die gewaltigsten und ergreifendsten Szenen sich folgen. Eine Hauptsache dabei ist, daß er nicht mehrere Charakterentwicklungen nebeneinander hergehen läßt, ja eigentlich nur zeigt, was mit einem Hauptcharakter die Leidenschaft beginnt, wozu sie ihn bringt, und gewöhnlich ohne Umkehr. Othello bleibt derselbe einfältigredliche, ehrgefühlige Mann der That; die Leidenschaft macht nichts andres aus ihm, er wird ein Mörder, ohne aufzuhören, Othello zu sein.

Ebenmaß von Schuld und Strafe

Schuld und Strafe proportioniert Shakespeare in jeder Person jeden Stückes. Wie gelind ist die

Strafe der Desdemona, der Cordelia für geringe Schuld; wie furchtbar die Macbeths, in deſſen Leben ſeit, ja ſchon kurz vor ſeiner That bis zu ſeinem Tode jeder Augenblick mehr Qual in ſich hat, als das ganze Leiden dieſer beiden Frauen. Das vorbedachte Verbrechen gehört den kalten Leidenſchaften an, den beſonnen ſchleichenden, heuchelnden; wie die That in voller Zurechnungsfähigkeit gethan und mit Beſonnenheit iſt, ſo rächt ſie ſich ſchleichend in langausgeſparter Qual des Gewiſſens. Dagegen die heiße Leidenſchaft, wie ſie den weniger Zurechnungsfähigen fortreißt, in der umnebelten Beſinnung eine Milderung der Strafe findet, wie ihrer That Sünde dadurch geringer erſcheint. Die wahnſinnige Schuld ſtraft ſich mit Wahnſinn. Jähe Schuld findet jähe Strafe (Cornwallis). Die Unentſchloſſenheit zögert der Strafe entgegen, die ebenſo zögernd kommt und dem Schuldigen Zeit läßt für eine Ewigkeit von Selbſtvorwürfen. Die Schuld der Naiven kommt kaum zu ihrem Bewußtſein; der Zuſchauer muß das Gewiſſen für ſie haben, ſo für Lear, Romeo und Julia, Othello, Desdemona, Cordelia, Ophelia. Je bewußter die Schuld, deſto bewußter die Geſtraftheit. Macbeth, Hamlet, Heinrich IV., Richard III. — Die großen Erfolge unſrer Charakterſpieler in jetziger Zeit garantieren, daß auch die entſprechende dramatiſche Poeſie reüſſieren muß. Es gälte alſo intereſſante Geſtalten ſich ausleben zu laſſen. Dazu gehört nun freilich eine weniger ſtraffe Form und große Verhältniſſe, in denen ſich ſolche Figuren bewegen müßten. Der Judah war ein Anlauf dazu. —

Verſchuldung und Kataſtrophe

Man unterſcheide den Kauſalnexus zwiſchen Verſchuldung und Kataſtrophe, das ethiſche Problem, das Schickſal, von der Fabel oder dem äußeren Geſchichtsumriß; von beiden wieder das Szenenschema mit seinem Detail. Der erste ist die Seele, das zweite der Leib, und das dritte die Darstellung, die Haut. — Bei Shakespeare ist der Zusammenhang von Schuld und Strafe immer ein idealer, es folgt nicht ängstlich jede nächste Szene aus der vorigen, der Zusammenhang der Geschichte, d. i. der Anekdote, ist nicht ängstlich pragmatisch motiviert. — Der ideale Zusammenhang und die pragmatische Motivierung sind zwei verschiedene Dinge.

Die innere Kritik in Shakespeares Dramen

Sehr zu bewundern ist, wie Shakespeare die Kritik, d. h. das Urteil des einen über den andern oder über ihn selbst so unendlich zu variieren weiß, wie er es nicht allein in beschriebenes Handeln, Agieren, sondern in dargestelltes Handeln zu verwandeln weiß. So ist z. B. die berühmte Zwist- und Versöhnungsszene zwischen Brutus und Cassius nichts als dargestellte Kritik des andern und seiner selbst in dem Munde der beiden Männer. Ebenso in der Hetzrede des Antonius nichts als Kritik Cäsars und seiner selbst, direkte und indirekte. Wirklich ist solche Kritik des einen über den andern die sinnlichste und lebendigste Darstellung zugleich der Situation, des Verhältnisses jenes einen zu jenem andern, und zugleich Charakteristik beider. So wäre die Shakespearische Tragödie wesentlich unmittelbar und durch Aussprechen dargestellte Kritik eines anthropologisch-pragmatischen Typus, das Gute und Schöne, die Kraft rc. an demselben anerkennend, das Gefährliche daran — die tragische Anlage des betreffenden Charakters — aufweisend, mit Tadel und Warnung. Die Leidenschaft und die Situation sind es, durch welche und an welchen diese tragische Anlage als Verderberin ihres Besitzers erscheint. Kein Held Shakespeares geht durch eine Situation oder eine

Leidenschaft allein unter ohne diese tragische Anlage, welche eben die Unangemessenheit der Natur des Helden ist zu der Aufgabe, welche Situation und Leidenschaft ihm stellen, und aus welcher das Leiden hervorgeht und die Schuld, und schließlich der Untergang. —

Shakespeare und die Alten

— Wenn man die Stoffe der Alten mit denen Shakespeares vergleicht, fällt einem die Milde Shakespeares auf. So furchtbare Verbrechen, wie die Alten fast immer, hat er selten sich zum Vorwurfe gewählt. Bei der größeren Wirklichkeit seiner Ausführung eine sehr weise Mäßigung. Denn je furchtbarer der Stoff an sich, desto idealer muß die Ausführung sein, um die Wirkung jenes zu mildern. Die äußerste Naturwahrheit der Ausführung dagegen kann einem zu milden Stoffe nachhelfen. —

Idealität, Hill

Die Doppelfabeln bei Shakespeare wie die Doppelorgane am menschlichen Körper; die Learfabel und die Glosterfabel sind gleichsam die zwei Augen, durch welche die Eine Seele der tragischen Idee uns schmerzbezaubernd, mitleidberauschend und doch zugleich mit strenger Hoheit ansieht. Wer den menschlichen Bau beschaut, dem wird es klar, daß die Zweiheit der entsprechenden Organe erst recht die Einheit der ihn belebenden Seele ins Licht setzt. Jene beiden Halbfabeln arbeiten einander in die Hände, wie es zwei arbeitend bewegte Hände thun. Da ist kein Griff, den die eine machte ohne den entsprechenden der andern, keine bewegt sich bloß mechanisch, einem lokalen Reize nachgebend. Was beide bewegt, bewegt sie jederzeit als ein nur Eines, Ein Zweck, die Seele derselben tragischen Idee. — Schillers Charaktere sind selten ideal, d. h. künstlerisch ideal; sie sollen Ideale vorstellen, d. h. ideale Menschen, Menschen von hoher Vollkommenheit, womöglich Muster nach allen Seiten hin. — Ein dramatischer Charakter muß einen Kern haben, etwas, was ihn in den verschiedensten Situationen immer als denselben erscheinen läßt; dieser Kern ist die Idee des Charakters. — Bei Shakespeare belebt jederzeit eine Idee die ganze Handlung, eine Idee jeden Charakter; Idee und Erscheinung decken sich vollständig; bei Schiller dagegen sind immer fremdartige Ingredienzien in die Handlung aufgenommen, sowie in die Charaktere. — Handlung und Charaktere kann der Dichter nicht so brauchen, wie sie in der Wirklichkeit erscheinen, von der sie nur Stücke sind, er muß ihnen Totalität geben. Das haben Shakespeare und Goethe gethan. Beide haben Handlung und Charaktere losgelöst aus dem ganzen Weltzusammenhange und wiederum ein Ganzes aus ihnen gemacht. Beide sind ideal. Ihre Handlung, ihre Personen haben Einheit und Ganzheit. Schillers nicht. — Merkwürdig, wie wenig eigentliche Handlung z. B. im Egmont ist, d. h. wie wenig darin geschieht. Alles ist Exposition der Situation und der Charaktere. — Die Exposition machen bei Shakespeare stets untergeordnete Figuren, wenigstens nie die Hauptfigur, um das Pathos des Charakters nicht zu stören. So der Stand des Krieges, sein Beginn im Lear. Lear kümmert sich bloß um sein Pathos. Im Macbeth Rosse, der alte Mann. Und hat eine Hauptfigur dergleichen, so ist es gewiß im Zusammenhange schon bis zum Abstrakten deutlich von solchen Exponenten dem Zuschauer bekannt gemacht, und die Hauptperson kann ganz nach Bedürfnis ihres Charakters und ihrer Leidenschaft damit hantieren. Die Alten reinigen ihre Stücke von dergleichen Bestandteilen, wenn nicht schon der von

andern Dichtern ihnen vorbereitete Stoff ihnen diese
Arbeit ersparte. Shakespeare, der bei seinen reichen
bewegten Handlungen und historischen Hintergründen
ihrer nicht entbehren kann, scheidet sie doch auch aus
dem pathetischen Hauptvorgange und schaltet sie, wo
nötig, in ausdrücklichen Expositionsszenen zwischen
Nebenpersonen ein, und zwar mischt er ihnen wenig
oder gar kein Pathos bei, damit die Klarheit des Ver-
ständnisses nicht darunter leide. —

Idealität von Zeit und Ort

Weil Shakespeare die Zeit nicht individualisiert,
so tritt sie als bloße Stetigkeit auf. Wir sehen abstrakt bloß eine Folge von Vorgängen. Wie viel Zeit
dazwischen, wie viel Zeit sie selbst zu ihrem Werden
brauchen, ist uns ganz gleichgiltig, weil er keinen Wert
darauf legt, weil nichts für die Geschichte selbst, die
er darstellt, darauf ankommt. Und wo etwas darauf ankommt, da spricht er es zwar aus, aber ganz beiläufig.
Dem Gemüte und der Phantasie ist die Handlung eine
ununterbrochene. — Ähnlich ist es mit dem Orte. Es
ist auf individuelle Zeit und individuellen Ort nichts
in der Hauptkomposition gebaut. Romeo, wenn die
Capulets ihn im Garten unter Juliens Fenstern fän-
den! Tann am Morgen nach der Brautnacht, wo ihm
das Bleiben bis zum Tage Gefahr bringen kann, ja
muß; wie wenig ist darauf Wert gelegt. Im Rhythmus der Reden keine Spur von ängstlicher Hast. Ja,
wie er fort ist, spricht Julia nicht einmal ihre Angst
aus, er könne gesehen und gefangen werden. Wie sehr
läßt er überhaupt Nebendinge fallen, wie weiß er das
Einzelne zurückzuhalten, daß es das Ganze nicht über-
schreit! — Wie leicht er es mit der Zeit nimmt, sieht
man auch daraus, daß er zuweilen während einer
Szene viel mehr geschehen läßt, als möglich ist. So

im Cäsar, wo Brutus, den man eben noch reden hörte, vor dem von Antonius aufgewiegelten Volke geflohen sein soll, wo Antonius eben erst die Aufwiegelung vor unsern Augen zustande gebracht hat. — Seine Behandlung der Zeit ist eine ganz ideale. Er sorgt für stete Folge, ohne zu hasten und ohne zu sehr zu retardieren. Bei ihm ist das Zünglein an der Wage, mit der er Situation, Charakter und Motive wägt, die Poesie. Er geht deshalb aller materiellen Spannung, die an Äußerlichkeiten, an individuelle Zeit und Ort sich knüpft, grundsatzweise aus dem Wege. — Seine Tragödie besteht eigentlich nur aus Schuld und Buße oder aus That und Leiden, während die äußerliche, die französisch-klassische, ihre Tragödie eigentlich dazwischen liegen hat, wenn sie ja eine Schuld annimmt.

Die Call-boys bei Shakespeare

— Zum typischen Zubehör gehören bei Shakespeare auch die Call-boys, wo die Handlung, das Faktische, die Resümees und Vorbereitungen (erregte Erwartungen) oft trocken heraustehen — sie sind gewissermaßen die Wegweiser durch das üppige Grün der Szenen, die als Spielszenen um ihrer selbst willen da zu sein scheinen, von denen in Erinnerung gebracht wird, wo in der Handlung im kausalen oder idealen Nexus man eben ist, woher man kommt, wohin man geht. Der erste Auftritt einer wichtigen Gestalt wird dadurch vorbereitet, er wird dadurch imposanter, zugleich unmittelbarer. —

Spielszenen

In jeder eigentlichen Spielszene einer Person müssen die andern mehr bloßes Akkompagnement sein, das einzige Mittel, sie wenigstens scheinbar selbständig zu erhalten, ist die charakteristische Ausdrucksweise.

Was sie sagen, ist dann nicht die Hauptsache, sondern wie sie's sagen, da sie ja eigentlich nur Figuranten sind. Shakespeare hat gewöhnlich solche Szenen, wo eine Rolle konzertiert und die andern begleiten. — Nichts vermeidet er so angelegentlich als Verwirrung. Hat er einmal eine eigentlich symphonistische Szene — gewöhnlich hat er konzertierende —, so ist sie keine eigentliche Handlungsszene, die nichts will, als den bereits gemachten Eindruck vertiefen, so die Szenen im Sturm — im Lear — die Klage- und Fluchszenen der Frauen im Richard. — Immer beachtet er dabei die Regeln der malerischen Komposition: die Figuren müssen alle möglichst frei stehen, nicht eine die andre verdecken, dabei doch die Perspektive gehörig berücksichtigt, daß das weniger Wichtige sich nicht vordränge, und die Beleuchtung voll auf der Hauptfigur, die die Spitze der Pyramide ist. — Alle Arten von Spannung, die sich an eine Zeitbestimmung knüpft, vermeidet er, erstlich weil die Handlung einen Beigeschmack von Äußerlichkeit und Zufälligkeit erhält, zweitens weil sie prosaische Erwägungen veranlassen, einen Teil der Handlung herausschneiden und den Rhythmus des Ganzen krankhaft und auf Kosten des künstlerischen Eindrucks verhaftigen. Der Fall wird zu individuell durch seine Bindung an gewisse Stunden. Wo ihn sein Stoff dazu zwang, in Romeo und Julia, hat er ganz ruhig vorgetragen, wie lange der Schlaftrunk ungefähr wirkt, aber sonst sich gar keine Mühe gegeben, ja es vermieden, den Gedanken im Zuschauer anzuregen: Nun muß sie noch fünf Minuten tot scheinen, wenn Romeo nur nicht vor Ablauf derselben erscheint! wenn sie doch erwachte 2c.! Das wäre eine Verlockung für unsre Fabrikarbeiter gewesen. Sie hätten erst die Zeit auf die Minute hinaus bestimmt, wenn Julia erwachen wird; hätten sie schon sagen lassen: Wenn ich nur erwache, wenn er kommt! Dann hätte man bei Paris

Auftreten eine Uhr schlagen hören und Paris sagen
lassen: So und so viel Uhr! Und dergleichen mehr.
Hätte Shakespeare so etwas thun mögen — wenn er
solche außerpoetische Wirkung nicht überall ver-
schmähte —, so wäre zugleich das Zufällige unerträglich hervorgetreten, der Eindruck wäre peinlich gewesen,
und die Sache selbst albern erschienen. Alle materielle
Spannungserregung ist ihm fremd. —

Gesprächsmimen

Was ich Gesprächsmimen nenne, sind Szenen, wo
Charakterzüge allgemeine Naturzüge darstellen, die
jeder Figur ohne Unterschied zugeteilt werden können,
weil sie eigentlich nur überhaupt aus gedachten poetischen Figuren Menschen zu machen scheinen. Mimen
des gesellschaftlichen Lebens, Mimen einzelner Zweige
dieses Lebens — wie z. B. der Erbförster mehrere dergleichen Jägermimen hat, d. h. Züge, die jedem Jäger
beigelegt werden können, sein eigentlicher dramatischer
und menschlicher Charakter sei, welcher er wolle. Solche
Mimen im engern Sinne charakterisieren Geschlecht,
Alter, Stand, Nationalität. Gleichviel, ob sie allgemeiner Natur sind, helfen sie doch einen Charakter
individualisieren. Und zuletzt geht doch über alle
Charakteristik im besondern diejenige allgemeine, die
uns von der Wirklichkeit der Personen überzeugt, durch
welche sie erst ein objektives Leben erhalten. Welche
Wirkung thun die allgemeinsten dieser Art, wie das
vorgebliche Besinnen auf etwas, das unmerkliche Hin-
leiten eines Gespräches auf einen bestimmten Gegenstand. Zu bemerken, wie dieser Besinnmimus auch als
besondrer, charakteristischer erscheinen kann; bei Hamlet z. B. als Zeichen der Vertiefung, als Zubehör des
Grüblers, bei Heißsporn als Zeichen des feurigen, ungeduldigen Naturells. Es bedarf nur einer leisen

Färbung durch den Dichter, solche allgemeine Mimen in Charakterzüge zu verbesondern; und wo der Dichter nichts dazu thut, kann es der Schauspieler, dessen Produktivität ja zum Teil darin besteht, daß er solche Naturzüge, in die Farbe des darzustellenden Charakters getaucht, der poetischen Zeichnung hinzubringt; wie z. B. von der geringsten Art, das fast über seine eignen Füße fallende Gehen eines Einfaltspinsels, wo der Sinn der Handlung Eile vorschreibt. —

Verbindung des Komischen und Tragischen

Wenn man wissen will, wie es kommt, daß die Einmischung des Komischen ins Tragische bei Shakespeare dem letzteren keinen Eintrag thut, so muß man den Plan seiner betreffenden Tragödien analysieren, dann wird man schon sehen, daß das Komische durchaus nicht in die Situationen, sondern nur in einzelne Charaktere gelegt ist. Und zwar sind mit Ausnahme der Amme und Peters in Romeo diese Charaktere nicht eigentlich komische; nicht ihr Anteil an der Handlung ist ein komischer. Der Narr im Lear wirft komische Streiflichter auf die Situation, aber er und seine Empfindungen sind so ernster und schmerzlicher Natur als die irgend einer der andern Personen in dem Stücke. Es ist Tragik in komischer Ausdrucksweise. Ihm ists mit seinen Späßen nicht ernst. Teils will er den alten Herrn aufheitern, wozu er ja angestellt ist, teils kommt ihm sein Handwerk mechanisch an. Es sind durchaus nicht komische Szenen, in denen er auftritt. So ists mit Hamlet, wenn er spaßt, und überall, wo Shakespeares tragische Helden komische Stellen haben. Der Witz der Verzweiflung, der Ermüdung, des Ärgers, des Wahnsinns, der Witz, der andern den Schmerz verstecken soll, der Humor, in dem man sich selbst objektiviert und mit wehmütig-mitleidigem Lächeln sich zum besten hat; der Witz des Selbsthohnes, womit eine Leidenschaft die andre gegen den Verstand zu Hilfe ruft, mit dem sich der Mensch aufstacheln will zu etwas, wovon Temperament oder Überlegung ihn abhält. Das alles ist eigentlich nicht komisch. — Möller, Frei und Weiler sind solche Figuren. —

Das Theatralisch-Dramatisch-Tragische

Es wird mir immer klarer, daß bei Shakespeare Charakteristik, Malerei der Leidenschaften, Intimität und Expansion der Gefühle aus dem Bedürfnisse des Theaterspiels hervorgingen. Selbst die Stimmungen sind nichts andres als Vorbereitungen, Grundierungen für die Farben des Theaterspiels. Daher rührt auch die Individualität der Gespräche. Wo das Tragisch-Poetische und das Schauspielerische sich durchbringt, daß eins im andern aufzugehen scheint, da ist das wahre Theatralisch-Dramatisch-Tragische. Überall ist ihm darum zu thun, daß die Personen uns nicht bloß den Vorfall trocken erzählen; er verfällt lieber auf die seltsamsten Wendungen, als daß er uns den bloßen Inhalt gäbe, z. B. in dem Gespräche, in dem der kranke Gloster Richard II. als den eigentlichen Kranken darzustellen sucht. Und doch ist er zuweilen bis zur Trockenheit bei der Sache, besonders in Expositionsszenen und wo sonst noch es ihm um Klarheit vor allem zu thun ist. Was die Leute vorhaben, was zum Verständnis des Ganzen, zur Wirkung nötig, was zum Kausalnexus gehört, das ist bei ihm überdeutlich, und er schärft es wohl noch vielfach wiederholend ein. In den Spielszenen ist es anders. — Überall individualisiert er den Vortrag des Gegenstandes einer Situation; er betailliert das Ganze der Empfindung, sodaß jedes Moment des Details Gebärde wird in Gedanken, Stimmung, Sprache, Stellung und Ton u. s. w. Eine Situation zerlegt er in Gebanken-, Sprach-, Stellungs- und Tongebärden. Ja der Gedanke selbst macht Gebärden; die Sprache bewegt sich sozusagen sichtbar, der Ton spielt Komödie. Man betrachte die Monologe Hamlets und sage, ob nicht selbst die Gedanken hier leidenschaftlich gestikulieren. Er giebt die Gedanken so, daß sie zugleich Gefühle sind, und die Gefühle werden zu Gedanken. Die Gedanken ächzen und ringen die Hände, winden sich und wallen sichtbar, um erlöst zu werden, wie gequälte Geister. Alles will sichtbar, hörbar, fühlbar werden, der Gedanke Empfindung, die Empfindung Wort, das Wort Gestalt, die Gestalt Bewegung. Alles ist Leben, das unser ganzes ungeteiltes Leben mit sich reißt, ungeteilt wie jenes selber ist. — Alle seine Stücke sind Konzerte, eine Prinzipalstimme für einen Virtuosen, die übrigen Begleitungsstimmen, die nur in den Vor-, Zwischen- und Nachspielen der einzelnen Konzertpartien eine Art von Selbständigkeit haben, und sogleich wieder zur Begleitung sich unterordnen, sowie die Konzertstimme wiederum beginnt. Wenn Lear abtritt, bringt Gloster dessen Thema transponiert und verkürzt und pausiert sogleich und wird zur bloßen Begleitung, sowie Lear das Thema mit voller Kraft aufnehmend wieder beginnt. Diese Hauptperson ist wie Schauspiel im Schauspiele; die Nebenpersonen verhalten sich meist zu ihm, wie der Zuschauer zu ihnen. Er wird den Zuschauern gleichsam zweimal, erst selbst und dann in den Urteilen und Bemerkungen der andern Figuren gezeigt. Diese Hauptpersonen stehen im hellsten Lichte, bis zur völligen Durchsichtigkeit erhellt.

Das Unterhaltende

Ich glaube, Shakespeares ganze Theorie und Methode aus der Aufgabe, möglichst gut zu unterhalten, herleiten zu können. Möglichst gut und möglichst lange.

Schlechte Unterhaltung wird man bald satt, um etwas zu beschaffen, das möglichst lange unterhält; indem also das Unterhaltende eine Menge Modewechsel überdauert, muß dies Unterhaltende auf das rein Menschliche, auf das bleibende in Welt und Menschen als Stoff beschränkt werden. Ferner so angeordnet, daß der Verstand bei öfterem Genusse der Unterhaltung immer noch neue Momente und Beziehungen finden kann, die das alte Interesse immer wieder erneuern können. Und so ist am Ende die Kunst nichts als die beste Unterhaltung, und das Kriterium eines Kunstwerks, daß es unterhalte, gleichviel ob es alt oder neu ist, daß es morgen unterhalte wie heute, daß das Interesse desselben nicht abnehme durch öftere Wiederholung, im Gegenteil mit jeder Wiederholung gewinne. Das Schauspiel steht jedem offen, es muß daher auf alle denken, nicht bloß einen Menschen, eine einzige Bildungs-, Alters- oder Geschlechtsstufe vor Augen haben. Greis, Mann, Weib, Jüngling, Jungfrau, Knabe, Kind soll das Schauspiel gleicherweise unterhalten, d. h. alle Kräfte des Gemüts zugleich, denn jene Altersstufen unterscheiden sich hauptsächlich durch das einseitige Vorwiegen einer derselben. Im ganzen sind alle Figuren Shakespeares, mit und ohne Absicht, gute Gesellschafter, selbst Hamlet ein ausgezeichneter. Vorzüglich seine Humoristen. Es ist allen seinen Figuren nicht bloß darum zu thun, wie es jetzt im Drama gebräuchlich ist, dem Zuschauer das nackt und bloß zu geben, was er von der Geschichte wissen muß; wenn sie dem Dichter diesen Dienst leisten, so fügen sie noch den hinzu, den Zuschauer durch die Art und Weise, wie sie dies thun, zu unterhalten. Darum ist bei Shakespeare nicht bloß das Ganze durch Spannung interessant, sondern er weiß jeder Rede, jedem vorübergehenden Momente noch durch das Unterhaltende des Vortrages, durch Lebendigkeit und Charakteristik ein

Interesse zu geben. Man denke an Szenen, die eigentlich ihrem Inhalte nach außer dem Stücke liegen, z. B. den Empfang der Schauspieler im Hamlet, dann, wie er sie entläßt und dem Polonius anbefiehlt, sie gut zu unterhalten. Darin liegt ein Hauptgrund, warum Shakespeare so selten peinlich wird, weil er uns nicht nur mit dem Stücke, sondern auch in dem Stücke unterhält. Und wie weiß er auf diese Weise die Absicht, zu täuschen, zu rühren 2c., zu verstecken! Dadurch gelingt es ihm, den Aufbau seiner Effekte so erscheinen zu lassen, als wüchsen sie von selber. Er ist in seinen Effektvorbereitungen scheinbar so unbefangen, als wüßte er selbst nicht von dem, was sich da während seiner Scherze vorbereitet, er scheint mit allem andern mehr beschäftigt, als mit einem solchen Vorhaben, während andre Dichter häufig mit ihren Effektvorbereitungen selbst so beschäftigt und absorbiert sind, daß sie vergessen, den Zuschauer zu beschäftigen, daß er ihre Absicht nicht merkt. —

Das Schauspielerische in Shakespeare

Wunderbar, wie Shakespeare ein Virtuos ist im Dialoge. Jeder seiner Charaktere hat seine ganz eigne Weise im Fragen, im Erwidern; das kleinste Gespräch ist durch solche Züge belebt und vergnügt schon als Darstellung eines wirklichen Gesprächs, abgesehen ganz von dem stofflichen Inhalte, durch seinen bloßen artistischen Gehalt. — Hier hat Shakespeare seiner schauspielerischen Technik unendlich viel zu danken. — Er ging im Geiste den Schritt, den er für die Figur gewählt, er fühlte die ganze Schauspielermaske im Gesichte und Leibe, die Haltung der Gesichtszüge, der Gestalt, wie eine von allen Seiten auf sein Selbst mobilisierend eindrängende Form, wie ein Schauspieler, der gewohnt ist, ganze Abende hindurch genau in der-

selben Form zu stecken, ein und dasselbe Charakter-
gesicht, dieselbe Art zu gehen, sich zu wenden bis in
die kleinsten Züge hinein streng festzuhalten.

In dieser Fertigkeit ist neben seinem übrigen Genie
seine Größe als Dramatiker vollständig begründet. —
Dieser Schein der Unmittelbarkeit des Gesprächs, wie
besonders im Kaufmann und besonders zwischen
Shylock, Bassanio, Antonio 2c., kommt nun freilich in
der konzentrierten dramatischen Form schlimm an, wo
die Aufmerksamkeit auf die Gestalt der Entwicklung
durch das Spannende und Drängende der Entwicklung
selbst fast unmöglich gemacht wird. —

Das Schauspielerische in Shakespeares Dramen

Shakespeare hat seine Stücke aus dem Herzen der
Schauspielkunst herausgeschrieben. Der Dichter gefällt
darin in demselben Grade, als er dem Schauspieler
Gelegenheit bietet, zu gefallen. Man hat viel über
seine Charaktere gesprochen, man sollte über seine
Rollen sprechen. Denn eben was sie zu dankbaren
Rollen macht, das macht sie auch zu vortrefflichen
poetischen, dramatischen Charakteren. "Die Frage wäre
nun, wie schafft man auf seiner Spur dankbare Rollen?
Was ist's, das wir am Schauspieler bewundern? Was
ist überhaupt des Schauspielers Kunst? — Der Schauspieler ist Menschendarsteller. Die „Rolle" muß daher
einen Menschen poetisch darstellen, sodaß erstlich dieser
Mensch an sich uns zur Teilnahme an ihm zwingt,
also einen interessanten Menschen, zweitens muß der
Dichter bei dieser Schilderung so verfahren, daß der
Schauspieler Gelegenheit findet, in der Reproduktion
dieses Menschen seine Kunst zu entfalten. Aus dem
innern Reichtum in den Verhältnissen der Hauptcharaktere, aus der Fruchtbarkeit der Idee, die ihre
Seele, fließt der Reichtum des ganzen Stückes an Ge-

hall. Die Handlung muß also, besonders das Detail, so erfunden sein, daß es ungezwungen nur die Hauptcharaktere betailliert, die Nebenpersonen müssen auch zu weiter nichts dienen, als durch Kontrast in der Darstellung und durch Aussprechen im Dialog die Hauptperson in ihren Zuständen und ihrer Eigenheit darin zu exponieren. Wir haben also zwei Reihen auseinander zu legen: Was macht uns einen Menschen anziehend? was bewundern wir an einem Schauspieler? Der Dichter hat alsdann soviel Momente als möglich in eine Rolle zusammenzufassen, in denen sich die beiden Linien treffen. Wo das Interesse an der Gestalt des Dichters und das an der Kunst des Darstellers zusammenfallen, das sind die echt dramatisch-theatralischen Momente. — —

Um recht Gelegenheit zu geben, die Kunst des Schauspielers zu zeigen, läßt es Shakespeare nicht allein bei der einfachen Verwandlung des Schauspielers in die poetische Gestalt bewenden, er macht die poetischen Gestalten zu Schauspielern, die wiederum und eingestandenermaßen gegen das Publikum Schauspieler spielen." — Die meisten seiner Helden spielen doppelte Rollen, sie sind andre mit ihrer Umgebung und andre mit sich allein. Macbeth, so wie er allein mit sich, in seinem Gewissenskrampfe, mit den andern ein andrer. Und wenn er den Geist Banquos erblickt, fällt der bisher so geschickte Schauspieler Macbeth aus seiner Rolle und verrät sich selbst. Die Gewalt, die er sich anthun muß, mit solchem innern Zustande solche äußere Rolle zu spielen, wird wiederum zum Triumphe des Schauspielers. Im Hamlet ist nicht allein der Held, sind auch der König, Polonius, Laertes Doppelrollen, selbst Ophelia, wiewohl diese nicht beider Rollen eingeständig. Jago im Othello eine durchgeführte Doppelrolle. Edmund desgleichen, erst gegen Vater und Bruder, dann gegen die Schwestern. — Doppelrollen sind alle bedeutenden Gestalten Shakespeares; Charaktere, die sich entweder wirklich umwandeln oder sich nur verstellen. Dort liegt das theatralisch Interessante in den Übergängen, hier im Wechsel der verstellten mit der wirklichen Gestalt. Jene sind die naiven, diese die überlegnen Menschen, jene die Affekt-, diese die Leidenschaftsmenschen. Überall also das schauspielerische Element der Verwandlung in andre Gestalten. — Man müßte die ganze dramatische Kunst aus dem Problem, der Schauspielkunst ein Substrat zu geben, herleiten. Da würden sich fruchtbare Gesichtspunkte finden. Als zweiter Teil einer Dramaturgie. — So zwingt Jago der Desdemona eine unbewußte Doppelrolle auf, wenn sie, für Cassio bittend, das scheinen muß, für was sie Jago vor Othello erklärt. Sie wird Jagos Helferin und ihre eigne Verleumderin, ohne es zu wissen. — Ein Drama wird desto vollkommener sein, je mehr ein reicher poetischer und schauspielerischer Gehalt sich nicht ausschließen und etwa nur wechseln und nebeneinander hergehn, sondern sich in jedem Momente vollständig durchdringen. — Auch in der Emilia Galotti sind der Prinz, Marinelli durchaus und die andern vorübergehend solche Doppelrollen. Desgleichen im Don Carlos. Überhaupt in den eigentlich dramatisch-lebendigen Stücken. Eine Art solcher Doppelrollen spielt auch die sophistisierende Leidenschaft. Deshalb sind für die Darstellung Charaktere aus heterogenen Bestandteilen gemischt so frucht- und dankbar. — — Auf die steten Betrachtungen von Sein und Schein mußte Shakespeare als Schauspieler und Schauspieldichter wohl kommen. — Kontrast ist ein Hauptmittel des Schauspielerischen. Die interessantesten Charaktere, die individuellsten und doch typischsten sind diejenigen, in denen die meisten Kontraste, der meiste Zunder zu inneren Kämpfen, die widersprechendsten Züge vereinigt sind. Diese sind natürlich auch die schauspielerischten. — Der Generalnenner alles Dramatisch-Theatralischen ist Kontrast in der Einheit. Shakespeares tragische Poesie ist eine Welt der stärksten Kontraste in Situationen, Charakteren, Gefühlen, Sprechtönen, aber eine abgeschlossene, stilisierte und durch die tragische Idee von Verschuldung und Leiden in eine Einheit gebrachte. — Der geschickteste Zusammenhang, den ganzen Menschen sympathetisch zu ergreifen, ist der von Charakter, Schuld und Leiden; denn er macht eine Gestalt zur Hauptperson, wodurch der Anteil gesammelt und das Gefühl der Einheit verstärkt wird. — Das führt uns auf ein neues Kunstmittel, auf den Widerspruch zwischen Charakter und Persönlichkeit. Wir sehen im gewöhnlichen Leben Unzählige, die Beweise von dem Vorkommen dieses Widerspruchs sind, und er ist ohne Belege begreiflich genug. In der Persönlichkeit sehen wir stets die Meinung des Menschen von sich selbst ausgesprochen, in seinen Handlungen und seinen Leiden dagegen bildet sich der Mensch selbst ab. Kennte nun jeder Mensch sich selber, so müßte eigentlich seine Persönlichkeit ein treues Abbild seiner selbst sein. Aber wie viele Menschen kennen sich selbst so genau? Wer suchte nicht sich selbst mehr oder weniger über sich zu täuschen, wenn er sich zu gut kennt, um sich kennen zu mögen? Und wer — wenn er auch sich selbst nicht täuschen könnte, was viel sagen will, wer sucht nicht wenigstens andre über sich zu täuschen? Dasselbe, was Shakespeare seinen Hamlet thun läßt, thut mehr oder weniger jeder Mensch; er verkleinert sich seine Fehler und vergrößert sich seine Vorzüge, lügt sich auch welche vor, die er nicht besitzt, ja er sieht in unleugbare Fehler Vorzüge hinein; trotz des sich ihm stets aufdrängenden Bewußtseins seiner Mängel läßt er sich nicht ganz fallen. Je mehr Hamlet seine Schwäche im Handeln sich gestehn muß, desto selbstgefälliger wird sein Witz; muß er sich

sagen, er ist kein Held, so thut er sich auf seine Minier-
kunst desto mehr zu gut. Und wie er in diesen Dingen
nur den Gesetzen der Selbstliebe folgt, so leicht wirds
ihm, den Zuschauer ebenso zu täuschen, oder vielmehr:
so leicht wirds dem Zuschauer, sich so selber zu täuschen, Hamlets Vorzüge vergrößernd, die fehlenden
sich einzubilden und dessen Mängel sich zu verkleinern,
ja Tugenden darin zu sehen. — Eine Kunstlehre würde
die dramatische Dichtkunst und die Schauspielkunst als
eine und dieselbe behandeln müssen, als eine gemischte
Kunst. — Es ist ein großer Irrtum, daß man das
„Bühnengerechte" in Äußerlichkeiten sucht, in den sogenannten Einheiten und technischen Rücksichten auf
die Bretter, daß man meint, durch solche Äußerlichkeiten alles gethan zu haben, was ein dialogisiertes
Gedicht zu einem dramatischen macht. Ein ebenso
großer Irrtum ist es, wenn die Kritik ein Stück ge-
würdigt zu haben meint, wenn sie den bloß poetischen,
idealen Gehalt beurteilt hat. Nicht allein ein Irrtum,
sogar eine Ungerechtigkeit. Sie sprechen von einem
abstrakten Kunstwerke, worunter sie eine Halbheit verstehen. Hätten sie einen richtigen Begriff von dem
dramatischen Kunstwerke, so würden sie verlangen, daß
die Erfordernisse desselben sich organisch durchbringen
sollen, sie würden nicht das eine abgerissene als selbst-
ständig beurteilen und das andre entweder ignorieren
oder es als ein mechanisch Nebenherlaufendes erwähnen. —

Lyrisches und Rhetorisches im Drama

— Zu vermeidende Klippen sind: das abstrakt
Lyrische und Rhetorische; es müßte immer charakteristisch, also darstellend sein. — Eine eben so notwendige Kunst ist die, das an sich Gleichgiltige, das,
was weder Affekt noch Verstandesbeschäftigung erweckt,
poetisch zu beleben. Weil ich mir diese Kunst nicht

zutraute, habe ich in meinen Kompositionen dergleichen Szenen gänzlich vermieden. Aber sie müssen sein als Ausgangs-, Durchgangs- und Ruhepunkte. Ein Bild muß Mittellinien haben, nicht bloß Lichter und Schatten; sie sind unumgänglich notwendig zur Haltung, zum Abheben. Sie sind die Basis der Effekte und der Maßstab für diese. — Noch eins. Die Größe der tragischen Gestalten ist in der Ausführung nur dadurch möglich, daß sie immer mit ihrem Pathos zu thun haben. Alle Enumerationen und Verstandesdetail machen sie sinken. — Shakespeare hat deshalb in seinen Nichthistorien das Pathos, die eigentlich tragische Handlung, völlig von dem Begebenheitlichen, die Poesie von der Prosa geschieden. Jenes giebt die eigentlichen Spielszenen und ist Sache der Hauptpersonen, dies ist in ausdrückliche Expositionsszenen verwiesen, wo es mit abstrakter Deutlichkeit eingeschärft wird. So leidet weder die Klarheit über den Zusammenhang des Begebnisses, noch die Einheit der Leidenschaft und der Stimmung darunter. Eine solche Spielszene beginnt, spinnt sich fort und hallt aus, ohne von prosaischen Momenten gekreuzt zu werden. — Notwendigst: die Auseinanderhaltung des historischen, Novellen- und Sagendramas. —

— Shakespeare motiviert die Möglichkeit der Schuld, die eine That ist durch den Charakter, aber nicht durch eine individuelle Besonderheit desselben, sondern durch eine Leidenschaft, die jeder kennt, und deren Gewalt er mehr oder weniger fühlt; er läßt sich von der Phantasie des Zuschauers einige Points vorgeben. Eher läßt er die Helden durch andre Personen und eignes Gewissen von der That abzulassen mahnen, als daß er sie durch Nebenumstände zu derselben drängen lassen sollte. Seine Helden sind immer zurechnungsfähig im Begehen der erregenden Schuld, dadurch erscheint Schuld und Strafe in vernünftigem, gerechtem Zusammenhange.

— Ohne seine Form ist Shakespeare nicht mehr Shakespeare. Die große Anzahl von Szenen macht es ihm möglich, eine Situation länger zu fixieren, die Personen uns dadurch immer vertrauter zu machen. — Die Ausmalung des Seelenzustandes mit großer Wahrheit und Belebung durch Aktion ist seine Hauptabsicht, also wirklich Menschendarstellung; die äußere Handlung wird kürzer, abstrakter, energisch abgemacht. Die Handlung sind Knochen und Gelenke, das Leiden, der Seelenzustand, das Fleisch. Sein Zweck ist, eine reiche Folge von ergreifenden Zuständen, Gefühlsausbrüchen, von Zügen einer gewissen Charakterart, kurz einen ganzen, interessanten Menschen sich vor uns ausleben und uns ihn mit durchleben zu lassen, eine ganze Existenz darzustellen. Die Fabel ist ihm bloß ein Mittel dazu, und so behandelt er sie auch. Ein Beweis für diese Äußerung, daß es uns nicht einfällt, über die Anekdote mit ihm zu rechten, daß wir selbst also durch seine Behandlungsart gezwungen sind, nicht mehr Gewicht auf seine Geschichten an sich zu legen, als er selbst darauf legt. Er will uns ein ganzes Leben, aber ein erhöhtes, ein potenziertes durchleben lassen in Einem Abende. — Er zeigt in jeder Tragödie, wie sich ein Mensch ein Leiden zuzieht, das er vermeiden konnte, und mit diesem Leiden nun kämpft bis zu seinem Untergange. —

Zur Behandlung des Dialogs

Die analytische Methode des Dialogs ist auch in den Domestikenszenen bei Shakespeare. Was sie eigentlich wollen, kommt nicht sogleich zum Vorscheine; ihre Ungeschicklichkeit im Ausdrucke, oder ihre Schelmerei, oder beides zusammen, etwa ein absichtliches Necken der Geduld des Hörers, oder die Absicht, das endliche Ergebnis zu verstärken, macht aus dem Gegenstande

eine Zeit lang eine Art Rätsel — entweder für den
Zuschauer oder für eine mitspielende Person. So der
Bericht Holzapfels ꝛc. an den Gouverneur über das
entdeckte Bubenstück; oder wie Lanzelot Gobbo seinen
Alten im Ungewissen hält, erst über das Leben seines
Sohnes, dann darüber, daß er es selbst ist ꝛc. Es
liegt darin noch einer von den Reizen der commedia
dell' arte. Ähnlich, wenn einer gehindert wird, heraus-
zusagen, was er will, so Pandarus, der Kellner, der
von zwei Seiten bestürmt, nicht weiß, wohin sich wenden.
Pistols emphatische Weise bringt den Gegenstand auch
zuerst als Rätsel. — All dies gehört zugleich unter
die Rubrik des Retardierens zum Behufe der Emanzipation des Dialogs vom Katechismus und des charakteristischen Auslebens der Personen, zur Methode
der indirekten Behandlung. —

Shakespeares Diktion

Nun wäre Shakespeares Diktion zu studieren. Die
Breite und Dicke des in der Natur Dünnen, die Ruhe
des hastigen, der volle Körper des abstrakten Gedankens, die künstlerisch-ideale Wirklichkeit, das Leben in
der Sprache, das Interessante des Gewöhnlichsten, das
Allgemeine im Besonderen und umgekehrt, der Gehalt
in der hingerissensten Leidenschaft, die Gliederung in
der Sprache ꝛc. Das Heftige nicht heftig, das Halt-
lose nicht haltlos geschildert oder vielmehr dargestellt.
Das Hastige nicht hastig, das Hektische, Übersichtige
nicht hektisch, übersichtig. — Es darf im äußern Detail
keine Illusion sein, als die aus dem Interesse des
idealen Zusammenhanges selbst hervorgeht, Ort und
Zeit sind nur ideal zu behandeln. —

Wie Shakespeares Komposition alles Unwesentliche, gemein Individuelle fortwirft und nur den ge-
reinigten Gegenstand selbst, d. h. den faktisch darge-

stellten Gehalt des Stückes, die allgemeine Wahrheit eines Vorganges, das entzufallte, gedankenwiedergeborene Bild eines Weltlaufes und Menschentypus, so giebt uns seine Diktion, sein Dialog ein Analogon davon, eine Haut, wie sie jenem Körper angemessen ist; beide entsprechen der gemeinen Wirklichkeit nicht, aber sie widersprechen ihr noch weniger. Der Inhalt eines Gespräches, sei es auch ein Monolog, arbeitet in der Regel einen Hauptgedanken durch, nimmt Nebenvorstellungen in seinem Laufe mit, doch bloß vorübergehend, und kehrt jederzeit, dadurch verstärkt oder sonst modifiziert, zu dem Hauptgedanken zurück. Zuweilen nimmt die Nebenvorstellung wiederum, wie der Hauptgedanke, einen kleineren Mond von Nebenvorstellungen zu sich und wird zur kleinen Abschweifung, die wieder in den Hauptgedanken mündet, der dann desto stärker markiert wird, um ihn als solchen herauszuheben. Das umschreibende, weiterentwickelnde oder ausmalende Wiederholen des schon Gesagten oder Erzählten, entweder in seiner Totalität oder nach seinen einzelnen Teilen ist ganz in der Natur wirklichen Gespräches. — In der Kühle und Ruhe, in dieser stärksten Abwendung von der gemeinen Wirklichkeit wird allein die poetische Wahrheit möglich. — In Shakespeares Führung der Gespräche ist durchaus kein raffinierter Kalkül sichtbar, in der Kausalität der einzelnen Reden ebensowenig als in seinen Konzeptionen. Es hat nie den Anschein, als wenn er es darauf anlegte, geistreich zu sein; die Geistesfunken sind wie wirkliche, ungesuchte Einfälle, die ganz gelegentlich kommen. Das Jagen nach Geist, die Lust, sich selbst zu hören, ist bei ihm, z. B. im Hamlet, nur dargestellter Charakter der poetischen Person. —

Zum Dialoge bei Shakespeare

Dialogische Figuren, besonders „die Herauswicklung". — — Je gerader die Linie, desto mehr Biegungen muß der Dialog machen. Gewöhnlich aber hat, wie das ganze Stück, so auch das Gespräch seine Verwicklung, die auf dem Punkte, wo man meint, sie muß sich entwickeln, sich neu verwickelt. Wenn es gilt, daß einer dem andern etwas Wichtiges sage, dann tritt die analytische Form ein. Entweder mag sich der eine nicht bloßgeben, weil er nicht weiß, ob er trauen soll, oder seine Mitteilung und sein Charakter ist so, daß er sich der Mitteilung schämt; oder er meint erst andre Punkte erledigen zu müssen, die den andern vom Verständnis oder Eingehen abhalten können, oder er will die Wichtigkeit herausheben, oder er will den andern nicht erschrecken und sucht ihn erst vorzubereiten, oder der Affekt überschlägt sich, er braust auf und kann nicht zur Mitteilung kommen vor Ergüssen des Affektes, die sich dazwischen legen. Oder es gilt, etwas zu melden, was man verabscheut, und der Abscheu vor der Sache geht auf ihre Erwähnung über, und man schiebt sie immer wieder durch ein Dazwischen, zu dem man den ersten besten Vorwand nimmt, um eine Weile hinaus. Oder man bringt vorher, was die Erwähnung recht wirkungsvoll machen muß, ehe man an diese selber geht. Oder man hat den Zweck, den andern erst recht zu spannen oder in die Stimmung zu bringen, in der man wünscht, er erfahre, was man ihm zu sagen hat. Auch bloße Ungeschicklichkeit kann unabsichtlich auf solche Weise vexieren, was dann komisch wirkt, oder ist die Sache schlimmer Natur, durch den Kontrast sie noch schlimmer erscheinen läßt. Oder Gutmütigkeit will durch vorher gezeigte Teilnahme und halbausgesprochenen Trost die Wirkung der Meldung schwächen, was aber nur noch mehr martern kann;

oder es ist der Triumph der Schadenfreude, die mit dem, was der beste Bissen und Gipfel für sie ist, zögert, um den Genuß der Erwartung zu verlängern. Auch Pedanterie kann so verfahren. Kurz, der Motive, die dies Verfahren zu retardieren rechtfertigen, giebt es unzählige. Im Erbförster sind auch dergleichen, z. B. die Vorbereitungen vor des Försters Rat an Robert, seine Braut nicht zu verwöhnen. Besonders aber die Meldung des Forstläufers — Weiler — an den Förster von dem Schusse. Auch das Hinausschieben des Thüröffnens im fünften Akte gehört hierher. — Es ist dies zugleich eines von den Retardiermitteln, um Gehalt und Charakterdetail anzubringen, auch tragische Naturtöne; und überhaupt um das Sichüberstürzen des Vorganges zu verhindern und uns die Situation einzutiefen, uns darin heimisch zu machen, dem an sich Hastigen Breite zu geben, die Stimmung auslösen zu machen. Da nun das Drama alles konzentrierter und gewissermaßen excerpiert wiedergiebt, die einzelnen Vorgänge auch härter aneinander rückt, so fällt in die Augen, von welcher Bedeutung dies Kunstmittel sein muß. Auch lassen sich so bequemer noch allerlei erklärende Züge dazu bringen. Gar nicht davon zu reden, daß es das beste Vehikel für Theaterspiel bietet. Soll aus einer schnellgewordenen Situation wieder etwas entstehen, so ist dies Mittel unentbehrlich, weil, was wir als bringliches Motiv erkennen sollen, uns erst deutlich geworden und sich uns überzeugend eingetieft haben muß. Dies Mittel macht es uns erst möglich, eine reichere Handlung klar auseinander zu halten und den einzelnen Momenten Perspektive, dem Ganzen Haltung zu geben. Bloße Expositionsszenen können durch dasselbe unterhaltend werden. Es ist auch wirklich dasjenige seiner Mittel, das Shakespeare am meisten gebraucht, womit er besonders den Reichtum seiner Momente in Haltung bringt und seine großen, raschen Schritte balanciert, wie es den französischen Klassikern das Mittel ist, ihrer Armut aufzuhelfen. Wenn man es eine dialogische Figur nennen darf, so ist diese dramatisch das, was die Metapher überhaupt poetisch ist. Jedes solche Gespräch ist ein Bild des ganzen Stückes. Solche dialogische Figuren sind Gliederung des Naturlautes, Auseinanderhaltung des Seufzers, Inhaltsaufweisung der Interjektion — Monolog, Kampf, Bewegungsmühen, Meldung, Exposition, Ausweichen, Steigerung, Rat, Zurede, Umkehrung, Unordnung, das Analogon der lyrischen. — Parenthese, wenn der Angeredete vor der eigentlichen Entgegnung noch etwas andres bringt. Das aus der Konstruktion fallen, oder die Verwirrung, wenn Zerstreutheit, Vorausnehmen eines Erwarteten in Gedanken 2c. eine Rede verwirrt, die etwas andres betrifft. Ein schönes Beispiel: Hamlets Rede über die üble Sitte des Trinkens in Dänemark, während er mit Horatio die Erscheinung des Geistes erwartet, wo zwar noch Aufmerksamkeit genug vorhanden ist, den Stoff der Rede fortzuspinnen, aber nicht genug, auch der Form Rechnung zu tragen. Das ex abrupto, wenn z. B. einer spricht, und die Assoziation der Ideen, die sich an ein gleichgültiges Wort hängt, etwas dem Gegenstande des Gespräches fremdes in das Gedächtnis bringt, wo der Kontrast vielleicht ein Lächeln abnötigt, das aus dem Gesprochenen nicht verständlich ist. Dann das Abspringen, das absichtliche oder unabsichtliche von etwas, das unangenehm oder langweilig ist, auf einen andern Zustand, das sich ein andres Gespräch ausbildet 2c. Das Nachsinnen mit seinem typischen Zubehöre. Dies typische Zubehör ist eben die beste Beglaubigung der Vorgänge, die dem Dramatiker zu Gebote steht. Die unbelauschten Züge zeichnen die Existenz. —

Künstlerische Objektivität

Wie kühl objektiv ist im Lear die Stelle, wo Edgar dem Vater die Tiefe beschreibt, die dieser sich dort denken soll! Diese Kühle haben alle Schilderungen bei Shakespeare. Dies Antilyrische, diese sinnliche Klarheit, diese naive Objektivität. Wenn er seine Schilderungen wärmer machen will, dann giebt er ihnen etwas Pressiertes, die Bilder werden grandioser, das Ganze rhetorischer, reicher, geschmückter, prächtiger; er malt wiederum mit derselben kühlen Objektivität: die Wärme des Erzählers, aber die Erzählung wird nicht wärmer. Seine Sonne giebt mehr Licht als Wärme. Und in der That ist solche Kühle der Reden nötig, um die Raschheit des Fortganges zu balancieren und so schnell, wie er es braucht, aus einem dargestellten Gefühle zum andern übergehen zu können, prosaische Meldungen, Scherze, ruhige Betrachtung 2c. an jedem beliebigen Orte anzureihen oder einzuschalten, ohne daß die Handlung verloren geht. Wer dies tadeln wollte, den würden wir auf die Gattung hinweisen. Das lyrische Gedicht bedarf der Wärme, weil es ohne Medium zu mir spricht; die dramatische Rede aber wird von dem Schauspieler gespielt, der die nötige Wärme hinzubringt. Shakespeare thut in der mimisch-rhetorischen Gebärde seiner dramatischen Rede genug, dem Schauspieler dabei hilfreich zu sein. Auch unser Buchdrama kann die lyrische Wärme und Innigkeit brauchen, da wir uns den Schauspieler dabei denken müssen, und jene Wärme uns das erleichtern würde; aber wunderbarerweise sind sie gemeiniglich so kalt als möglich. Shakespeare läßt auch hier wie in allem, indem er den Schauspieler leitet, demselben doch die möglichste Freiheit und genug zu thun übrig, um das Werk in seinem Sinne zu vollenden. Er verfährt hier ähnlich wie

Mozart in seinen Opern; wo schlechtere dramatische Komponisten den Affekt mit solchen Melodiesprüngen malen und das Orchester entsprechend so dazu wüten lassen, daß der Sänger froh sein muß, wenn er nur die Noten richtig trifft und nichts verschluckt, da sind Mozarts Melodien so objektiv, so ruhig klar und tragen den Affekt so nur in der Intention, daß der Sänger seine ganze dramatische Singkunst anwenden kann, ungeniert von mechanischen Schwierigkeiten, und nur eine Anlage auszuführen hat, die ihm den Weg zeigt, durch seine möglichst freie Thätigkeit sie durch rhetorisch-mimische Ausmalung fertig zu machen. Shakespeare giebt den Geist, den Gehalt, den poetischen, objektiv, damit der Schauspieler das Seine, die Wärme und das lebendig-pulsierende Blut, hinzuthun kann; dennoch geht der Schauspieler in des Dichters unsichtbarem Zwange, aber zu seinem eignen und des Werkes besten. Er findet überall nur fertig zu machen, auszuführen, aber er braucht keine Intentionen hinzuzuthun; ja er kann keine andern hinzuthun ohne Widerspruch. — Es ist unglaublich, welcher Musik in Stimme und Gebärde der Schauspielerin z. B. die naive Erzählung der Königin, im Hamlet, von Opheliens Tode zum Vehikel dienen kann. Ebenso die naiven Reden der Desdemona, die Erzählung von dem Dienstmädchen, von der sie das Lied hat. Bei Schiller möchte oft der Schauspieler retardieren. — Es ist gewiß, Geist kann der Schauspieler den Reden des Dichters nicht geben, den Gehalt und Inhalt muß der Dichter geben; aber Gemüt, Affekt, Leidenschaft, die Musik des Ausdruckes kann er dazu thun; wie er es thun soll, dazu leitet ihn der Dichter an, er macht ihm die Rede dazu so bequem als möglich und legt ihm keinerlei Hindernis in den Weg. Darum wirkt so vieles von Goethe auf der Bühne gar nicht. Die seelenvollen Goethischen Verse haben schon die Melobie, die sie haben können; was der Schauspieler hinzuthun kann, ist dasselbe, was der Dichter schon hinzuthat; er ist überflüssig, er kann die ätherische Musik nur vergröbern, wie der genialsten Musik passieren wird, die die Musik des Sommernachtstraumes noch einmal in Musik setzen will, die geistige in materielle. — — In der That sind die Shakespearischen Stücke, wie nach Schillers Meinung Schauspiele eigentlich sein sollen, nur treffende, geistreiche Skizzen, nur Anlagen. Was ihnen den Wert giebt, ist der Reichtum an Erfindung, die geschickte Anordnung, die bestimmte Umrissenheit der Charakterskizzen. Seine Stücke sind wie geistreiche malerische Skizzen, mit Bleistift gezeichnet, im ganzen bloß Umrisse, die nur an einzelnen Stellen ein Weniger oder Mehr von Ausführung haben; die Farbe fehlt, ist jedoch angedeutet auf die Art, wie in der Kunst der ausgeführten Kupferstecherei. Schillers Stücke dagegen haben viel Farbe, aber wenig Zeichnung, viel Wärme, kurz viel von allem dem, was der Schauspieler erst in seiner Persönlichkeit hinzubringen soll. Indem Schiller und Goethe den Schauspielern die zweite Arbeit an ihren Stücken nicht gönnten und selbst die Haut dazu thaten, mußten sie es an ihren Knochengerüsten und Muskellagen, an dem, was sie eigentlich als Dichter zu liefern hatten, fehlen lassen. — Die Schillerische Diktion kommt mir vor wie die Prachtmäntel, die den Pferden bei mittelalterlichen Festen umgehängt wurden; man sieht kein Bein, vom Halse kaum etwas, kaum genug, um zu erraten, welche Art Geschöpf eigentlich darunter steckt. —

Der Hamlet ist besonders so merkwürdig darum, weil er die primitivste Grundlage hat; er ist nicht die Tragödie des so oder so Handelns; er ist die Tragödie des Handelns selbst. Und auf der andern Seite, wenn man will, ebenso des Denkens selbst. —

Der verschiedene Ton der Shakespearischen Stücke. Charakter der Diktion

Die Sprache ist ein Hauptmittel für Shakespeare, seine Stücke im Tone zu unterscheiden. Mir scheints, als sei der Ton seiner Stücke von dem des Helden bestimmt. Der beredte, grüblerische Hamlet konnte sich nur in einer gewissen Breite der Diktion darstellen. Hamlet ist mehr sprechend als handelnd, seine Witze, die beredte Darstellung seiner Situation, sind sein Handeln. So ist das Ganze ein Sprechstück geworden. Wie die Gestalt des Lear selber gedrängter ist, und er kein Meister der Rede, so geht der rauhe, jähzornige Ton des Stückes seinen Schritt. — Das Stück der Liebe — Romeo — hat ganz das Schmelzende, welches diese Leidenschaft am Romeo zeigt. — Am ähnlichsten ist der Kaufmann in der typischen Wirklichkeit des Gespräches, in der Ausführlichkeit und Breite, in der Leichtigkeit und dem poetischen Gehalt, in der Schönheit der Bilder. Der Macbeth ist viel rauher und gedrängter. — Welche Tautologie: O schmölze doch dies allzufeste Fleisch, zerging und löst' in einen Tau sich auf! — Aber der Affekt liebt tautologisch zu reden. Was er sagt, ist ihm noch nicht stark genug; er sucht immer nach einem noch stärkeren Ausdrucke für dasselbe. Dieser Monolog ist ein verjüngtes Bild von Hamlets ganzer Gestalt und erklärt so diese. Der Affekt vertobt sich; so wie der ganze Hamlet, hebt der Hamlet dieses Monologes mit Überschwang der Gefühle an, um in Erschlaffung zu enden. Kurze Sätze nehmen immer Anlauf zu einem längeren, als wenn das Übermaß von Atem, das die Lunge unfähig machte, erst hinweggestoßen werden müßte, oder wie wenn etwas eine Röhre verstopft hat, das gestaute Wasser erst heftiger und in Stößen gesprudelt kommt, ehe der gleichmäßigere Fluß sich wiederherstellen kann. —

In der affektvollen Szene Hamlets mit seiner Mutter
ist alles anders als in der Wirklichkeit. Man denkt
an die Antike, wo die Glieder des Menschen ihren
wirklichen Zusammenhang haben, aber alle in größern
Verhältnissen gebaut. Auch hier wieder eine Szene,
die mit wenig Worten abgetan sein könnte; aber es
gilt ja im ganzen Stücke dem Triumphe der Beredheit, der schauspielerischen Rhetorik. Es sind viele
Fälle zusammengetragen, wo diese Rhetorik ihre Gewalt über das menschliche Gemüt zeigt. Auch hier
wieder die Beredsamkeit des Affektes, die Rede oft
nur ein breitartikulierter Schrei des Unwillens — „weh,
welche That brüllt denn so laut und donnert im Ver-
künden?" — ꝛc. Das Auslassen des Zornes, wie ein
Zugwind in die Flamme. Er schilt die Galle heraus.
— Die Gespräche haben den Gang wirklicher Gespräche;
das, wovon eigentlich die Rede ist, erfährt man, besonders in den exponierenden, allmählich; die Hauptsache
zuletzt. Scheinbare Unordnung. Nur so ist das Retar-
bieren möglich, das zur Breite hilft. Es ist Heraus-
wickeln, Enthalten und dadurch Vorbereiten. Auch
keine logische Ordnung; Natürlichkeit der Hauptcharakter. Es geht auf einen Punkt los, aber durch
Absprünge retardiert. Die Retardationen haben den
Charakter der Parenthese. — Jedes Gespräch hat
einen gewissen Rhythmus, einen gewissen Ton, der sich
nach Lokal, Situation und Charakter richtet und gleichmäßig durch dasselbe beibehalten wird. In einem
herrscht der Affekt, in einem andern die poetische
Ausmalung oder die Lehre vor. Also: sein Dialog
ist Nachahmung der Natur, aber vergrößernde, ver-
schönernde. Nichts ist dünn, was es in der Natur ist.
Auch der bloße Aufschrei hat eine gewisse Breite.
Die Hilfsmittel sind Umschreibung, Tautologie, Parallelismus und alle rhetorischen Figuren, poetischer Gehalt und Lehre. Aber in der Breite wieder eine gewisse

Konzentration durch Zusammenziehung, eine gedrängte
Breite. Das Wichtige, Schwere, Gewaltige ist gedrängt.
Das tändelnde Gespräch gaukelt phantastisch, die Rede
des Herzens ist eindringlich mit vielen Wiederholungen
(in Umschreibung). Das Wie der Reden psychologisch,
wunderbar treu nach der Natur, das Was poetisch und
plastisch verschönert und vergrößert, idealisiert. Ton
und Rhythmus von Leidenschaft und Affekt völlig
treu, aber in volleren Akkorden gegriffen. — Die
affektvollen Monologe haben gewöhnlich einen einfachen
Grundgedanken, dessen Aussprechen aber immer wieder
durch Nebenvorstellungen unterbrochen wird. So auch
das Gespräch. Man möchte sagen: das Hauptmittel
Shakespeares zur Plastik, Natürlichkeit, Gehalt des
Dialoges ist die Parenthese. Denn auch im Zwei=,
Drei= und Mehrgespräche schieben sich immer zwischen
Frage und Antwort, zwischen Vorbereitung und Sache
noch ein und mehrere Sätze oder Reden ein, deren Natur
die Parenthese ist, obgleich sie nicht mit dem graphi=
schen Zeichen ( ) angedeutet ist. Es wird fast immer
erst noch etwas andres gebracht, als was katechismus=
mäßig unmittelbar folgen müßte. Oder mit dem
musikalischen Ausdrucke: Ausweichung, Trugmodula=
tion, Trugschluß. Die Ähnlichkeit der beiden Künste
hierin ist groß. — Alle rhetorischen Figuren treten als
psychologisch=pathologische auf; darin unterscheidet sich
Shakespeare auffallend von Schiller, bei dem sie nur
Zierde der Sprache sind, nicht Hilfe zur Nachahmung.
— So z. B. macht die Asynthese einen wahren Eis=
gang. Die Wiederholung desselben Gedankens in ver=
schiedener Einkleidung macht Lehre, Warnung und Rat
eindringlicher. Die Ellipse bezeichnet die Stufe des
Affektes, wo der Verstand noch zu verdunkelt ist, um
auf die regelmäßige Verbindung der Vorstellungen
denken zu können. Die Länge oder Kürze der Sätze
hängt von der größern Ruhe oder Bewegtheit der

Gruppen ab. Die Epipher und Anapher machen feierlich, z. B. in Horatios Beschwörung des Geistes. Überall aber ist die Sprache eine rhetorisch-poetische und weicht völlig von der Wirklichkeit ab. In mancher Rücksicht weicht die Sprache auch von der Nachahmung der Natur des Affektes ab, so z. B. die der lakonischen Affekte. Hier ist das Gefühl des Schweigenden in Sprache übersetzt; z. B. die bilderreiche Rede der Königin, wo sie das Entsetzen Hamlets vor dem Geiste sympathetisch empfindet und dessen Aussehen beschreibt. — In der Darstellung der Affekte liegt das Schauspielerische; die Beredheit des Affektes läßt ganz natürlich zu, ja sie fordert, daß hier auch am meisten Poesie niedergelegt werde. — Züge, so fein, daß sie sich nicht plastisch, poetisch aussprechen lassen, verwirft Shakespeare; er wählt daher wenigere oder größere Züge und prägt sie durch rhetorische Umschreibung ein, läßt jeden sich ausleben; denn eben in ihnen lebt sich ja der ganze Charakter und in diesem die Idee des Stückes aus. — Shakespeare liebt es, einen Seelenzustand sich ausklingen zu lassen, ehe er ihn verändert. Wie wundervoll das erste Auftreten Hamlets bis zu seinem ersten Monologe! Er zeigt uns allemal erst sozusagen die Grundtonart, aus der sein Held geht, und läßt uns heimisch darin werden, ehe er moduliert. — Die Unmittelbarkeit liegt bei ihm fast lediglich in der plastischen Form, in der psychologischen Gebärde seiner Reflexionen über psychologische Phänomene. Reflexion in Unmittelbarkeit gekleidet.

> Zu viel des Wassers hast du, arme Schwester!
> Drum halt ich meine Thränen auf. Und doch
> Ist unsre Art; Natur hält ihre Sitte,
> Was Scham auch sagen mag: sind die erst fort,
> So ist das Weib heraus. — Lebt wohl, mein Fürst.
> Ich habe Flammenworte, welche gern
> Auflodern möchten, wenn nur diese Thorheit
> Sie nicht ertränkte.

Das ist Beschreibung. Neuere würden da als Anweisung für den Schauspieler hinsetzen: (er will seine Thränen aufhalten, weil er sich ihrer schämt. Aber er vermag es nicht). Lebt wohl, mein Fürst ɩc. — (er macht Anstrengungen, sein Rachegefühl gegen Hamlet auszudrücken. Da es ihm nicht gelingt, geht er, seinen unmännlichen Zustand dem Blicke des Königs zu entziehen). Diese Anweisung ist ihm als die Rede selber, an der sie sich als Gebärde zeigen soll, in den Mund gelegt. Sie ist aber so gegliedert, daß die kurzen Sätze in ihrem Rhythmus die Unterbrechungen durch Thränen und den immer wieder heraufschwellenden Schmerz darstellen. — Damit den Monolog im Tell zu vergleichen, der reine, bloße Beschreibung ist. Shakespeare würde den Zustand Tells nach seinem psychologischen Gesetze haben aussprechen lassen, aber so, daß diese Aussprache psychologisch-pathologische Gebärde hätte und zugleich den Sinnen und der Phantasie darstellte, was die Reflexion aussprach.

Shakespeares Personen denken gleichsam laut. In der Wirklichkeit wird nur ein Teil des immer fortgehenden Denkens, Fühlens ɩc. ausgesprochen; er läßt das Ganze laut werden. — Ein unübertrefflicher Meister ist er darin, das Unaussprechliche auszusprechen, überschwengliche Gefühle, bei denen der Mensch, der sie hat, verstummt, weil er keine Worte finden kann, die seinem Fühlen adäquat wären. Die Worte, die Shakespeare ihnen leiht, sind, verständig genommen, zuweilen Unsinn, Bombast; das würde aber, wenn solche Gefühle sich ausdrücken könnten, dieser Ausdruck allemal sein. Und es bleibt kein andres Mittel als das Shakespeares — nur daß es wenigen zu Gebote stehen wird, diese Zustände zu versinnlichen und dem Zuhörer mitzuteilen. Bloße Gebärden des Schauspielers thun es nicht, und der Phantasie des Zuschauers kann man nicht zumuten, die Pausen zu ergänzen.

Auch die Sprache der Wirklichkeit kann sich in solchem Zustande nur Bilder machen; es ist das Thun der Phantasie, selbst das abstrakte Denken mit Bildern zu begleiten, so gut sie kann; auch die Gefühle machen entsprechende Bilder lebendig, deren man sich nur hernach nicht erinnern kann, teils wegen des rapiden Wechsels derselben, teils weil der ruhiger Gewordene sie nicht reproduzieren kann, da der Affekt ein schlechter Beobachter, und ein um so schlechterer ist, wenn er sich selbst beobachten soll. Aber man versuche es, absichtlich einen Reflex eines solchen unaussprechlichen Gefühles in sich hervorzubringen, und man wird ein fieberisches Abarbeiten der Phantasie bemerken, ein wildes Umsichschlagen mit Bildern, die die gelähmte Aufmerksamkeit nur so unbestimmt fassen kann, wie riesige Wolkenschatten. Phantasie ist das eigentliche Werkzeug des Dichters; wenn der Mensch das Spiel der Phantasie, wie es Gedanken- und Gefühlsfolgen begleitet, fixieren könnte, so würde dies das unmittelbarste Gedicht geben. Etwas ähnliches thut Shakespeares Sprache im Dialoge. Gefühle darzustellen namentlich hat er kein andres Mittel als die Darstellung entsprechender Phantasiebilder und Nachahmung von Rhythmus und Ton der Gefühle im Mittel der Sprache.

Eindruck der Diktion Shakespeares

Die meisten Stellen der Shakespearischen Stücke können beim Lesen den Eindruck von Kälte machen. Man wird mehr von der Schönheit, Kühnheit und Pracht der Poesie ergriffen als von dem Gegenstande. Das Haften an den einzelnen Stellen läßt keine rechte Spannung aufkommen. Schiller in seiner Jugend fand ihn zu kalt und grell. Bei der Aufführung ists anders. Da fliegen die Stellen, an denen man beim Lesen hängen blieb, zu schnell vorüber, als daß sie uns die

Wirkung der mächtigen Situationen und großen Gestalten beeinträchtigen könnten. Da sind die schweren und tiefen Gedanken nur Glieder der rhetorischen Ausbreitung von Leidenschaft und Affekt; sie rollen in dem mächtigen, breiten, rasch aber nicht heftig fließenden Strome dahin als einzelne Wellen; eine drängt die andre. — Besonders die einzelnen Reden scheinen beim ruhigen Lesen kühl gegen die Reden in einem Drama Schillers; aber es ist eben die Kühle der Gesundheit. Man fühlt immer heraus, daß der Dichter selbst den Affekt seiner Personen nicht teilt, daß er sich ironisch gegen ihn verhält. Er steht nie auf der Seite einer Leidenschaft, die ihm das Absolute wäre, sondern immer über den Parteien. Ohne diese Kühle läßt sich keine Klarheit, keine Zeichnung denken. Darum wird er nie lyrisch hingerissen, sich selbst in das Spiel mischend. Und so ruft er auch im Zuschauer ein Etwas auf, das mit ihm über dem Ganzen schwebt, während die sinnlichen Kräfte sympathisch sich parteien und mitkämpfen. Das ist, was Schillern fehlte. Bei ihm sieht man immer, daß die Wärme für die Reden der Personen, die lyrische Erregung, sein Urteil über die Personen verdunkelte. Das giebt eine Hauptregel für die Produktion: Man muß nicht wollen, daß jedes Wort, jede Rede die Spannung vermehren soll, man muß sich auf seine großen Situationen verlassen, auf die Wirkung des Ganzen als Ganzen. Gehalt und Poesie ist dann die Hauptsache; alles hektische Fortstreben, alle Haftigkeit muß abgelegt werden, alle zu große Unmittelbarkeit und Innigkeit, weil diese zu dünnen, kleinen Zügen führen, alle Ungeduld, die in jedem Einzelnen die Wirkung erzielen will, die nur das Ganze machen soll. — Anstatt auf Vermehren der Spannung muß alles auf Milderung derselben angelegt sein. Die Hauptsache, daß immer die Situation beleuchtet wird. Ist der Plan, das Ganze auf Wirkung eingerichtet, so ist das

Bestreben, in jeder Rede zu wirken, unnütz, wenn nicht diese Wirkung auf Poesie und Gehalt sich gründet. — Also Ruhepunkte, wo die Leidenschaft unter der Asche unsichtbar fortglimmt, bis der Affekt der Leidenschaft wiederum als Flamme durch etwas Äußeres — durch Assoziation oder Absicht — angefacht aufschlägt. Leidenschaft kein perennierender Affekt. Im affektlosen Zustande kann der Leidenschaftsträger wie die andern Personen reden; besonders wenn die Leidenschaft verdunkelt ist. — Auch der Schauspieler muß gezwungen werden, alles durch großen Kunstverstand zu ordnen und auszuführen, von allen kleinen Kunststücken, praktischen Pfiffen abzusehen — aufs wesentliche zu gehen; die Abgänge und sonstigen kleinen Mittel werden ihm abgeschnitten. Er muß ebenfalls durchs Ganze seiner Leistung — des Charakters — wirken; im Behandeln des Affekts, im Pathologisch-Rhetorischen, im Vortrage geistreicher Einfälle, in Darstellung der Stimmungen der unbelauschten und vertrauten Natur kann er sich genugsam zeigen.

Keine Szene macht bei der Aufführung des Hamlet einen stärkeren Eindruck, als das erste Auftreten der wahnsinnigen Ophelia; vermutlich wegen der völligen Unempfindlichkeit, die Ophelia gegen ihr Unglück hat. Eine große Empfindlichkeit und der völlige Mangel daran scheinen einerlei Wirkung zu thun. Im letztern Falle füllen die Zuschauer das aus, und im ersten sympathieren sie. —

Wie gleichgiltig Shakespeare gegen die äußern Effekte ist, zeigt die Szene, wo Laertes sich des Schlosses bemächtigt. Wie war das auszubeuten! Hier ist nur das Notdürftigste; ein Edelmann erzählt in langer Rede Laertes Aufruhr. Da ist kein Hasten, kein Durcheinander, keine Ausmalung einer solchen Situation. Natürlich, denn hier würde alle äußere Spannungserregung zerstreuen, die Handlung unruhig machen und die Aufmerksamkeit von der Hauptsache ablenken. Nach dieser kreatürlichen Aufregung hätte der Zuschauer weder Lust noch Fähigkeit, dem wieder ruhigern Gange der Handlung mit Interesse zu folgen. Dergleichen Anlässen und Gelegenheiten, die Szene zu beleben, geht Shakespeare jederzeit mit weiser Absicht vorbei. Dergleichen Nebendinge macht er mit wenigen Strichen ab. Nur das, was von dem Aufruhre dienen kann zur Beleuchtung der Hauptidee, nämlich, wie leicht es ist, gegen diesen König zu agieren, wird dargestellt. Das Volk will dem Laertes helfen und hilft ihm, den Tod seines Vaters zu rächen an diesem Könige; wie viel leichter nun wäre es dem Lieblinge dieses Volkes geworden, Hamlet, sie zur Rache für seinen Vater zu gewinnen! Aber das ist nicht weiter dargestellt. — Nur für das Ganze der Handlung sucht er zu spannen. Die Spannung hängt bei ihm, und damit die Illusion, jederzeit an der Entwicklung des idealen Nexus, der Idee. — — Überhaupt alle heftige That muß mit großer Mäßigung behandelt werden; erstlich wird eine solche ohnehin über das andre hinausschreien, dann bringt eine solche leicht ein Erwachen aus der Illusion und dem Genusse hervor, eine Störung, die selten wieder gutzumachen ist. —

Shakespeares Diktion erinnert an die Tizianische Venus. Kein Zoll dieses Fleisches an sich wird, in der Nähe besehen, überzeugen, selbst nicht das ganze Fleisch in der Nähe besehen; aus einiger Entfernung, wo man das Ganze übersehen kann, weckt es dagegen die wunderbarste Illusion, die je einem Maler gelang. So sind die einzelnen Sätze in Shakespeares Reden, die einzelnen Szenen oft wunderlich, weil man nicht begreift, wozu. Kommen aber alle Teile in ihrem Zusammenhange in Bewegung, dann ist's ein andres,

dann werden die Grellheiten zu Schatten, die Poesie
zum Lichte, dann wird das Tote wunderbar lebendig,
und die richtige Spannung stellt sich ein. —

Die Hauptsache, daß die dramatische Rede charakte=
ristische Gebärde hat, das Gespräch individuelle Wen=
dungen, die aber typisch sein müssen. Der allgemeinste
Gehalt, aber besonders die bekannteren Bemerkungen
individuell eingekleidet, sodaß sie durch die Form wie
neue erscheinen. Nimmt man die Charaktere typisch,
wovon die Kopien, wenn auch unscheinbar, in der
ganzen Welt herumlaufen, so braucht man nicht in
Sorgen zu sein, das Werk werde so leicht veralten.
Ein Beispiel: Polonius. Seine Vieldienerei, die ihn
sich so beidrängen macht, den Hamlet zu erforschen,
ist typisch. —

Besonders ist Shakespeare ein Meister in der dra=
matisch=psychologischen Stickerei; wie er den vorüber=
gehenden Seelenzustand auf den Grund eines dauern=
den aufzutragen weiß, woraus wiederum theatralischer
Kontrast entsteht. So wie er seine Melancholischen
scherzen läßt, z. B. Romeo, dann Hamlet, z. B. in der
Szene nach der des Geistes. In diesen Modifikationen
liegt ein wunderbarer Reiz, wie in allen gemischten
Gefühlen. Es ist Scherz, aber melancholischer; des=
gleichen wenn ein Coriolan vorübergehend zärtlich und
weich wird. Es gehört dies ins Gebiet der Doppel=
rollen; so wenn Imogen sich aus Furcht recht männ=
lich stellt. Jeder Charakter muß einen Grundton
haben, auf den die vorübergehenden Stimmungen,
durch ihn modifiziert, aufgemalt sind, sodaß die
Grundfarbe hindurchscheint. Dieser fehlt in den
Schillerischen Dramen der zweiten Periode, z. B. im
Wallenstein; in dem Resignierten erkennt man nicht
mehr den Angreifenden, desgleichen fällt die Maria
Stuart mit ihrem lyrischen Monologe „Eilende Wol=
ken" ꝛc. ganz aus ihrem Grundtone. — Antonio beim

Gerichte im Kaufmann „Und schneidet nur der Jude tief genug" 2c. (Akt 4, 1.) —

Das Wunderbarste am Hamlet: es giebt kein Stück, das eine reichere Handlung darböte, und doch auch keines, in welchem dem Dialoge freier der Zaum gelassen wäre, keines, worin die Grundidee so immer gegenwärtig, und doch keines, in welchem die Phantasie sich mehr gehen zu lassen und willkürlicher schiene.

Behandlung des Monologs und der Dialoge

In den Monologen hauptsächlich Ausmalung des Gegenstandes, des Affektes. Der Affizierte laut an dem Brocken, der Affekt sucht sich zu erhalten durch Steigerung; deßhalb sucht er immer neue Gesichtspunkte, aus denen der Affekt sich regeneriert; er malt aus, was geschah, was er thun will, und kommt von den Nebenvorstellungen wieder auf die Sache zurück; die Rede bellt den Moment von allen Seiten an, rennt voraus, kommt zurück, bellt wieder an, bleibt zurück und eilt wieder nach. — Der Shakespearische Dialog ist hauptsächlich und wesentlich Umschreibung der lebendigsten Art, mit Gehalt gefüllt. Die Wendungen die individuellsten, der Gehalt der allgemeinste, die Worte die bezeichnendsten. — Das Zausen an einem Worte, das wie ein Refrain immer wiederkehrt. „Thu Geld in deinen Beutel" 2c. — Die Ungewißheit, Unentschlossenheit macht gern Parenthesen. — Auch der Sinn verstärkt: „Und Unternehmungen von Mark und Nachdruck" 2c. Wie anders machen sich hier die beiden schweren Wörter, als sich ein Beiwort gemacht haben würde. Durch Metonymie wird hier das Nachdrucksvolle durch den Klang und die Breite gemalt. — Entlassung der einzelnen Glieder aus der logischen, philosophischen Wortfolge oder der bloßen Aufzählung und Emanzipation derselben, freieste, selb=

ständigste Bewegung: „Schreibtafel her! — da steht
ihr, Oheim!" — Das Feierliche, Erhabene tritt bei
Shakespeare immer massig auf. Das Dünne, Junge,
der gänzliche Mangel an Selbstgefühl umgekehrt:
(Junker Bleichenwang). — Die Parenthesen retardieren
sehr und sind deshalb zum Gehaltenen behilflich. —
Überhaupt zieht Shakespeare wie die Alten das Breite,
Getragene vor. Die kurzen Sätze malen dann desto
ausdrucksvoller. Ich glaube, und man muß es untersuchen — daß die durchschnittlich längere oder kürzere
Satzbildung ein wesentliches Moment an seinen
Charakteren ist. Hat Brutus nicht längere Sätze als
Cassius? — Zunächst findet im Gespräche, besonders
im affektvollen, eine gewisse lyrische Unordnung statt,
oft eine Umwendung der philosophischen Wortfolge.
Der Inhalt des Gespräches und Selbstgespräches, die
einzelnen Mitteilungen werden zerlegt und so geordnet,
daß stets eine Spannung übrig bleibt, sodaß man
die Sache nicht eher weiß, als bis das letzte Wort der
Mitteilung gefallen ist. Dann werden die einzelnen
Sätze sozusagen emanzipiert, wie die Finger an der
Hand eines tüchtigen Klavierspielers. Nicht eine Mitteilung und dann Glossen und Gehalt dazu; die
Glossen und der Gehalt sind in die Mitteilung eingewirkt. Beispiele: die Szene Hamlets mit dem Geiste,
der Anfang vom Othello zc. In den reinen historischen
Expositionsszenen ist das anders. — Es ist im Dialoge allemal weniger Detaillierung der Handlung, als
des Seelenzustandes, des Gesprächsganges, des Charakters. Auch dadurch wird das Ganze nur plastischer
und gehaltvoller. — Immer führt das Studium Shakespeares auf die Hauptregel: a) die Handlung an sich,
d. i. der Kausalnexus, so einfach, so schlank als möglich, damit er desto mehr Raum dem Handlungsdetail
zur Belebung der Bühne, zum Ausleben der Charaktere, zur klarsten Versinnlichung der inneren Handlung

gönne; dann ebenso b) der Anteil der einzelnen Szenen so schlank als möglich, damit das dialogische Detail sie frei und ungeniert mit charakteristischem und poetischem Leben erfüllen könne. Also immer mehr auf Gehalt als auf Inhalt gesehen, — mehr auf theatralischen Gehalt als auf Fabelinhalt — diese Simplifikation ist eine Hauptsache. — — Hamlet gegenüber spricht der König im Anfange „Wiewohl von der Hamlets Tod" ic., eine Art Kanzleistil oder Repräsentationsrede. „Wiewohl" — „soweit" ic. Dazu ist viel Bilderschmuck darin. Die Rede ist prächtig, voll Haltung und Majestät; aber man sieht, es ist eine äußerlich angeheftete; man kann Hamlet glauben, wenn er ihn einen geflickten Lumpenkönig nennt. Merkwürdig ist, wie die Sprache der Horatio, Marcell ic. von der Hamlets absticht; wie Hamlets Rolle auch dadurch gehoben ist. Horatio ist der bedeutendste unter den Sprechern; aber weit unter Hamlet. Die ganze Szene (Akt 1, 2), so lange der König zugegen ist, hat etwas Feierliches; eine Gene schwebt über allen. Wie charakteristisch unterschieden von der Sprechart der Soldaten und jungen Männer auf der Wache! —

Die Handlung ist bloß Anlaß des Gespräches, und sie muß so erfunden sein, daß sie natürlichen Anlaß zu schauspielerisch belebten, poetisch gehaltreichen Gesprächen giebt und zugleich zum mannigfaltigen Wechsel derselben nach Kontrast ic. Die Handlung muß mit Charakteren und Motiven vollständig und klar in diesen Gesprächen entfaltet sein. — Die Hauptsache im Drama ist doch nicht die Handlung, sondern das dramatische Gespräch, wie im menschlichen Leibe der Knochenbau ja auch nur Mittel ist. Aber sie ist ein wichtiges Mittel, wie ein gesunder und symmetrischer Knochenbau im Leibe, ohne welchen weder Gesundheit, Kraft noch Schönheit des ganzen Leibes möglich ist. —

Dramatische Diktion

Sonst meinte man, was lyrisch oder episch schön an der Sprache sei, sei noch nicht dramatisch schön; wenn die Tragödie ein Faktum bringe, das man durch Verlegung in eine wildere, rauhere Zeit sozusagen durchschnittlich erscheinen lassen könne, so müßten die Personen, in denen also diese Zeit dargestellt würde, auch in der Rauheit oder Sanftheit, Gewandtheit oder Starrheit u. s. w. der Sprache die Aufgabe dieser Darstellung lösen helfen. Ebenso habe jeder Seelenzustand seine gewissen mitunter unschönen Züge, stammelnde, wie Eisgang prasselnde oder einsilbigversagende Sprache. Ja man meinte, das Säuseln eines Frühlingslüftchens wirke nur durch Kontrast so lieblich und könne ununterbrochen einschläfern und langweilig werden; ein Sturm mit dem Gekrache brechender Bäume sei ein notwendiges Gewürz, um die Süßigkeit nicht dem Gaumen fade werden zu lassen. Im Epos mögen die Personen immer schön reden, denn sie reden nicht selbst, sondern der Dichter erzählt uns, was sie reden, ihre Äußerungen kommen uns vermittelt durch des Erzählers Naturell zu; dieses möge immer sich schön zeigen, das könne seinem Gedichte nur zu gute kommen. Das lyrische Gedicht vertrage fortwährende Schönheit und immer gleichen Fluß, schon um seiner Kürze willen. —

Lessing antwortete auf die Frage, welche Ausdrucksweise im Drama die schönste sei, echt realistisch: jedesmal die treffendste ist die schönste. Die Alten waren in ihrer Praxis andrer Meinung; aber ihr Grund war kein abstrakt-philosophischer, kein idealistischer, sondern so realistisch wie der Lessings. Er beruhte ganz auf der sinnlichen Erscheinung. Da ihre Theater von so ungeheurer Größe, ihr Publikum ein so zahlreiches, das Gebäude ohne Dach war, so mußte

man auf Mittel denken, die Gestalt zu vergrößern und
den Sprachton zu verstärken. Es wurden Masken
notwendig und lange, groß geworfene Gewänder.
Mußte das Gesicht regungslos bleiben, so war es
besser, man machte es schön als häßlich. Wenn nun
die redende Person kein wechselndes Mienenspiel zeigen,
keine feinen, kleinen mimischen Züge anwenden konnte,
warum sollte die Rede einen Mienenwechsel haben
und feinere mimische Züge? Es wäre ganz dem feinen
Sinne der Griechen entgegen gewesen, Rede und sichtbare Erscheinung in so starkes Mißverhältnis zu setzen.
Shakespeare schrieb nicht für Masken, nicht für die
kolossalen antiken Theater. Seine Sprache ist daher
durchgehend mimisch, nie erstarrt sie zur Maske, aber
ein jedes Stück hat seinen besondern Maßstab für die
Größe und Stärke oder die Feinheit seiner einzelnen
Züge, für die Jäheit und Allmählichkeit der Bewegungen. Jede seiner Tragödien hat ihren Stil, d. h. eine
vollständige Übereinstimmung und Verhältnismäßig-
keit der einzelnen Motive, des Stoffes und der Ausführung. Im Lear ist, wie im Macbeth, wie in der
Komposition kein kleines Motiv, so auch in der Sprache
kein fein- und klein-mimischer Zug. Alles ist typisch
groß und gewaltig. Seine rhetorischen Figuren sind
immer psychologisch-pathologisch-mimische Figuren.
Wenn ich Schillers Übersetzung des Macbeth betrachte,
so habe ich, was die Mimik der Sprache betrifft —
denn die charakteristisch-gestikulierende Sprache ist die
dramatische —, einen ähnlichen Eindruck, wie wenn
uns ein Übersetzer statt der poetischen Inversionen die
logische Wortfolge und den gemeinen Menschenverstand
jener charakteristisch-leidenschaftlich-schwungvollen Rede
gäbe. Ja selbst seinem Symbolum, der Schönheit um
jeden Preis, wird er oft untreu. Man vergleiche die
Zeile der Tieckschen Übersetzung „Ich habe mit dem
Graun zur Nacht gespeist" mit Schillers Wiedergabe:

„Ich hab zur Nacht gegessen mit Gespenstern." Auch Schlegel hat zuweilen die dramatische Sprache Shakespeares in die eines sogenannten Lesestückes umgesetzt, z. B. O that this too, too solid flesh would melt! „Zerschmölze doch dies allzu feste Fleisch!" Ich gebe zu, dem ruhigen Vorleser beim Thee wird diese Übersetzung die bequemere beim Sprechen sein; dem Schauspieler aber, der voll ist von dem Affekte, den er darstellen soll, wird sie zu schwach sein, eben um des milden Flusses der Worte willen, da der Affekt des Ärgers, wie alle Affekte, das Nachdrückliche, das Stoßende sucht. Spricht er die treuere Übersetzung: „O daß dies zu, zu feste Fleisch zerschmölze," so wird es ihm leichter fallen; noch besser, wenn er das „zerschmölze" noch in zwei ärgerlich-polternde Stücke zerbrechen könnte. Ein Lesestück wird für die Reflexion, für lyrische und epische Wirkungen, ein wirkliches Drama für die unmittelbare Anschauung gedichtet. In dieser müssen die Kontraste sinnlich wirken. Es nach dem zu beurteilen, was davon sich aufschreiben ließ, und frei von dem Zauber, der nur bei guter Aufführung wirksam ist, heißt einen Leichnam kritisieren. — Wer beurteilte wohl ein Gemälde nach der bloßen Untermalung? Gleichwohl beurteilt man Dramen, ohne sie aufgeführt gesehen zu haben. Was von einem echten Drama aufgeschrieben ist, ist nichts als Untermalung des Gemäldes. Shakespeare und nach ihm Lessing waren so bescheiden, dem Schauspieler seinen Teil an dem Werke zu gönnen; dann aber überwucherte die Eitelkeit der Poeten und gab dem Geschöpfe die Haut, den Umrissen die Farbe selber hinzu. Das büßt sich nun bei einer Aufführung; solch ein Stück macht den ganzen Eindruck beim Lesen und den halben bei der Darstellung. Wäre unsre Kritik eine echte und gerechte, so würde sie nicht das eine Gedicht, das sie fertig, und das andre, das sie erst halb fertig sieht, über einen Leisten beurteilen; sie würde einen Unterschied machen zwischen Lesestücken und wirklichen Schauspielen. Die Lesestücke beurteilt sie nach dem abstrakten Maßstabe der Poesie überhaupt; gut. Aber dann sollte sie an das wirkliche Schauspiel den Maßstab dramatischer Poesie legen. Dies nach den abstrakten Möglichkeiten der Poesie überhaupt beurteilen, ist so ungerecht, als ein Lesestück nach den Beschränkungen der dramatischen Poesie zu richten. Aber unsre Kritik verfällt nur in jene Ungerechtigkeit. Noch schlimmer, da dies einem Publikum gegenüber geschieht, welches durch Mangel dramatischen Sinnes und durch Wirkung falscher Muster, wenn es von Poesie in einem dramatischen Werke spricht, gemeiniglich das Lyrische und Epische meint, besonders das Idyllisch-Epische und das Elegisch- und Rhetorisch-Lyrische. Aber wie viele Rezensenten haben denn ein klares Bewußtsein über die speziellen Unterschiede der dramatischen Poesie von den andern Gattungen? Lessing nennt Reiz am unrechten Ort Grimasse; unsre heutige Kritik freut sich über lyrische und epische Schönheiten im Drama, sie hat keine Ahnung davon, daß nur dramatische Schönheiten im Drama für den echten Geschmack schön sind. Ja sie läßt sich von Tendenzen bestechen, die in eine politische Rede, in einen Zeitungsartikel oder in die polemische Publizistik gehören. Allem diesem gegenüber ist es undankbar genug, einem Pflichtgefühle folgen zu wollen, das nur als ein Mangel an Poesie und Schönheitssinn erscheinen wird. Gleichwohl habe ich mir's fest vorgesetzt und schon manches den unterirdischen Göttern geopfert, was mir nach dem Zeitgeschmacke, aber gegen mein Gewissen gelungen war. Nicht als ob ich absichtlich gegen mein Gewissen gehandelt hätte, sondern weil das Fertige der ruhigen Prüfung zeigte, was in der Hitze der Arbeit übersehen wurde. —

— Eine wunderbare Welt ist uns im Drama aufgethan, eine ganz andre, als in der wir leben, aber eine ebenso in sich übereinstimmende, und noch mehr mit sich übereinstimmend erscheinende, weil wir sie vollständiger übersehen.

— Bei allen Shakespearischen Frauengestalten, auch in seinen Tragödien, ist zu bemerken, daß selbst das Pathos in ihnen von der Erhabenheit zur Schönheit gedämpft und verklärt ist, wie eine gewisse Kühle, eine schöne plastische Ruhe in ihnen ist, die es nie zu der gewaltsamen Aufregung der Gemütskräfte kommen läßt, die der Schönheit den Abschied giebt. Wahr ist es, die Porzia würde sich nicht in solcher bescheidenen, wahren und doch unübertrefflichen Schönheit darstellen können, wenn ihr zeitig ein Pathos aufgeladen wäre. Wie wunderschön ist die Desdemona in den schrecklichsten Auftritten; es ist da etwas von Betäubtheit durch die Dinge, die ihrer Natur so fremd, gleichsam unglaublich sind, daher etwas Traumhaftes; die gräßliche Wirklichkeit zu empfinden hat ihr Wesen gar nicht die Fähigkeit; wie das Ohr, das nur ein gewisses Maß von Schall empfinden kann, den Knall von hundert Flintenschüssen a tempo nur wie einen einzigen stärkeren Flintenknall vernimmt, so wandelt sich ihr die gräßliche Wirklichkeit in einen schmerzlichen Traum. In der süßen Natur wird selbst der Schmerz süß, und so wirkt er auf uns sympathisch. Dann läßt Shakespeare auch nie das Gefühl der Situation so stark in uns werden, daß wir den feineren Sinn für das Charakteristische darüber verlören. — Die Bescheidenheit der Natur in seinen Frauen. — Daher kommt es wohl, daß er keine Tragödie hat, in der ein Weib allein die Hauptperson ist. —

Der parenthetische Ausdruck. Die Retardation

Es ist wunderbar, welche Fülle und Wucht der Gegenstand erhält durch die Retardation durch Paren-

these in Parenthese, durch die Umschreibungen desselben; wie er eingetieft wird, als hätten wir, wer
weiß wie lange, davon sprechen gehört, wie die Rede
selbst und darin die Gestalt des Redenden plastisiert
wird. Erstaunlich, welche Zeit die Methode erspart,
nur einen oder wenige Gedanken durch Umschreibung
und Parenthese so zu entfalten, daß man meint, ein
ganzes Gedankenfüllhorn geleert zu haben, eine Masse
von Gegenstand, Stoff, während doch nur eine dialogische
Auftreibung stattfindet. Eine Szene kann aus wenigen
eigentlichen Hin- und Herreden bestehen, von denen
jede einen Schritt vorwärts thut, und die dann nur
durch dialogische Kunst entfaltet sind, sodaß viele Glieder
zu sein scheinen, wo nur wenige oder gar nur eines
ist. So müßte jedem Gespräche ein aus wenigen Reden
bestehender Katechismus zu Grunde gelegt werden, der
das zu wissen und zu bereden unbedingt Nötige enthält. Ein auf das Allernotwendigste reduzierter Stoff,
dialogisch ausgeschwellt. Der Charakter des dramatischen Dialoges ist scheinbare Abwesenheit jeder Disposition, eine Art künstlicher formeller Konstruktions-
losigkeit, scheinbare Verzehrung der Form, soweit diese
vom Dichter als solchem kommt, durch den Gegenstand,
künstliche Einkleidung durch den Sinn. Gleichsam ein
stetes Durchbrechen des unmittelbaren Sinnes durch
die formelle Geregeltheit des Ausdruckes. Wie eine
lebendige Hecke üppig ihr lattenes Gerüst überschwellt
und überrankt und doch von dem Gerüste in gerader
Linie erhalten wird. — Man muß die Kunst des
Dialoges in all ihren großen und kleinen Mitteln
studieren. So kann z. B. das erst noch etwas andres
bringen, als was nach Frage oder nach logischem Zusammenhange zunächst erwartet wird, Seelenzustände
malen helfen, zugleich läßt dies Kunstmittel den lyrischen
Rhythmus eines ganzen Gespräches nicht aufkommen,
der undramatisch ist; es mäßigt und kühlt beständig

die Spannung, wo diese zu leidenschaftlich werden
könnte, wie es auch im Gegenteile dieselbe stauend vermehren kann, es giebt Gelegenheit zur Charakteristik
der Personen, zur Vervollständigung der Motive, zu
poetischer Ausmalung, zur Repräsentation, zur plastischen Breite und Dicke des Dialoges. Auch an sich,
in Ruhe, ist es das Palladium des dramatischen
Dialoges. Diese Retardation macht geistigen und
poetischen Charaktergehalt möglich und erhält doch
immer beim Gegenstande, es ist das Hauptmittel zur
objektiven Ruhe und plastischen Kühle der Repräsentation. Auf dieser Kunst beruht auch hauptsächlich das
Wuchtige bei Shakespeare. — Wie der dramatische
Vorgang nur stilisierte Wirklichkeit ist, so soll es auch
die dramatische Sprache sein. Aber so, daß ihre Wirklichkeit weniger im einzelnen als im ganzen liegt.
Wie im Freskobilde, welches auch für einen ferner
stehenden Betrachter die Umrisse härter, alles wuch-
tiger, breiter, nachdrücklicher behandelt, sonst in der
Qualität der der Wirklichkeit, des Lebens gleich. —
Auf welche Weise nun fügt Shakespeare seine Parenthesen ein? Er hat zwei Arten; die eine giebt dem
Satze das Plastische, wuchtig Retardierende, die andre
aber gewinnt es durch Überwachsen über die Unterordnung und treibt die Form des Satzes aus den
Fugen, sie bringt so das dramatische aus der Konstruktion Fallen zuwege. Eine andre Art zerstört
durch ihre heftige Ironie die Form gleich völlig im
Hinzutreten, sodaß der Verstand gar keinen Versuch
macht, um den Zusammenhang mit dem, was folgen
sollte, zu erhalten, sondern Zusammenhang und Folge
zugleich aufgiebt. So z. B. der Anfang des Othello;
Jagos Rede „Drei Mächtige aus dieser Stadt" u. s. w.
Hier ist der einfache Grundgedanke durch Parenthese
oder Parenthese in Parenthese ausgeschwellt, sodaß
der tote Mechanismus einer künstlichen Periode zu

einer gestikulierenden künstlerischen Folge von freigelassenen Sätzen, zu einem lebendigen Organismus wird. Der für Jago charakteristische Thätigkeitstrieb, die Unruhe und Geschäftigkeit der Intriguensucht ist immer wieder retardiert durch ganz kurze parenthetische Brocken, sodaß dies Retardieren selbst etwas von jener Unruhe und vom Mangel an Behagen hat. Wie viele Umschreibungen des „ein Michael Cassio," in denen seine mißgünstige Kritik sich, den Affekt auslebend, eine Güte thut, sind hier als Parenthesen und Parenthesen in Parenthesen verwandelt, vorwärts treibend und retardierend zugleich. Man könnte sagen: Es sind Umschreibungen seines inneren Verhältnisses zu Cassio, in deren Häufung seine unruhige und echauffierte Mißgunst sich selbst treibend staut. — Auffallend ist es doch, daß alle Reden in Shakespeares Drama, die ich bis jetzt untersucht habe, und darunter die längsten und lebendigsten, die scheinbar eine ganze Reihe selbständiger Sätze zu sein scheinen, sich auf einen einzigen kurzen Satz zurückführen lassen, durch bloße Ignorierung der Interpunktion und durch Herauswerfen von Zwischensätzen (Parenthesen im weitesten und engsten Sinne), und daß dieser Satz ohne irgend eine Veränderung, ganz wie er ist, nicht allein ein formell ganz richtig gebauter, sondern auch ein materiell vollständiger ist, d. h. das Wesentliche von dem, was Shakespeare mit dem ganzen Kunstgebäude, daraus er durch bloßes Hinwegnehmen entstanden ist, sagen will, schon vollständig enthält. Zuweilen sind einer oder zwei dieser Zwischensätze notwendig beizubehalten, um den ganzen wesentlichen Sinn in ihnen zu haben — man kann eben denken, diese standen schon in der einfacheren Rede, die er allmählich dann mit den vielen andern geschwellt. Man sollte denken, er habe jeden Auftritt erst so ganz einfach und knapp dramatisiert, mit so wenigen Reden als möglich, und diese Reden in knappen Sätzen, mit denen er das Wesentliche des Auftrittinhaltes festgehalten, und nur das Wesentliche. Dann habe er einiges allmählich immer mehr erweitert, ohne etwas hinzuzubringen, was in jener Fassung nicht schon lag; das eine mehr, das andre minder, manches gar nicht, sondern es blieb, wie es in der einfachsten Anlage stand. "Die eigentümlichste Art der Parenthese ist diejenige, welche sich anstellt, als ob sie ein nochmaliger Anfang eines in Verwirrung geratenen Satzes (Vordersatzes) wäre, aber in der That nur eine emanzipierte Einschiebung ist. Diese Wiederanfänge geben nun bloß eine neue Form ab, sie beziehen sich in Hinsicht der Materie, die sie noch einmal bringen, auf den unvollendet gebliebnen ersten Anfang, wie in der Rede Robrigos der neue Anfang „Wenn ihr das wißt" in dem „Das" das Material des ersten Anfangs „Daß eure schöne Tochter in dieser späten Stunde" zusammengefaßt und nicht noch einmal wiederholt ist. Immer finden wir, nicht allein im „Othello," daß die einzelnen Nebensätze des Gefüges wie der Hauptsatz (Vorder- und Nachsatz, wozwischen die Parenthesen eingeschoben werden) verhältnismäßig kurze und nachdrückliche sind. Die Kürze vertritt den Fortschritt, das weitertreibende Element, die Stauung derselben durch einander dienen dem retardierenden." Auf diese Weise wurden die einzelnen Reden nicht allein in der Anzahl ihrer Sätze reicher, sondern es wurden auch mehrere Reden — ursprünglich auch nur Parenthesen im weiteren Sinne, aber dann mehr oder weniger emanzipiert. Und wirklich wäre es ihm, wenn er sich hätte gehen lassen wollen, ohne jene erste einfache Anlage zu machen, kaum möglich gewesen, so bei der Stange zu bleiben, d. h. nur das Wesentliche zu bringen, und nichts weiter als das Wesentliche, sodaß nur ein geschwelltes Einfaches, ein ausgeführtes Wesentliches zustande kam, und daß man nun von den Zwischensätzen so viel oder so wenig streichen kann, als man will, ohne daß vom Wesentlichen des Inhalts etwas verloren ginge. Wie käme es auch sonst, daß alle diese Zwischensätze nur den Inhalt des Hauptsatzes umschreiben oder auch die Parenthese in Parenthese bei der Parenthese, in welche sie wiederum eingeschaltet ist, also bloß umschreiben, ausmalen und in der Art ihrer Zusammenfügung, ihres Baues, zugleich der allgemeinen Plastisierung der Rede und ihrer größern oder geringern Lebendigkeit und der besondern der Charaktere in der betreffenden Situation dienen? — Sollte denn nun vielleicht auch die Komposition bei Shakespeare auf ähnliche Weise entstanden sein? So, daß aus einer einfachen Vorgangsdisposition mit wenigen Gelenken nach und nach durch Erweiterung eine reiche entstand, deren Suiten und Austritte hier sich verhielten, wie dort die Parenthese und Parenthese in Parenthese? Ohne daß die Geschichte selbst und die einfache Eindrucksberechnung alteriert wurden? Und wie die Komposition der Charaktere immer mit der des Vorganges eine und dieselbe war, sodaß auf diese Weise kleinere Züge zu den größern sich gesellten, wiederum wie Parenthesen u. s. w. und so aus der einfachen und gebundnen Gestalt eine reiche und freistehende und souverän sich bewegende wurde, ohne daß das Grundverhältnis des Charakters sich veränderte, d. h. ohne daß etwas Neues hinzugebracht wurde, welches nicht schon in der ersten einfachsten Konzeption der Gestalt lag. Das einfachste Grundschema: ein Mensch wird durch seine Natur und von außen durch die Situation bewogen, sich eine Aufgabe zu stellen, der er wiederum durch die Beschaffenheit jener Natur nicht gewachsen ist; aus diesem Widerspruche geht Leiden hervor; aus diesem die Schuld, meist Blutschuld u. s. w., die dann zur Nemesis wird. Dasjenige in seiner Natur, welches ihn der Aufgabe unangemessen macht, ist der tragische Charakter=

zug und wird in konkreten Beispielen ausgemalt. Diese Beispiele sind im Charakter und im Stücke, was die Ausmalungen, Umschreibungen der Grundvorstellung im Dialoge sind, und bilden als Parenthesen dieser Grundvorstellung selber den Bau der Rede, der dialogischen Komposition, wie jene den Bau des Vorganges, die pragmatisch=ideale Komposition des Stückes bilden. — Wunderbar ist es, wie höchst vortrefflich dieser künstlerische Aufbau den entgegengesetztesten Darstellungszwecken dient. Man vergleiche mit jener Rede Jagos, in der die ganze Unruhe und der unstete Thätigkeitstrieb der Intrigiersucht zur lebendigsten Anschauung kommt, z. B. diejenige, in welcher Othello dem Dogen die Entstehung seines Einverständnisses mit Desdemona erzählt, und welche wiederum die Schlichtheit und tüchtige Treuherzigkeit, die ganze heroische Naivität und Ehrlichkeit Othellos darstellt. Es ist in den drei Szenen des ersten Aktes des Othello durchaus nichts Unwesentliches, aber das Wesentliche ist durch liberalen Dialog in plastischer Breite zur Wirklichkeit gemacht, in die man sich völlig und behaglich einlebt. Man betrachte z. B. genauer den Bau der Rede des Othello (Akt 1, 3):

A. Stimmt bei, ihr Herrn: (ich bitt euch drum;) gewährt
 Ihr freie Willkür.)
 (Der Himmel zeuge mir's,) dies bitt ich nicht,
 Den Gaum zu reizen meiner Sinnenlust,
 (Noch heißem Blut zuliebe, (jungen Trieben
 Selbstsüchtiger Lüste, die jetzt schweigen müssen,)]
 Nur ihrem Wunsch willfährig hold zu sein;
 Und Gott verhüt, eur Edeln möchten wähnen,
 Ich werd eur ernst und groß Geschäft versäumen,
 Weil sie mir folgt — nein, wenn der leere Tand —
 (Des flüchtgen Amor) mir mit üppger Trägheit
 Des Geistes und der Thatkraft Schärfe stumpft,
 (Und mich Genuß entnervt und schwächt mein Wirken,)
 Mach eine Hausfrau meines Helm zum Kessel,
 (Und jedes niedre und unwürdge Zeugnis
 Erhebe wider mich und meinen Ruhm! —)

B. Stimmt bei, ihr Herrn —
 — — — — —
 Dies bitt ich nicht,
Den Gaum zu reizen meiner Sinnenlust,
 — — — — —

Nur ihrem Wunsch willfährig hold zu sein,
Und Gott verhüt, eur Edeln möchten wähnen,
Ich werd eur ernst und groß Geschäft versäumen,
Weil sie mir folgt. —

C. Stimmt bei, ihr Herrn —
 — — — — —
 Dies bitt ich nicht,
Den Gaum zu reizen meiner Sinnenlust,
Noch heißem Blut zuliebe — — —

Nur ihrem Wunsch willfährig hold zu sein,
Und Gott verhüt, eur Edeln möchten wähnen,
Ich werd eur ernst und groß Geschäft versäumen,
Weil sie mir folgt — nein, wenn der leere Tand
Des flüchtgen Amor mir (mit üppger Trägheit)
(Des Geistes und) der Thatkraft Schärfe stumpft.
 — — — — —

Mach eine Hausfrau meinen Helm zum Kessel.
 — — — — —

In dieser Rede ist in B der vollständige Sinn, bei C ist von den gewöhnlich je zwei sich folgenden Umschreibungen allemal die zweite weggelassen. Nun sind bloße Füller: „Ich bitt euch drum, der Himmel zeuge mirs." Dann haben wir in den Umschreibungen, Parenthesen und Parenthesen in Parenthesen, einen völligen Parallelismus „Den Gaum zu reizen meiner Sinnenlust," und „Noch heißem Blut zuliebe," und dazu noch eine eigentliche Parenthese (jungen Trieben u. s. w.); wiederum „Wenn der leere Tand (des flüchtgen Amor) mir (mit üppger Trägheit) des Geistes und der Thatkraft Schärfe stumpft," „Und mich Genuß entnervt" und noch einmal „Und schwächt mein Wirken"; ferner: „Mach eine Hausfrau," „Und jedes

niebre" u. f. w. Die plaſtiſierenden Attribute „flüchtig",
„mit üppger Trägheit" nicht gerechnet. — Wie macht
dieſer breite, füllereiche Dialog es möglich, detaillierende
Charakterzüge, Motive anzubringen, und verbirgt zugleich ihre Abſichtlichkeit, ſodaß der individuelle Charakter eben nicht bloß ſeine Individualität beſtändig
zeigt — wie ein hagres Gerippe —, ſondern zugleich
den mittlern Menſchendurchſchnitt der Perſon. Hier
iſt ein Beiſpiel, wo Goethes „Winkler und Steifer"
mit dem „Unbuliſten" vereint ſchon etwas beßres
wird, als was dieſe künſtleriſchen Typen allein und
unvermiſcht ſind. —

Dichter, Schauſpieler und Zuſchauer

— — Am dramatiſchen Kunſtwerke arbeiten drei
Mann, der Dichter, der Schauſpieler, der Zuſchauer.
Im Innern des Zuſchauers erſt entſteht während der
Aufführung durch des Dichters, des Schauſpielers und
ſein eignes Zuthun das Kunſtwerk. Seine Sache iſt,
die unbefangne Menſchennatur in ſich wirken zu laſſen;
des Dichters Sache iſt, Schauſpieler und Zuſchauer zu
dem zu zwingen, was er hervorgebracht haben will.
Wunderlich! Warum beurteilt man einen Roman nicht
nach der Wirkung, die er, als Schauſpiel aufgeführt
gedacht, haben müßte, wenn man, wie gewöhnlich geſchieht, ein Drama nach der Wirkung auf den Leſer
kritiſiert? Die meiſten Kritiker ſehen das für ein
Kunſtwerk an, was auf dem Papiere ſteht, die Zeichen,
die den Geiſt beſchwören ſollen, für ihn ſelber. — Der
Dichter muß nicht allein die Wirkung, die er beab-
ſichtigt, zu erreichen, ſondern auch jede andre zu verhindern wiſſen, die er nicht will. Er muß ſorgfältig
vorhergeſehen haben, daß ſeinem Helden, denn in
dieſem muß zunächſt das, was im Stücke wirken ſoll,
alſo das Stück ſelbſt zur ſinnlichſten Erſcheinung

kommen — keine andre Figur über den Kopf wachsen kann; auch der virtuose Schauspieler darf nicht imstande sein, dem von einem guten Schauspieler gespielten Helden etwas von dem Interesse, welches der Dichter beabsichtigt hat, zu rauben. Wenn bei der Aufführung eine Nebenrolle mehr Gefallen erregt als der Held, so ist dies ein Beweis, daß der Dichter seine Kunst nicht versteht oder sie nicht, wie er sollte, angewandt hat. Es ist das ein weit bedeutenderer Fehler, als ein kleiner Sprung in der Pragmatik. Überhaupt sind nur diejenigen wirkliche Fehler, die bei guter Aufführung zu Tage kommen; was auf dem Papiere steht, ist wie eine gemalte Porzellantafel, die noch nicht gebrannt ist, deren einzelne Farben wie ihre Verbindung durch den Prozeß des Brennens mannigfaltig geändert werden. Statuen, die an hohen Orten stehen sollen, müssen anders in den Verhältnissen behandelt werden, als andre, weil der Einfluß der Höhe auf das Auge von vornherein berechnet sein muß. Die Beleuchtung von allen Seiten, von unten am stärksten, wie sie auf dem Theater stattfindet, verlangt lebhaftere, grellere Farben; denn die natürlichen verschwinden davor. Daher verlangt künstlerische Wahrheit im Drama auch die Sprache nachdrücklicher, aufgesetzter, sozusagen pasloser und hervortretender, als z. B. im lyrischen Gedichte, weil dies andre Bedingungen, daher eine andre Art der künstlerischen Wahrheit hat. Dasselbe gilt von den andern Erfordernissen. Ich kenne nur einen dramatischen Dichter, in dem der Gedanke seines einen Zweckes so überall gegenwärtig und wirkend sich zeigt, bei welchem die Komposition so vollständig aus demselben hervorgegangen ist, und zwar mit dem Scheine eines Naturprozesses, der sich selber vollzieht, und verstehe daher nicht, wie Shakespeare in der Komposition nicht musterhaft sein soll. Nun,

wenn Shakespeare nicht, wer sonst? Bei jedem andern
Dramatiker sehe ich überall die Mittel unter sich
und mit dem Zwecke im Streite, einen Eindruck den
andern verwischen oder verfälschen, am Ende eine
falsche oder gar keine dramatische Wirkung. Nun,
einen größern Fehler kann, denke ich, ein Drama
nicht haben, als wenn es nicht dramatisch wirkt.
Und das wird meist der Fall sein, wo der Verstand
sich Rechte anmaßt, die ihm nicht zukommen. Sehen
Sie die Venus von Tizian im Dresdner Museum,
jeder Zollgroß Fleisch ist allein besehen unnatürlich;
kein einzelner Zoll lebendigen Fleisches sieht ihm
ähnlich; desto ähnlicher das Ganze dem Ganzen
eines natürlichen Körpers. Und im ganzen gesehen
hilft jeder einzelne Zoll mit zur Täuschung durch
das Ganze, wie er seine Wirkung von dem Ganzen
borgt, b. h. kein Kunstwerk soll eine andre Wahr=
heit anstreben, als die künstlerische Wahrheit, die
seiner besondern Gattung zukommt. Der Verstand ist
die vorzugsweise epische Kraft; in der Kunst des
Dramas, namentlich in der Tragödie darf er nur
negativ wirken, b. h. Störendes entfernen, Bedenken
voraussehen und ihnen vorbauen. Das Ganze muß
unsern Glauben gefangen nehmen, und das Einzelne
seine Glaubwürdigkeit vom Ganzen nehmen. —

— Shakespeares künstlerische Wirkung liegt be=
sonders im Dialoge; wenn der Vorgang selbst springt,
so thut dies nie während einer Szene der Dialog;
hier ist immer scheinbar eine behagliche Vollständigkeit
und ein natürlich-ungetriebner Gang. Darin mit liegt
die plastische Ruhe. In seinem Dialoge wird uns
die Geschichte selbst und das Wesen der Personen zu=
gespielt, wir wissen nicht wie. — Er weiß mit wunderbarer Kunst einen reichen Stoff zusammenzubrängen
und doch dem Vorgange die Behaglichkeit zu geben,
der man nicht anmerkt, daß der Dichter drängen muß.

— Wie wenig sind seine Gespräche gedrängt! Im Dialoge ist sozusagen die konservative Macht der Shakespearischen Ausführung. Hier gilt es ihm nie, einen Reichtum zu drängen; stets nur, ein einfaches Korn von Inhalt zur scheinbar reichsten Gestalt zu treiben. Das Wesen seiner Ausführung im Dialog ist stets Umschreibung, mit Parenthesen; hier paart er plastische Ruhe und Reichtum an innerm Gehalt und äußerer Natur. Seine Kunst ist hier, das an sich Einfache, was mit zwei Worten zu sagen wäre, zu dehnen; aber auf so interessante und amüsante Art, daß die Dehnung selbst uns mehr fesselt, als was er uns mitzuteilen hat. Nicht was sie uns, sondern wie sie es uns sagen, ist ihm die Hauptsache. — Seine Zwischengespräche und Zwischensprecher sind, von technischer Seite betrachtet, dasselbe, was der Chor der Griechen war. Dieser ernste, reflektierende oder komische und witzelnde Chorus ist das Palladium der Natur bei den Griechen und bei Shakespeare. Das führte ihn auch auf die Doppelhandlungen, die in fortschreitender technischer Ausbildung sich bei ihm finden. Wohin das Wegwerfen des Chores führt, d. h. zu welcher prosaischen Künstelei, dies kann das Wegwerfen des griechischen in der tragédie classique, des Shakespearischen im modernen französischen Schauspiele zeigen. Am künstlerischsten hat Shakespeare diesen Chor emanzipiert, doch zweckmäßigst untergeordnet, in der Glosterpartie des Lear. Hier und besonders im Hamlet steht er nicht mehr äußerlich, sondern er ist ein notwendiger Teil der Gruppe um den Grundgedanken. — — Eine Rede ist um so poetischer, je weniger sie Konventions-, Übereinkunftsausdrücke und je mehr sie unmittelbare Naturausdrücke hat. So hat Shakespeare viele psychologisch-pathologische Momente unbewußt symbolischer Natur erfunden, z. B. Othello: „Sieh, so blaß ich meine Liebe in alle vier Winde." Dies Blasen der

Verachtung gleichsam als Brechen des Stabes über
den Verurteilten. —

Dichter und Schauspieler. Shakespeares Kunst

Dichter und Schauspieler müssen sich zu einer
Kunst vereinigen, sie müssen sich im ganzen wie in
jedem einzelnen Moment innigst durchdringen. Damit
nicht bloß ein mechanisches Konglomerat, sondern ein
lebendiger, künstlerischer Organismus aus dieser Vereinigung, eine wirkliche und selbständige Kunst daraus werde, die dramatische, muß die umfangreichere
Dichtkunst sich in die Schranken der engern Schauspielkunst fügen und ihre Absicht teilen: Menschendarstellung, wobei sie nicht verlieren, nur gewinnen
kann, da das höchste, was der Mensch darstellen kann,
eben er selbst ist. Keine der beiden Künste darf eitel
und selbstsüchtig einen Erfolg für sich allein erringen
wollen, jede nur einen teilbaren, durch und mit der
andern. Die Dichtkunst muß nach ihren Gesetzen das
Einzelne des Stoffes zu einem Geschlossenen machen,
d. h. den Stoff so durchgeisten, daß er lediglich der
ethisch-psychologische und schauspielerische Gehalt seiner
selbst im Typus ist, daß das Kunstwerk eine fortwährende Motivierung, ein psychologisch-ethischer kritischer Kommentar seiner selbst wird. Er muß dann
diese durch den Geist reproduzierte Wirklichkeit, Wahrheit, wiederum durch Naturzüge, durch das Medium
der Schauspielkunst zu einer illusorischen Wirklichkeit verkörpern. Das abstrakte Handlungsschema muß
ganz von der Korrektheit handelnder, typischer Menschen verschlungen werden, wie das Holz durch die
Flamme. Diese Flamme ist eben die Erscheinung der
dramatischen Kunst, wie die gemalten Figuren in einem
Bilde aus der Fläche der Leinwand rund und energisch hervortreten müssen. Das Unmittelbare gehört

dem Drama, deshalb muß die Leidenschaft das Haupt=
motiv sein, nicht die Reflexion, diese müßte denn, wie
im Hamlet, selbst zur Leidenschaft geworden sein. Das
Tragische ist der immer notwendige Nexus von Schuld
aus Leidenschaft und von Leiden aus Schuld. Die
äußere Begebenheit ist nur ein Symbol der notwendig
innern und teill insofern sich mit jener in das Gefühl
der Notwendigkeit des Ganzen; sonst kann in ihr nur
Zweckmäßigkeit, nicht Notwendigkeit erscheinen. So
ist es z. B. nicht notwendig, daß der englische König
den Macbeth mit Krieg überzieht, der in Macbeths
Tode den äußern Abschluß herbeiführt; aber daß ein
Mensch wie Macbeth, der ein so starkes Gewissen mit
einer momentan stärkern Leidenschaft verbindet, an
diesem Widerspruche in ihm selbst moralisch unter=
gehen muß, das ist notwendig. Ein Stück wird tra=
gisch, wenn alles Handeln des Helden leidende Schuld
und schuldvolles Leiden ist, aus der Schuld und ihren
Motiven und Umständen wird der Charakter des
Helden konstruiert. — Das reelle Darstellungsmittel
ist der Schauspieler. Er kann einen handelnden und
leidenden Menschen wirklich darstellen, alles andre
kann nur angedeutet werden, wie das Fallen eines
Glases vom Tische auf einem Gemälde nicht dargestellt,
sondern nur angedeutet werden kann, dadurch, daß
wir das Glas in einer Stellung sehen, wo es über
den Schwerpunkt so hinausgeneigt ist, daß es fallen
muß, welche Andeutung eben die Phantasie ergänzt.
Die Erscheinung von dem äußern Sinne ist hier wie
in der dramatischen Kunst die Hauptsache. Und wie
thöricht wäre es, das weit stärkere Mittel der Dar=
stellung mit dem schwächern der Andeutung zu ver=
tauschen. Daher ist die Darstellung und Kritik von
Menschen selbst innerhalb ihrer Zustände der natür=
liche Vorwurf der dramatischen Kunst, nicht die Dar=
stellung von menschlichen Einrichtungen, Sitten, Ge=

bräuchen. Diese gehören als Darstellung dem Epos, die besprechbare Debatte gehört dem Buche und der Rhetorik. Die Handlung selbst ist ein Abstraktes, welches nur an den Menschen selbst, d. h. in der Darstellung handelnder und leidender Menschen konkret darzustellen ist. Rede und Gebärde müssen sich dabei so durchdringen, daß der Gedanke sich gebärdet und die Gebärde redet. — Shakespeares Dialog, ja sein ganzes Verhalten als Autor ist: gedrängte Ausführlichkeit, ausführliche Gedrängtheit, ein sich zusammennehmendes Sichgehenlassen, fortstrebendes Retardieren, retardierendes Fortstreben, scharfe Breite, ruhige Gewalt, größte Absichtlichkeit in scheinbarster Unabsichtlichkeit. —

Scheinbare Zusammenhangslosigkeit bei den englischen Dramatikern

Es ist wahr, die scheinbare Zusammenhangslosigkeit der einzelnen Szenen bei den englischen Dramatikern fällt uns auf, wenn wir vom französischen Theater oder von dem nach ihm gebildeten hinweg zu ihnen kommen; dennoch ist die höhere Illusion und die Idealität des Vorganges, besonders bei reichen Stoffen, und besonders der anspruchslose Schein absichtsloser Natur nur bei ihrer Behandlung der Szenenfolge möglich. Was das Behagen, das Unabsichtliche, die künstlerische Wirklichkeit im Dialoge betrifft, so scheinen mir Shakespeares nächste Nachahmer, wie Webster ꝛc., in denselben Fehler zu verfallen, der uns bei den Romantikern von Tiecks Schule begegnet; jenes künstlerische Sichgehenlassen ist kein scheinbares bei ihnen, sondern ein wirkliches, kein Kunstmittel, die ungeheure Absichtlichkeit der Sache selbst äußerlich zu maskieren, sondern sie sehen darin eben die Aufgabe der Kunst selbst; es ist kein dargestelltes Sichgehenlassen der Personen des Gedichtes, sondern des Dichters selbst. —

Shakespeare und Montaigne

— Merkwürdig ist die Ähnlichkeit Shakespeares und Montaignes im Raisonnement, das wohl aus der Fastgleichzeitigkeit, zum Teil aus Bekanntschaft Shakespeares mit Montaignes Werken zu erklären sein möchte. Auch bei Montaigne ist die Kühle der Reflexion, welche die geistige Gesundheit kennzeichnet; wie er an Shakespeare und die Alten erinnert in seinem unerschütterlichen Fußen auf Erfahrung und Wirklichkeit. Ist nicht ein Shakespearisches Drama gewissermaßen eine in Handlung und Rede gekleidete Abhandlung Montaignes? Wie erinnert das 19. Kapitel des ersten Bandes über „Philosophieren heißt sterben lernen" an den Hamlet! Das „Reifsein ist alles" klingt bei jedem Satze Montaignes als Refrain in unsrer Seele mit. Manche Stellen im Hamlet: „Ists nicht heut, so ists morgen" u. s. w. sind wie aus dieser Abhandlung in die Tragödie hinübergenommen. Wie Montaigne von sich gesteht, war diese Betrachtung seine Lieblingsbetrachtung. Es wäre doch wunderbar, wenn dieser Montaigne das Urbild des Hamlet wäre, d. h. seine Selbstschilderung in den Essays; wenn damit das typische Schicksal eines so Beschaffenen ins Licht gesetzt worden wäre. Die Reflexion ist ja eben im Hamlet die Darstellung eines Reflektierenden; es ist ja nicht Shakespeares Reflexion, sondern die dargestellte Reflexion überhaupt. Wie Shakespeare in andern Stücken andre Leidenschaften und Seelenzustände an einem Menschen darstellte, so hat er es hier mit der zur Leidenschaft gewordenen Reflexion gethan. Wenn er zeigen will, wie das Übermaß von

Reflexion und die Abschwächung der Thatkraft durch
philosophisches Grübeln den Menschen zu Grunde richten
kann bei den schönsten Naturanlagen, bei aller Gunst
des Glückes, so muß er eben dieses Übermaß und dieses
philosophische Grübeln darstellen. Und in der That
ist es nicht Shakespeares Philosophie, sondern Hamlets,
oder wenn man will, Montaignes. Shakespeare ist
nicht selber Hamlet. Er hat den Hamlet gedichtet,
und Hamlet den Faust und den Wallenstein, d. h. Shakespeare ist der Spiegel seines Jahrhunderts, Schiller
und Goethe sind ihres Jahrhunderts Spiegelbilder.
An seiner Einseitigkeit scheitert der Held, er ist ja eben
die Ausnahme, welche durch ihr Schicksal die Regel
— die Meinung des ganzen Stückes beweist. Zur
Darstellung eines Seelenzustandes ist Reflexion, auch
objektiv genommen, unbedingt notwendig, denn jeder
Seelenzustand macht sich Gedanken, wie das Volk sagt.
Je nachdem er sich zu erhalten oder sich ein Ende zu
machen strebt, wird er die Reflexion zu Hilfe rufen.
Durch sie erhalten wir eine Empfindung dauernd,
durch sie vertiefen wir uns in sie und schützen uns
zugleich vor ihrer Übermacht. Reflexion ist es, wodurch wir sie steigern und schwächen können. Sie ist
darum zugleich objektiv ein Mittel für den Dichter,
die Eindrücke, die er beabsichtigt, zu verstärken, und
zugleich das Mittel, sie nicht so stark werden zu lassen,
daß der Grad von Freiheit darunter litte, der zum
Genießen eines Kunstwerkes unbedingt nötig ist. Sie
ist nur da am unrechten Orte, wo sie das Kalte noch
kälter, das Flaue noch flauer macht, dann, wo sie auf
das schlaff Rührende geht. Der Name Reflexions-
dichter braucht uns nicht zu schrecken. Zum Schimpf-
worte ist er geworden da, wo Reflexion die ganze
Poesie sein will, und der Dichter uns überall seine
Reflexion giebt. Wo sie eine dargestellte ist, da ist
sie poetisch berechtigt. Es ist damit wie mit der Rhe-

lorik. Die Reflexion wird doch die Seele und das Fleisch des Dramas bleiben, und die Rhetorik seine Haut, aber beide müssen dramatisch sein, d. h. durch Charakter, Situation, Leidenschaft, Affekt, Kostüm rc. modifiziert, die Reflexion und die Rhetorik der Natur, d. h. beide dürfen nicht Rohstoff sein, vielmehr poetisch-dramatisch reproduziert. — Der Individualismus kann keine beßre Arznei, kein beßres Gegengift finden, als allgemeine Betrachtungen von der Art und Weise wie bei Montaigne, wo stets von der Erfahrung ausgegangen wird, nicht von einem selbstgemachten Ideale, wo also die einzelnen Fälle ihre ihnen zukommende Stelle finden, wo sie sich unter den Durchschnitt subsumieren. Montaigne stellt nicht sowohl eine positive Norm auf, vielmehr räumt er die falsche hinweg; auch ist seine Art der Betrachtung mehr anthropologischer als psychologischer Natur, und besonders vergißt man darüber die steife Systematik, die dem Poetischen am meisten hinderlich ist. —

Shakespeare und Scribe

Ich sehe immer mehr, es ist eine Wahl, die uns nicht zu ersparen ist. Shakespeare und Scribe rc. lassen sich durchaus nicht vereinigen. In der Scribischen Weise ist etwas Prosaisches, oder vielmehr sie ist prosaisch durchaus; wer Poesie damit verbinden will, kann es nur so, daß er der prosaischen Absicht ein poetisches Kleid überzieht, d. h. daß er poetisch angelaufene Prosa dichtet. Man kann nicht genug daran erinnern — denn es wird von Jahr zu Jahr mehr vergessen —, daß Poesie und Prosa durchaus verschieden sind, sowohl im Zwecke als in den Mitteln, schon im Samen und Embryo; daß sie nur das einfachste Material gemein haben, das Wort. Die Prosa braucht es aber anders und zu anderm Zwecke; sie will überzeugen oder überreden, die Poesie will täuschen; d. h. die Prosa kommt vom Verstande und geht auf den Verstand, die Poesie vom innern Sinne auf den innern Sinn. Daher ist schon der einfache Gedanke in der Prosa ein andrer als in der Poesie. Der poetische hat Gestalt, Gebärde, Physiognomie, Rhythmus, Ton und Melodie; er ist halb Anschauung halb Gefühl und halb Gedanke; er ist ein angeschauter Gedanke oder eine gedankenhafte Anschauung. Er ist ein Abbild des Menschen, ein Körper, der mit einer Seele eins ist, sobaß die Trennung ihn tötet. Ein Gedanke der Phantasie; eine Milchstraße von Verstandesgedanken, in welcher diese alle vorhanden sind, während er selbst keiner ist, und auch jene nicht erscheinen als das, was sie sind. — So unterscheidet sich der Gedanke der allgemeinen Phantasie der Wirklichkeit, d. i. der schaffenden Natur, von dem der schaffenden Kunst, daß diese in ein Stück Wirklichkeit die Gesetze der ganzen Wirklichkeit legt und sozusagen dem endlichen Geist eine Welt schafft, für diesen so übersehbar, als das Ganze der großen Welt in Raum und Zeit einem Ewigen sein mag. Die Harmonie, welche ganz gewiß für den, der ihr Neben- und Vor- und Nacheinander so mit einem Blicke durch- und überschauen kann in jener großen Welt, diese muß er in die kleine legen, die er der Durch- und Übersicht des endlichen Blickes darbeut. — Die ideale Einheit und Geschlossenheit ist es, was das Drama von der Wirklichkeit ablöst, die Mannigfaltigkeit und Ganzheit, wodurch es mit der Wirklichkeit zusammenhängt. —

Stilisierter und gemeiner Weltlauf. Rechte Popularität

In dem Mißbrauche, die Tragödie zum Vehikel von polemischen Tendenzen zu machen, eine besondre Wirkung polemisch darin zu erzielen, die der Wirkung,

die sie als Tragödie haben soll, entgegensteht oder sie
doch jedenfalls paralysiert, ist sie ganz von ihrer natürlichen und künstlerischen Bestimmung abgekommen.
Die Heiterkeit namentlich, die auch das Tragische als
Kunstgenuß haben soll, ist damit nicht zu vereinigen.
Sie ist Kampf einer Leidenschaft mit einem Bestehenden, dessen Recht als solches von den Leidenschafts-
trägern anerkannt wird. So selbst im Julius Cäsar.
Brutus und Cassius machen in der Freiheit, die ihre
Leidenschaft ist, kein Recht, kein sittliches Moment geltend, kein Menschenrecht, sondern einen Menschentrieb,
den Trieb mannhafter Naturen — und solche wollen
sie sein —, nicht Besitznehmer eines Rechtes, das ihnen
gehöre, nur eines Besitzes, den sie begehren. Die
Shakespearischen Menschen wollen sich, d. h. in ihnen
will ihre herrschende Leidenschaft sich gegen das, was
im Besitze ist, was herrscht, gegen den Weltlauf, die
Regel, durchsetzen. — Wir sehen einen Mächtigen, die
individuelle Leidenschaft, gegen das allgemein aner-
kannte Mächtigere sich erheben, dessen Macht er kennt,
und an der er zu Grunde geht. Er geht also aus
Überhebung zu Grunde, im bewußten Wagnis — eine
Eigenschaft der Leidenschaft, die, weil sie die Kräfte
über das gewöhnliche Maß erhebt und nach dem Gesetze, daß wir das Gewünschte leicht glauben, diese
Stärke zu hoch anschlägt; auch wohl im klarem oder
dunklern Vorbewußtsein des dadurch beschworenen
Unterganges. Dies Mächtigere muß uns sichtbar als
solches dargestellt werden, sei es nun ein Bestehendes,
eine Natur- oder sittliche Macht — wie das Gewissen
im Macbeth —, nur nicht umgekehrt, daß der Heraus-
forderer eine sittliche Macht ist und einer unsittlichen
unterliegt, darum muß eine Leidenschaft sein, die —
sei auch ihr Objekt ein sittliches — durch ihr Übermaß
und Unmacht des Trägers in Schuld verfällt, d. i. un-
sittlich wird. Die Macht, die der Held herausfordert,

muß eine überlegne sein, und er muß dies wissen, es,
wenn auch nur schweigend, anerkennen. Er übernimmt
also bewußterweise ein Wagnis, bei dem er umkommt. Wir müssen halbmöglichst den Untergang
voraussehen. Aber eben dies Wagnis und die Kraft,
die er dabei aufwendet, giebt dem tragischen Helden
das Imposante. Zugleich aber verhält er sich in alledem leidend — denn seine Leidenschaft ist es, die ihn
zwingt, andres zu zwingen; so ist er zugleich ein
Gegenstand des Mitleids. Shakespeare ist kein Asket.
Lebensweisheit ists, die er empfiehlt und lehrt; die
Klugheit, die uns die Welt dienstbar machen lehrt.
Solche, wie sie Lorenzo und Julia anwenden, straft
er nicht; solche, die auf Schlechtes geht und auf das,
was früher oder später inneres und äußeres Verderben
herbeiführen muß, wie Jagos, Edmunds, Richards III.,
ist keine Lebensklugheit mehr; diese straft er, wie sie
sich auch in der Wirklichkeit straft. Seine Kunst steht
mit dem Leben, der Wirklichkeit durchaus in keinem
Gegensatze. Er wird ihr nur soweit scheinbar untreu,
als in dem Gegensatze von Wirklichkeit und Kunst dies
überhaupt schon begründet ist, da die Wirklichkeit nur
in ihrer Gesamtheit geschlossen ist, die Kunst aber in
jedem einzelnen Werke geschlossen sein, d. h. als dieses
Ganze seine Bedingungen in sich selbst haben muß.
Seiner Kunst Vorwurf ist der Weltlauf; ihre Seele
das innere Gesetz des Weltlaufes. — In seiner Welt,
die ganz die wirkliche ist, nur geschlossener und im
Zusammenhange bloßgelegt, heißt das gut, was in der
Wirklichkeit gut heißt, böse, was man in der Wirklichkeit so nennen würde, schön, häßlich desgleichen. Diese
Poesie ist versöhnend, während man in wunderlichem
Mißverstande jetzt die Poesie eine versöhnende nennt,
die uns mit dem Leben entzweit, indem sie unsern
Wünschen schmeichelt. — Der stilisierte „gemeine Weltlauf." — Die Handlung eine solche, die tragischen

Charaktere solche, ihr Verhältnis zu dem Gegebnen ein solches, wie sie einen übeln Ausgang provozieren. Wie man die Tragödie einen Kampf von Rechten oder Berechtigungen nannte, so konnte man sie auch einen Kampf des Unrechts mit dem Unrechte nennen, in welchem beide unterliegen. Doch geht dies, wie jenes, nur auf eine Anzahl Fälle. — So ist bei ihm ein Boden gefunden, der nimmermehr wankend werden kann, und der jedem Stoffe, sei er mythisch, historisch, Märchen oder Novelle, gerecht zu werden vermag, ohne dem Stoffe Gewalt anzuthun. Derselbe, auf welchem alle Volksdichtung erwächst, den jeder Mensch, der höchstgebildete wie der roheste, verstehen muß, wenn er auch vielleicht dem Halbgebildeten und Überbildeten trivial erscheinen mag. Der Zuschauer braucht in das Theater nicht einen besondern Maßstab mitzubringen; denn der Vorgang auf den Brettern ist nach dem Maße gebaut, das er im Leben, in der Wirklichkeit anwendet, so oft er über Handlungen urteilt. „Solches Thun, solche Menschen nehmen kein gutes Ende." Und er braucht nichts als seine eignen Augen, seinen eignen unverbognen Menschenverstand; denn er wird durch keine Reflexion geblendet und irregeführt, er sieht alle Bedingungen seines Urteils in anschaulichem Leben vor sich. Er sieht das Mächtige, das ein Kühner herausfordert, er ist dabei, wenn dies geschieht; er sieht Situation und Schuld, er kann den Rechnungsansatz selbst machen und nachrechnen von Ziffer zu Ziffer, von Position zu Position. —

Den Kampf in des Helden Seele, dieses Mangeln eben einer einzigen Anlage zu vielen andern vorhandnen, diesen Mißton, der die Harmonie stört und den ganzen Menschen nicht dahin kommen läßt, wohin er kommen sollte, diesen Widerspruch, diese Gebrochenheit hat Shakespeare nicht willkürlich als Grundverhältnis des Tragischen, nicht als

bloß ersonnenes Kunstmittel aufgegriffen, nein, er sah
es in der menschlichen Natur und in der Geschichte
als den letzten auffindbaren Grund des Schicksals der
Menschen wirklich vorhanden und nahm es nur in
seine Kunst herüber, weil er es fand, und weil er seine
Kunst durchaus auf die Wirklichkeit gründen wollte.
Höre man den ersten besten Menschen urteilen, so wird
man vernehmen: Er hat diese gute Eigenschaft, diese,
diese, und es würde ihm gelingen, was er will, wenn
der Mangel nicht wäre. Wenn der und der nur das
nicht hätte; dies verdirbt, was alles andre an ihm gut
macht. So ist diese Gebrochenheit, indem das konkrete
Schicksal jedes Einzelnen aus ihr hervorgeht, zugleich
selbst das allgemeine Schicksal aller Menschen, alles
Menschlichen. Dadurch, wodurch die Shakespearischen
Figuren schauspielerische Rollen, sind sie nun auch
poetisch-wirkliche Menschen. Hebbel thut als Dramatiker,
da das Drama es wesentlich mit der praktischen Seite
der Menschen zu thun hat, ganz verkehrt, wenn er
das Tragische in einen theoretischen Widerspruch verlegt und den praktischen für obsolet erklären will. Die
extremen Fälle dieses Schicksals sind in Kunst und
Wirklichkeit die tragischen.

Wenn philosophisch (nach Hegel) immer eine
höhere geistige Stufe des Tragischen gefordert wird,
so schreitet die Poesie umgekehrt, d. h. was der Philosophie die höhere Stufe, das ist der Poesie eine niedere,
weil das sinnliche Moment, das ihr wesentliche, in
jeder höhern Stufe der philosophischen Skala schwächer
wird, die Anschauung, das Dramatische, Psychologische
darin sich immer mehr in Reflexion, Rhetorik und
Dialektik zerbröckelt. — Wie die Theologie früher, hat
die Philosophie in neuerer Zeit die Poesie unterjocht
und sich zur Stoff- und Gesetzgeberin der Poesie auf-
geworfen und so unter dem Vorwande der Bildung
der Poesie eigenstes Wesen gefährdet. Die Poesie wird

nur daun wieder sich erheben können, wenn sie frei gemacht wird von diesem Joche. So wurde im Drama die Hauptsache, das, was die Sinne anschauen, zur Nebensache.

— Hamlets menschlicher Trieb kann sein individuelles Temperament, sein Naturell nicht besiegen; das ist's. Wo irgend möglich, ist solche Charakterisierung vom tragischen Dichter zu suchen; so kann und muß die individuelle Gestalt, die er schafft, so individuell und doch dabei so typisch werden, als nur möglich ist; dann wird kein Thun des Helden auffallen und die Kritik beleidigen; da es nun nicht auf Säulen oder gar Zieraten dieses Menschenbaues, sondern auf dessen tiefsten Grund gestellt ist, nicht aus dem Charakter, sondern unmittelbar aus dem Boden erwächst, auf dem der Charakter selbst erwachsen ist. — Solche Gegensätze sind Weichheit und Härte des Naturells. Ein tragischer Kampf der Art entstünde, wenn ein Mensch mit weichem Naturell hart sein sollte oder ein harter weich; wenn ein allgemein menschlicher Trieb von dem individuellen, bedächtigen, langsamen Naturell Raschheit des Entschlusses gebieterisch verlangt; wenn ein edles Naturell gemein handeln soll (Brutus). — Der Streit des Menschen mit dem Individuum in sich ist der tragische Streit, wenn er sich nicht versöhnen, nicht hinausschieben, nicht vertuschen, nicht kompensieren läßt, sondern zum Untergange der Existenz führt. — Durch dies Neuermittelte findet die Ansicht, daß Reflexion der Tragödie und ihrem Zwecke schädlich ist, d. h. Reflektieren der tragischen Personen über Recht und Unrecht, tiefere Begründung. Denn so wird die Tragödie ein Kampf elementarer Mächte, ein Kampf zwischen den Grundbedingungen der menschlichen Natur, wie sie unabhängig von Philosophie und Religion diesen selber als Bedingungen zu Grunde liegen. So können die Werke der tragischen Kunst selber

Natur sein, nicht bloß Naturdingen nachgeahmt; und
so müssen sie von allen Menschen verstanden werden,
von allen Bildungsklassen, Religionen, philosophischen
Sekten, und können alle überdauern. So steht diese
Kunst selbständig neben Philosophie, Geschichte, Religion, weil sie aus denselben ersten Quellen schöpft, ja
noch naturwüchsiger als diese, da; weil sie Hand in
Hand geht mit der weltalten Volksweisheit, die Religionen, Philosophien, nicht allein Konventionen der
Denkweise überlebt hat und noch überleben wird. —
Also: Widerspruch einer unabweisbaren Aufgabe —
durch Einstimmung mit dem allgemein menschlichen
Triebe — und dem Naturell dessen, dem die Aufgabe
geworden. Hier treffe ich, wie es scheint, mit Goethe
zusammen, denn sein „Sollen" ist doch, was ich hier
Aufgabe nenne, sein „Können" (oder vielmehr Nichtkönnen), das der Aufgabe widersprechende Naturell. —
Hierin ist nun Shakespeare urschaffend, wie die Natur,
weil er seine Tragödie auf die elementaren Kräfte
baut, nicht auf Ableitungen von denselben, wie z. B.
statt Gewissens Religion oder gar eine positive Religion. Und das Gewissen siegt, z. B. im Macbeth, hier
nicht, weil es das rechte, sondern weil es das stärkere
ist. Denn auch in seinem Trotze ist diese Stärke des
Gewissens zu lesen, wenn derselbe auch nur eine unwillige Anerkennung, und diese sich für etwas andres
ausgiebt. Was Goethe das „Wollen" nennt, ist, dünkt
mich, dasselbe mit dem, was er „Sollen" nennt. Nur
weil in Fällen, wie in dem des Macbeth, die Willkür
einstimmt in das Sollen, d. h. weil hier nicht bloße
Übermallung, sondern Entschluß die Schuld einführt,
nur das scheint Goethe zu der Verwechslung gebracht
zu haben. Denn der Wille selbst, der sittlicher Natur
ist, darf im Trauerspiele nicht beim Helden Platz
finden, sonst wird die gegenstehende Macht, der er
verfällt, zur unsittlichen, und das Ganze ein Sieg des

Unsittlichen über das Sittliche. Ebendeshalb aber, weil Shakespeare auf dem Boden der Natur steht (nicht als Gegensatz zum Sittlichen, hier ist der Weltlauf gemeint) und das Gewissen siegen läßt, weil es sich in Wirklichkeit, wenn auch nicht im Beginne des Kampfes, als das Stärkere, der Leidenschaft überlegne erweist, ist er zugleich ein sittlicher Dichter; da der Weltlauf selbst im Zusammenhange ein sittlicher ist. Deshalb verweist Shakespeare auch nicht auf eine andre Welt, die die Schulden bezahlen soll. Dies ist das Gebiet der Poesie, das Gebiet der Sinnlichkeit, das sie nicht überschreiten darf, ohne ihre besten Kräfte einzubüßen. Sie bleibt hier sinnlich und widerspricht eben darum doch nicht der Moral; sowie Mächte des Bewußtseins streiten, wird das Problem ein philosophisches, es steht dann auf der Reflexion, dann kämpft Gesichtspunkt mit Gesichtspunkt, das Feld des philosophischen Dialogs, und die Ausführung kann nur eine rhetorische werden. Auf jener Seite des Elementaren, der Sinnlichkeit und Anschauung stehen die Griechen, Shakespeare und Goethe; auf der Seite der Reflexion Schiller und die französischen Klassiker. Jener Werke werden den Philosophen ein so fruchtbares Material geben, wie die Wirklichkeit, die Natur und Geschichte, aber sie werden nie ganz im Gedanken aufgehn, so wenig wie diese; jede Philosophie wird sich an ihnen versuchen und Ausbeute finden, wie an der Wirklichkeit selbst; diese dagegen sind aus einer gewissen Philosophie oder aus einer Konvention hervorgegangen und sind nur für diese und mittelst dieser zu fassen und zu genießen. — Also: Widerspruch einer unabweisbaren, durch die Natur gegebnen Aufgabe mit einem ebenfalls elementaren Stärkern in derselben Natur, Widerspruch zwischen Aufgabe und Vermögen. Brutus unternimmt eine Aufgabe, vom Freiheitstriebe diktiert, die im Widerspruche mit seinem sanften, menschlichen Naturell steht, und geht daran unter, durch Schonung des Antonius. Im Lear ebenso; sein Leiden geht aus dem Widerspruche seines Naturells mit der Lage, in die er sich selbst gebracht hat, hervor. Goneril sagt das ausdrücklich: Der Alte will noch immer den König spielen, nach dem er uns die Krone gegeben; lassen wir das zu, so wird seine Schenkung uns zum Hohne. Auch im Coriolan ist der Widerspruch seines Naturells mit der Aufgabe, die die Pietät ihm stellt. Im Egmont ist der Widerspruch seines Naturells, das sanguinisch-leichtsinnig ist, mit seiner Aufgabe, klug und vorsichtig zu sein. Aber dieser Widerspruch, der ein dramatisch und theatralisch sehr fruchtbares Motiv ist, wird bloß lyrisch ausgesprochen und nicht dramatisch-theatralisch ausgebeutet. Der allgemein menschliche Trieb der Vorsicht tritt ihn nur einmal an durch Oraniens Warnung und Abgang — Oranien ist gewissermaßen das Gespenst in diesem umgekehrten Hamlet —, und schnell ist dieser „fremde Tropfen" aus seinem Blute entfernt. Diese Vorsicht liegt nicht als Trieb in ihm selbst, der ihn mit seinem sanguinischen Naturell in innern Kampf brächte, in dem dieses siegte, ihre Mahnungen kommen nur von außen. Der Keim ist da, aber nicht zur gegliederten Pflanze gezogen. — Das Problem in der Gestalt des Hamlet oder vielmehr die Gestalt Hamlets überhaupt hat Goethe nicht losgelassen; er bringt in seinen meisten Stücken jenen Gegensatz, aber in zwei besondre Gestalten verteilt, Clavigo, Carlos u. s. w. Wunderlicherweise ist der ganze Gegensatz im Faust und die eine Seite davon auch noch im Mephistopheles besonders personifiziert enthalten. Dadurch verliert der Kampf dramatisch und wird ein mehr lyrisch-rhetorischer, d. i. ein Kampf der Meinungen, Lebensansichten. Auch im Othello ist dieser Widerspruch zwischen der Eifersucht, die in einem allgemein menschlichen Triebe begründet ist, also in einem Nichtglauben und einem Naturell, das ganz einfältig und gläubig ist, ganz auf den Glauben gestellt, zwischen einem Argwohn und einem Gemüte, welches das Vertrauen selbst ist. — Auch im Charakterlustspiele ist dieser Widerspruch das dankbarste Grundmotiv. Vergleiche Holbergs geschwätzigen Barbier. Seine Aufgabe ist, sein geschwätziges Naturell zu besiegen, aber dieses ist unbesieglich und bringt ihn um Befriedigung seines Glückstriebes, der ihm jene Aufgabe stellt. Papageno in der Zauberflöte. — Dieser Widerspruch, wie in ihm der tragische Kampf, wie aus ihm die tragische Schuld und der Untergang folgt, und er selbst das tragische Leiden ist, ist zugleich der fruchtbarste Keim des guten Dramatischen und die Vorbereitung der daraus folgenden schauspielerischen Effekte. — Dieser Widerspruch oder diese widersprechenden Eigenschaften: der Antrieb zur Rache aus Pietät und das unlustscheue Naturell, oder Rachsucht und Unlustscheu sind das Wesentliche im Hamlet. Die andern Züge seines Charakters, seiner Persönlichkeit sind nicht wesentlich; sie sind ihm gegeben, um das unangenehm Wirkende des Wesentlichen darin zu überkleiden, um unsrer Sympathie für ihn den angenehmen Mischteil hinzuzuthun. Das Humane, Sanfte ist der Schwäche verwandt, die Redekunst, die theoretische Überlegenheit ist oft mit der praktischen Schwäche zusammen, desgleichen die Kunst und Lust des Intrigierens, der Verstellung — eigentlich weiblicher Waffen. Das Grübeln, ein Begleiter des melancholischen Temperaments, der Kunstfreund, Schauspielerdilettant reihen sich ungezwungen dem Geistreichen an; die feine, fürstliche Repräsentation, die bei aller Vertraulichkeit fremde Vertraulichkeit abhält, das Vornehme, Edle der Erscheinung gehören dem Stande, sind Kostüme. — Nur nicht zu vergessen, daß beide streitende Mächte auch aus der Situation sich sehr leicht erklären lassen. Auch ein Zahmerer als Hamlet würde durch solche Beleidigung zur Rache getrieben werden, und der Macht eines Königs gegenüber, der solcher Dinge fähig ist, als wir wissen, kann wohl auch ein Stärkerer eingeschüchtert werden. — Die Situation weckt einen Trieb, stellt eine Aufgabe, der der Mensch nicht gewachsen ist, oder zwingt ihn, eine solche Aufgabe an sich zu stellen, die mit seinem eigensten Wesen im Widerspruche ist, die er deshalb nicht lösen kann. Der innere Kampf ist das Leiden, der äußere bringt den Untergang. Er unternimmt ein Wagnis, in dem er umkommt, und zwar bewußt, im mehr oder weniger klaren Vorgefühle des Unterganges. Hier ist von Recht und Unrecht nicht die Rede. — Coriolan will Konsul werden; er unternimmt eine Aufgabe, die durch Volksschmeichelei führt, wobei er Rollen spielen muß; eine Aufgabe, der sein Stolz nicht gewachsen ist, und die daher mißlingen muß. Wenn er aber so stolz ist, warum will er Konsul werden? Das wäre das Wollen eines Ehrgeizigen. Da muß die Pietät ihn zwingen. Dadurch wird die Stärke der Pietät gezeigt, die am Ende ihn doch stürzt, doch nicht seinen Stolz, nur seine Rachsucht. — — Die dunkle Tiefe der Charaktere soll in der Kunst mit dem heitern Reiche des Bewußtseins vertauscht werden, so will es die Philosophie; sie vergißt, daß das Poetische eben in jener dunkeln Tiefe wohnt und das heitre Reich des Bewußtseins nicht poetischer, sondern philosophischer Boden ist, und nicht der Anschauung, sondern der Reflexion, nicht dem Dramatischen, sondern dem Rhetorischen gehört. Licht wollen die Philosophen, aber der Poet Farbe. — — Seelen zu tragischen Charakterproblemen: er kann sich nicht unterordnen, er kann sich nicht schicken, nicht schmiegen. Er kann sich nicht verbergen, verstellen. Er kann keinen Mut, keine Hoffnung fassen. Er kann seinen Witz, Spott nicht unterdrücken. Er kann nicht vertrauen

ober sich niemand anvertrauen; ein solcher könnte
allerlei Rollen spielen, um denen auszuweichen, die,
wenn sie sein Vertrauen hätten und wüßten, was ihm
fehlt, ihm helfen könnten. Er wäre zuweilen schon
daran, sich zu entdecken, und kehrte mit künstlichem
Ausweichen wieder um. — Einer kann keiner noch so
weisen Furcht nachgeben. Einer kann sich nicht be-
herrschen (im Lear alle, bis auf Edgar). Er kann nicht
lügen. Er kann keinen Zwang ertragen, die Abhängigkeit von keinem andern. Die Situation müßte
nun gebieterisch das von ihnen verlangen, was sie
nicht leisten können. — Bei Schiller findet man solche
Motive ohne Notwendigkeit einer Gestalt geliehen
oder doch vereinzelt und mehr aus der Situation als
aus dem beharrlichen individuellen Wesen der Personen
ausfließend, z. B. das zweckwidrige Thun der Maria
Stuart bei der Zusammenkunft mit Elisabeth, wo sie
sich in ihr Verderben schilt, wo sie klug ihrem Affekte
gebieten müßte. Wenig Augenblicke zuvor war sie eine
ganz andre, da sie schwärmte wie ein Pensionsmädchen,
nicht wie ein Mittel- oder Mischding von mörderischer
Buhl- und Betschwester. Shakespeare, wenn er einmal
jene Szene gewollt hätte, würde aus ihren Bedingungen
den ganzen Charakterkern der Maria Stuart geschaffen
haben. Es wäre Unenthaltsamkeit, Unmacht über sich
selbst gewesen, bei seinem Verständnis des Passenden.
Und in der That, das wäre der Charakter der historischen Maria Stuart gewesen. In Elisabeth hätte
ihr die Gewalt über sich selbst gegenübergestanden,
d. h. die Gewalt über ihr Äußeres, wobei sie gleich
leidenschaftlich sein konnte wie Maria. — — Goethe
trifft immer an dieses tragische Grundwesen, obgleich
er seiner nie dramatisch mächtig wird und in der Praxis
gewöhnlich bei der bloßen Beschaffung des Materials
stehen bleibt, man weiß nicht, ob aus Absicht, aus
Widerwillen gegen das eigentlich Dramatische oder

aus Mangel dramatischen Instinktes. So, wenn er sagt, der Verstand und eine zweckgemäße Leidenschaft dürften nicht in die Tragödie eintreten, es sei denn zum Nachteile des Helden; der blinde Zug, der den Helden dahin oder dahin führe, sei sein Schicksal. Hier erkennt auch Goethe die dunkle Tiefe des Charakters an, das, was sich der poetischen Darstellung so willig anbietet, aber nicht erklärt werden kann, und deshalb der Rhetorik und philosophischen Auffassung widerstrebt, als den Quell des Tragischen, und protestiert gegen alles Reflektieren der Charaktere über sich und ihre Intentionen. Das Dämonische. — Also die Situation zwingt ihnen eine Aufgabe auf, die ihrem innersten Wesenskern entgegengesetzt ist, und sie gehen unter, weil sie diese nicht lösen können, die vergebliche Anstrengung danach ist das Leiden. (Die Sphinx ein Symbol.) Der eigentliche Kampf ist in der Seele des Helden. — Im Tasso hat Goethe den Melancholiker gezeichnet und ist, Hamlet vor Augen, einen Schritt weiter in das Bereich des Dramatisch=Theatralischen eingedrungen. Hier ist jene charakteristisch=dramatisch=theatralische Figur des Widerspruchs vorhanden. Nur wird das Ganze zu einförmig, und der Vers klingt zu lyrisch=konventionell, ist zu langatmig für wirkliches Theaterspiel und läßt sich nur deklamieren, nicht sprechen. — Richard II., Hamlet, Lear sind Temperamentsmenschen, Macbeth, Coriolan, Richard III., Othello Leidenschaftsmenschen, Romeo steht in der Mitte zwischen beiden. Dort herrschen die kleinen Motive vor, hier die großen; denn die Temperamentsmenschen haben keinen Zweck, den sie erreichen wollen, umgekehrt, ihr Wesen widerspricht allem Zwecke, und sollen sie einen erreichen, so ist ein äußerer Zwang nötig, da sie selbst der Erreichung fortwährend entgegenarbeiten. Ihr Leben ist kein mächtig nach einer Richtung treibender Strom, wie bei den Leidenschaftsmenschen, sondern eine Mosaik von Reizungen und Ausbrüchen des ihnen gehörigen Affekts, in welchen sich alle von außen erweckten fremden Affekte neutralisieren. So bei dem Melancholiker die unangenehmen, bei dem Sanguiniker die angenehmen Gefühle; — Goethe hat auch das sanguinische Temperament in einem Dramenhelden personifiziert, im Egmont, aber diesem fehlt es eben nach beiden Seiten des Handelns und Leidens. Eine Gestalt aber, die weder handelt noch leidet, giebt wohl ein Genrebildchen, doch keine Tragödie; und nur ein tragisches Genrebildchen, wenn auch ein reizendes, ist Egmont. — Apollonius im Himmel und Erde hat jenen Widerspruch in sich: er könnte glücklich sein und machen, wenn er den gesunden Leichtsinn besäße, den seine Situation von ihm fordert, so hat er das Leiden, da er sich aber nicht zur Schuld hinreißen läßt, geht er nicht tragisch unter. —

Bei Goethe wie bei Shakespeare handelt es sich stets um etwas Ideelles, um etwas, das über der gemeinen Wirklichkeit steht, die Charaktere sind Menschen, aber aus der ersten Hand der Natur, gleichsam Mustermenschen — nicht im moralischen Sinne. Die Darstellung aber ist so, daß sie das Ideelle in greifbare Wirklichkeit verwandelt und das Wunderbare so nahe bringt, daß es ist, als hätten wir mit diesen Menschen jahrelang gelebt. —

Hegel gegen Shakespeare

— Ein fast komisches Beispiel von Verkennung des eigentlich Dramatischen in Hegels Ästhetik (Bd. 1, 267: „In Shakespeares Macbeth liegt eine Kollision der Geburtsrechte zu Grunde; Duncan ist König, und Macbeth sein nächster, ältester Verwandter und deshalb der eigentliche Erbe des Thrones, noch vor den Söhnen Duncans. Und so ist auch die erste Veran-

lassung zu Macbeths Verbrechen das Unrecht, das
ihm der König angethan, seinen eignen Sohn zum
Thronfolger zu ernennen. Diese Berechtigung Mac:
beths, welche aus den Chroniken hervorgeht, hat Shake:
speare ganz fortgelassen, weil es nur sein Zweck war,
das Schauderhafte in Macbeths Leidenschaft heraus:
zustellen — um dem König Jakob ein Kompliment zu
machen (!), für den es von Interesse sein mußte (?),
den Macbeth als Verbrecher dargestellt zu sehen.
Deshalb bleibt es nach Shakespeares Behandlung un=
motiviert, daß Macbeth nicht auch die Söhne ermordet,
sondern sie entfliehen läßt und daß auch keiner der
Großen ihrer gedenkt." — Nun hat Shakespeare das
Unrecht weggelassen, weil es die Schlankheit und Ge=
schlossenheit des Vorganges gestört hätte, da erst eine
Exposition seines Rechtes nötig war, welches nur in
der historischen Absonderlichkeit der individuellen Zeit
lag; weil er nur mit den primitivsten Motiven han=
tiert, mit Leidenschaft und Gewissen. Sollte es denn
wirklich Hegel besser geschienen haben, wenn statt
der wunderbar poetischen Szenen, die Shakespeares
Änderung ihr Dasein verdanken, ein Debattieren über
die verschiednen Berechtigungen hineingekommen wäre,
das Unfruchtbarste und Langweiligste auf der Bühne,
wenn es auch sehr zweckmäßig ist in einem historischen
Werke? Kann man einen solchen Einfall, wie daß
Shakespeare dem König Jakob zu Gefallen den Macbeth
als Verbrecher dargestellt habe, begreifen? Ich nicht.
Denn nach der Chronik ist Macbeth ja doch ein Ver=
brecher gewesen; ich begreife nicht, wie er als Nicht=
verbrecher dastehen könnte, der Meuchelmörder, auch
wenn er dem Duncan eine Ungerechtigkeit gegen ihn
vorzuwerfen hätte. Ob er ihn als seinen Gast meuchelt,
weil Duncan ihm ein Unrecht angethan oder nicht,
Meuchelmord, Mord an dem arglosen Gaste bleibt
trotz Hegel ein großes Verbrechen. Aber wie konnte

es für Jakob ein Kompliment sein, den Macbeth als einen Verbrecher dargestellt zu sehen, wenn ich auch annehmen wollte, was Hegel anzunehmen scheint, daß der Meuchelmord am Gaste um des Unrechtes Duncans willen gegen ihn kein Verbrechen gewesen sei? Und sollte er denn Banquos Mord weglassen? Banquo hat ihm doch kein Unrecht gethan. — Aus denselben Gründen wie dies Unrecht Duncans hat Shakespeare auch bei Richard II. des Unrechts nicht erwähnt, das ihm von dem Ohm geschah, dessen Ermordung ihm zur Last fällt, und dessen Helfer die Bolingbroke, Northumberland u. s. w. waren. Wem in aller Welt hat denn Shakespeare damit ein Kompliment machen wollen, der Elisabeth etwa? Was die Söhne Duncans betrifft, so hätte die Beratung, was mit ihnen geschehen solle, die Szenen vor dem Morde verwirrt, sie hätte die Stimmung gestört. Sollte er sie zugleich mit ermorden? Hätte ihn das nicht sicher verraten? Nun, wenn sie nicht entflohen wären, und die Schuld an Duncans Morde nicht auf sie gewälzt worden wäre, würde Macbeth schon einen Entschluß, sie betreffend, gefaßt oder ausgesprochen haben. In der furchtbaren Spannung auf das Nächste, des Königs Tod, war eine Erwähnung, ein Aussprechen eines vielleicht schon halbgefaßten Entschlusses, die Söhne betreffend, weder objektiv noch subjektiv am Platze, es hätte weder die wahre Darstellung der Leidenschaft im Affekte noch die Wirkung gefördert. Auch wäre durch Beibehaltung des Unrechtes die großartige Notwendigkeit des Stückes verloren gegangen; die Leidenschaft wäre nicht mehr Hauptsache, das Stück nicht mehr die Naturgeschichte dieser Leidenschaft gewesen, und damit war auch das Schauspielerische verloren, die notwendige Hälfte des wahren Dramatischen. Jener individuelle Konflikt zwischen den Rechten Duncans und Macbeths wäre ein einzelner Fall; Shakespeares Bemühen geht auf Typen. So ist denn all die wunderbare Offenbarung über die Menschennatur, die Shakespeare in seinem Macbeth giebt, Hegel nichts, wenn er sie bloß aus einem Komplimente herleitet. Diesen Philosophen ist eine philosophische Disputation das Höchste, und auch die Tragödie können sie nur als eine solche sich denken, wenn sie etwas Großes in der Tragödie sehen wollen. Wenn doch Hegel uns einen neuen Macbeth gemacht hätte; er war in keinerlei Versuchung, dem König Jakob ein Kompliment zu machen, also den Stoff zu verderben. Etwas Verkehrteres als obige Stelle ist mir bis jetzt weder von Philosophen noch von Nichtphilosophen gesagt vorgekommen. — — Was Hegel Bd. 1 über Metapher, Bild, Gleichnis sagt, ist meist trefflich. — Hegel verwechselt aber, wie Goethe und besonders Schiller, Affekt und Leidenschaft, und es kommen dadurch wunderliche Mißverständnisse zuwege; z. B. wenn er sagt: „Die allgemeinen Mächte, welche nicht nur für sich in ihrer Selbständigkeit auftreten, sondern ebenso in der Menschenbrust lebendig sind und das menschliche Gemüt in seinem Innersten bewegen, kann man nach den Alten mit dem Ausdrucke πάθος bezeichnen. Übersetzen läßt dies Wort sich schwer, denn ‚Leidenschaft‘ führt immer den Nebenbegriff des Geringen, Niedrigen mit sich, indem wir fordern, der Mensch solle nicht in Leidenschaftlichkeit geraten. Pathos nehmen wir deshalb hier in einem höhern und allgemeinern Sinne, ohne diesen Beiklang des Tadelnswerten, Eigensinnigen u. s. w. So ist z. B. die heilige Geschwisterliebe der Antigone ein Pathos in jener griechischen Bedeutung des Wortes. Das Pathos in diesem Sinne ist eine in sich selbst berechtigte Macht des Gemütes, ein wesentlicher Gehalt der Vernünftigkeit und des freien Willens. Orest z. B. tötet seine Mutter, nicht etwa aus einer innern Bewegung des Gemütes, welche wir Leidenschaft nennen würden, sondern das Pathos, das ihn zur That antreibt, ist wohlerwogen und ganz besonnen." — Aus dieser Stelle erhellt, daß Hegel im Gedanken den Affekt dem Pathos gegenüberstellt und nicht die Leidenschaft. Denn vom Affekte ist zu sagen, daß er weder erwogen noch besonnen sei, aber nicht von der Leidenschaft; vielmehr liegt ja eben auf der einen Seite die Großartigkeit und beziehentlich die Schönheit, auf der andern das Gefährliche und Dämonische der Leidenschaft, in ihrer Besonnenheit. Die Leidenschaft macht sogar den, den keine Vernunft besonnen macht, den Leichtsinnigen und seiner sonst Unmächtigen besonnen, und ihr Hauptunterschied vom Affekte ist eben jene bewußte Kraft, durch den sie den stärksten Affekt besiegen oder wenigstens zurückdrängen kann. Sie ist die consequente Richtung auf ein Objekt, eine Richtung von solcher Kraft, daß sie nicht allein der denkenden Kraft, wo diese sich ihr entgegenstellt, den Gehorsam verweigert, sondern sie übermächtig in ihren Dienst zwingen kann. Die Leidenschaft ist's ja eben, deren Größe dem Subjekt die wahre Idealität giebt und seinen Handlungen die Notwendigkeit. Die Leidenschaft ferner kann man mit demselben und mit größerm Rechte als Hegel das „Pathos," das Wirksame im Kunstwerke wie im Zuschauer nennen, deshalb, weil jeder Mensch die Fähigkeit der Leidenschaft in seiner Schätzung ihrer Objekte: Freiheit, Herrschaft, Liebe, Ruhm u. s. w. in sich trägt. Ferner zeigt sich das Mißverständnis darin, daß er „Leidenschaft und Leidenschaftlichkeit" zusammenwirft. Freilich sind die Wörter etymologisch auseinander entstanden, die Etymologie ist aber keine Psychologie, und die Verwechslung, deren Schuld die beschränkte Kenntnis derer trägt, die zuerst jene Abteilung machten, brauchte Hegel nicht zu adoptieren. Der Ausdruck „Leidenschaftlichkeit" hat zur eigentlichen Bedeutung das, worin ein Gegensatz zu seinem Stammworte liegt; es drückt den Begriff der Hingegebenheit an die Affekte aus. Wenn

Kant sagte: „Wo viel Affekt, sei wenig Leidenschaft," zielte er eben auf den Gegensatz der betreffenden Begriffe und meinte nichts andres, als was man auch so fassen könnte: Wo große Leidenschaftlichkeit, da ist wenig Leidenschaft. — Shakespeare verwechselt in seiner Darstellung nie Leidenschaft mit Affekt, weil er die menschliche Natur aus dem Grunde kannte. Was Hegel „Pathos" nennt, ist nichts andres als die Bemäntelung der Motive, die wir oft praktisch bei Schiller finden, das Kunststück einer verwöhnten Zeit, die ihre Leidenschaften verherrlicht und sophistisch zurechtlegt, um thun zu dürfen, wozu sie Lust hat, und doch von Selbstvorwürfen befreit zu sein. Bei den Alten finden wir diese Sophisterei nicht, dort ist sie nicht Sophisterei des Dichters, sondern dargestellte der Personen, denen der Autor aus dem Munde andrer sein eignes unbestochnes sittliches Urteil entgegenstellte. Klytämnestra beim Äschylus sucht aus ihrer Schuld ein Recht zu machen, das thun alle Verbrecher; Äschylus selbst aber thut es nicht, denn er stellt ihr verbrecherisches Verhältnis zum Ägisth mit dar und darin ein Motiv, welches Klytämnestra verschweigt; und dem Chore, sehen wir, scheint sie keineswegs gerechtfertigt. Der Leidenschaftlichkeit hängt eine Nuance des Geringen, Verächtlichen an, nicht der Leidenschaft. Wir verachten die Leidenschaftlichkeit deshalb, weil sie Charakterschwäche ist, weil die Natur in ihr den Geist völlig überwiegt; sie ist Unmacht des Menschen über sich selbst. Die Leidenschaft ist es aber gerade, die dem Menschen die ungeheuerste Macht über ihn selbst giebt. Die große Leidenschaft ist, selbst wenn sie auf das Böse geht, imposant, denn sie bringt in das Thun und Denken des Menschen jene grandiose Konsequenz, welche die Vernunft nach ihren eignen sittlichen Forderungen bewirken sollte, aber nie bewirkt. In dem, was Hegel das Pathos nennt, ist keineswegs bloß Vernünftigkeit; ein einziger Blick auf die praktischen Beispiele der Alten und der Idealisten unter den Neuern zeigt das zur Genüge; denn in ihnen ist höchstens die sinnliche Seite bemäntelt, aber sie ist vorhanden, und sie ist es eben, welche die Kraft zum Handeln giebt. — Das ist's eben, was in der Shakespearischen Tragödie das Schöne zugleich wahr und sittlich macht, daß sie die Schuld nicht bemäntelt, aber sie aus großer Leidenschaft hervorgehen läßt. Wenn die Philosophen den absoluten Geist den endlichen trotz dessen relativer Größe und Schönheit verschlingen lassen, um dessen Unangemessenheit willen, so sehe ich nicht, wie das eine höhere Vorstellung vom Tragischen sein soll, als der „Neid" der Götter. Der Neid ist wenigstens begreiflicher, als die Grille des Prokrustes, seine Gefangenen zu Tode zu dehnen, wenn sie nicht in sein Bett passen. Diese Prokrustesleidenschaft des absoluten Geistes ist um nichts weniger irrationell als jene niedrigere Stufen des Tragischen. Es ist darin etwas ebenso Komisches, als das personifizierte Schicksal in Theklas Deklamation. — Die Sache ist so: Im allgemeinen Teile der Ästhetik brauchte Hegel einen Begriff, der das bei den Alten zugleich mit umfaßte, was bei ihnen für die in der romantischen Kunst zu nennende Leidenschaft vorhanden war. Pathos und Leidenschaft ist dasselbe Ding, nur von dem verschiednen Standpunkte dieser verschiednen Weltanschauungen angesehen. Daher kommt das Schwankende, wenn er bald den Ausdruck Pathos, bald den Ausdruck Leidenschaft braucht, und jenen bei klassischen Beispielen, diesen bei Beispielen aus der romantischen Zeit, zu der er Shakespeare stellt. Er hätte im allgemeinen Teile, der sich noch nicht auf diese einlassen kann, einen Oberbegriff beider setzen sollen. — Bei Romeo und Julia z. B. spricht er von der Leidenschaft der Liebe, hier ist der Ausdruck ihm gut genug, der ja „eine Nüance von Gemeinheit und Eigensinn an sich haben soll." — Über

Shakespeares Rüpel irrt sich Hegel, wenn er sagt: „in ähnlicher Inkonsequenz sind seine Rüpel fast durchaus geistreich und voll genialen Humors. Da kann man sagen: Wie kommen so geistreiche Individuen dazu, sich mit solcher Tölpelhaftigkeit zu benehmen u. s. w." Dagegen hat schon Kant in seinen Beobachtungen über die Gefühle des Schönen und Erhabnen gesagt: es könne viel Witz mit wenig Urteilskraft in einem Menschen beisammen sein, er bezeichnet dies Mißverhältnis als Albernheit. Die Albernheit bedeute nicht bloß den Mangel an Urteilskraft, sondern verrate auch, daß dieser mit Witz versetzt ist. Ein Mensch, der einen Gran von Witz habe, sei sehr abgeschmackt, wenn er keine Urteilskraft habe. Hätte Hegel etwas näher zugesehen, so würde er gefunden haben, daß Shakespeares Rüpel meist in diese Kategorie gehören. Vergleiche man z. B. Probsteins witzige Reden mit seinem Handeln. Solcher Witziger giebt es genug, die witzig sind, deren Urteil und Handeln aber schwach ist und ihre Armut zeigt. — Vortrefflich ist, was Hegel sagt: „Es widerspricht der individuellen Entschiedenheit, wenn sich eine Hauptperson, in welcher die Macht eines Pathos webt und wirkt, von einer untergeordneten Figur bestimmen und überreden läßt und nun auch die Schuld von sich ab und auf andre schieben kann, wie in Racines Phädra. Ein echter Charakter handelt aus sich selbst und läßt nicht einen Fremden in sich hinein vorstellen und Entschlüsse fassen. Hat er aber aus sich gehandelt, so will er auch die Schuld seiner That auf sich haben und dafür einstehen." —

Die einzelnen Dramen Shakespeares

Romeo und Julia

Der harmonische, schöne Eindruck dieser Tragödie entsteht daher, daß die beiden Liebenden alles Interesse in sich konzentrieren, daß der schmerzliche Ausgang nur von ihnen selbst kommt. Sie töten sich beide selbst; keine barbarische oder gewaltsame Handlung eines dritten erregt Haß, oder wenn er es thun müßte, leitet er nicht einen Teil des Interesses von dem Paare auf sich. Sie leiden das äußerste nur durch ihr eignes Handeln, *auch tritt dieses durch das ganze Stück nicht als gewaltsames, sondern mehr in der Form des Leidens, also selbst* die Schuld Mitleid erregend auf. Der Familienhaß — ein Verhältnis, keine Person, ein Ding, das weder Liebe noch Haß erregen und daher kein Teilchen Interesse den Liebenden entziehen kann, ihnen vielmehr erst recht Interesse giebt durch die rührende Situation, die er bilden hilft. Daher der große Nutzen einer Situation oder auch Thatsache, wie im Hamlet, die vom Anfange des Stückes feststeht bis zu Ende, sie vertritt die Stelle einer Hauptperson und nimmt dem Helden nicht so viel Interesse weg, als eine Hauptperson gethan hätte. — — — *Auch das wirkt künstlerisch, daß der Liebenden Empfindung wohl getrübt wird durch die Schatten der Gefahr, des Scheidens, aber nicht die sanfte Gebärde derselben durch Haß und andre widersprechende Gefühle entstellt wird. Die Liebenden haben solchergestalt die tragische Stimmung in sich selbst und müssen sie daher im Zuschauer wecken."

Richard II.

"Ein leichtsinniger junger König, der seine Finanzen erschöpft und, nun eine Rebellion in Irland ausgebrochen, zu den gehäſſigen Mitteln der Erpreſſung greift und den Warnungen seiner Ohme zum Trotz das Königreich förmlich verpachtet. Da er sich auch an den Besitzungen des von ihm verbannten Vetters vergreift, so nimmt dieser die Gelegenheit davon, eigenmächtig zurückzukehren, um sein Eigentum zu retten. Während der König in Irland, kommt er, und die mit dem König unzufriednen Lords und Bürger fallen ihm zu. Richard verdirbt, was noch gut werden könnte, durch seine Lässigkeit; ein Heer läuft auseinander, weil er nicht zeitig genug zurückkommt, das Gerücht von seinem Tode Lügen zu strafen. York, ein Oheim, den er als Regenten zurückgelassen, ist genötigt, weil er keine Kräfte zum Widerstande besitzt, den König ebenfalls fallen zu lassen. Richard, in einer Burg aufgefordert, den Bolingbroke wiederherzustellen, ergiebt sich wohl wissend, Bolingbroke ist's nun, da das Land sich ihm ergeben, nicht bloß um sein Herzogtum zu thun. Er legt, aufgefordert, die Krone ab und wird von einem, dem Bolingbroke es andeutet, im Eifer getötet."

Wiederum der einfachste Verlauf der Handlung. Der Zusammenhang ist nicht durch künstliche Einfügungen hergestellt, ohne gewaltsame Konzentration, "obgleich der ausgesprochne Entschluß des Königs, des Vetters Güter einzuziehn (da eben dessen Vater gestorben), und die Meldung Northumberlands, der Verschworne wirbt, der Vetter sei mit einer Macht bereits unterwegs, sehr danach aussieht." Die Schuld ist möglichst schlank gemacht, in eine — bestimmte — That gekleidet. Im Plane nichts Raffiniertes. Eine reine Staatsaktion, daher um so bewundernswürdiger, wie er die einzelnen Teile derselben mit Theaterspiel ausgefüllt und dem Gemüte nahe zu bringen gewußt hat. Der Leichtsinn Richards im Anfange ist verhältnismäßig mehr bloß angedeutet und in Erzählung gebracht, dafür seine Gefühle im Unglücke mit außerordentlicher Vollständigkeit dargestellt. Das Gespräch mit Northumberland, den Gesandten Herefords, an dessen Ende er sich ergiebt, die Kronenabgabe an Hereford sind Paradeszenen für einen Virtuosen. Charakteristisch ist, wie Richard Herefords Wünschen, die derselbe verdeckt in der Brust trägt, nur zu schnell entgegenkommt. — Wie gewöhnlich bei Shakespeare die Schuld verhältnismäßig gegen die Strafe mehr skizziert als ausgeführt. Man muß bei ihm die Schuld meist als ein mehr oder weniger irrationales Faktum, als unmittelbaren Ausfluß des Charakters und der Leidenschaft aufnehmen. Wir Neuern dürfen das nicht mehr wagen; wir müssen die Schuld, um sie glaublich zu machen, so motivieren, daß der Held halb entschuldigt und die Schuld zu wenig anrechenbar erscheinen muß, wodurch die Majestät des Schicksals leidet.

Das Stück beweist, wie richtiges Aussparen des Effektes und Vollständigkeit der Darstellung den einfachsten Stoff zu einem wirkungsvollen Stücke machen kann.

Macbeth. — Stimmungsvorbereitung

Zeitweilig legt Shakespeare das Vorbereitende in der Stimmung einer Person unmittelbar als böse Ahnung, als unbegreifliche Unruhe ohne bewußten Grund in die Seele. So ahnt die Königin im Richard II. schon beim Auftreten Schlimmes in der Szene, die ihr die bösen Botschaften bringt. Lady Macbeth nachtwandelnd, vom Arzte und der Kammerfrau beobachtet: kunstreich, ehe sie selbst auftritt, der Leser oder Hörer vorbereitet und in die Stimmung versetzt, ihre Reden dann unterbrochen durch Arzt und Kammerfrau im Gespräche. So gewinnt die Szene Breite und der Eindruck Tiefe, während sie ohne dies wirkungslos und störend vorbeigehen würde. Mit der Geisterszene im Hamlet ist es ähnlich. Desgleichen im Lear, ehe der Alte völlig wahnsinnig gesprungen kommt. Man wird wohlthun, so durch Erzählung und Gespräch vorzubereiten, so oft ein Auftritt kommt in gesteigerter Leidenschaft, in deren Grad wir uns nicht sogleich versetzen können, oder überhaupt ein Auftritt in veränderter Stimmung, deren Grund wir noch nicht wissen, oder sonst etwas Auffallendes, etwas, das unsre Nüchternheit zu Zweifeln herausfordern könnte. Daher kommt es, daß Shakespeare uns stets so gläubig findet auch beim Wunderbarsten und Seltsamsten, das er uns bringt. Dagegen das Erwachen und der Selbstmord der Julie in Romeo und Julia für die Schauspielerin sehr schwierig, weil sie selbst hier die Vorbereitung machen muß und wegen der Kürze der Partie weder selbst genug ins Spiel kommen noch dem Zuschauer in die Täuschung helfen kann, dem die Situation zu schnell vorbeifliegt, um sympathisieren zu können. — Oft hilft die Dekoration, die Natur (im Sturm), Glockenton, Anklopfen, die Gebärde, unruhiges Hin und Wieder, die ausführlich geschilderte Tages- oder Nachtzeit, Gegend, Musik, *irgend eine Erinnerung an eine bekannte Thatsache dazu, lauter Hilfsmittel, die in der konzentrierten Form keinen Platz finden. Wir finden bei Shakespeare innerhalb einer Szene jederzeit nur Worte und Handlungen, die der Grundstimmung derselben durchaus entsprechen.* Es ist eine Regel, daß man nichts Fremdgestimmtes in die Szene einlassen darf, die verschiednen Momente einer Szene müssen höchstens im Grade verschieden sein, nie in der Art, und dann müssen sie in Steigerung geordnet sein. Hier wieder eine Schwierigkeit der konzentrierten Form. Je länger und reicher an Handlung die einzelnen Szenen sind, desto schwieriger ist es, die sich häufenden innern Motive und Vorgänge in wirklichen Dialog zu verwandeln, der zugleich völlig dem Gesetze der Steigerung entspricht. Das Konzentrieren macht Behelfe notwendig, und diese stören den Fluß. Je mehr ich verschiedne Vorgänge mit ihren innern Motiven zusammendränge, desto allgemeiner muß die Stimmung sein, in der sie alle zusammengehen sollen. "Jeder dieser einzelnen Vorgänge verliert von seinem Kostüm, von dem, was zu seiner vollen Ausprägung gehört, von seiner Schärfe und Geschlossenheit, seiner Individualität, und dadurch das Ganze mit." Jede einzelne Nummer in Mozarts Opern hat ihre eigne Tonart, ihre eigne Instrumentation, ihren eigentümlichen Rhythmus, ihre eigentümlich melodische und harmonische Behandlung, und gerade dadurch wird das Ganze einer dieser Opern wiederum ein abgeschloßnes. So ist es mit Shakespeares Dramen. — Dies Trauerspiel ist die Tragödie des Ehrgeizes, des Königsmordes, "der Usurpation," des Mordes, des Tyrannen, des Gewissens selber. — "Macbeth ist durchaus kein Individuum — Individuen können kein Schicksal haben, das heißt kein tragisches; denn dies soll das Allgemeine des menschlichen Loses ausdrücken, die normale Gestalt desselben, nicht eine ausnahmsweise, eines einzelnen Falles menschlicher Artung. Er ist" der Ehrgeizige selbst, an dem mit Hilfe des Agens der Gelegenheit das Experiment vorgenommen wird, das im wesentlichen an jedem Ehrgeizigen so auslaufen muß wie an diesem. Wie man beim Studium der Anatomie die Beschaffenheit des menschlichen Körpers nur allein an einem Normalkörper richtig begreifen kann, in

welchem man eben nicht den Körper von Hinz oder
Kunz, sondern ben des Menschen überhaupt, den Nor-
malkrankheitsfall an einem normalen Menschenkörper
vor sich hat. — Er ist der Mörder aus Ehrgeiz überhaupt. An ihm können wir das Schicksal des Mordes,
d. h. seine notwendigen Folgen für den Thäter vollständig studieren. Die äußern Schicksale hängen von
andern äußerlichen Einwirkungen ab, äußerlich können
die Lebensgeschichten verschiedner Mörder unendlich
verschieden sein, darin unterscheidet sich Lebensgeschichte
und Schicksal; jene ist das Ganze seines Erlebens,
dieses, was er notwendig erlebt in Folge seines Thuns,
das wieder notwendige Folge und Mitursache seines
Charakters. — Diese vollständige Entwicklung der
innern Zustände legt Shakespeare jederzeit nur in eine
Figur, teils weil das Drama ohnehin im Raum so
beschränkt ist, teils weil mehrere solche Entwicklungs-
gänge in solcher Vollständigkeit einander das Interesse
streitig machen würden und dadurch dessen Einheit
aufheben, auch dem Verstande zu viel Mühe machen,
jede einzelne mit der nötigen Klarheit durchschauend
zu verfolgen. Wenn er momentan auch in die Entwicklungen andrer Figuren etwas tiefer hineinsehen läßt,
so geschieht auch dieses nur, um die Hauptentwicklung
der Hauptfigur durch jene Blicke, wie durch Kontrast
und Folie stärker herauszuheben. Die Hauptfigur
und ihr Schicksal ist ihm der Zweck, alles andre nur
Mittel.

*Das Schicksal eines Mörders ist das aller Mör-
der, nämlich insofern sie wirkliche Menschen sind und
je mehr sie dies sind. Darum haftet Shakespeare denn
immer auf dieser innern notwendigen Entwicklung,
weil er innerhalb der Lebensgeschichte das Schicksal
darstellen will. Und darum ist die vollkommenste
Tragödie, wo die Lebensgeschichte selbst das Schicksal
ist, wo sie ebenso notwendig aus dem Thun des Helben

und ben notwendigen Folgen besselben auf 'ein Inneres hervorgeht, wenn die Schuld in ebenso innigem Kausalnexus das erste Glied zu der Kette seines äußern wie seines innern Verderbens bildet. Daraus folgt die Forderung, daß auch das innere Heil des Guten in äußerm Glück sich abbilde.*

In der Auffassung von Charakter und Schicksal ist Goethe Shakespeare vollständig gefolgt. Z. B. im Tasso, wo die Empfindlichkeit der Menschenseele so zum Stoffe genommen ist, wie im Macbeth der Ehrgeiz. Die Empfindung macht sich innerlich und äußerlich unglücklich in ihrem Übermaß. Der Träger desselben ist so natürlich ein Dichter wie der Träger des Überehrgeizes im Macbeth ein Großer und Soldat. In jenem hantiert des Dichters Haupteigenschaft, die Phantasie, wie hier des Soldaten: die Fertigkeit der Thatkraft. Aber der Hauptunterschied in der Dichtung beider ist der Unterschied zwischen beider Zeit; die Shakespeares sucht mehr Interesse für die Phantasie, die Goethes mehr Interesse für das Gemüt.

Vollständige Entwicklung aller Faktoren; völligste Klarheit.

Shakespeare macht seine Situationen interessantest nicht dadurch, daß er sie zusammenschiebt, sodaß ihre Momente sich drängen, sondern dadurch, daß er jede einzelne so reich ausbeutet und sie in so viel Momente zerlegt, die darum alle innerlichst sich erklären. Er macht viel aus wenig. Bei der konzentrierten Form, wo man äußerliche Wirkungen zusammendrängt, müssen sich die psychologischen Fäden mit denen der Handlung oft verwickeln, sie müssen oft zerschnitten, oft verdeckt werden. In seiner Weise, wo der psychologische Faden eben der Führer selbst ist, der uns durch das Ereignis leitet, ist der Zusammenhang der Handlung wichtiger als die Handlung selbst. Er wird lieber abstrakt in der Diktion, als daß er uns im Unklaren ließe über das, was in seinen Figuren vorgeht, er läßt die Figuren aussprechen, was und wie sie, unmittelbar genommen, gar nicht sprechen könnten; z. B. der Monolog Macbeths, wo er die Gründe und Gegengründe der That abwägt und endlich sagt, was eigentlich nur der Dichter von ihm sagen konnte, wie er Macbeths Situation überlegte und das einzige Für als zu leicht erkannte ohne das Dazukommen eines äußern Sporns. Dieser Sporn kommt denn auch in der Lady sogleich dazu. Wie er bei solch innern Vorgängen lieber abstrakt wird, als daß er den Zuschauer ein kleinstes Rädchen in der innern Maschine zu übersehn durch Unmittelbarkeit der Diktion verführen möchte, so wendet er dagegen, wo dies nicht zu befürchten, den wunderbarsten Schein der Wirklichkeit an. Klare Übersichtlichkeit und Verständlichkeit des innern Vorganges, des Zusammenhanges der äußern Vorgänge ist ihm das Erste und Notwendigste, nach diesem erst rangiert bei ihm die äußere Verwirklichung, die er in solchen Szenen deshalb sehr menagiert, wo jene durch sie leiden könnte. Nicht allein, daß er die Personen alles sagen läßt, was in ihnen vorgeht, auch wo es dem Scheine der Wirklichkeit widerspricht: er läßt andre, ja selbst in der größten Hingerissenheit, Bemerkungen über sie machen. Und wahr ist's, nur dadurch ist es ihm möglich, einen solchen Reichtum von Lebensweisheit zu entwickeln, so ungemein interessante Charakterprobleme selbst dem gewöhnlichern Teile des Publikums verständlich zu machen. Ihm ist soviel an seinem Kontur des Hauptcharakters gelegen, daß er alle Verkürzungen meidet, alle Deckungen eines Teils desselben durch eine andre Figur. Die ganze Gestalt der Entwicklung liegt in allen ihren Proportionen vor uns, nicht hinter dem Rahmen; von alledem, was den Hauptcharakter im Bezug auf seine Entwicklung in und durch die Handlung des Stückes betrifft, fällt nichts in

Exposition durch Erzählung oder zwischen die Akte. Die Teile der Handlung, in die keine wesentlichen Entwicklungsmomente des Hauptcharakters fallen, werden sozusagen durch einen epischen Chorus eingeschaltet in besondern Szenen, die der Haltung nach aus dem Stücke herausfallen. Es scheint, daß auch hier die Absicht, diese historischen Erläuterungen dem Zuschauer so klar und unverwirrt zu vermitteln, als möglich, neben dem Bedürfnis der Kürze dieser Einschaltszenen — dieselben so episch gehalten und sie aus dem eigentlichen Problem herausgenommen hat. Häufig erfährt dann der Hauptcharakter dieselben Dinge noch einmal in der eigentlichen Handlung; da wir ihren Inhalt kennen, so stört uns hier keine Teilung der Aufmerksamkeit zwischen dem Inhalte der Nachrichten und der charakteristischen Art und Weise, wie die Hauptfigur diese Nachrichten aufnimmt und gegen ihren Inhalt reagiert. Solche epische Einschaltungen z. B. im Macbeth die Erzählung Rosses an den alten Mann von den Ergebnissen der Versammlung nach dem Morde Duncans, daß der Verdacht auf die Söhne gefallen und Macbeth zum Könige gewählt und nach Scone sei; dann Akt 3, 6, wo wir erfahren, daß man nun wisse, wer Duncan getötet hat, "und daß Macbeth ein Tyrann und von allen verabscheut, daß Macduff nach England, wo auch Malcolm, was dann Macbeth selbst noch in der letzten Szene mit den Hexen erfährt." Dieses äußere historische Beiwesen, dessen doch nicht zu entraten ist, behandelt er bloß andeutend, wie die griechische Plastik Stühle u. dergl. mit einigen Linien. —

Hamlet

Ein eignes Stück, bei weitem weniger dramatisch und von konziser Form wie seine übrigen Tragödien. Hamlets zahlreiche Monologe sind der Kern, die übrigen Szenen nur so darum gebaut. Die Motivierung weit nachlässiger und lückenhafter als in seinen andern. Mancherlei fällt auf. Bei dem Vorherrschen der Innerlichkeit Hamlets befremdet es, daß er keine Ursache angiebt für den erkünstelten Wahnsinn und dieser auch sonst nicht motiviert ist. Zu seinem Zweck wäre es viel besser, er stellte sich behaglich und zufrieden als irrsinnig. Übrigens sieht man nicht einmal überhaupt eine Ursache, warum er aktive Verstellung wählt. Er braucht sich ja nur nicht zu verraten. — Über seinen Vorsatz hört man ihn gar nicht reflektieren, während er sonst über alles reflektiert. Gleich nach der Geistererscheinung sagt er bloß zu seinen Freunden: Wenn ihr mich wunderliche Dinge thun seht, laßt euch nichts merken, was die Veranlassung davon verraten könnte. Dann fällt der Anfang des verstellten Wahnsinns in den Zwischenakt; wiederum bei Shakespeare befremdlich. Die Art seiner Verstellung ist nun wiederum so, daß sie eher das Umgekehrte herbeiführen muß, als was er damit bezwecken zu wollen scheint. Weit entfernt, sich dadurch zu maskieren, verrät er sich vielmehr dadurch. Warum verstellt er sich, wenn er solche Dinge macht, wie mit der Tragödie in der Tragödie, die mehr ihn dem Könige verrät als diesen ihm. *Die Gewissensprobe mit dem Schauspiel vor dem König ist so, daß sein verstellter Wahnsinn nun ganz überflüssig.* Nun wird das Verhältnis ohnehin etwas schielend. Der König muß nun wissen, wie er mit ihm daran ist; die Höflinge sagen gleichfalls, es drohe dem Könige Gefahr von Hamlet, und doch scheinen sie die Sache nicht zu durchschauen. Und doch können sie nur, wenn sie dies thun, eine Gefahr für den König ahnen. Thun sie das, wie kommts, daß sie keine Überraschung zeigen? *Haben sie alle schon geahnt, oder wußten sie, daß der König der Mörder?* Hamlet muß wissen, daß ihm schwere Gefahr droht, wenn der König weiß, daß Hamlet alles wisse, daß der König dann im Falle der Notwehr ist und einen Mord mehr begehen können wird, um den alten ungestraft begangen zu haben; denn warum verstellt er sich sonst? Und doch sieht man ihn keine Maßregeln treffen für diesen möglichen Fall, ja gar nicht an ihn denken, ehe er die Gewissensprobe macht. Was soll dann die Mutter mit ihm? Ihn aushorchen? Ist das noch nötig? Ihn schelten, wie Polonius sagt? Wofür? Daß er das Gewissen des Königs zum Selbstverrate gebracht? Dann brauchts kein Aushorchen mehr, von dem Polonius zugleich doch spricht. *Wie wenig Schrecken zeigt die Königin bei der Ermordung des Polonius, wie gleichgiltig ist Hamlet darüber! Soll das Gefühl des eignen Unglücks ihn für fremdes gleichgiltig machen? Dergleichen pflegt sonst Shakespeare bis zum Abstrallen einzuschärfen. (S. Lear.)* Dann — giebts kein sichreres Mittel, den Hamlet zu töten, als durch ein giftig Rapier? Warum läßt der König ihn erst wieder nach Helsingör? Aber er will vielleicht den Laertes zugleich mit töten. Wird man aber nicht an der Art der Wunde und des Todes sehen, daß er von Gift kam? Auch schon das mit dem Uriasbriefe ist sonderbar. Alle diese Mittel kompromittieren ja den König erst recht, und dem will er doch ausweichen. — Ahnt denn Hamlet gar nicht, daß er der Grund von Ophelias Tode ist? Ficht es ihn nicht an? Hat ihn eignes Unglück fühllos gemacht? Nein. Denn er will mit Laertes ausfechten, wer sie mehr geliebt habe. — Horatio scheint sonst bieder und gerade. Wenn Hamlet auch eine solche That thun konnte, daß er Rosenkranz und Güldenstern ans Messer lieferte, konnte Horatio sie billigen? Sonderbar, in diesem innerlichsten von Shakespeares Stücken bleibt man überall über die Motive im Unklaren, die auch in seinen äußerlichsten sonst immer, ja oft mit abstrakter Deutlichkeit angegeben sind. Bei den übrigen ist oft die Prämierung der Motive gar nicht nötig, weil die Personen immer das Natürlichste, Nächste thun oder denken; hier wäre sie es sehr, weil die Personen fast nichts Natürliches und sich von selbst Verstehendes thun und denken. *Daß Hamlet nichts Verfängliches in der Wette sieht, zumal da ein übles Vorgefühl sich seiner Seele bemächtigt. Wie er mit dem Könige steht, der ihm erst den Uriasbrief gegeben, wie er mit dem Laertes steht, dem er Vater und Schwester gemordet — wie kann er an Laertes denken als einen, mit dem er weiter nichts hat, als den Wettkampf in der Bezeigung des Schmerzes über den Tod der Ophelia, wie kann er in diesen Augenblicken, wo er über seine Sicherheit in Sorge sein müßte, über die Folgen seiner Thaten in Schmerzen, die Plaubereien mit und über Cbril treiben? Kurz* in keinem Stücke Shakespeares scheint mir die Fabel so willkürlich und abenteuerlich, die Figuren in den Situationen weniger vollständig empfunden, die Stimmung öfter zerrissen, das Ganze so unzusammenhängend, das Einzelne so unverhältnismäßig. *Welchen Bezug hat die Breite des Abschieds Laertes von den Seinen, die Ermahnungen und Lehren der Männer an Ophelia und des Alten an den Laertes, dann die Botschaft Reinholds, des Laertes Aufführung zu erkunden, zum Ganzen, wogegen *die Rolle der Ophelia wiederum so obenweg und skizziert wie selten eine bei Shakespeare? Das ganze Um- und Beiwerk so wenig gesammelt. Auch Polonius ist so sehr ungleich, in seinen ersten Szenen ein ganz andrer. Es ist das einzige unter Shakespeares Stücken, wo die bewegende Ursache die Schuld eines andern ist als des Helden. — Es ist so reich an Spielszenen, ohne daß eben viel Thathandlung vorkommt. — Hamlets Charakterfigur ist das Zusammensinken nach affektvollem Aufflammen,

wo der Affekt zur That werden sollte. Melancholie
sein habitueller Gefühlszustand. Auf dem Grunde
seiner Melancholie der Überlegne, der die Lacher auf
seiner Seite hat, seine Szenen lauter Spielszenen. —
Zur eigentlichen Handlung im französisch-klassischen
Sinn ist die ganze Reihe der Szenen Opheliens, ja
die Gestalt selbst durchaus nicht wesentlich notwendig;
denn Laertes Rache, sein Komplott mit dem Könige
war durch den Mord seines Vaters hinlänglich motiviert. Aber sie bereicherte die Mannigfaltigkeit der
Anschauungen, gab für Hamlet Anlaß zu mehreren
Spielszenen, die zu den berühmtesten des Werkes gehören, und ließ sich selbst zu Spielszenen im Wahnsinn verwenden, durch welche ein wunderbar lieblich-
elegischer Ton mehr in den tragischen Akkord kam,
nicht gerechnet, wie sie als ein Glied der kontrastierenden Gruppe benutzt ist, durch welche die Idee des
Hauptcharakters und damit des ganzen Stückes herausgehoben wird.

Zu Hamlet

Im Hamlet macht das geistig Überlegne des
Charakters hauptsächlich sein und des Stückes Glück;
die Wirklichkeit des Vorganges, durch welche jeder
Ton, den die Menschenbrust hat, hervorgerufen wird;
der schnelle Wechsel derselben, der Wettlauf, wie er
mit andern ihre Sprache sprechen muß und nach einer
Szene im Konversationsstil, sowie er wieder allein,
wieder mit neuer Kraft und bereichert zu der Reihe
von Vorstellungen zurückkehrt, die er vorhin abge-
brochen. Und wie mit ihm, der mit allen spielt,
wiederum das Schicksal spielt. Wie er vor sich selbst
so schwach dasteht, als das Publikum die andern vor
ihm stehen sieht. Dazu mußte aber das Ganze so
phantastisch sein, als es ist. Und darauf gründet sich
der mächtige, künstlerische Eindruck Shakespeares, daß

er das Wunderbare verwirklicht. Wären seine Stoffe
eben so wirklich als die Behandlung, kein Mensch
könnte sie ertragen. —

Wo die Natur im höchsten Grade des Affekts
stumm ist oder nur einen Hauch, eine Interjektion
hervorbringt, da übersetzt Shakespeare den Hauch, den
Seufzer, das Stöhnen in einen plastischen längern
Ausruf, der die Gefühle zusammenfaßt in einen prägnanten Satz, deren Verwirrung und Zugleichandrängen
die Person verstummen macht. Z. B. Hamlet, wie
ihn der Geist erscheint. Hier sind die seltsamsten,
verworrensten Bilder am Platze. Das, was die Natur
wirklich spricht, aber der gelähmte Mund nicht austönen kann. Dies ist das Plastischmachen des in der
Natur Tönnen.

Hamlets Innerlichkeit

Auch im Hamlet ist der Hauptschauplatz in der
Seele des Helden. Daher die dramatischen Monologe.
In den Helden ist eigentlich der dramatische Kampf.
So sind sie Mittelpunkte der Stücke. — Alle Finesse
der psychologischen Ausmalung bloß im Helden, die
übrigen Figuren dagegen alle mehr nur wie skizziert.
Alle andern Gestalten haben nur den Helden zum
Gegenstande ihres Handelns und Sprechens. Othello
spricht nur mit seiner Leidenschaft, Jago ist bloß ein
Erreger und Helfer derselben. — Das in sich selbst
Hineinschauen, das mit sich selbst Sprechen, dies in
sich als in die Hauptsache Gewandte giebt den Personen
das Nachdrückliche, Imposante, das der Stolz, dieser
stete Sichselbstanschauer hat, das macht sie zu großen
Gestalten. — Die Shakespearischen Helden haben alle
solchergestalt etwas Isoliertes, wodurch sie sich wie
stolz und vornehm von den andern Figuren abson-
dern. — Ihre Selbstgespräche sind weit mannigfaltiger,
lebendiger und dramatischer als ihr Gespräch mit

andern, daß sie dann, wenn sie allein, erst verarbeiten. — Sowie sie allein sind, bricht es los, was man in den Gesprächen mit den andern nicht so deutlich sieht. — Alle große Leidenschaft isoliert. Sie verbirgt sich der Umgebung und sucht die Einsamkeit mit sich selbst zu streiten, sich zu bedauern, sich anzufeuern, mit sich zu beraten, sich schlecht zu machen, sich zu trösten, sich auszutoben. — Man erinnert sich dabei der Shakespearischen Beobachtung: „Vor dem Vollbringen einer schweren That sind der Genius und die sterblichen Organe im Rate versammelt, und der ganze Mensch erleidet wie ein kleines Königreich den Zustand der Empörung." Dies ist zugleich eine Darstellung seiner künstlerischen Methode. — Die Entwicklung eines interessanten Charakters ist nur in Monologen möglich. Darum thut man wohl, nur eine Gestalt, den Helden zum Träger einer größern Entwicklungsreihe oder eines psychologischen Prozesses zu machen, namentlich nicht zwei Entwicklungsreihen unmittelbar neben einander abzuspinnen oder gar noch mehr. — Im Othello liegt alles auf der Entwicklung und dem Wachstum der Leidenschaft, man weiß oder schließt wenigstens, daß der tötende Strahl zuletzt aus dieser Wolke kommen muß. — Einheit der Spannung, der Erwartung. — Lessing hat die Monologe ebenso angewandt wie Shakespeare. In der Emilia sind unter zweiundvierzig Szenen acht Monologe. — Die Nebenpersonen bringen die Anlässe, die steigernden Motive, die die Hauptperson jederzeit nach ihrem Abgange verarbeitet. — —

Goethe über Hamlet

Goethe hat ganz unrecht, wenn er durch eine Sammlung der historischen Nebenumstände im Hamlet dem Stücke einen Gewinn zu bringen meint. Er ist auf dem Abwege unsrer Kritiker, welche Verbesserer selbst wahre Hamlete sind, die durch zu genaues Bedenken aller Umstände um ihren Zweck kommen. Denn diese Nebenumstände sollen für sich gar nichts wirken, ihre Sammlung in einen rückt ihn zu sehr in den Vordergrund, es entsteht die Gefahr, daß dieser einen Teil des Interesses, der Spannung auf sich zieht. Er spielt nun auch mit und macht ein Recht geltend. Das soll er aber durchaus nicht. Wir sollen nie daran denken: Wird dem jungen Norweger gelingen, was er will? Shakespeares Kompositionen sind wesentlich Gruppierung, möglichst enge Gruppierung, weil die Wirkung sonst eine extensive, eine epische wird — bei ihm sind freistehende Menschengestalten um das ethische Zentrum gruppiert. —

Julius Cäsar

"Wie der Julius Cäsar von Shakespeare dasteht, ist er" ein dramatisiertes Stück Geschichte. Es ist Geschichte geblieben, und man wird es nicht vollständig ergreifen und sich davon entzücken lassen können, wenn man es nicht im Zusammenhange mit seinem Vorher und Nachher aufnehmen kann, d. i. wenn man nicht die römische Geschichte kennt, ähnlich, wie niemand sich recht an einem antiken Drama erfreuen wird, der nicht den ganzen Mythus kennt, aus dem es genommen ist. So tritt im Ödipus in Kolonos, im Theseus die ganze Kulturgeschichte des alten Griechenlands vor unsre Augen. Deshalb mußte Shakespeare in seinen dramatisierten Sagen soviel reicher sein, weil der Zuschauer aus seinem Gedächtnisse nichts hinzuthun konnte, und der Dichter eine Welt von Beziehungen erst schaffen mußte, die im athenischen Publikum, das seine Mythen kannte, sich von selbst an die einfache Katastrophe, die der Tragiker gab, reihte. Wer das bedenkt, dem wird

ein Ödipus in Kolonos nicht ärmer scheinen, als König
Lear. Es war ein großes Trauerspiel, von dem das
attische Publikum nur eine Szene auf der Bühne vor
seinen leiblichen Augen zu sehen brauchte, um das
Ganze innerlich anzuschauen und zu fühlen von Ödipus
Geburt bis zum Falle des Hauses Kreons. Eine solche
Fruchtbarkeit können für unser Volk nur biblische
Stoffe haben. —

Wunderbar ist die Geschicklichkeit, mit der Shakespeare im Zuschauer das Gefühl der Stetigkeit seiner
Handlung zu erregen und festzuhalten weiß. Im Cäsar
wie im Othello ist eine doppelte Zeitrechnung. Er
deutet die längern Zeiträume, die zwischen seinen
Szenen liegen, an; für den Verstand sind die Ein-
schnitte da, aber die Phantasie sieht sie nicht klaffen.
Am merkwürdigsten ist, wie er die Täuschung hervorzubringen weiß, als wenn während einer und derselben
Szene hinter den Coulissen Dinge vorgegangen sein
könnten und vorgehen, die zu ihrer Vollendung weit
mehr Zeit brauchen, als die Dauer der Szene gewährt.
So sieht man Brutus in Zuversicht auf das Gelingen
der Wiederherstellung ohne weitere Gewalt dem Antonius die Rostra räumen, und am Ende derselben Szene,
wo es Antonius gelungen, das Volk aufzuwiegeln, hört
man, daß Brutus und Cassius zu Pferde geflohen seien,
von einem Boten, der vielleicht in Wirklichkeit längere
Zeit gebraucht, nur den Antonius aufzusuchen, als die
Aufwiegelungsszene dauerte. Und ehe er von Octavian
ging, erfuhr er schon Brutus und Cassius Flucht. —
Warum fällt dergleichen nicht auf? Wie z. B. in der
Emilia Galotti, daß Marinelli, nachdem sein Plan
gegen Appiani schon fertig ist, sich erst mit Appiani
so überwirft, daß jener Plan motiviert erschiene, wenn
er ihn nun erst machte? Doch wohl, weil auf den
Augenblick im Julius Cäsar kein Wert weiter gelegt,
die Spannung nicht darauf gegründet ist, wie bei

Lessing, weil er bei Shakespeare nur Nebensache, bei Lessing aber Hauptsache ist; weil ein Augenblick früher oder später auf das Ganze keinen Einfluß hat. Dagegen kommt es bei Lessing viel darauf an, daß Odoardo sein Haus verläßt, ehe Emilia aus der Kirche kommt. Im Trauerspiele wird überhaupt die Spannung peinlich, wenn sie an Zeit oder sonstige äußere Dinge geknüpft ist. — Die besonders in Romanen beliebte Art der Spannung, die vielleicht auch ins weniger poetische Schauspiel, besonders aber ins Lustspiel paßt, die, wo vom Zufrüh oder Zuspät soviel abhängt, sollte möglichst aus dem Trauerspiele verschwinden, wo sie die Entfaltung hindert und peinlich wird. —

Charakter und Situation

Bei Julius Cäsar ist so recht auffallend, wie viel mehr es Shakespeare um die Personen zu thun ist und ihre Entwicklung und Ausmalung, als um die der Situation. Schiller würde uns ein einförmiges Ideal von Brutus gegeben haben, dagegen die Situation desselben zu Cäsar als des Lieblings und doch Feindes aufs genaueste in schimmernden Tiraden entwickelt haben, aus dem Munde aller Personen, besonders des Brutus selbst. Gewiß ists, die Weise Shakespeares ist dramatischer, denn die Entwicklung eines Charakters kann nur durch Handlung geschehen, während die Entwicklung und Beleuchtung einer Situation immer zu lyrischer und zur Reflektionsrhetorik führen wird. Die Charakterentwicklung, also das Charakterdrama, kann das Rhetorische nicht gut brauchen, weil es eine gewisse Unmittelbarkeit der Sprache verlangt; die Sprache als Sprache kann sich hier nicht so gehen lassen. Sie muß immer ein Mittel der Charakteristik bleiben. Hier zeichnet sie die Gestalt selbst in ihren genauen Umrissen, dort umwallt sie dieselbe wie ein weiter Prachtmantel. — Bei Shakespeare ur-

teilen die Personen, eine über die andre, nach ihren
charakteristischen Gesichtspunkten, bei Schiller wird die
Situation nach verschiednen Gesichtspunkten betrachtet,
nach dem Verhältnisse der Personen zur Situation.
Dort sind es die Gestalten, die sprechen, hier der
Dichter. — Der objektive Dichter tritt hinter seine
Figuren zurück, dem subjektiven sind sie nur Spiegel,
in denen er dem Leser, Hörer oder Zuschauer sein
eignes Bild zurückwirft. — Die Extreme des Charakterdramas sind Trockenheit und Härte der Sprache
aus Streben nach Wahrheit des Ausdruckes; das des
lyrischen Situationsdramas ist Schönrednerei aus Streben nach Schönheit; dort wird immer ein gewisser
Realismus, hier ein gewisser Idealismus sich vordrängen. Der Realist wird daher zum Charakterdrama, der Idealist zum Situationsdrama durch seine
Natur genötigt, und ebenso wird einem Volke von
Idealisten ganz natürlich das Situationsdrama besser
gefallen, und umgekehrt. Der Idealist ist vorwiegend
lyrischer Natur, weil es ihm weniger um die Sache
zu thun ist, als um das, was er bei ihrer Betrachtung
denkt und fühlt; daher wird bei einem Volke von Idealisten vorzugsweise die lyrische Kunst blühen, in der
Malerei die Landschaft, in der Dramatik das Lyrische,
d. i. das Situationsdrama. Das geht weiter. So
wird ein Volk von Realisten auch in der Politik wirklich objektive Zwecke verfolgen um ihretwillen, ein
Volk von Idealisten nur der Gefühle wegen, die durch
den Kampf aufgeregt werden. Das eine wird von
praktischen, das andre von ästhetischen Idealen bestimmt. — Der englische und der französische Nationalcharakter verhalten sich wie Stolz und Ehrgeiz. —

Kaufmann von Venedig

Bewundernswürdig die Gruppierung der drei
Handlungsstämme im Kaufmann von Venedig. Der

Hauptstamm ist die Antonio-Bassanio-Shylockgeschichte. Die Verbürgung des Freundes für den Freund beim Feinde, mit dem Leben. 2. Die nachher wichtigste, die Erwerbung der Porzia durch Bassanio; was von der Bassanio-Porziageschichte über den Moment der gelungnen Erwerbung hinausliegt, gehört dienend dem ersten Hauptstamme, sowie ihr erster Beginn die Anleihe in jenem motivieren mußte. 3. Die Lorenzo-Jessicageschichte, die eigentlich nur zur Verschärfung von Shylocks Bosheit und Gemütshärte das Motiv geben muß. Wenn man will, ist noch ein vierter Stamm vorhanden, dessen Held Lanzelot. Notwendig ist er eigentlich nur für den dritten Handlungsstamm als Liebesbote. "Jede dieser drei Geschichten hebt scheinbar ganz selbständig an. Die Exposition der Porziageschichte ist in die Hauptgeschichte eingeschoben, um die Zeit auszufüllen zwischen dem Abgang der Freunde und dem Wiederauftreten derselben mit Shylock. Es war auch eine Möglichkeit, den Shylock zufällig den abgehenwollenden Freunden in die Hand laufen zu lassen und dagegen die Porziaexposition unmittelbar vor den ersten Auftritt Marokkos oder mit diesem zusammen vor Marokkos verunglückende Wahl zu stellen. Ebenso war der Szene Lanzelots mit seinem Vater und Bassanio zu entraten. Der Diener Bassanios, der den Juden einladet, konnte sich bei Jessica beglaubigen, den Brief Jessicas an Lorenzo konnte auch ein andrer Zwischenträger bringen, und so war die Szenerie der zwei ersten Akte zu reduzieren."

Der Kaufmann von Venedig

Beim Wiederlesen des Kaufmanns ist mir wiederum so recht deutlich geworden, daß die eigentlich poetische Behandlung des Dialoges und die Entfaltung der Gestalten eine entsprechende äußere Einrichtung der Szenerie verlangt, überhaupt einen Vortrag der Handlung, in welchem die pragmatische Kausalität und Spannung nicht zu sehr hervortreten darf. Welche Idealität, Befreiung von allem Bedürfnis, welche leichte Grazie ist im Stücke, seine Wirkung eine wunderbar harmonische. Was den Bau betrifft, so ist auch darin keine Spur jenes mühsamen Ernstes, der die Phantasie scheucht und lähmt. Es ist, als hälte die Phantasie die Folge der Szenen bestimmt und alles geordnet. Es ist etwas so Sprunghaftes darin, als hätte der schwerfällige, schleichende Verstand gar keinen Anteil daran. Darin liegt ein Hauptreiz des Ganzen, und wie kühl sind auch die Hauptszenen gehalten, wie die Situationen! —

Lear

— Ungeheuer gedrängt wegen Reichtum des Stoffes. "Deshalb auch die Gespräche zusammengefaßter und in jeder Hinsicht weniger als in andern Shakespearischen Werken das dem Zuschauer wie unabsichtliche Zuspielen dessen, was er wissen muß. Was nicht Lear besonders betrifft, alles sehr summarisch, z. B. die Vergiftung Regans, wo die sagt, sie fühle sich unwohl, und Goneril beiseite spricht: Wo nicht, so trau ich keinem Gift. Daß Lear an allem Leiden und aller Untat im Stücke schuld ist, das vergißt man keinen Augenblick, und dies vermittelt hauptsächlich die hohe Fassung, die der Hörer immer mehr gewinnt, je mehr zugleich sein Mitgefühl erregt wird; die wahrhaft tragische Stimmung. Das wäre nicht möglich, wenn Lears dummer Streich etwas verlufcht wäre. So wie er dasteht, ist Lear völlig zurechnungsfähig und macht an sich allerdings keinen angenehmen Eindruck, ja die Situation hat etwas Unglaubliches." Außerordentliche Kunst, diese Massen so zu entwickeln, daß alles klar ist, der ganze

Zusammenhang, und doch auch das Gefühl und die psychologische Ausmalung überall an ihre Stelle und zu ihrem Rechte kommt. Wunderbare Perspektive, in die alle Figuren in Gruppen gesammelt, von denen keine die andre verdeckt, und in der jedes einzelne so hervor- oder zurücktritt, wie seine Wichtigkeit es erheischt. Ich kann mir keine vollkommnere Kunst denken. Und wie zeichnet sich im engen Raume bei dem Reichtum von Gestalten jede so bestimmt von den andern ab, und wie tragen alle doch den Stempel derselben wilden Größe einer titanischen Zeit! Wie so gar nichts Kleines, Schwaches an all diesen Menschen! Welche Übereinstimmung aller Figuren mit einer Zeit, die solche Thaten hervorbringt! Welche Harmonie bei der ungeheuersten Mannigfaltigkeit! Ter große Reichtum der Shakespearischen Stücke, der sie bei noch so vielmaligem Lesen neu erhält, ists doch hauptsächlich, warum man ein Shakespearisches Stück so oft wie eine Oper sehen kann. Ein solches Stück, so aufgeführt, wie es verlangt, müßte denn wirklich der höchste, nicht allein theatralische, sondern überhaupt der höchste Kunstgenuß sein, den die Welt hat. *Also ein Ausgangspunkt und ein Ziel werden verbunden durch eine Anzahl Mittelglieder, die eine gerade Linie von Ursachen und Wirkungen bilden, deren Anfang also nun die Haupturfache die Schuld (oder wenigstens die Leidenschaft, wenn Schuld die Katastrophe wird, und die Vorbedingungen der Schuld), deren Ende also nun die Hauptwirkung ist. Im Stoffe müssen die beiden Motive, Schuld (im Sinne der erregenden Ursache gebraucht) und Hauptfolge, gegeben sein. Die Schuld darf nicht bloß (im Sinne des Vergehens gegen die Moral) hineingeliehen erscheinen, sondern muß in der innersten Substanz des Stoffes liegen. So ist der Anfang zugleich Vorbereitung und das Ende Erfüllung. Tiefe Zweckmäßigkeit befriedigt uns und läßt uns dadurch den Gang als notwendig erscheinen. Der Fall muß die Regel belegen, nicht eine Ausnahme sein. Der Ausgang muß ein von vornherein, ein im ganzen vorhergesehener sein.

Wunderbar eine gewisse Übereinstimmung im Lear mit — den Birch-Pfeifferischen Romandramen: die Gedrängtheit, das Vorherrschen der Begebenheit in Aktion, eine gewisse Unbedenklichkeit in den Nebensachen und Konzentration des Interesses auf die Hauptsache, die Klarheit bis zum Abstrakten und deshalb oft Trockenheit der Zeichnung, die gerade Linie, das sich nicht Aufhaltenlassen durch Nebendinge, die dazu locken, der Reichtum der Begebenheit, das Drastische der zuweilen mit Dekorationsmalerei gemalten Situationen u. s. w. Nur fehlt der Birch-Pfeiffer die geistige sittliche Hoheit, die psychologische Wahrheit, die innere Poesie, die Unerschöpflichkeit der Erfindungskraft, die Expansion und Innerlichkeit, der Gehalt an Lebensweisheit, die wunderbare Idealität, Einheit und Totalität." Die doppelte Zeitrechnung im Lear. Die Illusion durch scheinbare Stetigkeit der Handlung für die Phantasie und das Gemüt, die wahre Zeitrechnung dem Verstande durch Verdunklung durch den Affekt, durch den Reichtum und raschen Fortschritt für den Moment der Darstellung entzogen. "Zu seiner Beruhigung kann er nach dem Schlusse der Sache nachrechnen, und er wird sie richtig finden, wenn auch nicht ängstlich richtig." Das Ganze reißt uns hin; nachher fällt uns ein: Kann sich denn aber in so kurzer Zeit so viel Großes natürlich entwickeln? Nun werden wir gewahr, daß es uns nur schien, als habe sich soviel in so kurzer Zeit entwickelt. Wie uns in der Erinnerung ja auch eine ganze Zeit bloß auf ihre Hauptmomente sich reduziert. "Die Shakespearischen Anfänge haben häufig etwas Unwahrscheinliches, was durch seine schlanke Darstellungsart in diesen Anfängen nicht nur nicht wahrscheinlich, sondern noch unwahrscheinlicher gemacht wird. Sollte Lear z. B. wirklich seine Töchter nicht besser kennen, die soviel Jahre um ihn lebten? Die Cordelia zugleich ist ordentlich gesucht trocken in ihrer Wahrhaftigkeit. Ihr „Nichts" ist fast komisch. Hat man aber Shakespeare nur seine Voraussetzungen zugegeben, dann zwingt er uns durch die Bündigkeit seiner Schlüsse, ihm auch alles Folgende zuzugeben." Keine der beiden Gruppen ist an sich an Handlung reich, aber die Situationen und Charaktere sind von großer Gewalt. — Es sind drei Geschichten, der Held der ersten Lear, der der zweiten Gloster und Edgar, der der dritten Edmund. Alle drei sind Nemesisgeschichten, die ersten beiden sich sehr ähnlich. Wunderbar, daß je mehr gegen das Ende, desto mehr Lear an allem schuld zu sein scheint, und das befestigt ihn erst recht in seiner Bedeutung als Haupthed des Ganzen. "Allerdings geben die Folgen seiner Thorheit dem Edmund die Gelegenheit, den Alten los zu werden; Glosters Strafe hängt also mit Lears Schuld zusammen; dann zu dem Verhältnis Edmunds mit den Weibern, sodaß auch Edmunds Strafe mit aus Lears Thun hervorgeht.

Nun der Reichtum an ergreifenden Situationen, lauter Extreme. Cordelias Verstoßung, die Treue Kents, die Bosheit Edmunds, Lears Leiden von den Töchtern und Wahnsinn, die Erkennung Cordelias und Kents. Der ungerecht verstoßene Sohn führt den Vater unerkannt; Glosters Blendung; Cornwalls Strafe unmittelbar danach, Edmunds Los, ein Mann mit zwei Weibern liiert, die, Schwestern, sich um seinetwillen hassen; die eine will den Gatten um ihn töten und tötet die Schwester und dann sich selbst; das Gottesgericht, Lears Tod über Cordelias Leichnam, die Erkennung zwischen Gloster und Edgar, Kent und Edgar, Lear und Kent. Dann, wie hat Shakespeare den Wahnsinn, der im Stoffe liegt, in einzelne ergreifende

Szenen zerlegt, Lear im Sturm, mit Edgar und dem
Narren, das Gericht über die Töchter. Keine Person
im Lear, die nicht zu der Katastrophe mitwirkte, als
der Narr. Alle übrigen haben teil an der Gesamt-
schuld, wenn auch wie Albanien nur durch Zulassung
passiv; nur Edgar steht ganz rein da, darum ist ihm
die Rolle des Richters und Verwalters der göttlichen
Nemesis übergeben. — Nichts Gleichgiltiges im ganzen
Stück. Die äußern Glückswechsel und innern Ge-
wissensstürme. Und wie innig das alles ineinander-
geschlungen, wie stetig, wie alles Gegenwart! Die
Verbrechen: ungerechte Verstoßung einer Tochter, eines
Sohnes; der Bruder verrät den Bruder, der Sohn
den Vater, die Töchter mißhandeln den Vater, ein
Mann schwört zwei Weibern zugleich Liebe, Ehe-
bruch, vorgesetzter Gattenmord, wirklich ausgeführter
Schwesternmord, ein intentionierter, ein ausgeführter
Selbstmord, Mord Cordelias, Cornwalls, zwei sterben durch Nemesis, Cornwall und Edmund, zwei an
gebrochenen Herzen, Gloster, Lear und Kent halb, vier
oder fünf Erkennungen, eine Blendung u. s. w. Alle
Leidenschaften und Laster. Es ist die Tragödie der
Tragödien. Alles Drastische spätern vorweggenommen."
Nur in den alten Volksbüchern findet man solche
drastische Situationen noch, aber zum Teil sind sie
nicht mehr zu brauchen, da sie etwas Beleidigendes
haben durch Konventionen ihrer Zeit oder durch ein-
gemischtes Wunderbares; zum Teil liegen sie zu weit
auseinander, sind zu episch, wie Genoveva, Robert
der Teufel u. s. w. Aber sie haben doch den Vorteil der
Rundheit und Beschlossenheit, die wie der lange von
den Wellen gerollte Kiesel gerundet, wie das durch
viele Steinschichten gedrungne Wasser gereinigt ist
für den poetischen Gebrauch. Das Volk hat den Stoff
schon ganz für seine Anforderungen zubereitet dem
Dichter übergeben. Der Dramatiker hat bei selbst-

erfundnem Stoffe nicht die Zeit und kann ihm nicht leicht die Objektivität geben, die der durch fremde Hände gegangne Volksstoff schon mitbringt. —

Unübertrefflich in Lear die Gruppierung. Ganz im Vordergrunde das Leiden des alten Lear, mehr im Hintergrunde und ebenso weniger breit ausgeführt die Glostergeschichte, noch weiter im Hintergrunde, und fast bloß stizziert, das Verhältnis Edmunds zu den Schwestern. Wunderbar, wie die Leargruppe und die Glostergruppe ineinander verschränkt werden, nachdem sie eine Weile nebeneinander isoliert hergingen. — Jede kleinste Handlung bezieht sich auf das straffste auf die Idee des Ganzen. Jeder einzelne Stamm des Ereignisses ist so einfach, als er nur sein kann, und so notwendig in seinem Zusammenhange. Jeder einzelne Stamm würde, allein ausgeführt, und in konzentrierter Form unendlich gestreckt und gedehnt werden, und manches in den pragmatischen Zusammenhang aufnehmen müssen, was den idealen aufhöbe. — Der Tragiker muß bei der Bildung der Fabel beständig daran denken, daß die ganze Tragödie nur um der Idee willen vorhanden sein dürfe, daß also jede kleinste Erfindung nur im Bezug auf sie und zur vollständigern und klarern Darstellung derselben durch das Einzelne und Ganze, Stoff und Form, Charakter, Situation und Handlung gemacht und eingerichtet werden dürfe. — Die Schuld muß frei aus dem Herzen der Menschen, ohne irgend einen äußern Hebel bloß aus der Leidenschaft hervorgehen. — Die Hauptszene bleibt des Menschen Inneres; die eigentliche Peripetie und das Leiden, Schuld und Strafe und ihr Zusammenhang, also das Schicksal muß in diesem Innern vorgehen; die äußere Peripetie darf nur eine natürliche Folge der innern sein und durchaus nicht als die Hauptsache erscheinen. Das Historische darf bloß den Hintergrund darstellen. — Die Schuld ist ein Kind der Freiheit, das ganze Leiden muß notwendig aus der Schuld folgen, ja schon darin liegen. Die Schuld setzt den Perpendikel des Uhrwerks in Bewegung. Von da an darf nichts mehr von außen hineinwirken. — Schiller sucht den Zuschauer zum Mitschuldigen seiner Helden zu machen, Shakespeare thut meist das Gegenteil. Schiller sagt: Seht ihr? Mein Held kann kaum anders. Shakespeare sagt: Seht ihr? Mein Held könnte wohl anders. Schiller setzt ins hellste Licht, was zur Schuld treiben kann, und versteckt, was ihn abhalten müßte, oder läßt dies von jenem rhetorisch niederkämpfen. Shakespeare thut das Gegenteil. Besonders im Macbeth, besonders wo der Held das Mißverhältnis der Kraft der Gründe für und gegen die That ins Licht setzt und den Zuschauer zum Gegner seiner That macht.

Typische Individualität der Tragödie

Die Tragödie muß ihren Rhythmus und Ton halten als Individuum, als selbst ein Wesen, sie darf nicht aus ihrem Charakter fallen, so wenig als eine der darin auftretenden Personen. "Dem Großen darf nichts Kleinliches sich mischen, dem Historischen nichts Novellistisches." Historischer Boden, Charaktere, Situation, Motive, Handlungsweise, Schuld und Ausgang müssen übereinstimmen. So im Lear. So verschieden die Personen von einander sind; alle tragen in ihrem Thun und Leiden die rauhe Größe ihrer Zeit. Da ist nichts Kleinliches, nichts Sentimentales, keine vorschreiende Innerlichkeit. Selbst in Cordelia; so nahe die Versuchung zur Sentimentalität in dieser Rolle lag! Wenn sie nicht in die Ostentation der bei den Schwestern zumal nur erheuchelten Gefühle einstimmt, so spricht sie aus Trotz weniger als wahr, wie jene mehr als wahr. Sie ist durchaus kein zartes, bloß liebeseliges Wesen; ihre Geradheit ist ebenso derb als die Heuchelei der Schwestern, und in ihrem Trotze trägt sie ebenso eine Schuld der Rücksichtslosigkeit und Subjektivität als Lear selbst. Sie kennt den Alten, sie weiß, wohin sie ihre trotzige, absichtliche Trockenheit führen kann; durch eine kleine Selbstbesiegung könnte sie eine Übereilung abwenden, sie thut es nicht. Sie kann sich so wenig besiegen, als der Alte sich besiegen kann. Wie Kent und der Narr auch in ihrer Treue derb und schonungslos dem Greise, wie er schon leidet, seine Wunden weiter machend, der Narr noch durch beißenden Spott, begegnen, so ist auch Cordelia ein Kind der Zeit wie die übrigen. Die Herrschaft des Instinkts und das Unvermögen, ihre Subjektivität zu bezwingen, haben die sämtlichen Personen gemein.

Timon von Athen

— Hier ist die Betrachtung die Hauptsache. Die Fabel ist ungemein einfach und giebt nur die Gelegenheit, Betrachtung über den Undank und seine Gewöhnlichkeit daran anzuknüpfen. Das Ganze typisch. Ein „so geht es, wenn einer so ist." So schmeichelt alle Welt dem gutmütigen Verschwender; so lassen ihn dann die Schmeichler, wenn er nichts mehr zu geben hat, so kommen sie wieder, wenn er von neuem seine Wirtschaft anfängt. So glaubt der Thor an die Wahrheit ihrer Versicherungen. Mit solcher Zuversicht geht er sie an, um seine Gutmütigkeit wett zu machen. Mit solchen und solchen Ausflüchten versagen sies ihm dann. So schlägt dann sein Übervertrauen, seine thörichte Liebe in Menschenhaß um. So denkt er, wenn er vom Hause und Hofe ins Elend geht. Mit dem Anfange des vierten Aktes, wo Timon dies thut, nimmt das Typische im engern Sinne sein Ende. Daß Timon Gold findet, bringt ein neues Motiv hinein. Bis dahin war es treue Schilderung des allgemeinen Weltlaufes; nun wird das Stück individueller. Bis hierher heißt es: Das ist die Geschichte aller gutmütigen Verschwender; nun kommt die Fortsetzung eines dieser Verschwender, der, bis zum Menschenhaß gediehen, plötzlich wieder reich wurde. — Es fragt sich, ob es ein Stück geben kann, das bis zum Ende typisch wäre? — Shakespeares Poesie ist die Poesie des Weltlaufes. Sein Drama hat in dieser Hinsicht viel Ähnlichkeit mit der Äsopischen Fabel. Sein Zweck scheint wenigstens derselbe zu sein, die Tendenz Lebensweisheit zu lehren. — Er stellt Gesetze des Weltlaufes dar und überläßt der Wahrheit und Innigkeit seiner Ausführung den Effekt. — Bei der Tragödie muß alles vom Anfang bis zu Ende auf Erweckung eines und desselben Gefühles, das sich nur immer mehr steigern muß, angelegt sein. —

Richard III.

Durchaus schlaffer Zusammenhang. Die Einheit liegt in dem im Heinrich VI. ausgesprochnen Plane Richards, sich durch alle Hindernisse zum Throne hindurchzudrängen. Eine andre Art Zusammenhang bilden die Flüche und deren Erfüllung, bei welcher jedesmal auf jene zurückgedeutet wird. Die Einheit liegt *also wie* gewöhnlich bei Shakespeare in der Idee des Hauptcharakters, so z. B. im Richard III. *Dadurch, daß die Szenen kaum sonst miteinander verbunden sind, wird es erreicht, daß nirgend ein Klaffen entsteht. Es ist weit erträglicher, wenn der Zusammenhang der Szenen durchaus schlaff ist, als nur an einigen Stellen, wenn die Erwartung eines straffern Zusammenhanges gar nicht erregt wird. Wo man den straffen Zusammenhang nicht durch ein ganzes Stück hindurchführen kann, ist es besser, ihn durchaus locker zu erhalten. Die Klarheit ist dadurch gewahrt, daß die bezüglichen Teile zusammengehalten werden, wodurch jede Szene eine Art von Geschlossenheit erhält. Man hat nirgend nötig, sich erst lang zu besinnen, die Vorbereitung geht der Sache unmittelbar voran." Ich glaube für die historische Tragödie im großen Stile, wie Lessing sich ausdrückt, ist Richard III. das Hauptmuster, nach ihm Richard II. Wie seine Novellenstücke Typen des Privatweltlebens im einzelnen und ganzen, so sind auch die historischen Typen des historischen Weltlaufes, ein Spiegel, ein Lehrbuch. — Das Stück ist durchaus Geschichte und von einer Idealität, daß keines der Schillerischen nur von weitem damit verglichen werden dürfte. Es ist ein Körper des Geistes der Geschichte selber, nicht die Idealisierung irgend eines besondern Stücks Geschichte. Alles ist typisch und allgemein, so charakteristisch es ist. Es sind weder novellistische Elemente darin, noch irgend ein historisches Element novellistisch aufgefaßt und gewendet. — Die Einheit des Stückes liegt in der Einheit des Charakters oder, wenn man will, der Rolle des Richard, in der erschöpfenden Darstellung einer solchen Natur. Freilich ist diese Natur dadurch außerordentlich geschickt, dem Stücke solche Einheit zu geben, da sie nur eine einzige Intention hat oder ist. Shakespeares dramatische Kunst ist auf die Schauspielkunst basiert, und diese betrachtet er als Menschendarstellungskunst, d. h. nicht als Kunst der Darstellung eines einzelnen, zufälligen, sondern eines Typus, eines realistischen Ideals, eines Gattungscharakters. Die einzelne, zufällige Existenz, das Individuum im engsten Sinne hat keinen Maßstab, es ist keinem andern ähnlich, sich selber nicht und giebt daher weder dem Gemüte noch dem Verstande ein Interesse. Der Verstand erfreut sich an der Konsequenz, an dem Gesetzmäßigen. Alles dramatische Interesse beruht auf Erwartung. Man sieht vorher, wie solch ein Charakter in solchem Falle sich benehmen, wie er handeln wird, das beschäftigt, es ist keine leere Spannung; und kommt der Fall, und die Vorhersehung bewährt sich, so fühlt sich unser Verstand geschmeichelt und befriedigt, und wir haben das Gefühl der Notwendigkeit des Vorfalles. —

Richard III. Die Natur der Leidenschaft

Ich lese eben wieder Richard III. und bin von neuem erstaunt über die Kunst, mit der Shakespeare alles möglich zu machen weiß. — So ausführlich und breit findet man in keinem seiner Stücke sonst den Dialog; hier ist keine Spur von jener Zusammendrängung vieler Gedanken und Gefühle in ein Wort, die wir in andern seiner Werke finden. Wie kommt das? fragt man sich, denn man ist bei Shakespeare überall die tiefste Absichtlichkeit zu treffen gewohnt. Und so habe ich mich oft und vergeblich gefragt. Jetzt, wo mein eignes Bedürfnis mich den Kunstmitteln nachjagen läßt, die eine reiche, eine weite Zeit einnehmende Fabel ohne sichtbare Gewalt in die drei Stunden pressen helfen, finde ich die Antwort. Es ist fabelhaft, welche Masse des Stoffes in dem Richard sich drängt, und fabelhaft, mit welcher Weisheit Shakespeare all den möglichen Nachteilen solchen Stoffreichtumes auszuweichen weiß. Zunächst droht die Klippe der Unklarheit. Schon früher fanden wir sein Kunstmittel, dieser zu begegnen, in einer leicht übersehbaren Anordnung, mit Zusammenhalten des Zusammengehörigen. Desto näher drohte die andre Klippe, unnatürliche Hast der Bewegung. Dagegen hat er nun die ideale Behandlung der Zeit als Hilfe; und wie in keinem andern seiner Stücke die Begebenheiten gewaltsamer zusammengerückt sind, so ist auch in keinem andern die Zeit so ideal behandelt als hier. Hier giebt es kein Gestern, kein Morgen, keine Uhr und keinen Kalender. Nirgend ist jede individuelle Namhaftmachung der Zeit so konsequent vermieden als hier. Es giebt nur Vergangenheit, Gegenwart und Zukunft. "Dazu gehört auch das Namhaftmachen von Entfernungen zwischen Orten, die in der Handlung zusammengebracht werden, Entwicklungen, die eine gewisse Zeit bedürfen, so im Menschen als sonst." Die Klippe der Trockenheit, die mit der Hast zusammenhängt, der sichtbar gewaltsamen Drängung, balanciert er nun durch den Dialog, der so poetisch behäbig und behaglich wie in keinem seiner andern Stücke, wie jene Drängung der Fallen in keinem andern größer und gewaltsamer ist. Aber noch einem andern Übel wird dadurch vorgebeugt, der Peinlichkeit des Eindrucks. Diese wäre unausweichlich, wäre der Stoff von seiten des Gemüts aufgefaßt, so etwa in Goethischer Weise. Die Gedankenhaftigkeit dieses Dialogs hilft dagegen und bietet zugleich die Hand, die Gestalten zu heben. Denn darin, in der Gedankenhaftigkeit des Dialogs, liegt hauptsächlich das Imposante der Shakespearischen Figuren. Dadurch wird das Thun der Gestalten in das Reich der Freiheit, der Zurechnung, des moralischen Urteils hinaufgehoben, und in dem Besitze dieser freien Selbstbestimmung liegt das Imposante des handelnden Menschen. Daß diese Selbstbestimmung auf die Seite des Wollens sich legt, der Leidenschaft, die ihre Naturnotwendigkeit wiederum in sich hat, das verbindet bei Shakespeare so schön Freiheit und Notwendigkeit der Natur, während wir bei Schiller dieses innere Gesetz und seine Wahrheit, bei Goethe jene Selbstbestimmung und ihre Kraft vermissen. In der Leidenschaft sind diese beiden Seiten des Menschlichen beisammen; daher ist die Leidenschaft das Zentrum der wahren Tragödie. In dieser Hinsicht ist der Affekt das Gegenteil, und deshalb wohl revolutioniert sich Schiller gegen ihn, wiewohl unter Mißverständnissen, da er, wie es scheint, den Affekt, insofern dieser der vollziehende Diener der Leidenschaft ist, insofern er im Einverständnis mit dieser ist, zur Leidenschaft hinzurechnet und in ihm nicht den Affekt anerkennt. — Eine Gestalt wie ein wirklicher Mensch wird um so imposanter sein — dies faßte Schiller auch zu eng als „Würde" —, je mehr er ein Leidenschaftsmensch ist, um so weniger imposant, als er ein Affektmensch ist. Die sogenannten Charakterlosen sind eben solche Affektmenschen, ohne die Basis einer großen Leidenschaft, welche eben die Konsequenz giebt. Schiller ging hier in Kants Irrwege, der durch die Stelle Kants in der philosophischen Anthropologie deutlich zu machen ist: „je mehr Affekt ein Mensch hat, desto weniger pflegt er Leidenschaft zu haben." Er bedachte nicht, daß der Leidenschaftsmensch ja eben Affektmensch ist — denn alle Leidenschaft geht auf möglichst immerwährenden Genuß eines Affekts; daß aber in der Leidenschaft die Kraft liegt, den ihrem Zwecke widerstrebenden Affekt zu binden, wenigstens zu verbergen. Aber die Leidenschaft ist nicht ruhig, wenn sie dies ist, weil der Affekt überhaupt ihr ein Fremdes, Vermiedenes, sondern weil sie nach dem Genusse eines gewissen Affekts strebt und deshalb, so lange sie kann, nicht duldet, weder daß ein gegnerischer noch daß der gesuchte Affekt selbst den möglichsten Genuß dieses letztern verhindre. Wie die Leidenschaft Affekte unterdrücken und bergen kann, bis ein Affekt sie momentan überwächst, davon ist Macbeth ein sprechendes Beispiel. Der Affekt aus der ästhetischen Idee von Größe, Herrschaft, Ehre, Gefürchtetheit, Glanz u. s. w. ist es, welchen suchend die Leidenschaft die Affekte der Menschlichkeit in Macbeth überwindet oder wenigstens zu verbergen die Kraft giebt, bis diese — im Affekte der Gewissensreue — überwachsend bei der Tafelszene den Schleier, womit die Leidenschaft ihn birgt, zerreißen. Darum ist die Leidenschaft so theatralisch, weil sie ein Schauspieler ist. *Gegen das Dünne und Unplastische des Ausdrucks war ich schon immer, aber ich sah nicht klar genug, daß es nicht allein auf die Wahl des äußern Wortes ankommt, daß die Detail- und Momentenmanier in ihrer verstandesmäßigen Absichtlichkeit eben nur das entsprechende Wort, die Dünnheit des Dinges die Dünnheit des Ausdrucks bedingt, daß jene Totalität und plastische Großheit nicht äußerlich aufzubleuden ist, sondern in der Konzeption des Ganzen und seiner Gestalten schon vorhanden sein und nur seinen ihm natürlichen und notwendigen Ausdruck finden muß." Das Geheimnis der wahren Großheit der Gestalten und des Stückes ist, daß die Personen immer nach der Notwendigkeit handeln, d. h. wie andre, wie der Zuschauer es auch würden; dabei aber den Schein der freien Selbstbestimmung festhalten in diesem eigentlich notwendigen Handeln. Je notwendiger daher der Vorgang, und je freier scheinbar die Bewegung der Gestalten, desto besser. In der Leidenschaft ist beides beisammen, daher ist die Leidenschaft das erste im Drama. Handeln die Personen nach dem Gesetze, der Naturnotwendigkeit, dem normalen Verlaufe der Leidenschaft gemäß, so haben sie die Notwendigkeit und die Freiheit in einem. Im Affekte haben sie nur die Notwendigkeit. Dies die Emanzipation der Figuren, wenn sie anders reden als thun; wie Shakespeares Bösewichter, die immer wissen, was sie sollen, das Sittengesetz anerkennen und doch dagegen handeln und thun, was sie wollen. Aber auch die tragischen und selbst die bedeutendern Dramenhelden gewinnen dadurch an Wucht. Dadurch, daß sie wissen, was sie sollen, und doch thun, was sie wollen — müssen in der Konsequenz der Leidenschaft —, in der trotzigen Fassung, zu leiden, was sie leiden müssen, liegt jener Schein von Freiheit, der

ihnen den Anschein der Fähigkeit unendlicher Kraft-
äußerungen giebt. Tiefe ästhetische Wirkung, die
unsrer Freude und dem Wohlgefühl der Ausdehnung
unsers Wesens an jeder Erscheinung der Freiheit und
Autonomie zu Grunde zu liegen scheint, erstreckt sich
selbst auf die komischen Gestalten des Lustspiels und
der Posse, wenn ihre notwendige Thorheit wie aus
einem stolzen Entschlusse sich zu bestimmen scheint,
wenn die Selbstgefälligkeit ihrer Armut sich selber sozusagen stolz zulächelt, daß sie solche sind, die den
Mut und die Kraft haben, so etwas zu thun; wo
dann darin das Urkomische liegt, daß die That zu
dem Aufwande, der dabei scheinbar gemacht wird, in
gar keinem Verhältnisse steht. Wir kommen auf diesem
Umwege wieder auf den früher schon gefundenen
Punkt der indirekten Charakteristik und auf den Hauptpunkt: tiefste Absichtlichkeit hinter dem Scheine völliger
Absichtslosigkeit; wodurch dem Verstande und der
Phantasie zugleich Rechnung getragen wird. —

Othello

— Doch wunderbar, daß in einer Zeit, wo man
unsre modernen Trauerspiele nicht mehr ertragen kann,
wo man die Meinung hört, die Zeit der Tragödie
sei vorüber, die Shakespearischen noch stets so gern
gesehen werden, und nicht etwa nur von der Klasse,
die ihn studiert und seine Stücke etwa seines Namens
wegen gelten läßt, um sich nicht vor den Wortführern
zu blamieren. Seine Tragödien behandeln die furcht-
barsten Vorwürfe, so drastische Schreckensbegeben-
heiten, als wir gar nicht mehr ersinnen können, mit
gehäuften Greueln, heftigste Leidenschaften in natur-
wahrer Darstellung. Welche sind die Gründe, warum
diese Werke selbst einer so verzärtelten Zeit gefallen?
Ich glaube

1. Was den Inhalt betrifft: die sittliche Gerechtigkeit; das richtige Urteil Shakespeares über Personen und Dinge.

2. Was die Darstellung betrifft: die große Mäßigung großer Kraft, die große Ruhe großer Lebendigkeit, die Vermeidung nicht des Jähen, aber der jähen Darstellung desselben. Er schildert Gewaltsames, aber er schildert nicht gewaltsam. Die Breite, in der er die Gestalten und ihre Äußerungen ausläßt. Das stete Erinnern daran, daß wir nicht Wirklichkeit, sondern Kunst vor uns haben in der bilderreichen, gehobnen Sprache, die stets das Dünne, Hastige und Jähe vermeidet, das der unmittelbarste Ausdruck des Betreffenden in der Wirklichkeit haben würde; das Anknüpfen von Nebenvorstellungen, die gemessene Bewegung. Der Gedanke ist bei ihm unmittelbar, sowie das Fühlen und Handeln, aber der Rhythmus, wenn auch darstellend, doch immer in künstlerischer Mäßigung. "Es ist das richtige Verhältnis im Rhythmus der verschiednen Vorgänge, aber das Tempo langsamer und gehaltener. Ebenso das richtige Verhältnis zwischen Stärke und Schwäche der einzelnen Ausdrücke, aber der Ausdruck im ganzen großartiger und bedeutender." Wie bei Michel Angelo auch die magern Gestalten noch die Mitte der Fülle der Wirklichkeit übertreffen. — Dann die Kürze der Szenen, das Verschränken der verschiednen Handlungen, ja oft beim Fortgehn derselben die bloße Pause und sinnliche Erfrischung durch den Szenenwechsel. Die Vermeidung aller materiellen Spannungsmittel, da er die Wichtigkeit von Zeit und Ort für den guten oder schlimmen Verlauf nur andeutet, nie ausbeutet. Ferner die glänzenden Rollen, sobaß die Bewunderung der Kunst des großen Schauspielers aller unfreiwilligen Täuschung des Zuschauers, "indem sie einen Teil seiner Aufmerksamkeit auf sich zieht," entgegenarbeiten hilft, dann der Reichtum der

Handlung, der uns auf keinem Teile derselben zu lange
verweilen läßt; die Beschäftigung der Sinnlichkeit, die
Fülle von Poesie, und die Idealität der Gestalten.
Auch die moralischen Betrachtungen. —

*Zum Teil hilft dazu auch, daß die Novellendramen in Italien spielen. Das fremde Kostüm objektiviert, während das südliche Blut die Größe der
Leidenschaft stark motiviert. — Das Italienische vertritt
als Ideales dem Nordländer das allgemein Menschliche. Es sind nicht Engländer, über denen der Engländer, nicht Deutsche, über denen der Deutsche, wie
er seine speziellen Nationalitäten, zeitlichen Gebräuche,
zufälligen Bedingungen in ihnen vermißt, die allgemeine menschliche Bedeutung dieser Gestalten vergißt.

Im Othello bleibt Desdemona trotz ihrer Verschuldung rein; diese wirkt bloß auf ihr äußeres Geschick, nicht auf ihr Inneres, ihren moralischen Wert.
Was aus ihrer Verschuldung an dem Vater gegen sie
als Weib schließen ließe, wird nur einfach von Othello
erwähnt. In der Wirklichkeit mußte dieser Gedanke
die Basis des Verdachts bilden, sie würde als solche
bei jedem weitern Gedanken wieder mit gedacht als
Überzeugung wirken; das kann der dramatische Dichter
freilich nicht gut sichtbar machen. Überhaupt ist es
schwer, eine Leidenschaft wie die Eifersucht überzeugend
zu schildern im Drama. Der Othello hat das eigne,
daß er dem Leser oder Zuschauer erst hintennach wahr
wird. Der Zuschauer muß dabei eine größere Thätigkeit entwickeln, als dem Dichter die Grenzen seiner
Kunst vergönnen. Er (der Zuschauer) muß aus seiner
Kenntnis der Leidenschaft überall die Winke des Dichters ergänzen; es ist aber nicht vorauszusetzen, daß
viele diese besitzen. Mehr oder weniger gilt das von
aller Leidenschaft. Selbst diejenigen, die an einer gewissen Leidenschaft selbst leiden, und diese oft am
meisten, begreifen dieselbe an andern nicht. Besonders

hier, wo man die Grundlosigkeit der Leidenschaft kennt, während jeder im Fall der Eifersucht nicht den Doppelblick hat, d. h. nicht die Grundlosigkeit seiner Leidenschaft einsieht, solange sie ihn beherrscht.

Wenn man einen Leidenden in der Tragödie als Ideal schildern will, so muß man seine Verschuldung, die man ihm nicht ganz schenken kann, aus dem Übermaß dessen herleiten, was ihn so liebenswürdig macht, und ihn daran durch das strafen, um was er die Verschuldung begangen. Es wird schwer sein, einen andern solchen Fall zu finden, wo die Strafe eine ist, die nicht in das Innere bringt, was doch wiederum die naive Idealität der Gestalt hindern würde in der Gestalt der Reue. Hier bei Desdemona muß der Zuschauer ihr Gewissen übernehmen, das ihr Leiden mit ihrer Verschuldung in Zusammenhang denkt, sie thut es nicht, so wenig als Cordelia, und dies giebt diesen Gestalten am meisten den Reiz der Naivität." —

"Die Motive der Desdemona gehn nicht alle aus einer Leidenschaft hervor. Ihr unbewußtes Helfen zu der Katastrophe geschieht aus Güte; sie will dem Cassio helfen; ihre Lüge mit dem Tuch aus namenloser Angst vor Othellos Heftigkeit und der Absicht, diese nicht weiter zu reizen. Die Schuld darin ist eine negative, ein Unterlassen der Vorsicht, und zwar eine unbewußte, in ihrem Charakter begründete. Man kann auch die Schuld der Heirat unter so bedenklichen Bedingungen daraus ableiten." Ihre Schuld ist also eine unbewußte. Warum hat dennoch ihr furchtbarer Untergang nichts Gräßliches? Ich glaube, weil das Leiden ihr Anlaß giebt, eine so vollendete Seelenschönheit zu zeigen, daß man die Ursache, das Leiden selbst, darüber vergißt, ja ihm dafür dankt. Dann durch die sympathetische Wirkung ihrer idealen Ruhe, weil die Kreatur in ihr sich nicht windet und krümmt; sie steckt uns an mit ihrer süßen Ergebung in das Leiden, in dem sie nur um ihren Mörder besorgt ist, sozusagen mehr Mitleid mit diesem als eignes Leid empfindet. Dann die künstlerische Ruhe und Schönheit der Darstellung selbst. Die Übereinstimmung der Behandlung mit der Sache; denn wirklich ist er der Beklagenswerte. Hieraus sind Winke zu nehmen für die Darstellung von Idealen. — Othello hat seinen Mordentschluß ausgesprochen; er heißt Desdemona sich niederlegen und die Gesellschafterin wegschicken. Nun noch die Vorbereitung durch Cassios Verwundung; nochmals ausgesprochener Entschluß Othellos. Die Szene spielt aus; nun Verwandlung. Desdemona schlafend allein, ein Licht, Othello tritt herein. Seine feierliche Richterstimmung dabei! So macht nun der Mord und das Verhalten beiderseits dabei einen weit tiefern Eindruck, weil man nicht erschreckt wird, und eben darum doch zugleich einen viel künstlerischern, mildern. Dazu in Desdemonas Charakterruhe noch ein retardierendes, milderndes Element. Und wie ist nun die That selbst ohne das Wehren, das Winden und all den widerlichen Beisatz, den solcher Fall in der Wirklichkeit hat! Der Dichter, der sie so menschlich zu behandeln weiß, darf die schrecklichsten Vorwürfe behandeln.

Die Motivierung bei Shakespeare. Othello

— Welche Motivierung im ersten Akte des Othello! Die ganze Handlung des Aktes ist so geführt, um den Zunder zu zeigen, der in den Charakteren und in den Umständen der Heirat liegt. Und welcher Reichtum von solchen Motiven zur Eifersucht kommt noch im Verlauf der übrigen Akte hinzu. Wahr ist's, beim erstenmal Sehen oder Lesen verdunkelt das sinnliche Leben der Handlung die Gewalt und Anzahl der Motive; je öfter aber und je gesammelter man liest oder sieht, desto überzeugender werden diese. Darin liegt die Gewähr für die ewige Dauer der Shakespearischen Stücke. Wie die andrer bei öfterm Lesen ihre Wahrscheinlichkeit und Notwendigkeit verlieren, so gewinnen diese nur durch die vertrautere Bekanntschaft. — Hier kann man lernen: 1. die Motivierkunst. Denn auch von dem, was bereits vor dem Anfange geschehen, wie von dem, was im ersten Akte geschehen, kennt man den Grund, warum? und auch die Geschichte, wie? 2. Die Führung des Dialoges, durch welche solche Motivierung möglich, natürlich und ungezwungen zu Gehör gebracht wird, wie alles Dünne, die Absicht Verratende vermieden wird. — Welche Totalität! Wie wird die Sinnlichkeit durch die lebendige, affektvolle Bewegung, das Gemüt durch die Idealität der Gestalten, der Verstand durch den Reichtum von Erfahrungssätzen und durch Sympathie mit Jagos Weltgewandtheit und Verstandesüberlegenheit, durch die Erwartung, durch die Absichten, die er zeigt, beschäftigt! In welche freie poetische Region ist der bürgerliche Tragödienstoff durch den bedeutenden Hintergrund von Venedig heraufgehoben! Welches Theaterspiel aller Figuren! Welche scharf umgrenzten Gestalten, durch Kontrastierung noch verschärft! — Wie man einer einfachen Handlung den Schein einer reichen geben kann. Der ganze Akt konnte in eine Szene zusammengezogen werden. Vorzutragen war die Exposition mit wenigem Hin- und Herreden. Aber wenn er seine Charaktere so plastisch hinstellen wollte, alles, Vergangnes, Vorgehendes und Künftiges so durchsichtig motivieren, so mußte er aus einer drei Szenen machen. Und wie er diese geführt, wird keine Gemütskraft im Zuschauer eine Zusammendrängung verlangen. Ich sehe immer mehr ein, daß die Shakespearische Form für die vollkommenste Tragödie unentbehrlich, daß sie keine Licenz, daß sie ein Gesetz ist. — Wie viel unmittelbares sinnliches Leben, wie viel Begegnung mit Othello und

Jago, Brabantio und Rodrigo wäre durch Konzentrierung dieser drei Szenen in eine eingebüßt! Wie wäre ein szenischer Maßstab gegeben gewesen, unter dem die folgenden Akte gelitten hätten! — — Beiläufig: wie weise, daß Shakespeare nicht allein den Othello so blind in Jagos Netze gehen läßt! Daß alle sich gleich bereit von ihm täuschen lassen, macht das Vertrauen Othellos auf ihn nicht allein wahrscheinlicher, sondern auch entschuldbarer. Othello erscheint nun nicht als geradezu albern, was sonst der Fall sein würde. Alles ist nichts als eine in Handlung verwandelte Exposition. All das bewegte Leben, das Wachrufen des Alten, sein Aufsuchen Othellos, die Begegnung der beiden sind nichts als Behelfe der Lebendigmachung der Exposition der Vorgeschichte, der Charakter und das Eintiefen der Unnatürlichkeit dieser Mißehe und was aus alledem zur Erweckung der Eifersucht dienen kann. — Die Charaktere und Dinge sind abgelöst aus der gemeinen Wirklichkeit. Was von und in ihnen nicht in engster, ausschließlicher Beziehung zu dem Gegenstande der darzustellenden Handlung gehört, nicht ein notwendiges Glied derselben ist, ist ihnen vollständig abgestreift. Das ist's, was Lessing meint, die Simplifikation des Stoffes, durch welches die dramatische Handlung zum Ideale dieser Handlung wird. So steht sie wie eine Skulpturgruppe nach allen Seiten frei, überall durchsichtig und rund geschlossen da, nicht bloß en relief angelehnt oder nur halb frei stehend. — Im Othello ist Shakespeare mehr als irgendwo Epitomator der Natur, Symbolisierer der Gesetze des Weltlaufes. Die Wissenschaft von der Eifersucht, ihre Naturgeschichte in einem konkreten Beispiele dargestellt. Es ist aber nur eine Art der Eifersucht, die edelste, die aus beleidigter Ehre, nicht aus gestörter Genußsucht entsteht, sozusagen die moralische, geistige. — Jago dagegen zeigt im ganzen Stücke keine Spur von Ehrgefühl, ja seine Heuchelei und Verstellung ist im grellsten Kontraste mit soldatischem Ehrgefühle. Bedenkt man nun auch noch, daß er eigentlich gar kein bestimmtes Ziel seines Planes hat, und dies müßte natürlicherweise bei jeder andern Leidenschaft die Hauptsache sein, so drängt sich auf, daß der Charakter, den Shakespeare ihm geben wollte, die Intrigiersucht ist, die, wie sie gewöhnlich eine Art von Stolz, hier noch von der Bosheit seines Naturells mobilisiert erscheint. Es ist klar, er lügt dem Robrigo, dem er doch zur Bürgschaft, daß er ihm helfen wolle, mit dem Hasse gegen Othello auch einen Grund dafür angeben mußte, die Ehrenbeleidigung als Grund vor. Seine eigentliche Leidenschaft und Motiv ist die Lust an Schadensfreude und Intrigiersucht, die man dann im ganzen Stücke sieht — die Zurücksetzung nur eine Gelegenheitsursache. Ohnehin, wenn er wirklich die Zurücksetzung so tief empfände, würde er noch ein Motiv herbeiziehn, wie das von seiner Frau und Othello? es wäre keins mehr nötig. Möglich, daß er auch jenes wie dieses sich vormacht, um die Befriedigung seiner Intrigiersucht bei sich selbst zu rechtfertigen, ein Lügner und Hetzer seiner selbst wie andrer. —

Die Exposition des Othello

In der Exposition des Othello ist der Aufbau der Haupt- und Nebenvorstellungen zu bewundern. Man wird auch hier im großen die dialogischen Mittel von Parenthese und Parenthese in Parenthese finden. Die erste Szene enthält Teile der Hauptvorstellung, die Entführung, die Liebe Robrigos zu Desdemona, den Widerwillen des Vaters, das Unnatürliche dieser Ehe in freiester und lebendigster Ausschweifung. Wir sehen die möglichste Tiefe und Breite der ethisch-psychologischen Motivierung als Hauptsache. Alles ist motiviert, auch das Kommende schon im voraus, und wiederum die einzelnen Motive. Der ganze Bau ist darauf berechnet, die historische Exposition möglichst in anschauliche Handlung zu verwandeln, in der die Motive zwanglos und wie unabsichtlich in Aktion ausgelebt und in gelegentlicher Rede auf das klarste und einschärfendste ausgesprochen werden, die nächsten Motive, und wiederum die entfernteren, die Motive der Motive und so fort bis zu ihrem letzten Grunde in Situation und Charakter. Diese einzelnen "Aussprüche der" Motive sind an sich und meist auch in der Sprache bis zur abstrakten Absichtlichkeit kalt und klar, ja deutlich ausgesprochen, aber die Kunst der Umstellung, die Üppigkeit und Plastik der Umschreibungen maskieren dies vollkommen, sodaß ein oberflächlicher Beschauer keine Ahnung der künstlichen Berechnung hat, ja daß er meinen kann, diese ungeheure Absichtlichkeit sei Mangel an irgend einer bewußten Absicht und genialer Wurf des Dichters, da er doch eingestehen muß, er, der Beschauer, empfinde kein Gefühl von Mangel, kein unerledigtes Bedenken. Und gerade was am meisten absichtlich ist, wie das Ab- und Wiederdaraufkommen, das Antworten auf eine frühere Rede aus einer spätern heraus, scheint am wenigsten absichtlich. "Gedankenplastisch, nirgend das nackte Gefühl, sondern immer gedankenplastische Umschreibung desselben." Es bleibt doch in der That kein Weg, als der: erst das ganze Material von auseinandergelegtem, detailliert ausgeführtem Fabelinhalte mit ethischer Kritik und psychologischem Kommentar zu sammeln und dann an dem Faden eines typischen Gespräches es so zu reihen mit Parenthesen in Parenthesen, mit lebendigster Vorstellung des emanzipierten Einzelnen, daß Gegenstand und Gegenstand sich in und mit der Form durchdringen. "Der Dialog stets locker: kein scharfer Zusammenhang, am wenigsten materiell logi-

scher oder formell lyrischer! Zusammenhang durch
den Sinn."

Bei Gelegenheit einer Lektüre Heinrichs VI.

Soeben habe ich ein Stück aus Heinrich VI., den
2. Teil, gelesen und bin hingerissen. Hier entwickelt
Shakespeare bei weitem noch nicht die charakteristische
Kunst seiner spätern Zeit, die Sprache ist noch weit
weniger dramatisch-charakteristisch als später, aber es ist
wunderbar, wie der realistisch-mächtige Stoff in dieser
poetischen Diktion wirkt. Man vergißt, Spannung
vom Dichter zu verlangen, und es ist mir nichts begreiflicher, als daß Schiller hier das Muster seiner
Sprache, seiner Behandlung nahm, und nur ein Wunder, wie er die Hauptsache, das, was seinem Briefe
nach so mächtig auf ihn wirkte, die Nemesis unge-
braucht ließ. Sich poetisch zu restaurieren und kleinliches Grübeln und psychologisches Spitzenfasern, hek-
tisches Hasten zu verlernen, wird keine Lektüre mehr
helfen als diese. Ich glaube, schärfere Charakteristik
in Figuren und Sprache würde die Wirkung eher ver-
ringern als erhöhen. Ich muß unterschreiben, was
Schiller in einem Briefe von dem guten Effekte, der
poetischen Nivellierung der Charaktere durch den Vers
sagt, und ich glaube, daß die Lektüre dieser Stücke ihm
diesen Gedanken lebendig machte. Die Großheit dieser
Lektüre resultiert hauptsächlich daher, "das heißt in
der reinen Historie." Ich glaube, nur durch eine An-
näherung an diesen Stil ist der deutschen Tragödie
wieder aufzuhelfen. Eine einfache Handlung — nicht
eben eine arme — stetig entworfen, aber nicht mit so
hastigem Hinweisen aus Szene in Szene, also mit
Milderung des Spannenden, wozu auch die Er-
schöpfung und Ausbeulung des Momentes hilft in einem
gewissen poetischen Sichgehenlassen einfachen Szenen-

Inhaltes — Expositionsszenen müssen die Aufzählung, das prosaische Element auf sich nehmen, damit die wichtigen sich desto freier bewegen können —; das Furchtbare durch schöne Ruhe verklärt und gemildert, und möglichst viel poetischer Gedankeninhalt u. s. w. *Man müßte auch das, was an Schiller und Goethe noch das Urteil befriedigt, beibehalten, aber was ihnen fehlt, zu ersetzen suchen. Das ist: Geschlossenheit, genau bestimmter Eindruck, das Tragische und der große historische Sinn." Schiller hat sich in Reflexionen und lyrischem Schwunge verloren, Goethe hat die Tragödie nach dem Genrebilde zu zerstückelt und abgeschwächt; beide haben die Basis des Gewissens in ihren Dramen verloren; den Schillerischen gebricht die innere Einheit und Notwendigkeit u. s. w. Schiller hat überall das deutsche Herz und den deutschen Kopf eingemengt, auch wo beides stört, sie haben die Historie zu einer Art rührendem Familienstücke gemacht und erniedrigt — oder die Zeit hat es getan —, erläuternde Belege: Iffland, Kotzebue u. s. w. Jul. Schmidt scheint mir ganz recht zu sagen, Schiller habe die Tragödie zu sehr veräußerlicht, Goethe sie zu sehr verinnerlicht, und zwischen diesen beiden Extremen in der Mitte möchte der rechte Weg führen. — Ich male zu sehr mit ungedämpften Farben: Haltung ist, was mir am nötigsten tut, gedämpfte Kraft. Nichts also mehr kleinpsychologisch gedacht, noch weniger so gegliedert; einfach große Umrisse, Stil. Den Ernst der Kunst nicht bis zur Prosa getrieben. Ich bin bis an die äußerste Grenze gegangen, ich muß umkehren. — Ich glaube, das neue poetische Drama müßte, wenn es die Basis des Gewissens, die heimische Denkweise wieder gefunden hat, in der Behandlung von Charakteren in die Mitte treten von Schiller und Goethe. Goethe ist — neben Shakespeare — zu individuell für die Tragödie, Schiller zu allgemein; durch das erstere verliert die Tragödie ihre Großheit, Geistigkeit, durch das andre den sinnlichen Leib.

Eine gewisse ruhige Kühle ist am notwendigsten, wo Handlung, Affekt und Leidenschaft am stärksten sind, hier muß am meisten Poesie und Geist sein. Das kreatürlich Ängstende gemildert und durch Poesie und Geist verklärt und sozusagen erheitert. Die Thathandlungen schnell und abstrakt abgemacht, wo man sie einmal voraussieht, damit die Angst abgekürzt wird, und dann wiederum durch Poesie die Wirkung harmonisiert. Das Gewaltsame immer so behandelt, daß der höchste Grad, der möglich wäre, nie erstrebt wird, und die ganze Behandlung so, daß man keinen versteckten Schlag auf das Gemüt im Hinterhalte vermuten kann. Dazu eine gewisse tragische Feierlichkeit, die das Gemüt in den Rhythmus zwingt, in welchem es zu rasche, jähe Thaten für unwahrscheinlich hält, aber dieses schweigende Versprechen auch nie gebrochen. Mein Fehler in „Zwischen Himmel und Erde", daß ich immer nach dem höchsten Grade griff. Das Wilde des Stoffes muß so immer durch Poesie balanciert werden. —

Viel Lärm um nichts

An „Viel Lärmen um nichts" habe ich wieder so recht meinen alten Fehler empfunden. Wie allgemein, d. h. wie wenig limitiert und individuell ist die Situation, mit der das Stück beginnt; wie schlank und ungeniert von außen bewegt es sich aus sich selbst! Wie einfach sind selbst die Charaktere, und man kann sagen wie gewöhnlich! Der einfache Reiz derselben liegt in dem Kontraste der heitern Hauptfiguren und der so ernsten Situation, in die sie geraten; das ist auch der Hauptreiz des ganzen Stückes. Wie einfach ist dies alles! Dieser Benedikt und Beatrice, wilde

Maulhelden gegen die Liebe und Ehe, ihr ganzes Heldentum eben in der wilden Zunge; daneben brave Menschen, denen das Herz an der rechten Stelle sitzt. Solche Menschen giebt es überall. Ebenso die übrigen. Wie ist dieser Gouverneur eben nur ein Vater, wie es die meisten wären, so ganz ohne alle Absonderlichkeit. Darum hat Shakespeare keine Erklärungen weiter nötig; alles erklärt sich selbst, ja es ist so einfach und klar, daß, was anders daran wäre, als es ist, Erklärung forderte. Die ganze Individualität Leonatos wie der übrigen Personen liegt darin, daß sie ganze Menschen sind, nicht bloße Leidenschaften oder Intentionen. Der Ernste ist nach seinem Maße heiter, wie es an ihn gebracht wird, die Heitern ebenso ernst. Auch Leonato hat Sinn für Scherz; was ihn darin von den andern unterscheidet, ist nichts, als daß er eben alt ist und die andern jung. Er nimmt seinen Teil daran wie ein alter, nicht wie ein junger Bursch. — Das alles wird erst durch die Komposition der beiden Hauptstämme möglich. Die Mischung beider Stimmungen ist es, was die Handlung und die Personen zu ganzen Menschen macht. Auch in dem Holzapfel u. s. w. ist diese Mischung, doch anders; die Charaktere selbst und ihr Reden und Thun ist komisch; ihnen aber ist es damit großer Ernst. Dazu wirkt diese Komposition der zwei Stämme, die Stetigkeit des Vorganges. Während der eine sich auslebt, werden die kleinern Daten, die Vorbereitungen des andern uns unmerklich zugespielt. So helfen sich die beiden Stämme und dienen einander wie zwei Menschenarme bei ihrer Thätigkeit, die auf einen Zweck gerichtet ist. Die Personen sind so ganz und gar nichts weiter, als was sie für die Handlung sein müssen.

— Es ist überaus weise, daß Shakespeare weder dem Benedikt noch der Beatrice eigentliche Überlegenheit gegeben und nicht ganz ausgezeichnete Menschen

aus ihnen gemacht hat. Sie sind vielmehr in ihrer
Tollheit ganz naiv und gewöhnlich; solche wilde Zungen
findet man überall. Hätte er sie mehr mit Geist ausgestattet, wie mancher andre Dichter zu thun verführt
worden wäre, so würde ihr Fang und die Art, wie
sie gefangen werden, uns ganz und gar ungläubig finden. — Wie schön und zweckmäßig, daß wir vor der
Trauungsszene schon wissen, der Betrug müsse herauskommen! Wie ganz anders, ja tragisch müßte diese
Szene ohne dieses wirken und das ganze Stück in seiner Totalwirkung zerstören! Wie verhältnismäßig
kurz ist die Beschimpfung abgethan, wie weit länger
und ausführlicher das Ausklingen der Stimmung, der
Gemütsbewegung Leonatos! Wie schön ist das Zusammen des alten Neckspieles in Benedikt und Beatrice
mit ihrer schmerzlichen Teilnahme an Hero! Es erhöht
der schöne Anteil an Hero die beiden und bringt sie
unserm Gemüte und unsrer Achtung näher. Das
Possenhafte wird so vermieden. —

Troilus und Cressida

Troilus und Cressida wieder gelesen. Wie ist
dieser Troilus eben nur ein liebender Jüngling, Cressida ein lüsternes, aber kluges Mädchen, Pandarus ein
Unterhändler. Man möchte sagen, ein Troilus ist
jeder Jüngling, in dem die erste Liebe mächtig, Cressida
jedes solche Mädchen, und wie wimmelt es von Pan-
darussen, alten und jungen, männlichen und weiblichen
Geschlechtes! Es ist die alte und immer neue Geschichte. Und die Gespräche sind — bis auf ihren
Geist und Witz — die Gespräche, die überall und alltäglich geführt werden, wo diese alte, immer neue
Geschichte spielt. Wie sieht Shakespeare jedem Stoffe
sogleich seine typische Seite ab, d. h. die Seite, die ihn
beglaubigt, die ihn zu einer alten und immer neuen

Geschichte macht, die jeder Mensch an sich oder andern, wer weiß wie oft, erlebt hat, wenn auch nicht in so extremer Quantität. Den Gesprächen glauben wir die Menschen, den Menschen ihr Handeln. Seine Methode ist auf das Wesen der Phantasie gegründet. Er fügt außen die Züge zusammen, allmählich und unmerkbar, die wir als die Teile einer Totalvorstellung schon innerlich beisammen haben, daher überrascht er uns nur, insofern er uns befriedigt, d. h. durch das Vergnügen einer vollständigen Befriedigung. Welcher Mensch ist nicht oft in dem Falle, daß er etwas will und nicht kann, daß er sich glauben machen will, er werde es noch können, und das Handeln hinausschiebt und doch deshalb sich tadelt. Was Hamlet ist, sind wir zu oft selbst, als daß wir nicht an ihn glauben müßten. Er ist es ganz mit demselben Darum und Daran, was er ist, wie wir es sind, wenn wir es sind. — Alle seine Dramen bestehen aus Gruppen von ganzen typischen Zubehören, die zusammen nur ein größeres typisches Zubehör bilden. Es gilt nur, in dem uns Fremden, in dem historischen Sagen- oder Novellenstoffe uns das zu zeigen, was uns bekannt ist, oder vielmehr das Ganze als eins von jenen Dingen zu geben, welche wir selbst erlebt haben; uns sichtbar zu machen, daß die Bewegung der fremden, fremdkostümierten Gestalt durch dieselben Glieder, aus denselben Gründen und auf dieselbe Weise geschieht wie bei uns; daß die Gestalt Fleisch von unserm Fleische, Bein von unserm Beine, daß sie ein Mensch ist wie wir. So, wer ist nicht schon oft Macbeth gewesen, wenn auch in unendlich kleinerm Maßstabe? Wer hat nicht all das an sich erlebt, was Macbeth, wenn auch in so viel kleinerm Maßstabe, doch genau in derselben Folge und Proportion und demselben Darum und Daran; wie wir thaten, was wir für unrecht hielten, wie wir es bereuten und doch fortgetrieben wurden auf dem einmal betretenen Wege. Wir sehen die Natur unsers eignen Wesens, unsern Fall, nur vergrößert; wie wenn wir uns in einem Vergrößerungsspiegel sähen, unsre Bewegungen fühlten, und das Spiegelbild als ein andres Wesen, und doch als uns selbst anerkennen müßten. — — Es giebt wie Menschen so auch Gespräche, die nur durch ihre Form interessieren und gefallen, abgesehen von ihrem Inhalte, ja wohl trotz ihres Inhaltes. Shakespeare, der immer zugleich amüsiert, ist reich an solchen amüsanten Gesprächen. Im Troilus kommen eine ganze Anzahl typischer Gesprächsmimen vor. Ähnlich ist es mit den Witzgefechten, und es ist eine große Albernheit, wenn die betreffenden Szenen bei Shakespeare aus der Sitte seiner Zeit erklärt werden. Die besondre Form derselben ist in der Zeitsitte gegründet; aber die Sache selbst existiert heute noch ebenso wie damals und wird existieren, solange Menschen noch heitres Behagen bis zum Übermute empfinden. Unsre heutigen Witzgefechte haben allerdings meist etwas Banales, Geistloses und Dünnes wie unsre Tracht; man müßte sie allerdings für das poetische Drama geistvoller und plastischer machen, aber das ist ja mit allen Requisiten des poetischen Dramas so; in der Dünnheit und Geistlosigkeit der Wirklichkeit kann man kein Motiv darin brauchen. Es gilt ja eben im Drama nur eine künstlerische Wirklichkeit, d. h. eine geschlossene, geistvolle, plastische zu schaffen. — Äußerste Gewandtheit im Dialoge ist ein Haupterfordernis eines Dramatikers. Die glücklichsten Intentionen sehen wir am Mangel daran scheitern. —

Dramatisch ist das moralische Urteil oder, weiter genommen, das praktische Urteil über Menschen und ihr Thun und Nichtthun. Das Theoretische über Zweckmäßigkeit von Institutionen u. s. w. ist undramatisch. — Woran es uns Teutschen hauptsächlich fehlt, das ist die Ausbildung des sittlichen Urteils. Dies wurde auch von Schiller verwirrt. Er nimmt Motive und Effekte von Shakespeare herüber, aber er setzt sie nicht mit ihren Wurzeln und läßt sie organisch wachsen, er setzt sie nur mechanisch und arabeskenartig ein. Durch dieses Herausnehmen eines Motivs aus seinem organischen Zusammenhange verliert es seine Schönheit und wird oft zum Gegenteile; z. B. Thekla, eine, die eine Julia ist, trotzdem daß sie aus dem Kloster kommt. Julia hat von der Falschheit der Männer gehört u. s. w., Thekla aber spricht von dem Tiefsten des Lebens wie aus eigner Erfahrung. Sie bringt aus der Klostererziehung in die Welt bereits die Weisheit der Erfahrung mit, die andre aus der Welt nach langem Leben darin in das Kloster scheuchen kann, eine Schärfe des Blickes, der die Meister der Verstellung durchschaut. Maxens und der Thekla Selbstmord wird dadurch so widerlich, daß er aus voller Reflexion heraus vollzogen wird, nicht als Kind der Verzweiflung, wie im Romeo, wo es keinem der beiden Helden einfällt, über ihre That zu reflektieren, was sie eben unsers Mitleids würdig macht. Was ist zu reflektieren da? Der Tod ist ihnen Notwendigkeit, er zieht seine Opfer unentrinnbar in sein dunkles Netz. Aber Max und Thekla sind altkluge junge Leute, sie reflektieren wie Menschen, die ein reiches Leben hinter sich haben; man weiß nicht recht, wie sie dazu kommen. Max spricht zwar von Verzweiflung; aber das ist mehr Theatermanier, denn der wirkliche Mensch reflektiert nicht in der Verzweiflung so altklug wie er. Beide sind bei voller Besinnung, denn sie reflektieren mehr als andre Leute in völliger Ruhe, sie müssen nicht sterben; von jenem dunkeln unwiderstehlichen Drange keine Spur, sie reflektieren es sich ein, daß sie sterben müssen, und putzen die That aus, um sie begehen zu können, was widerlich ist. Wenn Thekla so besonnen ist, zu reflektieren, warum denkt sie nicht an ihre Mutter und reflektiert sich lieber in eine pflichtgemäße That als in ein Verbrechen? Romeo fühlt nur das eine, daß nun alles zu Ende, daß er nicht mehr leben kann. Ob die That, durch welche sein Weg führt, Tugendthat oder Verbrechen ist, das fällt ihm nicht ein, das kann ihm nicht einfallen; wie kann, wer eine Julia und mit ihr alles verlor, ein Mensch, dem die Welt in Stücke zerfiel, reflektieren! Worüber denn? Es ist ja nichts mehr da, auch keine Reflexion mehr, alles hat Julia mit sich genommen in das Grab. Tiefe Verzweiflung macht seinen Fürsprecher; aber wer will für ein Mädchen sprechen, die sich mit Reflexion in ein Verbrechen hineintreibt, eine Mutter, die niemand mehr hat als sie, zu verlassen, einem Toten mit vollem Bewußtsein zu folgen, der in seiner Schwäche kein Recht darauf hat? — — Jeder Rausch hat seinen Katzenjammer, allen Flitterwochen folgen Splitterwochen; das Umschlingen der Millionen endet mit Donner der Kanonen, mit einer allgemeinen Beißerei. Und so taumelt der alte Trunkenbold Welt aus einer Thorheit in die andre. —

Coriolan

Kein Charakter außer Coriolan hat bei Shakespeare eine Umkehr; sie gehen wie ein reißender Strom geradeaus, von einem Punkte nach der richtigen Mitte bis in ihr Übermaß, in dem sie sich zerstören; sie sind gewissermaßen moralische Warnungsbilder, in denen die in ihrer Eigennatur schlummernde Gefahr, durch irgend ein Äußeres geweckt, aufsteht und sie unaufhaltsam mit immer wachsender Schnelle zur Selbstvernichtung treibt.

Shakespeare und Plutarch

— Es ist äußerst belehrend, die Biographie Plutarchs und Shakespeares Coriolan daneben zu studieren. Wahr ist es, Plutarchs Biographien sind zur dramatischen Behandlung im Geiste Shakespeares ebenso fertig gemacht als die Novellen. Was diese römischen Tragödien Shakespeares so solid und objektiv, so gesund und poetisch und wahr, d. h. in sich selbst begründet und übereinstimmend macht, was sie und ihre Charaktere so selbständig vom Dichter abgelöst hinstellt, das ist, daß Shakespeare die Tragödien aus dem Geiste und der ganzen Anschauungsweise Plutarchs sozusagen herausdichtet, worin er gerade den entgegengesetzten Weg unsrer Zeit einschlägt, die immer die Gegenwart in ihre Stoffe hineingreifen läßt und darin eben das Interesse und den Reiz gefunden zu haben meint. "Wie nur immer möglich, muß der Poet der Geschichte treu bleiben. Denn mit dem Hineindichten von intriganten und novellistischen Motiven, Situationen und pathologischen Verhältnissen wird hier leicht und am meisten verdorben. Es kommen dann Lieblingssituationen des Poeten oder seiner Zeit und damit eine Art von Interesse hinein oder auch Teilung des Interesses, die sich mit dem großen objektiven Drama des moralischen und politischen Urteils nicht vertragen und das Stück von dem einheitlichen Boden hinweg, den es haben sollte, auf geteilten bringt, wo es sich in wunderlichen Sprüngen bewegen muß." Es ist wunderbar, wie Shakespeare eben nur die Biographie Coriolans bei Plutarch in einen schauspielerischen Vorgang umgesetzt hat, wie er den ganzen Charakter, die Individualität und die Verhältnisse desselben aus dem Plutarch genommen und von seinem Eignen nichts dazu gethan hat als die künstlerische Bewältigung. Ebenso den historischen

Boden. Es ist in der ganzen Biographie nichts, was im Drama nicht herauskäme, im ganzen Drama nichts, was nicht schon in der Biographie enthalten wäre; selbst die Gedanken, die er mit den Gestalten als ihre Gedanken denkt. Alle Reden des Stückes haben zum Hauptzwecke, den typischen Charakter eingefleischt, sinnlich gegenwärtig darzustellen, sein Gutes und Schlimmes, sein pro und contra kritisch zu diskutieren und zu beleuchten. Es ist eine fortlaufende Betrachtung und Kritik des Coriolancharakters; das Detail ist so, daß dieser Charakter sich darin in allen seinen Zügen auslebt, und all dies ist nichts als Ausführung des Urteils Plutarchs über diesen Charaktertypus. So z. B. im Gespräche zwischen Mutter und Sohn trifft die Mutter mit Lob die guten Seiten, die er hat, und markiert diejenigen, die ihm fehlen. Ebenso in den Volksszenen. Shakespeare sieht die Dinge der antiken Welt lediglich mit dem Auge des antiken Betrachters, Darstellers und Beurteilers an und giebt ihnen nur die unmittelbare Gegenwärtigkeit und lebendige Bewegung vor unsern Augen. Er selbst verhält sich ganz naiv zu seiner Darstellung und zu ihrem Produkte. Man sollte denken, diese Weise, die durch die besten Werke Shakespeares als der Grundzug seiner Behandlungsweise durchzieht, müßte er von den Alten und besonders vom Plutarch gelernt haben. Wie Plutarch sein Werk Parallelen nannte, so könnte Shakespeare die seinen ebenso nennen. Die Ähnlichkeit ist mir am meisten bei Gelegenheit der Parallele des Pelopidas und Marcellus aufgefallen. „Beide opferten sich, ihr Blut ohne einige Not verspritzend, wo gerade die Erhaltung und die Wirksamkeit solcher Hauptleute an der Zeit war. Daher wir, dieser Verwandtschaft willen, ihr Leben in gegenseitige Beziehung gestellt haben." — Hier kommt der Unterschied der antiken und der modernen Welt recht deutlich zur Erscheinung; wir haben Gefühle

für die Dinge, die sogenannte Begeisterung, wo die
Alten das nüchterne, durch Gefühlserregung unverrückte
Urteil haben. Schiller, der beste Repräsentant unsrer
Zeit, stellt sich uns begeistert katholisch dar, wo er
den Katholizismus darstellen will; er wird begeisterter
Heide, um das Heidentum zu genießen und es uns
genießen zu lassen; Wallensteinischer Reiter, Schwärmer
und wer weiß was alles, wo die Alten und Shakespeare sie selbst bleiben, und diese Gestalten, abgelöst
von sich, an das Maß ihres unbestechlichen Urteils
halten. Kurz, Schillers Darstellung einer Person und
Sache ist nichts andres als Darstellung der Begeisterung für dieselbe, in die er sich künstlich hinein-
versetzt hat, um seinen Zuschauer und Leser hinein-
zuversetzen. Nicht die Person oder Sache selbst, nicht
die Wahrheit des Lebens giebt er uns; er giebt uns
nur den Nimbus, mit welchem er jene umgiebt, den
schönen Schein, der nicht sie selbst sind, sondern in
die er sie eingehüllt hat. Darin liegt eine große Gefahr; denn wie die Weise der Alten uns die Erfahrung
über die Dinge, die wir nicht selbst durch Erfahrung
kennen lernen konnten, mitteilt und uns dadurch für
das Leben erzieht, so wird in der Schillerischen unser
Irrtum, werden unsre jugendlichen Illusionen zu einer
leidenschaftlichen Stärke erzogen; wir werden zu einem
lediglich in der Phantasie existierenden Leben erzogen,
das uns verwöhnt, blind und taub macht für die
Wirklichkeit, und was das Schlimmste, ungerecht; sodaß die Humanitätssaat sich endlich in ihr Gegenteil
verwandelt. — Wir finden in der Darstellung des
Coriolan wie des Volkes lediglich das Urteil Plutarchs
über beide. Das Urteil über die Weise des Volkes,
wie Shakespeare sie gefaßt, enthalten auch noch andre
Biographien Plutarchs, z. B. Fabius. Sollte denn
unter den Biographien Plutarchs, die Shakespeare
nicht benutzt hat, nicht noch eine sein, welche einen

Typus von größerm Umfange, der schauspielerischen
und poetischen Gehalt hat, und zugleich ein tragisches
Schicksal behandelt? Ich denke doch. So sieht z. B.
die Geschichte des Tiberius Gracchus sehr danach aus,
eine solche zu sein. Ich will sehen, mir die Plutarchische
Biographie desselben zu verschaffen. — Die Schillerische
Methode, die Leidenschaft und den Affekt, die in dem
Helden dargestellt werden sollen, in sich selbst, im Autor
und im Zuschauer zu erwecken, darf nicht gewählt
werden; dem widerstrebt alles, was wir bis jetzt über
die Methode unsrer Behandlung aufgezeichnet haben.
— Mitleid, Übermaß von Mitleid scheint mir die
Leidenschaft, die Gracchus schuldig macht. Der Mensch
macht ihn zum schlechten Staatsbürger. Wenn er an
seiner Sache und ihrem Rechte, d. h. hier am Erfolge
verzweifelt, aber in seiner Mannheit gezwungen ist
sie auszufechten, so kann er in seiner Schuld und in
seinem Leiden beides zugleich imposant und liebenswürdig sein. — Das Stück dürfte nichts weiter
sein als die Biographie, Darstellung des Typus im
Ausleben, und darin und in den Reden eigentlich
weiter nichts als die Kritik dieses Charakters, und
zwar als Plutarchs Kritik dieses Charakters. — „Solche
Menschen nehmen kein gutes Ende,“ wie der Mönch
sagt, als die desperate Natur, die tragische Anlage
Romeos schon bei der Verbannung drohend ausbricht.
— — Was in Shakespeares Coriolan zunächst auffällt,
ist die gewaltsame Drängung der Handlung in der
Zeit. In keinem andern seiner Stücke ist er darin so
weit gegangen. So mit den Vorbereitungen zum
Konsulwerden, wenn die Tribunen den Ädil instruieren,
wie er das Volk bearbeiten soll, und der Ädil abgeht
und nach vierzehn Jamben mit dem nach Ordre bearbeiteten Volke schon wieder zurückkommt. Desgleichen besonders auch in der Kriegsexposition im
ersten Akte. Es währt im Coriolan länger als irgendwo

bei Shakespeare, bis die Handlung ins Rollen und der Zuschauer in das Interesse für dieselbe kommt. — Wie vermeidet Shakespeare in der Szene Coriolans mit der Mutter, wo sie ihn bewegt ums Konsulat zu werben, das pro und contra dem Coriolan in den Mund zu legen, sodaß die beiden Ansichten miteinander stritten, dann wären die Personen Nebensache geworden, die dramatische Poesie eine rhetorische Übung, und die Debatte hätte, unnütz für den Vorgang, dem Vorgange zuviel Raum entzogen. So spricht nun Volumnia das pro und contra zugleich aus und wird dadurch Szenenheldin. Eine eigentliche Debatte hätte beide Sprecher in Ruhe versetzt und wäre ein bloßer Tausch von Reflexionen geworden; etwas dem ähnliches ist die Überredeszene der Terzky in Wallensteins Tod. — Volumnia spricht, indem sie sein Wesen tadelt, zugleich ihre Freude und ihren Stolz an und auf dies Wesen des Sohnes aus. Wie eine Lehrerin der Schauspielkunst spielt sie ihm die Szene vor, die er spielen soll. Dadurch bringt die Intention ihrer Rede zum sinnlichsten Ausdrucke vor, sie wird mehr als bloße Belehrung, sie wird Aktion. Der Gedanke gestikuliert. — Das Mitleid wäre für Gracchus nicht primitiv genug. Er müßte humaner, politisch-sozialer Enthusiast sein. — Dieser Idealistentypus hat etwas Sanguinisches, ja man möchte sagen, bis zur Wundergläubigkeit. — Seine Wünsche nimmt er für Versprechungen Gottes und glaubt mit ihm rechten zu können, wenn die Dinge sich nicht seinen Wünschen bequemen, bis ihm die Wahrheit aufgeht, vielmehr bis er, von der Schuld gepackt, sie sich nicht mehr verhehlen kann. Man müßte diesen Idealistentypus auf sein Primitivstes verfolgen. —

Coriolan

Was änderte Shakespeare an der Plutarchbiographie? Was ließ er ganz so? — Er ließ ganz so den Charakter, wie ihn Plutarch darstellte, seine tragische Mischung und den historischen Grund und Boden, aus dem er mit seinen Anlagen als ein solcher herauswachsen mußte, als er war. Diese seine Denkart geht durch die Gedanken aller Personen des Stückes, und die Kampfszenen des ersten Aktes führen sie und ihr Zubehör uns aufs gegenwärtigste und anschaulichste vor. Merkwürdig, daß die Szene, in der Coriolans Charakter, und die Szene, in welcher der historische Boden exponiert ist, ganz ebenso folgen wie in der Biographie. Die Kampfszenen sind eine Illustration zu dem Passus des 4. Kapitels der Biographie, der Coriolans Charakter exponiert. Ebenso die Volksszenen. — Statt des Auszuges des rottierten Volkes auf den heiligen Berg setzt Shakespeare den Straßenaufstand, mit dem sein Stück beginnt. In der Biographie wird Menenius vom besorgten Senate ans Volk geschickt, davon ist nichts im Stücke; die Fabel des Menenius vom Magen ist schon in der Biographie. Der Krieg mit den Volskern, die Belobung und Belehnung mit dem Namen Coriolanus ist vollständig ins Stück aufgenommen. Ebenfalls ganz so das Verhältnis Coriolans zu Tullus Aufidius. Nur kleine Abweichungen im pragmatischen Nexus. Bei Shakespeare ist Tullus schon im Begriffe, feindlich gegen Rom auszubrechen, bei Plutarch wird erst um Coriolans Rache willen Gelegenheit zur Kriegserneuerung gemacht. Der Eintritt Coriolans ins Haus des Tullus ganz wie in der Biographie. Und so endet auch das Stück, wie es begann, als schauspielerisch-poetische Illustration dessen in Coriolans Natur, was sein tragisches Schicksal im Leiden und im Ausgange notwendig macht, was zugleich ihm unser bewundernder Mitleid sichert und uns den Ruf auslockt: Daß er doch das, was er war, nicht zu sehr gewesen wäre, nicht so sehr, daß er daran untergehen mußte! Und doch — wäre er es nicht so sehr gewesen, würde er uns nicht so wohl gefallen haben. Also der Inhalt, die Absicht einer Tragödie: uns ein handelnd und leidend gegenwärtiges, poetisch=schauspielerisches Bild eines Menschentypus zu geben, das um seines Poetischen und Schauspielerischen willen uns gefällt, ein solches Bild eines solchen Typus, der als sein Selbstverderber uns genugsam gefällt, um trotz dieses, ja um dieses Selbstverderbens willen einige Stunden lang ein angenehmer Gegenstand unsrer teilnehmenden Betrachtung und eine Lehre für uns zu sein, an der keine Absichtlichkeit uns verstimmt. Daß das und das, was uns wehe thut, in der Welt ist und vielleicht sein muß, obgleich uns sein Zweck ein Rätsel — nicht daran wird der Gedanke in uns lebendig gemacht, sondern es wird gezeigt, wie Schuld und verkehrtes Handeln, wie Leidenschaft ins Verderben bringt, und zwar wird nicht das Warum als ein Rätsel, sondern als eine Vernunftnotwendigkeit in vollster Klarheit vor Augen gestellt, die wir, sowohl jenes Handeln wie seine Motive, in einem menschlichen Typus dargestellt, der unserm Schönheitssinne gefällt, völlig billigen müssen. In dieser Hinsicht steht die Shakespearische Tragödie als die harmonische der alten griechischen und der neuern Schillerischen gegenüber, in welchen das Tragische eine unaufgelöste Dissonanz bleibt und eben= deshalb uns interessiert. — — — Coriolan ist seiner Natur zufolge ein Sichselbstverderber; die andern sind nur Anlässe und Werkzeuge für ihn, sich selbst zu ver= letzen. Es scheint, seine tragische Anlage ist die Zorn= mütigkeit; er hält, wie Aristoteles, diese für Mann= haftigkeit. Man könnte meinen, Shakespeare habe

Senecas Abhandlung „über den Zorn" vor sich gehabt. — Bei Gracchus müßte es Zorn aus Jugendrigorosität sein oder auch aus Humanität. — Man könnte das Übermaß der Leidenschaften, die Unmacht des Geistes dagegen, durch welche ihre Träger ihre eignen Verderber werden, den Zorn der betreffenden Leidenschaften nennen. Ähnlich scheint mir Seneca die Sache betrachtet zu haben; es scheint, daß er alle Leidenschaften, die den Grad der Unmacht des Geistes erreichen, unter dem Zorne versteht. Die drei Haupthandlungen Coriolans, sein Benehmen gegen das Volk, der Racheentschluß und das Aufgeben der Rache zu seinem Untergange, gehen durchaus nicht aus einer und derselben Leidenschaft hervor; die erste aus Aristokratenübermut, die zweite aus Rachsucht, die dritte aus Pietät. Ferner zu beachten, daß diese drei Züge extreme sind. — Das, worin Shakespeare von der Biographie abgeht, ist zugleich eine Reihe schauspielerischer Effekte. So weicht die Verbannungsszene mit ihren nächst vorhergehenden Kausalgliedern ab, das weitläufig Begebenheitliche wird in Zeit und Ort zusammengezogen. Die Verbannung wird dramatisch und schauspielerisch aus dem Charakter, aus der tragischen Anlage im Charakter des Helden motiviert, das bloß Begebenheitliche der Biographie wird vielfach ignoriert. Die Situation verlangt von ihm, und er will, ihr nachgebend, das, was er seiner Natur nach nicht kann, und was, natürlich mißlingend, die Situation verschlimmert, und die Unangemessenheit des Charakters und der Situation vergrößernd, ihn notwendig zum Verderben führt. Die Begebenheit wird ganz Charakterspiel, und zwar so, daß große Spannung daran hängt, ob es Coriolan gelingen wird oder nicht, die Rolle, die er unternimmt, durchzuführen. In der Biographie ist alles gegeben, außer der Art des Werbens um das Konsulat, und daß dies die erregende erste Ursache der

Verbannung ist. Er hat die Quintessenz von dem Begebenheitlichen ausgezogen, die Lücken gefüllt, die Wiederholungen weggelassen. —

Tiberius Gracchus. Shakespeares Charakteristik

Mommsens Urteil über Gracchus stimmt mit dem meinen überein; Tiberius ein Mensch, der etwas beginnt, worauf er nicht angelegt ist, der deshalb zu weit geht und nicht weit genug. In Verfolgung seiner Aufgabe geht er zu weit, denn sein Werk ist Revolution, nicht Reform; er geht nicht weit genug, da er die Revolution nicht durchführt. Mommsen meint, die Anklage, er habe nach der Krone getrachtet, sei richtiger so gestellt: er habe nicht nach der Krone getrachtet, was er konsequenterweise hätte thun müssen, da sein Beginnen nur als Weg dazu Sinn und Berechtigung gehabt hätte. Also der Typus eines idealistischen Jünglingspolitikers, der mit der Natur stimmt und auch schauspielerisch ist, da er in der zweiten Hälfte bewußter Schauspieler dem Volke und allen gegenüber ist. Die Gestalt hätte ihr Gericht in sich selbst; es gehörte nur ein Shakespeare dazu, sie auch in der zweiten Hälfte noch imposant und interessant zu erhalten. Wirklich ist es wunderbar, wie Shakespeares Charaktere uns so imponieren können, daß wir uns der Teilnahme an ihnen nicht schämen dürfen, ohne daß er ihre Schwäche verbirgt. Besonders Hamlet ist hier ein wahres Wunder. Tiefer, dem ruchlosen Könige gegenüber selg verbißne, den Frauen gegenüber so mutige und rücksichtslose, durch die Tapete und mit fremder Hand — die Güldensterne u. s. w. — meuchelnde Schwächling, im Handeln ein Nichts, im Reden und Reflektieren ein Genie, und ein eitles, dessen Hauptvergnügen es ist, sich selber reden und reflektieren und witzeln zu hören, ein schwacher, selbst im Intrigieren

schwacher Intrigant; was ist es doch, das uns an
diesem so gefällt? Zumal, da er selbst noch seine
schwache Seite beleuchtet? Es ist doch wohl nichts
andres als der schauspielerische Reichtum der Rolle,
der Reichtum von Tönen und die furchtbare Wucht
der Situation, von der wir fühlen, daß der nicht eben
ein völliger Schwächling sein muß, der ihr unterliegt.
Der Dargestellte ist ein Schwächling, aber die Dar=
stellung ist voll Kraft und reizt beständig unsre Sinn=
lichkeit und beschäftigt unsern Geist; am Ende ist es
doch nur die Langeweile, das schwache Interesse, was
uns an neuern Tragikern verdrießt, und wovon wir
irrig die Schuld auf die Schwäche der Helden schieben,
die eigentlich in der Schwäche des Darstellers, der
Darstellung liegt. Die Leerheit, das Gemachte, Ab=
strakte dieser Gestalten, der Katechismus, die in die
Augen schlagende Absichtlichkeit in allem, besonders in
kleinen Künsten, die denen eines schlechten Taschen=
spielers gleichen und uns nicht täuschen, da wir schon
öfter gesehen und auch jetzt wiederum genau sehen,
wie sie es machen. Diese Helden sind keine Ideale,
sie stehen nicht über dem menschlichen Durchschnitte;
das sind am Ende die Shakespearischen auch nicht;
aber die der neuern sind nicht einmal Menschen, nicht
Menschen, die Gott oder die Natur, sondern die ein
Flickschneider gemacht hat, wie Kent sagt. Die Ge=
spräche sind nicht allein uninteressante, sondern es sind
gar keine Gespräche; nur ein mühselig gemachter Kate=
chismus. Sprache, Situation, alles andre muß und
darf nur den Zweck haben, die individuelle Gestalt zu
zeichnen. Sowie sie zum Sprachrohre des Dichters
wird, sobald sie etwas andres thut, als sich darstellen,
hört das dramatische Interesse auf; es kann uns wohl
der Dichter interessieren, ja die Schönheit der Sprache
und Gedanken an sich uns gefallen, aber diese Vorzüge
entschädigen uns vor der Bühne durchaus nicht für

den Mangel an Darstellung der Gestalt. Das Tragische und Poetische des Stückes, alles Wirkende darin wird erst dramatisch wirkend, wenn es völlig zur dichterisch-schauspielerischen Selbstdarstellung des individuellen Charakters geworden ist. Unsre Dichter meinen die Gestalt zur Darstellung der Situation, zur Erregung und Erhaltung der Stimmung zu benutzen, aber der Irrtum liegt darin, daß die Gestalt selbst vernichtet ist, so lange sie nicht sich darstellt, daß hier die Erhaltung derselben nur ein fortwährendes, stetiges Schaffen sein kann; daß also die Darstellung der Situation nur geschehen darf in und durch Darstellung der Gestalt. Jeder Pinselstrich, der nicht an der Gestalt malt, wischt von dem bereits Gemalten etwas wieder hinweg. Alles muß von der individuellen Gestalt ausgehen und wiederum auf sie ausmünden; selbst die Spannung muß an das Charakteristische der Gestalt sich knüpfen. Wie wird er handeln? was wird er thun? nicht „was wird ihm begegnen?" Denn dies ist die epische Spannungsformel und bezieht sich auf das Ereignis, auf die Begebenheit. Die Gestalt ist eben nichts andres als ihre Individualität, versteht sich, typische Individualität, denn eine andre giebt es für den Künstler nicht. Nicht das Schöne an sich gefällt, d. h. der abstrakte Gedanke des Schönen, sondern seine konkrete Darstellung, seine künstlerische Wirklichkeit, die illusorische Darstellung desselben. Schön ist nun keine einzelne Rede, kein einzelner Zug, kein einzelnes Thun u. s. w., sondern die ganze Gestalt, die Übereinstimmung der Züge zu einer illusorischen Darstellung. Daher ist die Julia schön, aber nicht die Thekla. Daher kann nur das schön sein, was wahr ist, alles andre kann nur schön sein wollen, d. h. die Absicht des Dichters verraten, etwas Schönes zu schaffen. Schönheit und Wahrheit sind der Sache nach dasselbe; nur dem Medium nach, durch das sie auf uns wirken, verschieden; Wahrheit ist die Übereinstimmung eines Reichtums von Zügen für den Verstand, Schönheit die Übereinstimmung, Einheit einer Mannigfaltigkeit für den unmittelbaren Sinn. Die eine ist das mittelbar, was die andre unmittelbar ist, daher lassen sie sich ineinander auflösen; die Übereinstimmung, welche durch öfteres Denken so geläufig wurde, daß wir sie zugleich auffassen, ist Wahrheit zur Schönheit geworden, und so kann im Kunstwerke alle Wahrheit zur Schönheit werden, wie sich alle Schönheit durch Überdenken ihrer einzelnen Momente als Wahrheit muß ausweisen können. —

Shakespeare und Schiller

Dialog bei Shakespeare und Schiller

Was Shakespeare durch sein Individualisieren des Dialoges, durch Darstellung des Weltverkehrs hervorbringt, das erstrebte Schiller durch Ideenfülle, Sentenzen und musikalische Spracheffekte, d. h. die künstlerische Wirkung. — Shakespeare gab auf realistischem Wege, alle Seelen- und Sinnesvermögen anziehend beschäftigend durch die Abmalung der einzelnen Vorgänge, der Seele des Zuschauers, der überwältigenden Kraft der Situationen gegenüber die zum Genusse eines Dichterwerkes nötige Freiheit; Schiller that dasselbe auf dem entgegengesetzten Wege, auf dem des Verallgemeinerns. Shakespeares Weg blieb innerhalb der Grenzen der Anschauung; Schiller ging über diese in die der Betrachtung hinaus. Shakespeare that, was er als Poet thun mußte, Schiller that es als Philosoph. Shakespeare besiegte das Leben, den Stoff durch dessen poetische Bewältigung, Schiller, indem er sich philosophisch über denselben erhob, also immer doch durch eine Flucht vor dem Leben und dem Stoffe selbst. Sein Fehler, daß er immer noch ein außerhalb der Bedingungen seines Stoffes und seiner Charaktere gelegnes Schöne und Poetische in seine Stücke hineinträgt, welches jenem widerspricht, anstatt dies Poetische, dies tiefre Interesse aus dem Stoffe selbst herauszuentwickeln, wie es Shakespeare macht. Das Ideale eines Dramas muß in der Komposition liegen und in der Steigerung der Charaktere; sein äußrer Verlauf muß so genau als möglich den Weltverlauf selber abbilden, den idealen Himmel über der realen Welt.

Hauptunterschied zwischen Shakespeare und Schiller

Während Schiller in der Diktion und in der äußern Form und in der namentlichen Nennung des Schicksals und Hinweisung darauf die Alten zu kopieren sucht, steht Shakespeare diesen im wesentlichen der Tragödie viel näher. Während Schiller die äußern Verhältnisse, das historische Detail debattiert und Spannung und Zusammenhang in die Intrigue legt und solchergestalt die Schuld größtenteils auf Rechnung der die Leidenschaft überwiegenden Umstände stellt und ebenso die Bestrafung, so öffnet Shakespeare das Innere der Menschen und zeigt den Zusammenhang von Schuld und Strafe als einen Kausalitätsnexus in diesem Innern. Schiller veräußerlicht, Shakespeare verinnerlicht die Handlung. Bei Schiller treten überall spezielle, zufällige Äußerlichkeiten in den Nexus ein, die eben nur dem gegenwärtigen Falle und keinem andern so angehören; bei Shakespeare sind alle Zufälligkeiten und besondre Bedingungen entfernt; er behält nur das bei, was typisch ist, was einer ganzen Gattung von Fällen zukommt. Und so versteh ich nun erst, warum Gervinus die Shakespearische Auffassung der Geschichte eine idealere nennt als die Schillers, warum Julian Schmidt jene vorzieht, weil in ihr außerhalb des Menschen nichts über sein Schicksal entscheide. Und dieselbe ist die Praxis der Alten, die Aristoteles berechtigte, die Tragödie als philosophischer der Geschichte vorzuziehn. Lessing meint nichts andres, wenn er sagt, man müsse seinen Stoff so lange simplifizieren, bis man gleichsam das Ideal der Handlung erhalte. Harlisch irrt sehr, wenn er, nachdem er gesagt, die Tragödie des Sophokles sei ein nasses Gewand der Idee, dem Sophokles den Shakespeare entgegensetzt und Schiller in die Mitte zwischen beiden stellt. Was uns an Shakespeare deshalb irre machen könnte, ist die Zusammengesetztheit mancher seiner Stücke. Er hat aber übersehen, daß jeder der Teile dieser Zusammensetzungen ein nasses Gewand derselben Idee ist, und die nebeneinanderlaufenden Typen wie große Flüsse in einen Strom zusammenbrausend dieselbe Idee nur mit doppelten Zungen predigen. In der That kommen bei Shakespeare weniger Episoden vor als bei Schiller. Max und Thekla bilden eine wirkliche Episode, denn ihre Geschichte ist nicht eine andre Einkleidung der Hauptidee des ganzen Stückes, sondern eine Nebenidee derselben, ebenso der Montgomery in der Jungfrau, Rudenz und Bertha im Tell. Lear und Macbeth stehen hierin den Alten völlig gleich. In beiden kommt die Strafe unmittelbar aus der Schuld selbst, und nur aus der Schuld. Die Schuld ist eine reine, ebenso die Strafe. Der Held bricht mit seinem Gewissen und wird von seinem Gewissen gestraft, die äußerliche Peripetie geht bloß nebenbei, so notwendig sie auch aus der Schuld hervorgeht. Schuldige, Schuld und Strafe sind Typen. Die ganze Handlung in allen ihren Teilen ist auf das Wesentliche reduziert, auf ihr Ideal, sie ist eine typische. Bei Shakespeare ist der Fall ein allgemeiner, desgleichen die Charaktere, die Darstellung derselben in der Sprache ist individualisierend, bei Schiller ist der Fall und sind die Charaktere individuell, oft zufällig individuell, aber die Sprache verallgemeinernd. —

Das würde auf die Feststellung des Ideals einer tragischen Komposition führen. Sie darf nichts sein als die einheitliche Verkörperung der Idee. Die

Schwierigkeit dabei ist nur, daß wenige Stoffe, ohne mit andern zusammengeschmolzen zu werden, ein ganzes Stück erfüllen. Die Idee der Tragödie ist eben der notwendige Zusammenhang von Schuld und Strafe. — Man sehe den Anteil des alten Lear selbst an der Tragödie dieses Namens. Er enthält nichts als Schuld und Strafe des wunderlichen Greises. Er verstößt die gute Tochter und giebt sich in die Gewalt der bösen Töchter. Die Bosheit dieser und die Güte jener strafen ihn dafür. Da ist kein Behelf, der diese einfache Handlung streckte, keine Teilung oder sonst etwelcher Kunstgriff. Das einzige, was das Ausspinnen der Situation ohne Unwahrheit möglich machte, ist die Freiheit der Form, die öftern Verwandlungen. Und jeder Behelf würde eine äußerliche, mehr oder weniger zufällige Bedingung in den Kausalnexus einfügen. Die Sache steht so: Er leidet von der Gewalt der bösen Töchter, in die er sich thöricht begeben, und durch die Güte der guten Tochter, in dem Gefühle, daß er unrecht an ihr gehandelt und diese Güte nicht verdient. Die Töchter, die bösen sowie die gute, handeln ohne alles andre Motiv von außen nach der Notwendigkeit ihrer Natur. Er leidet, weil er das gethan, was notwendig so ausfallen mußte, wie es ausfällt; sie thun, weil er ihrer Natur das Hindernis abgenommen hat, zu handeln — wie sie ohne dies Hindernis notwendig handeln müssen. Kein Nebenumstand macht außerhalb seiner That und ihrer notwendigen Folgen einen Einfluß auf die Handlung geltend. — Damit vergleiche man die Behelfe in der Emilia Galotti, die das Strecken des an sich einfachen Kernes notwendig gemacht, der fünf Akte allein füllen sollte. Da muß der alte Galotti auf dem Lande wohnen, muß dem Dichter zu gefallen thun, als mache er erst jetzt die Erfahrung, daß seine Frau leichtsinnig, er muß fortgehn, ehe Emilia aus der Messe kommt;

da muß die Emilia gegen alle italienische Sitte und noch obendrein gegen Wissen und Willen des Vaters gewohnt sein, allein in die Messe zu gehn, sie, der es so schwer fällt, etwas zu verheimlichen; da muß Marinelli — ebenso thöricht und noch weit mehr als des Prinzen Attacke auf Emilia während der Messe —, was gar nicht nötig, ja wo es unklug ist und gegen seinen Plan, den Grafen zum Zorne reizen, damit Claudia erraten kann, was dieser meint, wenn er sterbend Marinellis Namen ausspricht. Da muß eine ganze Figur erfunden werden, die, so schön sie erfunden ist, doch nur das Bedürfnis des Dichters, das sie maskieren soll, bloßlegt, die Handlung zu strecken und dem Odoardo den Dolch zu geben, den dieser später haben muß, und um diese Figur zur rechten Zeit, wo man sie braucht, einzuführen, muß ein Brief von ihr ungelesen liegen bleiben. Und wie viel andres noch, das nun alles einen Anteil an der Katastrophe erhält! — Ähnlich läßt Schiller seine Helden von den äußern historischen Konstellationen bestimmen, nicht durch sich selbst. Die Historie straft den Helden nicht um das, was er gethan, sondern um das, was sie ihn gezwungen zu thun. — Die historischen Mächte und Konstellationen streiten in seiner Helden Brust, wie die Götter in den Äschyleischen, die thun müssen, was die Götter wollen, und deshalb auch leiden. — So verwirrt und reich das Historische im Hamlet ist, es ist nur Hintergrund; es wirkt nicht bestimmend in die Seelen der Personen und in die Schuld und ihre Strafe hinein. Desgleichen im Lear, Macbeth und Othello. Hier hat es der Mensch bloß mit sich zu thun. Duncan könnte türkischer Sultan sein, die Sache bliebe sich gleich. Dagegen ändert er in seinen Historien kein historisches Datum, weil die Besonderheit eben das Historische ist, und die Allgemeinheit das Philosophische. — Der Realist giebt das poetische Produkt, der Idealist das poetische Produzieren, d. h. der Realist reflektiert über den Stoff und seine Ausführung, über die Charaktere, ehe er die Arbeit beginnt, er ist fertig, wenn er niederschreibt. Der Idealist hingegen reflektiert über Stoff, Charaktere im Niederschreiben und schreibt so mehr seine Reflexionen nieder als die Sache; erst wenn er mit seiner Arbeit fertig, weiß er, was er gewollt hat, und so sehn nun auch die Leser in seiner Arbeit mehr, was der Dichter damit gewollt hat, als daß er das Resultat dieses Willens anschauend in fertiger, objektiver Körperlichkeit erkannte. Darum sind die Werke des Idealisten gemeiniglich wärmer, und wer die Persönlichkeit des Dichters in seinen Werken sucht, wird diese Darstellung vorziehn. Bei Schiller findet man nicht das Geschöpf fertig, sondern den Dichter in der Arbeit des Schaffens. Bei Goethe hat sich das Geschöpf abgelöst, es ist schon kalt geworden vom Gusse. Shakespeare verbindet die Wärme Schillers mit der Ablösung des Geschöpfes vom Schöpfer bei Goethe. Bei Schiller sehen wir seine eignen Intentionen, bei Shakespeare die Intentionen seiner Menschen fertig werden. — Bei Schiller reißt uns der Dichter hin, bei Shakespeare des Dichters Gestalten. — Schiller und Shakespeare stehen ferner einander gegenüber wie Affekt und Leidenschaft. Schiller, bei dem die Intrigue vorherrscht und den Zusammenhang giebt, braucht das Affektvolle, um seine äußerliche Handlung innerlich zu beleben, ihr, was die Intrigue so nötig hat, Wärme zu geben. Er schildert aber wiederum oft nicht sowohl die Affekte, als er mit Affekt schildert. Die Wärme geht nicht sowohl aus seinen Personen als aus ihm selber hervor. Er schildert weniger die Leidenschaft als leidenschaftlich. —

Charaktere bei Shakespeare und Schiller

Vernunftideal giebt es nur eins; realistische Ideale sind unzählige möglich. Schiller hat seinen Wallenstein tief-gemütlich und edel, ja teilweise zum vollkommenen Charakterideale gemacht und dadurch ihn ganz aufgehoben, ja zur Phrase gemacht, der keine, nicht einmal phantastische Wahrheit innewohnt. Hätte er ihn nur so, wie er sich in seiner Schuld abzeichnete, gefaßt und in dieser Einseitigkeit potenziert und umgrenzt, es wäre ihm leichter geworden und besser gelungen. Giebt denn bloß Gutmütigkeit und was man jetzt „lieb" nennt Interesse? Nein, gewiß nicht! Jeder einzelne Charakterzug kann durch Idealisierung — im wahren Sinne — eine Gewalt über unser Gemüt ausüben. Ist nicht der Macbeth mit seiner Entschlossenheit eine ganz andre Gestalt, als der Wallenstein mit seiner Unentschlossenheit und unmännlichen Schwäche, die er durch die heterogene Mischung erhält, in der ein Agens immer das andre aufhebt? Shakespeare legt nicht in seine Charaktere ihnen fremde Dinge, um sie uns interessanter zu machen, er entwickelt vielmehr die Keime von Interesse, die in seinen Charakteren liegen, wie diese sind. Wie imponiert Hamlet eben durch das Übergewicht der Reflexion, das seine Schwäche ist, die Ursache seiner Schuld, wie zeigt er die Trägheit der Thatkraft mit der größten Energie der Intellektualität! Nicht die Züge eines abstrakten Vernunftideales sind in die Gestalt zu tragen, sondern die Gestalt ist zum Ideale ihrer selbst zu erheben.

Heinrich VI. 1. Teil (als Schillers Muster)

— Mir wird immer deutlicher, daß das Muster Schillers für seine spätern Stücke hier zu suchen ist. Hier ist die Würde, der Pomp der Repräsentation, die

Geistesgegenwart, Schärfe und rednerische Kunst in den witzigen Repliken, die innere Glut der politischen Leidenschaften, die gewandte Rhetorik der Intrigue unter der Gemessenheit höfischen Anstandes und des stolzen Bewußtseins des kriegerischen hohen Adels, abwechselnd mit dem vom Gefühle der äußern Würde zurückgehaltenen oder diesen Damm durchbrechenden Affekte. Der breite Pinsel, der gemeßne Gang. Im Wallenstein verrät selbst die epische Ausbreitung des Stückes dies Muster. Erst in der Maria Stuart gewann er eine beschränktere, geschloßnere Form dazu. Nur mischte Schiller sentimentale Elemente ein, die oft mit dem übrigen im Widerspruch stehn, er ließ die Situation überwiegen und die Charakteristik zurücktreten. Und dies geschah mit jedem Stücke bis zur Braut mehr. Das Allgemeine, dem griechischen Chor entsprechende, das schon in diesem Heinrich liegt, wie das Lyrische im Gefühlsausdrucke, gewann es bei Schiller über das darstellende Element, das im Heinrich überwiegt, wenigstens jenem gleich steht. Dann fing er an, die Schuld der Personen immer mehr zu bemänteln, markierte die Abgänge und Aktschlüsse stärker. Er gab die würdevolle Repräsentation auch den Personen der niedersten Stände, hob die Wahrheit derselben dadurch auf. Was in den Szenen unter den Peers Shakespeares eben charakteristisch und historisch wahr als Bewußtsein politischer Größe und danach proportioniertem Umgreifen der Leidenschaft, als höfischer Anstand dem bürgerlich beschränkten Wesen und der Dumpfheit der untersten Klassen gegenübersteht, wurde bei ihm, weil in aller Personen Munde, mehr eine tragische Konvention, ein Bretterdekorum. Da er in seine tragischen Personen durch Bemäntelung der Schuld einen Dualismus brachte — denn Wallenstein wie Maria Stuart sind doppelte Personen, Zweieinigkeiten —, so verdoppelten sich die Motive und schwächten sich dadurch gegenseitig.

Schicksal und Charakter deckten sich nicht mehr, weil die Schuld keine wahre mehr war, keine innere, sondern eine entweder außerhalb des Stückes und seines Stoffes liegende (Maria) oder eine dem Helden durch die Verhältnisse aufgezwungne (Wallenstein). So mußte nun auch das Schicksal ein äußerliches werden. Er meinte sich dadurch den Griechen zu nähern, hob dadurch aber wie vorher den Unterschied der Stände nun auch den Unterschied der Nationalitäten und Zeiten auf. Die, welche Schäfer repräsentierten und Engländer und Teutsche der neuern Zeit, hatten altgriechisches Schicksal. So wurde nun wie die Sprache der höhern Stände so auch das Schicksal als Requisit der tragischen Konvention ein Stück des Bretterkostüms. Indem er die Shakespearische Historie zu idealisieren trachtete, hob er ihre wahre künstlerische Idealität auf; denn weder die Charaktere noch der Zusammenhang von Schuld und Strafe (das eigentliche Schicksal) hatten ideale Einheit und wahre Allgemeinheit mehr. Der historische Wallenstein ist wie die Shakespearischen Figuren ein Typus, der Schillerische ein einzelner Fall.* Ich glaube, wer die wahre historische Tragödie kultivieren will, muß von Schiller wieder zu Shakespeare zurückkehren, wenn auch nicht zu Heinrich VI., doch zu Richard II.

Das Spartanische

Montaigne rühmt gegenüber den Athenienfern, die alles im schönen Scheine, schöner Form, auch in der Rede gesucht, die Lakedämonier, bei denen der Unterricht hauptsächlich bezweckte, ein richtiges, praktisches Urteil über Personen und ihr Thun bei dem Jünglinge ja schon bei dem Knaben herauszubilden. Auf dies letztere zielt Shakespeare in seinen Tragödien vor allen, und sein Studium bringt darum praktischen

Nutzen, während Schiller in den seinen das Vermögen des praktischen Urteils durch Verwirrung schwächt zu Gunsten des athenienfischen schönen Scheines.

Einheit der dichterischen Intention

Ich hielt bisher Einheit des Motives für die rechte Zauberformel, aber diese ist: Einheit der dichterischen Intention. Ein ganz genau bestimmter Eindruck muß es sein, den wir durch ein Drama hervorbringen wollen, ein einfacher, überwältigender. Die Seite müssen wir dem Stoffe absehen, ich möchte sagen: die volkstümliche, weil das Volk ungeblendet ist von allem, was Reflexion hie und da in Nebenumstände hineinlegen kann, weil es selber nicht reflektiert, stets auf die Hauptsache, auf den allgemein-menschlichen Kern in der Sache geht. Wir müssen alle künstlichen Gesichtspunkte vermeiden, alle fremden, pikanten Beleuchtungen, die Sache nicht vom Standpunkte griechischer oder romantischer, spanisch-katholischer oder wer weiß welcher fremden Moral oder mit dem Auge des Schulphilosophen ansehen. Wir müssen die Sache selbst und in ihrer eignen Sauce geben. Nicht allein was das Volk ergreift, sondern auch wie und warum. Wenn wir nun den Punkt in dem Stoffe gefunden, der der Grund seiner Wirkung ist, so müssen wir so weiter verfahren, daß aller Reichtum der Fabel aus diesem Grunde fließt, und uns wohl hüten, darin wieder Gründe für andern Eindruck hineinzubringen. Der Stoff muß auf seinen Wirkungskern reduziert und dieser so erweitert werden, daß das reiche Ganze des Dramas nichts andres wirkt, als was vorher der enge Kern wirkte. Vorausbedacht, daß die Wirkung des Kernes schon eine harmonische, poetische sein muß, d. h. eine, in der alles sich in affektvolles Mitleid mit einer oder zwei oder mehreren für eine stehenden Per-

sonen konzentriert, in das sich keine fremde Regung
mischen darf. Also Einheit der Intention. *Man
thut nun wohl, stets bei der Anschauung zu bleiben,
die Wirkung nicht in eine Formel — Idee — aufzu-
lösen, in der die Anschauung untergeht, und die das
Ausdichten erschwert, weil immer wieder die Mühe
erfordert würde, Gedanken, das heißt abstrakte, in Gefühle und Handlungen rückwärts zu übersehen. Vor
dem Zu-Individuellen ist man schon dadurch bewahrt,
daß man sich gewöhnt, in der Seele des Volkes aufzufassen und wiederzugeben, also typisch und nur durch
Zusammenstellung solcher Züge zu individualisieren.*

Shakespeare weiß genau, welchen Eindruck er mit
jeder seiner Gestalten, mit jeder Rede derselben, welchen
er mit dem Ganzen der Handlung hervorbringen will.
Und diesen beabsichtigten Eindruck läßt er keinen Augenblick aus den Augen; die Absicht jeder einzelnen Rede
ist der Absicht der Rolle, die Absicht jeder Rolle wiederum der Absicht des Ganzen subordiniert. Nicht der
kleinste Zug ist der Absicht des Ganzen fremd, jeder
nur ein Diener derselben. Konsequenz ist sein erster
Vorzug, nicht allein die Konsequenz seiner Charaktere,
auch, und noch viel mehr, die Konsequenz seines eignen
Verfahrens. Doch über diese tiefste Absicht breitet er
den Schein der Absichtslosigkeit. Schiller ist darin sein
Gegensatz. So z. B. die Inkonsequenz in seinem Verfahren, da er das Thekla-Idyll sich einschleichen und
die Wallenstein-Intention überwachsen läßt, und die
Inkonsequenz wiederum im Charakter des Wallenstein,
der eigentlich bloß eine Persönlichkeit hat. *So wird
dem Zuschauer immer das Thun gezeigt, das er selber
an des Helden Stelle geübt haben würde, wie er in
dem Augenblick zu glauben bestimmt ist, und seine
eignen Gefühle ihm in schönrer größrer Gestalt ent-
gegengebracht.*

Der poetische Realismus

Das Dargestellte soll nicht gemeine Wirklichkeit sein, jene falsche Illusion muß verhütet werden, die Schlegel das Alpdrücken der Phantasie nannte. Je mehr nun das Drama von der gemeinen Wirklichkeit durch Gedankenhaftigkeit und plastische Fülle des Ausdruckes abgeschlossen ist, desto mehr kann auch die Epitomierung wagen, desto idealer kann die Behandlung von Zeit und Raum werden. Da alle Wirkung aus dem innern Kerne des Stoffes hervorgehen muß, wird der eigentliche Schauplatz das Innere, die Region von Leidenschaft und Gewissen des oder der Helden, wo nur die innern Kräfte spielen nach dem Gesetze der Kausalität der vernünftigen und sinnlichen Natur des Menschen; wo der Zufall also ausgeschlossen ist, und kein wirklicher Raum, keine wirkliche Zeit mitspielt, d. h. wo nichts darauf ankommt. Nur muß premiert werden, daß diese Abwendung von der gemeinen Wirklichkeit, diese Erhebung über sie nicht etwa das Kolorit eines Transparents, wie bei Schiller, eine eintönige Feierlichkeit oder feierliche Eintönigkeit oder gar die Verzückung und den subjektiven Schwung lyrischer Rhetorik bedeuten soll. Weit entfernt davon! Ebensoweit als von der dünnen, haltungslosen Sprache der gemeinen Wirklichkeit. Wie die Fata Morgana soll die dramatische Diktion die gemeine Wirklichkeit, nur in einem ätherischen Medium spiegeln, die Mannigfaltigkeit der Linien, Tinten u. s. w. durchaus nicht verwischen. Wie der Stoff vom Geiste gereinigt, wiedergeboren, geschwängert ist, so soll der Dialog vom Geiste wiedergebornes und geschwängertes Gespräch der Wirklichkeit sein. Nur was geistig ist, und zwar Ausdruck einer gewissen Idee am Stoffe, und zwar derjenigen, die als natürliche Seele in ihm wirkt und atmet, wird in das himmlische Jenseits der künstlerischen Behand-

lung aufgenommen; was bloßer Leib, zufällig An=
hängendes ist, muß abfallen und verwesen. Soweit
die Seele den Leib schafft, sozusagen, die bloße Form
des Leibes steht verklärt auf aus dem Grabe. Diese
Zauberwelt, dieser wahrere Schein der Wirklichkeit ist
nicht streng genug abzuschließen. Denn sowie ein bild=
loser Gedanke, ein ungedankenhaftes Gefühl, irgend ein
unmittelbar wirklicher Laut in seinen Kreis sich ein=
drängt, ist die Harmonie des Zaubers aufgehoben.
Aber wunderbar! Der Zauber schwindet nicht vor dem
Wirklichen, umgekehrt; in der That ist es das Gesetz
des Wirklichen, welches über dessen bloß zufällige Erscheinung siegt. — Die Kunst soll nicht verarmte Wirk=
lichkeit sein, vielmehr bereicherte; nicht weniger Reize
soll sie bewahren, sie soll neue hinzuerhalten durch das
Medium des phantasieentquollenen Gedankens, alle die,
welche aus dem gedankenhaft bezüglichen Neben= und
Ineinander der beiden Welten des Ernsten und des
Komischen hervorgehen. Sie soll nicht eine halbe, sondern eine ganze Welt sein. — Was die Anordnung
der äußern Dinge korrekter macht, das ist es oft, was
das innere Spiel der Empfindungen unterdrückt oder
sie, was noch schlimmer ist, so alteriert, daß ein andres
daraus wird, als was sie beabsichtigte. Was dem
Verstande eine Thatsache überzeugender macht, das
macht sie leicht der Totalität des Gefühles befremdlicher.
Kurz, was ich dramatisch=künstlerische Komposition nenne,
das ist zunächst der innere Aufbau der Wirkungen, der
Plan, nach welchem das Spiel der Gefühle im Zu=
schauer notwendig vor sich gehen muß, zu dem bestimmten Zwecke, der damit beabsichtigt wird, die Be=
rechnung ihrer modifizierenden Wechselwirkung, der
Aufbau eines überwältigenden Gefühles aus kleinern,
wie ein großer Strom durch die allmähliche Vereinigung
verschiedner kleiner anwächst. Die Vortrefflichkeit der
Komposition besteht mir zunächst nicht darin, daß die

äußern Tatsachen, das objektive Materiale, unter sich dem Verstande gemäß verbunden ist, sondern darin, daß seine Wahl und Anordnung genau so ist, wie sie jenen subjektiven Wirkungen und ihrem Aufbau, gerade dieser genau bestimmten Gesamtwirkung, diesem beabsichtigten Totaleindrucke entspricht. Die Fehler gegen jene objektive Kausalität kann ich nur dann für wichtig halten, wenn sie den beabsichtigten Totaleindruck hindern oder stören, d. h. wenn sie zugleich zu Fehlern gegen die höhere Motivierung werden. — So wird die Tragödie der Leidenschaft auch die Tragödie der Reflexion sein müssen; natürlich nicht der Reflexion, die die Leidenschaft bekämpft, sondern der Reflexion, welche sie stachelt. Wirklich liegt in dem: „Eine Fliege soll ihre Hand berühren, ich nicht" (Romeo) — „Eine Katze, eine Maus soll Leben haben, sie nicht" (Lear) — eine Vergleichung, durch welche der Stachel des Affektes geschärft wird, wie der Gedanke und die Ausmalung eines Glückes, das verloren ist, die Empfindung des Verlustes schärft. Jene ergreifende Rede Konstanzens im King John ist eine solche Reflexion. Das Immerwiederdurchnehmen der Beleidigung, die Bemühung, immer noch etwas Neues darin zu finden, was durch den Reiz der Neuheit schärfer stachle, ist Reflexion. Wenn Macbeth an die Zeit zurückdenkt, wo noch seine Haare sich sträublen, nur zu hören, was zu thun ihm jetzt Gewohnheit ist, so reizt er sich selbst zum Mitleide mit sich selbst. Gleichwohl liegt in der Freiheit der Reflexion die Hoheit der Gestalten, indem sie samt ihrer Situation sich objektiv machen, sich über sich selbst und ihre Situation erheben. Ihr Gemüt, ihre Leidenschaft ist tiefst im Endlichen befangen, ihr Geist steht darüber wie der blaue, heitere Himmel über Gewittern. Ihr Geist, ihr innerstes Wesen, der Gott in ihnen ist gleichsam unvermischt mit dem Sinnlichen, unbeschmutzt vom Schmutz ihrer Zwecke. Hier liegt eigentlich das Geheimnis der

Hoheit Shakespearischer Gestalten offen. Diese Reflexionen sind nun von der Phantasie im charakteristischen Bilde verkleidet dargestellt, sie sind gleichsam ein Aufatmen der durch das Endliche gebundenen Freiheit. Schiller hat dies dem Shakespeare wohl abgesehen, aber diese Seite zu sehr herausgehoben und zugleich zu wenig mit der Lokalfarbe der Person gemalt. Denn bei ihm, da die Reflexionen sich unverhüllt als seine eignen zeigen, sehen wir ihn selbst über seinem Helden stehen, der darüber seine individuelle Existenz einbüßt, und die Wirkung ist mehr die Bewunderung der Hoheit des Dichters, als seines Werkes und seiner Kunst. — Posa handelt verkehrt, wenn wirklich Carlos oder die Provinzen sein Zweck sind; hat er es aber auf die Bewunderung des deutschen Parterres abgesehen, so zeugt der Erfolg für die Zweckmäßigkeit seines Handelns. — Die Bescheidenheit der Natur, wie entzückt sie uns an Shakespeares Gestalten, auch in Rücksicht ihrer Reflexionen! Die Reflexionen der Porzia z. B. sind alle aus ihrem Kreise genommen; es sind Bemerkungen, die ihr scharfes Auge in ihrem täglichen Leben alltäglich zu machen Gelegenheit hatte; ebenso ist die Form derselben, wie sie einem gebildeten weiblichen Wesen entspricht. Man vergleiche damit die Thekla im Wallenstein; wie nimmt, daß sie in diesen Mund, an diese Stelle nicht passen, so in Materie als in Form, den Reflexionen selbst, so schön sie im Munde Schillers genannt werden müssen, allen Reiz, ja läßt sie abgeschmackt erscheinen. Die Leidenschaft zu glänzen, zu gefallen wird das eigentliche Motiv des Benehmens der Gestalten, welches andre auch genannt sei. Denn nur dieses verfolgen sie konsequent, in allem andern sind sie inkonsequent, voller unauflöslicher Widersprüche, nur in diesem nicht; und diese Konsequenz ist eben der Grund jener Inkonsequenzen. — In der dargestellten Reflexion, in dem dargestellten Reflektieren liegt für den

Dramatiker das feinste charakteristische Moment. — Das wäre es, was sentimentale und naive Poesie oder, wenn man will, Rhetorik — als eine besondre Form der Poesie im weitern Sinne betrachtet — und eigentliche Poesie unterschiede, daß jene direkt und diese indirekt zu Werke geht; daß jene direkt ausspricht, was sie meint, und diese auf dem Wege der Darstellung. Es darf die mehrfache Bedeutung des Wortes „Darstellung" nicht irren, wonach auch jenes direkte Aussprechen darstellen genannt wird. Will man überdeutlich werden, so sage man, jene stellt durch Aussprechen, diese durch Darstellung dar; in jener spricht der Autor in seinen leicht maskierten Personen, in dieser der Autor durch die innere Selbständigkeit seiner Personen mit dem Publikum, was den Schein gewinnt, als sprächen die Personen selber und hätten keinen andern Autor, als ihr Autor selbst — die schaffende Natur. — Das läßt sich weiter ins einzelne ausführen, wie z. B.: Der Rhetoriker sagt uns, was er mit seinen Figuren meint, für was wir sie halten sollen, er sagt: „verehrt ihn" oder „bewundert, liebt ihn, haßt ihn"; der Poet dagegen stellt seine Figuren hin und sagt: „Nun sehet selber zu, beobachtet sie, und dann fällt selbst über sie ein Urteil. Sie sind nicht Träger meiner Interessen, sie sind nicht mein verkleidetes Ich, ich bin also bei euerm Urteile nicht kompromittiert. Ja, er läßt die eine Person über eine andre so, eine dritte über dieselbe so urteilen; nun, Zuschauer, urteilt über die Urteiler und ihr Urteil, seht, ob sie bestochne Richter sind und von welcher Partei — für oder wider jene zweite Person, — ob sie durch pathologische oder sonstige Einwirkung geirrt, ob sie gerecht, ob mild oder streng sind. Macht das mit ihnen und euch aus; mich geht es nichts an; ich zeige nicht mit der Hand aus den Bühnenwolken und halte meine Figuren nicht an Drähten, sie haben ihre eignen Beine und ihr eignes

Gesetz, dasselbe, das in euch ist, und sie zwingt dasselbe Gesetz außer ihnen, das, außer euch, euch zwingt; sie sind nicht Geschöpfe meiner Willkür, sondern ihrer eignen Freiheit und Notwendigkeit." — Goethe hat immer Stoffe gesucht, in denen „das Herz" an seiner Stelle war; deshalb ist er dem Großgeschichtlichen ferne geblieben; das ist ein Mangel. Schiller hat „das Herz" ins Großgeschichtliche überall da, wo es nicht hingehört, eingemengt; das ist ein Fehler.

Die poetische Diktion. Rhetor und Dichter

Ein Teil von Schillers Irrtum hat seinen Ausgangspunkt in den Worten eines Briefes: Man sollte wirklich alles, was sich über das Gewöhnliche erheben muß, wenigstens anfänglich in Versen konzipieren; denn das Platte kommt nirgends so an das Licht, als wenn es in gebundner Schreibart ausgesprochen wird u. s. w. Schiller hatte den Wallenstein erst in Prosa begonnen, bald aber sich an die Trockenheit gestoßen. Wie er nun in Versen die Ausarbeitung begann, änderte er manches am Plane, weil er fühlte, er stehe hier in Versen unter andrer Gerichtsbarkeit als in Prosa. Dann heißt es in dem Briefe weiter, wo dem Stoffe die poetische Dignität abgehe, da sei der Ort für den Schmuck, den Aristoteles verlange; denn in einem poetischen Werke solle nichts Gemeines sein. — Man sieht, wie er bei der Ausführung sich dem Fluge der Phantasie überließ; in demselben Maße kamen ihm die Verstandesrücksichten auf Wahrheit der Motive u. s. w. auf das eigentlich dramatisch Wirkende immer gemeiner vor; dies hatte wieder noch lyrischern Schwung der Diktion zur Folge, und in dieser Wechselwirkung verlor er oft den realen Boden ganz unter den Füßen — wie in der Philosophie gleichzeitig Fichte. Ganz anders verfährt Shakespeare. Er behält immer den

Boden der Wirklichkeit. Je schwunghafter der Flug seiner Diktion, desto fester steht er dabei auf dem Boden der Wirklichkeit. Seine Behandlung adelt beständig den Stoff, verändert ihn aber nicht und verläßt ihn nicht. Er bleibt immer bei der Stange und läßt sie auch da, wo der Verstand sie hingestellt hat. Aber wunderbar ist es, wie er die Dinge, die Schiller für gemein gehalten hätte, und die durch bloß rhetorisch-lyrischen Ideenschmuck nur noch spröder erschienen wären, durch seine Behandlung zu erheben weiß. Für Shakespeare giebt es nichts Gemeines, weil er ein naiver Dichter ist, und bei ihm daher alles auf die Form ankommt; der Stoff besudelt ihn nicht; er ist höchstens in dem Falle eines naiven Menschen, der geradeheraus sagend besser fährt, als der Kulturmensch, der durch die Mühe zu verstecken unanständig wird, wo jener nur natürlich ist. Dann weiß er auch die Prosa auszuscheiden, die zum Verständnis notwendig ist, und sie abgesondert zu geben, wodurch er freien Raum und Ungestörtheit für die Poesie gewinnt. Schiller richtete sich nach seinem Talente; er konnte eigentlich nur Dinge brauchen, die einen Anknüpfungspunkt für die Reflexion gaben. Er hat in seinem Aufsatze „über naive und sentimentale Poesie" vergessen, daß der sentimentale Dichter leicht platt wird, wo er naiv sein will, wenn er sein Reflexionswerk nicht anspinnen darf oder will, und daß dies eben der Grund ist, warum er bei der Reflexion Hilfe sucht. In einem Briefe sagt er, daß der neuere Dichter einen Gehalt in den Gegenstand lege, weil er den darin liegenden nicht zu entwickeln, nicht herauszuziehen vermöge. Das heißt doch nichts andres, als daß der Dichter, der nicht naiv sein kann, ohne platt zu werden, sentimentalisch werden müsse. — Deshalb oszilliert der sentimentale Poet beständig zwischen Dichter und Redner; daher sein Erfolg bei der großen Menge. Eigentlich hat nur das

naive Gedicht eine poetische Form, denn die Ideen der
sentimentalen Dichter wirken als Stoff; und da sie
nur ausgesprochen und nicht dargestellt sind, so ist ihre
Form keine poetische; höchstens kann es der sentimentale Poet zu einem Produkte bringen, das stellenweise
poetische Form, stellenweise bloß rhetorische hat. Dem
Rhetor ist die Kunst Mittel, dem Dichter Zweck. Die
Befriedigung seines Kunstgefühles ist ihm Norm, er
opfert dem Beifalle des Publikums und dem möglichen
Ruhme nichts. Es kann freilich auch der Rhetor den
Beifall verschmähen, aber wieder um des Ruhmes
willen; man wird sein Werk von dem des Künstlers
leicht an der Zugabe des Trotzes unterscheiden; der
Künstler denkt nicht an das Publikum; der Rhetor, der
ihm absichtlich trotzt, desto mehr. —

Künstlerische Illusion

Im ganzen und großen giebt es keinen Dichter,
der der Wahrheit des Lebens so getreu bleibt, und
doch ist er durchaus im Gebiete der Phantasie mit
seinen Einzelheiten, wohin der Gebrauch des Symbolischen gehört, nämlich des Kunstmittels, vermöge
dessen der Dichter an Stellen, die nicht naturwahr zu
geben sind, gleichsam sagt: dies bedeutet dies; z. B.
die Werbung des Richard III. bei der Anna. Das
Wunderbarste aber ist, wie solche Szenen bei ihm
wirklich überzeugen, ohne daß ein Wort darin naturgetreu wäre. Ich glaube, eben darum. — Lessing hat
die Behelfe, daß Odoardo einen Dolch haben, daß er
wissen muß, was mit der Tochter vorgehen soll, und
andres mehr, wunderbar künstlich bewältigt, aber er
hat dadurch hervorgebracht, daß in seinem Stücke die
äußere Maschinerie zum Stücke selbst wurde, und er
bedarf seines ganzen mächtigen Verstandes und Witzes
und eines gewissen Aufwandes von Phantasie, uns für

eine bloße Maschinerie zu interessieren. Darüber bekommt sein Stück Ähnlichkeit mit einer getriebnen Arbeit, in welcher die Kunst oder vielmehr Künstlichkeit den Wert der Materie weit übertrifft und daher doch verschwendet erscheint, während Shakespeare massives Gold mit goldner Kunst behandelt. Wie zerbrechlich sieht die Emilia aus gegen ein Werk Shakespeares gehalten! Ich weiß wohl, daß dies zum großen Teile eine Folge der Konzentration in Raum und Zeit ist. Darum sollte der Krieg eigentlich dieser Form gelten, in der alle perspektivische Gruppierung unmöglich ist, durch welche die Kleinigkeit, der bloße Behelf, mit in die Reihe der wichtigen Momente tritt, und das bloße Detail zu einem integrierenden Teile des Kausalnexus wird. — Wie aber kommt es, daß Shakespeare in solchen symbolischen Szenen nicht aus dem Tone fällt? Weil seine ganze Darstellungsweise symbolischer Natur ist; weil er nie gemeine, wirkliche Illusion, wirkliche Täuschung, sondern nur eine künstlerische anstrebt. Die Phantasie ist bei ihm das Medium, durch welches er uns die Gefühle und die Gedanken mitteilt. Weil die Phantasie das gläubigste Vermögen im Menschen ist, muß in der Ausführung hauptsächlich diese gepackt werden. Der Verstand zeigt sich zunächst in seinen Stücken nur negativ, vorbauend, er entfernt nur, was uns irren könnte, der künstlerische Verstand liegt objektiv seinen Darstellungen von Vorgängen zu Grunde, tritt aber nie in eigner Person mitspielend auf, wie bei Lessing, er wendet sich nie unmittelbar an uns. In der Emilia ist in Erfindung und Anordnung wie in Ausführung der Verstand auch das Medium, durch welches die Phantasie zu uns spricht. Diese geistesgegenwärtige, beständig-bewußte und scharf gespitzte epigrammatische Sprache vermittelt uns auch die nicht allein von Lessing, sondern überhaupt in unsrer ganzen dramatischen Poesie unübertroffnen

Intentionen der künstlerischen Phantasie in der Gestalt und dem Benehmen der Orsina. Das ist der wesentlichste Unterschied zwischen Shakespeare und Lessing, daß bei jenem alle geistigen Vermögen die Phantasie als ihre Sprecherin, bei diesem aber, daß sie den Verstand als ihren Deputierten an das Publikum senden. — Schiller scheint in der That in seiner Bemerkung über die Goethische Verhaltungsweise das Verfahren des wirklichen Dichters charakterisiert zu haben, wenn er an Goethe schreibt: „Ihre eigne Art, zwischen Reflexion und Produktion zu alternieren, ist wirklich beneidens- und bewundernswert. Beide Geschäfte trennen sich in Ihnen ganz, und das eben macht, daß beide als Geschäft so rein ausgeführt werden. Sie sind wirklich, solange Sie arbeiten, im Dunkeln, und das Licht ist bloß in Ihnen: und wenn Sie anfangen zu reflektieren, so tritt das innere Licht aus Ihnen heraus und bestrahlt die Gegenstände, Ihnen und andern. Bei mir vermischen sich beide Wirkungsarten, und nicht sehr zum Vorteil der Sache!" — Wunderschön, vortrefflich! — Es ist zu bejammern, daß Schiller stets in der Lage war und im Zwange, durch Thätigkeit der Reflexion die Anschauung zu ersetzen; dies wurde zuletzt ein Teil seines Wesens, so sehr, daß er sich keiner Anschauung mehr unbefangen überlassen konnte, und das Mittel zum Zwecke wurde. Wie rührend ist es, wenn er glaubt, einmal die Natur in ihm weder durch Voreiligkeit noch durch nachherige Gewalt der Reflexion gestört oder aufgehoben zu haben! Aber eben dieses Voreilen und nachherige Gewaltthun der Natur in ihm war so sehr seine Natur geworden, daß er nicht mehr merkte, wo es sich geltend machte. Von Jugend an hatte er für seine Freiheit zu kämpfen, die Goethe ohne dessen Zuthun wurde; die Waffe wuchs ihm zuletzt an die Hand, und er konnte diese nicht mehr von jener trennen. Ich glaube, ein großer Teil des rührenden Eindrucks, den die Schillerische Poesie auch auf den macht, der ihren Irrweg erkennt, beruht eben auf diesem Mitleid mit dem Dichter. Es ist ungemein belehrend, den menschlichen Geist in einem so großen Vertreter, als der Schillerische war, in seinen Widersprüchen zu beobachten. Bald sieht man, wie die lyrische Stimmung plötzlich seine Reflexion verdunkelt, bald wie die Reflexion die Konsequenz seiner poetischen Anschauung zersetzt. So lobt er Richard III., und indem er die Vollkommenheit des Stückes charakterisiert, sagt er, kein Stück von Shakespeare habe ihn so an die griechische Tragödie erinnert, sodaß es scheint, dies solle mit zu den Gründen des Lobes gehören, wenn es nicht den Sinn hat: darum gefällt mir das Stück so sehr, weil es erstlich mir als die beste der besten Shakespeareschen Tragödien erscheint, dann, weil es mich an meine Neigung erinnert, sodaß Shakespeare seinem Kunstverstande imponierte, die Griechen dagegen seine Neigung besaßen. So schreibt er an Goethe am 26. Dezember 1797: „Für eine Tragödie ist in der Iphigenia ein zu ruhiger Gang (vorher: „umgekehrt schlägt Ihre Iphigenia offenbar in das epische Feld hinüber, sobald man den strengen Begriff der Tragödie entgegenhält"), ein zu großer Aufenthalt, die Katastrophe nicht einmal zu rechnen, die der Tragödie widerspricht. Jede Wirkung, die ich von diesem Stücke teils an mir selbst teils an andern erfahren, ist generisch-poetisch und tragisch gewesen, und so wird es immer sein, wenn eine Tragödie auf epische Art verfehlt wird. Aber in Ihrer Iphigenia ist dieses Annähern an das Epische ein Fehler u. s. w., während das ans Dramatische in Hermann und Dorothea ein Vorzug ist." An einer andern Stelle führt er aus, daß das Epos überhaupt durch Neigung zum Dramatischen gewinne, während das Dramatische durch epische Behandlung verliere. Damit vergleiche man „1. Dezember 1797: Es ist mir fast zu arg, wie der Wallenstein mir anschwillt, besonders jetzt, da die Jamben, obgleich sie den Ausdruck verkürzen, eine poetische Gemütlichkeit unterhalten, die einen ins Breite treibt. — Mein erster Akt ist so groß, daß ich die drei ersten Akte Ihrer Iphigenie hineinlegen kann, ohne ihn ganz auszufüllen; freilich sind die hintern Akte viel kürzer. Die Exposition verlangt Extensivität, sowie die fortschreitende Handlung von selbst auf Intensivität leitet. Es kommt mir vor, als ob mich ein gewisser epischer Geist angewandelt habe, der aus der Macht Ihrer unmittelbaren Einwirkungen zu erklären sein mag; doch glaube ich nicht, daß er dem Dramatischen schadet, weil er vielleicht das einzige Mittel war, diesem prosaischen Stoffe eine poetische Natur zu geben." Das heißt doch nichts anderes, als nach seiner eignen Meinung „eine generisch-poetische Wirkung zu erzielen, wodurch die Tragödie auf epische Art verfehlt wird." —

Die primitiven Motive

Unser Unglück ist, daß die primitiven Motive in primitiver Zusammenstellung schon meist gebraucht sind, und neue selbst zu erfinden kaum oder wirklich nicht mehr möglich ist. Die Schlankheit des Lebens, des Denkens und Empfindens ist uns verloren gegangen, damit auch die Bedingungen zur Schlankheit, d. h. Geschlossenheit der Kunst. Was Schiller zu Erfindungen wie in der Braut u. s. w. trieb, das war doch nur dieselbe Einsicht, nämlich, daß ohne jene Primitivitäten keine wahre Poesie bestehen kann, und daß er diese „naiven Motive," wie er sie nennt, nicht erreichte, vielmehr auf einen Irrweg geriet, dies giebt uns, deren Zeit in jener künstlerischen Untugend noch zugenommen, eindringliche Warnung und wenig Hoffnung. Lessing eigentlich schon ruft von den ausgedachten, geschmacklosen, raffinierten zu den einfachen der Natur, zu den primitiven zurück. Aber auch er spricht von intrikaten Situationen, während von diesen hinweg zu den einfach rührenden und erschütternden gewiesen werden mußte. Aristoteles sagt sehr schön, daß alle Spannung nur Erregung der Sympathie mit der Natur, die wir in uns selbst tragen, nicht Furcht sein soll für den historischen oder besondern Menschen, sondern für die Möglichkeiten der menschlichen Natur in sich selbst. Doch habe ich hier vielleicht schon den Shakespeare in den Aristoteles hineingetragen. Wie Shakespeares Schönheit überhaupt mehr geistiger Natur ist, so paßt auch das Wort Verwicklung nicht auf seine Tragödien; sie haben nicht eigentlich eine Verwicklung, sondern sie sind lediglich Entwicklung. — Bei der Ausbildung des König Lear hat er immer aus denselben primitiven Motiven erfunden, alles, was darin Kausalnexus ist, ist Pietät oder Impietät, die erlittnes Unrecht nicht wankend, vielmehr fester macht. — Soll ein Stück lediglich Darstellung seines Gehaltes werden, so reicht der Kausalnexus als solcher nicht zu, er bewirkt es nur, wenn er zum tragisch-idealen wird. So bilden alle Handlungen im Lear einen solchen Idealnexus, jede Handlung ist ein Beispiel von Impietät, wo Pietät zu erwarten, oder von Pietät, wo Impietät begreiflich, wenn nicht entschuldbar wäre (Kent). Als Handlungen eines Stammes wäre solche Reihe nicht ohne Gezwungenheit herzustellen gewesen, noch weniger handlich für die dramatische Technik; nun sind es drei Stämme, die sich von zwei Stämmen abzweigen und zu noch mehreren wiederum verzweigen. So macht das Ganze der Fabel noch immer denselben Eindruck der Qualität nach, nur in der Quantität gesteigert, d. h. es wird nichts hineingebracht, was die Wirkung jenes Kontrastes aufhöbe

oder durch Teilung der Aufmerksamkeit schwächle. —
Im Ganzen also die tiefste Absichtlichkeit, im Dialoge
der Schein völliger Absichtslosigkeit, im Plane und in
der Disposition des einzelnen Gespräches größte Gedrängtheit und Simplifikation, und im Dialoge, in der
Ausführung desselben scheinbar völliges Gehenlassen.
So wird das Drama nichts als wesentlich nur der
dargestellte psychologisch-ethische Gehalt seines Grundgedankens. — Die charakteristische Einkleidung der allgemeinen Reflexion ist sehr wichtig. Hier liegt ein
Hauptunterschied Shakespeares und Schillers. Letzterer
bringt immer seine eigne Reflexion lyrisch gesteigert,
also den rohen Stoff; bei Shakespeare dagegen trägt
jede Reflexion seiner Personen den Stempel des
Charakteristischen bis in die kleinsten Bedingungen
hinein. Wie ist im Lear in dem „Ein Vogel, eine
Katze, eine Maus soll Leben haben, du nicht!" die allgemeine Reflexion, daß das Dasein nicht an die Bedingungen des Wertes geknüpft ist, daß das Schlechte,
Unwerte das Edle und Schöne überleben kann, in die
äußere Gebärde der äußersten Hingegebenheit an den
Affekt der völligen geistigen und physischen Hilflosig-
keit des vom Alter schwachen, vom Seelenschmerz bis
zum Wahnsinn hingefolterten Königs gekleidet; wie
ist hier der Gedanke zum gestikulierenden Seufzer geworden! Wenn Poesie das individualisierte, d. h. in
einem bestimmten Falle angeschaute und dargestellte
Allgemeine ist, so ist Schiller meistenteils die eine
Hälfte seiner poetischen Obliegenheit schuldig geblieben;
dadurch aber eben hat er mehrere befriedigt, weil die
poetische Forderung nur von Menschen gemacht wird,
die weit in der Minderzahl stehen. Ihm fehlt zu sehr
das Indirekte der Antworten und Gegenreden, das
wir bei Shakespeare und Sophokles finden. —

Naiv und sentimental im Unterschiede von realistisch und idealistisch

"Idealistisch und realistisch soll denselben Gegensatz bedeuten, wie sentimental und naiv?" Wenn man Schiller einen sentimentalen Dichter nennte und Shakespeare einen naiven, dann ließe ich mir es gefallen. Wenn man aber Schiller einen idealistischen und Shakespeare einen Realisten nennt, so weiß ich nicht, was ich dazu sagen soll. Schiller sucht mehr durch seine Sentiments über den Gegenstand zu rühren, als durch Darstellung des Gegenstandes, aber daß er Shakespeare gegenüber idealistisch heißen soll! Ist Idee und Sentiment einerlei? Der wahre ideale Dichter stellt in seinem Stoffe die Idee dar, d. h. er entwickelt die Idee, die im Stoffe liegt, und läßt sie als eine und ganze Seele seiner Darstellung wirken; Schiller dagegen legt in die Stoffe fremde und mehrere Ideen hinein. Darum ist ein Shakespearisches Werk so ganz, weil seine Teile nur Glieder der Darstellung einer Idee sind. So im Hamlet: wer nicht zu rechter Zeit thut, was seine Aufgabe ist, der wird gezwungen, sie zu thun, und geht an den Folgen seines Zögerns unter. Das ist auch im Wallenstein, aber nicht allein; denn Wallenstein geht auch unter, weil er ehrgeizig ist; er geht unter, weil er zögert, er geht unter, weil er falsch, "er geht unter," weil er zu vertrauend ist. Was hat die Episode Max damit zu schaffen, was die Szene mit Wrangel? Heißt der ein idealistischer Dichter, dessen Gesetz Willkür ist, dann freilich ist Schiller ein idealistischer Dichter. Heißt das Vorherrschen des Stoffes vor der Idee oder die Emanzipation des Stoffes von seiner Idee realistisch, so ist Schiller, aber auch gegen Shakespeare gehalten, der realistische Dichter. "Er ist ein reflektierend romantischer Dichter." Heißt idealistisch die Verwirrung der

Motive? Wenn dies romantisch heißt, so ist Schiller ein romantischer Dichter. Wallensteins Charakter bei Schiller wäre so individuell als die Shakespeares? Nein, viel individueller. Man wird in der Geschichte hundert Macbeths finden, aber keinen einzigen solchen Wallenstein; denn selbst der historische ist ein andrer. Das Empirische ist nichts andres als der Mangel an Einheit in den Charaktermotiven, d. h. der Mangel an Identität der Charakterschilderung. Der Wallenstein Schillers ist in dem eigentlichen Sinne durchaus ein empirischer Charakter. Ist denn aber das Empirische das Realistische? — Schiller hätte im Wallenstein den Gipfel der dramatischen Technik erstiegen? Die Charaktere wären wie die Charaktere Shakespeares? Wahrlich nicht! "Das unterscheidet Schiller von Shakespeare als sentimentalen Dichter vom naiven, daß er nicht durch die Darstellung selbst wirken kann, sondern nur durch seine Sentiments über das Dargestellte, darum muß er eine gewisse Breite haben, die eben dem Wesen des Dramatischen widerspricht." Sentiments über das Dargestellte sind lyrischer Natur, die Grundlage des Dramas ist Darstellung von typischen Menschen in einer Handlung begriffen, in der ihre Existenz als Bewegung sich auslebt, aber nicht Darstellung der Reflexionen des Dichters über eine Handlung in ein ungefähres Abbild dieser Handlung gekleidet. Das wäre der Gipfel der dramatischen Technik, wenn ein Dichter seines Stoffes so wenig Herr wird, daß er elf Akte erfordert und zwei Theaterabende wenigstens einnimmt? Schillers Wallenstein wäre ein Mensch von ungeheurer Willenskraft? Der in zehn Akten nicht zu einem eignen Entschlusse kommen kann und durch die Macht der Umstände sich in die Richtung stoßen läßt, die er aus eigner Willenskraft nicht einschlagen kann? Und trotz der elf Akte nichts motiviert als nur der Verrat und nicht im

Charakter, sondern durch den Zwang der Umstände. *Das Kostüm wäre ein Vorzug, wenn es treu gehalten wäre — wenn auch nur ein kleiner und unwesentlicher im Drama —, aber dadurch, daß die Inkonsequenz des einen Teils, der dem Kostüm geradezu widerspricht, durch die genaue Haltung des andern erst recht augenfällig wird, wird es zum Fehler. Und doch* ist mehr das äußere, zufällige Kostüm beachtet als das innere. Man sehe, wie Shakespeares Soldaten reden und die Schillers! Sie reden eher wie Shakespeares Staatsmänner; sie sind durch die Bank Redner. Es wird uns gesagt, sie seien Soldaten; wenn man an der Rede, an dem äußern Habitus den Mann erkennt, so sind es keine. Buller hat in seinem eignen Regiment vom gemeinen Reiter auf gedient; wo in aller Welt hat er die künstliche Rhetorik gelernt, die „langen Reden mit kurzem Sinn"; wäre es die natürliche Rhetorik seines Standes, eines Affektes oder einer Leidenschaft — die hat der geringste Mann, — aber diese Kunst des auserlesensten Redeschmuckes! *Questenberg muß bei weitem weniger Anlage zum Kunstredner besessen haben, sein Stand und seine Beschäftigung sind eben so geschickt, solche Anlagen auszubilden, als das wilde Reiterleben ungeschickt dazu.* Schillern war gut und schön einerlei? Nein! ihm war nicht das Gute das Schöne, sondern das Schöne das Gute, d. h. er stellte das Schöne so dar, als wenn es das Gute wäre; weil gefährlicher wie bei Goethe, wo das Schöne oft ein Reizendes wird, aber nie den Schein des Guten sich anmaßt. Goethe hat oft das Schwache vergöttlicht und zwar als Schwaches; Schiller hat dem Schwachen den Schein des Starken gegeben. Seine Personen sind um nichts stärker als Goethes; Goethes Grundsatz: die Not ist das Gesetz des Schwachen; Schillers: die Not ist das Gesetz der Helden. —

— Was mir das Unrechte, *habe ich nicht in Form

von Entschuldigung und beigemischter Bewunderung
außerdem gekleidet, was andre meinten thun zu müssen,
da sie glaubten, das Publikum werde seine spezielle
Verehrung für einen Dichterheroen der Wahrheit vor-
ziehen. Und sollte es dies thun und dem Autor
zürnen, so wird, wer den Mut hat, die Wahrheit zu
sagen, auch die Kraft besitzen, den Unwillen über die
Wahrheit zu tragen. — Ich habe, soweit ich mich kenne,
ehrlich geforscht und gebe ehrlich die Resultate meiner
Forschung hin. Ich handle, wie mir meine Natur gebietet, mögen es andre auch. So macht es der, so
der, und nun gilts den Sachverhalt ganz objektiv hin-
zustellen, sodaß der Leser selbst das Urteil fällen kann.
So macht es Shakespeare — und nun überall daneben
gestellt, wie es andre machen, was der und der von
Shakespeare gelernt hat u.s.w. — Das alles vielleicht in
Briefform; in Briefen an einen jungen Mann gerichtet,
der den Autor um seine Hilfe gebeten. Auf Gervinus,
Goethe u.s.w. zu verweisen in Hinsicht auf das, was nicht
der eigentlich poetisch-dramatischen Technik angehört.
— Das Wesen des Dramas aus seinen eignen Be-
dingungen zu entwickeln. Technische Analysen. —
Warnung vor dem zu frühen Studium der antiken
Tragödie und vor der philosophischen Ästhetik, d. h.
vor dem Feststehen im Handwerke. — Anknüpfen an
Shakespeare. —

Reflexion

Schon Goethe hat die verschiednen Philosophien
der Alten als Repräsentanten typischer Vorstellungsarten, Neigungsrichtungen und Lebensanschauungen
charakterisiert. So gründet sich die Tragödie der
gleichen Berechtigungen auf Reflexion, d. h. wenn das
Handeln nicht aus den Reflexionen hervorgeht oder
hervorzugehen scheint, sondern aus Leidenschaft; was

Leidenschaft im Ehr= oder Herrschsüchtigen u. s. w. wirkt,
das beschönigt Reflexion. Der Mensch sucht seine
Leidenschaft mit Reflexion andern plausibel zu machen
und sich selbst, weil ihm dies eine Bürgschaft ist für
die Meinung anbrer. Wunderbar ist es, daß der Mensch
auch in Meinungen durch Gesellschaft, durch Bei-
stimmen und Gutheißen sich gestärkt fühlt. Der Zorn,
überhaupt Leidenschaft isoliert ihn aber erst mit der
That, durch welche die Isolierung sich darstellt; wo er
gleichsam ein Einzelner ist, kommt die Reue über ihn.
Vorher entfernte er sich von der Gemeinsamkeit, dem
Mittelschlächtigen der Menschen; nun aber fühlt er,
daß sie sich von ihm entfernen müssen; in der That
sagt er sich von der Gemeinschaft los, nach vollbrachter
That sagt die Gemeinschaft sich von ihm los. Schuld
folgt aus innerer Isolierung, und ihre Herausstellung
— als Thatsache — in die Handlungswelt ist der
Beginn völliger Isolierung. Es ist eigen: die eigentliche Individualität, das Anderssein als der Mittelschlag ist bei Shakespeare bis zur vollzognen Schuld;
dann reagiert in dem Helden selbst der Mittelschlag;
er muß zu seinem Schmerz wahrnehmen, daß er im
ganzen und großen doch auch nur Mittelschlag ist;
als Individuum wird er schuldig, als Mittelschlags=
mensch leidet er dafür. — Es giebt auch eine indirekte
Art, seiner Zeit das Spiegelbild ihrer Gestalt zu zeigen;
von dieser Art ist das Spiegelbild, welches Tacitus in
der Germania seiner Nation zeigt. — Der Stoff ist
allgemeinste Reflexion, die Form nur individualisiert
sie. — Das unterscheidet Schiller von Shakespeare,
daß bei Schiller wie absichtlich die Form mehr rhetorisch im eigentlichen Sinne als mimisch=rhetorisch ist.
Er mag nicht, daß eine seiner Reflexionen verloren
gehen solle, sie stehen in seiner Rede wie Juwelen zum
Herausnehmen, während bei Shakespeare das Tief-
sinnigste nur wie ein verlorener Naturlaut als Welle

in der Flut des Affektes oder in der Unmittelbarkeit der ruhigern Stellen vorübergeht. Seine Personen machen die Reflexionen, die jeder andre an ihrer Stelle machen könnte, aber ihr Charakter und der Zustand, in dem sie diese allgemeinsten Reflexionen machen, giebt ihnen einen durchaus individuellen Körper. In dem Antagonismus von äußerster Allgemeinheit der Reflexion und äußerster Individualität der Einkleidung liegt oft ein hinreißender Reiz. — Schillers Personen reden — wie man im gemeinen Leben sagt — wie Bücher; auch die in Goethes Tasso u. s. w. Die Personen Shakespeares dagegen reden wie Menschen. Schiller läßt seinen Personen ihre — nur zu oft seine eignen — Reflexionen nach den Regeln der gebildeten und gewitzigten schönen Redekunst stilisieren; die Shakespeares sprechen die ungelernte Kunst der Natur; jede Leidenschaft, jeder Affekt, jeder Stand, Alter, Geschlecht, jede momentane Situation hat ihre eigne Redekunst, in der zugleich Naturell, Bildung und Temperament und Charakter des individuellen Menschen wirken. Überall finden wir daher Unmittelbarkeit — Emanzipation von der logischen und oratorischen Gedanken- und Wortfolge. Schiller ist es darum zu thun, daß die Reflexion so, d. h. in solcher Form herauskommt, wie sie als Zitat sogleich in den gebildeten Verkehr als geprägte Münze in Umlauf kommen kann. In seinem Bergschachte stecken überall die geprägten Thaler und Dukatenstücke blinkend und locker im Gesteine, sodaß man sie mühelos herausnehmen und damit in die Tasche fahren kann und den Schacht nicht verläßt, ohne die Tasche voll ausgeblichem Golde mit davonzutragen. Bei Shakespeare sehen wir die unterirdischen Kräfte wirken, da sind die chemisch-tellurischen Prozesse, die das Metallblut schaffen und durch die Erdadern plumpen; wir hören den Pulsschlag der Natur, nicht das Dröhnen des Prägestockes.

Der Zuschauer muß die eigne Kraft in Bewegung setzen, freilich auch den Hebepfennig besitzen und die bewachenden Geister und Schrecken besiegen, um den ungeprägten Schatz zu heben, der ihm nichts nutzt, wenn er ihn nicht selber stempeln kann. — Daher auch die Einförmigkeit in Schillers idealen Charakteren, weil der eigentliche Kern derselben immer auf Würde, Repräsentation, d. h. Anstand herauskommt. — Infolge des Widerspruchs der gesetzten Aufgabe mit der Natur des sich die Aufgabe setzenden läßt Shakespeare gern seinem Helden den Zustand aufzwingen, welcher mit seinem Wesen im stärksten Kontraste steht. Der König in jedem Zoll, der geborne Gebieter muß betteln, der Betrübte scherzen (Narr im Lear), der Sanfte muß gewaltsam sein (Brutus), der Redliche falsch (Pisanio, Isabella), der Melancholiker und tiefst Getroffene muß Possen reißen — der Mensch, der die Arglosigkeit selbst ist, muß in Eifersucht wüten (Othello), der Alte wird von sündiger Begier gepackt (Maß für Maß). Der Neoptolem bei Sophokles muß lügen, Herakles muß jammern u. s. w. —

Schiller

Schillers Diktion

Das Charakteristische in Schillers Poesie, auch der letzten Periode, scheint die Inkonsequenz der poetischen Intention, die einer großen Wirkung durch das Ganze nicht den Reiz aufopfern kann, wo irgend Gelegenheit verführt, auch im ganz einzelnen zu wirken, sollte selbst diese einzelne Wirkung der Absicht der Totalwirkung geradezu widersprechen. So ist's mit den Charakteren; wo sich einer derselben beim Publikum insinuieren kann, da vergißt er leicht die ursprüngliche Intention; wo einem was Schönes zu sagen einfällt, da kann er es nicht bei sich behalten; dergleichen sähe oft wie Improvisation des Schauspielers aus, wenn solche künstliche Rhetorik improvisiert sein könnte. — Goethe und die Alten sind schlicht und haben die Tendenz zu dem Schlichten, ihre Werke tragen dies Gepräge; Shakespeare ist schlicht, aber er verteilt Glanz und Schlichtheit in seinen Werken aus charakteristischen Zwecken. Schiller, der erst nur dem Glanz nachstrebte, lernte mählich den Reiz des Schlichten kennen, und er wendete es dann als Putzmittel an, wie zur vollendeten Toilette auch Einfachheit gehört. Diese Wirkung thut es auch stets bei ihm, hier liegt sein ungeheurer Unterschied gegen die Alten, denen seine „Braut" ferner steht als die Griechen dem Shakespeare. Darum ist er der Liebling der Jugend und der Frauen, die ihrer Natur nach zu dem Glänzenden sich hingezogen fühlen; erst das Lebensalter des Mannes, welches den Sinn für das Schlichte bringt, macht für Goethe und die Alten und für die schlichten Partien bei Shakespeare reif. Das Volk hat ebenfalls einen Zug nach dem Glänzenden, wenn der Glanzgewohnte, Glanzgesättigte nach dem Schlichten greift. —

Das Sentimental-Schöne

Warum das Schöne in Schiller so stark wirkt? Weil er es mehr nur in der Sehnsucht, in dem Streben danach besaß; weil es nicht sein Eigentum war, sein Naturerbe, so sah er es durch das Medium seiner Sehnsucht. Und dies durch das Medium der Sehnsucht angeschaute Schöne ist das Idealschöne. Das Bild nicht, sondern die Sehnsucht danach ist schön, so entsteht das Rührende; diese Sehnsucht des nicht Besitzenden wirkt in seinen Zuhörern dieselbe sympathetisch, die es ebenfalls nicht besitzen. Deshalb die Wirkung Schillers soviel verbreiteter als Goethes, der das Schöne als Naturerbe besaß und nur auf die wenigern wirken wird, die es in größerm oder geringerm Grade selbst besitzen. Aber diese ganze Wirkung ist eine ruhigere, wie es der Genuß eines wirklichen Besitzes ist, während die Sehnsucht nach dem, was wir nicht haben, einen ungestümern und zugleich einen geistigern Charakter zeigt, der sich zum geistigen Rausche steigern kann.

Moralische Fassung im Zustande des Affekts

"Es kann nichts Wunderlicheres geben" als die Behauptung, womit die Abhandlung „über das Pathetische" beginnt: „Der letzte Zweck der Kunst ist die

Darstellung des Übersinnlichen, und die tragische Kunst insbesondre bewerkstelligt dieses dadurch, daß sie uns die moralische Independenz von Naturgesetzen im Zustande des Affekts versinnlicht." Weiter: „Der Dichter muß gleichsam seinem Helden oder seinem Leser die ganze volle Ladung des Leidens geben, weil es sonst immer problematisch bleibt, ob jener Widerstand gegen dasselbe eine Gemütshandlung, etwas Positives und nicht vielmehr bloß Negatives und ein Mangel ist." Wenigstens wird uns dadurch klar, wie die Kompositionen der Maria Stuart, des Wallenstein, der Jungfrau, des Tell so untragisch ausfallen, "wie die äußerliche Maschinerie dem Raume nach darin die Hauptsache werden konnte." In der Maria Stuart ist die ganze Intrigue von Mortimer und Lester bloß deshalb vorhanden, damit die Maria im dritten Aufzuge sich als wirklich fühlendes Wesen beglaubigen konnte, wodurch ihr letztes Auftreten in „tragischer Fassung" nicht als Fühllosigkeit erschien. Der Zweck der Tragödie überhaupt, „die moralische Independenz von Naturgesetzen im Zustande des Affektes" ist also in dieser einzelnen und in den letzten Szenen der Maria erreicht, "um dieser willen ist zunächst das ganze Stück, wie es ist, nun könnte aber diese „Fassung" nicht als Independenz von Naturgesetzen im Zustande des Affekts, sondern als Mangel an Gefühl erscheinen; damit dies nicht geschehe, ist die Szene Marias mit Elisabeth und Mortimer erdacht; damit diese beiden Szenen möglich und die fünf Akte gefüllt wurden, ist die Intrigue erfunden worden." Die Regel bei Verfertigung einer Tragödie wäre also: die Komposition muß so eingerichtet werden, daß der Held eine große Fassungsszene erhält, zugleich aber, daß er vorher einmal Anlaß erhält, sich als ein Naturwesen auszuweisen, an dem dann die Fassung nicht den Gedanken aufkommen läßt, sie sei bloße Fühllosigkeit. Im Helden wird also das moralische Vermögen, sich independent von Naturgesetzen im Zustande des Affektes zu erhalten, in der Fügung des Vorganges und im Ausgange, also im Schicksale des Helden eine blinde Naturkraft dargestellt; im Ganzen, im Kampfe des Helden mit seinem Schicksale also der Kampf des moralischen Vermögens mit der blinden Naturnotwendigkeit. *Wie seine tragische Praxis aus einer Anzahl solcher äußerlichen Einzelheiten besteht, so ist ebengenanntes Schema den Griechen entnommen, nur bei ihnen anders angewandt.* Sophokles Helden zeigen zwar auch diese Fassung dem Schicksale gegenüber, aber die Fassung war bei ihnen nicht das zuerst Gegebne, und das Schicksal bloß ein Gelegenheitsmittel, jene Fassung zur Darstellung zu bringen, wie bei Schiller. Das Schicksal war das erst Gegebne, und zwar nicht als bloßes Kunstmittel erfundne; sie glaubten an dies Schicksal, ehe sie noch von einer Tragödie wußten, und sie nahmen es, weil es in ihren Stoffen war; wie Schiller einmal vom tragischen Chore der Griechen, unbewußt seinen eignen Gebrauch des Chores in der Braut, den er zu rechtfertigen strebt, verurteilend sagt: „Die griechische Tragödie fand den Chor in der Natur und brauchte ihn, weil sie ihn fand." *Vergleicht man, wie Goethe in der Iphigenia und sonst lediglich, was alle Tragödie muß, eine äußre Akkomodation zur Versinnlichung der Zeit angestrebt hat, in der das Drama spielt — so hört man wohl die griechische Schicksalsansicht von Orest ausgesprochen, aber nur Orest ist ein alter Grieche, Goethe nicht; das wirkliche Schicksal darin auch nicht das altgriechische —, so muß man wohl Schiller als den Vater der Romantik ansehen, deren Wesen, daß sie nicht bloß ihre Stoffe, sondern auch die Behandlungsart willkürlich von hie und da, von fremden Völkern und Zeiten nahm.* Gleichermaßen fand die spanische Tragödie die naturwidrigen Konventionen von Ehre, Galanterie und Vasallentreue in der Natur und brauchte sie, weil sie sie fand. Ja, man sieht nicht ein, warum Griechen, Spanier u. s. w. das nicht brauchen sollten, *weil man nicht einsieht, was sie anders dafür brauchen sollten,* da die Poesie nicht ungestraft den Boden des Wirklichen verläßt und diesen mit willkürlichen Erfindungen zu ersetzen sucht. Was bei den Griechen als Kern allgemeinen Glaubens *wie in alles Leben so auch* in ihre Tragödie hineinwuchs, das ist bei Schiller eine willkürliche und allem, was wir in der Natur als Boden und Motiv für die Kunst vorfinden, fremde, ja feindliche Erfindung. — Alles Wunderliche in Wallensteins Figur ist erst durch jenen Hauptsatz seiner Theorie begreiflich. Jene moralische Indenpendenz, das Kreuz *mit dem Querbalken des starken Vermögens zu Gefühlen,* an das die tragischen Helden geschlagen werden mußten, war von vornherein fertig, und so mußte auch der wilde, frevelnde Wallenstein daran passen. Damit war diesen Helden übrigens derselbe gewisse Gang der Entwicklung, dieselbe Charakterschablone gegeben, sie mochten Wallensteine sein oder Posas. Der tragische Held ist danach ein von Natur nicht stumpfer Mensch, der sich aber im Unglücke zu fassen weiß. Wallenstein hatte also, um zum tragischen Helden zu werden, vornehmlich Fassung zu zeigen. Daß er leidenschaftlich genug erschien, um diese Fassung zu einem Verdienste seiner Freiheit zu machen, das war der zweite Punkt, und der Schillerische Wallenstein durfte etwas von dem historischen Wallenstein behalten oder erhalten, aber nicht, weil sein Schicksal in dieser seiner Natur gegründet lag, Gott bewahre, nur damit seine Fassung im Unglücke sich wirklich als Fassung beglaubigte. Nun, Sophokles, Shakespeares tragische Helden besitzen alle diese Fassung, aber *weder Sophokles noch Shakespeare* haben in dieser Fassung ihrer Helden

den Zweck ihrer tragischen Arbeit gesehen. — "Zufällig und ohne Wissen und Willen entschlüpft konnte Schiller die handgreifliche Inkonsequenz des „Seis, ich hab auf Tan! ja nie gerechnet" nicht sein; ja, aber was in aller Welt konnte ihn dazu bewegen? Vergebens riet ich daran herum, bis ich nach Aufschluß suchend über dies und vieles andre in seiner Theorie auf die Stelle kam, wo er ausspricht, was er für den Zweck der tragischen Poesie hält. So war also das nicht eine Inkonsequenz, daß der Ehrgeizige nun plötzlich den Köder, den er ausgeworfen, für uneigennützig erwiesene Wohlthaten hält und erklärt, daß der Wallenstein, den wir krumme Wege gehen sahen, von seiner Geradheit überzeugt ist, daß der Stolze nicht wütend ist von Menschen, die er verachtet, übersehen und düpiert zu sein; vielmehr war es Inkonsequenz, daß er früher Köder aushing und stolz und ehrgeizig war und jene verachtete. Denn diese Fassung war ja der Zweck des Stückes und der Ehrgeiz nur das Mittel; Schillers Wallenstein war ehrgeizig, nur damit die Fassung nachher auch für seine Freiheit bewies; nicht der Ehrgeiz, sondern die Fassung war der eigentliche Wallenstein. Dadurch wird die Schuld eine bloße Inkonsequenz, und in der Fassung streift der Held die frühern Zustände wie eine Haut ab, die nicht ein Teil seines eignen Leibes, wie ein Kleid, das seine eigentliche Gestalt verbarg, die nun als eine ganz andre zum Vorschein kommt, als wir glaubten, da wir das Kleid für seine Haut hielten. Nicht die Fassung jetzt ist Wallenstein aufgezwungen, sondern sein früheres ihr entgegengesetztes Verhalten war ein ihm eigentlich Fremdes, von der Welt ihm äußerlich Angefärbtes, eine Kruste im versteinernden Wasser des Lebensflusses, des Weltlaufes."

Die Räuber von Schiller

Das ist eine wirkliche Leidenschafts- und Reue-, eine Gewissenstragödie, auch Charaktertragödie, wenn auch die Charaktere übertrieben, die Motive schwach, und daher das Ganze abenteuerlich erscheint. Die kalte und die heiße Leidenschaft stehen sich in den Brüdern gegenüber; die Handlung hat Fülle. Neben der Geschichte der beiden Brüder und des Vaters läuft noch die Liebesgeschichte, innig jener verbunden, weil auch hier wieder die beiden Brüder einander gegenüberstehen in demselben Verhältnisse, wie in der Hauptgeschichte; ferner die Rivalität Spiegelbergs und sein verdienter Tod, die Treue Schweizers, der Anteil Hermanns und Daniels. Wir sehen einen Bruder, der den andern durch den Vater verdirbt und dann diesen; der andre Bruder rächt sich und den Vater an jenem; einen Bösewicht aus Realismus, einen aus Idealismus. Wir sehen ein Mädchen, das zum Lohne seiner Treue in dem wiedergefundnen Geliebten einen Mörder vom Handwerk findet, nachdem sie die Treue zu vermeinter Untreue fast verleitet, einen Vater, vor Entsetzen vor dem Sohne, der ihn am Sohne gerächt "und seiner eignen Schuld an diesem Schicksal" sterben; ein Treueverhältnis zwischen einem Räuberhauptmann und seiner Bande, von der jener sich durch den Tod seiner Geliebten und durch das Aufgeben einer Rückkehr zu Jugend und Glück loskauft. Es ist ein mächtiges, reiches Bild des Gewissens, wie es sich bei andern anders gestaltet, von leiser Regung an bis zur Verzweiflung, von angemeßnen Bestrafungen wirklicher Schuld, so reich und überzeugend, daß der unverdiente Untergang einer Unschuld keine Mißharmonie hineinwirft; übrigens leidet auch sie, was sie will, ist auch Urheberin ihres Geschickes. Ich halte die Räuber den Problemen und der Komposition, also den Hauptsachen nach für die Tragödie von Schiller, die dem Ideale der Tragödie am nächsten kommt. — Bei Fiesko hat ihn schon das französische Beispiel beirrt. — *Auch das geradezu Unmögliche und Unwahre, wie z. B. der Entschluß Karls und der andern, Räuber zu werben, ist so möglich gemacht als nur möglich.*

Kabale und Liebe von Schiller

Unstreitig, was die Zusammendrängung des Stoffes in eine abgerundete Fabel betrifft, die beste Komposition Schillers; denn daß dies auf Kosten der Charaktere und der Wahrscheinlichkeit geschieht, ist ein Fehler aller Schillerischen Stücke, von denen die übrigen diesen Fehler wenigstens nicht durch den gleichen Vorzug bezahlen. Auch besitzt kaum noch eins von diesen soviel dramatische und theatralische Vorzüge, eine so energisch und rasch fortschreitende, immer spannendere Handlung und soviel Theaterspiel. Der Hauptfehler liegt, wie fast in allen seinen Stücken, im Mangel an Haltung und Konsequenz in der Hauptfigur. Man darf in ihnen den Charakter nur in je einer und derselben Szene mit sich selber vergleichen, denn er muß sich danach bequemen, wie er notwendig ist, eine jede Szene in ihrer Art zur interessantesten zu machen, die sie sein kann, ohne Rücksicht auf die Übereinstimmung desselben Charakters mit sich selbst durch das Ganze.

Die Ausstellungen sind 1. was die Verletzung der Wahrscheinlichkeit betrifft. — Wie kann der Präsident so unbesonnen sein, einem Jünglinge von Sohn sein Verbrechen zu entdecken; was kann ihn dazu bewogen haben? Er muß ihn doch kennen, wie er ist, ein Jugendenthusiast voll Feuer. — Freilich ist das wieder eine Unwahrscheinlichkeit mehr, daß der Sohn eines solchen Vaters, von diesem so früh ins Vertrauen gezogen, so werden konnte. Man sollte meinen, er habe

entweder in des Vaters Art schlagen, oder wenn er
zu brav dazu war, durch die Mitwissenschaft eines so
großen Verbrechens seines Vaters geistig geknickt werden, oder wenn er auch kräftig genug war, im Wachs-
tume dadurch nicht gehindert zu werden, sich von ihm
lossagen müssen — und wenn wir auch glauben wollen,
daß der Präsident über alle Begriffe schlecht und scham-
los, denn vor seinem Kinde will selbst der Schlimmste
nicht so schlimm dastehen, als er wirklich ist, und dies
selbst so rein erhalten als möglich; wie reimt sich das
mit der Klugheit des Hofmannes? Wir treffen da auf
eine Schwäche, die Schiller nie losgeworden ist, die
Doppeltheit der Personen, ein andrer in dem, wofür
er will, daß wir seinen Helden halten, ein andrer in
der Wirklichkeit, wie wir selbst sehen, daß er ist. Wie
Wallenstein von allen als der große Feldherr mit dem
eigentümlichen, durchbringenden Feldherrn- und großen
Mannesblicke, zu jedem Geschäfte den Tüchtigen zu
wählen, geschildert wird, und wir ihn selbst doch so
unpraktisch sehen, mit Kindervertrauen überall an den
Unrechten gekommen und von jedem betrogen und in
großer Fassung dem Betrüger verzeihend — so sollen
wir diesen Präsidenten für einen dämonischen Menschen
halten, und er zeigt sich doch selbst wie der albernste
Neuling, sodaß nicht seine Klugheit, sondern ein merkwürdiges Glück ihn so lange und bis jetzt muß oben
gehalten haben. Und wenn dann, was vor den Anfang fällt, dem Dichter nach Aristoteles nicht ange-
rechnet werden soll, wie kann er denn nun den feurigen
Sohn, der ihn in seiner Gewalt hat — nicht umgekehrt —, zu zwingen meinen? Wahrlich, wenn der
Major so ist, wie wir ihn glauben sollen, so hat die
Sache gar keine Schwierigkeit; so wird er gleich im
Anfange dem Alten, gegen den er keine Pietät haben
kann, sagen: Ich nehme das Mädchen und rate dir,
nichts gegen meine Liebe zu unternehmen; du bist in

meiner Gewalt. Wie reimt sich der Tugendstolz, den
er dem Alten ins Gesicht zeigt, zu dem ängstlichen
Gehorsam? Wie schwach ist, daß er die Milford dazu
bringen will, ihrerseits die Heirat rückgängig zu machen,
wozu er nicht das Herz hat! — Die Sache ist so: Wie
die Konzeption so weit war, daß es nun darauf ankam, auch gegen die Intriganten die poetische Gerechtigkeit auszuüben, damit sich alles runde und zu-
sammenbeschließe, da fiel Schiller der Behelf ein mit
der Vergiftung. Dadurch wurden zugleich neue Szenen
gewonnen, das bereits Konzipierte änderte er nun nur
soweit, als es sich durch den neuen Gewinn bereichern
ließ, aber die Hauptsäulen des Alten, die Notwendigkeit der Pietät und der Rücksicht auf den Vater ließ
er, wie sie waren, ehe er das Verbrechen und die Mitwissenschaft des Majors hineinschob. So steht das
Ganze nun auf einem alten und auf einem neuen
Beine, auf zwei Gesichtspunkten, die sich widersprechen.
Wo es paßt, da ists, als wüßte der Major von des
Vaters Verbrechen gar nichts; wo es paßt, da bedient
er sich der Mitwissenschaft gegen den Vater. — Schillers
Figuren sind Schauspieler, die immer die Rolle spielen,
die eben im Augenblicke die glänzendste scheint. —
2. Daß Ferdinand an die grobe Täuschung glauben
kann. — Ferner sieht man nicht, was den kalten Bösewicht Wurm bewegen kann, sich selbst in das Verderben
zu stürzen. Daß er sich verdirbt, um den Präsidenten
nur mit verderben zu können, wie es den Anschein
hat? Er hätte den Präsidenten immer verderben
können, ohne sich mit zu verderben. Und eigentlich
ist dem Präsidenten ja das Schlimmste schon geschehen. — Übrigens ist, was aus dem Stoffe zu
ziehen war, so vollständig ausgebeutet, daß man keinen
ähnlichen Stoff bearbeiten kann, ohne als Entlehner
von Schiller zu erscheinen, z. B. die Geschichte der
Agnes Bernauer. —

Don Carlos von Schiller

Ein merkwürdiges Intriguenstück, im dramatisch-theatralischen Talente bedeutend über dem Wallenstein stehend. Der Idealismus darin, soweit er sich auch versteigt, macht einen bessern Eindruck als im Wallenstein, wo er die Naivität verloren hat und sich immer mit realistischem Feigenblatte bedecken will. Schiller steht in diesem Stücke, was Behandlungsweise betrifft, noch Shakespeare näher. Die Malerei der Leidenschaft, der Seelenzustände, das psychologisch Pathologische, das Steigen und Zurücksinken, selbst das Charakteristische steht hier weit über dem im Wallenstein. Wenn auch unmögliche Charaktere, so sind es doch Charaktere mit Zeichnung, Farbe und individuellem Ausdrucke und Bewegung. Durch das ganze Stück atmet ein Shakespearischer Hauch in den Charakteren und der Seelenmalerei; dagegen hat mich in der Komposition die Ähnlichkeit mit der der neuen französischen Intriguenstücke wahrhaft frappiert. Es ist, als ob darin Scribe bei Schiller in die Schule gegangen wäre. Vielleicht beide bei den Spaniern und Corneille. Als er den Don Carlos komponierte, studierte er die Franzosen, was ich eben in Schillers Briefen finde. — Bei Schiller ist mir aufgefallen, wie er den Kern der Handlung veräußerlicht. Besonders im Wallenstein und in Maria Stuart kämpfen oft nicht die Personen, sondern die geschichtlichen und künstlerischen Gesichtspunkte wie zwei prozessierende Parteien. Hier gerät der Geschichtschreiber und Rhetor über den Dichter. Bei Euripides ist es ähnlich. So ist im ganzen Wallenstein die Hauptsache die Abwägung der Gründe für die That und gegen die That. Bei Shakespeare findet man dies in einzelnen Szenen, z. B. im Macbeth, im Monologe vor dem Königsmorde. Die That wird dadurch gänz=

lich von ihrem eigentlichen Stamme abgetrennt, von dem Instinktiven, von der Natur, dem Charakter, der Leidenschaft, und ganz in das Gebiet des Bewußten hineingeschoben. Das scheint mir Einfluß der tragédie classique zu sein, besonders des Corneille. Und hier liegt mir eben der Hauptvorzug des Don Carlos vor den spätern Werken Schillers. Hier sind die Personen noch wie bei Shakespeare Thäter ihrer Thaten, nicht bloß Vollzieher. — "Wenn man die Situation an und für sich ausspricht, wie sie dem Zuschauer erscheinen soll, so hält das sehr schwer, wenn man dies durch die Charaktere thun soll, in denen doch gewöhnlich das reine Licht der Situation in Farben gebrochen erscheinen muß. Gleichwohl ist es nötig, wenn der Zuschauer sich ein richtiges Urteil bilden soll. Shakespeare läßt den Charakteren neben ihrer Leidenschaft immer noch das Bewußtsein, wie ihre Leidenschaft sich zur moralischen Regel verhält, gegen die sie verstößt; er läßt ihnen die ganze Zurechnungsfähigkeit. In der Wirklichkeit ist das freilich ganz anders. So Macbeth. Doch nicht bei Lear und bei Othello, aber sogar bei Jago und bei Edmund, die sozusagen Moral predigen, während sie unmoralisch handeln." Schiller dagegen macht die Situation zur zwingenden, sodaß die Person freilich weiß, sie thut nicht recht, sich aber bei sich selbst dadurch entschuldigt, sie könne nicht anders. Bei Shakespeare liegt die Dialektik in dem Helden, bei Schiller in der Situation. "Wer beides nicht anwenden will, der schiebt die Dialektik dem Zuschauer zu. Dann muß der Zuschauer den dialektischen Prozeß in seinem überlegnen Bewußtsein durchfechten; er muß in sich die Gesichtspunkte der borniert Personen auseinander halten und Advokat und Richter in einer Person sein." Bei Schiller kollidieren die Gesichtspunkte, nicht die Charaktere; jene sind die eigentlichen Helden, die Personen nur die Träger derselben. Diese, die Personen, entfalten einander gegenüber nur ihr Verhältnis zu einander; sie debattieren gleichsam ihr Verhältnis zu einander. — "Auf dem lebhaften Gefühl und der klaren Vorstellung des Zuschauers von diesem Verhältnis beruht freilich der eigentliche tragische Eindruck." — Shakespeare stellt das Für und Wider, den Kampf derselben in das Innere eines und desselben Helden; Schiller legt es in das Äußere. Schillers Personen sprechen nicht nur ihre speziellen Motive aus, sondern sie beleuchten, beurteilen sie auch von allen Seiten und knüpfen Gedanken daran, die der Zuschauer darüber haben soll. — Die Räuber haben ungefähr den Shakespearischen Zuschnitt der Komposition und der Charaktere, Kabale und Liebe und Fiesko sind Intriguenstücke mit Charakteren und Leidenschaften in der Art wie im Don Carlos. In Kabale und Liebe aber herrscht die Situation schon wie in Schillers Stücken der zweiten Periode; die Charaktere müssen sich den Situationen bequemen. Besonders ist die Luise, wie sie die Situation eben braucht. — "Auf diese Art ist freilich eine gedrungne und runde Komposition mit effektvollen Szenen nicht gar so schwer." Daß der Präsident und Wurm eigentlich mit ihrer sie verderbenden Schuld außerhalb des Stückes liegen, ist nicht schön. Solche Behelfe macht die konzentrierte Form unentbehrlich. Desgleichen z. B., daß Oboardos Bedienter schon vor dem Stücke in Angelos Gewalt ist. Das vollkommenste Stück wäre doch das, wo alle Verschlingungen der Fäden, alle Schuld aller Personen innerhalb des Stücks geschlungen würden, und nichts von außen dazu käme. Diese Wirkungen von außen machen mehr oder weniger doch stets den Eindruck des Zufälligen. Außerdem wimmelt Kabale und Liebe von den auffallendsten Unwahrscheinlichkeiten. Die rhetorische Diktion ist häufig geradezu komisch. Der Fiesko hat viele wunderschöne charakteristische Züge, die aber nicht vorher erdacht, sondern im Feuer der Ausführung von selbst gekommen zu sein scheinen. Und ich fange an, wieder zu glauben, daß dies auch das Rechte ist. Die Beredtheit der Personen hilft auch sehr zur Macht des Ausdrucks. "In jeder einzelnen Empfindung kann sie den Hörer heimisch machen." Die lakonische Art des Ausdrucks läßt immer kälter. Es ist schwer, diese Beredtheit nicht in Rhetorik übergehn zu lassen. Das müßte man eben von Shakespeare lernen. — ("Bei etwas größerer Breite in der Ausführung läßt sich auch ein schon bestehendes z. B. Liebesverhältnis poetisch darstellen, man muß nicht immer mit der Entstehung anfangen.") Aufgefallen ist mir besonders in Kabale und Liebe die Ähnlichkeit der Diktionsweise mit Hebbels Julia. Dieselbe Art, ausgeführtere Bilder und Gedanken in den Dialog einzureihen, und das Epigrammatische derselben. Er hat aber gerade das beste des Schillerischen Dialogs nicht ergriffen, das dramatische Leben, das Feuer, den Fluß, welche Eigenschaften allein mit dem Ausgekünstelten der Bilder und Gedanken versöhnen können. Bei Hebbel wird das Ausgekünstelte durch die Kälte des Dichters noch erst recht auffallend. — Regel: Der epigrammatische, rhetorisch-philosophisch zugespitzte Dialog muß durchaus von dramatischem Leben und Feuer und starken Situationen, Gefühlen und Handlungen balanciert werden. Schwung, Stimmung, dramatische Begeisterung z. B. Emilia Galotti. Kabale und Liebe, Fiesko u. s. w. — warnende Beispiele: Hebbels Werke.

Wallenstein von Schiller

So lange Wallenstein bloß repräsentiert, ist er prachtvoll, es scheint sich hinter dieser ruhigen Würde, diesem Selbstgefühl eine Kraft zu bergen, sich selbst gefangen zu halten, der das Gewaltigste möglich ist. Aber sobald es dazu kommen soll, diese Kraft zu entfalten, gerät er mit sich selbst in Widerspruch; die kühn umgreifende Gemütsart zeigt sich als eine bloße Phrase; man sieht, alle, die von seiner Verwegenheit, von seinen Feldherrngaben reden, täuschen sich. Dagegen zeigt er eine Gemütlichkeit, die uns den ganzen Boden, auf dem sich seine Gestalt bewegt, vergessen läßt. *Sein Leiden hat durchaus nichts von dem Helden, der zugleich zürnt, wenn und daß er Schmerz empfindet, dessen Schmerz wiederum die Quelle männlicher Thaten wird; es ist das resignierte eines Weibes.* Und zuletzt doch mit all seiner Gemütlichkeit ein Verbrecher, aber kein Verbrecher aus Überkraft, an dem wir wenigstens die Kraft respektieren müssen, sondern ein Verbrecher aus Schwäche, den wir nicht allein von andern, sondern auch von sich selbst mit allen Mitteln stimulieren sehen, die die schwächste Kraft zur That aufstacheln müßten, und doch umsonst, bis er eben nicht anders kann und die Verzweiflung für den Mut einstehen läßt, den er nicht hat. Wir wissen nie, wie wir mit ihm daran; sind wir vorbereitet, den historischen Wallenstein in ihm zu erwarten, so wird er auf einmal zum sentimentalen Hausvater; haben wir uns daran gewöhnt und erwarten nun diesen konsequent durchgeführt, so ist er auf einmal wieder der Feldherr, einmal der Realist, einmal der Idealist, aber immer der schwache Charakter, der jedesmal das ist, wozu ihn die Situation macht, der nie die Situation macht, sondern jedesmal von der Situation gemacht wird. Je weiter in das Stück hinein, je mehr fällt der Charakter. Auch die Sprache wird immer weitschweifiger, markloser. Über das Gerüst der Komposition ist die Diktion wie ein weiter Prachtmantel mit Falten und unzähligen Pretiosen gebreitet, sodaß man die Schwächen derselben nicht gleich sehen kann. Er bedeckt die Sprache der naiven Natur dermaßen, daß ihre Spur fast verschwindet. Das Schlimmste: wir sehen ihn kleine Künste ausüben, die Pappenheimer zu beschwätzen, den Max mit Sophismen zu umspinnen "zeigt er sich bereit und geschickt, zu einem großen Verbrechen fehlt ihm der Mut. Das nützt ihm moralisch nichts und macht ihn ästhetisch widerwärtig." Und nun der Max, das Kind des Krieges mit seinen Garbeleutnantssentiments. Er will von Thekla wissen, was er thun soll, und ist doch besonnen genug, ihr zu sagen, wie sie das anfangen muß, und zwar ganz ausführlich sie auf die Klippen aufmerksam zu machen, die ihr Urteil zu einem pathologischen anstatt logischen machen können, trotz einem Professor aus der Kantischen Schule. Wenn er so besonnen ist und ihr zur Besonnenheit helfen zu können meint, was fragt er sie? Doch nur aus moralischer Feigheit, die lieber einem andern gehorcht, um nur der Verantwortung überhoben zu sein. Sie fällt das Urteil, und vollzieht er's? Nein. Wenn er einen dummen Streich machen will, was fragt er da erst, als wärs ihm um etwas Gescheites zu thun? Er kann weder lieben noch hassen, weder entschieden recht noch unrecht thun. Wenn ihm an Wallensteins Sicherheit gelegen ist, warum geht er nicht mit ihm und wacht selber über ihm? Wahrlich, das wäre noch viel ehrenvoller, als was er wirklich thut. Es ist fast komisch, wenn er Butler für das verantwortlich machen will, wozu ihm selbst die Kraft des Entschlusses fehlt. "Ich weiß nicht, wie jemand das alles ohne Widerwillen lesen oder ansehn kann. Sollte man seinen dummen und schlechten Streich — bei weitem schlechter als Wallensteins, um den er diesen verläßt, da er ganz willkürlich und zwecklos ist — für eine That der blinden Verzweiflung halten, so müßte man ihn wirklich in solchem Zustande sehen. Die gereimten Verse am Ende sind dazu nicht hinreichend." Butler ermahnt er, dem neuen Herrn treuer zu sein als dem alten, er giebt zu verstehen, daß er Illo und Terzky nicht traut, und — bringt den Kaiser um sein bestes Regiment, wiederum aus moralischer Feigheit; die schöne Seele kann nicht einmal einen Selbstmord ausführen ohne ein Regiment Gehilfen; "die herrlichen Küraffiere, von denen der schlechteste mehr wert ist als diese, werden als Dekoration benutzt, müssen es sich für eine Ehre rechnen dem Schmerz einer schönen Seele mit zum Opfer zu fallen." Es ist, als ob Schiller im Schicksale des Max das Goethische Xenion dramatisch hätte illustrieren wollen von den empfindsamen Gesellen, aus denen Schurken werden. "Wie sollen wir Deutschen zur Moral und zum rechten Verständnis der Geschichte kommen, wenn das moralische Gefühl von unserm Lieblingsdichter so verwirrt, die Geschichte uns mit so falschem Idealismus aufgestutzt und sentimentalisiert wird?" Auch aus Butler wird man nicht klug. Erst bringt er sich um den Auftrag aus Rache. Dann sieht er sich als das willenlose Werkzeug des Schicksals an, und zuletzt will er sich doch den Lohn holen. Gordon will den Butler bewegen, die That nicht zu thun; er aber für seinen Teil will keine Verantwortlichkeit auf sich laden. Überall die Scheu vor der That und vor der Verantwortung. Die Männer sämtlich darin sind froh, wenn sie ihr Thun auf die Notwendigkeit schieben können; die beiden einzigen, die Mut zeigen, sind zwei Frauen. — Man merkt ganz genau die Stelle, wo der Ton und die Stimmung der altgriechischen Tragödie eintritt bis auf die Schlagreden, die Weitläufigkeit, die Betrachtung und das ewige Erwähnen des Schicksals. Die erste Hälfte ist im Shakespearischen Geiste, mit Detail und Theaterspiel, gedrängt, mächtig, in der Thekla sogar Natur. Ihr schelmisches Belauschen u. s. w. Es sind lebensvolle Gestalten, die in der andern Hälfte zu deklamierenden Statuen erstarren. — So breit Wallenstein gehalten ist, wird man doch nicht klug aus ihm und seinem Verbrechen. Er unterhandelt schon lange mit den Schweden und auch mit den Sachsen; wozu denn? So lange und so, daß sie glauben müssen, er hat sie zum Narren. "Was will er damit bezwecken? Meint er, er bekommt günstigere Bedingungen, wenn sie das glauben? Doch schwerlich!" Und welch gewagtes Spiel aus Furcht vor Wagnis! Er muß doch immer fürchten, daß der Kaiser dahinter kommt. "Ists moralische Feigheit," will er, und hat er doch nicht den Mut, ganz zu wollen, so ist er nicht der, der die Gelegenheit rasch fassend, und unbedenklich um die Moralität der Mittel der geworden, der er ist, der wirkliche Wallenstein. Ein solcher Dualismus geht durch mehre Schillerische Stücke, daß die historische und die poetische Gestalt der Helden sich nicht decken, ja einander geradezu widersprechen. Wenn er die historische geradezu in die poetische verwandelt hätte, so möchte das gehen, aber die beiden gehen immer nebeneinander her. Es wird beständig von einem Vermegnen, Umgreifenden, Geistesgewaltigen, Großartigen gesprochen, und wir sehen einen Menschen, der für beides zu schwach, für das Böse und Gute, "einen Mann, der von seinen Umgebungen bestimmt und betrogen wird, der die kleinen Ränke eines Verräters alle spinnt, aber nicht den Mut hat zum offnen Verrat, und dennoch selbst wie ein verratner edler Mensch sich gebärdet, der eben, weil er so edel und vertrauend, verraten worden." Er, der sich eben noch als einen ganz gemeinen Realisten gezeigt, der die Kürassiere, dann den Max mit Sophismen zu sich herüber lenken wollte, der Buller auf so gemeine und kleine Art in seine Gewalt gebracht hat, er ist nun das gerade Herz, das darum so leicht zu betrügen war. Wenn er das jemand weiß machen wollte, wo es ihm nützen könnte, da möchte es gehen: aber er sagt sich das selbst. Und von diesen eigennützigen Lod-

ruten fpricht er bann wie von den uneigennützigſten
Wohlthaten: „Ich habe auf Dank ja nie gerechnet."
Er ſpricht wie ein Philoſoph und Chriſt, ohne Galle,
der nicht auf Dank gerechnet, der die Untreue, an ihm
begangen, noch entſchuldigt, der Blut ſchonen will. Er
iſt nicht mehr und weniger als ein Hamlet, der — Gott
weiß, wie das möglich war — früher einmal ein
Coriolan oder dergl. geweſen, und der nun den Macbeth
ſpielen will, aber nicht den wilden Schotten, ſondern
einen für die deutſchen Damen, "ein Löwe wie Schnock,
der ſeine Zuſchauer immer gutmütig beruhigt.* Es
iſt der brave, unendlich gebildete, humane und philo=
ſophiſche Schiller, der immer ſein Geſicht aus der
Wallenſteinshaut, die er umgebunden, herausſtreckt, da=
mit man nicht mit dem wirklichen eiſernen Helden des
dreißigjährigen Krieges zu thun zu haben und deshalb
ſich fürchten zu müſſen glauben darf. Das Ganze eine
Apotheoſe der Schwächlichkeit, die weder gut noch
ſchlimm ſein kann und froh iſt, wenn ſie muß. — Die
Stimmung der letzten Akte (der Tragödie) iſt meiſter=
haft angeſchlagen und feſtgehalten. Durch das Ganze
herrſcht bis auf die Längen und das unnütze Arbeiten
an falſcher Rührung ein wahrhaft dramatiſches Leben;
das Hiſtoriſche iſt ſo meiſterhaft gehandhabt, daß es
das tiefſte Intereſſe erregt. Das Ganze würde voll=
kommen ſein, wenn uns nicht taſchenſpieleriſch die bei=
den Wallenſteine, der hiſtoriſche und poetiſche, beſtändig
ausgetauſcht würden, und durch das ganze letzte Stück
eine gewiſſe ſieche Empfindſamkeit hindurch tränkelte,
die mit dem Boden desſelben im ſchroffſten Wider=
ſpruche ſteht. Der Sentimentalität ſeiner Zeit hat der
Dichter die Vollkommenheit ſeines Werkes opfern müſſen.
Keine Figur hat den Mut, auf ſich ſelbſt zu ſtehen;
man könnte glauben, Schiller habe in dem Drama den
Satz ausführen wollen: Die Not iſt die Mutter aller
Thaten und das einzige Geſetz der Helden. Alle ent=

schuldigen sich, sowie sie etwas unternehmen wollen, bei dem sentimentalen Publikum; sie seien eigentlich alle gute Leute, aber die Not zwinge sie; sie seien die willenlosen Schergen des Schicksals, eines Bösewichts, der alles Schöne und Gute hasse und verderbe. —

*Am besten gelingt Schiller die Würde der Repräsentation und hie und da ein leidenschaftlicher Affekt mit lakonischem Ausdruck, der wirkliche Strom der Leidenschaft und der Affekte wird rhetorisch oder konventionell-lyrisch. Das Schwächste ist die Charakteristik.

Das historische Detail ist nur in der Breite so möglich, in der das Ganze gehalten ist, auch das dramatische. Eigentlich inneres individuelles Leben ist nicht vorhanden, und wo es doch da, ists nicht wahr; die Situation macht alles. Wallenstein ist in allem seinen Thun willkürlich, er hat keinen Kern; er ist bloß der zufällige Träger der Situationen, er ist, wie ihn der Dichter im Momente braucht. Die Betrunkenheit Illos ist auch durch gar nichts motiviert; der Dichter hat sich ihn betrinken lassen, nur damit er seinen Plan ausplaudere. Bei der großen Breite könnte der psychologische wie pragmatische Zusammenhang vollständig klar gemacht sein, aber es liegt im Interesse des Dichters, denselben, wo er vorhanden, lieber zu verschleiern als zu enthüllen. — Die sich liebenden Kinder feindlicher Väter als Episode ohne Notwendigkeit für das Ganze sind aus der tragédie classique.*

Schillers Wallenstein

— Ich kenne keine poetische, namentlich keine dramatische Gestalt, die in ihrem Entwurfe so zufällig, so krankhaft individuell, in ihrer Ausführung so unwahr wäre, als Schillers Wallenstein; keine, die mit ihren eignen Voraussetzungen so im Streite läge, keine,

die sich molluskenhafter der Willkür des Dichters fügte.
Keine aber auch, in welcher diese Unwahrheit und
innere Haltlosigkeit mit größerm Geschicke versteckt
wäre. Hinter zwei Decken; erstlich des Kostümes —
Fürst, Feldherr, des Gebietens gewohnt —, dann unter
den reichsten Falten einer weiten, prächtigen Diktion.
Jenes Kostüm ist in der That vollendet; der Heeres-
fürst, der Befehle gewohnte, reißt zur größten Bewundrung hin, aber der Wallenstein, der Mensch selbst,
der eigentliche dramatische Charakter, der in diesem
Kostüme stecken soll? Unter allen seinen Motiven ist
nur eins wahr, die äußere Notwendigkeit; alle andern
sind geradezu unbegreiflich, und stets Handlung und
Wort im direkten Widerspruche. In den Reden zuweilen ein Macbeth, ein Coriolan, im Handeln oder
vielmehr im Nichthandeln ein Hamlet. Die Handlung
ist die des Hamlet: ein Mensch, der etwas thun soll
und nicht kann, und endlich zur Strafe gedrängt wird,
es zu thun. Hier wie dort sehen wir einen Menschen,
in dem ein Gedanke vergebens ringt, aus eigner Kraft
zur That zu werden. Die einzelnen Anstrengungen
dazu werden allmählich zu einer äußern Macht, die ihn
zuletzt zwingt. So der vorgegebne Wahnsinn Hamlets,
der den König erst aufmerksam macht, die Probe mit
dem Schauspiele, die den König überzeugt von dem,
was Hamlet will, und eine Intrigue hervorbringt, die
endlich den Hamlet zum Handeln nötigt, wo es seinen
eignen Untergang hervorbringt. Dort Wallenstein, der
mit den Schweden unterhandelt wegen Verrates. Man
kommt dahinter, eine Intrigue gegen ihn zwingt ihn
zu dem, was er aus alleinigem eignen Antriebe nicht
zu thun imstande ist, aber auch erst dann, wo es
mißglücken muß. Die Ähnlichkeit geht weiter. Hier
spielt Wallenstein in seiner geträumten Überlegenheit
mit den andern Figuren, wie dort Hamlet. Hier der
Rechenmeister, der sein eigen Leben hineingerechnet,

dort der Feuerwerker, der mit seinem eignen Pulver auffliegt. Wie ist Hamlet ein solcher geworden? Ein geborner Fürst und das theoretische Studieren; dazu körperliche Einflüsse, Fettleibigkeit. Aber wie Wallenstein? Wie mußte der Mensch beschaffen sein, der in unruhigen Zeiten in so schwindelnder Schnelle vom gemeinen Edelmanne zum Reichsfürsten aufstieg, zu solcher Macht und Ansehen anwuchs, daß sein eigner Kaiser vor ihm zitterte? Man sollte meinen, es müsse ein Mensch gewesen sein von raschestem Entschlusse, ein Mensch, der die Gelegenheit beim Stirnhaar zu erfassen mußte, ein Mensch von kühn umgreifender Gemütsart, unbedenklich in den Mitteln, nie irrend in seinem Urteile über Menschen, und wenn ja, eher aus zu schlechter als aus zu guter Meinung. Beides sagt auch der Wallenstein Schillers von sich aus, „denn selbst den Fürstenmantel, den ich trage, dank ich Verdiensten, die Verbrechen sind." So spricht er von sich, und wie ist er in seinem Handeln? Hier ist er Posas Bruder, sein Handeln der reine Gegensatz seines Redens. Wahrlich, dieser Wallenstein wäre einfacher Edelmann geblieben, und dem Kaiser wäre es nie eingefallen, vor ihm zu zittern. In allem ist er das Gegenteil von dem, für was er selbst sich hält, er hält sich für kühn umgreifend und ist bloß zu kleinen Ränken fähig, nicht zu einer entschiednen That; er hält sich allen überlegen und ist der Spielball aller. Wo er uns überzeugen sollte durch wirkliche That, da verweist er uns auf die Geschichte. Da können wir lesen, was er war und was er geworden; wie das geschehen, wie das möglich war, das mache der Leser mit sich selbst aus. Aber es ist ja auch Schiller nur zuweilen, wenn es ihm einfällt, mit dem historischen Wallenstein ernst, eigentlich hat er ja im Sinne, uns die ideale Gestalt zu zeigen, die das Resultat seiner tragischen Studien war, die Gestalt, über die der Affekt keine Macht hat. —

Wozu die Astrologie? Ist es dieser Aberglaube, der erklären soll, wie aus dem historischen Wallenstein ein Hamlet geworden? Nein. Er ist Hamlet von Haus aus, und die Astrologie giebt seiner natürlichen praktischen Schwäche nur den Vorwand, mit dem er sich bei sich selbst entschuldigt; hier muß der Aberglaube thun, was dort der Zweifel, wenn Hamlet sich sagt: Der Geist kann ein Versucher aus der Hölle gewesen sein; denn als alle Zeichen stimmen, worauf er vergeblich gewartet, handelt er denn nun? Nein; er sucht nach neuen Vorwänden, nicht handeln zu müssen. Ich kann mir denken, wie Shakespeare diese Schwäche Wallensteins behandelt haben würde, jedenfalls symbolisch; so daß seine Leidenschaft die dunkeln Orakel der Sterne nach seinem Bedürfnisse und so, selbst unbewußt, gezwungen hätte, zu reden, was er wollte. Es wäre ein interessanter Versuch, das Emporkommen des Schillerischen Wallensteins nach seiner Natur nachträglich zu motivieren, aber eine mühselige Arbeit. Welche ungeheuern Maschinen müßten angewendet werden, den retardierenden Charakter durch die Gewalt der Umstände zu Handlungen zu zwingen, die ihn vom gemeinen Edelmann sozusagen wider seinen Willen bis zum Reichsfürsten und Kaiser neben dem Kaiser hinaufhöben. — Aber hat er seine vor dem Stücke liegende Vergangenheit vergessen, so vergißt er im Stücke selbst immer wieder, wer er eigentlich ist. Was berechtigt ihn denn, zu sagen: „Dein falsches Herz hat über mein gerades gesiegt"? Im ganzen Stücke haben wir nichts von dieser Geradheit seines Herzens gesehen; wir haben gesehen, daß sein Herz nicht die Macht hat, ihn zu einem einzigen geraden Schritte zu treiben, im Gegenteil. Seine Zweideutigkeit, in der er gegen den Kaiser und gegen die Schweden zugleich falsch ist, haben wir kennen gelernt, auch allerlei kleine Dinge, die nicht nach Geradheit aussehen. Daß er seine Briefe von Illo und Terzky schreiben läßt und diese so in die Schlinge schiebt, aus der er seinen eignen Kopf zieht; sein Benehmen in der Sache mit der Klausel, dann gegen Butler sind wahrlich keine Belege für seine Herzensgeradheit. Mir wars immer komisch, wenn ich an die Stelle kam: „Ich hab auf Dank ja nie gerechnet." Wie? Kommt er sich selbst auf einmal als ein uneigennütziger Wohlthäter vor, oder will ers dem Publikum weismachen, er sei ein solcher gewesen? Nun wahrlich, er kennt das deutsche Publikum besser als sich selbst. Wie geht diese Furcht, dies Hamletische Fliehen vor der That und der Verantwortung durch das ganze Stück und alle Personen! So möchte Gordon den Wallenstein gerettet wissen, aber als Butler die Verantwortung auf ihn wälzen will, wie schiebt er sich diese vom Halse! Dieser Gordon ist ein widerliches Geschöpf der Sentimentalität, das dem historischen Boden eben so sehr widerspricht, wie alle Charaktere im Stücke, es sind Schauspieler unsrer Zeit, die sich ein äußerlich täuschendes treues Kostüm jener wilden unbedenklichen Zeit umgeworfen haben. Wallensteins Harnisch verwandelt sich oft in den Schlafrock eines deutschen Professors, er scheint oft wie ein Ifflandischer Hofrat, der die fixe Idee hat, der Feldherr dieses Namens im dreißigjährigen Kriege gewesen zu sein. Im fünften Akte verwandelt sich sein Kostüm in ein antik-griechisches. Wahrlich, der reale Wallenstein, und auch ein Shakespearischer poetischer hätte nicht jenen Mantel idealistischer Resignation umgenommen; er hätte jedenfalls getobt, wenigstens innerlich, und wenn er eine Rolle spielen wollte, gewiß eine andre gespielt, als die eines sentimentalen Sokrates. Aber es war dem Dichter ja um eine Gestalt zu thun, die das Resultat seiner tragischen Studien illustrieren sollte. So haben wir denn in seinem Wallenstein ein Bild, wie es ein Landschafter machen würde, der verschiedne

Gesichtspunkte in einem vereinigen wollte. Wie breit ist die Rolle des Wallenstein angelegt, und doch bleibt er uns unverständlich. Shakespeare weiß mit wenig starken Strichen ein unendlich klareres Bild zu geben, selbst sein Hamlet ist ein Wunder von Bestimmtheit gegen diesen Wallenstein. Wie kommt das aber? Weil Wallenstein ein geistreicher Mann ist, der über so viel andres wunderbar schön und geistreich sprechen muß und daher wenig Raum übrig behält, um das zu sagen, was er uns eigentlich sagen müßte. Und dann, weil dieser weite, darüber gemalte Mantel die inkonsequente Zeichnung verbirgt. So knapp ausgeführt, wie die Shakespearischen Helden, würde die Unwahrheit und Inkonsequenz des Charakters allen denen ins Gesicht schlagen, die jetzt den Wald vor Bäumen, den Menschen vor seinem Redeschmucke nicht sehen. Goethe hat Schwächlinge, aber er giebt sie für nichts andres aus, er macht sie höchstens liebenswürdig, aber hier sollen wir Schwächlinge bewundern; Schiller bietet alle Kraft seines großen Genius auf, sie als Helden erscheinen zu lassen. Ein Held hat Intentionen, er reflektiert nicht; wenn er es thut, so ist es darüber, wie er seine Intentionen verwirklichen kann. Wallenstein hat keine Intentionen, ihn treibt nicht eine Leidenschaft, eine Absicht vorwärts, er weiß nicht, was er will. Bei einem Helden ist der Verdienst im Dienste einer Intention, er will etwas; bei Wallenstein ist es umgekehrt, andre reden ihm zu, er selbst will nicht. Die Schillerischen Charaktere sind eher das Gegenteil der Shakespearischen. Shakespeare würde aus dem Wallenstein dessen eignes Ideal gemacht haben, während die Idealität, die der Schillerische hat, diesem von außen und widersprechend aufgeladen ist. Shakespeare und nach ihm Goethe konstruieren den Charakter aus seiner Schuld, d. h. sie richten diesen so ein, daß die Schuld sich ohne weitres aus dieser seiner Anlage erklären läßt.

Von dieser Charakteranlage aus idealisiert nun Shakespeare den Charakter, sodaß eben dasselbe, was ihn schuldig werden läßt, unsern Anteil an ihm erregt, zunächst die Kraft, schuldig werden zu können. Er verfährt mit seinen Helden aus Novelle oder Geschichte wie Tizian, Rembrandt, Rafael mit dem Originale, das sie porträtieren; er macht eine Totalität aus ihnen, d. h. er idealisiert sie durch Steigerung des Wesentlichen, durch Fallenlassen des Unwesentlichen, durch Hervorheben des Zusammenhanges; er macht sie gleichsam sich selber ähnlicher. Dagegen hat Schiller sich das absolute Ideal des Menschen konstruiert; wenn er einen Helden idealisiert, so heißt das: er mischt Züge, die seinem Originale eigentümlich sind, mit Zügen jenes allgemeinen Ideals; er verfährt, wie ein Maler thun würde, der etwa die Venus von Milo in das Porträt einer beliebigen Dame hineinmalen wollte, gleichgiltig, ob diese Züge nun einander widersprechen oder nicht. Es lag für einen Shakespeare nahe genug, was Wallenstein für den Kaiser gethan, Dienste, die, wie der Schillerische sagt, Verbrechen waren, und den Undank des Kaisers, als er ihn zu Regensburg den Fürsten opferte, die eben um jener Dienste willen ihn haßten, zu Motiven Wallensteins zu machen. Schiller stellt den Wallenstein so dar, wie ihm eine solche Schuld eben am fernsten liegen mußte. Was man von dem historischen Wallenstein weiß, wäre in eines Shakespeares Hand zu einem grandiosen Bilde geworden. Der Schillerische, ein Jungenheld, wie das deutsche Publikum sie gerne hat, spricht Dinge, die meist wundervoll schön sind, wenn man sie sich von Schiller selbst gesprochen denkt, und die ihm nicht leicht ein andrer nachsprechen wird; das meiste aber davon ist in Wallensteins Munde unwahr, wie die ganze Gestalt. Das Idealisieren besteht darin, eine Gestalt durch Erhöhung zum Ideale ihrer selbst zu machen; nicht darin, so viel als möglich

Sentimentalität in einen gegebnen Charakter hineinzutragen, unbekümmert darum, daß die Gestalt dadurch aufgehoben wird. Ein sentimentaler Wallenstein ist gar kein Wallenstein mehr. Goethe maskiert die Schwäche nicht, Schiller aber giebt ihr einen blendenden Anschein von Kraft. Das ästhetische Urteil darf nicht vom sittlichen getrennt werden, wonach wir bestochen werden, in der Poesie ein Thun zu bewundern, das uns im wirklichen Leben mit Widerwillen erfüllt. So schlecht die Wirklichkeit sein möge, es ist mehr wahre Poesie darin, als in der idealen Verklärung der Schwäche, als in einer idealen Schattenwelt. Shakespeare würde uns auch für das Bild des wirklichen Wallenstein interessiert haben, aber ohne zweibeutiges Werben um unsre Liebe für ihn, und das ists, was ich an Shakespeare sittlich finde, denn dem Schlechten soll unsre Liebe nicht gewonnen, unser Gefühl für das Gute und Schlechte soll nicht durch das Schöne verwirrt werden. — Nach Schillers Vorgange ist es fast unmöglich geworden, das Schlimme anders in der Tragödie zu bringen, als unter dem glänzenden Firnis des Schönen und Liebenswerten. Und unter Schillers Stücken wiederum ist das Gift am feinsten und sublimiertesten eben im Wallenstein. — Weit entfernt, daß Schiller eine unsittliche Absicht gehabt hätte, er war ein so streng sittliches Gemüt, daß ihm das Schöne immer, ohne daß er es weiß, ins Gute übergeht. Was ihn persönlich entschuldigt, das ist eben in seinem Wallenstein das Gefährliche, daß, wo er uns bloß ästhetisch für das Schlimme interessieren will, er uns zugleich moralisch dafür gewinnt; das Publikum hat diese Gutherzigkeit instinktmäßig herausgefühlt, und solche Gutherzigkeit am unrechten Flecke will es nun in der Tragödie, und wenn der Dichter auch grundsätzlich diesem Motive des Beifalls aus dem Wege geht, so kommt es gar nicht auf den wahren Grund, sondern meint, der Dichter habe gewollt, was ihm, bem Publikum, an Schiller so gefällt, aber er habe es nicht gekonnt. —

Konsequenz der Charakterschilderung
(Mit Bezug auf Wallenstein)

Wie bei Schiller meistenteils das, was von der Vorgeschichte seiner Helden gesagt wird, mit ihrem Wesen selbst im Widerspruche steht, so ist es auch mit den Thathandlungen selbst. Jedes Handeln hat seine gewisse Weise, Handeln in Verzweiflung, Handeln in Ruhe; eine That der Schwäche unterscheidet sich von ihrem Gegenteile in der Erscheinung des Handelns. Schiller, der dem Schönen, wo er kann, nicht allein die Sympathie der Zuschauer oder Leser, sondern auch deren Billigung und Bewundrung zu gewinnen strebt, welche dem Guten gehört, verwischt diese Merkmale oft absichtlich. So führen Max und Thekla den Selbstmord aus wie eine verdienstliche Handlung, wie etwas Großes, Edles. Man sehe daneben ihre Vorbilder Romeo und Julia, zwei Kinder der Leidenschaft, die im ganzen Stücke nichts von der Freiheit der Vernunft zeigen. Hätten sie geistige Freiheit, die überlegne Reflexion, die Schiller seiner Thekla in den Mund legt, sie würden nicht sterben. Kann es einen Selbstmord aus Kraft geben? Ich glaube, nein. Schiller hat in Theklas einen solchen geschildert. Wenn sie wirklich das „starke Mädchen" ist, so ist der Selbstmord ein Schimpf für sie, nicht bloß ein Fehler, wie er an der schwachen Julia natürlich und darum so weit zu entschuldigen ist, daß wir sie bemitleiden. Aber Shakespeare will auch nur so viel Sympathie für sie von uns, daß wir nicht darüber die Mißbilligung ihres Thuns vergessen, nur so viel, als in der echten tragischen Stimmung enthalten sein darf. Im Wallenstein ist die Liebe das Berechtigte, Gott und die Welt gegen sie im Unrechte; kein Wunder, wenn leidenschaftliche Jugend von dem Lehrer der Vernunft zu dem flieht, der ihr sagt, die Leidenschaft sei das Rechte. Eine That der Verzweiflung wird nicht reflektierend beschlossen, sonst ist sie nicht Affekt, sondern Wahnsinn. Ein Mensch, der eine Untreue begehen will, wird nicht einen andern verantwortlich machen wollen, keine zu begehen, und doch ist Marens Veruntreuung des besten Regiments des Kaisers um nichts mehr wert als Butlers Handeln; dieses hat sogar noch die Kraft voraus. Wie? er thuts in der Besinnungslosigkeit? Nein; er spricht wie ein Redner, der Bewunderung und Mitleid ernten will; nicht in Verzweiflung, der das Urteil der Welt gleichgiltig ist, ja die nicht daran denkt. Wäre er ohne Besinnung, also auch ohne Gewissen, wie könnte er das Gewissen eines andern schärfen wollen? Es ist eben nicht Max, sondern Schiller, der da spricht. Freilich ist es bloß die Leidenschaft des Dichters, überall glänzend zu erscheinen und Bewunderung zu erregen, und so betrachtet ist es unschädlich; aber so sieht es keiner unter unsern Jünglingen an; sie nehmen nur das moralische Urteil heraus, das der Dichter zwischen den Zeilen auszusprechen scheint. —

Maria Stuart

Ich lese jetzt die Maria Stuart; ich bewundre die Vollständigkeit der Exposition der Situation. Freilich hat man mehr den Eindruck, als habe man die Staatsschriften pro und contra sämtlich durchgelesen und die wesentlichen Punkte behalten, das Unwesentliche wiederum vergessen, man hat den Eindruck, ein geist- und inhaltreichstes Plaidoyer angehört zu haben, aber durchaus nicht den Eindruck, Menschen im natürlich-unbelauschten Thun und Lassen wahrgenommen und mit ihnen gelebt zu haben. Man hat ein Leben anklagen und verteidigen, stellenweise wenigstens entschuldigen hören, aber man weiß von alledem nichts, als was man andre nachträglich darüber sagen hörte, und zwar Leute, die man parteiisch sieht; an Gründen pro und contra fehlt es nicht, aber an der Sache selbst; das Leben selbst haben wir nicht miterlebt. Der erste Akt ist an sich ein rednerisches Kunstwerk; es werden Gefühle, es werden Begehren in uns geweckt, aber nicht wie sie die Poesie, wie sie die poetische, sondern wie sie die rhetorische Darstellung eines Vorganges wirkt. Das historisch-politische Raisonnement, welches das Verhältnis von allen Seiten beleuchtet, ist zwar verschiednen Personen in den Mund gelegt, aber eben gelegt, es geht nicht unmittelbar hervor. "Überall bewußte absichtliche Kunst, aber nicht bloß des Dichters, sondern auch der Personen; ein völliger Mangel an dramatischer Unmittelbarkeit." Den Leuten ist mehr darum zu thun, ihre Rednerkunst zu zeigen und ihre persönliche Würde zur Darstellung zu bringen, als dem Dichter, uns Menschen zu zeigen. Da ist überall Draperie und Attitüde, aber nirgends eine Spur von unbelauschter Natur. Die Nebenpersonen, Paulet, Mortimer, sind detaillierter aufgeführt als die Hauptrolle. Jene sind uns motiviert, wir verstehen sie, aber die Königin ist ein Gegebnes; es ist lediglich uns überlassen, was wir von ihrer Vergangenheit und Gegenwart sehen, uns zurecht zu legen und zu reimen; denn was sie selbst und die Kennedy sagt, reicht nicht hin, Klarheit zu schaffen. Die Partien, in welchen eigentlich das poetische und psychologische Interesse liegt, werden mit ungenügenden Andeutungen zurückgeschoben. Die Helden dieses Stückes sind der protestantisch-englische und der katholische Standpunkt, nicht Maria; diese ist bloß das Objekt des Kampfes. — Das Ganze ist eine Hofintrigue; die Situation thut

alles, die Leute handeln, wie es der Situation dient;
von Charakteristik ist also wenig die Rede. "Die Intrigue ist zu breit behandelt, sie beeinträchtigt die
Hauptsache. Shakespeare pflegt dergleichen bloß anzu-
deuten, um seine große sympathische Spannung nicht
von kleinen Verstandesspannungen kreuzen und aufheben zu lassen. Elisabeth ist aufgeopfert (sie ist ein
Scheusal, aber ohne durch eine gewisse Größe ihre
Abscheulichkeit zu bezahlen)." Marias Charakter das
Schwächste im ganzen Stücke. Merkwürdig ist die
Ähnlichkeit der Scribischen historischen Lustspiele in
der Technik mit der Maria Stuart. Die Hauptsache,
wie immer ein Intrigant den andern überlistet.
Abgesehen davon, daß die Technik keine tragische ist,
so ist sie doch sehr zu loben. Zweierlei könnte man
hier lernen, erstlich das Motivieren der Entschlüsse
und Handlungen, wenn Schiller nicht bloß aus der
Situation motivierte; dann, soviel Stoff in so kleinen
Raum zu zwingen, wenn der Stoff zu seinem Rechte
käme "und die Idealität und Einheit der Komposition
in der Weise, wie man sie bei ihm lernen kann, gewahrt würde." Das eine bringt sich auf, daß Reichtum des Stoffes und die französische Form sich nicht
vertragen. Das ganze Stück spielt zwischen der Fällung
und Vollziehung des Todesurteiles. Ganz wie bei
Scribe, dessen Muster Schiller, wenn nicht Corneille
das Muster beider ist, wie man nicht die ganzen Intriguen, sondern nur ihre Resultate kennen lernt.
Das Interesse haftet hauptsächlich auf der Kunst der
Intrigue und der Kunst der Rede, ganz altfranzösisch.
Nicht wie bei Shakespeare ist das ganze Interesse auf
Teilnahme am Schicksale, d. h. an der Schuld und
dem daraus hervorgehenden Leiden des Helden gebaut,
sondern es springt von Maria zu Elisabeth, von da
auf Mortimer, Lester. Die Szenen sind pathetische
Ausmalungen der Situation und Intrigantenszenen.

Es geschieht im ganzen Stücke nichts, was die Katastrophe verursachte, denn das Todesurteil ist bereits vor dem Stücke gefällt, und wenn Elisabeth mit der Vollstreckung zögert, so ist das bloß Heuchelei, und es braucht nichts von alledem, was im Stücke geschieht, um sie zur Vollstreckung zu bewegen. Davon erhält freilich das Stück einen Eindruck von Notwendigkeit in der Hauptsache, wenn auch der Vorgang selber nun wie Spiegelfechterei, wie bloße Ausfüllung erscheint; aber dadurch wird es um nichts tragischer, denn alles ist äußerlich, und wenn Maria sich in ihr Los als ein verdientes ergiebt, so ist auch das von außen hereingezogen. Wollte man sagen, sie bereite im Stücke durch Beleidigung der Elisabeth sich ihren Tod, so wäre das unwahr; denn sie mußte auch ohne diese sterben, und ein andres Betragen konnte sie nicht retten. Insofern erinnert die Maria an Lessings Emilia; denn wie dort der Prinz, ist hier die Elisabeth eigentlich die tragische Heldin, wenn eine im Stücke ist; denn sie hat die Schuld und Strafe, welche daraus folgt, innerhalb des Stückes selbst; und wie dort ist es nicht der Held, dem unsre Teilnahme gewonnen wird, sondern das Objekt der Schuld; hier Maria, dort Emilia und ihr Vater. Nun hat Schiller auch noch, was er aus dem „Fust von Stromberg" gelernt, hier angewendet, nämlich die Kunst der Beglaubigung des Vorganges durch massenhaft eingewirkte historische Data, Erwähnungen von Gesetzen, historischen Rückblicken u. dergl., die zur Katastrophe nichts beitragen, wie z. B. die französische Werbung. Aus all den Handlungen hebt sich kein zusammenhängender Kern, aus all den bewegten Figuren kein bedeutender Charakter hervor, und die Monotonie der Sprache, die gleichmäßig über das Ganze verbreitete Würde und rhetorische Kunst bietet ebensowenig dem Gefühle und der Phantasie eine Handhabe; es fehlt an der

Idee, die das Stück zu einem Ganzen machte. Man könnte ganz gut von da, wo Maria erfährt, daß ihr Urteil gefällt sei, bis zur Vollendung und nach dieser alles streichen, ohne daß etwas Wesentliches fehlte. Schiller hat eben la longue carrière de cinque actes ausgefüllt, "was auch Voltaire mit dem Hervorbringen eines Dramas synonym gehalten zu haben scheint"; die Kritik der Rhodogune von Lessing scheint der Hauptsache nach auch auf die Maria Stuart zu passen, und Lessing hätte sie ein Werk des Witzes nennen müssen. Hier paßt noch ohngefähr der Charakterzug, daß die Personen alle geistesgegenwärtige und vollendete Meister der Redekunst sind, denn sie sind Staatsmänner und Redner von Profession; aber im Wallenstein — die wilde Soldateska des dreißigjährigen Krieges? In der Regel sind Soldaten keine Kunstredner. — Interessant ist noch die Führung der sich kreuzenden Intriguen. Keine einzige wird dramatisch verfolgt, wie z. B. mit Jagos geschieht, vom Anfang bis zum Ende. Man sieht z. B. nicht, daß der angefangne Brief gefunden wird, noch weniger erfährt man vorher, daß er geschrieben wurde; man erfährt nicht eher davon, als wo Lester etwas dagegen braucht, um den Verdacht von sich zu scheuchen. Ganz wie bei Scribe; man denke an Bolingbroke und die Herzogin Marlborough. Dadurch erhält das Stück, so lebendig es ist, in seiner Struktur den epischen Charakter. Nämlich Maria ist nicht die eigentliche Heldin des Dramas, sondern ihre Rettung ist das epische Objekt eines epischen Kampfes. Sie ist eine Art Helena der Iliade, für und gegen welche kämpfend eine Anzahl Helden, bald dieser, bald jener in den Vordergrund tritt und seine Gestalt zeigt ihre vorteilhaften und angenehmen Seiten. Eine Ilias am Hofe. Als Tragödie müßte das Stück zum Kern einen Zusammenhang von Schuld und Leiden innerhalb einer und derselben Leidenschaft einer und derselben Person haben; *aber es stellt bloß einen äußerlichen (d. h. epischen) Kampf dar, den Kampf der verbündeten Mächte Fanatismus und Liebe (in der Person Mortimers und seiner Genossen) gegen religiös-politischen und aus Eifersucht stammenden Todeshaß, das Bündnis jener Mächte mit feigem Ehrgeiz, dem die Wagekraft fehlt, und der, um sich zu retten, die Verbündeten verrät um die Rettung der Maria. Oder der Kampf zwischen Katholizismus und Protestantismus, der ein dramatischer und tragischer werden könnte — wenn in Eine Brust verlegt —, aber da er ein äußerlicher bleibt, nur ein epischer heißen darf.

Das ganze Stück hat zum Gehalt das Pro und Contra, die Erörterung der Gründe für und gegen den Tod der Maria, sowohl die rechtlichen als die staatsklugen. Man hat zuletzt nur dies Verhältnis im Sinne, die Menschen als solche werden oder bleiben uns gleichgiltig;* man hat die Empfindung, als seien die Menschen bloß Schachfiguren der historischen Mächte, Spielzeug für Wesen ohne Gestalt; es ist eine Welt, insofern der homerischen ähnlich, daß, was an den Menschen wirkt, als Gabe oder Fügung kämpfender Götter erscheint, darin von der homerischen unterschieden, daß diese Götter nicht, wie in dieser sinnlich-anschauliche, künstlerisch-idealisierte Menschenbilder, sondern gestaltlose, abstrakte Begriffe sind. Man könnte auch versucht werden, den Mortimer für den — epischen — Helden des Stückes anzusehen, insofern dies eigentlich nichts behandelt, als den vergeblichen Versuch, die zum Tode verurteilte Maria zu retten. Ebenso Leſter. Durch die einheitliche Form ist alle Architektonik, alle Perspektive der einzelnen Handlungsanteile unmöglich gemacht. Man hat dadurch den Eindruck von einem bunten Gewirre von Zufälligkeiten, während die Unwesentlichkeit alles dieses, da

Marias Schicksal schon im Anfange entschieden ist, wiederum einen Eindruck von Notwendigkeit macht. "Es ist nicht Eine Handlung, nicht Ein Interesse, an Einen Grundgedanken geknüpft, auf den sich alles bezöge, nicht Ein Bild von einem und demselben Standpunkte aufgefaßt, sondern" bald von diesem, bald von dem, mit einem Worte, es fehlt die höhere Idealität. "Es sind mehrere ideale Zusammenhänge, die sich nur zufällig berühren. Der Hauptgrund, warum die Maria nicht mehr recht gefallen will, ist wohl der, daß man an keiner Gestalt darin ein rechtes Interesse nehmen kann, weil dies für zuviel Personen zugleich in Anspruch genommen wird; die Intrigue ist wiederum nicht so gefaßt, daß sie — was eine Intrigue wohl kann — in den Vorgrund unsers Interesses treten könnte; dem Verstandesinteresse sind die einzelnen rührenden Szenen hinderlich, und diese, die am Ende doch noch am meisten wirken, werden von dem halbgeweckten Verstandesinteresse beeinträchtigt." Die Handlung ist so reich, als nur irgend ein Stück in einheitlicher — französischer — Form erlaubt, aber dieser Reichtum ist nirgends so zu einer Einheit gebunden, daß ein Eindruck möglich wäre; eine Menge kleiner Eindrücke, es zerstört einer den andern; einen Eindruck des Ganzen, einen geschloßnen ganzen Eindruck macht es nicht, weil die Idealität fehlt. Der Haupteindruck ist, daß der Dichter der Tragödie ein geistvoller, im besten Sinne, einer der größten Künstler der Rede ist, solange die Erde besteht. Der Glanz und die Klugheit der Mittel, und damit die Absicht tritt aber stets über den Zweck, die Darstellung, hinaus; was der Dichter uns darstellt, ist durchgängig die eigne Größe. Die Gestalten sind unvermögend, uns von dem Dichter selbst abzuziehen; er hat sich nicht über sie vergessen, und so kann auch der Leser oder Zuschauer ihn nicht über den Personen vergessen. Der Eindruck eines Shakespearischen Gedichtes ist der andre Pol; in ihm verschwindet der Dichter gänzlich hinter seinen Gestalten. Auch bei Homer. —

— Man möchte die naiven Dichter **Sachdichter**, die sentimentalen **Ichdichter** nennen; der Gegensatz ist nicht wie Sache und Geist — wie Schiller selbst und nach ihm Gervinus u. s. w. annehmen, sondern wie Geist der Sache und Geist des Dichters. Der naive Dichter, wie Shakespeare, giebt den Geist der Sache, der sentimentale, wie Schiller, giebt den eignen Geist; der eine verherrlicht seine Objekte, der andre sich selbst. — Wahr ist es, die ganze Behandlung ist eine äußerliche; sehen wir nun bei Goethe, daß dieser über dem innern Leben den Reichtum der äußern Welt liegen läßt, wie Schiller umgekehrt, so werden wir von beiden, als von Fragmenten des Dramatikers zu dem Ganzen getrieben, zu Shakespeare. Jul. Schmidt hat ganz recht, daß Schiller das Drama zu sehr veräußerlicht habe; der Tasso giebt den treffenden Beleg, daß Goethe das Drama zu sehr verinnerlichte. "Auf der einen Seite viel Leib, aber nicht von Einer Seele durchdrungen, auf der andern viel Seele, aber fast ohne Körper; auf der einen fast nackte Historie, auf der andern fast nackte Psychologie und Tragik." Zwischen diesen beiden Extremen geht der richtige Weg; eine Geschichte, so reich und drastisch wie Schillers, dabei nur der äußere Leib einer innern Entwicklung wie Goethes; das Muster, wie das zu machen, besitzen wir in Shakespeare.

— Der **Hauptunterschied zwischen Shakespeare und Schiller** ist dieser, daß bei jenem die innere Entwicklung die Hauptsache ist, und die äußerliche Tragödie, d. h. die Handlung, die Begebenheit als notwendige Folge und zugleich als symbolische Veräußerung der innern Entwicklung erscheint, während bei Schiller das Gegenteil davon stattfindet. Bei

Schiller sind die historischen Mächte, ist die äußere Thatsache die Hauptsache; diese sind die handelnden Personen, der Held ist leidend; und zwar leidet er nicht die Folgen seiner eignen Handlungen, die sich rächend gegen ihn wenden, sondern er leidet ohne Schuld; das Schicksal ist Zufall; die Fügung, das Göttliche ist eine dumpf-grausame Naturkraft, die eine Schadenfreude hat, das Schöne in den Staub zu treten, das Erhabne zu erniedrigen. Der Zufall tritt in das Innere, die äußere Handlung ist notwendig. So sind nun seine Helden auch dramatisch übel daran, da andre die ganze Handlung an sich reißen; sie haben weiter nichts zu thun, als ihre Würde zu bewahren. Dadurch sind sie zwar die Helden, aber nicht die Hauptpersonen der Handlung. Die Maria Stuart steht sozusagen ganz außerhalb dem eigentlichen Kampfe; sie ist nicht sowohl ein Subjekt, als ein Objekt; nicht sowohl Kämpferin, als Gegenstand des Kampfes. Die einzige Szene, in welcher sie in die Handlung gemischt wird, stimmt nicht mit ihren übrigen; man weiß nicht, wie sie dazu kommt, eben jetzt, wo ihr ganzes Schicksal daran hängt, die Selbstbeherrschung zu verlieren, die, nach ihren übrigen Szenen zu urteilen, ihr eigentlicher Charakter ist. So muß das Innere seiner Helden sich ganz nach dem Äußerlichen richten; es muß so sein, wie es eben die Handlung braucht, die äußerliche Fügung des Thatsächlichen; es ist im eigentlichen Sinne das Nebensächliche. Es kann keine seltsamere Verkennung der Absicht der Tragödie geben. "Ja die Maria Stuart wäre die einzige Person, die ohne Beschädigung des Ganzen wegbleiben könnte. Neben soviel andern Erzählungen könnte auch der geringe Anteil, den sie an dem Mechanismus der Handlung hat, erzählt werden." Dadurch, daß Schiller sich in dieser Hinsicht von Shakespeare entfernt, nähert er sich den Griechen nicht um einen Schritt; im Gegenteile sind sich hier Shake-

speare und besonders Sophokles weit ähnlicher, als
Schiller dem letztern erscheint. Denn der Streit um
Recht und Unrecht trifft bei den Griechen immer mehr
die Helden selbst, und ihr Thun ist mehr ein psychologisch-
ethisches, als ein historisch-politisches Raisonnement,
und der Held ist nicht ein bloßes Objekt der kämpfenden,
außer ihm wirkenden Mächte. Hier steht Schiller ganz
in Corneilles Spur; bei den Griechen entschuldigen
und rechtfertigen sich die Helden mit Maximen, auch
bei Shakespeare, aber sie handeln nicht aus Maximen
— sondern aus Leidenschaft. —

Die Braut von Messina

Auch in der Braut von Messina ist dieses
willkürliche Durcheinanderwerfen der verschiedensten
Vorstellungsarten, diese willkürliche Verwischung aller
Dichtarten. Neben der raffiniertesten Rhetorik völlig
unvermittelt die gesuchteste altgriechische Simplizität
und Kindlichkeit, die durch diese Willkür preziös und
widerlich wird. Ein Aufeinanderpacken der Effekte
aller möglichen Dichtarten aller Zeiten, von welchen
jeder, losgeschnitten von seiner natürlichen Wurzel,
herausgerissen aus seiner natürlichen Atmosphäre,
wie eine künstlich belebte Leiche erscheint. Von Zeichnung keine Spur, das Kolorit wie durch farbiges
Glas geworfne bunte Scheine. Nirgend eine Spur von
der Notwendigkeit, die der Beredtheit der Leidenschaft
und des Affektes zu Grunde liegt, bloß ein willkürliches
Spielen mit dichterischen und schauspielerischen Tönen
und Effekten. Mir war, als sähe ich dem Meere zu;
dies endlose Schaukeln, nirgends ein Festes, machte
mir zuletzt bei der Aufführung die Empfindung, als
wäre auch die Erde unter meinen Füßen nicht mehr
fest. Dazu das ebenso willkürliche Herumfahren der
Sprechenden im ganzen Umfange ihres Organs, in

verzweifelter Bemühung, in das unwahre Dichterwerk
Wärme, Wahrheit und Leben hineinzubringen. —
Sehr interessant ist eine Vergleichung der Braut mit
der Antigone. Zwei heterogenere Erscheinungen sind
nicht zu denken, als dies alte und dies neue Stück.
Die Antigone erscheint uns erst als etwas gänzlich
Fremdes, aber wir werden bald heimisch; sie ist uns
ein Mensch aus einem fremden Weltteile, ihr Kostüm,
ihre Sitten, ihr Glauben und Denken sind uns fremd,
aber sie sind untereinander und mit ihr einstimmig;
wir achten die fremde Erscheinung als etwas not=
wendig in sich selbst Beschloßnes, als etwas in sich
Wahres, was die Braut von Messina aber nicht ist. Vor
diesem Stücke wird uns die Ähnlichkeit zwischen den
Griechen und Shakespeare erst recht klar. Die Braut
steht den Griechen ebenso fremd gegenüber als dem
Shakespeare. —

Sophokles, Shakespeare und Schiller

Wenn Sophokles Produktion einer schlanken
Palme, Shakespeares einer knorrigen Eiche gleicht, ist
Schillers Produktion ein Christbaum. Da hängen
die Sentenzen lose, um leicht heruntergenommen zu
werden, die Früchte wachsen nicht am Stiele ihrer
realen Bedingungen, sondern hängen am Faden der
Willkür; man kann sie da herunternehmen und dort
an einen andern Zweig hängen, ohne weder dem
Baume noch den Früchten zu schaden. Er nimmt aus
Shakespeares oder der alten Griechen Garten Senker,
entfernt die Wurzeln und pflanzt sie so in den seinen. Aus
Ungeduld, daß der Baum so lange mit den Früchten
zaudert, hängt er welche von andern Bäumen ge=
nommen daran; um die gesunde Röte der Frucht zu
ersetzen und zu überbieten, vergoldet er sie. —

Über ältere und neuere Dramen
Kritiken und Aphorismen

Antike Tragödie

— Aristoteles sagt: „Die Stücke der Neuern sind ohne Charakter." Gut; von den ältern läßt sich das gewiß nicht sagen. Im Äschylos vergleiche man den Charakter des Prometheus und sage mir, wo im ganzen Shakespeare das Stück, in welchem der Charakter des Helden und das Ausleben desselben so über die Handlung als solche hinauswächst. Man wird ein solches vergeblich suchen. Und so steht es mit den meisten und gerade den angesehensten Tragödien der drei großen Griechen. —

Die Elektra des Sophokles

Welch wunderbare Gestalt die Elektra des Sophokles; wie wunderbar alle Schwäche und alle Stärke des Geschlechtes in der Gestalt; Haß aus Liebe, wodurch auch der Haß schön und weiblich wird. Wie schön, daß sie nicht selbst handeln muß; das kommt dem Manne zu. Wie ganz anders hier, als so oft bei Schiller und andern Neuern, wo die Geschlechter ihren Charakter vertauschen. Wie ist die Thekla Mann neben dieser Elektra, trotzdem, daß die Situation hier unendlich gewaltsamer ist. In jener Rede der Antigone läge der Schlüssel zum idealen Wesen des Weibes, wenn sie hieße: Nur mit zu lieben, mit zu hassen bin ich da, oder zu lieben und mit zu hassen bin ich da, d. h. aus Liebe mit zu hassen; im Hasse der bloße Gefährte, im Lieben aber die erste. Die Schwäche, wo es dem Gewaltsamern gilt, dem Wehethun, diese Mannesschwäche ist des Weibes Stärke. Chrysothemis würde auch stärker hassen, so stark wie Elektra, wenn sie so starker Liebe fähig wäre, wie es Elektra ist. Es wäre gewiß interessant, wenn Sophokles uns auch eine Erkennungsszene zwischen Chrysothemis und Orest gegeben hätte; wir würden sie auch da weniger leidenschaftlich gesehen haben; gewiß hätte sie in dem Maße der Schwesterfreude, dessen sie fähig, die Gefahr nicht vergessen, und sie würde den Orest gewarnt haben, wenn es nötig gewesen wäre; aber ihr gegenüber hätte Orest die Stärke behalten, seine Maske fortzuspielen; wo nicht, so würde sie gewarnt haben über Not, weil sie die eigne Gefahr nicht vergessen hätte. Die Wirkung des Stückes ist wunderbar kalkuliert. Wie hat Sophokles den Zuschauer all das wünschen gemacht, was vorgeht, wie einheitlich ist die Stimmung! Für die Klytämnestra und den Ägisth ist durchaus nicht die mindeste Sympathie erregt, sodaß etwas davon dem Nemesisgefühle in die Quere käme. Freilich macht diese Art der Behandlung, die sich auf Darstellung der Katastrophe einschränkt, die Stimmungseinheit viel leichter; und doch hat sie keine von den drei Tragödien des Sophokles aus dem Labdakidenmythus. Auch die Ähnlichkeit der Dialogführung in der Szene Orests und Elektras mit den Werbeszenen im Richard III. fiel mir auf. — Die Elektra hat bereits etwas von Shakespeare; diese Auslebeszenen, die nicht unumgänglich zum Mechanismus der Handlung, aber zur Poesie des Charakters wesentlich sind — wie eben die Erkennungsszene —, sind ganz im Geiste Shakespeares. Wir mußten sehen, wie diese Elektra liebt, um die Schönheit ihres Hasses zu verstehen; sonst war dieser Haß unschön, und unsre Teilnahme löste sich von ihr selbst los. Shakespeare und Sophokles sind wirklich Zwillingsbrüder; Shakespeare unterscheidet der unendlich weitere und tiefere Kreis der Erfahrungen von Sophokles, er vereinigt die Naivität der alten Welt mit dem geistigen Reichtum der modernen; daß er trotzdem der einfältigen Natur so nahe blieb wie Sophokles, das ist bei ihm ein größeres Lob. Nach der Erkennungsszene steht Elektra erst als geschloßner Charakter vor uns, und zugleich sehen wir doch, daß dieser kein abstraktes Gespenst ist; sie hat nun einen Kern, der ist: Energie, mächtige Leidenschaftlichkeit; aber sie ist nun auch nicht eine personifizierte Leidenschaft: „Haß." Sie ist der Liebe so zugänglich als dem Hasse; ja was mehr ist, und worin eben die ideale Schönheit liegt: sie würde nicht so gewaltig hassen, wenn sie nicht so gewaltig liebte. Denn ihr Haß entspringt aus der Liebe zu ihrem gemordeten und nach dem Tode noch von seinen Mördern verhöhnten Vater und dem dadurch verbannten und beraubten Bruder. Daß sie der eignen Leiden mit gedenkt, das macht sie nur menschlicher; aber man thue die Erkennungsszene weg, und dieses Gefühl der eignen Leiden wird vorschreien, und die ideale Weiblichkeit, das, was die Freud- und Leidhelferin, die Liebes- und Haßgesellin — wie in dem alttestamentlichen: Ich will ihm eine „Gehilfin" machen — charakterisiert, diese ideale Weiblichkeit wird verloren gehen, wir werden zu sehr die unversöhnlich ihr persönliches Leid hegende, die Rachsüchtige sehen, die im blinden Affekte immer noch mehr Kränkung sich zuzieht. —

Emilia Galotti von Lessing

Das Mißlichste ist, daß der Prinz die Schuld hat, und die Galotti das Leiden. Darum wirkt das Ganze nicht tragisch. Das Stück ist nun keine Tragödie, sondern eine sogenannte Rettungskomödie dem Sinne nach. Ein Bösewicht stellt der Unschuld eines Mädchens nach, aber diese bedrohte Unschuld wird gerettet — freilich durch den Tod; dieser aber ist kein tragischer. — Das Bewundernswürdigste, wie die Notwendigkeit, dem Oboardo den Dolch in die Hand zu spielen, wenn er ihn braucht, auch um der Steigerung von Oboardos Leidenschaft willen, den Dichter zu einer Schöpfung gebracht, wie die der Orsina; wie diese ganze lebensvolle Figur ihre Entstehung einem bloßen Behelfe dankt, wie dies durch ihre Erwähnung im ersten Aufzug und ihr Auftreten im vierten so verschleiert ist, daß sie so ganz wie um ihrer selbst willen zu existieren scheint. — Wie geschickt Lessing der Notwendigkeit des Erzählens ausweicht, die Hebbel aufsucht! Wie er lieber die Umstände so rückt und erfindet, damit die Leute, was sie wissen müssen, um das Ganze der Handlung als notwendig möglich zu machen, durch Kombination erfahren. Dieser Kunstgriff erspart nicht allein, daß erzählt wird, und noch dazu erzählt wird, was der Zuschauer schon weiß oder selbst gesehen hat; jene Umstände bereichern auch das Detail der Gesamthandlung, und die Kombination wird selbst zu einer Art Handlung und giebt nicht allein dem Kombinierenden Gelegenheit zu Theaterspiel, sondern auch den Gegnern. — Läßt er erzählen, so geschiehts nur, wenn die Erzählung durch den Affekt des Erzählers und die nachhaltende Spannung des Hörers immer ununterbrochen, wiederum zu Handlung und Theaterspiel Anlaß giebt. — Bewundernswürdig, wie Lessing den Appiani, Conti, die Orsina und ihre Szenen in

Charakter und Situation so bedeutend zu machen
wußte, daß man ihnen nicht ansieht, daß sie bloße
Behelfe sind zur Steigerung und zum Maße von
des Prinzen Leidenschaft. — Man nehme die Orsina
heraus und sehe, wie die Masse des Stückes zusammen=
schmilzt. Wie künstlich und geschickt hat er sie mit
dem Ganzen zusammengenietet und geschmolzen! —
Wie trefflich ist die That vorbereitet! — Jeder Ent=
schluß, jede That in einem Trauerspiele, und je näher
und von je mehr Einfluß auf die Katastrophe, muß
so sein, wie ein unbefangner Zuschauer nach Maß=
gabe von Charakter und Situation sie erwartet. — —
Es ist getriebne Arbeit, ein kleines Korn Metall ist
durch wunderbare Kunst zu einem großen und reichen
Werke auseinander getrieben, dessen Wert eben fast
bloß in dieser Kunst besteht. Shakespeares Werke
sind dagegen massiv. — Auch bei Shakespeare sind,
wie hier die der Orsina, diejenigen Szenen, die den
wenigsten Handlungsinhalt haben, die reichsten oft an
theatralisch=mimisch=charakteristisch=poetischem Gehalt
— Szenen, die ganz fehlen konnten; denn Odoardo
konnte von der Claudia alles erfahren, und ein Dolch
war ja wohl auch zu bekommen.

Emilia Galotti noch einmal

Lessings Emilia hat bereits viel Shakespearisches,
z. B. die meisterhafte Emanzipation vom Katechismus
im Dialoge, das Freimachen der Figuren, das Be=
ginnen vom Anfange bis zum wirklichen Ende; nur
schade, daß die Tragik durch die Verteilung von
Schuld und Strafe einerseits und von Leiden und
Sympathie des Zuschauers andrerseits, welches alles
zusammen an die Gestalt des Helden gebunden sein
mußte, geschwächt ist. Die innre Technik ist Shake=
spearisch, die äußre französisch. Diese letztre hat viele

kleine Behelfe eingeschmuggelt. Sehr richtig hat Lessing für diese Weise einen einfachsten Stoff gewählt. Im Kerne des Stückes, im eigentlich tragischen Nexus sind nur die drei Personen, der Prinz, Emilia Galotti und etwa noch Appiani. Alles andre ist Detail. —

Zu Emilia Galotti

Lessing in der Emilia hat den Verstand zum Medium zwischen dem Dichter und Zuschauer gemacht, d. h. bei ihm herrscht die Maschine, der pragmatische Nexus über den idealen; er hat mehr den psychologischen als den ethischen Gehalt entfaltet; nicht das Gewissen, sondern der Bereich der berechnenden Leidenschaft, der handelnden Affekte ist der innre, der eigentliche Schauplatz des Vorganges. Bei Shakespeare dagegen ist die eigentliche Bühne das Gewissen des Helden, der Grund der Aktion des Gewissens Leiden. Der Verstand, die Berechnung liegt bei ihm außerhalb des Helden und ist nur als Betrachtung und Intrigue Mitspieler und Mitsprecher; aber auch nirgends der Initiator; erst die Leidenschaft und ethische Verfassung des Helden giebt ihm Zweck und Anlaß. Bei ihm die Entfaltung der Leidenschaft und ihres Gedankens, des Affektes und seines Gedankens die Szene. — Für die erste Thatsache, die Initiative, den Anstoß des Ganzen wird der Dichter meist einen Vorschuß von Glauben sich ausbitten müssen. Von da an muß er bezahlen. — Bei Lessing ist die Kunst der Exposition wunderbar, denn bei ihm ist das Erregende jederzeit in die Exposition gelegt, diese aber mit wunderbarer dialogischer Kunst ausgeführt. — Fällt der pragmatische Nexus mit dem idealen zusammen, ist die ganze Fabel dargestellter, geschloßner Gehalt, dann hat auch jede Szene ihre Wirkung, nirgend ist sie ein Stück bloßer Maschine. — Man glaubt nicht, wie viel Handlung und Vorgang sich durch geschickte Anordnung in den Raum eines Bühnenstückes unterbringen läßt beim Scheine des Sichgehenlassens, der eben nur dialogischer Natur ist. —

Über Lessing

Bei Gelegenheit der Minna von Barnhelm, die ich in diesen Tagen wieder las, habe ich Lessing von neuem bewundert. Die Sage, er sei kein Dichter, sollte doch wirklich einmal in ihr Nichts zurückgehen. Ein einfachstes Samenkorn von Stoff so auszuschwellen, daß man beständig interessiert wird, ist wahrlich nicht Sache des Verstandes allein. Dieser hat allerdings sein Mögliches gethan. Der Eindruck des Ganzen wird durch den Eindruck jedes Einzelnen weise unterstützt, nie gestört oder in der Richtung verschoben. Interessant war mir es auch, hier das erste deutsche Stück zu betrachten, welches den Shakespeare bewußt und unmittelbar sich zum Muster nahm, ich meine nicht den Shakespeare, der noch in den englischen Stücken zu Lessings Zeit zu erkennen ist und solchergestalt mittelbar auf unser deutsches Drama eingewirkt hat. Minna und Franziska sind Porzia und Nerissa; auch der Ring im Kaufmann hat hier herübergewirkt. Der Dialog erinnert sehr an Shakespeare; doch wüßte ich unter allen deutschen Nachfolgern Shakespeares keinen, selbst Goethe nicht, noch weniger Schiller, der sich „an diesem fremden Feuer so bescheiden gewärmt hätte," als Lessing; keinen, der origineller ihm gegenüberstände und dabei die Haupteigenschaft Shakespeares, die Geschlossenheit und Architektonik, wenn auch nur im Kleinen, aufwiese.

Der Vetter von Lissabon von Schröder

— Abgesehen von dem widerwärtig Engbürgerlichen des Stoffes eine Musterkomposition im konzentrierten Drama. — Alle sind schuldig, und das schadet dem Eindrucke nicht allein nicht, sondern es erhöht ihn. Was verletzen könnte, ist schonend in die Ferne geschoben. Wir sehen das Leiden und erfahren, daß es verdient ist. Daß Wagner von vornherein widerlich schwach, das macht es möglich, daß die Rolle sich steigern kann. Der Eindruck ist mir ein völlig tragischer, trotz des erfreulichen Endes. — Gehandelt im eigentlichen Sinne wird wenig; die Hauptsache ist Darstellung des Leidens, wie bei Shakespeare; ebenso ist der Stoff einfach und natürlichst entwickelt, mit steter Rücksicht auf Gedrängtheit der Begebenheit, vollständiges Aussprechen der Intention und Fortschritt mit Theaterspiel. Ein Gemälde, was Schwäche eines Familienvaters für Folgen haben kann. Diese Schwäche ist der Boden, aus dem alles Leiden in dem Stücke erwächst. Wagner trägt die Grundschuld des Ganzen und eben darum auch das Leiden im höchsten Maße, ein Leiden, das ganz aus seiner Schuld hervorgeht und so natürlich, daß es ein Typus ist für alle möglichen Fälle. Alle Leiden der andern sind in seinem enthalten, wie alle Schuld der andern aus der seinen hervorging. Das ist völlig shakespearisch gedacht, und wunderlich, daß Schiller hier Schrödern mit dem Fehler gegenübersteht, den er an ihm tadelt. Denn hier ist wirklich das Schicksal, das tragische, welches Schiller nie so richtig als Grundidee in seinen Stücken dargestellt hat. — Im Lear ist ebenfalls die Schwäche Lears die Grundursache; die Glostergeschichte würde ohne Lears Schwäche nicht so tragisch ablaufen können, und doch ist diese Glostergeschichte nichts Fremdes, sondern nur wieder eine Leargeschichte. Es sind zwei Lears, der eigentliche aber wird dadurch die Hauptperson, daß seine Schwäche nicht allein ihr eignes, sondern auch das tragische Ende der Glostergeschichte herbeiführt. Eigen ist's, daß nicht allein die wirkliche

Reue, wie sie die Hauptperson empfindet, sondern auch und mehr noch die Reue, die sie haben müßte, wenn sie alle Folgen ihrer Schuld umfassend empfände, tragisch auf uns wirkt. Diese letzte Reue empfinden wir in der Seele der Hauptperson. Der alte Lear faßt nicht einmal die nächsten Folgen seiner Schwäche selbstbewußt zusammen; wir thun es mit allen Folgen derselben gleichsam in seiner Seele, und der tragische Eindruck, das Mitleid wächst damit nur.

Die Darstellung des Leidens, und zwar eines innern, eines Gewissenleidens ist in der wahren Tragödie die Hauptsache, die konzentrierte läßt die Grundursache exponieren als vor dem Stücke, Shakespeare stellt sie im Anfange des Stückes, in Handlung dar; aber in beiden beginnt das Leiden gewöhnlich schon im ersten Aufzuge. Die Ursache hat Shakespeare stets so gedrängt als möglich dargestellt. So im Lear, Hamlet, Macbeth — denn hier beginnt das Leiden schon vor der That, deren Wirkung es ist. Das Gewissen rächt schon den Vorsatz der That. — Dadurch erhält Shakespeare unser Interesse für seine Gemälde menschlicher Schwächen und Laster, daß er uns die Verwandtschaft derselben mit menschlichen Stärken und Tugenden zeigt, daß wir nie vergessen, daß die dargestellte Schwäche oder das Laster eine fehlgelenkte Kraft und Tugend sei; dadurch erhält er uns den erhebenden Glauben an die moralische Freiheit im Menschen. So erscheint im Hamlet Thatenflucht als eine Ausartung der Gewissenhaftigkeit, im Macbeth der Ehrgeiz als eine Ausartung der Willenskraft u. s. w. Jeder shakespearische Held lauft eine ganze Gattung; man kann von Macbeths, Hamlets u. s. w. reden. Charakter, That, Schuld und Schicksal sind bei ihm jederzeit typisch. — Da der Mensch von allen Schwächen etwas in sich hat, gleichsam ein typisches Gefühl, so trifft ihn jedes Wort des Helden mit Wahrheit bis

ins Innerste; er begreift die Notwendigkeit des ganzen
Gefühles und jeder Äußerung desselben am Helden. —
Shakespeare schildert vornehmlich die innern Wirkungen
einer Schuld, weil diese in jedem Menschen dieselben
sein müssen, weil die Natur des Menschen die jedes
Einzelnen ist, während die äußern Begebnisse, die von
vielen andern Dingen mitabhängen, verschiedne sein
können. Die äußern Begebnisse im Leben eines Mörders
können sehr verschiedne sein; der eine kann alle Stufen
äußern Glückes ersteigen, der andre dem tiefsten äußern
Elende verfallen; ihr inneres Los dagegen wird dasselbe sein. — Das Stück (der Vetter —) ist so recht
ein Musterstück von der Gattung, die ich die Expo-
sitionsstücke nennen möchte, und die die konzentrierteste
äußre Form zulassen, wo vor den Beginn der eigentlichen sichtbaren Handlung, die aber dann meist bloß
in Gesprächen oder Besprechungen der Lage besteht,
schon ein großer Teil der Verwicklung fällt. Es kommt
dann alles auf eine geschickte Verteilung der Exposition
an. — Dies Verfahren bietet große Vorteile für die
Zusammendrängung in Ort und Zeit, zugleich auch
dadurch, daß man die genauere Motivierung der
wunderbarsten Ereignisse sich ersparen kann, da sie
als bereits geschehene nur den Gesetzen der Erzählung
unterliegen, die sich vor dem innern Sinne erlauben
darf, was der äußre dem unmittelbar vor ihm Geschehenden leicht versagen könnte. Der Nachteil ist
ein negativer, der, daß freilich durch solche Expositionen eine längere, allmählich wachsende Wirkung
um eine plötzliche und deshalb drastischere aufgegeben
wird. Dieser bedient sich die französische Tragödie
lieber, jene ziehen die Engländer, besonders Shakespeare vor. — Manchen ist das französische Prinzip
des Überraschenden das eigentlich Dramatische, sie
verwechseln es mit dem Theatralischen. Denn das
dramatische Interesse ist eben das, daß man den

Samen fäen fieht und feinem Wachstum in Gedanken
vorauseilt und das empfindet, was Ariftoteles unter
„der Furcht" gemeint haben mag, die tragifche Erwartung, das immer näher Kommen von etwas, das
uns ins tieffte Mitleid ftürzen wird. — Bei diefen
Expofitionsftücken ift der Raum für wirkliches Ausleben der Charaktere vor unfern Augen zu fehr be-
fchränkt. Das Schickfal ift ein bereits Fertiges oder
im Fertigwerden Begriffnes, ebenfo die Charaktere.
Die Situation herrfcht vor. Freilich werden die
einzelnen Glieder des Ganzen hier fefter und rafcher
ineinandergreifen, die Einheit in Zeit und Ort wird
technifch viel leichter zu beobachten fein und, beobachtet,
nicht leicht den Eindruck ins Peinliche hinein erhöhen;
die Kontinuität der Handlung wird erreicht werden,
ohne den Eindruck unkünftlerifch werden zu laffen.
Die allmählich langfame Entwicklung dagegen bedarf
der Abwechslung der Szene, das Unterbrechen der
äußern Kontinuität, die Erfrifchung eines dazwifchen
gefchobenen Andern, das nur kein abfolut Fremdes
fein darf, um nicht in das Peinliche zu fallen. So
erkläre ich mir die Verfchiedenheit der franzöfifchen
Form und der englifchen aus ihren innern Bedingungen
notwendig hervorgegangen und ziehe die Lehre daraus,
daß man nicht eine Verfchmelzung verfuchen dürfe, in
der die Bedingungen des innern Wefens und die der
äußern Form einander widerftreiten und dadurch eine
reine Wirkung unmöglich machen. Man denke fich ein
franzöfifches Drama ohne die ftrengfte Kontinuität, und
es wird keinen großen Eindruck machen, ein fhake-
fpearifches in ftrenger Kontinuität der Handlung würde
nicht auszuhalten fein in furchtbarer Wirkung. —
Hebbel hat beide vereinigen wollen. Weil der be-
fchränkte Raum den Charakteren wenig Entwicklung
durch Bethätigung geftattet, hat er fie ihre Charaktere
erzählen laffen müffen. Dadurch ift der rafche Fort-

schritt, der der dramatischen Wirkung unentbehrlich, gehemmt, eins stört das andre; die Charaktere hindern die Figuren im raschen Laufe, indem sie ihnen immer wie Schleppsäbel zwischen die Beine geraten. — Wer die Kontinuität der Handlung beobachten will, muß die Charaktere nur als eine zufällige Verzierung ansehen; wem es ernst ist mit der Kontinuität der innern Entwicklung, d. i. der Charaktere, der muß die Kontinuität der Handlung aufgeben. Es ist kein Zufall, daß Franzosen und Griechen die Charakteristik nur so nebenbeilaufen lassen, und keiner, daß Shakespeare die Kontinuität der Handlung nicht beobachtet. Kein Mensch kann zwei verschiedne Zwecke, die einander beeinträchtigen, mit Gewinn zugleich verfolgen. Wenn das eine Hauptsache ist, dann muß das andre Nebensache sein. Den Franzosen war die Handlung, das Äußre Zweck, darum konnten sie die Charaktere, die innre Entwicklung nur soweit gebrauchen, als sie Mittel waren, jenen zu erreichen; Shakespeare, dem das Innre, der moralische Mensch selbst Zweck war, durfte die Rechte der Handlung nur soweit respektieren, als er sie zum Mittel bedurfte, jenen zu erreichen. Wer beides vereinigen will, wird keinem genugthun können und dem Schicksale aller Halbheit verfallen. — Die Franzosen, die das Unerwartete, den Gegensatz lieben, neigen zu äußerlichen Dingen, zu Theatercoups, die mehr für die Oper passen. Auch Lohn und Strafe ist bei ihnen äußerlich; ihre Figuren haben kein Gewissen, sie sind mehr Figuren als Menschen. — Die englische Form hat noch diese Vorzüge: in ihrem weniger straffen, kausalen Zusammenhange läßt sich eine Perspektive anwenden, Kleinigkeiten werden als Kleinigkeiten behandelt und treten zurück. Selbst das Zufällige und Zufallähnliche, die Behelfe des Dichters verschwinden vor der Hauptabsicht. In der konzentrierten Form steht alles in einer Reihe; die schwachen

Punkte der Komposition drängen sich vor und scheinen dieselbe Wichtigkeit anzusprechen wie die starken. Bei Shakespeare fällt kein Zufall, kein Behelf auf, weil beides für nichts andres ausgegeben wird, als es ist; in der Emilia Galotti schlagen einem die Behelfe und Zufälle in die Augen, eben weil sie nicht als solche erscheinen sollen. — Shakespeare hat von einem absoluten Drama nichts gewußt, und das war gut für ihn. Seine Stücke haben alle noch etwas von der Natur ihrer Quellen, es sind dramatisierte, gegenwärtig gemachte — nicht bloß dialogisierte — Novellen und Geschichten. Daher ist jedes seiner Stücke so eigenartig, trotz seiner allgemeinen Bedeutung so individuell, während das abstrakte Drama der Griechen und Franzosen nur eines ist, und jedes einzelne Stück die ganze Wirklichkeit seines Stoffes ausziehen mußte, um in die monotone, dürftige Konvention zu passen. Man kann im engsten Sinne sagen: das griechische, das französische „Drama," wo man nur von Shakespearischen „Dramen" sprechen dürfte. Je enger, einheitlicher die Form, desto mehr verähnlicht sie die verschiedenstoffigsten Stücke. Wunderlich, wie Julian Schmidt fast in einem Atem die Romantiker darum tadelt und Shakespeare entgegensetzt, daß bei ihnen die Form das Gegebne, und doch den neuern Dramatikern eine vorher fertige Form — die griechisch-französische — anempfiehlt.

Die Lästerschule von Sheridan

Die Lästerschule von Sheridan gelesen. Es ist zu erwähnen, daß die Natur der Handlung über den Bereich des Lustspiels hinausgeht, weil sie fortwährend das sittliche Gefühl herausfordert. Die Satire ist zu ernst, und der Gegenstand zu peinlich und widerlich; selbst der Anstand, den wir bei einer szeni-

schen Darstellung gewahrt sehen wollen, kommt zu sehr
ins Gedränge. Abgesehen davon ist das Stück sehr
lehrreich; es hat viel Ähnlichkeit mit Shakespeares
darin, daß der charakteristische Dialog so meisterhaft
gehandhabt und so die Hauptsache ist, daß er allein
schon hinreicht, das Interesse zu fesseln und zu erhalten. Wie bei Shakespeare ist die Maschinerie die
einfachste und durchaus nicht auf Überraschung und
andre dergleichen Mittelchen ad extra berechnet; der
Gehalt der Personen und die Bedeutung des Ganzen,
die künstlerische Unmittelbarkeit, die alles Effektmause-
fallenartige in großer absichtlicher Absichtslosigkeit ver-
schmäht, herrschen durchaus vor. Es ist wunderbar,
welche Beglaubigung, welches Gefühl von Notwendigkeit daraus hervorgeht. Wie der Dichter im scheinbaren behaglich im Dialoge sich Gehenlassen ganz vom
Augenblicke ausgefüllt erscheint, so scheint uns das mit
Handlung und Personen der Fall zu sein, während
wir bei Scribe, ja schon bei Lessing den Autor schon
immer unruhig, mehr mit dem, was er vorhat, beschäftigt sehen, von der Mühe der künstlichen Haltung
seiner Fäden absorbiert, mit ihm über den Augenblick
hinausgreifen und dadurch immer erinnert werden,
daß der Autor etwas vorhat, eine Absicht, wobei uns
das Behagen ganz verloren geht. Wirklich ist es eine
Hauptsache, daß der Mechanismus nie in den Vorder=
grund treten, daß seine Künstlichkeit nicht mitspielen
darf, daß wir die „Mache" nicht bemerken dürfen.
Viele unsrer neuern Dramatiker suchen mehr unsre
Bewundrung für ihre Geschicklichkeit im Kombinieren
als unsre Teilnahme für die Personen und für die
Bedeutung des Ganzen, d. h. für den geistigen Gehalt
zu gewinnen. Dies ist ein unendlich leeres Treiben.
Das ist der große Kunstverstand, der sich versteckt,
nicht der sich vordrängt. Sowie unser Verstand unmittelbar durch den des Dichters angeregt wird, läßt

er Phantasie und Empfindung nicht auffommen; er rechnet dem Rechner nach, und das Werk, das Kritik schuf, macht die Zuschauer zu Kritikern und wird kritisch aufgenommen, nicht anschauend, wie das Werk des anschauenden Dichters. Mit der Gedankenunterlage, dem pragmatischen Nexus in einem poetischen Werke ist es wie mit dem symmetrischen Schema, welches der bildende Künstler seiner Darstellung unterlegt. Man darf weder fühlen, daß es vorhanden ist, noch darf man fühlen, daß es fehlt — ähnlich wie mit der vollkommnen Gesundheit, die weder normale Thätigkeit noch abnorme Stockung oder fieberische Erregung als solche empfindet. Hauptsache ist, auf die Phantasie zu wirken, die Phantasie zur Vermittlerin der andern Kräfte zu machen, an keine andre unmittelbar zu appellieren. Sowohl die schroffe Verstandeserregung, wenn sie sichtbar wird, als die unmittelbare Sinnlichkeit thut der poetischen Wirkung Eintrag. Daher darf auch die äußre Szene nie etwas an und für sich bedeuten wollen, desgleichen ihre malerische Ausfüllung, Gruppierung u. s. w. Sie darf nie so stark individualisiert sein, daß man sie als etwas Besondres bemerkte. Besser, wenn die Phantasie, vom Vorgange erregt, sie ausmalt, was sie ja auch mit den Personen thut; wie die innre Bedeutung eines poetischen Menschen die Person des darstellenden Schauspielers vergrößert und verstärkt, sodaß wir überrascht werden, wenn er in gewöhnlicher Kleidung uns nachher begegnet und wir gewahren, daß wir in ihm nicht ihn auf dem Theater sahen, sondern ein Produkt unsrer Phantasie. Der Dichter muß womöglich so verfahren, daß der ganze Zuschauer in ein Organ sich verwandeln muß, daß er nicht mit dem leiblichen, sondern mit dem Auge und Ohr der Phantasie sieht und hört, daß der innre Sinn ganz als Phantasie wirkt. —

Julius von Tarent von Leisewitz

— Die Handlung ist bedeutend, wirklich tragisch; denn keiner, der darin leidet, leidet unschuldig; sie geht aus den Charakteren und Leidenschaften natürlich und notwendig hervor ohne Intrigue. Die Klarheit der Komposition, die Milde und Weichheit erinnert an Goethe. Die Sprache steht zwischen der naiven Goethes und der reflektierenden Schillers in der Mitte. Das Stück könnte heute geschrieben sein, so wenig veraltet ist sie; die Schillerische in dessen ersten Stücken scheint viel älter zu sein. Der Julius ist sichtbar das Vorbild des Don Carlos, aus dem Aspremonte ist Posa geworden durch Identifizierung mit dem abenteuerlichen Chevalier, der einst auf kurze Zeit mit Weltverbesserungsschwärmerei die Seckendorfs und Grumbkows, die deutlichen Vorbilder von Alba und Domingo, aus der Gunst Friedrich Wilhelms I. verdrängte. Noch hat Schiller den Katte in den Posa verschmolzen und den jungen alten Fritz in den Carlos. Das Motiv der Verdächtigung der ehelichen Geburt der jungen Prinzessin ist aus den Memoiren der Markgräfin von Baireuth, Friedrichs Schwester. — Der ganze Carlos steckt darin, es fehlt nur das Motiv der Verliebtheit in die Mutter. —

Wenn die Schillerischen Erstlingsarbeiten Theaterspiel vor dem Julius voraushaben, so erfreut hier die Natürlichkeit und Wahrscheinlichkeit der Handlung, die durchsichtige Komposition, die treffliche Charakterzeichnung, die im besten Sinne geistreiche, fein abgewogne Sprache, die treffliche Schilderung der Seelenzustände, die den Hamlet und Romeo zum Muster hatte und wieder zum Don Carlos Vorbild geworden ist. Die Zwillinge sind unstreitig drastischer und haben einen Vorteil vor dem Julius in der Stimmung und dem Phantasieschwunge; was die Sprache betrifft, stehen

sie weit dagegen zurück. In den Zwillingen glaubt
man schon in der ersten Szene mehr an den tragischen
Ausgang, als hier eine Zeile vor diesem selbst. Dafür
braucht man dort eine gute Zeit, um sich in den Grad
der Leidenschaft hineinzufinden, mit dem der Anfang
gleich den Zuschauer überrascht. Großartiger und ge=
waltiger sind die Zwillinge jedenfalls. — Das Heiß=
werden des Guido in demselben Maße, als Aspremonte
kälter wird, ist außerordentlich wahr; die beiden Haupt=
charaktere sind trefflich kontrastiert. —

Konradin von Klinger

Die politischen Debatten so erschöpfend, wie bei
Schiller, und dramatisch charakteristisch belebt. Die
Charaktere gut kontrastiert, besonders das Elegisch=
Jünglingshafte mit den Vorzeichen eines tüchtigen
Mannes im Konradin rührend schön; Karl und
Flandern, Konradin und Heinrich. Etwas gedrängt
müßte es noch heute Glück machen.

Die Zwillinge von Klinger

Das Stück ganz wie gemacht, die Gesetze der
tragischen Stimmung daran zu lernen. Das Ende
steckt schon in der ersten Szene und wird nur heraus=
gewickelt. Eine Steigerung ist eigentlich nicht im
Stücke, nur ein allmähliches Näherkommen des Be=
fürchteten, das, wenn es kommt, nicht den Verstand
und die Phantasie, nur das Gefühl überrascht, daß
nun Thatsache ist, was solange drohte, eine zu werden.
Dabei ist alles Gewaltsame in die Szene verlegt, die
Mißhandlung durch den Alten, der Mord selbst. Guelfos
Stimmung ist gleich im Anfange so, daß nur wenig
Steigerung möglich ist. — Im Anfange weiß man
nicht recht, was man denken soll; es fällt schwer, sich

sogleich in einen so hohen Grad der Illusion zu versetzen, als die bereits hochgestiegne Leidenschaft Guelfos bedarf. Es wäre vielleicht besser gewesen, die Exposition durch weniger beteiligte machen zu lassen und uns auf den ersten Auftritt Guelfos dadurch besser vorzubereiten, wenn es nicht möglich war, den Guelfo erst in einer ruhigern Stimmung uns bekannt zu machen. Eine theatralische Handlung ist kaum vorhanden. Man kann daraus lernen, was Virtuosität in der Ausführung vermag, daß, ist der Plan nur ohne Widersprüche, er so einfach sein kann, als nur möglich. Charaktere und Situationen sind lebendig, wahr und zwingend, obgleich bloß im Dialoge entwickelt. Keine Szene will für sich etwas gelten, sie sind alle nur des Ausgangs wegen da, diesen möglich und notwendig zu machen. Das Auftreten der Personen ist ziemlich willkürlich. Das Stück hat nur einen Effekt und will ihn und erreicht ihn nur in seiner Totalität. Die Leidenschaft ist unendlich wahr und doch künstlerisch geschildert. Nichts kann erschrecken, weil jede Körperlichkeit des Schrecklichen seinen Schatten lange vor sich her in die Stimmung wirft. So wird schon im ersten Akt und immer wieder der Mordentschluß ausgesprochen, sobaß man an ihn gewöhnt ist, ehe er wirklich zur That wird; desgleichen die That des alten Guelfo schon als Ahnung vorher. Wie nötig das, lernt man an der Emilia Galotti. Odoardos That kommt uns immer noch zu unerwartet, und daraus entstehen am Ende die Einwendungen gegen das Stück, wenn die Ursache auch von jedem wo anders gesucht wird. — Es ist im Anfange schon alles fertig, der Haß Guelfos, was ihn irgend zur That treiben kann, die Bevorzugung der Eltern von Kindheit an; auch Camilla ist schon Ferdinands Braut. — Es ist auch kein Schimmer von Hoffnung, der die Stimmung stören könnte, nichts, was uns verleiten könnte, irgend einen andern Ausgang zu erwarten. — Alles ist Begebenheit in dem Stücke, Folge von vor dem Stücke Beschloßnem und Gethanem; die Aktion der Mißhandlung und des Brudermordes in der Szene; die Tötung Guelfos durch den Alten steht just am Ende des Ganzen, wo ein Abschluß nötig war.

Nur bei solch einfacher Handlung lassen sich die innern Motive und das psychologische Detail ohne Sprung entwickeln; bei reicher Handlung drängen und verwickeln sich die Empfindungen der Personen so, daß sie kaum klar zu machen sind, wenn man nicht welche davon wegläßt, ein Mangel, der bei ruhiger Betrachtung nicht zu verbergen ist. Am besten, man erfindet eine Katastrophe mit leidenschaftlicher Aktion und schafft das übrige Stück aus den Motiven, die uns die Aktion am Schlusse möglich, notwendig und vom Anfang an ebenso, wie sie erfolgt, erwarten läßt. — Es ist dasjenige Stück, in dem unter allen, die ich kenne, Shakespearische Charakterzeichnung, Malerei der Leidenschaft, psychologisches Detail und tragische Stimmung mit der konzentrierten Form der Neuzeit am ungezwungensten und glücklichsten vereinigt ist. Nur der Charakter des Grimaldi ist trivial; die Sprache ist teilweise zu schwülstig und mit zu wenigem dramatischen Fortschritt. Zuviel hin und her. Ob es für die Bühne nicht doch zu arm ist an Handlung? —

Die Agnes Bernauer des Grafen Törring

Ein außerordentlich solid gearbeitetes Stück, geschlossen und vom besten Zusammenhang, reich an dramatisch-theatralischen Momenten. Voll Zweckmäßigkeit und Übereinstimmung, die Charakteristik ganz gut, wenn auch nicht in Shakespearischer Weise ideal durch Individualisierung, und ohne große Innerlichkeit und Poesie. An Nachdruck fehlts nicht. Nichts Raffiniertes,

alles solid, natürlich, wenn auch hausbacken. Mit
großer Kunst die Schuld nicht ganz von Ernst abge-
wälzt, aber doch so, daß die Versöhnung am Ende
nicht beleidigt. Hier ist Shakespearische Ironie. Man
kann sich denken, daß Ernst im Innern gar nicht so
unzufrieden mit dem Ausgang ist, aber es ist nichts
davon ausgesprochen. Das Gefühl ist zufriedengestellt,
wenn auch der Verstand über den Buchstaben hinausgehen kann. Die Endstimmung nicht von besondrer
tragischer Tiefe, was von der idealen Flachheit der
Hauptcharaktere herkommen mag. Albrecht und Agnes
zeigen sich durchaus würdig und edel. Von einer
Heraushebung einer Schuld in den Helden wenig oder
nichts. Albrecht kommt zwar zu dem Gefühle, daß er
gegen die Fürstenpflicht gesündigt, und Agnes ist sofern
Schmied ihres Geschickes, daß sie den Tod wählt und
jede Rettung durch Trennung und Untreue verwirft.
Sonst ist nicht einmal Spur eines Frevelns in beider
Liebe; sie sind sehr tugendhaft, aber bei alledem durch
viele dramatische Momente nicht so langweilig, als
sie sein könnten. Das „Wimmern" müßte man jedenfalls für unsre Zeit aus Agnes Rolle streichen. Der
Geist des Ganzen ist männlich und tüchtig. Psychologische Feinheiten, Aufschlüsse über die Tiefe der
menschlichen Natur sind nicht darin zu suchen; die
Malerei der Leidenschaften ist ebenfalls nicht virtuos.
Die Motive sind fest und tüchtig. Man kann alles
glauben. Die Ökonomie der Komposition musterhaft,
die Aussparung z. B. In der Ausführung alle Absicht sehr gut versteckt. Das Entstehn der Entschlüsse,
das auf einen Gedanken gebracht werden wie zufällig,
einen Gedanken, der dann ganz notwendig und natürlich den Entschluß macht, das ist musterhaft. Die
schlichten Gesinnungen gewinnen durch den schlichten
Vortrag, der die Bescheidenheit der Natur niemals
verletzt. Besonders zu loben, wie alles aus dem Ganzen

geschnitten. Der Mangel von feinern Zügen wird als
dem einfältigen Charakter jener Zeit entsprechend zum
Vorzug.

Die Hebbelische Arbeit kann sich mit dieser in den
Hauptsachen durchaus nicht messen. Ist seine Agnes
ein plastischeres Charakterbild, so ist sie doch noch
weniger tragisch als die Törringische und dramatisch
besonders weit hinter dieser. Die Verarbeitung des
Historischen übertrifft an Übersichtlichkeit und dramatischer Zweckmäßigkeit hier weit die Hebbelische. Hier
ist die Praxis, besonders das Zusammendrängen, das
durch geistreiches Arrangement immer klar, flüssig, ungezwungen, einheitlich, stetig zusammenhängend bleibt,
zu bewundern.

Die Schwierigkeit der Vernaueringeschichte als
Dramenstoff genommen liegt darin: er ist ein gemischter
aus historischen und pathetischen Elementen. Um rein
historische Behandlung zu erfahren, liegt der Stoff zu
weit von der Weltgeschichte ab; er ist historisch nicht
wichtig genug. Für eine reine Liebestragödie ist er
nicht typisch genug, hat er zuviel historische — in
diesem Fall also prosaische — Beimischung. Auch fehlt
der Abschluß. Es wären zwei Möglichkeiten der Liebestragödie. Entweder die Liebe siegt im Kampfe gegen
die Welt, die zwar über Glück und Leben, aber nicht
über die Treue der Liebenden Gewalt hat. Oder die
Welt gewinnt Gewalt auch über das Innre der Liebenden durch die Schuld der Liebe. Im ersten Falle stehen
die Liebenden durchaus für einen Mann, besiegen alle
Versuche, sie zu trennen. Die Väter ständen gegen
diese Liebe auf. Ernst wollte Baiern vor dem Bürger-
krieg, den Sohn vor Reue, sein Haus vor der Gefahr
des Thronverlustes retten; da kein mildres Mittel hilft,
braucht er das härteste, er läßt sie töten. Diese Gewaltthat tötet den Sohn mit, und er hätte nicht allein,
was er retten wollte, verdorben; er müßte sich auch

als den Mörder seines Sohnes anklagen. Die Tragödie würde eine Verherrlichung der Unbesiegbarkeit von Liebe und Treue, und doch fielen die Liebenden nicht schuldlos, da sie bewußt den Kampf mit der Welt beginnen. Hier wären drei Hauptpersonen oder vier. Ein stolzer Fürst und ebenso stolzer Freireichsstädter.

Im andern Falle müßte die Schuld, die aus der Liebe hervorgeht, rückschlagend die Liebe vergiften. Der Liebende selbst müßte den Untergang der Geliebten auf seine Seele laden. Sie den seinen als ihre Schuld fühlen. Es würde eine Ehetragödie. Ernst müßte hier schuldlos gehalten sein, um nicht zu wichtig zu werden. Das Stück müßte fast nur zwischen den beiden Gatten spielen. Das Historische müßte in diesen beiden Fällen sehr zurücktreten, dürfte bloß den Rahmen abgeben. Jedenfalls könnte der Dichter der Geschichte nicht treu bleiben und müßt es auch nicht, wenn das Stück kein historisches sein soll. Entweder müßte Albrecht sterben, oder Ernst an der Gewaltthat schuldlos sein.

Will man es als historisches fassen, so möchte die Törringische Behandlung nicht leicht zu übertreffen sein. Und vielleicht liegt der geringere Eindruck, den sie macht, eben in dem Mangel an historischer Wichtigkeit.

Die naiven Frauen Goethes

Goethe hat sich in seinen naiven Frauen die Natur wohl zu passiv gedacht; überhaupt von der Natur nur die stillere, passive Seite reproduziert; es scheint fast, als habe er unter Natur eben nur das Pflanzenmäßige, will sagen, das stille Wachsen verstanden, das in sich Geschmiegte, Gebundne. Der Instinkt der Sinnpflanze, deren berührter Zweig sich schamhaft senkt, war seiner eignen Natur verwandt; für den Instinkt des Kindes und Naturmenschen, der geschlagen oder auch nur berührt schlägt, hatte er keinen Sinn. Seine Natur war doch nur eine halbe; in Shakespeare, auch im Sophokles (Antigone) haben wir eine ganze. Shakespeares Frauen haben dieselbe Naturbeschlossenheit und Ganzheit wie bei Goethe bei weit reicherm Gehalte. Goethe stellt sein eignes Verhältnis zur Natur sehr schön und treffend im Faust dar. Der Erdgeist, die ganze Natur erschreckt ihn, zu der bloß leidenden Seite der Natur, zu Gretchen zieht es ihn hin. Shakespeare dagegen flutet, flammt und stürmt mit dem Erdgeiste und denkt mit seinen passiven Gestalten, z. B. mit Heinrich VI. u. s. w. ihre passiven Gedanken. Wer das Muster der Gretchen recht benutzen will, der muß bedenken, daß der Typus der weiblichen Natur darin zu abstrakt gefaßt ist; als wenn das Weib eben nur und nichts als die passive Seite der Natur darstellte; — ich möchte wohl daneben den Mannestypus sehen, der, ebenso abstrakt gefaßt, ohne alle Empfindung als ein absoluter Handler erscheinen müßte. Der Unterschied der Geschlechter ist eben nur ein relativer. Es kann ein Weib voll Heroismus sein und dennoch naiv erscheinen: Antigone. — Die Hauptsache ist eben nur, daß die Natur in ihr heroisch, und daß dieser Heroismus ein weibliches Äußere tragen muß; d. h. sie muß aus dem unmittelbaren Gefühle heraushandeln. Der Instinkt, das Wesen selbst durchbricht das Wesensfremde, die Reflexion, und setzt sich in der Antigone ihr zum Trotze durch. — Das Rechte ist, daß man Ideale darstellt, die aus ihrer Natur heraus, nicht mit Bewußtsein, am wenigsten mit Selbstbespiegelung ideal sind. Das schließt schon das Hohle, Preziöse u. s. w. aus. Ein Beispiel eben die Antigone, die durchaus ein naives Ideal ist und darum weder dem Kunstideale noch der Naturwahrheit widerspricht. —

Gretchen im Faust

Am Faust ist so recht zu sehen, welchen poetischen Vorteil das Schlanke und Primitive giebt. Gretchen könnte uns nicht so als das Bürgermädchen und als das Weib selbst erscheinen, wenn wir mehr von ihr wüßten. Die Mächte, die sie beleidigt, sind unsern Sinnen gar nicht und selbst der Phantasie nur wie ein bloßer leichter Schemen hingestellt; ihre Mutter sehen wir gar nicht, wir hören bloß von ihrer Strenge und Frömmigkeit, und sehr vorübergehend, nur andeutend reden. Wir sehen sie selber nicht in ihrer eigentlichen Umgebung, wodurch sie uns schon zu individuell würde; nicht einmal, daß sie einen Bruder hat, wissen wir im Anfange. Wir sehen bloß das Weib und das Motiv der Liebe, derallgemeinste, primitivste Motive. — Merkwürdig, daß beide, Goethe und Shakespeare, bei gleich idealer Behandlung, auf entgegengesetztem Wege gehend, das ähnliche erreichen, Goethe durch Zusammendrängen, Shakespeare durch Ausdehnung der Gestalten diese von der gemeinen Wirklichkeit isolierend. Beiden ist es mehr um den Gehalt ihrer Darstellungen zu thun, d. h. um Darstellung des Gehaltes ihrer Geschichten. Beide haben das Primitive und Schlanke, das Wunderbare, die kurzen Szenen, den reichen Wechsel, die Mischung des Heitern und Ernsten, die verschwindende Kausalität, wodurch es scheint, als habe die Phantasie allein alles geordnet, die ideale Behandlung von Zeit und Ort, das Erheben des Dialoges über die gemeine Wirklichkeit, das Ausklingen der Stimmung und das Abschließen der einzelnen Szenenstimmungen gegeneinander, das poetische Sichgehenlassen des Gehaltes bei völlig versteckter Maschine, das Vorherrschen des Zuständlichen, auch des Leidens über das Handeln gemein. Shakespeares wahre Größe wird durch diese Vergleichung

erst recht sichtbar. Goethe erreicht die ideale Wirkung
dadurch, daß er das Schreckliche bloß andeutet und
aus der mildernden Entfernung der Vergangenheit
volksliedartig herüberklingen läßt, Shakespeare aber
weiß die sinnliche Gegenwart des Schrecklichen zu
idealisieren. Goethe vermeidet das sittliche Urteil um
der Wirkung willen, Shakespeare bedarf dieses Kunst-
griffes nicht. Selbst der Teufel muß ein im Grunde
eigentlich guter Kerl bei Goethe werden. Shakespeare
blendet seinem Edmund, Goneril, Regan nicht das
mindeste davon an; aber weder die Schönheit dieser
Gestalten noch die sittliche Wirkung des Stückes leiden
darunter. Es ist erstaunlich, welche Idealität Shakespeares Talent besaß.

H. von Kleist

Was H. v. Kleists Erfolg bei dem großen Publikum hindert, ist: 1. Daß er alles auf die Spitze treibt,
nicht Maß zu halten weiß; dadurch bekommen seine
Fabeln etwas Raffiniertes, Überspanntes, Absichtliches,
z. B. die grelle Symmetrie in der Katastrophe der
Schroffensteiner u. s. w. 2. Daß er seine Probleme mehr
mit und für den Verstand einrichtet, den Shakespeare
stets bloß kontrollieren und sozusagen negativ zu Grunde
liegen läßt. Dadurch wirkt Kleist nicht als Totalität
und darum auch nicht auf die Totalität. Seine Führung
hat etwas Spitzfindiges; er trägt seine Geschichte vor
wie ein Kriminalist, bei dem der Scharfsinn der psychologischen Motivierung die Hauptsache, der aber gemütlich an den Geschichten selbst ohne Teilnahme ist. So
sucht er auch durch das Rätsel, in welches er seine
Fabeln verwandelt, mehr den Verstand zu spannen.
Ter Gott bleibt bei ihm in den Wolken, und dadurch
entsteht sein Tragisches; dies ist bei ihm eben, daß die
Menschen leiden und handeln, sie wissen nicht warum

und wozu. In der Aufschrift an jenem Hause, die ihm so wohl gefiel, liegt seine tragische Formel: „Ich komme, ich weiß nicht von wo, ich bin, ich weiß nicht was — ich fahre, ich weiß nicht wohin — mich wundert's, daß ich so fröhlich bin." — 3. In seiner Sprache, die das direkte Gegenteil von Shakespeares, in dessen Leidenschaftsausbrüchen große Gedanken als Glieder des Naturlautes mit dahin fluten, während bei Kleist, was vom Naturlaute darin, als Musik des Gedankens. Wenn uns bei Shakespeare die Leidenschaft geistreich erscheint, so zeigt sich uns bei Kleist der Verstand als Leidenschaft. Alles das läßt sich darin zusammenfassen, daß bei Kleist, wie bei Lessing, der Verstand das Medium der Darstellung, nicht bloß der Disponent; während bei Shakespeare das Medium die Phantasie und unmittelbares Gefühl ist. Daher fehlt es Kleist an der Beredtheit der Leidenschaft. Er ist Goethe und Schiller zu weit ausgewichen. Wie er selbst Verstand sein und Leidenschaft darstellen sollte, wie Shakespeare, ist er Leidenschaft und stellt Verstand dar. —

Modern französisches Drama

Ich glaube, daß die neuern französischen Dramatiker die Sache so machen: Nachdem die Expositionsszenen und die äußersten Umrisse der Handlung erdacht sind, sagt der Autor zu sich selbst: Jetzt muß der auftreten, den man am wenigsten erwartet. Das wird möglich gemacht, wenn auch nicht wahrscheinlich. Dann muß der kommen, von dem der Zuschauer zum besten der Personen, für die er sich interessiert, am meisten wünscht, er komme nicht. Es muß das geschehen, wovon man wünscht, es geschehe nicht. Auch das wird möglich gemacht und immer wieder das Erste mit dem Neuhinzugekommenen in möglichste Harmonie und Verbindung gebracht. Dazu wird darauf gesehen, daß gegen das Ende eines Aufzugs womöglich die sämtlichen Personen des Aufzugs, am Ende des Stückes die des Stückes auf der Bühne sind. Nach dieser Methode ist es eben nicht zu schwer — wenn auch kein Kunstwerk — doch ein Kunststück zuwege zu bringen, und solch ein Dramatiker rangiert dann wenigstens mit dem Taschenspieler. — Hinsichtlich der Einheit der Szene gilt, was Schlegel von den französischen Klassikern sagte — es müßte heißen: „Der Schauplatz ist auf dem Theater" — auch für die Scribes und seiner Schule. Ebenso sind ihre Expositionen unwahrscheinlich und fallen aus dem Tone. Ihre Figuren haben scharf ausgeschnittenes Profil, aber keine Tiefe. Man merkt, daß sie nur für drei Stunden der Aufführung gemacht sind, sie haben etwas von den mechanischen Figuren, die, so lange das Uhrwerk in ihrem Innern geht, erstaunenswerte Bewegungen machen; aber sie haben kein selbständiges Lebensprinzip; sie haben Charakter und Persönlichkeit nicht für sich, sondern um die Zuschauer zu unterhalten. Es sind Marionetten, deren Bewegungen man nicht aus ihrem Innern heraus, sondern an den Drähten ansieht, was sie jetzt für ein Kunststück machen werden. Sie sind nicht, sie repräsentieren nach einer Konvenienz, — Papiergeldminenschen, — sie sind die Karten, mit welchen der Taschenspieler Kunststücke macht, und das Publikum findet ein ähnliches Amüsement, wenn es just die Karte fallen sieht, von der es dies am allerwenigsten erwartet hatte. Wie der Dichter nun ein Taschenspieler, so muß der Schauspieler eine Art Gliederpuppe sein. So sind auch die Figuren, die nur von einer Seite dem Publikum gezeigt werden, auf der andern gar nicht ausgeschnitten und koloriert. Alles existiert nur, soweit es dem Zuschauer gezeigt wird. Der philosophische Betrachter, der die Figuren genau zu betrachten gewohnt ist, findet denn Figuren mit einem Arme, mit einem halben Gesichte, er bemerkt schon aus der Ferne, daß die Figuren keine Rundung haben. Die Kälte, die über das Ganze ausgegossen ist, wird notwendig, denn alles Mechanische ist an sich kalt, und das Gefühl würde in dieser Umgebung nur lächerlich werden. Da sind keine Gefühlsabstufungen, keine Seelenzustände, wie sie wirklich sind; da ist kein Wachsen, kein Werden; der Draht wird angezogen, und der Mechanismus thut seine Schuldigkeit. Sprühteufel, die explodierend Erstaunen und Überraschung erregen, aber nichts hinterlassen als Dampf.

— Ein Stoff für alle, eine Form für viele, einen Inhalt für die besten; Klarheit, Raschheit, Nachdruck.

"Die Waise von Lowood von Charlotte Birchpfeiffer"

Die Verfasserin hat nach ihrer Weise einige Szenen aus dem Romane notdürftig ins Dramatische übersetzt, andre Szenen hinzugefügt, in welchen gesagt wird, was man in jenen wissen muß, und noch andre, weil jedes Ding ein Ende haben muß, und das Ende des Romans hier doch gar nicht zu brauchen war. Jene entlehnten Stellen sind dann hübsch genug, aber sie schwimmen auf einem wahren Sumpf von Schablone, Komödiantenjargon und salopper Zurichtung. Von einer Stimmung keine Idee. Das grausige Element der vermeinten Gratiaprobe ist freilich auch in das sogenannte Schauspiel aus dem Romane übergegangen — bloß um des Brandmordversuches willen, denn es ist alles anders gewendet; was im Romane eine Last zu stützen hat, ist hier ein Pfeiler, dessen Stärke mit der Schwere seiner Last in gar keinem Verhältnis steht. Das Grausige geht, ohne eine Stimmung zu erregen, spurlos vorbei, einen rechten Zweck hat es gar nicht, und man fragt zuletzt: Aber wozu denn nun das alles? Selbst an den beiden Hauptpersonen wird man immer nur soweit gefesselt,

daß man begreift, man könnte wirklich von solchen
Charakteren gefesselt werden, wenn die Autorin ver-
ständle, wie man das macht. Also auch: wozu nun
zwei Charaktere, die so bedeutend sein könnten, mittelst
deren eine wahrhaft dramatische und tragische Wirkung
erreicht werden könnte, für eine Wirkung verbraucht,
für die jede andre auch gut genug gewesen wäre?
Warum goldne Zangen in Bewegung gesetzt, um einen
Pfennig aus dem Kehricht herauszuholen? — Die Leute,
die neben andern stehen, müssen der dramatischen Konvenienz gemäß oft thun, als hörten sie nicht, was
diese laut genug beiseite herausschrein; hier ist das
Entgegengesetzte angewandt: hier hört einer aus der
Ferne, was nicht zu laut verhandelt wird. Ein einfacher Mittel, jemand etwas erfahren zu lassen, was
ihm die Leute nicht selbst sagen sollen, giebts freilich
nicht, als daß einer zufällig in die Nähe kommt und
den Horcher macht. Ob Currer Bell wohl ihren
Rochester in solcher Situation dargestellt hätte? Schwerlich. Indes kommts hier weder auf Charaktere noch
auf ihren Adel und dergleichen an. Die Hauptsache
ist, daß das Publikum die Geschichte hört und sieht;
auf das Was, nicht auf das Wie. Wie jener Schau-
spieldirektor Pütterlin, der im Dialog auch die Reden
seines vis-à-vis brachte und von seiner Frau darüber
beredet, sagt: Dummes Zeug! Geredt muß doch
wäre! —

Eine Lobrede auf die Birchpfeiffer zu machen,
darin nachgewiesen wäre, sie sei der Shakespeare
unsrer Zeit und Nation, weshalb das Geschrei derer
thöricht, die den Messias immer noch erwarten; nachgewiesen, daß die Birchpfeiffer für unsre Zeit dasselbe
thue, was Shakespeare für seine, und mit demselben
Erfolge, also eigentlich über Shakespeare rangiere, wie
unsre weitergeschrittene Zeit über seiner. Nun Vergleichung der rohen und blutigen Dinge Shakespeares

und der nieblichen, zahmen der Birchpfeiffer, wie jener groben Zeit mit ihren „Luthern" und „Shakespearn" und unsrer humanen Zeit mit unsern Redwitz und Birchpfeiffer. Shakespeare hat die beliebtesten Erzählungen seiner Zeit dramatisiert, die Birchpfeiffer dramatisiert die unsrer, aber mit welchem Unterschied! Shakespeare übersetzt jene künstlichen und anständig ruhigen Geschichten in eine ordentliche Art Wirklichkeit und giebt sich Mühe, in seinen Personen den Schauspieler vergessen zu lassen. Ganz hat die Birchpfeiffer nicht vermeiden können, daß die „Lorle" und „Jane Eyres" u. s. w. etwas von der Art behalten, die sie in den betreffenden Geschichten haben, und wahr ist's, das muß einem gebildeten Publikum unangenehm vorkommen; es wird einem in diesen ausgeschriebnen Stellen förmlich zugemutet, sich Menschen auf dem Theater gefallen zu lassen, Menschen mit ordentlichen menschlichen Gefühlen und warmem Blute. Aber auf die Bühne gehören keine Menschen mit Menschengesinnungen; weshalb gäbe man sonst sein Geld aus und ginge ins Theater? Wirkliche Leidenschaften u. s. w. erinnern an Fleisch und Blut; wir wollen Theatergesinnungen, Theatersprache, Theaterhelden u. s. w.; wir wollen niedliche pappene und leinwandne Leidenschaften sehn, die uns nicht in die Angst der Vorstellung treiben können, es könnte ein Schaden durch sie geschehn. Und wenn sie auch nicht ganz von der Anklage freizusprechen, aus Novellen u. s. w. dergleichen abschriftlich anzubringen, so weiß sie doch schnell wieder alle gefährliche Täuschung, als ginge die Sache nicht auf dem Theater vor, und die Personen wären nicht verkleidete Schauspieler, durch Sprache und Führung der Charaktere und der Handlung zu zerstreuen. Aber freilich wär es besser, wenn sie diese Nudität, die sogar nicht in ihre eigne gebildete Sprache hineinpassen, ebenfalls in ihre Theatersprache

übersetzte. Ein gewisser Gervinus hat Shakespeare
als Muster aufgestellt, dagegen der große Robert
Heller ausgesprochen, daß man von der Birchpfeiffer
lernen solle. Von Shakespeare kann man gar nicht
lernen; verkehrterweise hat jedes Stück nur seine eigne
Form, die aus der Natur des Stoffes gewonnen ist,
kein Motiv kehrt gleich angewandt wieder; keines
seiner Stücke erinnert daher an den Soufflierkasten,
an die Pappcoulissen u. s. w. Das soll aber nicht sein.
Hier beweist sich Frau Birchpfeiffer wiederum als
wahre Künstlerin. Sie hat gewisse Kunstweisen —
alberne Menschen nennen sie Schablonen —, welche sie
jedem Stoff oder vielmehr jeden Stoff diesen Kunstweisen anzueignen versteht — ich will nur an die be-
wunderungswürdige Kunst erinnern, mit der sie zu machen
weiß, daß einer im Stücke erfährt, was er wissen muß,
und wovon die betreffenden doch haben wollen, daß
er davon nicht wissen soll. Man betrachte Emilia
Galotti, wie ungeschickt ist hier die Geschichte angefangen; Odoardo muß wissen, was vorgefallen und
was seiner Tochter droht. Da muß der Prinz erst in
der Kirche die Emilia anfallen, da muß Marinelli mit
Appiani in offnen Zwist geraten und Claudia Zeugin
sein, und was weiß ich alles, damit Claudia das Verhältnis kombinieren kann; wie schnell war das zu
machen, wenn der alte Odoardo zufällig ungesehen ein-
trat und die saubern Pläne des Prinzen und seines
Lieblings behorchte! Und wie geschickt wird man in
der Waise auch hier an das Theater erinnert; wie
häufig kommt es vor, daß einer, indem er laut mit
sich redet, von dem gleich daneben stehenden nicht
verstanden wird; hier versteht nur der fernstehende,
was auch nicht lauter verhandelt wird. Man weiß
recht gut, daß jene eigentlich verstehen müßten und
dieser nicht; die Dichterin des Romans hätte, das
glaub ich schon, ihren Rochester nicht so horchen lassen,

aber eben daß er sich hier von dem Vorurteil freigemacht hat, ein Charakter müsse konsequent gehalten sein, das wie jenes erinnert uns ja eben, daß wir zehn Neugroschen ausgegeben, um im Hoftheater zu sitzen. Es lassen sich Stimmen vernehmen, daß das eigentlich Bühnengerechte von solchem Schablonenwesen, wie sies nennen, ebenso weit entfernt sei als die Manier im Götz u. s. w.; es ist daher gut, wenn sich so bedeutende Stimmen, Leute, die praktisch gezeigt, daß sie etwas von der Sache verstehn, vernehmen lassen, man müsse der Frau Birchpfeiffer absehen, wie sies mache.

Ch. Birchpfeiffers „Der Glöckner von Notre-Dame" und „Gluko."

Wenn man Shakespeare dramatische Weisheit zugestehen muß, so der Birchpfeiffer etwa dramatische Schlauheit, Pfiffigkeit, zuweilen auch Dummpfiffigkeit. Mit schnellem Blicke erkennt sie, was bei einem Romane von der Bühne auf ihr Publikum wirken kann. Sie nimmt es heraus, rundet es ab, so gut es gehen will oder muß — freilich nur äußerlich, denn von einer idealen Komposition ist bei ihr nicht die Rede. Mit Hilfe einiger immer wiederkehrenden Schablonen weiß sie das Zusammengesetzteste ihrem Publikum zu vereinfachen. Kommt es darauf an, daß einer etwas erfahren soll, was andre geheimhalten, so läßt sie diese davon sprechen und jenen, unbemerkt von ihnen, in der Nähe stehen und zuhören. Ein Wort genügt dann, uns deutlich zu machen, was dieser darauf unternehmen will. Oder eine Person will eine andre, die nebst vielem Volke zugegen, und den Zuschauer zugleich etwas wissen lassen; sie spricht nun verblümt; die nächsten Schauspieler und Statisten um sie thun, als hörten oder verstünden sie nichts davon; nur die verstehen sie, von denen es die Autorin haben will, daß sie sie verstehen sollen. Eine andre Schablone ist, daß einer dazu kommt, wenn etwas geschieht, das ihn aufbringen muß.

Weder die Handlung noch die Charaktere haben eine Idee, an der sich ihre Momente aufreihen wie an einem Faden. Jede Figur muß jeden Augenblick bereit sein, mit sich machen zu lassen, nicht was ihr inneres Gesetz, sondern was die Frau Birchpfeiffer von ihr verlangt. Wenn einer das mit einer gewissen Ängstlichkeit triebe und wohl noch mit Vorwänden beschönigen wollte, so würde es nicht auszuhalten sein. Die Birchpfeiffer aber ist eine naive Barbaria voll lecker Unbefangenheit; sie greift eben unbedenklich mit der Hand ins Spiel hinein, wenn die Fäden der Marionette nicht ausreichen, als müßt es so sein und könnte und sollte gar nicht anders sein, als so. Wie ein geschickter Lügner balanciert sie mit der lecken Zuversicht von Miene und Ton die innern Unhaltbarkeiten der Erzählung. Der eine Teil der Zuschauer bemerkt sie darüber gar nicht, der andre nimmts nicht so genau damit; sie läßt ihm auch zu wenig Zeit, die schwachen Partien zu betrachten, geschweige, daß sie durch die vergebliche Bemühung, sie zu verlarven, erst selbst auf sie aufmerksam machen sollte. Auffallend ist aber an ihr der gänzliche Mangel an Poesie und Noblesse der Denkart, ja selbst an weiblichem Zartgefühl. — Die sinnlichen Kräfte weiß sie trefflich ins Spiel zu setzen; wenn nicht durch den Reiz der Schönheit, doch durch den der Häßlichkeit.

Das Schauerlichste ist, wenn sie im ersten Akt des Hinko die Spaziergängerszene im Faust travestiert. Man weiß nicht, was alberner und hölzerner, die Verse oder ihr Inhalt.

Wenigstens lernt man von ihr, daß man, wenn man eine reiche, drastische Handlung ohne Verwirrung führen will, nicht mit innern Motiven operieren darf. Die allgemein verständlichsten Motive muß man zu Grunde legen, damit der Zuschauer sie aus den Handlungen ohne Mühe selbst ergänzen kann.

An der Wahrscheinlichkeit ihrer Vorgänge ist ihr gar nichts gelegen. Noch weniger hat sie Lessings Meinung, das Theater solle die Schule der moralischen Welt sein. Von dem eigentlichen Wesen der Seele und ihrer Zustände ist nichts aus ihr zu lernen, von einer Wahrheit des Lebens, wie sie Horaz fordert, desgleichen. Nicht den Weltlauf, sondern die theatralische Konvenienz stellt sie dar; man kann nicht sagen, daß ihre Bretter die Welt bedeuten; nein, sie bedeuten das Theater, ihre Figuren stellen nicht Menschen dar, sondern eben nur verkleidete Schauspieler. Man lernt nicht die Gesetze des Lebens in ihren Stücken, nur ihre eignen Schablonen. Man lernt nicht leben von ihnen, sondern nur nach Birchpfeifferischer Theatermache schlechte Schauspiele machen.

Hebbel (Maria Magdalena)

Die Marie Magdalene Hebbels, in mancher Hinsicht sehr lobenswert, leidet daran, daß die Kälte des rechnenden Dichters, dem die Persönlichkeiten nur Zahlen waren, auf seine Personen überging. Schiller giebt seinen Personen gern von seiner Wärme, Hebbel von seiner Kälte.

Der Dichter schließe menschlich mit dem Todesurteile, damit ist das Reich des Tragischen aus; die vergeblichen Windungen und Krümmungen des gewissen Opfers sind nicht mehr tragisch, sind gräßlich und passen nicht für die edelste Gattung der Poesie, sondern sind für die Leierorgel der Bänkelsänger. Der Dichter ist der Richter, nicht der Henker.

Julia von Hebbel

Das Epische überwiegt durch das Ganze das Dramatische. Die Charaktere exponieren sich mehr durch Erzählung als durch Handlung, meist durch charakteristische Anekdoten von ihnen selbst, die sie sogar sich selbst erzählen. Von einer Steigerung ist nicht die Rede. Auch die Motive zu ihren Handlungen werden erzählt, und zwar möglichst individualisiert. — In der Behandlung ist nichts ausgespart, kein Anwachsen, keine Unterordnung; Großes und Kleines tritt mit demselben Anspruch auf, kein Ruhepunkt, kein Anhalten keine Beschleunigung. Wie eine Lavaflut schwerfällig unter der im Laufe zu Schlackenmassen gerinnenden Decke wälzt sich das Stück fort; immer gerinnt die Handlung unterwegs zur Erzählung. — Bei Hebbel wie bei Rich. Wagner leidet der dramatische Fluß unter der Absicht, in jeder Rede, ja in jedem Worte bedeutend zu sein. — Bei Shakespeare haben die Charaktere ihre Ruhepunkte, ihr Eigentlichstes zeigt sich nur, wenn es herausgefordert wird durch die Situation; Hebbels Charaktere sind Tag und Nacht in ihrer vollen Wappenzier; jede seiner Personen ist beständig auf der Jagd nach den eignen charakteristischen Zügen. — Der Charakter ist in jedem bis zur Monomanie gesteigert. Sie wissen alle, daß sie Originale sind, und möchten beileibe nicht anders erscheinen. Daher kein Zug bei Hebbel wie bei Shakespeare und in der Natur meistenteils, wodurch ein Charakter sich ohne, ja wohl wider Wissen und Willen verriete, keiner, in dem eine Figur die andre charakterisieren will und sich dadurch selber charakterisiert, ohne es zu denken. Die Charaktere sind durchaus bloß mit ihrer Lokalfarbe gemalt; kein Nestex; sie gehen nebeneinander, ohne sich durch Berührung gegenseitig zu modifizieren, wie z. B. der Ruhige den Hitzigen noch hitziger macht; der Hitzige den Ruhigen noch ruhiger; sie sprechen überhaupt nicht miteinander, nur zu einander; es fehlt der eigentlich dramatische Dialog. So verschieden die Züge der einzelnen Charaktere, so gleich ist die Art, wie sie sie auskramen in Erzählung gelegentlich ihnen einfallender Dinge, die sie gethan oder gesagt; das Haschen nach auffallenden Bildern ist allen gemein. — Die Ökonomie ist nach allgriechischem Muster; das Stück gleicht in dieser Hinsicht einem Euripideischen, bis auf die Erzählung am Ende, und wirklich hat es keinen Schluß und könnte auch keinen andern haben, als einen Euripideischen, etwa, daß nun die Dreade, die Nachbarin des Bertramischen Schlosses, in einem Epiloge den Ausgang Bertrams und der Liebenden prophetisch vorausnehmend, erzählte. — Hebbel hat die drei unvereinbarsten Dinge in seinem Drama vereinigen wollen: modernsten Stoff, Shakespearische Charakteristik und antike Form; größte Konzentration der Handlung bei ausgeführtester Charakteristik. Die Bilder selbst sind meist von einer unnachahmlichen Größe und Schönheit. — So lange die Charaktere sich episch rüsten, d. i. einen Charakterzug nach dem andern anlegen in einem Gespräche, das mehr eine Erzählung ist, in der sich mehrere ablösen, indem sie thun, als sprächen sie miteinander, ist alles herrlich; sowie es zu eigentlicher Handlung, zu wahrhaft dramatischem Dialog kommen soll, wird es absurd; so z. B. die Szene Julias mit Pietro, dann der ganze dritte Akt. Ist das eine Schwäche seines Talents, die zu verstecken er diese Form gewählt hat? Und versieht er diese Form als die rechte, um jene Schwäche zu einer Stärke zu machen? — Überhaupt sind die Hebbelischen Figuren, weil sie nicht Naturvermögen, wie die Shakespeares, sondern Denkarten darstellen, Lebensanschauungen — epischer Art, weil seine Probleme mehr kulturhistorische als psychologische sind. Die Leidenschaft ist an sich

theatralisch und dramatisch, theatralisch durch ihre
Energie, dramatisch, weil sie eine Entwicklung hat,
tragisch, weil sie sich ein Schicksal bereitet, das des
Menschen eignes ist, während das Schicksal bei Hebbel
mehr ein Ergebnis der Zeit ist, in der seine Menschen
leben, als das ihres eignen Thuns. Sie leiden nicht,
was ihre eigne Natur, sondern was die Denkart der
Zeit ihnen auferlegt, die in ihnen handelt. In seiner
Vorrede zu Maria Magdalena wird das klar als seine
Meinung vom Tragischen, in seinem Worte über das
Drama noch mehr. Nicht mehr die verschiednen Naturen, sondern die verschiednen Denkarten werden in
Konflikt zusammengebracht. Diese Maxime wird gewiß
dem Gehaltreichtum des Dramas förderlich, aber ebenso
gewiß seiner eigentlichen dramatischen Wirkung schädlich sein. Der Schauspieler wird in eine gewisse Willkür geraten. Ein Charakter prägt sich theatralischer
aus und unmittelbarer als eine Denkart. Die Gesichtspunkte sind hier die wahren Personen, die Figuren
bloße Träger, bloße Figuranten. Eigentliche Menschendarstellung würde hier nur nebenbei und von außen
kommen, während sie bei Shakespeare das Zentrum,
der Zweck seines Schaffens sind.

Agnes Bernauerin von Hebbel

— Das Stück, welches unter allen Hebbelischen
den schwächsten Eindruck auf mich gemacht hat. Ich
glaube, die schlimmste Eigenschaft eines dramatischen
Werkes ist, wenn es kalt läßt. Diese besitzt dies Stück
in hohem Grade. Hebbel hat alle Mühe aufgewandt,
zu zeigen, daß sein Ernst das Schrecklichste glaubt
thun zu müssen, und daß ers ungern thut. Das erste
ist ihm doch nicht ganz gelungen; wenn es ihm aber
auch gelungen wäre, was wäre ihm nun damit gelungen?
Ist es die Aufgabe der Tragödie, unserm Verstande zu

erklären, was unserm Verstande wehe thut, was unsrer Sinnlichkeit gleichgültig bleibt? Seine Behandlungsart fordert von unsern Kräften nur den Verstand auf. Wir fühlen uns höchstens geneigt, mit seinem Ernst über die Verständigkeit seiner Gründe verständig zu disputieren. Ich denke aber, wir sollen fühlen. Wir sollen mit Personen, an denen wir das wärmste Interesse nehmen müssen, ihre Leiden leiden, ihre Hoffnungen hoffen, für sie fürchten und zuletzt, wenn die Furcht sich realisiert hat, mit süßem Schauder die Notwendigkeit des Vernünftigen verklärend über dem Schmerze der Leichen schweben sehn. Goethe hat recht, wenn er den Verstand in die Tragödie nur in Nebenpartien entrieren lassen will. Einige finden das Stück wenigstens technisch lobenswert, als ein effektvolles Theaterstück. Ich nicht. So z. B.: Am Leben des Sohnes Wilhelm hängt die Katastrophe. Wenn wir das früher wüßten! Wir erfahren es nicht eher, als da der Sohn Wilhelm tot ist. Wir erfahren, daß etwas geschehen ist, das, wenn wir seine Folgen hätten ahnen können, uns tragische Furcht erregen konnte. Warum die Sprache so epigrammatisch? Wir bleiben ohnedem schon zu kalt. Mir wird immer deutlicher, der Epigrammatismus der Sprache scheint ihm das eigentlich Dramatische, und ihm zuliebe behandelt er die Hauptsachen als Nebensachen. Nicht Stimmung, Situation, Charakter, nicht Leidenschaft, nicht die Wucht des Thatsächlichen, nicht tragisches Mitleid und Furcht ist es, was ihm zuerst aufgeht und ihn zum weitern reizt, sondern epigrammatische Dialogfragmente. Bei Grabbe wars ein ähnliches. Der Dialog ist um nichts dramatischer, als in seinen frühern Stücken, seine Personen sprechen nur, um ihre dialektische Kunst zu zeigen. — Hebbel nennt einmal Lessing nüchtern; wie soll man ihn nennen? Er ist heiß, wie es Schneewasser ist, von dem die Kinder klagen, es

brenne sie an die Haut. — Bei Shakespeare ist immer
Erregung von Gefühlen die Hauptsache. Naturlaute,
gegliederte. Manche Monologe sind bei ihm nur
in Worten auseinandergelegte Schmerz- oder Wut-
seufzer. —

Emanuel Geibels „Meister Andrea"

Der Andrea ist allerdings für die Bühne nicht
konzentriert genug, wenigstens für den jetzigen Geschmack des Publikums, aber poetischer ausgeführt als
irgend ein deutsches Lustspiel, das ich kenne. Die
Sprache ist schön, der Dialog voll glücklicher Einfälle;
er zeigt von gutem Studium Shakespeares. Das
Ganze macht einen angenehmen Eindruck, es macht
wirklich den Eindruck von Poesie.

Interessant ists, den „Dramaturgischen Anhang"
dazu zu lesen. Er ist ein Pendant zu Schloenbachs
Einleitung seines „Königs von Thüringen." Ver-
gleich ich das, was ich mit meinen eignen Figuren
gewollt, mit diesen selbst, wie sie geworden (mit diesen
beiden Avis), so wirds mir recht deutlich, wie reich
und an wie guten Intentionen wir Neuern sind, nur
daß es uns nicht gelingt, diese vollständig zu verwirklichen. Ich glaube, wir könnten weit mehr leisten,
wollten wir nicht zuviel leisten. Man sollte nicht mehr
in einen Charakter legen wollen, als ohne alle Erklärung herausgelesen werden kann. Es ist eigentlich
einerlei, ob man vor Reichtum nichts giebt oder vor
Armut. Die Hauptsache ist, was wirklich in des Lesers
oder Zuschauers Hände kommt, nicht was wir in unsre
Hände fassen, um es zu geben.

Denk ich nun an die Bernauerin von Törring, so
seh ich, was er darin geben wollte, empfängt der Leser
wirklich. Unsre Figuren dagegen sind zum besten Teile
wie mit einer sympathetischen Tinte geschrieben: wir,
die Dichter, sehen, solang wir daran arbeiten, die

Schrift vollständig; sowie sie aus unsern Händen ist, verlöscht die sympathetische Tinte, und der Leser weiß aus den übriggebliebnen Resten, mit gewöhnlicher Tinte geschrieben, nicht, was er machen soll.

W. Wolffsohns „Zar und Bürger"*

Äußerst interessante Aufführung. Wie in der Waise von Lowood der absolute Stoff, so herrscht hier die absolute Diktion. Man hat die Empfindung, als habe der Dichter, um die Charaktere und Situationen völlig sorglos, nur auf den schönsten und feinsten Wortausdruck gedacht. Das Gespräch als Gespräch, nicht als Einkleidung und so als Mittel von Charakter und Handlung. Da mir um die Sache der Dramatik selbst zu thun war, sucht ich mich so unbefangen als mir möglich dem unmittelbaren Eindruck hinzugeben.

In eine dramatische Illusion bin ich nicht gekommen, nicht einmal in eine lyrische Stimmung. Die Sprache und zum Teil auch die Gedanken haben mich immer außerordentlich interessiert, aber wie man an einem Messer, mit dem nicht geschnitten wird, den Glanz und die schöne Fassung betrachtet. Ein außerordentlich schöner Galanteriedegen. Die äußere Motivierung ist idealistisch, von einer innern, höhern Motivierung ist gar keine Spur (Vorbereitungen, Stimmungen, Steigerungen u. s. w.). Die Sprache hat viele Pointen, die Handlung keine. Man hat die Empfindung, als wären die Leute da oben nicht um ihrer selbst und ihrer genannten Interessen wegen da, sondern als wollten sie unsre Bewunderung ihrer Redekunst erregen und fingierten mit Absicht gewisse Charaktere und Situationen zu diesem Zweck, und zwar eingeständlich: sie wollen sich sich gar nicht für Praodin, Peter u. s. w. ausgeben, man soll ihre Kunst über ihrer Kunst nicht vergessen. Ich habe mich überzeugt, daß die Schillerische Richtung nur durch die Situationen wirken kann. Die Allgemeinheit der Gedanken, der Idealismus läßt doch das Charakteristische nicht aufkommen. Von den Charakteren wird man nicht hingerissen; sie sind nicht gezeichnet; die Unterschiede kommen nicht von innen heraus, sie sind nur oben darauf geschrieben; sie unterscheiden sich nicht in den Umrissen, nur in der Farbe. An Situationen fehlt es nicht, aber sie machen sich nicht geltend. Ein Jüngling wird für sein tüchtiges Benehmen gepeitscht, ein braver Mann ist zweimal wegen dergleichen in Todesgefahr, und man bleibt völlig unberührt und gleichmütig dabei. Denn das Gespräch vergißt seinen eigentlichen Zweck, die bestehende Situation uns immer gegenwärtig zu halten und auf die mögliche folgende zu spannen, das Gespräch vergißt sich und seine Zwecke über sich selbst. Die Reden sind nicht die Mittel zu Charakter und Situation, sondern Charakter und Situation müssen nur einen Vorwand für das Ent- und Fortspinnen geistreicher, wohlklingender Reden sein. An und für sich sind sie eher für den Zweck des Autors störend, denn sowie Furcht und Mitleid sich einstellt, behalten wir nicht mehr das Interesse für die Worte, ihre schöne Zusammenstellung und Wendung. Die Zeit des Idealismus scheint vorüber; Praobin, dieses Musterbild, dieser durch und durch ideale Charakter mit allem Aufwand von Zügen der Vollkommenheit, trotz all seiner eignen und der Tiraden andrer über ihn ließ mich gleichgiltig und das übrige Publikum nicht weniger; Winger erreichte mit aller Anstrengung nur einmal und einen schnell vorübergehenden Applaus. Peter (Devrient) war auch nicht viel glücklicher, Natalie machte sehr wenig Eindruck. Heimgekommen hatte ich fast keine Erinnerung, als eine wundervolle Dekoration gesehen und ein außerordentlich schönes und geistreiches Gespräch gehört zu haben; seine Stimmung klang in mir nach, kein Gedanke aus dem Stücke, kein Gefühl, keine Gestalt beherrschte mich. Ich griff nach dem Manuskripte, las wieder geistreiche Wendungen und schöne Sprache, aber mehr konnte ich nicht ermöglichen. Eh ich einschlief, weckte ich jede Erinnerung, von der ich glaubte, daß sie, wenn auch nicht die Totalität und den Grundgedanken des Stückes, so doch eine Einzelheit daraus, eine Gestalt u. s. w. mir so lebhaft erwecken könnte, daß ich mich in ihr erhöht empfinden könnte, aber vergeblich. Nach Wolfsohns Mitteilungen von Einzelnem und Vorlesung des Ganzen war ich weit erregter. Ich mußte mir freilich schon damals gestehn, daß die Wirkung nicht die spezifische eines dramatischen Werkes war, aber der Gedanke, daß freiere Ausmalung, poetisches Gehenlassen mit dieser (eigentlich dramatischen) Wirkung zu verbinden möglich sein könne, regte mich so auf, daß ich an allen Pfeilern meiner Überzeugung von der Beschaffenheit des eigentlich Dramatischen rüttelte und so aus den Fugen kam, daß ich bis heute nichts zu produzieren vermochte, weil ich die schmeichelnde Notwendigkeit nicht fahren lassen mochte. Der Weg Wolfsohns war nicht der richtige, weil er einseitig nur die äußre Schönheit der Sprache als Hauptsache ansah und das Schwert, ohne damit zu kämpfen, nur in der Sonne hin- und herwendete, um seine Politur glänzen zu lassen. Aber es war doch vielleicht einer möglich, der beides verband. Eigen war der starke Besuch der zweiten Vorstellung bei so wenigem Applaus. Die glänzende Dekoration störte mich, und ich bin überzeugt, daß sie dem Stücke schadet; denn trotz allen Ärgers darüber und allem Widerstreben nimmt dieselbe auch in meiner Erinnerung — der ich doch über dergleichen eigentlich hinaus bin — die Hauptstelle ein, und was von Stimmung in mir nachklingt, trägt ihre

Farbe. Im Buchhandel, bin ich überzeugt, wird das Werk viel Glück machen, denn es hat alles, was besonders unsre feine Welt verlangt: es amüsiert außerordentlich, ohne einem irgend eine Gewalt anzuthun. Devrients Charakteristik desselben, der es einem eleganten Stahlstich vergleicht in einem Taschenbuch, ist äußerst treffend.

Der Darstellung der Handlung fehlt es gänzlich an Gegenwärtigkeit; die Spitzen und Keile sind nach innen gewandt, statt nach außen. Was dramatisch am Stoffe wirken könnte, ist nicht in wirkliche Aktion gesetzt; vielleicht, weil es keine Gelegenheit zu einer poetisch schildernden Erzählung gab, die der ganzen Behandlungsart angemeßner war, als ein kräftiger Ruck in die Sichtbarkeit der Handlung hinaus; vielleicht weil er diese Gelegenheit gar nicht sah, und ihm der dramatische Instinkt entweder ganz fehlt oder das dramatische Talent noch zu unentwickelt ist, um es machen zu können. Ich glaube aber, der Grund liegt in der ganzen Richtung seines Talentes, der rhetorischen, die weder eine Vertiefung in das Innre der Personen noch eine Veräußerlichung desselben in anschaulicher Handlung erlaubt. Der Fluß und damit die äußre Schönheit der Diktion würde dadurch mechanisch gestört und dynamisch seiner Wirkung beraubt. Keine Einzelnheit der französisch-klassischen Form, die sich auf die rhetorische Richtung gründet, ist zufällig: sie gehen alle notwendig aus dieser Grundbedingung hervor. Alles ist Kultur und selbst Peter nur ein verkleideter Kulturmensch. Naturlaute, Blicke in das wirkliche Innre des Menschen, das Dämonische in ihm u. s. w. schließen sich notwendig aus, alle Charakteristik ist nur eine scheinbare, die Konvention der Bildung der Zeit ist ihre Bedingung, und so kann eine solche Poesie auch nie die Offenbarung der ewigen Wahrheit des menschlichen Seins werden; das Höchste, was sie

werden kann, ist der vollkommenste Ausdruck der
Bildung einer Zeit, nicht ihres realen Gehaltes, denn
der ist in allen Zeiten derselbe, sondern ihrer Ideale,
ihrer moralisch-ästhetischen Konventionen.

Überall ist der Zustand fertig, denn das Keimen
und Wachsen entzieht sich dem Schmucke. Das Leben
in einem solchen Werke kann daher nicht von der
Darstellung der Leidenschaft ausgehn; fertige Menschen
begegnen sich in der Intrigue; an die Stelle des
notwendigen dämonischen Dranges aus dem Innern
der Natur tritt eine zufällige Absicht, er handelt nicht,
weil er muß, sondern weil ein Vorteil ihn lockt; was
sie sein können, sind sie schon, es handelt sich nur um
das, was sie haben wollen, nicht um sie, sondern um
ihre Verhältnisse. So treffen wir in „Zar und
Bürger" immer auf Affekte, aber nicht auf Leidenschaften. Darum kann sich die dramatische Wirksamkeit der Figuren nicht steigern und damit die des
Ganzen und die Spannung und Stimmung des Zuschauers. Sie lohen auf in Affekten und sollen dann
wieder zurück auf ihren gewöhnlichen Grad; damit
wird die Spannung des Zuschauers, die in einer
großen, stetig unmerklichen Steigerung nach dem
Schlusse zu wachsen soll, in lauter kleine einzelne
Spannungen zerlegt, die immer wieder zerplatzen, eh
sie sich des Zuschauers bemächtigen können, und endlich
in ihrer Zwecklosigkeit zur Langeweile führen. Das
menschliche Gemüt hat das Bedürfnis der Spannung
und kommt der Kunst des Dichters im Anfang auf
halbem Wege entgegen; täuscht der Dichter es aus
Absicht oder Ungeschick einigemal, dann braucht es
großer Kunst, es sich wieder zu gewinnen.

"Narciß von Brachvogel"

Habe nun den Narciß von Brachvogel gelesen
und weiß nicht, was ich von unserm deutschen Publi-

tum sagen soll. Das ganze Stück ist wie ein Traumgespinst; das sieht zuweilen fast aus, wie wenn Menschen da vor uns empfänden, dächten, begehrten, handelten. Man nimmt eine Bewegung wahr; über etwas, das wie ein menschlich Angesicht aussieht, fahren wie Wolkenschatten allerlei Krämpfe; es scheint fast das Mienenspiel eines durchsichtigen, beweglichen Menschenangesichts, aber sowie dies seltsame Spiel aus, ist alles fort. Es ist Bewegung ohne Existenz, Mienenspiel ohne Antlitz, abstrakte Bewegung. Da ist keine Gestalt, die uns von ihrer Wesenhaftigkeit überzeugte; nichts als die Konvenienz des Dichters belebt diese Schatten. Da ist keine Entwicklung nach innern Gesetzen, bloß eine Reihe von äußerlichen Kombinationen. Die oberflächlichste Behandlung der Figuren in der Situation, daher die Vorschriften für den Schauspieler: „Groß, versinkt in sich" u. s. w., so willkürlich wie nur in Stücken alter Schauspieler, wie Ziegler und Genossen, und ebenso wenig mit den Worten selber stimmend, die der Schauspieler „groß" u. s. w. sprechen soll. Entsetzliche Beifallsbuhlerei, Spekulation auf alle Schwächen des Publikums. Was irgend einmal das deutsche Publikum hingerissen, davon ist eine Dosis in diesem Stücke. Da ist George Sand, Balzac, Shakespeare, Schiller und wer weiß wer noch, aber von keinem die Seele. Die Idealistik Schillers hätte nie die Macht geübt, kam sie nicht aus einem begeisterten Gemüte, das mit voller Seele an seine Träume wirklich glaubte, aus einem Kopfe voll Ideen, einem Herzen voller Liebe. Hier wird sie zur Grimasse. Dann die wunderliche und so vergebliche Anstrengung, seine Gestalten zu Riesen zu machen, durch das wohlfeile Mittel, daß andern Personen betreffende Reden in den Mund gelegt werden, über die der unbefangene Leser oder Hörer erstaunen muß. So begreift man nicht, wie Narciß zu den Lobsprüchen der Quinault kommt, und will man sie aus ihrer entstehenden Liebe zu Narciß motivieren (Liebe verblendet, verkleinert des Geliebten Fehler, wenn sie dieselben nicht wegräsonnieren kann, und vergrößert dessen Vollkommenheiten und dichtet ihm die an, die ihm fehlen!), so müßte man erst diese Liebe begreifen. Anstatt daß Narciß dadurch, daß die Cuimault ihn liebt, in unsrer Schätzung wächst, verliert sie. Ja wenn dieses Ding, diese ekelhafte Gallerte, nur etwas besäße, was für sie gewinnen könnte, nur Witz! Ja wenn sie nur ein Bösewicht wäre, in welchem, wenn auch übelangewandte Kraft! Das Ganze, was für ihn spricht, ist seine völlige Hülflosigkeit. Aber diese, die an einem Kinde so rührend, ist an einem Manne das Erbärmlichste und Verächtlichste, was die Welt kennt. Diese Ehrlosigkeit (Hamlet, sein Vorbild, verachtet sich auch selbst, aber nur in den Momenten sittlicher Entrüstung. es ist eben der starke Hamlet, der den schwachen durch verächtliche Behandlung zum Starksein spornen will, der aus Absicht Verachtung zeigt, die er nicht einmal zu empfinden braucht; aber vor seinem andern würde er das thun. Andern gegenüber empfindet er sich überlegen, und er ist dies auch allen von theoretischer Seite, erregt moralischen Ekel, aber keine Teilnahme in einem gesunden Gemüte. Das Kombinationstalent des Autors ist bedeutend, aber es sind eben nur Kombinationen, abstrakte Verhältnisse; das Vergnügen, welches es bewirkt, rangiert mit dem, das wir bei einem glücklich gelösten Rechnungsexempel suchen. Hier haben wir ein Stück, das bloß der Geschicklichkeit seines Autors sein Dasein verdankt. Der Essex von Laube, im Grunde in dieselbe Rubrik gehörig, wie anders doch durch die Spur des Charakters, den der Autor ihm unabsichtlich aufgedrückt! Essex ist auch mehr Kunststück als Kunstwerk, aber das Kunststück eines Mannes. — Der Charakter des Narciß verrückt jedes sittliche Verhältnis in dem Stück. Halte die Pompadour nicht recht, einem solchen Gallert davonzulaufen? Aber, daß sie ihn noch liebt, daß sie ihn je lieben können, das begreift sich nicht! —

Dennoch kann man aus dem Stücke lernen. Es ist wieder ein Beweis, was Geschlossenheit vermag. Das Ganze ist ein großer schauspielerischer Effekt und dessen Vorbereitung. Im ersten Akte hört man, die Pompadour kann ein Schrecken töten, und weiß den Mann, der ihr diesen Schrecken erregen kann; man sieht ihn in die Hände der Partei geraten, der es dienlich, der Pompadour jenen Schrecken zu erregen. Dadurch, daß er dieser Mann, gewinnt Narciß ein Relief, freilich vor der Hand nur als Ding, das andre benutzen werden. Durch die Motivierung, warum er dieser Mann, wird nebenbei noch ein Gemütsinteresse erregt. Die Zeit, die neben der Pompadour den Narciß elend und verächtlich gemacht hat, ist ein bequemes Ding, das, ähnlich wie in Romeo und Julie der Familienhaß, einen großen Teil an der Katastrophe hat, ohne daß es, da es kein Mensch, kein moralisches Wesen, Teilnahme für sich erregt, sei es in Mitleid oder Haß, und dadurch unsrer Teilnahme für den Helden Eintrag thut — nur freilich weit abstrakter, da der Familienhaß konkret darzustellen war, eine ganze Zeit aber ein Abstraktum bleibt. — Nun wird die allgemeine Erwartung, daß die Pompadour durch Schrecken sterben und Narciß das Mittel dazu sein werde, immer individueller; zunächst durch den Gedanken des Schauspiels. Nun wird zweierlei das stete Bemühen des Dichters: das eine, immer den Endpunkt vorauszuzeigen, zu dem alles, was vorgeht, Vorbereitung ist, daß diese Absicht als eine edle, als eine auch im Interesse der Humanität wünschenswerte erscheint. Das andre Bemühen des Dichters ist, uns so wahrscheinlich als möglich zu machen, daß, wenn einmal die Pompadour an einem Schrecke sterben soll, Narciß der

Mann ist, dessen Erscheinung in der beabsichtigten Art einen großen Schreck wirklich für die Marquise herbeiführen muß. Da immer davon die Rede und alle Personen darin einig, die einen in Furcht, die andern in Hoffnung, daß die Pompadour sterben werde an diesem Schreck, so gewöhnt sich der Zuschauer an den Gedanken und fragt sich selber gar nicht darüber, sondern nimmt es als unzweifelhaft an. Daneben muß nun weggeräumt werden, was den Narciß abhalten könnte, das Werkzeug zu sein; der Zuschauer aber muß einen Moment in Spannung sein, ob er nicht abspringen wird; so wird ihm der Gedanke nahe gelegt, die Pompadour könne jene Jeanne Poisson sein, die seine Frau war, deren Verlust ihn verderbt, und die er doch noch voll Sehnsucht sucht. Auch dem möglichen Einwurf des Zuschauers: Aber wie muß Narciß nicht aus dem, was er von der Pompadour und ihrem ersten Manne hört u. s. w., schließen, er sei es, und sie die Jeanne Poisson, mußte der Autor vorbauen. Es muß auch ausdrücklich von ihm selbst ausgesagt werden, daß er die Pompadour nie gesehen. Dann muß auch in der Doris etwas vorgehen, was die Ausführung vereiteln könnte, um stets den Zuschauer in Spannung zu erhalten; selbst Choiseul muß durch seine Fassungslosigkeit die Furcht erregen, die Pompadour könne erraten. Durch all das wird auch noch gewonnen, daß die Charaktere — wenn man diese Marionetten so nennen darf — in leidenschaftlicher Erregung nach dem Ende des Stückes hin steigen. Statt der individuellen Charaktere dienen die individuellen Interessen, die, unter sich feindlich, sich zu der Thätigkeit, die Katastrophe herbeizuführen, vereinigen müssen. Die Szene bei der Königin soll uns bestärken in der Meinung, der Erfolg des Planes sei abgesehen von den Motiven der Teilnehmer, ein heilvoller, damit wir sie wünschen, wovon uns eben diese individuellen Motive Choiseuls u. s. w. abhalten könnten durch ihre Selbstsucht. So ist dem Autor nicht allein gelungen, der Regel genug zu thun: „Nichts geschehe, als was wir bestimmt wurden, zu erwarten, nichts werde uns erwarten gemacht, was nicht geschehen soll"; sondern auch der andern, schwierigern: „Nichts geschehe, als was wir zu wünschen bewogen wurden, nichts mache der Autor uns wünschen, was nicht geschehen soll." Noch besser als Trücker, wenn Narciß nicht so sehr oder gar oft Werkzeug andrer, wenn soviel Fähigkeit sittlicher Entrüstung noch in ihm ist, seine und der Nation Schmach an dem Weibe zu rächen. So war noch nötig, daß das Ting Narciß ein Mensch werde; das geschieht dadurch, daß er selber für die Rolle interessiert wird und bewogen, sie zu spielen mit bewußter Absicht; daß diese keine andre ist, als der Tugend sich zu weihen, etwas Gutes zu thun, was ihn auch in unsrer Teilnahme steigen lassen soll. Daß er darin so weit steigen könnte, daß sein Tod uns zu stark packte, das hat der Tichter durch die ganze Beschaffenheit dieser Gestalt und ihre Führung zu vermeiden gewußt. Kurz, der einen Seite ist genügt: wir wünschen alles, und darum glauben wir alles, d. h. die subjektive Natur im Zuschauer ist zufriedengestellt. Die andre Seite, die objektive Natur — da wo die subjektive mit der objektiven Natur einen Vertrag schließt, durch den keine der andern mehr Gewalt anthut, als diese ihr, da ist das Reich der Kunst, auf der Grenzlinie des Reiches der Wünsche oder des Ideals und des Reiches der Wirklichkeit —, die Wahrheit in Menschen zu Tingen, ist desto weniger befriedigt. Personen, Verhältnisse, Motive, alles ist an sich abstrakt oder wenigstens nicht konkret dargestellt, von psychologischer Entwicklung, von innrer Notwendigkeit keine Spur.

Wenn auch diese ebenso wesentliche Seite dem

Stücke ganz fehlt, so ist es dennoch nach dieser Betrachtung unrichtig, den Erfolg des Stückes eben nur seinen Mängeln zuzuschreiben, der widerlichen Sentimentalität des Dichters, der Erbärmlichkeit des Helden. Freilich haben diese Mängel jenen Vorzug der Geschlossenheit und der Kunst, der äußern Motivierung des Effektes sehr erleichtert, weil der Dichter über Abstraktionen leichter disponieren kann, als über konkrete Anschauungen, wenn es geschickte Kombinationen gilt; mit Gallerte ist leichter umzuspringen als mit Charakteren, die Widerstand leisten durch die genaue Bestimmtheit ihrer Merkmale.

Maria von Schottland*)
(Maria von Schottland. Schauspiel von Maria von Ebner-Eschenbach. 1860)

Soweit ich bis jetzt gelesen, finde ich, daß dies Drama eine Synthesis von Scribe und Schiller ist. Möglicherweise kommt das davon, daß diese Maria ein erster Teil zur „Maria Stuart" sein sollte. Aber wenn man beide Stücke nacheinander lesen wollte oder sehen könnte, so würde deutlich werden, daß die rhetorische Richtung Schillers nur dann zu ihrem Rechte kommt, wenn sie sich ausleben kann, wenn sie sich sozusagen zu der konservativen Masse macht, die der fortstürmenden Handlung das Gleichgewicht hält, wenn sie den Platz der Poesie einnimmt, d. h. daß, wer einmal die Partie Schillers in seinem Hervorbringen ergreifen will, sie auch so ergreifen muß, wie Schiller selber sie ergriff. So, wie es Eschenbach that, tritt nur der Irrweg Schillers heraus, nicht aber, was diesem Irrweg eine relative Berechtigung geben kann.

Soweit ich bis jetzt bin, kann ich Maria nicht für einen tragischen Charakter erklären, zumal nicht in

---

*) Diese hochinteressante Abhandlung Ludwigs über ein zeitgenössisches Werk, dessen Stoff ihn selbst lange und ernst beschäftigt hatte (vergl. Erich Schmidts Vorbericht zu Band IV), teilen wir dem Wortlaut nach als künstlerisches Meisterstück und als charakteristische Probe mit, welche Gedankenfülle, welche Reflexionsklarheit und zugleich welch schöpferisches Verlangen in dem Dichter durch die Beschäftigung mit dem Werke eines andern erregt wurde.

Shakespearischem Sinne; die Handlung geht nicht aus
ihrem Charakter hervor; wenn nicht Marien hier ein
himmelschreiend Unrecht geschähe, könnte sie die vor-
treffliche Person bleiben, als welche sie bis dahin dargestellt ist. Der Autor hat der Geschichte den ähnlichen Zwang angethan wie Schiller; damit die Maria
ein Ideal werde, ist die protestantische Erhebung
Schottlands, überhaupt der Protestantismus zu einem
Bösewicht am Katholizismus und Maria geworden.
Um so wunderlicher, den Mord Rizzios dem Protestantismus zuzuschieben, da Douglas eine der Haupt-
stützen des Katholizismus am Hofe Marias war und
nach Bothwells Untergang an der Spitze der schotti-
schen Katholiken und französischer Hilfe der treueste
und letzte Verfechter von Marias Rechten, eine Schlacht
gegen die Murray, Morton und sonstige protestantische
Partei focht. Das Verhältnis ist umgekehrt; der Sieg
des Protestantismus war großenteils die Folge der
Sittenlosigkeit Marias und ihrer Vorgänger, und in
dem Volke war es eben der sittliche Unwille selbst,
der zum Ausdrucke kam, und das Volk das einzige
gesunde Organ in dem Staate, in welchem noch soviel
Unverdorbenheit, die Scheußlichkeiten des Hofes als
solche zu fühlen und dagegen zu reagieren. So scheint
es im Anfange, ehe der Maschinist sich in die Brust
wirft. So sind nun die Personen nur die Vollzieher,
die einzigen Thäter der Thaten aber in diesem Drama
die beiden Religionsparteien; die protestantische ist der
Intrigant und Bösewicht; er zwingt die Maria zu
dem Schlimmen, was sie vollzieht — ihre That ist
es nicht —, um dann in Schillers Maria Stuart
seine Rolle konsequent mit einem Justizmorde zu be-
schließen. — Doch thut Eschenbach mehr als Not war,
um sein Stück mit dem Schillerischen in Konsequenz zu
bringen, und er erscheint darin als ein animoser Katho-
lik, der sein Tendenzstück der in ihrer Spitze, dem

Papſttum, gefährdeten katholiſchen Kirche zu Hilfe
ſchickt in dem weltgeſchichtlichen Kampf.

Dadurch nun ſchon iſt den Perſonen die Möglich=
keit von poetiſch=ſchauſpieleriſchen Charakteren in
Shakeſpeares Weiſe von vornherein abgeſchnitten.
Denn ihr Handeln iſt nun nicht ihr eignes, das not=
wendige Ergebnis einer individuellen Exiſtenz, ſondern
der äußern Umſtände. Eine tragiſche Schuld, die frei
das Schickſal herausfordert, iſt nicht im Stücke; beim
Anfang desſelben ſchon ſtehen wir vielmehr mitten in
einer Intrigue. Der Beginner, der eigentliche Narr
des Vorganges iſt Murray. Nicht die tragiſche Leiden=
ſchaft, ſondern die Hofintrigue iſt der Gegenſtand des
Stückes, daher findet auch eigentliche Poeſie keine
Stelle darin, ſondern die in ſich — wie Intrigue
ſelbſt — proſaiſche Rhetorik muß durch Witz, Scharf=
ſinn, Pointen u. ſ. w. ſich von der gewöhnlichen Proſa
abheben. Die — dem Namen nach — Heldin des
Stückes iſt keine tragiſche, ſie iſt nicht die Schöpferin
ihres Leidens und darin als Selbſtthäterin impoſant,
ſondern mitleidswert — und bedürftig, welches letzte
die Shakeſpeariſchen Helden nie ſind. Zeitgemäß wird
das Stück hauptſächlich dadurch, daß es das Gräfin
Hahniſche Problem in ſich aufgenommen hat: „Die Ge=
ſchichte von dem Rechten, den die Heldin zu ſpät findet."

Die Geſchicklichkeit des Autors iſt groß; die Kom=
binationsgabe, die Kunſt auszuſparen; alle die Künſte,
die Shakeſpeare verſchmäht, um den Inhalt und Ge=
halt ſeiner Geſchichte ſich in großartiger Notwendigkeit
und Einfachheit ſelbſt entwickeln zu laſſen. Er iſt ein
Meiſter in der Maſchinerie; was ich bis jetzt geleſen,
iſt voll geſchickt ineinander greifender Räderchen, ganz
gemacht, die Neugier bis zu leidenſchaftlicher Spannung
zu treiben; er hat das Stück angelegt, wie ein Meiſter=
intrigant nur irgend eine Meiſterintrigue anlegen
kann. Aber der tragiſche Dichter ſoll, wenn es nötig,

einen Intriganten objektiv darstellen, aber nicht selbst als ein Intrigant verfahren in der Zusammenstellung seines Werkes; hier soll er eher dem Weltenschöpfer und Regierer nacheifern. Wenige unter den Franzosen, deren Verstandesvorherrschaft diese Art zu dichten auf= gebracht und ausgeübt, haben eine so kunstreiche Effekt= mausefalle hervorgebracht, als der Dichter der „Maria von Schottland."*) Und ich finde zu meinem großen Interesse all das zusammen in ein Stück gedrängt, alle die Mittel, denen ich jetzt nach meinem Studium und meiner innerlichen Reinigung in Konzeption und Komposition eines Stoffes prinzipiell ausweiche. Hat wirklich Devrient recht, indem er eine Geistesver= wandtschaft dieses Stückes mit den meinen zu bemerken glaubt, so war ich in diesen letztern noch viel weiter entfernt von der wahren dramatischen Kunst, als ich jetzt selber denke.

Wie menschlich, ich möchte sagen wie gutmütig und ehrlich kommt einem nach einem solchen Murray ein Jago vor!

Bezeichnend ist es für die Richtung und Natur des Dichters, daß er die Geschichte an dem Ende ge= faßt hat, wo die Hofintrigue vorherrscht, und nicht da, wo die Leidenschaft und die innre Geschichte vor= zutreten beginnt. Und es giebt keinen bis jetzt un= bearbeiteten Tragödienstoff, der für ideale Komposition und poetisches Ausleben des innersten Gehaltes, der an ethisch=psychologischer Notwendigkeit sich mit dem messen könnte, welchen der Dichter der Maria von Schottland unaufgehoben liegen ließ.

Das Unpassende der Kompositionsart und des Dialoges — oder sollte ich sagen „das zu sehr Pas=

---

*) Ludwig wußte nicht, daß es eine Dichterin sei, deren Werk ihn so lebhaft beschäftigte.

fenbe?" — benn beibes ift lebiglich künftliches Verftandes=
werk! — wirb im Verlaufe bes Stückes immer auf=
fälliger. In beiden Unwahrheit und Willkür, keines
maskiert das andre, fondern eines gärt das andre
in offnem Frofte an. Die Szene zwischen Bothwell
und der Königin zweiter Akt, fechster Auftritt ift die
Spitze davon. Diefes plötzliche Ineinanderfließen der
beiden könnte nur der äußerfte Affekt glaublich machen.
Aber nicht allein wäre ein folcher hier weit nicht ge=
nugfam motiviert, fondern es ift auch nichts gethan,
folchen Affekt — abgefehen von feiner Möglichkeit —
mit folcher Wirklichkeit barzuftellen, daß er uns trotz
unfers Unglaubens durch die Gewalt feines Ausdruckes
hinriffe und zwänge, zu glauben, wir möchten oder
nicht. Aber dazu hätte es einer Wärme der Empfin=
dung bedurft, von der der Dichter wenig oder keine
zu befitzen scheint. Denn die Rhetorik — Poefie ift
keine im Stücke — bis dahin, wo ich im Lefen inne
gehalten, ehe ich dies fchrieb — ift nirgends fo ge=
macht, kalt und hölzern, als eben an diefer Stelle.
Ich steh vor dir — in Anbetung verfunken
(aber man müßte alles unterftreichen, wollte man das
Attitüdenhafte, die vergeblichen Anläufe, in Empfin=
dung zu geraten, anzeichnen) und von des Mitleids
Fülle doch durchftrömt! Die zwei verschiedenften
Empfindungen der Menschenbruft, fie einen fich für
dich — O glühend Mitleid! demütiger als
Ehrfurcht u. f. w. u. f. w. Das ift nicht mehr
Schillers Kopie, hier ift Efchenbach fogleich an die
erfte Hand gegangen. So mit eiskalten profaischen
Antithefen hat Corneille feine Figuren das fchildern
laffen, was der Zufchauer als in ihnen vorgehend fich
denken follte.

Aber ich thue dem Dichter vielleicht unrecht; und
jedenfalls wird fich als Wahrheit und Schönheit aus=
weifen, was ich jetzt als das Gegenteil davon table.

Dieser Bothwell ist ein Heuchler, ein noch geschickterer Schauspieler als Murray — sein könnte, muß ich freilich wiederum sagen von dieser Charge —, und als gespielter, geheuchelter Gefühlserguß, den das Publikum als solchen durchschauen soll, ist die Rolle vortrefflich. Aber dann begreift man nicht, wie er die Königin damit fängt. Aber freilich, Maria! Wir wissen zwar von ihrem eigentlichen Wesen noch wenig mehr als nichts; wir haben sie noch gar nicht anders gesehen, als in königlicher Repräsentation oder im Affekte, noch nicht in einem jener Augenblicke vertraulicher, unbelauschter Natur; wir kennen sie noch gar nicht; wir können darum nicht über sie urteilen. Bis jetzt ist sie für uns ein Konglomerat von abstrakten Zügen, deren Zusammenhang und Notwendigkeit uns verborgen ist. Eine gewisse fürstliche Würde, die femme incomprise der Dudevant und Gräfin Hahn sind uns in abstrakten Zügen angedeutet, abstrakte Züge, die in der Hand eines Charakteristikers und Poeten wohl zu einem konkreten Bilde werden können, wozu jedoch bis jetzt noch nicht der Versuch gemacht ist.

Etwas kann man hier lernen, nämlich, daß, wenn wirkliche innere Geschichte, Charakterwerden, ethisch-psychologische Entwicklungen dargestellt werden sollen, man zur poetischen, nicht zur rhetorischen Diktion greifen muß; denn das Rhetorische als Mittelbares, bereits für den Hörer Zurechtgelegtes widerspricht völlig dem Ausleben innrer Vorgänge. Mit großem Takte hat daher Schiller auf all dergleichen Verzicht geleistet.

Bei Schiller verschwinden die einzelnen Menschen vor den historischen Mächten, welche das Drama an Stelle jener spielen; dramatischer und tragischer war es, den Kampf zwischen der Leidenschaft und dem Gewissen ausfechten zu lassen; so wurde es von dem eigentlich epischen Boden der Schillerischen Tragödie auf den dramatisch-tragischen herübergestellt. Beide haben die Notwendigkeit für sich, der epische Boden die objektive, der tragische die subjektive Notwendigkeit. Dort das ethische Gesetz in der Historie, hier das ethisch-psychologische in der Menschenbrust. Eschenbach ist weder den Schillerischen Weg gegangen, noch den der ethisch-psychologischen Tragik, den Shakespeare eingeschlagen haben würde; er hat den Weg Laubes gewählt, der von der Scribeschen comédie historique ausgeht. Bei ihm sind weder die historischen Mächte noch Leidenschaft und Gewissen die Faktoren, sondern die Intrigue ist es, nicht die Notwendigkeit des Verhältnisses, sondern die Willkür des Dichters ist dem dargestellten Vorgange zu Grunde gelegt. Nicht ist der wesentliche Gehalt des Stoffes in einem dramatischen Vorgange entwickelt und dadurch ein Typus aufgestellt worden, eine ethische Regel, eine jener Geschichten, die schon immer geschehen sind und geschehen werden, solange die menschliche Natur dieselbe bleibt; sondern das Zufällige, im schlechten Sinne, Historische an dem Stoffe ist zum Teil beibehalten, zum Teil mit in demselben Charakter, nämlich des zufällig Historischen, gemein Wirklichen, erdachten Motiven vermischt, die Grundzüge des Charakters der wirklichen Personen zum Teil zu abstrakten Chargen gemacht nach dem Muster der tragédie classique, zum Teil zu solchen Chargen willkürlich, ja der Geschichte entgegengesetzt erdachter abstrakter Charakterzüge umgekehrt. Wie bei Scribe ist die eigentliche Hauptperson die Charge des sogenannten Maschinisten. Er ist zugleich das eigentliche Schicksal in dem Stücke. Dadurch ist die „Handlung" des Stückes eine Bretterhandlung geworden, d. h. eine Theaterhandlung und die Personen Theaterfiguren, die nur auf den Brettern eine von dieser Handlung geborgte, gemachte Existenz besitzen. Die Sprache ist ebenso eine Brettersprache, die konventionell-

rhetorische Schillers, aber ohne das Durchscheinen des
Dichtergemütes wie bei Schiller. Wo die Personen
keine Menschen sind, mag immer der Dichter seine
eigne Menschheit sprechen lassen, wo die Personen
blutlos sind, mag immerhin das Blut des Dichters
durch ihre fahlen Wangen hindurchschimmern. Die
Kälte der Intriguenkomposition und der rhetorischen
Diktion muß von der Wärme eines Dichterherzens
balanciert werden, sonst kommen wir nicht über ihre
Prosa und Unwahrheit hinüber. Wo so wenig oder
gar kein menschlicher Reichtum der Charaktere, dürfen
die Situationen nicht so rasch wechseln, denn wenigstens in einem von beiden will Zuschauer wie Leser
traulich heimisch werden, in den Charaktern oder in
der Situation. —

Und doch bekommt die Szene Marias mit Bothwell
noch ein warmes Kolorit, aber der raffinierte Theater-
streich mit dem lauschenden König und dem fallenden
Vorhang erinnert nur zubald wieder an die Bretter.
Die Königin weiß sich zu helfen, trotz der Königin
Laubes im Struensee, die, ebenfalls von ihrem Gatten
in einer zweideutigen Situation — Struensee kniet
vor ihr und hat ihr ebenso seine Liebeserklärung gemacht, wie hier Bothwell der Maria — belauscht, die
Gegenwart von Horchern bemerkend, dem Struensee
ihre Hofdame zusagt, als hätte der eben seine Werbung
um dieselbe knieend vorgebracht. Mir fallen hier
Lessings Worte ein: „Ich weiß nicht, ob es schwer
ist, solche Erdichtungen zu machen, aber ich weiß, daß
sie sehr schwer zu verdauen sind." — In diesem Punkte
hat doch Gutzkow weit mehr Takt als Laube und seine
Nachfolger; bei ihm wird man dergleichen kaum finden.
Solchem Empressement auf Applaudissement spekulieren-
der Poeten, wie steht dem die Kühle und Natur der
Fabier edel, schön und groß gegenüber! Wenn der
Dichter das Fatum spielt, soll der Theatermeister nicht

die christliche Vorsehung spielend zu Ehren bringen. Ich fürchte, dieser Vorhang ist schuld an Marias Tod; hätte doch der Theatermeister ihn recht fest angenagelt, die Geschichte Schottlands und Englands hätte vielleicht eine andre Wendung erhalten! Und warum nicht? Der aufgesprengte Schrein, der Marias Unschuld zu Tage bringt, der Dolch, der den verkleideten Anführer beim Morde so theatralisch entlarvt, sind würdige Gegenstücke zu dieser gezogenen Schnur und dem fallenden Vorhang. Ist dergleichen mit der Würde der tragischen Kunst zu vereinen? Wie ist die furchtbare, große und ewige Tragik, die in diesem Stoffe liegt, diese Offenbarung über Menschennatur und Schicksal, die einem Sophokles oder Shakespeare ein würdigster Vorwurf gewesen wäre, durch solche Verwandlung in müßiges Gaukeln eines technischen Kopfes vor einem unverständigen läppischen Publikum verhöhnt! Wie beschämen uns in diesem Punkte die Franzosen, vor denen wir doch ein feineres Gefühl voraushaben wollen! Sie wissen recht gut, wohin dergleichen paßt, und haben es daher noch nicht versucht, solche Künste von dem Boden, auf den sie gehören, von dem des historischen Lustspieles weg und auf einen unpassenden zu spielen. Und doch sollte selbst das höhere Lustspiel, das Charakterlustspiel sich nicht auf solche Dinge einlassen.

Wenn dies Werk aus Laubes Schule, durch die Nachahmung von Schillers Rhetorik getragen, Glück macht, wie muß das dramatische Wesen in Deutschland dadurch vollends depraviert werden!

Nun habe ich das Ganze gelesen und bin in Verlegenheit um ein Gesamturteil. Das bereits Gesagte kann ich nicht widerrufen, die ersten Akte haben mehr gegen, als für sich. Aber nach dem Ende des Stückes zu, wo, ganz wider die Regel, weniger Handlung ist, sind seine äußerlichen Mittel, die Sprache

verläßt die Prosa der Rhetorik und wird an vielen
Stellen von großer poetischer Schönheit, und auch die
Charakteristik verliert mehr und mehr das Abstrakte
und Schablonenhafte, aber die Mängel der Anlage sind
nicht zu überwinden. Obschon das Stück nicht ein
Trauerspiel genannt ist, enthält es doch einen tragischen
Stoff und sollte deshalb mit tragischem Ernste und
tragischer Kunst behandelt sein. Aber die Behandlung
ist ganz äußerlich und ändert erst gegen das Ende
diesen äußerlichen Charakter. Daher wohl kommt es
mit, daß der Stoff durchaus nicht peinlich wirkt.
Aber man kann auch nicht sagen, daß er überhaupt
tragisch oder auch nur erhebend wirke; die Hauptsache
ist, daß man fortwährend in Spannung der Neugierde
gehalten wird, aber man sieht mehr nach der Mausefalle und ihrem Mechanismus, als nach der Maus,
denn in Wahrheit, die Maschinerie steht voran, und
die Menschen sind gleichgiltige Räder darin; wir
interessieren uns für das, was geschieht, und dessen
äußerliche Bedingungen, nicht für die Personen. Wenn
uns Maria und Murray wirkliche Menschen wären,
würden wir am Ende mit dem Himmel hadern, denn
das Laster gewinnt das Feld und hat die Tugend
nicht allein um ihr äußeres Glück, sondern um ihr
innres Selbst gebracht. Von dem eigentlichen Sein
der Personen erfahren wir wenig, ja wir bleiben auch
über ihren Anteil an der Handlung, über ihre Motive
und eigentliche innre Meinung sehr im Unklaren.
Wenn wir Murray am Ende sagen hören, nun sei
er Regent von Schottland, so überrascht uns das auf
wunderliche Weise, etwa wie wenn der gestiefelte
Kater zum erstenmale zu seinem Herrn spricht, oder
wenn wir einen Automat Anstalt machen sehen zu einer
Bewegung, die nicht in seinen Mechanismus gelegt ist.
Wir haben bisher keine Idee gehabt, noch haben
können, daß dieser Murray was andres sei, als eine

fixierte Gebärde, was andres könne, als maschinieren,
daß man ihn von den Brettern sich wegbenken könne;
und nun will der abstrakte Maschinist Scribischer Erfindung auch regieren, und zwar in einem wirklichen
Lande, in Schottland! Wir wissen, was er machen
kann; es sind zwei oder drei mechanische Bewegungen;
wir staunen, daß er noch was andres können oder
auch nur wollen soll. In Bothwell kommt die Selbstsucht der physischen Stärke zuletzt zu wahrhaft charakteristischem Ausdruck, aber es ist auch nur dieser eine,
völlig isolierte, abstrakte Zug in ihm. Er ist die Perso-
nifikation einer abstrakten Charakterbestimmung, kein
Mensch. So auch die andern Personen; sie sind nicht als
ganze Menschen dargestellt, an deren einem der Kopf, an
deren anderm je Faust, Herz oder irgend ein Organ im
Übergewichte, sondern sie sind bloßer Kopf, Faust, Herz
oder irgend ein Organ, das auf zwei Beinen herumgeht,
daher fällt es uns auch nicht im Traume ein, mit unserm
sittlichen Urteil an sie heranzutreten. Was sie sind,
wissen wir nicht, was sie werden, dazu können sie
nichts; sie haben kein eigen Selbst, sie sind nur Figuranten. Darum befremdet uns auch nichts an ihnen.
Ein Bild aus der Malerei anzuwenden in Bezug auf
die Wirkung, so gleicht das Stück einem Gemälde mit
nur warmen Tönen; wofür der Maler den Ausdruck
„fuchsig" hat. Da ist kein Ruhepunkt für das Auge;
wie von einem Transparent strahlt jeder Zug, jede
Farbe in derselben Stärke des Glanzes, und nun ich
die Lesung vollendet, habe ich als Erinnerung nur ein
grellbuntes Farbenspektrum im Auge, einen blendenden
Fleck, aber keine Gestalt, kein Interesse, nicht einmal
eine Stimmung. Wie wenn ich stundenlang ohne
Pause Janitscharenmusik gehört hätte, die große
Trommel des Bretteneffekts unaufhörlich mein inner
Ohr gedroschen, braust sie mir, da sie geendet, nur wie
ein leises und verworrenes Lärmen in den ange-

griffnen Ohren nach. Trotz mancher großen Ähnlichkeit mit Shakespeare in Sprache und Weise des Dialogs (am Ende, wie der Anfang die treueste Kopie des Schillerischen ist, die ich kenne) kann der Eindruck des Ganzen dem, welchen man von einem Shakespearischen Stücke hinwegträgt, nicht unähnlicher sein, als er ist.

Wenn das Stück Glück macht und Nachfolger findet, so ist dies sicher kein Nutzen für die dramatische Kunst, weder für die Schauspieler, noch für die Dichter, noch für das Publikum. An Überladung mit rohem Stoffe immer mehr verwöhnt, wird es für die Entfaltung eines Gehaltes den Sinn vollends verlieren.

Über den Dichter ließe sich vielleicht ein ander Urteil fällen, als über das Stück. An Geschicklichkeit, an dem, was den technischen Kopf ausmacht, übertrifft er ohne Frage jedes andre deutsche Glied seiner Schule bei weitem; das Vermögen der Poesie scheint ihm ebenfalls in nicht gewöhnlichem Grad zu eigen, besonders fehlt es ihm nicht an rhetorischer Kraft, während das Stück noch zweifelhaft läßt, ob die Empfindung damit Schritt hält. Vielleicht fällen wir mehr das Urteil über das, was er war, als über das, was er ist, oder es fließen durch Schuld des Stückes beide in einander. Und es ist nicht bloß die äußerliche Geschicklichkeit, auch eine höhere im Markieren, Halbzeigen und eine merkwürdige Kunst der Berechnung der Eindrücke auf den Zuschauer. Es wäre zu wünschen, daß die Gemütsruhe, mit der wir erst Darnley, dann Bothwell und Maria selbst zu Grunde gehen sehen bloß ihr und nicht zum größern Teile der abstrakten Charakteristik und Schablone Werk wäre. Denn ich muß die Sache so ansehen, als seien die ersten Akte Jahre früher schon fertig gewesen, ehe die letzten dazu kamen. Dort scheint er mir unter Schillers und Scribes Einfluß zugleich gestanden zu haben, während das Studium Shakespeares in den zwischen Beginn und Wiederaufnahme der Arbeit liegenden Jahren jene Einflüsse im Dichter fast auslöschten, aber durch die einmal gemachte Anlage gehindert wurde, sich ganz und rein in der Ausübung zu bewähren und zu bethätigen. Ob die Gestaltungskraft des Dichters jenen schon genannten Eigenschaften gleichkomme, oder wie weit sie dahinter zurückbleibe oder umgekehrt, läßt sich nach dem Vorliegenden nicht schließen, doch bin ich geneigt, ihm auch den Besitz dieser Erfordernisse zuzutrauen.

Daß er die Einheit der Szene von den Franzosen her bei einem derselben so widerhaarigen Stoffe beibehalten, macht die Überladung mit raffinierten und ihren Bretterursprung unmaskiert im Antlitz tragenden Effektstückchen (wenigstens in den drei ersten Akten) noch mehr zu einem Mißstande, besonders bei einem tragischen Stoffe, der die Wahrheit und Notwendigkeit des Lebens zum Inhalte, d. h. zum dargestellten Gehalte haben sollte, nicht die Zufälligkeiten der Bretterkonvenienz und des Empressements des raffinierenden Maschinisten-Poeten. Im fünften Akte wechselt bei weit geringerm Inhalte die Szene einigemal, und wir haben das schöne Gefühl, aus der Presse heraus in das Freie gekommen zu sein; wir hören nicht mehr das Knacken und Rasseln der Maschinen um uns herum und fühlen nicht mehr uns selbst durch eine Maschine hin- und hergewendet, sondern der Vorgang geht auf seinen eignen Beinen, und uns treibt nicht mehr die bloße abstrakte Spannung ihm nach.

Der Dichter wird sicher noch einen Gewinn dem öffentlichen Urteil gegenüber von der schon beregten Überladung und der großen Verwickeltheit seines Vorganges ziehen, der, da sie zugleich dessen kausale Schwächen zu verdecken dient, überhaupt das Auge des Zuschauers für das Einzelne abstumpft. Daß wir von den innern Motiven der Personen so wenig wissen, würde uns bewegen, wie es bei Shakespeare so häufig geschieht, ihnen welche unterzulegen und so dem Dichter nachzudichten — ein Hauptgrund, warum uns Shakespeares Tragödien immer von neuem wieder unwiderstehlich an sich ziehen —, wenn nur diese Personen an sich selbst uns interessieren könnten. Ich glaube, daß unser Poet Schillers Verfahren rechtfertigt durch sein Abweichen von diesem. Schiller nähert seine Figuren, in denen uns ihr Mangel an einem konkreten innern Reichtum gleichgiltig lassen würde, dem ethischen Ideale, er giebt ihnen wenigstens etwas von seinem warmen Herzen, das statt eines eignen in ihnen pulsiert und ihre gedankenhaften blassen Wangen rötet, ja etwas von seiner Schwärmerei mit — und sollte es ein Philipp II. sein — und bringt sie dadurch wenigstens unserm Herzen nah. Unsers Dichters Personen sind weder selbst etwas für sich, noch hat er von seinem Eignen in sie hineingeborgt; so bleiben sie blasse und selbst in ihrer äußern Bewegtheit innerlich unselbständige poetische Abstraktionen.

Diese Diktion einem Stücke hinzugethan, das lediglich Darstellung des wesentlichen Gehaltes seines Stoffes, ohne eingelegte Räder und Kunststückchen, nur das Gewächs, das der Natur des Samenkornes nach mit Naturnotwendigkeit so und nicht anders aus ihm emporwachsen muß, würde was Großes und für Bühne und Litteratur Heilvolles ergeben. Aber indem der Dichter seine eigentliche Aufgabe fallen ließ, den tragischen Gehalt seines Stoffes in einem oder mehreren tragischen Charaktern darstellend zu entwickeln und uns so die Wahrheit des Lebens zu lehren, indem er alles aufgab außer dem ewig und immer und allein Wahren seines Stoffes, indem er sich dazu beiließ, nur zu beschönigen und unsre sinnliche Aufmerksamkeit und Phantasie abstrakt zu beschäftigen, erreichte er nur, das Übel an dem unsre dramatische Kunst leidet, und das vor allem Abhilfe bedarf, durch seine schönen und großen Talente vor dem stumpfen Blicke unsers Publikums zu verklären und dadurch zu verschlimmern.

Um auf Einzelnes einzugehen, wie kommt Bothwell dazu, mit seiner Liebeserklärung sozusagen ins Haus zu fallen?

Aus Cailhneß kann ich nicht klug werden. Ist er wirklich der Mann vom Buchstaben des Gesetzes, wie kommt es, daß er Bothwell nicht gebietet, die Waffen vor Gerichte abzuthun, seine Bewaffneten fortzuschicken? Wie ist es überhaupt, daß Handschuh hingeworfen, aufgenommen und der Kampf ohne weiteres begonnen wird, ohne vom Gerichte anberaumt zu sein und nicht in Schranken, sondern gleich im Gerichtssaale und in Gegenwart des Souverains? Aber viel dergleichen beiseite gestellt, wie ist man mit der Königin daran? Oft möchte man die Zeichnung derselben für ironisch gemeint halten, aber es zeigt sich immer nur zu bald, daß man es nicht mit der ironischen Feinheit eines virtuosen Charakterzeichners zu thun hat, daß die scheinbaren innern Entwicklungen ebensowenig Wahrheit und Tiefe haben, als die dem Gehalte des Stoffes fremden äußerlichen Handlungseffekte. Wie sieht es mit Marias Meinung; glaubt sie, daß Bothwell der Mörder? Abgesehen davon, wie plötzlich und bloß gemacht — ähnlich wie die Entstehung des Liebesverständnisses auf die Spitze gestellt — wird Maria die Mitwisserin seines Mordplanes! Aber nicht Mordplanes, denn es sieht mehr aus wie eine plötzliche Tollheit Bothwells. Dafür ist die Maschine besto komplizierter. Damit Bothwell erfahre, daß Darnley mit dem Prinzen flüchten will, muß er den Schlüssel vom Maschinisten bekommen, daß dies möglich, muß der Obermaschinist, der Dichter selbst seinem Assistenten den Schlüssel zuspielen; vergleiche man den Raum und die Wichtigkeit, die die Schlüsselgeschichte in Anspruch nimmt! Dieser Raum wäre zweckmäßiger benutzt, wenn er dazu angewandt worden wäre, auf natürliche Weise zu erklären, wie die Königin Mitwisserin von Bothwells Vorhaben werden konnte. Ich will gar nicht sagen „notwendigerweise," wodurch wie bei Shakespeare, Goethe und Sophokles die innre Handlung die Hauptsache geworden wäre. Welche Reihe von bloßen Zufällen muß in Bewegung gesetzt werden, damit wiederum ein Zufall herauskommt! — Abgesehen von Murray, von dessen Innern man ebensowenig weiß. Giebt er dem Bothwell den Schlüssel, damit dieser der Maria Gewalt anthue? Oder weiß er soviel als sein Dichter von der Zukunft und hat wohl die, von welchen Bothwell den Fluchtplan Darnleys erfährt, zu letzterm Zwecke dahin postiert? Denn was er vorher gesagt, zeigt, daß es ihm nicht darum zu thun, dem Darnley wirklich förderlich zu sein; man muß glauben, daß er ihn gar nicht im Ernste fliehen lassen will, sondern ihm und andern mit dem Fluchtvorhaben nur eine Schlinge legen. Wenn dies Vorhaben nun herauskommt, wie geht es doch zu, daß von Murrays Anteil keine Rede? Hat er als Maschinist das Privilegium, andrer Dummheiten zu benutzen, die eignen ebenso zahlreichen aber immer schadlos ausgehen zu sehen? Eine wahre Untiefe für die Angel der Vermutung, eine Versuchung zu zahllosen Auslegungen, wie nur je bei Shakespeare; nur daß bei diesem die tiefste Natur des Menschen und Weltlaufs dabei beteiligt sind, hier aber es bloß um das zufällige Schicksal eines Schlüssels sich handelt. Wie absichtlich, daß der Schlüssel gerade den Weg führt und Murray dies erst exponieren muß. Aber über diesen Maschinisten von Staatsregenten, der jeden einzelnen Schlüssel in diesem Schlosse kennt und weiß, zu welchem Schlosse er gemacht, welche Wege er aufschließt! Ein wunderbares tragisches Bild, der Staatsregent von Schottland, wie er eigenhändig den Schlüssel zur Person der Königin überliefert, der feine Politiker, wie er so plump anfaßt, was auch mit der feinsten Delikatesse behandelt noch einem nur halbwege geschulten Politiker zu gefährlich dünken möchte. Kann das nicht Bothwell gegen ihn benutzen? Sieht er denn wirklich in dem Bothwell nur einen brünstigen Stier und ist Bothwell dies denn wirklich so sehr, daß um solch kitzliche Materie gar keine Umstände gemacht werden? Murray, wenn die Belauschten von ihm angestellt sind, muß Bothwell für solchen Stier halten, der augenblicklich zur Sättigung rennt, denn wenn Bothwell nicht jetzt gleich geht, erst etwa nachts, ist ja der Darnley unterdes glücklich entflohen. Seltsam und abenteuerlich! Ich glaube, Murray soll den Eindruck eines feinen und in seiner Feinheit allmächtigen Politikers machen; und hat man je ein plumper Exemplar eines Breterintriganten gesehen? Er wird bald zu einer komischen Figur — Shakespeare würde das Motiv in einem Lustspiele herrlich ausgebeutet haben —, aber Shakespeares Politiker würde mit denselben Intrigantenstückchen niemand getäuscht haben, als sich; seine übrigen Personen hätten mit dem Publikum über solchen Murray gelacht. Und unsers Dichters Murray sieht sein Werk gelingen.

Aber wieder auf die Königin zu kommen; wie kann sie zweifeln, daß Bothwell der Mörder? Und wie? ich denke, Bothwell ist ehr- und herrschsüchtig, er will König werden. Muß das ihm nicht eine ganz andre Handelsweise vorschreiben? Er handelt hier wie ein Wüstling, ein Wollüstiger, nicht wie ein Ehr- und Herrschsüchtiger. Dies sind kalte Leidenschaften und kühlen, wenn sie groß sind, das heißeste Temperament ab. Aber Bothwell ist eben, wie Darnley und die andern Personen des Stückes, eine bloße Figur, wie sie ein Kombinateur braucht; er hat gleichsam seinen ihm diktierten Part in der Kombination, ein wirklicher eigner Inhalt würde ihn dem Kombinateur unbrauchbar machen. Wie sie zweifeln kann? Hat sie ihn denn nicht erst wenige Augenblicke vor dem Knall der Explosion fortgehen und ebensowenige Augenblicke nachher wieder eintreten sehen? Shakespeare ist zuweilen ähnlich mit der wirklichen Zeit umgesprungen; wie aber in einem solchen Falle, wo sich auf die Dauer der Zeit eine so höchst wichtige innre Entwicklung bauen soll, wo das psychologische und sittliche Urteil in das Spiel kommt? Im Julius Cäsar erfahren wir, kurz nachdem die von Antonius aufgereizten Bürger abgegangen, um der Mörder Cäsars Häuser anzuzünden u. s. w., dies Anzünden, ja die Flucht Brutus und Cassius vor dem aufgebrachten Volke als bereits geschehen. Aber dies ist bloß äußerliches Begebnis, für die eigentliche Tragik des Stückes, die in den Charakteren liegt, in Leidenschaft und Gewissen, gleichgiltig. Es ist ein abgeschloßnes Faktum, das hier etwas früher supponiert wird, als der wirklichen Zeitdauer nach eigentlich möglich wäre. In diesem Stücke aber ist das Faktische die Hauptsache und der Dichter sollte es daher ebenso sorgfältig behandeln, als es Shakespeare mit seiner Hauptsache, dem tragischen Vorgang durch und in den Charaktern thut. Die Sache ist einfach. Die Gründe, warum die Königin ihn für den Mörder halten oder nicht halten soll, sind auch die des Zuschauers; bei der Königin kann noch die Parteilichkeit der Liebe hinzukommen, aber auch für den Zuschauer ist kein Grund da, warum er den Bothwell für den Thäter halten sollte. — Abgesehen von diesem Umstande der Zeit, der allerdings noch viel komischen Stoff für die Betrachtung giebt, wenn man sich fragt, auf welche Weise Bothwell es in dieser Zeit möglich gemacht, die Explosion zu bewerkstelligen. — Zwar hat der Maschinist für Pulver im

Keller gesorgt — wieder ein Beweis, daß Murray die ganze Reihe von Zufällen mit Prophetengabe richtig bis ins einzelnste vorausgesehen und vorausberechnet; oder wußte er bloß, daß der Dichter das Pulver brauchen würde? Aber geht denn nun Bothwell selbst in den Keller und zündet an? und ist der Keller auch offen? — Schließt vielleicht der tragische Schlüssel — der wenigstens der Schlüssel zur Tragik des Stückes ist — auch diesen Keller? Warum, wenn nicht, spielte ihm Murray nicht auch den Kellerschlüssel in die Hand? Die ganze Tiefe des Schlüsselmotivs und der damit verknüpften Maschine zu ergründen und das ganze Heer komischer Ungereimtheiten in Parade aufziehen zu lassen, die daraus hervorgehen oder vorausgesetzt werden müssen, habe ich weder Zeit noch Lust.

Nur soviel: glaubt Maria nicht, daß Bothwell der Mörder, wie ist ihr Benehmen beim Gerichte zu erklären? und glaubt sie, wer erklärt, wie sie im fünften Aufzuge den Bothwell auf das Gewissen danach fragen kann? Wenn sie nicht glaubt, müßte Bothwells Benehmen beim Gerichte, das, besonders dem Greise Lenox gegenüber, so gemein ist, als je Darnleys war, sein Kommen mit Bewaffneten, sein Brüskieren des Gerichtes sie überzeugt haben.

Bei Lichte besehen, steht es mit dieser Komposition noch gefährlicher, als mit irgend einer dieser Schule. Sie ist durchaus prosaisch, und die Prosastücke dieser Richtung haben noch den Vorzug vor diesem Stücke, daß Stoff und Form, Fabel und Behandlung, Handlung und Sprache in Übereinstimmung stehen. Die Scribischen in doppelter Weise darum, daß sie diese Behandlungsweise ihres Stoffes nicht in ein Feld bringen, dem diese ihrer Natur nach ewig fremd ist und deshalb immer fern bleiben sollte, in das tragische.

Die Charaktere und die ganze Behandlung mit

den Shakespearischen zu vergleichen wäre mehr als Unverstand, vergleiche man sie nur mit den Schillerischen in seiner Maria Stuart. Die Personen haben nicht die wahre tragische Tiefe, aber sie haben eine gewisse gemütliche; die historischen Mächte dagegen, die Situationen sind mit großem Verstande charakterisiert und mit großer Evidenz dargestellt. Ebenso die Intrigue; man wird nicht leicht auffallende Ungereimtheiten darin finden. Und — das Anmuten Elisabeths an den ihr kaum bekannten Mortimer, die Maria zu vergiften, ausgenommen — wie fein sind diese Politiker gefaßt! Wie klar liegen die Motive vor dem Auge des Zuschauers, wenn sie auch nicht neben Shakespeare und Sophokles, auch Goethe als echttragische erscheinen! Wie hat er die Notwendigkeit, die diese drei in den Charakter und das ewig gleiche Gesetz von Leidenschaft und Gewissen legen, in die Situation geprägt!

Trotz der Ungereimtheiten der Komposition, der Unklarheit und Schablonenhaftigkeit der Charaktere und der untragischen Richtung übt das Stück durch seinen Wechsel und besonders gegen das Ende durch die dramatische dabei blühende, glühende Diktion einen eignen Reiz. Der Wechsel ist an sich nur zu loben, aber er muß andrer Art sein; sein Reichtum nicht aus zufälligen äußerlichen Zügen bestehen, die Momente, die er bringt, müssen uns den Reichtum der Charaktere erschließen, oder vielmehr der Reichtum der Charaktere muß sich in wechselnden Kontrasten vor uns entfalten, zugleich im Wechsel von Anspannung und Erholen, sozusagen Zerstreuung. Es darf keine Verwirrung aus Überfluß oder Empressement (wie in diesem Stücke) sein, sondern ein Reichtum durch Entfaltung. Man vergleiche ein Shakespearisches Stück, so ist sein Reichtum nur daher entstanden, daß der Dichter alles, was

in seinem idealen Nexus, d. h. Bezügliches in den
Charakteren und ihrem Schicksal liegt, entwickelt und
sozusagen sinnlich an unsern Augen vorübergeführt, und
die Hauptgelenke davon sind zu poetischen und schauspielerischen Effekten ausgestaltet, dazwischen Erholungs-
punkte angebracht, um uns immer die aufnehmende
zugleich und die Widerstandskraft zu neuem Genusse
der Hauptpartien zu restaurieren. Dieser Reichtum
dagegen (in der Maria) ist ganz das Entgegengesetzte.
Die Effekte sind äußerlich aufgesetzt, Brettereffekte, d. h.
ohne Natur, solche, wie sie im Leben nicht vorkommen
können, und schaden einer dem andern; der Reichtum
oder vielmehr die anorganische Anhäufung von äußern
Zügen nimmt den Charakteren den Raum und die
Luft weg. Das, was in Shakespeares Stücken sich entfaltet, und dessen einzelne Züge eben der Reichtum
seiner Stücke, das ist in der Maria gar nicht vorhanden oder Nebensache. In der Maria ist zwar ein
Etwas von innrer Entwicklung angestrebt, aber man
sieht nicht das Werden selbst, nur von Zeit zu Zeit
wieder ein neues Stück Gewordnes; wir sehen bloß
Symptome, aus denen wir schließen müssen, nicht die
Sache selbst, und diese Symptome sind unter sich widersprechend. So ist, was am klarsten daliegen müßte,
das, warum, und es in seiner Folge stetig und klar
zu zeigen, eigentlich das ganze übrige Stück basein
sollte, die Entwicklung der Maria das Unklarste im
ganzen Drama. Wenn sie sich am Ende vom Gewissen
getroffen zeigt, weiß man nicht, warum; nicht, ob ihre
Gewissensbelastung von der Art wie im Ödipus oder
wie bei Shakespeare ist. Man weiß nicht, wie man
daran. Hielt sie wirklich Bothwell für unschuldig, so
hat sie sich nur eines zu großen und übelangebrachten
Vertrauens anzuklagen. Der Art aber ist ihr Zustand
nicht; sie nimmt ihr äußeres Schicksal, als wäre es
Folge von bewußten und absichtlichen Verbrechen.

Wäre es dieses, so müßte die Meinung, die sie im Stücke zeigt, damit übereinstimmen. Dazu wissen wir von ihrer eigentlichen Natur und Art so wenig, daß wir auch darin keinen Rat suchen können. Hat der Dichter das absichtlich so gemacht, so hat er mehr auf die Schwäche des Publikums gerechnet, als sich mit der Würde seiner Kunst verträgt. — Die übrigen Gestalten sind so abstrakt, daß man an sie weder mit dem ästhetischen noch mit dem moralischen Maßstabe herantreten kann; sie haben keine Zurechnung, denn sie haben nichts von Natur in sich; es hieße mit einem Automaten rechten, daß er Gelenke nicht brauche, die er nicht hat. — Die Grundformel des Stückes ist: weil Murray Regent von Schottland werden will, muß die Königin von Schottland mit ihrem Gatten Darnley zerfallen, muß Bothwell diesen umbringen, die Königin Bothwell heiraten u. s. w. Denn die Intention Murrays ist der einzige Faden, der — freilich im einzelnen auf unglaubliche Weise — noch durch diese Verwirrung hindurch erkennbar ist. Der einzelne hier dargestellte Fall zeigte uns, wie ein Elender trotz der gewagtesten, oft auf das Albernste gewagten Intrigantenstückchen ein tugendhaftes Wesen in ein Unglück bringt, dessen eigentliche Natur wir freilich nicht verstehen, von dem wir nicht wissen, ob es zugleich ein moralischer Untergang ist oder nicht. Wir sehen also den Plan eines Elenden und zugleich bis zur Albernheit Plumpen trotz alledem gelingen und ein edles, tugendhaftes Wesen trotz alledem ins Unglück und wenigstens zeitliches Verderben geraten, wir sehen, daß dieses — wir müssen glauben, mit Unrecht — die Reue einer Verbrecherin fühlt, und daß jener wohlbehalten triumphiert. Wir würden darüber in Unwillen geraten, wenn, was wir gesehen, nicht wie ein bunter, toller Traum hinter uns läge, wenn wir nur einen Augenblick lang diese traumhaften Gestalten für

Menschen und ihr Handeln als menschliches angesehen hätten.

Das ist in der That eine künstliche Wirklichkeit, aber keine künstlerische; denn was eben die Kunst thun soll, worin ihr Wesen besteht, ist hier gar nicht versucht. Die Kunst soll uns eben, was uns in der schlechten Wirklichkeit verwirrt, entfernen und uns durch den Schein der wirklichen Erscheinung hindurch die innre Wahrheit ihres Gegenstandes zeigen, den einheitlichen Geist, wie er unter der mannigfaltigen Decke der Natur verborgen liegt; sie soll uns in dem Körper des einzelnen Falles das allgemeine Gesetz als Seele lebendig zeigen. Der tragische Künstler darf nicht dem zufälligen Stoffe noch mehr Zufälliges beimengen, er muß vielmehr alles Äußerliche, bloß anorganisch Angeklebte von seinem Stoffe hinwegthun bis auf den wesentlichen Gehalt desselben; aus diesem wesentlichen Gehalte muß er ihn noch einmal aufbauen und so, daß nur dieser Gehalt zur Anschauung kommt, aber auch zu sinnlich klarster Anschauung. Er soll also die einheitliche Seele dieses Gehaltes wieder in einen Körper kleiden, aber in einen, der ihr der gemäße ist, in einen Körper, der sie an jedem einzelnen Teile durchscheinen lassen kann und durchscheinen läßt. Die Muster, an denen dies zu lernen, sind Sophokles, Shakespeare, Goethe. Wenn der Dichter darauf erwiderte: „Aber ich wollte ein Intriguenstück machen, und mir muß freistehen, aus meinem Stoffe zu machen, was ich will," so ist ihm zu antworten, daß der Dichter das Recht seines Stoffes anerkennen und faktisch anerkennen müsse, wenn er Dichter sein will und sein Werk ein poetisches Kunstwerk werden soll. Denn es ist kein willkürlicher Einfall, sondern ein tiefes Natur- und Kunstgesetz, welches er verletzt, wenn er Seele und Körper beliebig zusammenwürfeln oder zusammenschweißen will, anstatt daß seine Phantasie nur der fromme Mutterschoß sein soll, in dem der Körper nicht überhaupt eine Seele, sondern die Seele ihren Körper, der Leib seine Seele erhält. Aber auch angenommen, er hätte aus dem tragischen Stoffe ein Intriguenstück machen, d. h. ihn zur Ergötzung zunächst durch den Verstand und an dem Verstande ausprägen dürfen, so müßte sein Intrigant nur auch sich als einen Mann von Verstand, Feinheit und Überlegenheit zeigen; aber an diesem Murray zeigt sich keine dieser Eigenschaften. In der Fügung der Handlung müßte wenigstens eine Notwendigkeit für den Verstand sichtbar sein; dies ist in dem Stücke so wenig der Fall als jenes. Ein Muster von solcher Kompositionsweise hatte er in der Schillerischen Maria Stuart vor sich. Wie fein nach der Wahrscheinlichkeit ist hier alles abgewogen, was zur Handlung im engern Sinne gehört. Wie ist in der Situation ein fester Grund von Notwendigkeit gegeben, und welche ganz andre Figur spielen die Leicester, Burleigh, selbst die Königin, wie nehmen sie sich neben diesem kahlen verkleideten Schauspieler, der einen abstrakten Intrigant so schlecht spielt, neben diesem Murray aus. Welchen relativen Reichtum von Zügen vereinen nicht diese Mortimer, Leicester, Burleigh, Elisabeth u. s. w. in sich, neben diese personifizierten abstrakten Einzelzüge Darnley, Bothwell u. s. w. in der Maria von Schottland gehalten! Schiller hat seinen Intrigants, da sie doch hochgestellte Leute sind, selbst in der Schwäche eines Leicesters wenigstens in der äußern Haltung nichts vergeben; aber Murray mit seinem durchaus würdelosen Benehmen, dieser verkleidete Schauspieler, der nichts als die herkömmlichen Fagen der stehenden Maskenfigur „Maschinist" zu machen weiß und sie so absichtlich übertreibt, den wir nur immer schleichen, hetzen, höhnen sehen und hören; diesen sich als Regenten von Schottland zu denken, ist geradezu unmöglich. Wie adlig und vornehm erscheint neben diesem ersten Manne in Schottland nach der Königin der venetianische Fähnrich Jago, des Edmund nicht zu gedenken, der auch ein Vornehmer ist!

Was die Charaktere betrifft, so steht selbst Laube weit über unserm Dichter. Auch hat Laube, soviel ich weiß, in seinen ernsten Stücken der Scribischen Richtung den Maschinisten zu entbehren gewußt. In Monaldeschi hat Laube sogar etwas von Idealer Komposition versucht, wiewohl die Kontrastierung der beiden Italiener zu absichtlich geraten. Auch seine Struensee, Montrose, Essex sind beiweitem von größerm Reichtum und Totalität als Eschenbachs Personen. Wenn dieser poetischer in der Sprache ist und der dialogischen Seite eine weit größere Breite gönnt, so ist die Schönheit dieser Sprache zu sehr Selbstzweck und andrerseits übel angewandt. An diese Ausführlichkeit hätten wir mit Recht die Forderung zu stellen, daß sie sich mehr mit der Hauptsache zu schaffen mache, über die Charaktere und ihre innern Entwicklungen uns ins Klare setze. Was andre Poeten in dieser Hinsicht geniert, ist die karggemeßne Zeit; mit dieser kann Eschenbach sich nicht entschuldigen, denn er hat keine Rücksicht darauf genommen; sein Stück ist länger als irgend ein Shakespearisches. Aber was ihn hinderte, die Charaktere zu entfalten und ihre innern Entwicklungen uns klar darzustellen, war ein andrer Grund. Was nicht vorhanden ist, läßt sich nicht entfalten, was nicht klar gedacht ist, läßt sich nicht klar machen.

Was den Stoff betrifft, so ist er der einzige, der allein noch nicht behandelte tragische Stoff, den ich bei meinem jahrelangen angestrengten Suchen finden können. Und zwar ist er so bequem, daß man fast nichts zu thun hätte, als die Geschichte zu dialogisieren, um eine wirkliche Tragödie hervorzubringen. Nur müßte Rizzios Tod wegfallen um der Geschlossenheit des Typus willen. Die Genossen bereiten und begehen den Mord, Bothwell aus Liebe, die Königin hilft (auch reizend) uneingestanden mit. Die Liebenden wollen Vereinigung, die übrigen Genossen haben andre Interessen dabei. — Entweder die verbrecherische Liebe oder den Mordgedanken muß man freilich haben entstehen sehen. Vielleicht lag Darnley aufgegeben krank; sie haben schon gehofft, waren schon sicher und glücklich; er genest und sie kommen auf den Gedanken entweder zusammen oder einzeln, sodaß uneingestanden Maria mit im Komplott wäre und beihilfe, woraus Bothwell dann, rücksehend, schaudernd ihr Mitwissen und absichtlich Einhelfen erkannte und sein Gewissen seine Folgerungen daraus machte. — So sind beide schauspielerisch. (Wirklich war er krank gewesen nach der Geschichte, und sie hatten ihn an den Mordort gebracht unter dem Vorwande, er müsse im Freien wohnen zur Beförderung seiner Genesung.) — Das Mittel ist der Mord. Er wird gebraucht, sie alle beflecken sich mit dem Mittel, ohne ihren Zweck zu erreichen, vielmehr stellt sich der Tote zwischen die Mörder und ihren Zweck. In Bothwell tötet die That, d. h. seine Einsicht, daß Maria absichtliche Helferin war, die Liebe; Ehr- und Herrschsucht tritt an ihre Stelle, damit er die That nicht umsonst gethan. In Maria bleibt die Liebe leben und will weiblich in deren Genusse vergessen, was sie ihr gekostet. Bothwell spielt noch den Liebenden, aber Marias Thun, die natürlich ihr Gewissen ihm hehlt, weckt ihm Argwohn. Was sie an ihrem Gatten gethan, obgleich sie es für ihn gethan, macht ihn vor ihr schaudern; er benutzt ihre Liebe und deren Nachgiebigkeit, König zu werden, und treibt ihre Liebe in seinem Argwohn zu Schritten, die zu Entdeckung der That führen. Er will sie dahin haben: als seine Gemahlin müsse sie zu ihm und an ihn sich halten um ihrer eignen Wohlfahrt willen. Er will durch Schreck wirken, da das Ver-

steckenwollen vergeblich und nur Feigheit scheine
und die Gegner nur mutig machen könne und müsse.
Zwischen dem Paare und den übrigen Genossen,
zwischen diesen selbst steht Darnleys Geist als Zwist=
macher, als Trenner; wie alle zusammen gegen die
übrige Welt, so machen Bothwell und Maria Front
gegen die übrigen. Es gilt zunächst, daß die Thäter
nicht entdeckt werden. Bothwell reißt Maria und die
andern Genossen in seinem Argwohn gegen alle zu
Übereilungen hin, die ein Selbstverrat werden. Wie
er endlich fest sitzt und die Königin — immer aus
liebender Klugheit — seinem Willen widerstrebt, da
wirft er die Larve ab. — Er erwartet stets einen
neuen Bothwell, er nimmt die möglichen Kandidaten
und ihre Fähigkeit zu solcher Rolle prüfend durch und
muß sich gestehen, daß das Gewissen sein Urteil
bestimmt, indem es ihn bewegt, die Dummen klug,
die Feigen mutig zu halten, seinem Verstande zum
Trotz, ihn darin feig, seiner männlichen Natur zum
Trotze, und ihr Lieben, ihr ihm in Ruhe Schmeicheln=
wollen erinnert ihn nur immer daran, wie sie dasselbe
Benehmen dem todgeweihten Darnley gegenüber uner=
schütterlich in arger Schauspielkunst zur Schlinge machte.
Bothwells Despotismus hat die übrigen Genossen gegen
ihn gewandt; sie schlagen sich zu dem Volke. Both=
well, plötzlich verlassen, flieht, die noch bethörte Köni=
gin verlassend und von sich scheuchend, die dem Tode
nach England entgegenflieht. Die übrigen Genossen
fallen — Murrays, der Regent wird, Tod ist ebenfalls
beschlossen — einer durch den andern. Ist ihm nun
wirklich in einem andern der Genossen, etwa Balfour,
ein neuer Bothwell erweckt; meint dieser, dies zu
werden, und wie Maria ihn durchschaut, ist das Gefühl,
wie man sie schätze, ein Hauptleiden. Da wäre denn eine
einfache Entwicklung; aus dem Stoffe wäre sein wesent=
licher psychologisch=ethischer Gehalt gezogen, und dieser,

und nur dieser würde aus den Materialien der Anekdote wiederum aufgebaut, nirgends im Widerspruche mit dem geschichtlichen Rohstoffe, nur die Seele, der Typus in diesen einzelnen Fall hineingesehen.

Der Königin Liebe zu Bothwell die echteste und bis zu ihrem Ende dauernd; ihr Mitgefühl mit Bothwells Leiden das eigne Gewissen überragend, des Weibes Liebe wächst mit dem, was sie dem Manne opfert.

Außerdem sieht man die spezifische Kraft des Weibes, die sie auch anruft, Gewissen und Gedanken sich fern zu halten, die größere Totalität der weiblichen Natur. Dazu wird ihr Gewissen zur Furcht für Bothwell, und diese Furcht, die Liebe noch steigernd, absorbiert die Gewissensbisse. Wie der Mann früher den guten Schein als unnütz wegwirft, wo er doch durchschaut, das Weib selbst gegen ihn den Schein halten will und erst mit dem Wegwerfen des Scheines weiblich wirklich ruiniert ist. Dies vielleicht die Opposition, die Bothwells Entlarvung mit sich führt.

Dies und nur dies ist der eigentliche Vorgang, die tragische Seele, daß kein Gut durch Verbrechen zu erkaufen sei, daß der Zweck an dem bösen Mittel zu Tode kranke. Der äußre Körper des Vorganges: Mord und Zubehör, das der Entdeckung Ausweichen, welches durch seine gewissenerregte Heftigkeit und Gewaltsamkeit zum Gegenteile führt, die dadurch erweckte äußre Reaktion, denn Bothwell muß nun König werden, oder er kann es nicht, auch ist die Gelegenheit da, wie sie nie wieder kommen kann, und vielleicht bewegt Bothwell dies, den letzten Schein selbst zu zerstören, und Maria muß auf seine Liebesvorwürfe und Argwöhnungen ihren Willen dazu geben. So wie er ihr Gatte und König, da wirft er die Maske fort und glaubt auch ihren Angstanstrengungen, das so schlimm Gewonnene für ihn und sich zu erhalten, nicht mehr, zeigt ihr vielmehr unverhohlen seine Verachtung, da sie ihm nur ein Gewaltwerkzeug ist. Hier giebt es Gelegenheit zu Schmerzenstönen tiefster Natur für sie, zu angstvollen Bitten, nicht sich selbst und das schlimm und teuer errungne Gut hinzuwerfen. Seine Larve fortwerfen und sie, Maria, von sich stoßen; ihr in der Feinde Gewalt kommen und Flucht; Bothwells des Sterbenden, Fluch und Voraussbeutung ihres Schicksals in England. Zugleich die innern Machinationen der übrigen Genossen erst gegen das Paar, dann gegen sich selbst, auch Murrays Schicksal vorausgezeigt, der nur scheinbar triumphiert, dafür die Liebe des Zuschauers dem unschuldigen Kinde und seinem greisen Begleiter Lenox zugewandt. Murray benutzt die Chancen, aber ohne eigentliche Intrigue und Maschinerie; er ist zum Regenten ernannt, um den Gerechtigkeitskrieg gegen die Mörder Darnleys zu führen, was recht gut in eine Exposition kommen kann. Bothwell erschlägt vielleicht den Balfour, als dieser der Königin helfen will, seinen Bothwell in ihm im Keime zu vernichten. Man muß auch alle Genossen innerlich gerichtet sehen und sie selbst ihren Untergang des einen durch den andern auf die Schuld beziehen hören.

Maria merkt bei ihrer ersten Begegnung mit Bothwell nach dem Morde seinen Schauder und daraus, daß er ihr Wissen weiß oder ahnt. Sie ist nur um ihn besorgt. Sie thut deshalb nicht dergleichen und jagt, sich den bei ihr immer wieder aufdrängenden Gedanken, er liebe sie nicht mehr, vom Halse und erwehrt sich ihrerseits all des Argwohns, den ihr Gewissen gegen ihn erregen will, darin weniger naiv als er. Ihre Liebe wächst noch stets, und ihr Zeigen derselben macht nur immer Bothwells Argwohn wachsen.

Hört vielleicht in der Szene, wo Lenox Darnleys Leiche bringt, und das Volk dem Toten wiederum zufällt, Bothwell den Ruf in den Straßen: „Nun dort nun wieder dort,“ „Bothwell ist der Mörder", welchen

sein Begleiter, ein nicht am Morde beteiligter, für
Hallucination hält und Bothwell abhalten will, wieder mit dem Schwerte fragt, wer so gerufen? Lenox
Meinung befestigt dieses, was andern die Meinung
als Möglichkeit aufdrängt. Maria hört mit Schmerz
davon, will ihn beruhigen; der Zustand seiner ursprünglich edeln Natur schmerzt sie, daß sie den ihren
darüber vergißt. Er macht Thorheiten, welche sie,
um ihn zu schützen, adoptieren muß, wodurch sie den
Verdacht auf sich mitzieht; er selbst zwingt sie zu
andern.

Nun nur wohl zu sehen, daß der Vorgang nirgends
brettlerhaft wird, die Figuren dazu. Wirkliche Gespräche, wie sie in der Wirklichkeit vorgefallen sein
könnten, kein andrer Effekt, als die natürlichen Gelenke
der Entwicklung, durchaus keine äußerlichen; nie wird
der Vorgang, d. h. die eigentliche Theaterhandlung
Hauptsache, immer ist es der tragische Grundgedanke,
wie er sich in dem innern Leben der Charaktere
realisiert. Die Maschine immer einfachst, nie künstlich. Nach dem Gerichte erachten die Genossen als
nötig, sich von dem Bothwell zu trennen und zum
Volke zu schlagen, von dessen Erhebung oder Auflauf
und Unwillen sie hören, es vollends aufreizend. Dann
hört man, daß das Volk und die Großen den Murray
zum Führer gemacht, die Heirat der Königin hat die
Ernennung Murrays zum Regenten zur Folge. Bothwell zwingt die Königin. Er zwingt sie. Wie denn?
Giebt er ihr nichts zu essen? Droht er mit der Rute?
Womit kann er ein tapfres Weib wie diese Königin,
zumal da ihre Umgebung meist aus ihr persönlich
Treuen besteht, zwingen zu einem Scheine der Schuld
welchen ein Weib mehr fürchtet, als die Schuld selbst?
Ist sie fähig, den Schein wegzuwerfen, so war sie es
noch mehr, die That zu thun, die verborgen zu bleiben
versprach. -- Die Heirat macht nun auch die meisten

ihrer Treuen abwendig, wohl gar falsch. Sie will
den Vorschlag der Erklärung annehmen, daß sie gezwungen gethan, nur um ihn jetzt zu retten, der fliehen kann. Aber er glaubt nicht und zeigt dies. — Keine unnatürliche Drängung! Keine intriganten Situationen! Das einzig Wirkende im ganzen Stücke muß immer dasselbe sein, der tragische Gehalt des Stoffes selbst. Das Gedankenhafte des Dialogs muß über die gemeine Wirklichkeit hinwegsetzen, eben dies Hindurchscheinen der einen Seele durch jede einzelne Stelle ihres Körpers. In der Darstellung der verbrecherischen Liebe wie des Schrecklichen darf nie das Kreatürliche vorwalten, dort wird die Begier, hier das Peinliche des passiven Leidens vermieden. Dazu die großartige Ruhe der Repräsentation, Kraft stets als Nachdruck erscheinend. Die beiden Hauptcharaktere bleiben unzermacht, sind sich aber selbst zugleich Objekt.

NB. Wenn Rizzios Mord bliebe, wäre der Grund, daß Darnley den Vertrauten der verbrecherischen Liebe für den Gegenstand selbst angesehn. Hätte er nun den Gegenstand richtig erraten! Maria sieht den Bothwell an einer Kluft stehen und ist in unendlicher Angst um ihn, sieht ihn nur durch des Feindes Tod lebend. Zugleich faßte sie aus Darnleys Handlungsweise Haß und Verachtung. — Wie nun: Maria und Bothwell lieben sich noch unausgesprochen. Darnley sucht die Ursache ihrer Kälte gegen ihn in einer andern Liebe und läßt Rizzio morden. In der Angst u. s. w. darüber verrät sich Maria an ihn, der als ihr Schützer auftritt, Bothwell und vice versa. Sie sieht zugleich die Gefahr für Bothwell, wenn Darnley u. s. w.; sie hat in ihrer Freude Bothwell Beweise ihrer Huld gegeben, ihm sozusagen ihre Liebe selbst angetragen und sieht ihn nun dadurch und dafür von Darnleys Dolche ad modum Rizzio bedroht, wo dann Liebe und Gewissen die Sorge schärft, bis sie keine Ruhe sieht als durch Darnleys Tod. Nun könnte Bothwell sagen: Mag mir geschehen, was will, nur die Reinheit nicht gekränkt u. s. w. Um ihretwillen und ihr zu ersparen, thut er es; sie hilft uneingestanden; das gerade ernüchtert ihn — während es doch eben, da sie seine Schuld teilen will, Liebe von ihr ist. Wäre sie rein geblieben, die Welt stünde noch, sie wäre mir ein Engel, und ich liebte sie um deswillen nur mehr, was ich um die Reine, um sie rein zu erhalten, gethan. So aber stellt sich der Mord und die Mitschuld zwischen sie.

Nur nicht zu weit ausgegriffen! Immer nur das Nächste und Natürlichste!

Wer Shakespeare folgen will, muß kühn sein wie er. Die einfachen, großen Motive müssen alles tragen ohne kleinliche Behelfe, die Figuren darin schlank, nur zu illusorischen Menschen gemacht, die Composition gründlich, einfach, schlank, ohne daß oder damit man nicht alles Kleine besonders erklären muß. Alles schlank, lieber zu schlank, desto größre Breite hat die Auslegung, nur daß die Erklärungsgründe alle implicite in der Natur der Situation und Charaktere liegen. Manches bedarf bloß einer einmaligen Andeutung; dem Zweifler muß man zumuten, daß der Zusammenhang ein einfacher und großer. Die Hindeutungen von einem auf das andre wird der aufmerksame Zuschauer oder Leser, wenn nicht beim ersten Lesen oder Sehen, so später selbst hineinlegen, der Autor macht sein Werk, wenn er sie selber geben will, schwerfällig, nicht klar, sondern unklar, und was der Deutlichkeit helfen soll, hebt die Poesie auf, die freistehende, runde Gestalten, Verhältnisse, Situationen braucht.

Reiche Stücke werden durch solchen Hindeutungsballast unklar und verwirrt, große, runde Gestalten zerbröckeln in Prosa.

Was ja davon notwendig sein sollte, kann bei der Revision des Fertigen nachgeholt werden. Nun muß auf Poesie und Natürlichkeit gedacht werden. Genug, wenn Scharfsinn und Tiefsinn, den Grund tüchtig gelegt, in die Ausführung dürfen sie sich nur, wo der Vorgang es erfordert, mischen.

Dramaturgische Aphorismen

Erste Gruppe
Aus den Jahren 1840 bis 1860

Bereich des Poetischen und Ästhetischen

Das Poetische hat nur die Prosa, die Wirklichkeit im bloß verständigen Sinne zum Gegensatze und zur Grenze. Wo die Größe der Gestalt und Denkart, die Expansion oder die Tiefe der Empfindung der Stoff des ordnenden Verstandes ist, da ist Poesie; wo beides den Verstand verdunkelt, da ist das Phantastische. Das Poetische hat also bloß die Qualität zum Maßstabe. Mit dem Ästhetischen ist es anders; dies wird am Maße der Quantität gemessen. Es ist ein konzentrischer Kreis von kleinerm Halbmesser, innerhalb des Kreises des Poetischen gezogen. Die höchsten Grade der expandierenden und der intensiven Phantasie sind immer noch poetisch, aber ästhetisch sind sie nicht mehr. Ein Spieler um Geld ist unpoetisch; einer, der mit dem Teufel um sein Leben würfelt, ist poetisch. — In der idyllischen oder satirischen Poesie wird die Schlacht zwischen der Poesie und der gemeinen Wirklichkeit geschlagen; in der eigentlichen Poesie ist der Kampf vorbei; das gemeine Wirkliche liegt besiegt zu Boden, und die Poesie begeht ihr Siegesfest. — Mein Hauptfehler war, daß ich Stoffe zur Tragödie aus dem Kleinleben nahm. Dieses sagt in seiner Beschränktheit und Klein-

lichkeit höchstens dem eigentlichen Idylle zu. Mit den
höhern Gattungen der Poesie läßt es sich nicht vereinen. Der Hauptvorzug des dargestellten Kleinlebens,
treue Porträtierung, ist allem Schwunge entgegen.
Man kann die poetische Wahrheit, die in der innigsten
Übereinstimmung aller Erfordernisse besteht, nicht erreichen. Giebt man der Sprache poetischen Gehalt,
so steht sie mit der unpoetischen Situation und mit den
beschränkten, kleinlichen Motiven im schreiendsten Widerspruche. Läßt man sie die Sprache der Bildung reden,
so muß man aus unbefangnem Munde die einfache
Frage erwarten, die alle durch poetische Unwahrheit
gewonnenen Schönheiten über den Haufen wirft:
Warum hat der Dichter nicht gleich gebildete Leute
und eine Handlung ersonnen, zu der die Sprache paßt?
Wir haben ein Warnungsbild in Geßner. Die weißen
und roten Rokokofiguren der Daphnen, Chloen u. s. w.
sind verschwunden, die derben Porträts des wirklichen
Kleinlebens, die Dows, Teniers, Breughels u. s. w.
gelten noch. Durch die Entfernung, durch das uns
Fremde in Tracht und Sitte sind sie gewissermaßen
poetisch geworden, der Übermut, der in manchen steckt,
die komische Idealisierung ist an sich poetisch; die
Wahrheit, mit der sie aufgefaßt sind, bringt uns das
Fremde nah und erhält es allen Zeiten begreiflich. —
Die einfache und anspruchslose Porträtierung der
kleinen Zustände hat und wird sich noch lange in den
„Jägern" und ähnlichen Schauspielen erhalten. Kabale
und Liebe in seiner poetischen Auffassung erscheint
uns nach wenig mehr als einem halben Jahrhundert
schon als Parodie seiner selbst. Die einzige Figur im
Stück, die die andern und damit das ganze Stück überleben wird, ist gerade die einzige darin, die man ein
treues Porträt nennen kann, der alte Miller. Er ist
durchaus prosaisch gehalten, und nur die Leidenschaft
giebt ihm ein Etwas wie poetischen Anhauch; das ist

aber in der gemeinen Wirklichkeit ebenso, und er spricht
kein Wort, das ein Mann in seiner Lage in der Wirklichkeit nicht auch gesprochen haben könnte. Ich glaube,
der unpoetische Stoff kann nur in seiner Wirklichkeit
aufgefaßt bleibend interessieren.

Die wahre Poesie muß sich ganz von der äußern
Gegenwart loslösen, sozusagen von der wirklichen
Wirklichkeit. Sie darf bloß das festhalten, was dem
Menschen zu allen Zeiten eignet, seine wesentliche
Natur, und muß dies in individuelle Gestalten kleiden,
d. h. sie muß realistische Ideale schaffen. Sie darf
nicht das Wilde und Ungeheure mit Gewalt herbei-
ziehen, aber auch nicht der unmännlichen Schwäche
einer Zeit, die mit ihr vergehen wird, schmeicheln und
sie dadurch hätschelnd noch mehr schwächen helfen.
Aber ich thue unsrer Zeit Unrecht, sie ist im männlichen Aufraffen begriffen. Wäre sie es aber auch nicht,
der Dichter muß erst nach seiner Pflicht gegen die
Kunst und dann erst nach der gegen das Publikum
fragen. Sein höchstes Gesetz ist poetische Wahrheit. —
Und stimmen nur seine Gebilde mit ihren Bedingungen
überein, so mag er kühn bis an die Grenze gehen, die
nur Willkür setzen kann.

Diejenigen Gattungen, die nur amüsieren sollen
tragen ihre Grenzen in ihrem ausgesprochnen Zwecke.
Die Tragödie soll mehr, sie macht sogar Kühnheit zur
Pflicht. — Heute ist diese und jene Blume in der Mode,
man findet sie auf jedem Fensterbreit, auf jedem Damen-
schreibtische. Draußen im Felde steht eine weit reichre
und schönre; kein Mensch sieht nach ihr, denn sie ist
keine Azalee, kein Rhodobendron. Heute wenigstens;
ob auch morgen oder übermorgen? Und pflückt sie
auch übermorgen keiner, so hat sie sich selbst geblüht!

Gegenwart des Dramas

Das Drama muß in jedem Moment Gegenwart sein; das Vergangenheitsschwangere ist das Epische, das Zukunftsschwangere das Dramatische.

Geschlossenheit des Dramas

— — Ein Drama muß vollkommen geschlossen und vollkommen durchsichtig sein. Das macht die vollkommne Loslösung des Stoffes von äußern Bedingungen nötig. Er muß seine Bedingungen alle in sich selber haben, und wir müssen dies sehen. Alles, was geschieht oder Einfluß hat auf das Geschehende, muß aus einer Absicht hervorgehen. Alles Begebenheitliche im Stoffe muß in Handlung aufgelöst werden, deren Gründe wir erfahren. Die Absicht macht die Begebenheit zur Handlung. — Forderungen der verschiednen Gemütskräfte des Zuschauers ans Drama. —

Endpunkt des Tragischen

Das Geschick darf nicht als ein unabänderliches Uhrwerk dastehen, sobaß man weiß, in so und so viel Minuten muß es ausheben und das unter ihm liegende Opfer ohne Rettung zermalmen. Sowie dies geschieht, so ist es um das freie selbstthätige Spiel des Geistes gethan, so ist eigentlich das Stück schon aus.

Natur in der Kunst

Natur in der Kunst kann nichts andres heißen als die täuschendste Wirklichkeit einer künstlerischen Darstellung, das vereinte Werk des Verstandes und der Phantasie.

Erwartung im Drama

Je früher die Erwartung des unglücklichen Ausganges erregt wird, je früher die Möglichkeit eines glücklichen Ausganges verschwindet, desto milder wird die tragische Stimmung. Die Personen dürfen hoffen, der Zuschauer nicht; er muß immer wissen, daß diese Hoffnungen und die Anstrengungen der Personen, sie zu realisieren, vergeblich sind. — Auch zu verhüten, daß die künstlerische Täuschung zu einer wirklichen werde oder dieser sich zu sehr nähere. Die Personen sollen in der Gewalt wirklichen Leidens erscheinen, der Zuschauer soll tragisches Mitleid, d. h. durch die Kunst verklärtes, zum Genuß gemachtes, empfinden. Dazu ist das Eingeständnis notwendig, daß das Kunstwerk keine Wirklichkeit sein will. Hilfsmittel sind Idealität der Darstellung, Vers, Betrachtungen, bildlicher Ausdruck.

Tragische Zweckmäßigkeit und Notwendigkeit

Ein gutes Stück ist eigentlich nichts als eine Katastrophe und ihre sorgfältige Motivierung durch Charaktere und Situationen, durch welche der Verstand zufriedengestellt, die Phantasie angeregt, das Gefühl befriedigt wird. — Tragische Notwendigkeit kann eigentlich nichts heißen als tragische Zweckmäßigkeit, richtige Berechnung jedes einzelnen Momentes im Ganzen auf den Zweck des Ganzen, Übereinstimmung des Erfolges mit den erregten Erwartungen; daß also der Poet nirgends eine Erwartung im Zuschauer erregt, die nicht erfüllt würde, und nichts sich erfüllen läßt, was nicht erwartet wurde. Das ist im größern Sinne Motivierung. Die pragmatische Motivierung geht auf den Zusammenhang der Handlung in sich

und für sich; diese — die künstlerische, wenn ich so
sagen darf — auf den Zusammenhang zwischen der
Handlung und den Empfindungen des Zuschauers.
Jene bewirkt, daß die Handlung eine mögliche, wahr-
scheinliche, geschloßne, diese, daß sie eine das Gefühl
ergötzende, befriedigende, eine künstlerische Stimmung
erweckende sei; jene, daß sie objektive, diese, daß sie
subjektive Wahrheit hat; jene, daß sie Verstand hat,
diese, daß sie dem Verstande und den übrigen Seelen-
kräften gefällt. Hier zeigt sich nun auch der höhere,
der eigentliche Kunstverstand. Diese Übereinstimmung
der objektiven Welt des Werkes, der Darstellung der
äußern Gesetze der Dinge mit den Forderungen der
subjektiven und ihren innern Gesetzen macht die sogenannte Notwendigkeit eines Kunstwerkes aus und ist
das erste Kriterium der Klassizität desselben. Der
Poet muß sich also im ganzen wie in jedem einzelnen
Momente als Poet und als Zuschauer zugleich verhalten; er muß mit der größten Vertieftheit in das
Werk zugleich darüber stehen, mit der größten Hingabe an dasselbe die größte Unbefangenheit ihm gegenüber vereinen.

Sowie tragische Notwendigkeit vorhanden ist,
stört selbst das Komische nicht. Ja, es kann die
Wirkung der Situationen noch durch den Kontrast erhöhen, wenigstens einen Erfrischungspunkt bieten.
Desgleichen wirkt das Erwachen der Hoffnung bis
zur Zuversicht in den Personen tragisch, wenn der
Zuschauer weiß, daß diese Hoffnung eine vergebliche,
ja um so milder, je gewisser der Zuschauer dies weiß.
Wird dagegen der Zuschauer selbst zur Hoffnung ver-
leitet, so wird er sozusagen zu einer der spielenden
Personen selbst, er wird aus der ruhig ergebnen
Fassung künstlerisch erweckten Mitleides in die Kämpfe
der Personen selbst gezogen, wie diese von Furcht in
Hoffnung, von Hoffnung in Furcht hinübergerissen;

er erlebt die schrecklichen Schicksale, anstatt aus der sichern Zuflucht der Beschauung heraus sich an ihnen zu genießen. — In der Antigone ist das Schicksal wie im Shakespeare behandelt; ohne alles Wunder folgt die Strafe nicht allein auf die Schuld, sondern auch aus der Schuld. Kreon, der tragische Held, tötet im Eigensinne die Geliebte seines Sohnes; dieser, da er sie nicht retten kann, stirbt ihr nach; ihm die Mutter, und so hat der Held sich selbst gestraft. Er hat mit aller Zurechnung gesündigt, der Ödipus, der Ajas, die Dejanira, der Orestes nicht; in den drei ersten dieser Fälle ist Verblendung oder absichtliche Täuschung, in dem letzten sogar ein göttlicher Befehl an die Stelle der zurechnungsfähigen Leidenschaft getreten. Die Reinheit und Notwendigkeit des Schicksals in der Antigone ist es wohl, die uns dieses Stück näher rückt als die andern antiken Stücke. Auch hat diese Tragödie vor den übrigen des Sophokles voraus, daß nicht bloß die Katastrophe, sondern auch die Schuld in Handlung dargestellt ist. Es ist im Stücke ein Bewerben um den Tod, eine Sterbewollust. Eine gewisse süßschmerzliche Stimmung wird in der ersten Szene erregt und durch das Ganze festgehalten. Eben daß man nicht zu vorübergehender vergeblicher Hoffnung verführt wird, der Antigone könne irgendwo von außen her eine Rettung kommen, das läßt einen heimisch werden und bleiben in dieser Stimmung. Eigentümlich, daß der Faust (besonders Gretchens Schicksal) mir ganz dieselbe Empfindung gab wie die Antigone; die Empfindung des Schönen. Die Seele entfaltete wie die vorher geschloßne Blume diesem milden Strahle ihre innersten Tiefen. Keine Stelle darin, die übermächtig auf Rührung oder irgendwelche Erschütterung gewirkt und dadurch irgend ein Vermögen des Zuschauers einseitig zur Reaktion gezwungen hätte. Es waren nicht Empfindungen, nur Empfindung, man hörte keine Töne, nur ihre Harmonie. Der Schmerz war zu einem Genuſſe gemacht.

— Eine aufblitzende Möglichkeit von Rettung bringt eine übelangebrachte Reaktion und wirklichen Verluſt der ſchönſchmerzlichen Stimmung. Die Empfindung vermag ihrer natürlichen Schwere nach nicht die zwei Richtungen zugleich mit Leichtigkeit und daher mit Luſt zu verfolgen. Iſt die Reaktion einmal eingetreten, ſo will ſie zu ihrem Rechte kommen, und wie die Seele vorhin die ſtörenden heitern Vorſtellungen abwies, ſo werden ihr jetzt die ſchmerzlichen ſtörend und peinlich. Dieſer pſychologiſche Erfahrungsſatz iſt die Baſis der tragiſchen Stimmung, und aus ihr laſſen ſich die weſentlichſten Geſetze der Tragödie ableiten.

Tragiſche Notwendigkeit

Tragiſche Notwendigkeit iſt die Trägerin der tragiſchen Stimmung. Sie beſteht darin, daß der tragiſche Ausgang ſchon im Anfange des Stückes ſich ahnen läßt, und während des ganzen Stückes dieſe Ahnung ſtetig wächſt, bis ſie mit der Kataſtrophe zur Gewißheit wird. Das Schrecklichſte überraſcht uns dann nicht mehr. Je gewiſſer wir einen ſchlimmen Ausgang ſchon im Anfange ahnen, je ſtetiger dieſe Ahnung wächſt, deſto milder wird die tragiſche Stimmung ſein. Je feſter die Situationen ſchließen, ſodaß ſie auch ein mögliches Ungefähr nicht ſcheint durchbrechen zu können, je weniger man dieſem Ungefähr überdies noch den Zugang gönnt, alſo je weniger man die Möglichkeit befürchten läßt, daß der ruhige, ſtete Verlauf des Ganzen plötzlich von einem Unvermuteten in Verwirrung gebracht werden könne, deſto mehr wird Mitleid und Furcht zu einer ſüßen Beſchäftigung, der man ſich mit Geiſt und Sinnen hingiebt. Womöglich gleich im Beginne muß der

Held den Granatenkern verschlucken, der ihn unwiederbringlich der Unterwelt zu eigen giebt.

Im Anfange des Dramas fordert der Charakter durch ein gewisses Thun oder Unterlassen das Schicksal heraus, er thut den ersten Stoß, von da an muß er sich wehren bis zum Untergang an den natürlichen, notwendigen Folgen seiner That.

Typische Behandlung

Jedes Stück muß einen einzelnen Fall typisch behandeln, der die ganze Gattung Fälle im wesentlichen in sich abspiegelt. Wie der ganze Inhalt, so muß jeder Charakter wiederum ein solcher Typus sein, desgleichen jede Nebenhandlung; die ganze Poesie der Art wird dadurch zu einem Spiegel des Weltlaufes. Jedes Stück muß, wie es selbst einen Fall unter vielen darstellt, diesen so vollständig und individuell ausmalen als möglich, ohne das Typische zu verwischen; jedes Einzelnste muß zu diesem Ganzen gestimmt sein; Natur, geschichtlicher Boden, Situation, Leidenschaft, Sprache, raschere oder bequemere, leichtere oder gewichtigere Bewegung. Nichts darf als Phrase erscheinen; alles muß aus dem Stoffe selbst genommen sein und sich auf seine Idee beziehen. Jeder besondre Stoff wird so seine besondre Form gewinnen, seine organische von innen heraus.

Nebenhandlungen

Nebenhandlungen und Nebencharaktere sollen weiter nichts, als die Haupthandlung und die Hauptcharaktere motivieren und gruppieren.

Verbindung des Komischen und Tragischen

Das Komische ist der natürliche Feind des Gravitätischen, es verhält sich zum Tragischen wie die so-

genannte gesorberte Farbe zu der andern (Goethe);
wenn man nicht Rot mit Grün abwechseln läßt, so
wird zuletzt das Rot selber Grün. So wird das
Tragische komisch, das Komische langweilig. In der
Beimischung von Humor liegt eine Art Inokulation
der komischen Kuhpocken, damit nicht die Menschen-
pocken, d. h. der Umschlag ins Lächerliche eintrete.
Dann vollendet sich durch die Hinzuthat des Komischen
zum Tragischen erst die Weltganzheit, die Ganzheit des
Lebens. So haben Shakespeares Figuren ihr charakteristisches Pathos nicht immer wie ein Kleid am Leibe,
sie haben noch andre leichtere Charakterzüge, die in
mittlern Zuständen jene so lange ersetzen, bis sie wieder
eintreten, und besonders in diesem Wechsel liegt eine
wunderbare Wirklichkeit ihres Lebens und des ganzen
Stückes. Die vertraulichste Sprache gewöhnlicher Zustände und der kühnste Schwung des Pathos in den
außerordentlichsten Situationen; dazwischen eine Unendlichkeit von Mitteltinten.

Das Tragische, das Molière einmengt, giebt seinen
Lustspielen erst die Tiefe und das à plomb, wie das
Komische, das Shakespeare der Tragödie einmengt; er
vermittelte dadurch das Wirkliche und Gewöhnliche mit
dem Poetischen.

Ariadne von Gruppe

In Gruppes Ariadne finde ich mit freudigem Erstaunen in der Charakterisierung der Sophokleischen
Kompositionsweise bis in die kleinsten Züge hinein das
Ideal dramatischer Darstellung, wie ichs mir vor-
zeichnete und zu realisieren strebte, schon ehe ich etwas
von Sophokles gelesen. Sie läßt sich auf zwei Grund-
thätigkeiten reduzieren oder Grundgesetze, davon die
eine auf Darstellung, die andre auf die Ausbringung
jedes dargestellten Zuges zur höchsten Wirkung geht.

Das erste heischt Verwirklichung jedes Momentes der Idee, das andre richtige Berechnung im Arrangement dieser Verwirklichungsmomente. — Mir ist dies in der Musik aus der polyphonischen Schreibart aufgegangen. — Sophokles giebt seiner tiefsten Absicht den Schein vollkommenster Absichtslosigkeit. Darin ist er niemand ähnlicher als Shakespeare. Beide sind vollkommne Meister im Vorbereiten, und darin liegt das Geheimnis der Notwendigkeit. — Das Vorbereiten habe ich wiederum aus der Musik, und zwar besonders von Beethoven gelernt. Wie bei Shakespeare, scheint bei ihm die bunteste Fülle von Modulationen zu herrschen, was angehende Dichter und Komponisten leicht irre führt. Tritt man näher hinzu, so bewundert man die Einheit, wie vorher die Mannigfaltigkeit, die Notwendigkeit, wie vorher die Kühnheit der Willkür. Lange vor dem wirklichen Eintritte der Modulation in die Tonart der Dominante oder in die verwandte Durtonart zeigt der Komponist diese schon. Er strebt ihr zu, die noch herrschende Tonart zieht ihn immer wieder zurück, jenes Streben wird immer dringender, der Widerstand immer schwächer. Wir haben schon das vollständige Gefühl der neuen Tonart, während wir noch in der Gewalt der vorigen zu sein scheinen. Dennoch überrascht uns das wirkliche Faktum des Überganges. Durch das vorhergegangne Zögern erscheint uns die nun doch unvermeidliche That als eine freie, kühne; wie die offne Erklärung eines Schrittes, der eigentlich schon gethan ist. — Sophokles und Shakespeares Figuren haben eine Zuversicht auf sich, eine Selbständigkeit, die sie zu objektiven Wesen zu machen scheint. Sie zwingen uns mit, an sie zu glauben. Eine absolute Verkehrtheit kann nie diesen Schein geben. Sie müssen in dem, was sie meinen und glauben, sich selber recht zu haben scheinen. Dadurch erscheinen sie auch uns als selbständig und in sich gegründet. Sopholles hat seine Figuren dieses ihr Recht so stark und überzeugt aussprechen lassen, daß diejenigen Beurteiler, die Gedanken suchen in einem objektiven Gedichte und nicht konkrete Anschauungen, Gestalten — dieses Recht für den Zweck der Gestalten hielten, zu deren selbständigem Abheben vom Grunde des Ganzen es doch nur das Mittel war. Für die Gestalten der tragischen Kämpfer hatten sie keinen Sinn. Ihnen schien nun die Hauptsache der Kampf dieser wirklichen oder vermeintlichen Berechtigungen der Personen, nicht der Kampf der Personen selbst, in denen sie vielmehr die an sich gleichgiltigen Träger von jenen sahen. Sei es, daß ihr Gefühlsvermögen durch das Überwiegen der Reflexionsrichtung abgespannt oder nur verdunkelt war; sie fühlten das Schicksal der Personen nicht, was doch eigentlich der Zweck des Dichters war. Statt die Personen anzuschauen und mit und für sie zu fühlen, statt mit Phantasie und Gefühlsvermögen das Gedicht aufzufassen, vernichteten sie dieses als Gedicht und machten, was dazu sich hergab, jene einzelnen Berechtigungen zum Stoffe für die Thätigkeit ihres Verstandes. Wenn sie nun über das Drama philosophierten, machten sie den umgekehrten Weg des Künstlers. Und das hätte sein mögen, wenn sie nur nicht absichtlich und unbewußt dadurch die Künstlertalente auf denselben umgekehrten Weg sich nachgezogen hätten. Dadurch aber entstand das wunderliche Zwitterding von Philosophie und Poesie, das uns jetzt von so vielen Seiten, namentlich von den Künstlern dieser Richtung, als die einzige zeitgemäße und darum berechtigte Poesie vorgehalten wird. — Mein dramatisches Streben war im Anfange: Erweckung möglichst vieler und starker Gefühle, die in eine Hauptstimmung fortgeleitet, mählich zu einem gewaltigsten, überwältigenden anwachsen sollten. Also ein reicher, in seinen Einzelheiten ergreifender Stoff, dessen Idee und Inhalt in allen seinen

Momenten dargestellt, wobei diese Momente so geordnet, daß jedes an die Stelle kam, wo es an sich und fürs Ganze am fruchtbarsten stand. In dieser Anordnung aber nun wiederum die tiefe Absicht und künstliche Berechnung noch künstlicher versteckt hinter dem Scheine zufälliger Wirklichkeit. Desgleichen die poetischen Intentionen nicht abstrakt in den Worten der Personen ausgesprochen, sondern in ihrem Thun und Verhalten dargestellt; besonders aber die Phrase und alles Hohle in Gestalten wie in Handlung und Worten vermieden. Dies alles faßt sich zusammen in dem Begriffe: tiefste Absicht und scheinbar vollständige Absichtslosigkeit. Ferner das Wirken durch scheinbare Widersprüche in Charakter und Handlung, und dies besonders da, wo ich etwas Verstecktes stark heraus‑heben wollte. Aber die Kritik nahm den Widerspruch als eine Nachlässigkeit und als ein wirkliches Sich'‑widersprechen des Autors und suchte nicht weiter; während ich durch den Schein des Widerspruches den Hörer oder Leser spornen wollte, ihn zu lösen zu suchen und dabei meine Intentionen zu finden. Charakteristik, wiederum möglichst hinter scheinbare Absichtslosigkeit versteckt. Während die Hebbelschen Figuren sich was auf ihre Eigentümlichkeit wissen und damit erzählend dicthun, kennen meine sich selber nicht und schildern sich ohne, ja wider ihren Willen. Und stets mehr handelnd als erzählend. So (in den Makkabäern) die Art der Schadenfreude, mit der Judah den Eleazar gehen und die andern in Hinsicht auf den Anspruch der Familie auf das Hohenpriestertum gewähren läßt in der Vorfreude, daß, was ihnen so glänzt, hinter dem, was er thun wird, als kleinlich, eitel, verschwinden wird, und er die vorübergehende Verdunklung wählt, um dann um so heller vor sich selbst zu strahlen. Er steht Eleazar gegenüber wie Stolz dem Ehrgeize. Dieser Stolz steigert sich in ihm bis zu dem: Wenn ich es lasse (Israel), bann ist's verloren. Er verachtet in seinem Stärkestolze die Schwächen seines Volkes den Fanatikern gegenüber und muß zuletzt sehn, daß eben diese Schwächen gesiegt und nicht seine Stärke. Dies eben ist sein Leiden. Im Erbförster, meint Jul. Schmidt, daß ich mich in der Ehe des Försters getäuscht und sie für sittlich halte, während ich ja eben die Folge schilderte, die des Försters Verbergen seiner Liebe und Achtung auf den oberflächlichen, dem Äußerlichen zugewandten Charakter der Försterin geübt. Die Vertrauenslosigkeit dieser Ehe geht ja eben auch aus der Isolierung des Försters von dem Gewöhnlichen hervor. Es ist das ein Teil seiner tragischen Schuld und meiner Intention. — Der Mensch als Charakter wirkt nicht allein in einer einzigen, bestimmten That auf seine Umgebung, er wirkt, ohne es zu wissen und zu wollen, in jeder seiner Äußerungen. Er ist nicht bloß einmal, in einer Stunde, der Schmied seines Schicksals, er hämmert in jedem Momente daran, bis die Katastrophe den Hammer ihm aus der Hand nimmt. Sein Schicksal ist die Totalsumme aller Wirkungen seiner Eigentümlichkeit. — Ich glaube, ich habe mich von der philosophischen und der rein verständigen Kritik zu sehr irre machen lassen. — Sophokles bedarf bei seiner darstellenden Poesie retardierender Momente, um plastisch und poetisch zu bleiben; die ins Rollen gebrachte Handlung wird durch den Chor immer wieder fixiert. Bei Shakespeare thun diesen Dienst die eingeschalteten komischen Partien, die Verwandlungen und das Überspringen auf einen der andern Handlungsstämme. Dadurch wird das der Poesie gefährliche Zustarkwerden der Neugier gezügelt und immer soviel Ruhe im Zuschauer reserviert, als zum Genusse der Poesie notwendig ist. Doch ist dies wohl auch durch charakteristischen und poetischen Gedankengehalt zu erreichen. — Dieselben Kunstgriffe kehren übrigens so oft bei

Sophokles wieder, daß die Naivität des Äschylos, die
gar nicht sucht, was in dem engen Umfange doch
ängsten muß, diesem geeigneter erscheint. Eigen ist's,
daß Gruppe einige wenige Kunstgriffe, die er in dem
belobten Stücke, immer dieselben, angewendet findet,
als das Gepräge eines größten Dichters auspreist, da
man eher glauben sollte, er wolle damit das an seinem
Lieblinge immer klebend beweisen, was man Manier
nennt. Shakespeare ist ihm regellos; wahrscheinlich,
weil er nicht auf jeder Seite bei ihm die nämlichen,
immer wiederkehrenden Leisten findet, weil er sich bei
Shakespeare vergeblich nach Schablonen umsieht, die
für alle Stoffe passen, oder vielmehr, für die jeder
Stoff passen soll, er mag wollen oder nicht. Wer
einen großen Begriff von Shakespeare erhalten will,
der lese nur Gruppes Ariadne. Dann wird er erst
gewahr werden im Kontraste mit den wenigen, kleinen,
immerwiederkehrenden Tänzerpas, wie reich, groß Shakespeare ist und wie ewig neu. —

Fatalismus in der Tragödie

Im Charakter- und Leidenschaftstrauerspiele liegt
immer etwas Fatalistisches. Immer wird man sagen
können: Dem und dem hätte das nicht passieren können.
Die Mischung von Freiheit und Unfreiheit, die in
unserm Denken, Begehren und Handeln ist, bleibt
auch in unserm Schicksal. Und der beste Teil des
poetischen Eindruckes, des tragischen, liegt im Gefühle
dieser unauflöslichen Mischung. Die Notwendigkeit
der Folge mag uns offen liegen, nicht die der Ursache.
Offen, daß es einen solchen Menschen unter solchen
Umständen geben kann, aber nicht, warum der eben
ein solcher Mensch ist und in solchen Umständen
situiert. Die Rechnung rationell, aber in ihrem Resultate bleibt etwas Irrationelles, weil etwas dergleichen
im Ansatze lag.

Die tragische Schuld

— Hat der Dichter die Schuld, so hat er das ganze Werk, es liegt darin, wie der Baum in seinem Samen. — Das Temperament des Menschen wird sich darin zeigen, ob die Leidenschaft zu den sogenannten kalten gehört, oder zu den heißen, je nachdem die Schuld eine gewisse Berechnung und Absichtlichkeit involviert oder mehr ein Hingerissensein über die Besinnung hinaus. Dort wird der Charakter in allen Dingen sich mehr in der Gewalt haben, eine gewisse Überlegenheit zeigen, aber ebendeshalb auch dem Gewissen zugänglicher sein, wenn er auch dessen Forderungen und Warnungen nicht nachgiebt. Denn die kalten Leidenschaften sind von selbst schon die stärkern, eben weil sie die Kraft haben, mit der Besonnenheit zusammen zu existieren, aber sie zeigen sich nicht so ungestüm und stoßweise, sondern mehr stetig wirkend. Jede Leidenschaft kann in diesen beiden Gestalten vorkommen, wie Geiz, Habsucht, Neid, Eifersucht u. s. w. Wie in jeder Schuld der Charakter des Thäters, so liegt auch die Art der Strafe darin. Die heiße Leidenschaft brennt ihren Träger aus; hier fällt das Moment des Gewissens eigentlich in die Seele des Betrachters, der muß in der Seele des Helden die Reue fühlen, für die dieser nicht Besinnung genug hat. Der Heißleidenschaftliche, Hingerißne wird von einem zum andern Faktor seines Schicksals hingerissen werden, ebenso in den Untergang; er hat nicht Zeit und nicht Natur dazu, Betrachtungen anzustellen, abzuwägen, zu bedenken, weder vor der Schuld noch nach dem Untergange, auch in seinem Leiden wird er mehr bei dem Augenblicke sein, beim Leiden selbst und seiner nächsten, als bei seiner ersten Ursache. So tobt Lear auf seine bösen Töchter, nicht auf sich, auf der Töchter Unkindlichkeit, nicht auf seine Unmacht über sich selbst, die ihn in deren Hände gegeben hat. So Romeo und Julia, Coriolan. Der Kaltleidenschaftliche wird, wie er sein Thun überlegen muß, auch den Betrachtungen über dessen Rechtmäßigkeit oder Unrechtmäßigkeit sich nicht entziehen können — das Übermaß der Besonnenheit wird vor Beschäftigung mit sich selbst gar nicht dazu kommen, auf die Dinge zu wirken. So Hamlet. —

Spannung im Drama

— Je größer die Spannung eines Stückes, desto leidenschaftlicher verlangen wir vorwärts zu kommen, desto leidenschaftlicher verabscheuen wir alles, was uns hemmt. Wer eilt, um etwas zu erfahren, dessen Wissen er leidenschaftlich begehrt, der wird keine Augen für die Schönheiten seines Weges haben und für das Schönste, Witzigste, was ihm ein Begegnender mitteilt, für die geistreichste, amüsanteste Unterhaltung kaum ein halbes Ohr; ja er wird den Begegnenden, der ihn aufhalten will, und dem er unter andern Umständen stundenlang lauschen könnte, los zu werden suchen, je schneller je lieber. Eine Regel wäre also: in Stücken mit großer Spannung immer das einfachste Wort zu wählen; und wenn man durch detaillierte Charakteristik und geistreichen, poetischen Dialog wirken will, dazu einen Stoff sich zu wählen, der einer leidenschaftlichen Spannung nicht bedarf. — Je bewegter äußerlich die Handlung, desto breitere Behandlung ist nötig, wenn das Stück einen poetischen Eindruck machen soll. Je weniger eigentliche Handlung ein Stück hat, desto mehr äußere Bewegung, und sei es nur durch Verwandlungen und Auf- und Abtreten der Personen und mimische Belebung, suche man ihm zu gewinnen. —

Tragische Spannung

Der wahre tragische Eindruck ist, daß man immer das Gefühl des Ganzen hat, d. h. der Idee des Ganzen, daß man über allem Detail beständig das Gefühl von der Weltnotwendigkeit hat. Shakespeare giebt den idealen Zusammenhang einer Verschuldung und des daraus hervorgehenden Verderbens. Diesen detailliert er dann und verwandelt ihn durch Poesie wiederum in eine Wirklichkeit, aber in eine ideale, notwendige. — Daher das tragische Gefühl im Lear so intensiv und ununterbrochen, weil der ganze Vorgang in dieser Tragödie aus lauter Verschuldungen und Leiden besteht, und das Vorherrschen der Hauptfigur uns nie vergessen läßt, daß alle Verschuldungen der übrigen Personen aus der Verschuldung Lears hervorgehen und alle wiederum auf sein Leiden wirken. Es ist keine andre Spannung darinnen, so viel Gelegenheit dazu da ist. Kein Detail wird so selbständig, daß wir die Empfindung des Ganzen auch nur einen Augenblick verlören. Wie denn überhaupt in der Tragödie keine Spannung sein darf, als eben jenes immer intensiver werdende Gefühl des Ausganges, also das immer unentrinnbarere Notwendigwerden des Ausganges selber aus dem Gefühle der wachsenden Verschuldung. — Umgekehrt muß im Schauspiele immer das Gefühl vorhanden sein, daß ein schlimmer Ausgang weder im Charakter noch in der Ursituation liege, also der Unzweckmäßigkeit eines schlimmen Ausganges. —

Das Peinliche in der Tragödie

— Das Peinliche entsteht, wenn man zu lange geradlinig einen Weg verfolgen muß, an dessen Ende man etwas Schreckliches sieht, wenn man in unmerkbarer, steter Steigerung dem Schrecklichsten entgegengeführt wird, ohne einen Ruhepunkt unterwegs, ohne ein zeitweiliges Abwenden des stieren Blickes von dem Kommenden. Das ganze Stück mag eine solche Klimax darstellen, aber im großen und ganzen, nicht bis ins einzelnste durchgeführt. Es ist das Extrem der dramatischen Spannung und sehr schwer zu vermeiden in der konzentrierten Form. — In der Shakespeares thun schon die Verwandlungen große Dienste, die Kürze der einzelnen Szenen. Man sehe den Lear. Dasselbe Familienverhältnis wirkt künstlicher, da es zwischen den beiden Familien wechselt. — Das weniger dramatische Talent braucht die konzentrierte Kunstform, die die stete Spannung begünstigt, um seiner schwächern Kraft damit emporzuhelfen; das Starke braucht die freiere Form, in der wiederum eine natürliche Gegenwirkung gegen das Übermaß der Kraft liegt. So müssen Kunstform und Kräfte sich gegeneinander ausgleichen. Ein schwaches Getränk mag man zum Genusse konzentrieren, ein starkes muß man verdünnen und mildern. Je weniger Gewalt ein Stoff besitzt, desto mehr wird er in konzentrierter Form gewinnen; je gewaltiger der Stoff an sich, desto mehr wird es ihm gut thun, in freier Form behandelt zu werden. Das Zerlegen in kleine Szenen, die, abgerundet, jede für sich ein Genrebild, einen Mimus bilden, zeigt seinen Vorteil im Faust und in den meisten Stücken Shakespeares, sogar in den Räubern. Die eigentliche Menschendarstellung ist nur in ihr möglich, auch die vollständige Motivierung und der vollkommen klare Zusammenhang. Wir müssen den Menschen sehen, ehe ihn Leidenschaft entstellt. So wird es möglich, eine Gestalt von allen Seiten zu zeigen, in allen möglichen Graden der Ab- und Anspannung, in allen Nüancen von der hingebendsten Vertraulichkeit bis zur geschlossensten Zugeknöpftheit, mit jedem andern ein andrer, wie es der Augenblick fordert und erlaubt, scherzend und ernst. — Und all dieser Realismus der Darstellung wird desto täuschender, je idealistischer oder phantastischer das Darzustellende ist. — Nur muß die Zerteilung in Szenen kein blindes Zerreißen sein, bei dem

alle Teilnehmer zu kurz kommen, die Stetigkeit des
Ganzen darf dadurch nicht aufgehoben, sondern muß
im ganzen und großen erst recht möglich gemacht
werden.

Tragödie der gleichen Berechtigungen

— Die sogenannte Tragödie der gleichen Berechtigungen ist konkreter zu entwerfen, als die bloße
Leidenschaftstragödie, sonst wird sie rhetorisch werden.
Diese Berechtigungen müssen in der Form der Leidenschaft auftreten und solchergestalt durch Überschreitung
wirklich schuldig werden. — Da jeder Leidenschaft eine
größre oder geringre relative Berechtigung zu Grunde
liegt, so ist leicht begreiflich, wie die Kunstphilosophen
auf den Gedanken kamen, diese Berechtigungen zur
Hauptsache zu machen. — Des Aristoteles Hauptfor-
derung an die Tragödie ist von Shakespeare am
meisten in Romeo und Julia entsprochen worden.
Eine Leidenschaft, die den Helden zugleich verklärt,
indem sie ihn schuldig macht. — Die Helden sind
eigentlich an sich selbst schuldig, sie sind die Beleidiger
und Beleidigten zugleich, denen wir die Selbstbelei-
bigung wohl verzeihen müssen, da ihr Leiden überwiegt in unserm Gefühle. — So ist die Schuld selbst
als ein Leiden dargestellt, wir bemitleiden nicht bloß
ihr Leiden, sondern auch ihre Schuld. — Will man
eine Tragödie gleicher Berechtigungen annehmen, so muß
man diese Berechtigungen zu Leidenschaften machen. —
Die Person handelt wie aus einem innern Rechte
rücksichtslos heraus, die subjektive Berechtigung geht
über das objektive Recht hinaus, wodurch die Schuld
entsteht. Den kalten Beobachtern, die wenig Sinn für
die poetische Wirkung der Leidenschaft haben, fielen
zuerst die Stellen auf, in denen die relative Berechtigung ausgesprochen ist; daß dies Aussprechen selbst

oft kein Glauben der Leidenschaft, vielmehr ein Bemühen sei, sich diesen Glauben an ein Recht, nach dem sie handle, selbst einzureden, darauf verfielen die spekulativen Philosophen nicht, denen die Psychologie, die die Poesie mit dem Leben verbindet, bei ihrer Abwendung vom Leben ferne, ja feindlich ist.

Charakter- und Gefühlsstärke des Helden

— Es ist nicht notwendig, Menschen von starkem Charakter zu tragischen Helden zu wählen, aber vorteilhaft, solche mit starker Empfindung. Denn unser Mitleid proportioniert sich nach dem Ausdrucke des fremden Leidens, nicht nach seiner Größe an sich, sondern nach der Energie, mit welcher es sich ausspricht. So haben wir im Lear einen Menschen, an dem nichts stark ist, als seine Empfindungsweise und deren Ausdruck. —

Tragischer Charakterkonflikt

Hauptsache, daß der tragische Konflikt zwischen den Personen nie von äußrer Ursache, von bloßen Aufwallungen hergeleitet wird, von bloßen Mißverständnissen; sondern jederzeit aus dem tiefsten Kerne, aus dem eigensten Sein derselben, als absoluter Widerspruch ihrer Naturen; sodaß der Konflikt sozusagen schon latent vorhanden war und durch die Situation nur eben geweckt und bloßgelegt worden ist. Um den Konflikt recht scharf und Brust an Brust zu machen, entferne man daher nicht durch Bestimmung ihrer Naturen befreundete Charaktere durch Irrtum und Aufwallung oder durch sonst äußerliche Momente voneinander, wenn dies zu tragischen Thaten führen soll, vielmehr nähere man durch dergleichen zwei ihrem innersten Wesen nach entgegengesetzte Charaktere und binde sie äußerlich und zufällig, damit das Auseinanderfallen notwendig wird, und die Bindung die innre Entgegengesetztheit nur noch extremer macht und zur tragischen Katastrophe führt. Dagegen habe ich gefehlt im Erbförster und Stein. Zwei Freunde thun sich weh, weil sie in ihrer Einbildung Feinde werden, statt daß beim wahren tragischen Konflikte zwei wesentliche Feinde sich einbilden, sie seien Freunde, und im Verlaufe nur die Wahrheit des Verhältnisses zu Tage kommt in beider Verderben. —

Polyphoner Dialog

Gespräche von dreien und mehrern, wo drei oder noch mehr Personen, jede in einer eignen Richtung sich gegen einander bewegen. Wenn zwei oder mehr Personen gegen eine oder mehrere vereint, das ist aus einer Meinung heraus und nach einem Zweck arbeiten, so ist das nur Zweigespräch, wie ein zweistimmiger Gesang, der von mehr als zwei Sängern ausgeführt wird. Nur wo drei oder mehr Personen, jede aus einer besondern Absicht heraus spricht, oder drei verschiedne Reihen von Gefühlen, Bestrebungen und Ansichten in demselben Gespräche einander modifizierend oder nur kontrastierend nebeneinander hergehen, da ist ein Dreigespräch. In solchen Szenen ist das eigentlich dramatische Leben am stärksten, in solchen polyphonen Sätzen, wo sich verschiedne Stimmen in verschiednen Rhythmen, jede einzelne mit gehaltner Eigentümlichkeit, begegnen und durchkreuzen. Nur darf die Zahl dieser verschiednen nebeneinander gehenden Stimmen die Unterscheidbarkeit nicht übersteigen. So z. B. die Szene zwischen Marinelli, Orsina und Odoardo; zwischen Jago, Emilia, Desdemona. Emilia: Ein Schurke hat euch bei dem Mohren angeschwärzt. Jago: Nein, solche Menschen giebts nicht, 's ist unmöglich. Desdemona: Und giebt es einen, so verzeih ihm Gott. — Besonders wirksam, wenn die Zahl der selbständigen Stimmen von wenigen oder einer allmählich zu einem Ensemble anschwillt. Hier kann man vom Mozart im Don Juan lernen.

Die Elemente des Dramas

— Zu unterscheiden 1. der ideale Zusammenhang — das tragische Problem, der Zusammenhang von Charakter, Leidenschaft, Schuld und Leiden,

2. die pragmatische Motivierung, Kausalnexus,

3. das Handlungsdetail, zur Belebung besonders des Leidens. — Im idealen Zusammenhange liegt der Charakter, in ihm der Schuldkeim, den eine erste, gegebne Situation zum Treiben bringt. Der ideale Zusammenhang muß vor allem andern klar heraustreten, wie die Umrisse eines Bauwerkes. Die einzelnen Teile können rühren und erschüttern, sie dürfen es aber nur in Beziehung auf das Ganze; und aus dem Dominieren des Ganzen eben dieses idealen psychologisch-ethischen Zusammenhanges über das Einzelne — wie im Tonstücke der Grundtonart über die Modulationen — entsteht das Gefühl von Einheit und Notwendigkeit; das stets gegenwärtige Gefühl des notwendigen ethischen Zusammenhanges bringt die tragische Stimmung, den Hauptzweck der Tragödie. Zunächst dann muß der pragmatische Nexus hervortreten; das Detail darf bloß füllen und runden und Illusion geben. — Ist nur der ideale Zusammenhang recht hervorstechend, so wirkt selbst das Zufällige und Zufallartige, das heißt der von der Idee emanzipierte Stoff nicht störend. — Das Ganze ist ja dann nichts andres, als der durch Handlung und Leiden herausgewendete innre Mensch. Seine Schuld und sein Leiden, das ist eben der Mensch selbst, das heißt der notwen-

bige, dramatische, der ideale, künstlerisch-ideale Charakter. Alle andre Charakterzeichnung ist im Drama zu verwerfen: er zeichnet sich eben in seiner Schuld und in seinem Leiden. So liegt in der Schuld Charakter und Schicksal wie in einer Knospenhülle; die dramatische Handlung entfaltet sie eben. —

Epitomierung der Natur

Wie der Epitomator mit einem Buche thut; er giebt den wesentlichen Sinn des Ganzen, aber auf kleinerm Raume zusammengebrängt. Bogen werden zu Seiten, Seiten zu Zeilen; aber der ganze Gehalt wird beibehalten, nur konzentriert. In derselben Folge, aber in größern und weniger Schritten als in der Natur. Nirgends die Dünnheit der Dinge, eine kleinere, aber plastischere, dabei durchsichtigere und leichter übersichtliche Welt, eine konzentrierte Darstellung des Weltlaufes, nach allen Seiten schlank und umgrenzt; ein ganzer Leidenschaftsverlauf vom Entstehen durch Schuld und Leiden bis zum Untergange infolge der Schuld, im engen Raume eines Dramas; so, was in der Natur in vielen Gesprächen wird, in eins oder wenige stilisierte, plastisch-prägnante gebrängt, das in der Natur Dünne, Lange in ein Kurzes, Dickes zusammengepreßt, das Unwichtige, der Alltag weggelassen. Der Dramatiker muß verfahren nach den Gesetzen der Erinnerung. — Es giebt Affekte, die überhaupt und an sich unplastisch sind in der Wirklichkeit, ebenso Menschengattungstypen; diese muß man entweder vermeiden, oder man muß sie plastisch machen. So ist an sich der unentschiedne, unentschloßne Charakter unplastisch. Hier ist eine Mustergestalt: Hamlet. —

Die Nebenpersonen

— Die Nebenpersonen haben die Hauptpersonen und deren Charakter und Situation zum Inhalte —

ihr Thun und Leiden, sonst keinen. Ihre Handlungen zwecken bloß darauf ab, die Hauptperson oder die Hauptpersonen zu Handlungen und Leiden zu bringen, worin diese ihre ganze Natur herauskehren, ferner durch Kontrastierung einzelne Züge in jenen schärfer herauszuheben. — Die Hauptpersonen müssen immerwährend auf der Bühne sein, entweder in sichtbarer Person oder als Spiegelbilder in dem Thun und im Dialoge der Nebencharaktere. Entweder müssen wir sie sehen oder von ihnen sprechen hören. — —

Ruhepunkte der Leidenschaft

In Momenten, wo der Affekt der Leidenschaft ruht, kann sich der eigentliche Charakter der Person ausleben, und auch des Zuschauers Sympathie kann solange ausruhen, um dann um so breiter und kräftiger zu folgen. Da läßt sich natürliches Gespräch entwickeln und wenden. Auch ist dadurch das Peinliche zu mindern und künstlerisch zu mildern. Hier ist der Schein des wirklichen Lebens zu fassen, während das beständige Spiel des Affektes in einer Person etwas Unnatürliches und Absichtliches hat. Nicht allein der Affekt, auch die Ruhe, das Zurücktreten der Leidenschaft vor andern Dingen muß dargestellt werden, wenn das Bild sowohl der Leidenschaft als des Charakters vollständig und naturgetreu sein soll. Vergleiche Hurd. — Dieses Vorteiles des Auslebenlassens habe ich mich bei meinem Streben nach Steigerung beraubt. Natürlich ist es, daß diese Ruhepunkte gehaltvoll und voll Naturzügen des Gespräches sein müssen, damit der Zuschauer nicht gelangweilt wird. Darum ist es nötig, nicht gleich vom Anfange an nach leidenschaftlicher Spannung zu trachten. Auch der Charakter muß seine Ruhepunkte haben, nicht immer individuelle Männchen machen. — Dadurch entsteht Karikatur, wie oft bei Hebbel. — So läßt Shakespeare seinen Romeo scherzend seine Melancholie und Liebesvertiefung verlassen. —

Mittler Grad des Affektes

Man kann die Ungeduld darstellen, ohne selbst sympathetisch durch den Gedanken, daß man die Ungeduld darstellen will, in Ungeduld zu geraten und ungeduldig darzustellen, statt die Ungeduld. Dabei hat man noch den Nachteil, daß der eigne Affekt Verstand und Einbildungskraft paralysiert, und statt der Darstellung eines Ungeduldigen eine trockne Darstellung zuwege kommt. Ich glaube, es war Kleists Fehler, wie es meiner ist, daß wir ein zu kräftiges Gefühls- und Begehrungsvermögen zu wenig zu disziplinieren mußten. Der Lakonismus seiner und meiner Gestalten im Affekte läßt einen Nichtkenner der Seele schließen, wir seien zu kalt gewesen, während wir zu heiß waren. Wir reißen an solchen Stellen deswegen nicht so hin, wie man wünschen kann, weil wir den mittlern Grad des Affektes, der die Phantasie erregt und den Verstand und den Menschen beredt macht, überschritten, den der Dichter nie überschreiten darf, wenn er auch seine Personen ihn überschreiten läßt. Man braucht dem Ungeduldigen nur einen Phlegmatischen oder Ruhigen, auch nur einen Ruhigern, dem Heißen einen Kalten an die Seite zu stellen, so wird man seinen Zweck erreichen, ohne die wirkliche, gemeine Ungeduld und Hitze darzustellen. Es ist das nicht einmal nötig; man vergleiche Lear. Das schnellere Zuströmen der Vorstellungen, öfteres Abspringen von der begonnenen Reihe und ein glühendes Kolorit, ein schneller Witz genügen. Also eine gewisse plastische Ruhe muß mein Hauptaugenmerk sein! —

Die Klage J. Schmidts, man falle bei dem Ver-

folgen meiner Handlungen aus einer Befremdung in
die andre, mahnt Shakespeares Beispiel zu folgen,
der jede Veränderung, auch die kleinste, in Meinung,
Wunsch, Gefühlen, Entschlüssen nicht allein motiviert,
sondern diese Motive auch aussprechen läßt, zuweilen
selbst ziemlich abstrakt, ja sogar die Motive, die man
ihnen fälschlich unterlegen könnte, abweisen läßt.

Schöne Sprache

Die bloß und an sich schöne Sprache des Dichters
ist nur eine günstige Anlage zum Dramatiker, wie
schöne Gestalt und Organ beim Schauspieler, aber so
wenig diese Gaben an sich den großen Schauspieler
machen, so wenig macht die bloße Schönheit der
Sprache den Dramatiker. Sie ist nur noch der rohe
Stoff; Ausdruck, mimische Gebärde, Ungezwungenheit
des Gespräches, der Charakter der Person in der betreffenden Situation getieft, psychologische Malerei
durch Ton und Rhythmus, das ist seine Aufgabe, Verwandlung der Sprache in ein ideales Bild des Zustandes, gewissermaßen in die Sache selbst. Schönheit
der Sprache am unrechten Orte wird zum Fehler und
damit zur Unschönheit; wie es Rollen giebt, wo Schönheit des Schauspielers und seines Organes zum
Hindernisse werden kann.

Der Fehler der lyrischen Steigerung

Das ließ poetische Ausmalung und Gehalt bis
jetzt nicht in mir aufkommen, daß ich fast jede Szene
zu einer einzigen Steigerung eines einzigen Gefühles
machte. Da die Szenen lang waren, so wurde der
Eindruck peinlich, nach dem Gesetze, daß jedes zu lang
anhaltende Gefühl, selbst das angenehme, schon durch
den Mangel an Wechsel unangenehm wird. Es muß

nur eine solche Steigerung in der Tragödie sein, d. i. der tragischen Stimmung, die der Grund des Gemäldes ist; von diesem müssen sich die einzelnen Szenen kontrastierend und im freien Wechsel abheben. Das ist wiederum ein Vorteil der Shakespearischen Form. Mein Fehler war also eine lyrische Steigerung; in dieser ließ sich keine Betrachtung, Ausmalung u. s. w. anbringen; erstlich, weil dergleichen aus der Klimax herausfiel, zweitens weil die zu leidenschaftliche Spannung durch dergleichen zur Ungeduld oder zum Zerreißen der Spannung geführt hätte. Die Leichtigkeit, die freie Bewegung des Gespräches, das Typische war da ganz unmöglich. — Der Anfang muß den Ton anschlagen für das Verhalten der Gemütskräfte des Zuschauers während des ganzen Stückes, daher muß seine Bewegung frei und natürlich sein, retardierend durch Gehalt, was durch Wechsel der Gefühle, durch Kontrast der Charaktere und durch die Behaglichkeit des Typischen ausgeglichen wird; sobaß keine Langeweile entstehen kann. — Die ergreifendsten Szenen müssen auch die poetischten und gehaltvollsten sein; dadurch wird die Wirkung auf das Gefühl künstlerisch gemildert, indem man ihm Verstand und Phantasie zu Hilfe ruft. So teilt sich nun die Aufmerksamkeit des Zuschauers; ein Teil wird auf den geistigen Gehalt, ein Teil auf die Bilder der Phantasie, ein Teil auf die Kunst des Schauspielers gelenkt; dem Gefühle wird ebensoviel entzogen von der Bürde, die es sonst peinlich drücken würde. In Dekoration und fremdem Kostüm kann auch noch dem äußern Sinne ein Teil der Last zugewiesen werden. Jede dieser Kräfte trägt dann nur soviel, als sie gerne trägt. — Der Gang der Hauptszenen analytisch, der Inhalt wird herausgewickelt; der Plan synthetisch. Muster: Hamlets Szene mit dem Geist, mit der Mutter, die Szene, wo ihm die Erscheinung des Geistes gemeldet wird. — Überall muß das Gespräch schon an sich selbst interessieren. — Der gewöhnliche Gang des Gesprächs in der Wirklichkeit: durch Assoziation von Nebenvorstellungen von einer Hauptvorstellung aus. Es fällt einem eins über dem andern ein, und man muß sich bestimmen, immer wieder auf die Hauptsache zu kommen. —

Idee des Dramas

Die Idee des Dramas muß mehr konkret als abstrakt, mehr in künstlerischem als philosophischem Sinne genommen werden, sie ist die Einheit des Mannigfaltigen, der Standpunkt, aus dem das Mannigfaltige sich als Einheit anschauen läßt, und darum die Hauptbedingung aller Wirkung; das Band, ohne welches die Wirkung in Wirkungen zerfallen muß, die sich gegenseitig aufheben. Sie ist das plastische Gesetz des Werkes. Wenn Lewes von der Idee eines Dramas nichts wissen will, so ist zu sagen, daß sie bei der Betrachtung der Wirkung des Dramas nicht übergangen werden kann, da sie das Hauptmittel der Wirkung, die ausschließliche Bedingung derselben ist, das Mittel, wodurch die verschiednen Teile zum Ganzen, das Mannigfaltige eben zum Kunstwerke, zum Organismus wird. Nur darf man „Idee" nicht im transcendentalen oder überhaupt spekulativen Sinne nehmen, sondern als Naturidee. Der Dichter hat allerdings eine Idee, aber keine philosophische, sondern eine poetische Abstraktion, d. h. innerhalb der Anschauung. Die Organe des Gedichtes haben eine bestimmte Gruppierung, ein bestimmtes Verhältnis zu einander, dieses hat einen Mittelpunkt, und dieser ist die poetische Idee. —

Bedingungen des dramatischen Lebens

Es zeigen sich uns drei Bedingungen des dramatischen Lebens. Das Schauspiel bedarf des Dichters, des Schauspielers, des Publikums. Der Dichter will Poesie, er will sein Talent austönen. Der Schauspieler will eine Unterlage für seine Kunst; das Publikum will Unterhaltung. Nun läßt sich der Fall denken, daß jeder dieser drei Faktoren sich auf Kosten der andern beiden geltend macht. Im besten Falle wird daraus eine Einseitigkeit. Herrscht der Poet, so wird der Schauspieler zum bloßen Sprachrohre, Vorträger, Deklamator, er kann sich nicht ausleben als Schauspieler, er wird höchstens zum denkenden, fühlenden Deklamator fremder Worte, was er nicht als seine eigenste Aufgabe ansehen kann, er thut, was er thut, mehr dem Dichter oder der Poesie zuliebe; herrscht der Schauspieler, so wird die Poesie übel daran sein, gewiß aber das Publikum weniger. Jedenfalls sieht man, ist es besser, das Schauspielerische herrsche vor. Denke man sich einen Schauspieler von großer, poetischer Anlage, so wird dieser ein beßrer Autor sein, als ein Poet, der nicht große schauspielerische Anlage hat. —

Einheit der Poesie und Schauspielkunst in der dramatischen

Wir dürfen nicht des Helden Partei gegen das Schicksal nehmen in der End- und Totalstimmung; er muß selbst sein Verderber sein, aber indem er es wird, müssen wir zwar das Ende voraussehen, dürfen aber die Sympathie für ihn nicht verlieren; er ist so, daß er unglücklich werden muß, aber wir müssen ihn lieben, obgleich er so ist, das ist die Hauptregel der Tragödie. — Rhetorik der Leidenschaften und Affekte, charakteristische; Rhetorik des Seelenzustandes der Personen ist im Drama jederzeit notwendig; schädlich aber und zu verwerfen alle Rhetorik des Poeten. — Die dramatisch schöne Sprache ist die, welche mit dem Seelenzustande

der Personen, den sie darstellt, zusammenfällt, die also
den Schauspieler, der sich in Charakter und Situation
versetzt, nicht zwingt, sie zu vernichten (L. Schröders
Äußerung), sondern im Gegenteil. — Goethe nimmt
zu den Regeln der Poesie noch die der Malerei —
aber dem Dramatiker liegt näher die lebendige Malerei,
d. i. die in der Zeit, die Schauspielkunst, der mehr
erlaubt ist. Der Philosoph sucht immer nach geistigem
Gehalt, z. B. nach dem höhern Grade des Erhabnen,
der Poet hat es mit Anschauungen zu thun, nicht mit
Gedankenkombinationen. Je philosophisch höher die=
selben, desto geringer poetisch. Die sogenannte Bühnen=
gerechtigkeit und das Kunstwerk an sich sind nicht zwei
nebeneinandergehende Arten, von denen man sagen
kann, gut, wenn das andre dabei ist, wenn nicht,
schadets nicht. Sie müssen im Drama beide einander
durchdringen. Die dramatische Kunst ist eine Syn=
thesis der beiden Künste, der Poesie= und Schauspiel=
kunst.

Dichter und Zuschauer

Ich glaube, bei seinem Stücke darf der Autor
fordern, daß der Zuschauer ihm, wie auf dem Billard —
einen oder einige Points vorgebe oder einen Kapital=
einschuß in das gemeinsame Geschäft mache, wenn dies
nur der Dichter mit Zinsen zurückgiebt. Ohne das
läßt sich die Schlankheit des Anfangs und damit die
Geschlossenheit des Stückes nicht ermöglichen. Es ist
überdies mit den Charakteren im Schauspiele, wie mit
denen in der Wirklichkeit; die Dutzendmenschen be=
greifen wir sogleich; jeder wahre Charakter dagegen
macht uns Schwierigkeiten; wir müssen etwas von dem
Unsern aufgeben, um uns an seine Stelle versetzen zu
können; das wird uns schwer beim erstenmale; kennen
wir ihn einmal, dann desto leichter. Und ich habe
immer diese aufgezwungne Übung, uns zu objektivieren,

für einen Hauptnutzen des Schauspiels gehalten. Was den Charakter, der sich als ein eigner uns selbständig gegenüberstellt, uns wieder näher bringt, ist die Leidenschaft. Leidenschaftslos ist kein Mensch, er hat den Keim zu allen Leidenschaften stärker oder schwächer in sich, und da alle Leidenschaften gleiches Grundgesetz der Entstehung, des Wachstumes, des Verhaltens zu den übrigen Gemütskräften, den sinnlichen wie den geistigen, besitzen, so tragen wir in dem eignen Begehrungsvermögen den Maßstab auch für die Leidenschaften, die in uns nicht ausgebildet sind. Wenn es dem Dichter gelingt, uns in der Illusion durch die Vermittlung der Sympathie zu Mitthätern oder Mitleidern des Thuns oder Leidens seiner Personen im Augenblicke des Thuns zu machen, so hat er die Aufgabe gelöst. Die bei wiedergewonnener Freiheit eintretende Reflexion des Verstandes mag dann jenes Handeln für Wahnsinn erklären, das thut der Richtigkeit und Wahrheit der Darstellung desselben keinen Eintrag; denn es würde auch dem Helden selbst seine That als Wahnsinn erscheinen, sollte er sie in völliger Klarheit des Verstandes thun.

Epische und dramatische Konflikte

Ein Kampf liegt allem Epischen und Dramatischen zu Grunde; zwei handelnde Mächte, die sich bekriegen. Der Kampf innerhalb eines Volkes, einer Stadt hat noch viel Episches, der Kampf in den engern Grenzen der Familie, je näher sich die Personen auf den Hals rücken, desto geeigneter sind sie schon zu dramatischer Behandlung, der Kampf in einer und derselben Person am meisten — Hamlet, Macbeth. Hier entsteht das, was ich früher Doppelrollen genannt habe. So spielt Hamlet selbst eine Doppelrolle, d. h. er spielt durch die eigne Natur gezwungen zwei Rollen, den

Rächenwollenden, den Bedenklichen und dabei noch absichtlich den Wahnsinnigen. Es ist bei Shakespeare kein Nebeneinanderlaufen des Dramatisch-Theatralischen, der ethisch-psychologischen Idee und des Stückes selbst, sondern dieser Widerstreit in derselben Person ist zugleich das theatralisch-dramatische Thema und der Kern der Idee. —

Die Poesie im Konflikte mit Religion und Moral

Die Poesie kommt in ihren Konsequenzen mit Religion und Moral in Konflikt. Das zeigen zwei große Exempel, die altgriechische, besonders ihr Gipfel, Sophokles, und die Goethe-Schillerische Tragödie, wo sie jener folgt. Das einem drohenden Fluche Ausweichenwollen, das ihm erst recht entgegenführt, dann die Figur, daß, was gethan wird, in liebender Absicht zu des Gegenstandes Verderben ausschlägt, dies ist poetisch und ergreifend in hohem Grade; aber es ist ein gräßlicher Gedanke, wenn man die höhere Leitung der menschlichen Dinge sich so tückisch vorstellt, so bösartig und unmoralisch; und weicht man aus, indem man eine göttliche Führung leugnet, so bessert es nicht, daß man dem sogenannten Zufall diese Perfidie und zugleich Gewalt über Menschen, die besser wie er, zuschiebt. Shakespeare hat dergleichen nie, das ist seine wahre Frömmigkeit. Will man diesen Kunstgriff anwenden, so darf mans nur so, daß die Mühen, den Folgen einer Schuld zu entfliehen, tiefer in Schuld und in äußres Verderben hineinführen. —

Falsche Sentimentalität in der Auffassung des Tragischen

Unsre Zeit erschrickt vor dem Gedanken, daß ein Mensch eine eigne Schuld haben könne. Mißver-

standne Humanität hat seit einer Anzahl von Jahren,
um die Menschen von harten Urteilen und unthätigem
Abwenden vom Sünder, der dadurch noch tiefer in
Sünde zu geraten in Gefahr kommt, zur Milde und
Bethätigung derselben zu bewegen, dem Publikum ein-
geprebigt, und Nebenursachen helfen dazu, wie z. B.
politische und soziale Wühlerei, daß im Menschen nicht
das Individuum, nicht ein freies Ich, sondern daß
allerlei andre Agentien in ihm sündigen, z. B. der
Staat, die Gesellschaft, Schule, Ehe, Bildungsgrad u.s.w.
Eine so bequeme Lehre nahm man gern an, weil, was
zu milderm Urteil über den Nebenmenschen führen
sollte, zunächst den Menschen zu berechtigen schien, über
sich selbst milder zu urteilen, also sich nicht mehr vor
eigner Versündigung zu fürchten; denn versündigte
man sich, so war man nach dieser Doktrin ja nicht
mehr ein Beleidiger, sondern ein Beleidigter; also nicht
einer, der Unwillen verdiente, nein einer, der Mitleib
verdiente. Wie weit man das trieb, sieht man an der
neusten Auffassung des Shylock, die diesen komischen
Popanz oder gräßlichen Hanswurst zu einem tragischen
Helden macht. — Es ist dies die unmoralischte Art
von Sentimentalität, die es geben kann, seine eigne
Erbärmlichkeit als etwas Großes, Edles zu fühlen,
indem man allen schlechten Gelüsten nachgiebt, sich als
einen Märtyrer, wo man ein Weichling, sich als ein
Held zu fühlen, um eine Entschuldigung, ja einen
Sporn zu haben, sich selbst alles nachzusehen. Zu
Shakespeares Zeiten lebte ein kräftigeres, stolzeres Geschlecht, das in der Entschuldigung, der Verführte, der
Gezwungne zu einer Schuld zu sein, nur einen Schimpf
mehr sah, das lieber für böse als für schwach gelten
wollte. Und dies mit recht; denn der Starke ist doch
etwas, selbst sein Verbrechen kann etwas Imposantes
haben, es ist das Erforbernis zur Tugend, die Selbstbestimmung, wenn auch falsch angewandt, vorhanden;

aber in dem Gallert, das nichts aus sich selbst sein kann, das zur Tugend wie zum Laster verführt werden muß, ist gar nichts mehr von der ursprünglichen Hoheit des Menschen, von dem Adel, der selbst im gefallnen Engel noch imponiert. Ein Mensch, der stark genug ist, böse zu sein, kann selbst das Mitleid noch erregen. Und nur ein Mensch, in welchem die Kraft ist, gut oder böse selber zu werden, kann ein Schicksal haben. Aber auch nur für ein Publikum, das so denkt, ist eine Tragödie möglich. Shakespeare ist ein Richter. —

Gemischtes Gefühl beim Tragischen

Die Tragödie darf nur in gebrochnen Farben arbeiten, nur Gefühle erregen, die aus angenehmen und unangenehmen Elementen gemischt sind, doch wenn möglich so, daß durchgehends, wenigstens vorherrschend das angenehme Ingredienz überwiegend ist, wenigstens darf es dem unangenehmen nie zu lange und nie zu sehr nachstehen. Ein gemischtes Gefühl. Die tragische Kunst geht lediglich auf Erweckung und Unterhaltung der tragischen Stimmung, eines gemischten Gefühles, aus Freude an der Gestalt und Schmerz über die Übel derselben. Der Held darf nicht unschuldig leiden, weil dieser Schmerz sonst ein wüstes unpoetisches Gefühl werden und die poetische Wirkung vereiteln würde; aber sein Leiden muß über das Maß seiner Schuld hinauswachsen, weil sonst das Mitleid nicht zum Affekt würde. — Wie der Landschafter seinen Farben den Luftton zumischt, so muß die beabsichtigte Grundstimmung der Tragödie alle ihre Einzelheiten durchdringen; unter dieser Bedingung kann der Dichter dann auch komische Bestandteile — nur nicht ganze Situationen und Episoden — aufnehmen, wenn er sie nach dem tragischen Lokaltone stimmt. So liegt auch auf den Späßen des Narren im Lear, in der Totengräberszene Hamlets u. s. w. sozusagen der tragische Lichtreflex des Ganzen. Die Späße des Peter mit den Musikanten zeigen schon geringe Meisterschaft, wenngleich Julie nur scheintot und die Szene mehr eine Füllszene ist, ähnlich wie der Pförtnermonolog im Macbeth, oder vielmehr ein Einschiebsel aus theatralischem Bedürfnis. Die Witze des Narren im Lear gehen wie ein komischer Chor immer auf den tragischen Kern selbst; indem sie ihn mit humoristischen Schlaglichtern beleuchten, sind diese Schlaglichter selbst von der Trübe dieser Atmosphäre angedunkelt. — Soweit es möglich, muß schon die Fabel, die Gestalt der Handlung in kürzester Erzählung, die beiden Ingredienzien in dem ebenverlangten Mischverhältnisse in sich haben. Dagegen gesündigt zu haben, ist mein großer Fehler im Erbförster. —

Tragische Probleme

Tragische Probleme: Ungeduld, und eine Aufgabe, bei der Geduld und Selbstbeherrschung die conditio sine qua non ist — Lear, Coriolan. Gewissermaßen auch Romeo. — Naivität, zu große Offenheit bei einer Aufgabe, die Verstellung fordert. Auch Stolz verachtet die Verstellung. Coriolan. Edelmut auch. Ein sanft gestimmtes Gemüt und eine Aufgabe, die Strenge verlangt. Hamlet, Brutus. — Ein skeptisches Gemüt, und eine Situation, die Glauben verlangt. Ein träges, und eine Situation, die Anstrengung verlangt. Hamlet, fett, kurzatmig. „Auch wärst du so träg" u. s. w. sagt der Geist. — Diesen tragischen Widerspruch finden wir schon bei Sophokles. Im König Ödipus ist der Widerspruch der Aufgabe, dem gedrohten Verderben auszuweichen, was nur durch Besonnenheit geschehen kann, mit einem leidenschaftlichen oder vielmehr affektvollen, leicht reizbaren Naturell, daß jene Besonnenheit nicht hat. Wirklich geht diese charakteristische Figur, wie er immer nach klarem Verständnis der Lage strebt, und dieses immer wieder durch sein reizbares, jähzorniges Temperament gestört wird, diese Figur im kleinen, die im großen das Stück selber ist, durch des Helden ganze Rolle. Das ist die Ursache, warum dieser Ödipus das theatralische Stück der Alten in unserm Sinne ist. Was aber den Unterschied von Shakespeare macht, ist, daß die Situation eine willkürliche ist, nicht ethisch, sondern positiv religiös gefaßt, eine Grille der Götter oder des Fatums. Dann ist die Fabel nicht geschlossen, es sind zwei verschiedne Stücke, Lajus, Ödipus. — In der Leidenschaft selbst ist eben schon der tragische Widerspruch, daß sie mit ihrem Affekte zusammen ist, daß dieser Affekt stets ihren Zweck zu vereiteln trachtet, den zu erreichen sie den Verstand anstrengt. Lear bringt sich in die Situation, sich nach andern richten zu müssen, die nun Herrscher sind, was er früher war; sich nach andern richten, sich in die Lage eines, der nicht herrscht, zu schicken, das kann er nicht; daran geht er unter. In solchen Fällen sieht der Held in der Schuld die Tragweite derselben nicht, aber es muß immerhin ein Erfahrungsgesetz, eine allgemein bekannte Regel sein, gegen die er darin sündigt. Und Lears Hauptschuld liegt doch in der Verstoßung der guten Tochter. — Weil ich wiederum eine Erzählung schreiben muß, worüber ich die sämtlichen Erwerbnisse meines nun wieder ein Jahr alten Studiums des Dramas verlieren könnte, so sei noch ein Satz von Goethe, der vieles von dem hier Entwickelten in nuce enthält, hierher gesetzt: Im Trauerspiele kann und soll das Schicksal, oder welches einerlei ist, die entschiedne Natur des Menschen, die ihn blind (bei offnen Augen, trotz offner und sehender Augen, das wäre die Shakespearische Formel) da- oder dorthin führt, walten und herrschen; sie muß ihn niemals zu seinem Zwecke abführen; der Held darf seines Verstandes nicht mächtig sein (das wäre der Affekt perennierend gedacht, denn in der Leidenschaft ist das Moment des Wissens, daher der Freiheit), der Verstand darf gar nicht in die Tragödie entrieren, als bei Nebenpersonen zur Desavantage des Haupthelden. —

Tragische Schuld

Je mehr das Leiden die Schönheit und Kraft der individuellen Gestalt zeigt, je kräftiger das Getroffene reagiert, desto mehr wird das Tragische hinaufgehoben. Je weniger Wert für den Helden das Leben mehr haben kann, desto leichter tragen wir seinen Tod. — Für die pragmatische Motivierung gilt überhaupt das Gesetz: Der Autor darf nichts geschehen lassen, als was er uns erwarten ließ, er darf aber auch nichts erwarten lassen, was er nicht geschehen lassen will; für die höhere Motivierung: er darf nichts geschehen lassen, was er uns nicht zu wünschen zwang, und nichts uns zu wünschen zwingen, was er nicht geschehen lassen will. Dies sind Hauptgesetze. — Ferner für die Behandlung: mehr Dialog als körperliches Thun, durch Eingestehn, der Vorgang sei nicht gemeine Wirklichkeit; Vermeidung des Hastigen, Dünnen, Plötzlichen, kurz alles dessen, was aus der poetischen Wirklichkeit in gemeine Täuschung hinüberreißen könnte. Bilder, Reime, Aktion, in der der Schauspieler seine ganze Kunst zeigen kann, wie der Poet die seine darin zeigt, sodaß auch durch Bewunderung des Künstlers einige Ableitung der Aufmerksamkeit von dem Schrecklichen des Stoffes bewerkstelligt wird. Es darf im Leidenden nicht bloß die gemarterte, hilflose Sinnlichkeit erscheinen, das Leiden muß möglichst in Form eines Handelns erscheinen, wie in der Schuld das Handeln in Form eines Leidens. — Bei weitem die

Hauptsache ist der ideale Nexus, zumal im historischen Stücke größern Maßstabes. Dagegen tritt der pragmatische, soweit er nämlich nicht mit dem idealen Nexus zusammenfällt, zurück; wir verlangen in einem großen Gemälde große Linien, und es stört uns sogar, wenn das Kleine zu wichtig behandelt wird. Alles Große verlangt zu seiner Behandlung eine gewisse Kühnheit, einen „Griff." — Schuld, b. h. Provokation des Leidens, die relativ freie, aber jedenfalls eigne Handlung, durch welche der Held eine Reaktion weckt, an der er, wenigstens physisch, zu Grunde geht, der Anfang der tragischen Handlung, deren Schluß die Katastrophe. — Diese Schuld, deren notwendige Folge eine Fortsetzung ihrer, aber schon in Gestalt eines Leidens, eines Zwanges, muß durch den Charakter des Helden motiviert werden; die Situation muß hier an zweiter Stelle stehen, bloß Gelegenheitsursache sein, während die aus der Schuld und den Situationen, die die Reaktion der beleidigten Mächte darstellen, folgenden Handlungen weniger frei erscheinen dürfen. — Es erhellt nun, daß des Helden Charakter aus der Schuld gebildet werden muß, daß ihre Bedingungen zu den Hauptzügen dieses Charakters werden müssen. — Das Geheimnis des Bühnenstückes ist, daß alles so notwendig als möglich, ja schon feststehend und unabänderlich und doch zugleich wie eben erst werdend, wachsend erscheint. Also möglichst viel Exposition, aber immer in Form lebendiger, lebhafter, affektvoller Handlung. Immer schon Festes, das uns aber eben vor den Augen erst zu werden scheint. Man sieht immer bei Shakespeare, daß ihm interessante, gehalt- und affektvolle Gespräche mit starken Kontrasten die Hauptsache sind, das Erschöpfen einer Stimmung; die eigentliche Handlung, der pragmatische Nexus ist ihm bloß der Gelegenheitsmacher dazu, die Stiele, Blätter, Stamm, Zweige, die bloßen Bedingungen zu dem Entstehen der

Blüte und ihrer Farben und Düfte. Hier ist nur die reine Poesie, der Schein der absichtslosesten Natur, der reine Zweck, die Idee.

Wohl zu hüten, daß das, was die Schuld sein soll, dem Thäter nicht als das Rechte und Notwendige erscheint. Man sehe den alten Lear, wenn er seine Thorheit begehen will. Daß es unrecht ist, was er thun will, fühlt der Zuschauer, und er selbst bringt keinen Grund für sein Thun, auch gar nichts, was nur die Meinung erlaubte, er glaube recht zu thun; er weiß, daß er unrecht thut, wenn er es auch nicht ausdrücklich sagt, aber er thut das Unrecht dennoch. Auch später bringt er nichts, was glauben machen könnte, er halte sein Thun gegen Cordelia, ja nur seine unsinnige Güte gegen die bösen Töchter für recht, ja er entschuldigt es nicht einmal, geschweige, daß er es bei sich rechtfertigte. Die Schändlichkeit der bösen Töchter und ihr Unrecht gegen ihn ists allein was er markiert, und darin ist des Zuschauers Gewissen einverstanden mit ihm. Auffallend ist die Szene vollends im Macbeth, wo er so gar nichts thut, die schändliche That, die er verüben will, nur etwas auch nur vor sich selbst zu verschleiern, vielmehr ist er selbst ein so entschiedner Verdammer derselben, wie es nur irgend das Gewissen des Publikums sein kann, aber er thut sie doch. Daß seine Leidenschaft diese entsetzliche Stärke hat, das bringt in uns zugleich ein Gefühl wie von Bewundrung dieser Stärke und doch von Mitleid hervor für dies so tief moralisch empfindende Gemüt, daß solche Leidenschaft es doch hinreißt. Hier ist das Geheimnis des wahrhaft Tragischen: daß der Held in seinem Unrecht zugleich imposant und mitleiderweckend in dem Unrechte, das er selber thut, erscheint, da er dieses doch mehr zu leiden scheint in seinem Thun, als es thuend. Durch solche Schuld gewinnt er nun erst eine Innerlichkeit, eine Geschichte der Seele, die ihn über das Marionettenhafte hinaus und in den Schoß unsrer Teilnahme hebt. —

Das Typische im Drama

Auch bei der historischen Tragödie ist es die Hauptsache, den Typus im Stoffe zu sehen, dann alles, was zu diesem Typus, der den ganzen Kausalnexus in sich enthält, nicht gehört oder ihn stört, wegzuthun, was nicht wegzuthun ist, in Schatten zu rücken, daß es sich nicht verwirrend oder aufhebend in den Typus eindränge. Dazu ist Epitomierung der Geschichte notwendig, wodurch z. B. ganze, lange Verhandlungen in eine Szene zusammenfallen. Die Konzentrierung hinsichtlich der Personenzahl und die zur Charakteristik, Menschendarstellung notwendige Breite heißt die bloßen Werkzeuge, wo sie nicht zur engsten Fassung des Typus unentbehrlich sind, wegwerfen und die Thäter der Thaten auch zu deren unmittelbaren Ausführern machen. Das historische Detail und die Thathandlungen, die einander bedingen, und dieses Bedingen selbst steht nun nackt da und muß durch poetisch-schauspielerisches Detail belebt und illusionsfähig gemacht werden, doch muß auch dieses Detail typisch sein. Dazu ist ganz ideale Behandlung von Zeit und Ort notwendig. Der Typus muß aus dem Stoffe herausgesehen, der Charakterwiderspruch gesucht werden, der den Typus zu einem tragischen macht, auch im historischen Drama. Die eigentliche Thathandlung muß kurz, rasch und trocken abgethan werden, die Spielszenen müssen wesentlich den Typus darstellen und den Grundgedanken des Stückes ausführen. — Es gehen also in der Tragödie drei Zusammenhänge neben, über oder durcheinander hin: der kausale, ideale (tragische); der schauspielerische (die Rollen); der pragmatische, der ethische und der psychologisch-plastische. Je mehr sie in einen zusammenfallen,

deſto beſſer die ethiſche, die pragmatiſche, die ſchau=
ſpieleriſche Reihe. —

Einheit der Intention

Der ideale, pſychologiſch=ethiſche Gehalt des Stoffes
entwickelt, aber in der Darſtellung. Er iſt die eigent=
lichſte Seele des dramatiſchen Stoffes. Es darf bei der
Ausbildung desſelben nichts als nur dieſe Seele zur
Erſcheinung kommen, nichts ihr Fremdes hinzu erfun=
den werden. Die Glieder dieſes Leibes ſind die ſoge=
nannten ſchauſpieleriſchen oder Theatereffekte. — Man
kann die franzöſiſche Form oder Methode die mecha=
niſche, die Shakeſpeares die organiſche nennen. Hier=
her gehört die Goethiſche, die nur zu epiſch iſt, dort=
hin die Leſſingiſche und Schilleriſche. —

Künſtlichkeit der Motive

— Alles Raffinierte iſt zu vermeiden. Am Raffine=
ment krankt das klaſſiſche Theater der Franzoſen. Die
einheitliche Form iſt nur möglich bei dem Verfahren
der Alten, wenn die Handlung einfach und eigentlich
mehr bloß eine Kataſtrophe, als eine ganze Handlung
iſt. Soll ſie einen reichern Inhalt haben, ſo muß der
Dichter raffinieren. So verfielen die Corneille u. ſ. w.
auf die Spielerei mit dem Wechſel der Affekte, die ſchon
deshalb keine wahre Wirkung macht, weil der Zu=
ſchauer ſo ſchnell nicht folgen, die Sache nicht mitet=
leben kann. Viele ganz äußerliche Motive kamen ſchon
bei den Griechen hinein, z. B. des einander Nicht=
kennens ſolcher, die eigentlich Freunde ſein ſollen und
ſich nun als Feinde begegneten; die Franzoſen behielten
ſie bei und verdarben die Tragik der Stoffe durch die
Erzielung einer Überraſchung. Bei Shakeſpeare findet
man dieſe Motive dahin verwieſen, wohin ſie gehören,
in die Komödie. —

Das innre Drama der Leidenschaft

Das Sichselbststeigern der Leidenschaft, das Agieren innerlich, das innre Drama der Leidenschaft, die nichts mehr von außen bedarf, die sich von sich selber nährt, ist in der Tragödie die Hauptsache. So im Macbeth, Hamlet, ja selbst im Lear; denn in dieser Beschäftigung mit sich selbst und nur mit sich selbst, der die Bilder der Phantasie, mit dem Auge des innern Sinnes gesehen, wichtiger und wirklicher erscheinen als die der Wirklichkeit — und selbst diese kommen nicht unverfälscht, wenn nicht chaotisch und traumhaft unbestimmt, in die Seele — liegt ja eben der Wahnsinn, das Traumwandeln der übermachsenen Leidenschaft. Und der Wahnsinn selbst ist nichts als der habituell gewordne Zustand dieses Traumwandelns einer Leidenschaft, die den Zusammenhang mit der Wirklichkeit für immer verloren hat. — Die Leidenschaft greift wie die Flamme von selbst um sich; nur das erste Entstehen der Feuersbrunst ist von außen zu motivieren; brennt sie einmal, so nährt sie sich von selbst, sie steigt von Balken zu Balken, bietet eine Reihe kleinrer Feuersbrünste, die nicht besondrer Anlegung bedürfen, auch keines Hauches; die Flamme erzeugt den Hauch aus sich, mit dem sie sich immer größer bläst. So flammt sie fort, so lange sie noch Material findet; und erst wenn das Material völlig verzehrt ist, erlischt sie und stirbt nach dem Töten. Vorher entzündet sie oft heftiger, was sie verlöschen sollte. —

Tragischer Widerspruch im Charakter

Jede Leidenschaft hat die doppelte Tendenz, sich zu befriedigen und zugleich diese Befriedigung zu vereiteln. Leidenschaft macht auf der einen Seite besonnen, sie macht den Dummkopf klug, den Feigling tapfer, um

ihren Zweck zu erreichen; nun ist sie aber mit einem
Affekte verbunden, und dieser ist in seinem Thun durchaus Naturkraft und von allem Gesetze an Zweckmäßigkeit und Unterordnung losgesprochen; er macht den
Klugen dumm, den Tapfern feige u. s. w. Diese Doppelnatur von Besonnenheit und Zweckmäßigkeit und völliger
Besinnungsabwesenheit und Zweckwidrigkeit macht den
tragischen Widerspruch innerhalb der Leidenschaft
selbst aus. Und auf diesen elementarsten Widerspruch
lassen sich alle tragischen Charaktere Shakespeares zurückführen, auch im Hamlet. Der Affekt ist immer ein
notwendiges Hilfsmittel zur Schuld.

In unsrer Zeit der Nivellierung, wo der einzelne
sich fürchtet, sich anders zu zeigen als die andern, und
wo wirklich das Gesetz der Not stärker ist, bei von
Kind an durch Bildung geschwächten Leidenschaften,
bei geregelten Einrichtungen, Allgegenwart der Po-
lizei u. s. w., bei kräftig aufrechterhaltner Ordnung,
in unsrer Zeit zeigt sich der Charakter fast nur im
Affekte, in der Gewalt der Reaktion gegen den ersten
Eindruck des Motives. Die Gewohnheit, sich im Niveau
zu halten, Rücksichten auf die Folgen von seiten des
Ordnungsstatus, drücken die individuelle Intention
herunter zu der Handlungsweise aller, zu der durch-
schnittlichen. Dafür rächt sich die durch diesen Zwang be-
leidigte Individualität in Verbissenheit an sich selbst. —

Leidenschaft und Affekt

Die gefährliche Fassung der Leidenschaft, die sich
noch selber beobachten kann; denn das unterscheidet ja
eben Leidenschaft und Affekt, daß jene den Kopf hell
macht, Geistesgegenwart giebt, selbst die Kraft, Affekte
nicht aufkommen zu lassen, die Aufmerksamkeit schärft
und ausdauernd macht, den Menschen förmlich kalt
macht, ruhig, aber nicht mit der Abspannung der Ruhe

des sich aufs neue sammelnden Affektes. Die Sprache und Mimik der Leidenschaft ist die Sprache der zusammengefaßten Kraft, nachdrucksvoll, ohne heftig zu sein, die Sprache der Entschiedenheit, denn die Leidenschaft will ihr Ziel erreichen, sie schwankt nicht; all ihr Trachten geht nur nach dem einen; um das Ziel zu erreichen, spannt sie alle Kräfte an, sogar die denkenden, die ihr entgegenwirken sollten — wie der Wind erst gegen das Gewitter, dann aus dem Gewitter kommt und aus einem Gegner ein Diener der Verwüstung wird. Das Bild paßt noch weiter; die einzelnen Blitze vom bloßen Wetterleuchten bis zum stärksten Donnerschlage sind die dienenden Affekte, denn auch diese unterjocht sich die Leidenschaft, und so jäh und schrecklich Donner und Blitz sein mögen, in der langsam fortrückenden Wolkenmasse herrscht kaum eine Bewegung; nur Ausdauer, fortwährend gespannte, aber ruhige und immer gleiche Kraft, unbegrenzte Vorbereitung, Unwiderstehlichkeit und, man möchte sagen, ein gewisses imposantes Phlegma charakterisiert das Verhalten eines Gewitters. Eine große Leidenschaft hat wie ein Gewitter das Imponierende der Möglichkeit, das Ungeheuerste von Kraftäußerung aus sich geschehen zu lassen. —

Der Affekt wechselt immer zwischen den Extremen von Sprachlosigkeit aus Stärke und von Sprachlosigkeit aus Schwäche, zwischen Überspannung und Abspannung des Gefühlsvermögens und den Graden dazwischen, die oft mit großer Schnelle durchlaufen werden; es ist eine stete Unmacht des Menschen über sich selbst; die **Leidenschaft** dagegen ist eine stete Konzentrierung der Kraft des Menschen über sich selbst und dadurch über andre. Ihre Sprache daher eine Sprache, in der alle Gemüts-, Geistes- und Körperkräfte mitwirken, eine potenzierte, wie denn der Mensch, der ganze sinnliche Mensch in ihr potenziert erscheint, eine ruhig gewaltige, entschiedne, wo sie den sittlichen Geist absorbiert und verdunkelt, und wo sie ihres Zweckes gewiß ist. Doch hat selbst die Leidenschaft ihre Ruhepunkte, wo sie vorhanden ist, aber nicht sichtbar, wie eine Kenntnis im Gedächtnisse, wenn der Mensch mit andern beschäftigt ist, oder wie eine Kraft, die eben nicht gebraucht wird. Doch wird die Persönlichkeit immer den habituellen Zügen der vorhandnen, wenn auch momentan latenten Leidenschaft nicht widersprechen. —

Handlungsszenen als Zustandsbilder

Zu bemerken ist, daß Shakespeare selbst die eigentlichen Handlungsszenen mehr wie Zustandsbilder vorträgt; sie gewinnen dadurch eine wohlthätige Ruhe in der Bewegung, sie und das Ganze werden in der Wirkung dadurch gemildert, sie werden geschickter, Gehalt in sich aufzunehmen. Charakteristische Gespräche sind ihm die Hauptsache; er meidet alles Lakonische und Tumultuarische. Diese Behandlung giebt dem ganzen Vorgange Haltung, dem Forttreibenden der Thathandlungen ein wohlthätiges und notwendiges Gegengewicht, ein gewisses Behagen und Heimischwerden selbst im Schrecklichen. Überall ist jede Gelegenheit benutzt, eine Handlungsszene zugleich zum Zustandsbilde zu machen. So im Othello die unvergleichliche trauliche Szene, wo Desdemona beim Entkleiden das Lied von der Weide singt, die Szenen Hamlets mit den Schauspielern, mit der Ophelia. Gern macht er auch seine Expositionsszenen zu solchen Zustandsbildern. Die Handlung darin wird häufig mit einem raschen Rucke abgethan. Mehr das, wie seine Personen sich dabei benehmen, als das Abstrakte der Handlung selbst liegt ihm am Herzen. Goethe hat in Nachahmung Shakespeares in diesem Punkte zu viel gethan; bei ihm überwiegt der Zustand, die

Existenz die Handlung oft ungebührlich; es wird zu absichtlich, daß ihm der Zustand die Hauptsache ist. Der Faust besteht fast ganz aus Zustandsbildern. Dazu kommt, daß er die Leidenschaft hintansetzt, die auch die Zustandsbilder im schauspielerischen Sinne zu Handlungsszenen macht. Seine Stücke werden dadurch mehr Sittengemälde. Das Epische und Lyrische tritt aus der Synthese, in der es das Dramatische ausmacht, und es will, jedes für sich, gelten. Man vergleiche die Szene Gretchens im Dome und das Gebet beim Begießen ihrer Blumen. Das Drama, besonders Gretchens ist in lyrische Gedichte zerlegt, in Stimmungen, deren Ursachen, das eigentlich Dramatische, hinter der Szene liegt. Im Egmont desgleichen. Wenn man nun begreift, daß der Zauber dieser Gedichte, ihre harmonische Wirkung hauptsächlich darauf sich gründet, so wird man dies Kunstmittel gewiß nicht gering anschlagen, wenngleich man ihr völliges Überwuchern durchaus vermeiden muß! —

— Man wird bei sorgfältiger Untersuchung gewiß finden, daß Shakespeares Stücke ihre Mannigfaltigkeit dem Reichtume nicht an eigentlicher Thathandlung, sondern an ergreifenden Zuständen verdanken. Wie die Absicht, so scheint auch das Leiden das Drama von dem begebenheitsreichen und thatenvollen Epos zu unterscheiden. Die Hauptaufgabe der Darstellung ist im Drama das Leiden, das aber den Schein des Handelns tragen muß. Bei den Franzosen ist die Tragödie ein Kartenspiel; der eine spielt aus, der andre giebt zu; oder ein Schachspiel Zug auf Zug; zwei Minister gehen sich entgegen, das geht, bis einer nicht mehr kann. Der eine thut das, was den andern bewegt, das und das zu thun, dies bewegt den ersten wieder zu einer That, die wiederum eine That des andern zur Folge hat. Hier herrscht der pragmatische Nexus; der Pragmatismus des Stückes ist das Stück:

dagegen bei Shakespeare herrscht der ideale Nexus, die Vernunft, wie dort der Verstand. Es leuchtet ein, daß jene Weise die Absichtlichkeit schwer wird verstecken können. Abgesehen von der Schwierigkeit, eine irgend nicht zu arme Handlung so einzurichten, daß zugleich die Gestalten sich individuell in dem Handeln zeigen und ausleben, so wird Absichtlichkeit, Gesuchtheit, Raffinement hervortreten, oder wenn der Poet dies vermeiden will, wird der Fehler ins Gegenteil übergehen; der Zufall wird wirklich oder scheinbar das Hauptingredienz des Vorganges werden. — Bei starken, energischen Naturen wird das Leiden immer wie Handeln aussehen. Nicht was geschieht, sondern wie es die Menschen berührt, die unsre Teilnahme besitzen, ist Shakespeare die Hauptsache. Der Schein der Natur, der in den zu Handlung ausgemünzten Zustandsbildern möglich ist, verdeckt den pragmatischen Nexus, der uns nun gar nicht zum Nachrechnen auffordert und, weil aus wenig Gliedern bestehend, desto leichter solid herzustellen ist. Das eigentliche Grundwesen des Dramatischen ist zwar klare Entwicklung, aber auch konzentrierteste Geschlossenheit, tiefste Absichtlichkeit in jedem einzelnen, bei dem Scheine völliger Absichtslosigkeit, das Ausgehen auf Überraschung, die gleichwohl ganz vorbereitet ist, die man mählich kommen sieht. Das Abstrakte des Gerüstes wundervoll verkleidet durch typische Gespräche, tiefe Gedanken, sodaß wir vielleicht vergessen, ob ein Knochengerüste in diesem Leibe, und wie es zusammengesetzt ist aus einzelnen Knochen und verbunden durch Bänder, aber den Leib selbst, und zwar als einen schönen, bei allem Reichtum in einheitlicher Bewegung vor uns sehen, und seine Seele als die Grundidee, als die Seele der tragischen Idee empfinden. Wie in der polyphonen Schreibart, wo die einfache Harmonienfolge zu verschiednen Stimmen emanzipiert ist, deren jede ihr eignes Gesetz der Bewegung in sich hat, wie das Planetensystem, wo jeder seinen besondern Weg geht und doch wohl eingeordnet ist. — Nichts darf von außen hereinwirken; die Vorgänge müssen eine Kausalreihe bilden, die zugleich eine Reihe von Verschuldungen sind, aus einem Keime gewachsen, davon die folgende immer die vorangegangnen fortsetzt und steigert — d. h. der ideale und pragmatische Nexus muß zusammenfallen.

Zur Lehre von der Gliederung

Man muß sehen, daß jedes Glied des idealen Nexus zugleich ein großer schauspielerischer Effekt wird, dann ist das Resultat des Gliedes zugleich der schauspielerische Effekt; und der Pragmatismus, durch den dies Resultat erhalten wird, ist dann die Vorbereitung des schauspielerischen Effektes. Mehr oder weniger ist dies bei Shakespeare gewöhnlich der Fall. So ist das Herauskommen, daß Macbeth der Königsmörder war, dieser Knoten des pragmatischen Nexus zugleich ein Moment des idealen Nexus, da die beleibigte Macht — das Gewissen — in dem Anfalle von Geisteszerrüttung, durch die Macbeth sich selbst verrät, das Motiv ist; zugleich ist es aber ein großer schauspielerischer Effekt, dies Außerrollefallen des bisher so geschickten Schauspielers Macbeth. So treffen die Hauptfaktoren des tragischen Momentes, daß er ein Glied eines pragmatischen, eines idealen Nexus und zugleich ein poetischer und schauspielerischer Effekt sei, zusammen und durchdringen sich, da ihre Bedingungen, d. h. Motivierungen dieselben sind und die Spannung zugleich dieselbe ist.

Das Theatralische

Was ist das Theatralische? Mich dünkt, es hat zwei Begriffe unter sich, den einer malerischen Ausfüllung der Rahmen des Bühnenbildes; das ist das schlechte Theatralische; dann den des Schauspielerischen, das gute Theatralische, weil zugleich Dramatische. Das eine ist das Theatralische im Raume, Gruppen u. s. w., das andre das Theatralische in der Zeit. Das Plastisch-Mimische und das Dramatisch-Mimische; erstres besonders der Oper, das andre dem rezitierenden Drama unentbehrlich. Goethe in seiner Abhandlung über Shakespeare versteht unter dem Theatralischen wesentlich jene erste Spezies desselben. —

Der poetische Realismus

Der Begriff des poetischen Realismus fällt keineswegs mit dem Naturalismus zusammen; oder mit dem des naturalistischen Realismus der künstlerische. Solger hat sehr schön den Verstand der Phantasie vom gemeinen Verstande beim künstlerischen Schaffen unterschieden. Es handelt sich hier von einer Welt, die von der schaffenden Phantasie vermittelt ist, nicht von der gemeinen; sie schafft die Welt noch einmal, keine sogenannte phantastische Welt, d. h. keine zusammenhangslose, im Gegenteil, eine, in der der Zusammenhang sichtbarer ist als in der wirklichen, nicht ein Stück Welt, sondern eine ganze, geschloßne, die alle ihre Bedingungen, alle ihre Folgen in sich selbst hat. So ist es mit ihren Gestalten, deren jede in sich so notwendig zusammenhängt, als die in der wirklichen, aber so durchsichtig, daß wir den Zusammenhang sehen, daß sie als Totalitäten vor uns stehen; das Handeln in dieser Welt, so greiflich und anschaulich es ist, es ist ebenfalls zugleich durchsichtig, und wir sehen seinen notwendigen Zusammenhang mit der handelnden Gestalt, wir sehen es aus der Totalität der poetischen Person hervorgehen und ebenso wieder auf die betreffende Totalität einer andern wirken. Es ist eine ganze Welt; in Geschlossenheit so mannigfaltig, wie das Stück wirklicher Welt, das wir kennen. Raum und Zeit sind nichts als Rahmen, Stetigkeit des Vorganges und Mittel dazu. Die Zeit mißt nicht nach abstrakten Minuten, sondern nach erfüllten Momenten; sie hat das Gesetz der Phantasie und des menschlichen Geistes. Eine Welt, die in der Mitte steht zwischen der objektiven Wahrheit in den Dingen und dem Gesetze, das unser Geist hineinzulegen gedrungen ist, eine Welt, aus dem, was wir von der wirklichen Welt erkennen, durch das in uns wohnende Gesetz wiedergeboren. Eine Welt, in der die Mannigfaltigkeit der Dinge nicht verschwindet, aber durch Harmonie und Kontrast für unsern Geist in Einheit gebracht ist; nur von dem, was dem Falle gleichgültig ist, gereinigt. Ein Stück Welt, solchergestalt zu einer ganzen gemacht, in welcher Notwendigkeit, Einheit nicht allein vorhanden, sondern sichtbar gemacht sind. Der Hauptunterschied des künstlerischen Realismus vom künstlerischen Idealismus ist, daß der Realist seiner wiedergeschaffnen Welt soviel von ihrer Breite und Mannigfaltigkeit läßt, als sich mit der geistigen Einheit vertragen will, wobei diese Einheit selbst zwar vielleicht schwerer, aber dafür weit großartiger ins Auge fällt. Dem Naturalisten ist es mehr um die Mannigfaltigkeit zu thun, dem Idealisten mehr um die Einheit. Diese beiden Richtungen sind einseitig, der künstlerische Realismus vereinigt sie in einer künstlerischen Mitte. Der Naturalismus ist ein Reicher, der seinen Besitz nicht kennt, der Idealist kennt den seinen genau, aber er ist kein Reicher. Zwischen Verwirrung und Monotonie steht der künstlerische Realismus mitten inne, zwischen absolutem Stoff und absoluter Form, ein Reicher, der seinen Reichtum kennt und vollständig über ihn disponieren kann. Die Kunstwelt des künstlerischen Realisten ist ein erhöhtes

Spiegelbild des Gegenstandes, aber nach dem Gesetze der Malerei zu klarer Anordnung gediehen, sobaß nicht das eine das andre verdeckt, noch eine Verwirrung entsteht, indem man zusammensuchen müßte, was zu einer und derselben Gestalt gehört. — Waffe gegen meinen Feind, meinen naturalistischen Tick. — Ter Naturalismus abstrahiert nicht. —

Bei Shakespeare und Goethe finden wir immer die Naivität mit der höchsten Bildung, mit dem nach allen Seiten hin ausgebildetsten Geiste zusammen. Ihre Naiven reden nicht, was Naive reden, sondern wie Naive reden. —

Die geistig geschwängerte, mehr geist- als seelenvolle Sprache ist deshalb der Tragödie wesentlich, weil in ihr ein Etwas von dem Anscheine der Geistesgegenwart, also der Zurechnungsfähigkeit liegt, auf welche alles wahrhaft Tragische gegründet ist. Abgesehen davon, daß sie, indem sie den Geist, die Freiheit des Zuschauers oder Lesers wach erhält, diesem eine Waffe in die Hand giebt gegen den allzu großen Eindruck, so hindert sie zugleich die Peinlichkeit des Eindruckes, die das Tragische nicht haben soll. Dann wirkt sie an sich schon vorteilhaft nach dieser Richtung hin, etwa wie ein fremdartiges Kostüm aus entfernterer Zeit oder fremden Ländern. Dann liegt noch ein von Beziehung auf den Stoff fremdes, für sich bestehendes Wohlgefallen auf dem Glanze und dem Gehalte der Sprache als bloßer Sprache, abgesehen von dem, was sie als ein Mittel zur Darstellung beansprucht. — —

Ter Dichter muß alles Paradoxe im sittlichen Urteile, alles Absonderliche, Überschwengliche, Übersichtige vermeiden — ein andres ist's, wenn Leidenschaft oder Affekt die Personen Paradoxien, Hyperbeln u. s. w. sagen macht; wo man fälschlich meinen könnte, solche auf des Dichters Rechnung zu setzen, d. h. daß des Dichters eigne Meinung darin ausgesprochen sei, da muß durch

eine andre Person mit des Dichters wahrer Meinung
nachdrucksvoll opponiert werden. —

Zum Behagen des Publikums gehört es, daß es
sich immer mit dem Dichter eines Sinnes und Urteiles
zu sein fühle, jede, wenn auch nur im Moment irrige
Opposition stört den Genuß. — In diesem seinen ausgesprochnen Urteile muß der Dichter die richtige Mitte
halten zwischen Wellmann und Aftel, er darf nicht zu
leicht verdammen, aber das Schlechte, das wirklich
Gemeine noch weniger unverdammt durchlassen. —
Alle wesentlichen Teile der Handlung müssen wir mit
eignen Augen wahrnehmen, nur Nebendinge dürfen
erzählt werden. — Äußerste Klarheit; zu diesem Zwecke
Expositionsszenen, die in trockner Weise Motive und
Situation angeben, wie in der alten Komödie die den
Szenen vorangehenden Pantomimen — das Schauspiel
im Schauspiele, im Hamlet —; damit die eigentlichen
Personen der Handlung in ihrer poetischen Ausbreitung
des Affektes, besonders in den Spielszenen nicht durch
prosaische Aufzählungen gestört und gehindert werden. —
Nirgend lyrische Steigerung; an jeder Stelle muß,
ohne zu stören, der Narr hineinreden können. — Wo
das Große in das Lächerliche übergehen könnte, muß
dies selbst auftreten. Die Parodie auszuhalten, das ist
die sicherste Probe des echten Pathetischen und Tragischen; das Falsche parodiert sich selbst. — Der Dichter
muß genau den Eindruck vorher bestimmt haben, den
das Ganze und den jeder Teil, jede Person auf den
Zuschauer machen soll, und in der Ausführung die
strengste Konsequenz dazu einhalten. — Das Ganze
soll wirken, darum muß Theaterspiel, Poesie, Spannung,
Sympathie schon im engsten Kerne wirkend sein und
nur am Kerne haften. — Im Anfange muß das Ende,
im Ende der Anfang ideal gesetzt sein; aus der Mitte
muß zurück zum Anfange und vorwärts nach dem
Ende gedeutet werden. — Tiefste Absichtlichkeit unter

dem Scheine völliger Absichtslosigkeit versteckt. In der
Anordnung ist die tieffte Absicht, in der Ausführung
im Gespräche scheinbare Unmittelbarkeit, Spontaneität.
Der anordnende Dichter konzentriert und treibt vorwärts in geradester Linie, das Gespräch aber scheint
von dieser Hast nichts zu wissen, es retardiert und
scheint just an den Stellen, wo der Dichter am ab-
sichtlichsten auf eine Wirkung hinarbeitet, eher auf
alles andre zerstreut zu sein. Das Gespräch muß dem
Vorgange die Natürlichkeit geben, den Schein des un-
belauschtesten Lebens. Die Personen scheinen sich ungeniert und ohne von irgend einer Absicht des Dichters
oder von der Anwesenheit des Publikums zu wissen
bloß auszuleben. Die einzelnen Gespräche müssen durch
typisches Zubehör sich beglaubigen. — Ein Gefühl, zu
lange angehalten, wird langweilig; zu lange gesteigert,
wird es sehr kurzweilig, aber peinlich. — Der Vorgang
muß emanzipiert werden, d. h. aus dem harmonisierten
Satze der Fabel wird eine Anzahl, nach Wichtigkeit
und Anteil, nach dem Eindrucke, den sie machen sollen,
gruppierter, selbständiger Stimmen, koordiniert und
kontrastiert, jede mit einem eignen, melodischen und
rhythmischen Grundmotive, eine Polyphonie mit allen
Arten doppelten Kontrapunktes; eine Anzahl vom
Autor durchgespielter Schauspielerrollen, deren jede ihr
Gesetz, einen menschlichen Wesenskern in sich trägt und
nach außenhin geltend zu machen, sich durchzusetzen
sucht — innerhalb eines idealen Nexus. Ein tragisches
Sonnensystem, eine Anzahl Planeten, deren jeder seine
eigne Absicht um die Sonne des Grundgedankens zu
verfolgen scheint, während im Gange aller nur die
Absicht ihres Schöpfers mit dem Ganzen sich realisiert.
— Das Motiv oder die charakteristische Figur, immer
in musikalischer Bedeutung. —

Das Gefallen an traurigen Gegenständen

Schiller und andre haben Untersuchungen angestellt über die Ursachen des Gefallens an traurigen Gegenständen; ich glaube die Ursache liegt in der Auffassung; d. h. je mehr die Phantasie bei der Auffassung solcher Gegenstände beteiligt ist, je mehr finden wir selbst an traurigen Gegenständen Vergnügen; je mehr Sinn und Gemüt nicht unmittelbar, sondern durch das Mittel der Phantasie die Gegenstände auffassen; daher ist uns in der Erinnerung vieles angenehm, was in der wirklichen Gegenwärtigkeit uns entsetzte; da wurde die Phantasie gebunden, Sinn und Gemüt waren dem unmittelbaren Ansturme des Schrecklichen hilflos preisgegeben. Ich möchte sagen: je mehr etwas Vorstellung der Phantasie ist, desto mehr gefällt es. Nicht allein von tragischen Gegenständen gilt das; darauf gründet sich unser Gefallen an Poesie überhaupt. Das Schreckliche der Gegenwart und Wirklichkeit gefällt uns in dem Maße, als es die Reaktion der Phantasie frei läßt; traurige Gegenstände in der Wirklichkeit gefallen uns, insoweit wir frei genug bleiben, sie durch Einmischung der Phantasie in Poesie zu verwandeln. Das will wohl Kant sagen, wenn er meint, das Schöne sei, was in der Anschauung gefällt, ohne Interesse. Daher muß sich der Autor unvermischt erhalten von dem Affekte und der Leidenschaft seines Gegenstandes und auch dem Zuschauer diese Unvermischtheit bewahren. — Mein Fehler war, daß ich durch zu große Stetigkeit und sinnliche Wahrheit die Phantasie meiner Zuhörer oder Leser band und unmittelbar an den Sinn und das Gemüt sprach. Wer den Sinn überzeugen will, lähmt die Phantasie; dann wurde mein Fehler, die Entwicklung zu sichtbar zu machen, d. i. unmittelbar zum Verstande zu sprechen, wodurch wiederum die Phantasie aus dem Spiele gesetzt wurde. Man muß die Dinge im ganzen und großen anschauen und anzuschauen geben, und die Phantasie muß der Sprecher sein. Die Natur der Phantasie ist das Zusammenfassen des Zusammengehörigen; es ist des Verstandes Weise und Geschäft, zu zerlegen; die Phantasie verdunkelt das Fremde und das Einzelne als solches. Meisterstücke darin sind viele Shakespearische Monologe, wo eine ganze Welt von Vergangenheit und Zukunft auf der schmalen Schneide der Gegenwart zusammengedrängt ist. Alle sogenannten prägnanten Momente sind dieser Art. —

Die Wirkung des gelesnen Dramas

— Wenn Aristoteles meint, ein Drama müsse schon bloß gelesen wirken, so heißt das nicht, daß dies die eigentliche Wirkung des wahren Dramas sein solle, und daß mit Beschaffung dieser Wirkung der Dichter seiner Aufgabe schon genug gethan habe. Vielmehr hält er eine Wirkung beim bloßen Lesen für unmöglich, wenn das Drama nicht Drama ist, er verlangt eben die dramatische Wirkung, d. h. daß wir beim Lesen das Stück gleichsam agieren sehen. Er sagt: das ist ein schlechtes Drama, das nur durch Äußerlichkeiten der Szene wirkt und ohne diese mißfällt; aber er sagt nicht, daß ein Drama uns abgesehen von seinem Zwecke gefallen müsse, ja mit gänzlicher Abwendung von demselben, wie sein Ausspruch in neurer Zeit nur zu sehr mißverstanden worden ist. Es soll nicht als lyrisches oder episches Gedicht gefallen; und was es uns als ein dramatisches erscheinen und die spezifische Wirkung eines solchen erreichen läßt, ist eben, daß wir es uns auch beim bloßen Lesen als auf der Szene vorgehend vorstellen, ja daß wir gezwungen sind, Szene, Personen und was zur Aufführung gehört, hinzuzudenken. —

Die organische und mechanische Form des Dramas

Die organische oder dynamische, und die mechanische Form des Dramas. Bei den Alten entstand die Tragödie organisch, wie bei Shakespeare und Lope de Vega. Wenn wir aber Dinge, die rein individuelle Gründe hatten, ohne diese entlehnen, so werden wir mechanisch. Unser Werk ist nicht mehr ein Baum, eine Pflanze aus ihrem eignen Grunde entstanden und entwickelt, sondern ein Kranz von Immortellen. Die altitalienische und die französische klassische Tragödie sind Beispiele solchen Mechanismus. Shakespeare ging von der Darstellung eines Schicksals aus, und die Form bequemte sich danach und mußte es; die alten Franzosen von den fünf Akten und drei Einheiten, und der Stoff mußte sich danach bequemen. Ein in unsrer Zeit gedichtetes antikes Drama würden die alten Griechen ebensowenig anerkennen, als unser modernes Publikum, es würde in der Luft schweben. Thun wir von dem Unsern hinzu, so wird eine Disharmonie entstehen; ein modern gedachter Stoff in griechischer Form entbehrt dessen, was die Alten und Shakespeare gleichmäßig auszeichnet, poetische Wahrheit und Notwendigkeit, d. h. das Zusammenfallen von Stoff und Form; eine Seele, die nicht in ihrem eignen Körper wohnt. — Man ist allmählich dahinter gekommen, daß nicht Reim oder Metrum das Wesen der Poesie sind; daß das Unterscheidende der Prosa nicht in der ungebundnen Schreibart liegt; aber man spricht noch jedes Gedicht, das in Reden abgeteilt ist, über welchen Namen stehen, als ein dramatisches an. — Darin liegt nun die Gefahr des Studiums unsrer philosophischen Ästhetik für den dramatischen Anfänger, daß er dieselbe für eine Theorie hält, die er seiner Praxis unterlegen muß. Wenn die philosophischen Ästhetiker wirklich diese Absicht hätten, so müßten sie die unphilosophischen Köpfe von der Welt sein. Denn sie gehen ohne die Voraus=

fetzungen unsrer Zeit zu Werke; sie abstrahieren von
allen zeitlichen und räumlichen Voraussetzungen; sie
geben die Bestandteile aller Kunstepochen, nur nicht
das, was die einzelnen zu selbständigen Geschöpfen
vereinigte, d. h. das individuelle Leben, das verflüchtigt
sich ihnen wie dem Chemiker bei der Zersetzung. Gerade wie wenn jemand die Nasen aller schönen Gesichter und Statuen und Bildnisse und ihre übrigen
Gesichtsteile sammelte und darüber philosophierte; ein
andrer nun aus diesen verschiednen Teilen neue Gesichter zusammenstellen wollte, niederländischen Mund,
antike Nase, italienisch-edle Stirn u. s. w. — Nicht
die einzelnen Züge, sondern das angeschaute Einssein
derselben in eben der Gestalt macht den Charakter
im poetischen, besonders im dramatischen Sinne. Am
besten wirkend, wenn die Person sich selber nicht kennt,
sich für anders hält und sich, ohne es zu wissen und
zu wollen, schildert. So macht ein großer Grad von
Selbstbewußtsein — wo gewöhnlich der Poet anstatt
der poetischen Gestalt zu Worte kommt — immer den
Eindruck des Hölzernen, Marionettenhaften. Das ist's,
warum Leidenschaft und Affekt dem ernsten Drama so
nötig sind, weil sie die Unbedenklichkeit des Handelns,
die Ganzheit des Wesens, die Einheit selbst in der
Entzweiung begünstigen und herausheben. Was man
leicht durchschaut, ist trivial. — So verlangt die philosophische Ästhetik, daß sich die sogenannten Rechte gegen
einander aussprechen sollen, worüber die Person verloren geht und bloß zu einem Träger oder Konglomerat von Rechten wird; während in der „Person"
eben die Poesie, das Urschaffende zu Tage kommen muß. —

Idealer und pragmatischer Nexus im Drama und typisches Zubehör

Shakespeare macht 1. die ganze Begebenheit zu
einer Forderung der Vernunft oder des moralischen

Gefühles — idealer Nexus. Dann 2. die Folge der Einzelheiten zu einem überzeugenden Zusammenhange für den Verstand — pragmatischer Nexus. Dann 3. den ganzen Vorgang durch typisches Zubehör zu einer künstlerischen Täuschung der Phantasie. Sein scharfer und tiefer Blick sah als das allgemeine Menschenschicksal die Gebrochenheit des Menschen und wie jedes Einzelnen Schicksal aus seinem Anteile an jenem allgemeinen hervorgeht. Er sah, daß in den Menschen, welche ein unglückliches Schicksal hatten, in der Regel eine Unverhältnismäßigkeit ihrer einzelnen Anlagen daran schuld war, daß ihnen zu so viel mehr oder weniger vorhandnen oder ausgebildeten Vorzügen derjenige fehlte, der die andern erst zu wahren Vorzügen gemacht haben würde, während sie so, im ganzen betrachtet, nur zu mehr oder minder glänzenden Fehlern wurden, daß die Anlage nicht vorhanden oder nicht genugsam ausgebildet war, die dem Ganzen erst praktische Harmonie gegeben hätte. Er sah, mit einem Worte, die Menschen an den Widersprüchen innerhalb ihrer praktischen Natur leiden. Indem er diese individuellen Widersprüche nun in die Hauptcharaktere seiner Tragödien legte, was zugleich die schauspielerische Aufgabe gab, fand er, daß er damit auch allen artistischen Anforderungen genug that, indem er zugleich die des moralischen Gefühles befriedigte. Denn in der That sind diese Widersprüche der lebendigste Keim des Poetisch-Theatralischen, welche im Psychologischen vermittelt sind, und zugleich des ethischen Beispieles, in welchem die ethische Lehre zur unmittelbaren Darstellung kommt, also mit einem Worte: des Tragischen. — Der tragische Widerspruch ist die Seele des Ganzen, alle Wirkungen, alles Thun des Helden geht daraus hervor; denn er ist der Keim des Psychologisch-Theatralischen, indem die Schuld — Blutschuld u. s. w. — den physischen Untergang des Helden zur Folge hat, ihn veranlaßt oder aus ihm oder aus dem Leiden hervorgeht, welches die Steigerung des Widerspruches ist — des Ethisch-Tragischen, der eigentlichen Handlung, des Dramatischen, indem er die Initiative giebt, und insofern er das Leiden ist oder gebiert, auch der Keim der Sympathie. — Die Wahrheit im ganzen und großen hat etwas Imponierendes, welches das Gefühl überzeugt, noch ehe der Verstand sich an die Arbeit machen kann. Sie wirkt, wie sie selbst Totalität ist, wiederum auf die Totalität im Menschen; sie ist die poetische Wahrheit, die höchste Eigenschaft und die einer Tragödie am schwersten zu gebende. Sie verzehrt das Peinliche und ist es eigentlich, was die erhebende Wirkung macht. —

Ein Hauptgesetz der poetischen Darstellung

Endlich nun öffne ich mir die Thüre des Kunsttempels, zu dessen Dache ich hereinflieg: endlich komme ich, da ich den umgekehrten Weg seiner Säfte und seines Wachstums gemacht, von der Wipfelspitze des Baumes der Kunst zu dem Punkte, worin Kraft und Gesetz seines Wachstums in engster Begrenzung eingeschlossen seiner Entwicklung entgegenharrt. In meinen bisherigen Produktionen fehlte entweder der notwendige Zusammenhang für den Verstand, oder wenn er da war, machte er sich zu sichtbar geltend. Räumt man aus dem Wege, was das sittliche Gefühl stören kann, liegt dem scheinbaren Freigebaren der schaffenden Phantasie versteckt die Notwendigkeit des Verstandes zu Grunde, so wird man ein Produkt schöner Kunst liefern, das dem Wahren und dem Guten einräumt, was diese in der menschlichen Totalität von einer künstlerischen Totalität verlangen dürfen, ohne dem Schönen, dem eigentlichen Wesen der Kunst Eintrag zu thun. Die von mir bis jetzt gefundnen Formeln ließte Absicht unter dem Scheine völliger Absichtslosigkeit, möglichste Emanzipation innerhalb streng festgehaltner Einheit sind klare Formeln für dies deutliche Gesetz. — — Man kann sagen: das Mittel der Poesie ist das Indirekte, wie der Verstand direkt vorwärts schreitet. Der Verstand folgt einem Zwecke wie ein Jäger auf dem kürzesten Wege; die Phantasie wie der unangespannte Mensch läßt sich gehen, ihr Zweck ist das Vergnügen, der Genuß des Weges. Die dramatische Darstellung ist selbst eine Figur, eine Art des uneigentlichen Ausdruckes. Das Mittel, beiden Vermögen, Verstand und Phantasie zugleich genug zu thun, dessen engste Gestalt der uneigentliche Ausdruck wie die Individualisierung zugleich, sind in ihrer umfassendsten Form im Drama überhaupt. — Diese fruchtbare Materie vom uneigentlichen Ausdrucke ist weiter zu verfolgen. — Bei mir war es nur zu weit getriebnes Individualisieren, was ich mit meiner Handlung vornahm und mit meinen Charakteren. Aus poetischen Menschen werden dadurch leicht Sonderlinge, aus der Handlung eine pragmatische Kuriosität. Der überzeugende allgemein-menschliche Gehalt ist aber eben das Poetische und das Ethische. Nur überzeugt freilich das ganz Allgemeine überhaupt so wenig, als das ganz Individuelle, ja es geht sogar eher in das Gemeinindividuelle über, als in das rechte Typische. Ein Beispiel, die Gestalt des Wallensteins bei Schiller. — Die Gefahr anatomischen Studiums für den Künstler, der selbst ein so immenses Talent wie Michelangelo nicht entgangen ist, eben ein Stellungsmaler zu werden, wo die Lösung der Schwierigkeit der Kunstaufgabe Erstaunen erregt, aber kein Wohlgefallen, welches doch eigentlich der Zweck der Kunst ist. — Wie wahr ist Richard III., wie wahr ist das ganze Stück! Aber nur im ganzen, wie Tizianisches Fleisch. An keiner einzigen Stelle ist es wahr, und eben darum ist es im ganzen wahr. — —

Der poetisch-tragische Gehalt

Der poetisch-tragische Gehalt ist die Hauptsache; die Thathandlung, der pragmatische Nexus darf nur der Gelegenheitsmacher sein. Die Gefühle vor und nach den einzelnen Thathandlungen, Vorbereitung und das Ausklingen derselben, sind gleichsam die Blüten an Stamm und Zweigen. Wenn Poesie wirken soll, muß das Gemüt in einer gewissen Freiheit sein, daher muß alles gethan werden, die Spannung zu sänftigen, sie immer wieder einmal vergessen zu machen, das heißt die Spannung auf das Einzelne. Eigentlich darf nur eine Spannung in der Tragödie sein, die, welche auf den tragischen Nexus, also an das Große und Ganze des Verlaufes sich knüpft, diejenige, die aus der Forderung des moralischen Gefühles oder der Lebensweisheit und aus der Freude an dem Helden hervorgeht; mit andern Worten: es darf keine andre Spannung vorhanden sein, als tragische Furcht und Mitleid. Dahin müssen alle Andeutungen zielen, von der Schuld nach dem Ende, vom Ausgange nach der Schuld zurück, und von allen Punkten dazwischen nach dem Ausgange vorwärts. Binnenspannungen sind nur erlaubt, wenn sie auf ein Gelenk der tragischen Gliederung gehen, also wenn sie ein Teil der tragischen Spannung sind. So ist die Einheit der Spannung oder vielmehr die Spannung immer das Gefühl der Einheit, welches in leidenschaftlicher Erregung vorwärts und rückwärts wie ein elektrischer Strom durch die Mannigfaltigkeit des Stückes strömt. Aber ich finde noch den rechten Ausdruck nicht. Die Spannung läuft wie der elektrische Funke am leitenden Draht des tragischen Nexus durch die Mannigfaltigkeit der einzelnen Momente; auf den tragischen Kern dieser Mannigfaltigkeit bleibt unsre Seele durch das Band der

Spannung in jedem einzelnen Momente geheftet. — —
Auch mit Steigerungen des Affektes hat es sein Bedenkliches. Eine lange Klimax ohne Wechsel hat
erstens etwas Anspannendes und dadurch Peinliches,
dann auch etwas Künstliches; besser, man zeigt beim
Wiederauftreten den Zustand gesteigert und läßt den
ganzen Auftritt in diesem Grade, um ihn einzutiefen.
Obgleich die Steigerung der Form angehört, so macht
sie doch den Stoff übergewichtig; und alle Poesie,
aller Gehalt ist auf dem Wege, auf welchem man
fortgespornt wird, nicht vorhanden, im Gegenteile
wirkt all das durch den Aufenthalt, den es bringt,
peinlich, anstatt zu mildern. —

Leidenschaft und Affekt

— Goethe irrt, wenn er sagt, der Zug der Leidenschaft muß die tragischen Helden blind da oder dorthin
reißen. Das wäre der Drang des Affektes; der reißt
die Blinden, die er blendet, die Leidenschaft aber zieht
den Sehenden ins Verderben; in der Leidenschaft ist
Zurechnung, das sittliche Moment, und es ist kein geringer Irrtum, das sittliche Moment aus dem Tragischen hinwegzustreichen. Überhaupt scheinen manche
theoretische Irrtümer bei Goethe und noch weit mehr
bei Schiller daraus hervorgegangen, daß sie zwischen
Leidenschaft und Affekt keinen Unterschied machen,
oft Affekt für Leidenschaft nehmen und umgekehrt. —

Existenz und Bewegung

Der Dramatiker hat zweierlei darzustellen, Existenz
und Bewegung. Shakespeare weiß beides notwendig
zu verknüpfen, sodaß das eine zum andern wird, und
steht auch dadurch über denen, bei welchen die Existenz

eben auf Kosten der Bewegung (Goethe), und denen, bei welchen die Bewegung auf Kosten der Existenz (Schiller) gewonnen wird. Ähnlich wie Tizian, verfährt er so, daß die Bewegung bei ihm als ein Stück der Existenz erscheint, daß also in der Bewegung zugleich die Existenz mit dargestellt wird; das heißt, daß die Leidenschaft, welche die Bewegung macht und ist, eben der Hauptzug des Charakters ist; daß sie handelt, wie sie ist, wie sie muß; daß sie das Handeln selber ist, und dies Handeln die Existenz selber. Man betrachte, wie bei Correggio die Verzückung nicht aus dem innersten Wesen seiner Gestalten hervorgeht, sondern auf diesen Zügen so zufällig liegt, wie irgend eine effektvolle Beleuchtung, ebenso die entsprechenden Bewegungen der Glieder, die Stellungen. Bei Tizian aber ist Gesichtsausdruck, Stellung und Bewegung ein Teil der Existenz seiner Gestalten, die eben dadurch zur Erscheinung gelangt, während jene momentanen Verzückungen und Verdrehungen bei Correggio uns gar nichts von der Natur, von der Existenz seiner Figuren verraten. Die Gestalten sind hier Gliedermänner für die äußre Situation, bloße gleichgiltige Gelegenheitsmacher für seine äußerlichen Effekte.

Wechsel zwischen Bewegung und Ruhe

Der Wechsel zwischen Bewegung und Ruhe ist notwendigst. Es ist ein Grundgesetz der Haltung, daß, wo die Handlung oder der Affekt gewaltsam weiterstrebt, der Dialog retardieren, wo sich beides zu versumpfen droht, der Dialog lebhafter fortstreben muß. Bei Shakespeare ist immer Gleichgewicht; seine Welt ist immer eine ganze. Der Bösewicht spricht Moral, der Narr Weisheit, der Altkluge Narrheit, seine Welt ist weder eine abstrakte des Ernsten noch des Komischen,

er läßt Leidenschaften mit plastischer Ruhe zusammen-
sein; nie schleicht, nie übereilt sich der Vorgang; nie ist
er zu leicht, nie zu schwer zu durchschauen, der Schwache
ist gut, der Böse ist stark. Neben der ungeheuern Ausnahme der Leidenschaft geht die Regel des Schicksals
einher. Die Stärke ist schwach, die Schwäche stark.
Wie in der Schöpfung und der großen Existenz der
Welt, binden sich die Gegensätze in seinen Werken; nie
zerfällt seine kleine Welt auch nur auf Momente in
ihre Elemente zurück. —

Die Individualität von Ort und Zeit

Sowie es nur dem Dichter gelingt, den innern
Vorgang so zu entwickeln, daß wir mit unsrer ganzen
Aufmerksamkeit ihm zu folgen gezwungen sind, so wird
das szenische Äußre, wenn er nicht selbst Gewicht
darauf legt oder wohl gar auf Dekorationseffekte los-
steuert, von sich selbst wieder zur Nebensache. Und
infolgedessen auch die Zeitbestimmung. Shakespeare
erinnert selten an Ort und Zeit, das heißt an individuelle; im Gegenteil, er verwischt absichtlich die
Individualität von Ort und Zeit. Nach spätern Andeutungen klärt sich dergleichen dann auf. Der Vorgang thut weder etwas für noch etwas gegen die besondre Zeitbestimmung; er widerspricht solchen spätern
Angaben nicht, aber er macht sie auch nicht entbehrlich.
Ganz nach dem Gesetze der Erinnerung, in welcher
die bezüglichen Vorgänge auf einander folgen. Dies
Gesetz hat auch die lebhafte Erzählung. — Mir wird
auch dabei immer deutlicher, daß wir noch immer
an dem Einflusse der tragédie classique leiden, und
dieser durch Lessing durchaus nicht völlig besiegt
wurde. —

Individualisierung des Ausdrucks

Verschiedne Charaktere können dieselbe allgemeine Erfahrungsregel oder Maxime als Motiv ihres Handelns aussprechen, aber so verschieden durch den ihnen angemessenen Ausdruck gefärbt, daß der besondre Charakter und die allgemein-menschliche Basis zugleich zur Anschauung kommen. Objektivität in subjektiver, das heißt psychologisch-rhetorisch-mimischer Form. So ist Leidenschaft wie Affekt ein allgemeines Motiv, und doch wird die Zeichnung desselben in ihrer Modifikation durch die Persönlichkeit des Trägers unendlich sich variieren. Der Dichter soll die Gedanken der Personen mit oder in ihnen denken, das heißt nicht, er soll ihnen ganz besondre Gedanken geben, nein, er soll ihnen die Gedanken geben, die ihnen am nächsten liegen, die Gedanken, welche der Zuschauer als die begreift, die er selbst an ihrer Stelle gedacht haben würde; die Gedanken müssen deshalb allgemeine, das heißt Anwendungen einer allgemeinen Maxime auf den besondern Fall der Personen sein, aber diese Gedanken müssen in der Form, der Ausdrucksweise die Charakterlivree der Personen tragen. Derselbe Gedanke wird in dem Schlichten schlicht, im Naiven naiv, im Überschwenglichen überschwenglich, im Nüchternen nüchtern, im Zierbengel, im Redner affektiert oder geschmückt erscheinen, im Sanften sanft, im Wilden trotzig sich gebärden. Dazu die Modifikation des Affektes oder der Leidenschaft, die Rücksicht auf Gegenwärtige, oder die Rücksichtslosigkeit des Monologisten im Ausdrucke, desgleichen die Modifikation des Standes, der Bildung. — Ein Kunstgriff der Charakteristik, und nicht der geringste ist dasjenige, was Shakespeare bei seinen tragischen Helden anwendet. Aus jedem Worte desselben spricht ein: Ich bin der Held des Stückes. Teils liegt das im Aufsetzen von Lichtern, welche die Gestalt vor allen andern heraustreten lassen, teils in einem Zurückhalten aller andern Gestalten. Sei gleich der Held der Handlung nach einer andern Person unterworfen, in seinem Bewußtsein weiß er sich sozusagen über dieser, das heißt im poetischen Ausdrucke. Auch das, was andre unleugbar vor dem Helden voraushaben, ordnet sich im Ausdrucke unter; dem Helden wird keine Schwäche geschenkt: in das Gesicht werden sie ihm genannt, dennoch verliert er nichts; er ist und bleibt die liebenswürdigste oder imposanteste Gestalt. Dieser tragische Adel, dies innre Wissen, die Genugthuung, daß er trotz allem der Held des Stückes ist, verläßt ihn nicht. Er hat das volltönende Pathos vor allen andern voraus; in allen andern spricht Schmerz und Leidenschaft in weniger bedeutenden Gedanken und hinreißenden Tönen. Es ist in der That der Unterschied eines konzertierenden Instrumentes von der Begleitung. Eine Art poetischer Feierlichkeit unterscheidet seine Schmerzen von denen der andern Figuren. Er hat die tiefste Empfindung seines Ich und dessen, was ihn betrifft, und den beredtesten, gewaltigsten, hinreißendsten Ausdruck; die andern Gestalten scheinen dagegen gehalten, sich nur wie Nebel zu fühlen, und ihr Ausdruck ist halb gefesselt; sie sind wie Reliefs um die freistehende Gestalt. Dazu kommt, daß all ihr Denken und Thun hauptsächlich auf ihn sich bezieht; daß sie also thätiger sind, ihn herauszuheben, als sich selbst. Dieser tragische Adel ist es nun zunächst, was den Schauspieler zu der Rolle reißt und ihn vor sich selber erhebt und so in ihm spielt, ohne seine Mühe. Man sehe, welche ganz andre Töne Romeo und Julia zu Diensten stehen, als dem alten Capulet; Hamlet als Laertes und dem Könige, jeder Zoll ein tragischer Held. — Die Szenen des Helden sind meist Spielszenen, Soli, die der andern Personen mehr Zwischenspiele. —

Der mittlere Ton der Charaktere

Jede hervortretende Gestalt hat einen mittlern Ton, wo sie spricht, wie andre Menschen auch, es ist derselbe, den wir in der Regel zuerst an ihr kennen lernen. Dieser mittlere Ton, der nach Mobilisationen immer wieder zu sich zurückkehrt, bietet nun eben die Möglichkeit des reichsten Wechsels der Töne, wie eben der unbestimmte Seelenzustand jeder möglichen Bestimmung offner steht, als ein schon bestimmter. Auch bei der ausgesprochensten Leidenschaft, wenn sie nicht Monomanie ist, zeigt sich die Leidenschaft den größten Teil der Zeit latent; nichts läßt daher unnatürlicher, als wenn ein poetischer Charakter zum perennierenden Affekte wird. Denn es ist eben die objektive Natur des Affektes, daß er, zumal in seinen äußern Höhegraden, vorübergehendst ist, und ebenso die subjektive Natur (im Zuschauer), daß das Gefühlsvermögen wechselnd an- und abgespannt sein will, wenn nicht Pein oder gar Stumpfheit entstehen soll. Solche mittelgestimmte Partien müssen eigentlich das Gros der Rolle ausmachen. Sind dann nur die eigentlichen Charaktermomente, d. h. das Individuum im Menschen, die sich auf Herausforderung der Situation melden, kräftig dargestellt, so erscheint uns durch ein geistiges Analogon von optischer Täuschung jenes ganze mittlergestimmte Gros, welches nichts andres vorstellen soll, als das Allgemeine im Individuum, als der menschliche Durchschnitt, mit jener individuellen Farbe gefärbt. Wo es nur möglich ist und irgend unanstößig erscheinen kann, muß man diesen mittlern Zustand eintreten lassen, eben jenen ganz allgemeinen, der nur durch typisches Zubehör, d. h. durch die Mimen des gewöhnlichen vertraulichen, genierten, vertieften, repräsentierenden, imponierenden u. s. w. Umganges des Geschäfts- und Weltlebens individualisiert ist, so z. B. die

Goldleihszene im Kaufmann, die Szene Wrangels
und Wallensteins, die Szene der den Lear suchenden
Mimen des Familien-, des Lager-, Bureaulebens u. s. w.,
ferner ganz allgemeine, so das sich vergeblich Besinnen,
über sich selbst Lachen, Übergänge aus einer Stimmung
in die andre, absichtliche und unabsichtliche — Mimen
des Standes, Alters, Geschlechtes, Temperamentes, individuell gefärbt und modifiziert. Dies sind die Ruhepunkte für das Gefühlsvermögen des Zuschauers, sie
müssen im Plane vorbedacht sein, namentlich wo ein
großer Spannungs- und Affektsturm vorüber oder be-
vorstehend ist; hier werden wir so recht heimisch im
Stücke und vertraut mit den Figuren, die sich uns
nicht bloß im Sonntagspuße zeigen; hier werden wir
erst so recht überzeugt, daß wir mit wirklichen, ganzen
Menschen, mit unseresgleichen zu thun haben. Von
dieser Mitte aus wird durch kleinste Anstrengung ein
großer Wechsel der Töne möglich. Dieser mittlere
Ton macht die ruhigern Zustandsbilder, die so reizend
sind, möglich. So bekommen die Affektausbrüche ein
Relief und stechen gegen das übrige ab. Überhaupt
muß man mit den äußersten Graden der Affektausbrüche sparsam sein und sie durch Gehalt, durch Breite,
Plastik mildern. Die Affekte, die sympathetische werden
sollen, müssen durch Gesellschaftlichkeit gestärkt werden,
wie wenn das Mitleid, das Lob, der Tadel mit oder
über eine Figur andern Figuren beredt in den Mund
gegeben wird. Wo der Zuschauer durch den Vorgang
unmittelbar in einen an sich unangenehmen Affekt versetzt worden ist, da müssen wiederum Figuren thun,
was der Zuschauer nicht selbst thun kann, nämlich ihm
den Zorn, den Ärger vom Herzen herunterzanken u. s. w.
oder auch, auf die Lehren der Lebensweisheit sich be-
ziehend, uns die Vergeltung vorauszeigen, die unsers
Rechtsgefühles Unwillen wenigstens durch Versprechen
der Schadloshaltung momentan beschwichtigt. — Kein

Mensch, auch der der größten Innigkeit fähig ist, trägt sie beständig mit sich; dergleichen ist wie auf einem Porträt ein Lächeln, das allmählich zum Grinsen wird. Daß ein Mensch eine besondre Neigung zu einem Zustande, wie z. B. Innigkeit anzeigt, hat, wird man an dem öftern Wiederkehren dieses Zuges merken. Der Jähzornigste hat seine ruhigen Momente; solche muß auch sein poetisches Abbild haben, sonst wird er zum Automat, zur Fratze. Auch der Nüchternste kann einmal berauscht sein; daß dies nicht seine Natur ist, wird man sehen, z. B. beim Cäsar im Antonius. Shakespeare hätte die Nüchternheit seines Cäsar nicht mehr in die Augen springen lassen können, als da er ihn in damit kontrastierter Situation darstellte. Dafür sind viele Stellen in dieser Rolle, die nicht geradezu auf Nüchternheitdarstellung ausgehen. Denn auch der nüchterne Mensch zeigt diesen Charakterzug nur, wenn er herausgefordert wird. Der ausgemachteste Paradoxus und Freigeist denkt über die meisten Dinge gerade so wie andre. Der Holofernes bei Hebbel ein Warnungsbild. — Diesem Mittelton der Charaktere analog ist ein gewisser mittler Ton der Diktion, gleichsam des Charakters des ganzen Stückes notwendig, der nach jeder Abweichung wieder eingehalten werden muß, damit neue Abweichungen möglich werden; ein Ton, der zwischen Prosa und Poesie in der Mitte liegt, geschickt, in jeden derselben überzugehen. Dieser muß, wie der mittle Ton des Charakters im Charakter der bestimmten Rolle, das Gros des ganzen Stückes ausmachen. Nur dadurch wird die leichte, gewandte Beweglichkeit des dramatischen Körpers möglich. Daher immer eine gewisse Kühle, frei von zu großer Innigkeit und Expansion in der Darstellung; dem Wesen der naiven Poesie entsprechend, die Anlage auf die Wirkung des Ganzen, wo jedes Einzelne mehr bloß angedeutet, und besonders die Gelenke der Charaktere nicht zu sehr markiert werden, sondern mehr die Gelenke des Ganzen. Daß diese bei Shakespeare so stark heraustehen, das hat seinen Grund in der schlanken Anlage, nicht darin, daß er eine einzige Rede etwa aus dem Tone herausschreien ließe. Diese Gelenke sind in ganze Auftritte und Szenen ausgeschwellt, in denen die emanzipierte Poesie- und Schauspielkunst ihre Feste feiern. — Und mit dem mittlern Tone, oder nenne man es den Grundton des Stückes, hat es praktisch zunächst diese Bewandtnis. Wie bei der Anlage eines Kolorits die Lokalfarben lieber blasser als dunkler angelegt werden, weil dieser blaßre Ton leichter vertieft und dunkler gemacht ist, während der dunkler angelegte nicht mehr gemildert werden kann, so wähle man bei der ersten Ausführung eines Dramas den Grundton lieber der Prosa oder der Ruhe, der Heiterkeit näher, als ferner; man erhält dadurch größere Möglichkeit, mannigfaltig zu sein; man hat eine ungeheure Breite der Gradation des Tones vor sich. Der geistigen Perspektive, d. h. der relativen Wichtigkeit der Momente, kann dann die Ausführung völlig entsprechen. Wer gleich in der Ruhe, noch ehe die Leidenschaften sich erheben, einen stark poetischen, d. h. bedeutend über die gemeine Wirklichkeit erhabnen Ton anlegt, dem wird es dann, wo es Steigerung gilt, bald an den Mitteln fehlen, diese Steigerung mit Poesie zu begleiten. Es wird Monotonie eintreten, und ein Gefühl von Ohnmacht. Jenem Grundtone der Diktion entspricht der Grundton des Schauspielers. Je mehr sein Ton und seine Redeweise in den ruhigern, sozusagen mittlern Stellen dem Sprachtone und der Sprechweise des gewöhnlichen Lebens nahe steht, desto höher kann er den Ausdruck steigern, ohne ins Unschöne zu verfallen. Desgleichen, je gewöhnlicher die Gestalt in der Anlage

ist, d. h. je mehr Durchschnittsmaß, desto mehr kann
sie durch Situation und Leidenschaft wachsen. Das
stete Zurückkehren zu jenem Mittelton erhält seine
Kraft für die Steigerungen frisch. —

Die problematischen Dialoge

Die problematischen Dialoge, wie ich sie nennen
will, in welchen ein verdecktes Spiel gespielt wird,
in denen, was in den Menschen vorgeht, nicht aus=
gesprochen, vielmehr absichtlich oder in naiver Un=
bewußtheit von den Redenden versteckt wird, und wo
der Zuschauer dennoch, wenigstens im ganzen und
großen, das Versteckte aus Situation u. s. w. errät.
In solchen ist wiederum jeder einzelne Moment pro=
blematisch. Sie sind zugleich schauspielerische Auf=
gaben, Typen, durchaus Darstellung, lassen deshalb
keine andre als naive Poesie zu und können als die
eigentliche Probe des spezifisch=dramatischen Talentes
angesehen werden. Dahin gehören z. B. die Werbungs=
szenen Richards III. mit Anna und Elisabeth und die
Szene, wo er selber als mädchenhaft nein sagend und
doch nehmend jene zu parodieren scheint. Die Frauen
reden immer noch eine Zeit in dem alten Tone des
Abweisens, wenn sie schon gewonnen sind. Sind sie
nicht klug genug, die Thorheit ungethan zu lassen, so
sind sie doch klug genug, sie zu bemänteln. Welche
Aufgabe für die Schauspielerin dies so durchgebildete,
mit Geist geschwängerte, bald sich nähernde, bald aus=
weichende immer nein sagen und doch nehmen; zugleich
ein Typus von ungeheuerm Umfange, dies frauenhafte
Thun, das bis zum letzten Augenblicke nein sagt,
während es schon im Anfange zu nehmen beginnt. Zu=
gleich will doch die kluge Elisabeth vielleicht durch
scheinbare Einwilligung nur Richards gefährliche Natur
beschwichtigen, sie weiß, wie die Sachen stehen, daß der

Usurpator in seinem Reiche auf unterhöhltem Boden steht, daß auch von auswärts ihm Verderben droht. Sie gewinnt wenigstens Zeit, um ihn in seiner eignen Manier zu überlisten. Ferner die Szenen zwischen Othello und Jago und vieles im Hamlet. Im Erbförster ist fast der ganze vierte Akt von dieser Natur. Der Antagonismus zwischen Stoff und Form in der naiven Poesie hat nicht seinen geringsten Reiz daher. Daher kommt auch die Vieldeutigkeit, die Shakespeares Stücken ihr anziehendes giebt, daß sie bei auch noch so langem Betrachten nicht verlieren, eher immer mehr noch gewinnen. Wenn auch das Ganze und seine Intention außer allem Zweifel und dem Gefühle völlig klar ist, so wird doch im einzelnen dem Verstande eine Freiheit gegeben, zugleich auch dem Schauspieler, ein Raum, in dem jeder einzelne Leser seiner Kapazität und individuellen Disposition nach sich in Deutungen versuchen kann, weil mehrere Deutungen nebeneinander bestehen können. Was dort im einzelnen problematischen Gespräche die Person thut, das Halbzeigen durch Verdecken, das Darstellen durch indirekten Ausdruck, das thut im großen und ganzen des Stückes der naive oder realistische Dichter selbst. — Nur muß der tragische Zusammenhang uns vor allem deutlich werden, denn er soll uns ergreifen und festhalten, auf ihn soll sich alle Spannung, alles Schauspielerische beziehen; Hauptsache ist immer die genauste Festhaltung des einen Gesichtspunktes, ähnlich wie die Beobachtung der Perspektive in der Malerei. Die Hauptperson immer breiter und voller gehalten, ohne Verkürzung — im malerischen Sinne —, im vollen Lichte. Dies war mein Fehler im Erbförster, den ich mir gar nicht klar und oft genug vor die Augen stellen kann. Wie er entstand, weiß ich recht gut. Meine Darstellung war dramatisch unmittelbar; ich überließ es in Ausführung des Dialoges dem Zuschauer, die kleinen Mo-

tive zu ergänzen, aus den angedeuteten großen oder
auch aus Charakter und Situation; den beiden gegebnen Faktoren der Entwicklung. Nun hatte ich
aber durch den untragischen Anfang andre Erwartungen erregt, als ich befriedigen wollte, dann war
die Handlung etwas absonderlich, auch fehlte die Geschlossenheit; neben Charakter und Hauptsituation
wirkten noch viele kleine, zufällige Bedingungen mit.
Ich aber, anstatt in der Beschaffenheit der Fabel und
der zu besondern Charaktere den Grund davon zu
suchen, wie mir die Kritik auch ehrlich und verständig
und den Nagel treffend riet — fand ihn in der Unmittelbarkeit der Ausführung. In dieser lag er allerdings insofern, daß durch sie die besondre Anlage nicht
erklärt war; und bei andrer als solcher poetisch-naiven
Ausführung wäre dennoch alles klar zu machen gewesen, also insofern, daß in ihr nur die Unzweckmäßigkeit der Anlage, d. h. der Fehler des Stückes zum Vorscheine kam, nicht daß sie selber der Fehler gewesen
wäre. Anstatt nun meine Fabeln so einzurichten, daß
sie sich vollständig selber erklären, die Charaktere so,
daß sich der Zuschauer vollständig in sie versetzen
konnte, blieb ich bei meiner alten Weise — wenn ich
auch dem Zufall nicht mehr solche Breite gönnte oder
auch ihn möglichst ausschloß; dafür meinte ich nun,
in den Dialog noch besonders die fortlaufende Erklärung hineinnehmen zu müssen, die eigentlich der
Verstand des Zuschauers geben mußte, oder die eigentlich gar nicht nötig sind, wenn nicht Absonderlichkeiten
in der Fabel dem Verstande einen Sprung zumuten
oder eine Voraussetzung, die über die Regel hinausgeht. Dadurch kam ich nun von seiten der einem
Theaterstücke zugestandnen Länge in eine Klemme, aus
der ich mich nicht zu finden wußte. Endlich bei Betrachtung der Macbethposition kam ich auf die Spur
meines Rechenfehlers. Bald fand ich, daß fast jede

Szene bei Shakespeare mich auf dieselbe hätte führen müssen. Nun weiß ich, daß, wenn die Fabel im ganzen und großen natürlich und notwendig, die Charaktere nicht zu individuell, wodurch ohnehin der Zweck der Tragödie, das allgemeine Menschenschicksal im besondern darzustellen, verfehlt wird — daß dann die Ausführung im Dialoge durchaus sich um die Erklärung für den Verstand nicht zu bekümmern habe und desto kräftiger ihrer wesentlichen Aufgabe, die Phantasie künstlerisch zu täuschen, unmittelbarer poetisch-naiver Darstellung nachgehen könne. —

Der Kontrast

Eben fällt mir ein, daß ja auch die Schule des V. Hugo den Kontrast als das Hauptwesen des Tragischen ansieht. Sie faßt, soviel ich von ihrer Doktrin weiß, diesen Kontrast absolut, aber ohne Notwendigkeit. Sagt er: Hängt den Gott an den Galgen, und ihr habt das Kreuz — so kommt der Gott mit dem Galgen ganz zufällig und äußerlich zusammen. Wenn er seiner Borgia zu der historischen Ruchlosigkeit die innigste Mutterliebe giebt, so ist zwischen diesen beiden Dingen wiederum nichts gemein, als die Konvenienz des Dichters. Letztre Zusammenstellung kann vorkommen, aber deshalb ist sie noch nicht die genügende Grundlage einer tragischen Gestalt, denn sie ist eine ganz willkürliche. Am Hamlet konnte V. Hugo sehen, wie äußerlich er Shakespeare gefaßt hat. Denn Hamlets pragmatische Schwäche ist eben die Folge seiner theoretischen Stärke; es ist hier ein notwendiger Kontrast. Die Grundlage des tragischen Widerspruches muß in der individuellen Natur des Charakters liegen, aber nur als Möglichkeit. Durch die hinzutretende tragische Situation wird diese Möglichkeit erst wirklich. So hat Schiller in der Gestalt seines Wallenstein nur den klugen Weltmenschen und den Abergläubigen kontrastiert, und die Szene, wo er vergebens „Vernunft predigt," ist der vollendetste Moment in diesem Charakterbilde, weil darin die zwei verschiednen Wesen einander zum schärfsten Kontraste auf den Hals gerückt sind. Dagegen stehen sich sein Ehrgeiz und seine idealistische Tugendresignation als zwei fremde Dinge gegenüber. Sie sind sich nicht so nahe gerückt, daß durch den Kontrast die Identität einleuchtend würde; sie wechseln und lassen uns den Wallenstein in zwei verschiedne Menschen zerfallen. — Man nehme die bedeutendsten Gestalten der Geschichte, wie die Personen unsrer nächsten Privatbekanntschaft: was sie uns zu Gestalten macht, zu Existenzen, zu plastischen Erscheinungen, zu Totalbildern, ist nichts andres als dieser Kontrast in Identität. Nie sind sie mehr diejenigen, die sie sind, als in den prägnanten Momenten, wo ihre Mannigfaltigkeit durch Kontrast ihre Einheit erweist, wo wir alle einzelnen Kräfte und Richtungen, die in ihnen wirken, zugleich thätig erblicken, und die Natur des Kontrastes sie alle zugleich deutlich macht, die sonst ineinander verfließen würden. Diese prägnanten Momente sind das, was von der Geschichte und dem gewöhnlichen Leben der Kunst gehört. Sehen wir einen Bekannten im Leben, so sehen wir gewöhnlich nur eine Seite oder mehrere gleichgiltig abwechselnd; fragen wir uns aber einsam: Wer ist er? so wird sein Totalbild vor uns stehen. Ich glaube, dies ist die Ursache, warum ich immer im gewöhnlichen, gesellschaftlichen, im gleichgiltigen Umgange die Menschen verliere und mich isolieren, mich von ihnen entfernen muß, um sie wieder zu gewinnen. Wenn Schiller diese Totalmenschen „Gestalten" nennte, wäre ich mit allem, was er von diesen sagt, einverstanden. Er versteht aber etwas ganz andres unter dem Ausdrucke. Die

Menschen werden ihm zu Gestalten, wenn er ihren vagen Umriß mit seinem eignen Gehalte füllt; sein Bedürfnis ist, den Unterschied derselben von ihm selbst zu verwischen, d. h. die andern in sich — mir ist es Bedürfnis, mich in die andern zu verwandeln, d. h. die Verschiedenheit recht rein zu empfinden.

Zweite Gruppe
Aus den Jahren 1860—1865

Die Illusionsmittel der dramatischen Kunst

Die dramatische Kunst muß ganz andre, mächtigere Illusiermittel in Bewegung setzen, als Epik und Lyrik, die es nur mit Phantasie und Empfindung zu thun haben. Denn sie muß uns ihre eignen Apparate vergessen machen, ja was das Schwerste ist, den Schauspieler selbst, den Herrn Soundso, seine eigne Persönlichkeit, seine Schminke, Kostüme u. s. w. Dann fehlt ihr auch das Kunstmittel, eine Handlung darzustellen, die Erzählung. Der Erzähler kann eine Handlung darstellen, denn er kann so erzählen, daß uns keine Persönlichkeit seiner Person aufgedrungen wird. Der Dramatiker dagegen ist bei dieser Aufgabe in noch schlimmrer Verlegenheit als der Maler. Der Maler kann auch keine Handlungen darstellen, nur Gestalten, deren Gehaben das Geschehen einer Handlung andeutet, d. h. er kann Handlung nur andeuten vermittelst dargestellter Bewegungen dargestellter menschlicher Gestalten, also er kann Menschen darstellen, ihre Bewegungen darstellen, aber Handlungen nur andeuten. Aber er kann in die Gestalt schon die Wahrscheinlichkeit, wenigstens die Möglichkeit der betreffenden Handlung legen und dadurch seiner Andeutung größre Kraft der Illusion verleihen; der Dramatiker aber muß auf den Fall vorbereitet sein, daß die bestimmte, schon vorhandne Gestalt, die Stimme, das Temperament u. s. w. seines Schauspielers, den er sich nicht wie der Maler selbst schaffen kann, in sinnlichem Widerspruche mit der Handlung steht, die darzustellen oder vielmehr durch das Gehaben der Gestalt angedeutet werden soll. Nun wird die Illusion der Handlung auf der Bühne immer im Verhältnisse stehen zu der Illusion der Gestalt; die Illusion der Handlung wird nur durch Illusion der Gestalt möglich, und diese wird immer, weil aus wirklicher Darstellung entstehend, die Illusion der Handlung, die nur aus Andeutung hervorgehen kann, an Kraft überwiegen. Da die Handlung nicht illudieren kann, wenn dies die Gestalten nicht noch mehr thun, begreife ich die Theoretiker nicht, wenn sie fordern, daß die Gestalt, daß der Charakter nicht über die Handlung heraustreten solle. — Der Epiker kann es darauf anlegen, wenn er will, daß in der Wirkung seines Werkes die Neugierde über die Sympathie hinaustritt, oder mit andern Worten, daß in der Darstellung der abstraktere Gedanke der Handlung über den konkretern der Menschen, d. h. der handelnden überwiegt. Denn er kann nicht Menschen erzählen, sondern nur die Geschichte der Menschen, d. h. die Handlung; aber beim Dramatiker ist es umgekehrt; er kann nur Menschen auftreten lassen, keine Handlungen, der Schauspieler kann nur einen handelnden Menschen spielen und keine Handlung. Aber selbst der Epiker wird sich nicht so eintreiben lassen, daß er die Handlung zur Hauptsache machen sollte. — Wenn der Theoretiker fordert, daß die Handlung im Drama die Hauptsache sein soll, so fordert er nicht allein etwas Verkehrtes, sondern sogar etwas Unmögliches. Etwas Verkehrtes, weil er die Neugier höher stellt als die Sympathie, dann weil der Dichter die unangenehmste Wirkung, seine in der soge-

nannten Handlung zu Tage tretende Abſichtlichkeit, nur
durch die Souveränität ſeiner Perſonen maskieren und
verhindern kann; etwas Unmögliches, weil die Illuſion
durch die Handlung auf der Bühne lediglich von der
Illuſion durch die Perſonen abhängt und notwendig
als die abgeleitete die ſchwächre ſein muß. Auch das
ſittliche Urteil richtet ſich nicht nach dem, was geſchieht,
ſondern nach den Motiven, woraus es geſchieht, und
dieſe Motive, die Notwendigkeit dieſer Motive gehören
zum Menſchen, nicht zur Handlung; ja dieſe Motive
ſind eben der Gehalt des Menſchen. — Daher iſt auch
die kauſale Verknüpfung der Handlung im Drama bei
weitem nicht ſo wichtig, als die ethiſch-pſychologiſche
Kauſalität der Perſon. Da die Handlung auf der
Bühne bloß das Totale einer Anzahl Andeutungen,
die Natur der Perſon aber das Dargeſtellte, das wirklich ſinnlich Erſcheinende iſt, nicht bloß ein gedachtes
Verhältnis, ſondern eine lebendige, ſinnliche Anſchauung,
ſo verſchwindet die Wichtigkeit jener Kauſalität vor
dieſer. Darum iſt auch die tragiſche Notwendigkeit
nur an der kompakten, dargeſtellten Perſon fühlbar
zu machen, nicht an dem vagen Inbegriff von Andeutungen, darum muß im tragiſchen Drama der Held
ein tragiſcher Charakter ſein, das Tragiſche nicht bloß,
wie es im Epos ſein kann, eine tragiſche Situation.
Auf dem Papiere iſt es ganz anders, wo die Perſonen
eben ſo nur als gedachte vor der Phantaſie des
Leſers ſtehen, wie das Verhältnis, welches man die
Handlung nennt. Beim Leſen begiebt ſich das alles
unter das epiſche Geſetz; hier verdunkelt keine
gegenwärtige ſinnliche Erſcheinung die Vorſtellungen
der Phantaſie und des Verſtandes; was auf der Bühne
hervortrat, tritt hier zurück; was dort vor anderm
verſchwand, wird hier ebenſo deutlich. Und wäre das
Aufgeſchriebne das Drama ſelbſt, ſo wäre der epiſche
Maßſtab daran in ſeinem vollen Rechte, und der äußre

Kaufalitätsnexus wäre wichtiger bei der Beurteilung, als der innre, ideale. Aber das Aufgeschriebne ist nicht das Drama, die Beschwörformel ist nicht der erscheinende Geist, und die Kritik daher in vollem Unrecht, wenn sie nach Gesetzen über das Drama richten will, unter die es nicht gehört; wenn sie das körperliche Gebäude nach dem flachen Grundrisse beurteilt. — Das Litteraturbrama in abgesetzten Reden mit darüber stehenden Namen u. s. w., aber nach den Gesetzen epischer Komposition entworfen und ausgeführt, die sich selbst von der rechtmäßigen dramatischen Gerichtsbarkeit eximieren und unter epische stellen, diese Lesedramen sind eben keine Dramen, sondern eine Zwischengattung. Sie sind in der gesamten Poesie das, was die Strauße im Tierreiche sind, für welche die Naturkunde einen ähnlichen, ebenfalls einen Widerspruch involvierenden Namen erfunden hat, den der Laufvögel, d. h. der Vögel, die nicht fliegen, wie Vögel eigentlich thun, sondern nur laufen, wie in der Regel Tiere, die keine Vögel sind. Wie dort die abgesetzten Reden und die Namen darüber, so sind hier die Flügel eine Art unwesentlicher Verzierung. — — Der Epiker deutet, wenn er nicht schildern, nicht beschreiben will, durch Darstellung, d. h. Erzählung einer Handlung, einer Begebenheit zugleich die Personen an, er bewegt uns, die Gestalten, die er nicht erzählen kann, zu der Handlung, die er erzählt, hinzuzudenken; beim Dramatiker ist es umgekehrt; er stellt uns handelnde Menschen dar und bewegt uns dadurch, die Handlung uns zu denken. Die Menschen, die er uns auf der Bühne zeigt, sind wirkliche Menschen, aber ihr Handeln ist nur ein andeutendes Bewegen. Diese Menschen sind immer sinnlich vor unsern Augen, aber ihre Handlungen, d. h. das Totale des durch ihre Bewegungen angedeuteten, sind bloß in ihrer Phantasie. Diese Andeutungen erhalten einen gewissen Grad von Illusion nur durch die weit stärkre

Illusion der Person, die in ihnen sinnlich erscheint. Wenn Don Cesare den Don Manuel erblickt, so müssen die betreffenden Schauspieler schon eine sehr lebendige Illusion, sie seien Don Cesare und Don Manuel, gewirkt haben, wenn dieses ihr Totstechen und Totgestochenwerden illusorisch ausfallen soll. Und die illusorische Hauptsache ist nicht, was der sogenannten Handlung daran gehört, die Pantomime des Totstechens, sondern die Menschendarstellung, welcher gemäß der eine von nun an einen vom Gewissen gefolterten Mörder und der andre einen Toten an sich selbst darstellt. Aber mit alledem ist keine Handlung dargestellt worden, sondern handelnde und zuständliche Menschen. In diesem Punkte gehört die dramatische Kunst dem Wesen nach passender unter den Gesichtspunkt der Malerei, als unter den der Poesie im engern Sinne. Der Erzähler spricht vom Handeln und Leiden der Menschen und nennt unmittelbar ihr Thun und ihre Zustände „den Mord, den Schlaf." Das kann der Dramatiker so wenig als der Maler; wie dieser kann er nur einen Menschen darstellen, der eben im Begriffe ist, einen andern Menschen zu morden, oder einen Menschen, der schläft. Nun vollends „einen Mord, den er einmal begangen hatte"; wie soll der Dramatiker dergleichen darstellen! — Die Sache ist die: Auf der Bühne vergessen wir immer die Handlung über dem Menschen, weil jene nur in unserm Gedächtnisse, dieser aber unsern leiblichen Augen lebendig ist, und weil die Sinneseindrücke weit stärker sind, als die Vorstellungen der Phantasie. — Die Hauptsache ist, uns immer den verkleideten Schauspieler vergessen zu machen, weil dieser unsre ganze Illusion aufhebt; mit der Illusion, dieser sei der und der Mensch, steht und fällt unsre Illusion, das und das sei durch ihn, an ihm und für ihn geschehen. Die Kunst der Menschendarstellung, d. h. die Kunst des verbündeten Poeten und Schau-

spielers, muß nicht allein den Sinn einschläfern, der
uns immer wieder sagt: Das ist ja der Schauspieler
Herr Soundso, sondern auch die ganze sogenannte
Handlung beglaubigen, deren Ausgerechnetheit uns
immer wieder enttäuscht; die Charakterdarstellung muß
daher zum besten der Handlung selbst weit über sie
hinaustreten. Der Glaube an die Existenz der Person
kann nicht stark genug erregt werden. Die alten, schon
abgenutzten Konflikte und Motive, wer kann sie uns
wirksam machen, wenn er es nicht durch höchst möglichen Zauber der Charakteristik thut? Wenn man
sagt, Shakespeare thue darin mehr als not und recht,
so muß ich dagegen sagen, daß es nur Shakespeare
gelingt, mich gläubig an seine Handlungen zu machen.
Was ist denn eine Handlung? Ist sie etwas für sich?
Ist sie nicht bloß das abstrakte Verhältnis natürlicher
Zeichen von Zuständen der Menschen? Wer ist denn
eigentlich interessant: die That oder der Mensch? Die
Handlung kann helfen, den Menschen interessant erscheinen zu lassen, nicht umgekehrt. In der That ist
nichts interessant als die menschliche Natur selbst, und
sie ist auch das einzig Notwendige. Kann man sittlich
urteilen über eine Handlung ohne die genauste Kenntnis des Menschen, von dem sie ausgeht? Kann ich
wissen, wie groß ein Leiden, ohne daß ich den Menschen
genau kenne, der es trägt; und vor allem, kann ich mich
für ein Leiden, einen Zustand interessieren, ohne den
Menschen genau zu kennen, an dem sie sind? Können
sie mich interessieren, wenn nicht der, an dem sie sind,
sich mir als ein vollständiges Menschenbild beglaubigt?
Es ist ja gar noch nicht von einer Besonderheit eines
Menschen dabei die Rede; aber Shakespeare hat unter
allen Dramatikern, die ich kenne, allein den Zauber,
daß er die poetische Figur wirklich nur überhaupt mit
dem Scheine eines wirklichen Menschen zu umkleiden
weiß. Bei allen andern kann ich den verkleideten

Schauspieler nicht vergessen. Ich vergesse ihn auch bei Shakespeare nur so weit, daß ich seine Kunst genießen kann; richtiger gesagt: er macht mir die Herren Dawison, Devrient u. s. w. in seinen Rollen zu Schauspielern, die andern Dramatiker aber ziehen durch ihr Ungeschick auch den geschickten Schauspieler in ein vergebliches und den Zuschauer quälendes Bemühen, sich wie spielende Schauspieler anzustellen. Wie gähnt uns bei allen andern Dramatikern die echauffierte Absichtlichkeit oder die Frostigkeit der Abwägung, die Verstandeskälte der episch-korrekten Komposition an! Durch all dies bringt mich der Autor zu mir, und wie muß ich wünschen, außer mich gesetzt zu werden, um nur über Theater, Publikum, Bühne, Dekoration, Kostüme und die natürliche Persönlichkeit der sich schminkenden, alt oder jung sich machenden Schauspieler hinwegzukommen. Den Schauspieler macht uns niemand vergessen, dank dem Poeten, der ihn uns noch zu seinem Vorteil erscheinen läßt. — Freilich soll die künstlerische Illusion nie zu dem Irrtum sich steigern, das geschehe wirklich, was auf dem Theater vorgeht, aber sie muß bis zu dem Grade steigen, wo uns die Verkleidung und das Schminken, das pathetische Gehaben der wohlbekannten erwachsnen, ja zum Teil bejahrten Männer und Frauen nicht als kindische Spielerei erscheint. Nicht der verkleidete Komödiant, nicht die Komödiantlerei, wo Dichter und Schauspieler wetteifern, kein Effekthaschen, das sich überall die Miene der Würde giebt, die zur Kokette wird, sondern künstlerische Wahrheit und Notwendigkeit, die der Beredtheit der Leidenschaft und des Affektes zu Grunde liegt, kein bloßes willkürliches Spielen mit dichterischen und schauspielerischen Tönen und Effekten. — Der dramatische Dichter muß immer daran denken, daß seine Person nicht bloße Phantasiebilder, wie die der epischen Gattung, sondern daß sie sinnlich erscheinende Menschen sind, daß sie vom

Schauspieler reprodusierte Menschen sind, vom Schauspieler, der schon selbst Individuum ist, dessen individuelle Züge gegen seinen Willen durchstechen werden, wenn er ihnen nicht eine Individualität leiht, die, stärker durch Gedrängtheit, ihre wirkliche übertönt. Gar zu zarte Bilder wie im Tasso sind bloß für die Phantasie des Lesers geschaffen; der wirkliche Mensch, der ihn reproduziert, bringt Züge hinein, welche die zarten der poetischen Konzeption überschreien: anstatt daß die schwächre Individualität des Schauspielers von der stärker gezeichneten der dramatischen Person überwältigt und verschlungen werden müßte, geschieht das Umgekehrte, die stärkre Individualität des Schauspielers hebt die schwächre der dramatischen Person auf und vernichtet sie. Unter Individualität ist hier die Sinnlichkeit und Gewalt der Darstellung zu verstehn; mehr soll sie überhaupt im Drama nicht sein. Wie der Dichter den Gehalt seines Stoffes in einem gegenwärtigen Vorgange entwickelt, so muß er dem Schauspieler darin auch dessen Anteil als Gehalt entgegenbringen, den der Schauspieler durch sein Spiel, seine Betonung und Gebärden entwickeln und konkret machen muß als einen äußern, anschaulichen Vorgang. Man denke an Hamlet. — Das Schauspielerische darf nicht mechanisch nebenhergehen, sondern es muß aus dem tiefsten Kerne, aus dem geistigen Gehalte des Stückes hervorwachsen; das Stück muß sinnlichst dargestellter Gehalt, das Poetische und Schauspielerische daran muß ein und dasselbe sein. Die dramatische Fakultas eines Stoffes wird daher in der Beschaffenheit des Gehaltes liegen, die sich völlig sinnlich darstellen läßt. Die dramatische Kunst ist eine Synthesis von Dicht- und Schauspielkunst, worin die eine durch die andre wirken muß, keine eitel der andern sich entziehen darf. Die Schauspielkunst hat enge Grenzen, diese muß die Dichtkunst respektieren und sich dieselben

Grenzen gefallen lassen. Sie verliert dabei nicht, denn sie kann sich keine höhere und dankbarere Aufgabe schaffen, als die eigentümliche der Schauspielkunst: Darstellung von Menschen. Indem sie zusammenwirken, können sie sich ihre Aufgaben erleichtern; der Poet braucht nicht das hinzuzuthun, was der Schauspieler besser hinzuthun kann, wie z. B. die Wärme. Er darf ihn nicht zum Deklamator, zum dramatischen Rhapsoden u. s. w. herabwürdigen. Die Poesie muß überall den geistigen Gehalt zu den Gebärden des Schauspielers geben, sodaß sozusagen diese Gebärden selbst gehaltvoll werden, keine bloße Gesichterschneiderei u. s. w., d. h. plastisch und bedeutend. Das Schauspielerische muß ganz in die Region der Gedankenhaftigkeit und bildlichen Geistigkeit hinaufgehoben werden, sonst werden die schauspielerischen Effekte, wenn ihre Momente nicht mit Gehalt und Poesie erfüllt sind, eine nichtige Spielerei, eine unpoetische, unkünstlerische Spiegelfechterei. Der Anteil des Geistes an diesen Bewegungen weiht sie erst für die Kunst. Die Aufhebung der dramatischen Synthesis der Dicht- und Schauspielkunst ist fehlerhaft; auf der einen Seite die gedankenleere, nicht vom Geist geweihte Gebärde, auf der andern die Deklamation, die Tirade, worin der dichterische Rhetor sein Medium, den Schauspieler, vernichtet. Das Rhetorische ist eigentlich Prosa in von der Poesie geborgtem Schmucke. — Man denke z. B. an des Laertes „Zu viel des Wassers hast du, arme Schwester" u. s. w., welches eine in die Rede aufgenommne Umschreibung der Anweisung ist: Laertes weint, trotz Bemühung dagegen; ein wunderbares Beispiel einer Reihe schauspielerischer Gebärden als Darstellung eines Seelenzustandes, von denen jede in geistigem Bilde oder allgemeiner Reflexion in die menschliche Rede heraufgenommen ist; immer Darstellung und Reflexionsallgemeinheit und Einkleidungsindividualität

sich durchbringend. Gedankengehalt, der nicht sinnlich
erscheinend, unmittelbar dargestellt, sondern oratorisch
geschildert wird, ist Deklamation, wenn bloß Dar=
stellung des Affekts ohne Darstellung des Charakters,
Tirade. Man vergleiche mit obiger Stelle des jungen
Melchthals Rede in ganz ähnlicher Situation, um den
Unterschied echt=dramatischen Details und lyrischer
Tiraden recht klar zu erkennen. — In Schiller war
das sympathetische Gefühl und die Subjektivität zu
stark. Nun macht er seiner Figuren Sache zu der
seinen, und in dieser Verwechslung rechtfertigt er sich
selbst darin, damit das Publikum wiederum mit ihm
sympathisiere. Seine Personen reden nicht in eigner
Person, sondern er selbst redet für jede als ihr Anwalt,
und Sympathie, Freude und Stolz auf seine eigne
Redekunst lassen ihn oft Wahrheit und Haltung ver=
gessen. Er sucht für jede so vorteilhaft zu reden als
möglich. Corneille. — Interessant ist die Stelle bei
Schiller, wo er das Verfahren des Kunstgenies mit
dem des Dilettanten vergleicht: Korn um Korn trägt
das Kunstgenie sein Werk zusammen u. s. w. Der Sinn
ist dies, wenn auch die Worte nicht. Das entspricht
ganz dem von Lessing bei Gelegenheit der Rodogüne
geschilderten mechanischen Verfahren des Witzes, wäh=
rend Lessing das Wesen des Genies im organischen
Entwickeln aus einem springenden Punkte findet.
Schillers Werke sind blinkende Kryställe; Shakespeares
organische Gewächse. — Wie genauer als objektiver
und naiver Dichter es Sophokles nimmt als Schiller,
sehe man, indem man den Ödipus mit Wallenstein ver=
gleicht. Wie sieht alles, was an ihm exponiert wird,
dem Ödipus, wie ihn Sophokles zeichnet, und wie wir
ihn vor Augen sehn, aus dem Auge geschnitten. Die=
selbe Jähheit und Rücksichtslosigkeit im Thun, das er
erforscht, als in der Art, wie er es erforscht. Dies
Wesen selbst ist ein Grund mit, zu glauben, daß er der

Mörder des Lajus sei, ehe man es erfährt. Und wie ist auch der Ödipus auf Kolonos ganz derselbe. Der Wallenstein vor der Tragödie Schillers aber ist ein andrer als der im Stücke, in dem Stücke selbst wechselt er. Er behält das äußre Gehaben des Fürstlichen, das innre Kostüm, aber nicht den eigentlichen Charakter. —

Philosophische Dramaturgie

Seit die Philosophie sich in die Dramaturgie gemengt hat, ist das sinnliche Moment, das im Drama die größte Rolle spielt, ganz von seinem Ansehen, ja ich möchte sagen in eine gewisse Anrüchigkeit gekommen. Seitdem sind die Lesedramen aufgekommen, das heißt sehr gebildete epische und lyrische Gedichte oder Gemenge aus beiden, mit abgesetzten Reden und darüber geschriebnen Namen, worin die etwa wilden Thaten des Stoffes seltsam mit der Bildung der Personen und ihrer Sprache streiten. Ein rhetorisches Rechten von Gesichtspunkten miteinander, eine neue Art von Moralitäten, nur daß die allegorischen Wesen historische, das heißt individuelle Namen führen. Sonst verlangte man zum Beispiel, daß der tragische Held den sinnlichen Eindruck überwältigend machen mußte, jetzt genügt, daß die Reflexion nachweist, er habe die philosophischen Erfordernisse zum tragischen Helden; sonst mußte seine Schuld sinnlich in die Augen fallen, und das aus derselben folgende ebenso sinnlich dargestellte und durch die Rhetorik der Seelenzustände sympathetisch mitgeteilte Leiden war eben das Stück. Jetzt genügt nachzuweisen, daß er wirklich eine Schuld habe, vielleicht eine unbewußte oder unwillkürliche, und deshalb nicht ohne Grund sei, Leiden zu empfinden, also auch wohl welche empfinde, wenn er sie auch nicht gewaltig austöne. Ich hoffe noch zu erleben, daß der

philosophische rechte Held gar nicht sinnlich, das heißt
persönlich im Stücke vorkommt, genug, wenn sich durch
Reflexion nachweisen läßt, daß eine Person, von der
zuweilen darin gesprochen wird, die philosophischen
Erfordernisse zu einem tragischen Helden besitze. Wenn
eine unbewußte oder unwillkürliche Schuld, warum
nicht ein unbekannter oder unsichtbarer Held?

Künstlerisches und philosophisches Urteil

Die Antigone kann ein Beispiel geben, wie künstlerisches und philosophisches Urteil auseinander gehen.
Der Philosoph sieht froschkalt über Gestalt und alles,
was Darstellung heißt, weg; ihm ist es nur um die
sogenannten gleichen Berechtigungen zu thun, nur um
die philosophischen Intentionen. Ihm muß das Lebende
erst zur Leiche werden. In seiner chemischen Retorte
verflattert die Poesie, und besonders das eigentlich
Dramatische ist für ihn nicht vorhanden. — Wie
sorgsam ist Shakespeare, daß im Romeo weder die
Eltern, noch Tybalt, noch Mercutio, noch Paris einen
Bruchteil von unsrer Teilnahme den Helden entziehen!
Wie dämpft er absichtlich den Eindruck Cäsars auf den Zuschauer! Wie ist im Macbeth vermieden, ein bleibendes
Mitleid für einen andern zu erregen, wie schnell geht die
milde Gestalt Duncans vorüber, wie sehr ist es vermieden,
für seine Söhne zu interessieren! Dagegen im Richard,
wo uns der grandiose Bösewicht in grausender Bewunderung seiner eisigen und eisernen Kraft des Be-
gehrens interessieren soll, hier durfte für andre etwas
Mitleid erregt werden, weil dieses jene Grandiosität
der Richardsgestalt erhöht. In dieser Beziehung ist
Sophokles wie Shakespeare. Nur in der Antigone
treffen wir auf eine Ausnahme von dem Gesetze der
Einheit der sympathischen Mitleidserregung und nicht
zum Vorteile des Stückes. Daß die Philosophen davon

anders denken, darf nicht befremden, weil sie alle Unbefangenheit in sich erlötet und ihre Anschauungs-
organe systematisch abgestumpft und verdorben haben.
Das Lebende ist nicht für sie; der Schmetterling ist
ihnen nur an der Nadel interessant. Umgekehrt wie
von Christus gesagt wird, er sei vom Tode zum Leben
hindurchgedrungen, dringen sie vom Leben zum Tode
hindurch. Je mehr sie Intentionen finden, desto besser;
diese kritisieren sie, ob diese Möglichkeiten zu künstlerischer Wirklichkeit geworden? was verstehen sie
davon, was geht es sie an? Dem Künstler ist nur
die Darstellung etwas; der Künstler fragt: Wie viel ist
dargestellt? wie ist dargestellt? zweckt alles auf eine
einzige, genau bestimmte Wirkung? Ist ein Zweck da,
und alles übrige Mittel? Streitet keins gegen den
Zweck? lehnt sich nicht Mittel gegen Mittel auf? Die
Schüler der Philosophen aber machen Zusammen-
stellungen der bestkonditionierten Organe aus verschiednen von ihren Lehrern sezierten Leichnamen, ein
Werk, wie das der Hexen im Macbeth: Sprache lyrisch,
Komposition episch, Charaktere shakespearisch, Handlung
nach der französischen Art u. s. w. —

Zu Hegels Ästhetik

Die Bemerkungen Hegels über das Rezitativ und
das Dramatische desselben durch die Verwebung mit
dem Melodischen (Bd. 3, 199 u. f. w.) sind vortrefflich,
und kann nichts beßres darüber gesagt werden. Das
von Hegel über Musik gesagte und mit gleicher Notwendigkeit auf dramatische Poesie anzuwendende trifft
mit meinen allen Studiumsresultaten vollständig zusammen. Das Schauspielerische darf nichts Äußerliches
bleiben, es muß mit dem Poetischen sich organisch
durchdringen, dadurch wird die dramatische Poesie
eben erst dramatische Poesie. — Was mich unendlich

freut, ift, daß ich auch im Urteile über einzelne Operntexte, z. B. zur Zauberflöte, die ich immer als Operntexte verteidigt habe, Hegeln begegne (Bb. 3, 203). Ich wollte, er hätte über den trefflichen Text des Don Juan etwas gesagt. — Vieles Verwandtes finde ich in seinen Äußerungen über den Unterschied der Prosa und Poesie, in seiner Trennung des Poetischen und Rhetorischen. Mit seiner Meinung über die rhetorische Diktion auch Schillers (des Horaz, der französischen Klassiker u. s. w.) geht Hegel auch einmal heraus, aber nur leicht andeutend (Bb. 3, 287), und sogleich macht er die politische Ausweichung: „Tiefe Schriftsteller — Herder, Schiller — aber wendeten solch eine Ausdrucksweise hauptsächlich zum Behufe der prosaischen Darstellung an und wußten diese durch die Gewichtigkeit der Gedanken und das Glück des Ausdruckes erlaubt und erträglich zu machen." Indirekt, aber deutlich genug! — — Auch Hegel stellt sich (Bb. 3, 494 u. s. w.) das Lyrische und Epische im Dramatischen nur mechanisch verbunden vor, nicht aber in so organischer Wechseldurchdringung, daß nun aus den zwei Ingredienzien ein drittes, von beiden verschiednes wird. Wie z. B. im Apfel kein Wasser mehr ist, sondern Apfelsaft, etwas, was weder Wasser noch irgend eine andre seiner Ingredienzien mehr ist: so kann im Drama nichts Lyrisches und nichts Episches mehr sein, da beide sich im Reiche der bloßen innern Vorstellung bewegen. Die sinnliche Erscheinung ist aber in der dramatischen Kunst ein integrierendes Moment, ähnlich wie in der Malerei. Hegel hat doch in der Musik die Tonfarbe der Instrumente als solches angeführt. Wenn er im dramatischen Kunstwerke von der Darstellung, d. h. dem Schauspielerischen mit absieht, so muß er beim musikalischen Kunstwerke von dem Charakteristischen der Instrumente, im malerischen von der Farbe absehen, wenn er konsequent sein will.

Wenn er der dramatischen Poesie das Feld der innern Vorstellung überweist, wie der lyrischen und der epischen, so gehört die Vorstellung der Aufführung notwendig mit dazu, nämlich daß man sich vorstellt, man lasse nicht allein die poetische Person, sondern auch den Schauspieler sprechen. Eine Partitur läßt sich auch lesen. Man spiele einem, der von der innern Sprache der Orchestermusik nichts versteht, eine Partitur auf dem Klavier vor, so ist das immer nur ein Surrogat, ähnlich als wenn man ein Drama, d. h. seinen Inhalt jemandem erzählt. Aus der Synthese des Poetischen und Schauspielerischen, nur wenn sie eine organische ist, entsteht das Dramatische, in welchem das Epische stets von der Subjektivität durchdrungen sein und das Lyrische zugleich die besondre Gestalt darstellen muß. Insofern beginnt das eigentlich Dramatische erst mit Shakespeare. Im antiken Drama ist das Lyrische noch als Lyrisches, das Epische noch als Episches vorhanden; die betreffenden Werke sind ein System von lyrischen und epischen Gedichten, nicht selbst ein lyrisch-episches Gedicht. — Hegel sagt (3, 498): „Von dieser Art ist die Sprache der griechischen dramatischen Poesie, die spätere Sprache Goethes, zum Teil auch der Schillerischen, und in seiner Weise Shakespeares, obschon dieser, dem damaligen Zustande der Bühne gemäß, hin und wieder einen Teil der Rede der Erfindungsgabe des Schauspielers anheimstellen mußte." — Was soll das heißen? Doch nicht, daß seine Schauspieler extemporieren mußten? Gewiß nicht! Man sieht, Hegel denkt sich in dem Schauspieler nur eine Art kostümierten Rhapsoden. Wenn der Schauspieler wirklich nichts andres ist, so lasse man ihn weg, damit er das Kunstwerk nicht verderbe. Soll er als Künstler wirken, so muß auch seiner Erfindungskraft ein angemeßner Raum behalten werden, soll er nicht als Künstler wirken, so thue man ihn weg. Und „weil dem da-

maligen Zustande der Bühne gemäß" — — Was soll
nun gar das heißen? Wenn Shakespeare dabei den
damaligen Zustand der Bühne berücksichtigte, so ist es
doch wunderbar, daß seine Weise auch dem jetzigen
Zustande der Bühne die gemäßeste erscheint. Hegel
hätte wohl sagen sollen, „dem Zustand der Bühne,"
oder noch bezeichnender, „den Bedingungen der neuern
dramatischen Kunst gemäß," die eine durchaus dramatische, nicht mehr eine aus lyrischen und epischen
Partien bestehende und deshalb einen Vermittler
brauchende ist, der nicht bald Rhapsode, bald Sänger,
bald Schauspieler sein darf, sondern ein Künstler sein
muß, wie der Dichter einer ist. Die Diktion der Alten
verhält sich zu Shakespeares wie ein Halbtier, das der
unorganischen Masse wegen, in das es gehüllt ist, sich
nur schwer fortbewegt, zu einem Vogel, wie die Skulptur
zur Schauspielkunst. — — Die Darstellung Hegels hat
das Beschwerliche, daß er, wo es geht, den abstrakten
Begriff aufstellt, unter welchen sich die Alten und
Shakespeare gleichmäßig fassen lassen; bei seiner nicht
zu intimen Bekanntschaft mit der Sache passiert es
ihm dann, daß er den Unterschied zwischen den Alten
und Shakespeare in manchen Einzelheiten nicht klar
sieht, daß seine Abstraktion oft nur von den Alten
genommen ist, wo er sie von beiden zu nehmen glaubt;
andre male hat er absichtlich nur die Alten, andre
male nur Shakespeare vor Augen, wodurch oft große
Verwirrung entsteht, welcher er ausgewichen wäre,
wenn er erst die dramatische Poesie der Alten, dann
die dramatische Kunst Shakespeares besonders abge-
handelt und schließlich dasjenige aufgezeigt hätte, worin
sie einstimmen, und das, worin sie verschieden sind.
Zumal da er den Fortschritt der neuern Kunst aus dem
Fortschritte der Schauspielerei zu einer Kunst selbst als
den Grund der Verschiedenheit und größern Ausbildung der neuern dramatischen Kunst anerkennt, hätte

er den Begriff des poetischen Kunstwerkes nicht einseitig vom antiken Drama abstrahieren sollen. Wenn er will, daß man dramatisch dichte, wofür die Aufführung die Probe sein soll, so hätte er schon bei Feststellung des Begriffes des dramatischen Kunstwerkes daran denken sollen. Wenn er will, daß man bühnengemäß (im bessern Sinne) dichte, so hätte er zeigen müssen, wie dies Erforderniß zu erreichen sei, wobei es zur Rede kommen mußte, daß schon bei Konzipierung der dramatischen Fabel darauf Rücksicht genommen werden mußte, und wie, auf welche Weise dies zu thun war. — — Das substantielle Pathos als Inhalt des Charakters kommt mir vor wie eine bewegte, d. h. eine Bewegung darstellende Statue, deren Gleichgewicht durch Stützen erhalten wird, wie man sie in Gestalt von abgehauenen Baumstümpfen und dergleichen auf Werken der Skulptur angebracht sieht, und an den Leib geschloßne Arme, als Gewand, das den Beinen stellenweise Verbindung und Halt giebt. Die Shakespearischen Charaktere dagegen sind in völlig freier Bewegung, haben ihren Schwerpunkt und ihren ganzen Halt in sich selbst; jene sind der Skulptur nachgeahmte Menschen, wie der steinerne Gast einer ist; von ihrer Basis herabgestiegne Statuen, die die Schwere des Stoffes mit in die Bewegung nehmen, sich daher schwer und massiv bewegen, ohne Blick und ohne die Haut durchscheinendes Blut. Auch dies ist für die neure dramatische Kunst eine stoffartige Wirkung, ein überwundnes Moment, eine Krudität, wie eine unorganische Hautbedeckung, wie ein Schuppenpanzer, wie die Schale eines Tieres. — Die Entgegensetzung des Substantiellen und Subjektiven in der antiken und romantischen (Shakespeare) Kunst bei Hegel kommt am Ende darauf hinaus, daß die Alten ihre Tragödie in der Mitte anfangen, Shakespeare dagegen die ganze Handlung vor unsern Augen vorbei-

gehen läßt. Dies kam aber zum großen Teile mit
daher, daß die Stoffe der alten Tragiker in der Regel
ihrem Publikum bekannt waren, und dieses eigentlich
gar keiner Exposition bedurfte. Hätten die antiken
Tragiker ebenfalls von vorn beginnen müssen, so wäre
der Unterschied ein kleiner oder gar keiner gewesen.
Denn auch die von den Tragikern hauptsächlich be-
nutzten Sagen beginnen mit einem subjektiven Gliede;
z. B. Cajus im Trunke die Warnung des Orakels ver-
gessend, handelt nicht in sittlichem Pathos, vielmehr ist
er im tierischen Rausche weiter davon entfernt, als
Lear in seiner kindischen Wunderlichkeit. Agamemnon,
der das Reh der Diana erlegt, kann darin auch kein
sittliches Pathos vorschützen. Daß es aber Hegel bloß
um den ersten Zug im Spiele zu thun ist, zeigt sich,
wo er sagt, der Held, der im Pathos begonnen, werde
im weitern Verlaufe auch schuldig durch Leidenschaft.
Nun werden viele romantische Stoffe solche Einzel-
handlungen in sich haben, die ein sittliches Pathos für
sich haben; wenn man nun die Handlung der ganzen
Tragödie damit begönne, so wäre es dann ja dasselbe;
z. B. wenn Romeo und Julia damit begönnen, wo
Capulet ihr den Paris geben will. Dazu hatte er nach
der Sitte der Zeit ein Recht; sie aber hätten in ihrer
schon eingegangnen Ehe auch eins. — Wenn Hegel
(3, 570) das Hineinlegen des Zwiespaltes in einund-
dasselbe Individuum mißlich nennt, „weil die Zer-
rissenheit in entgegengesetzte Interessen zum Teil ihren
Grund in einer Unklarheit und Dumpfheit des Geistes
habe, zum Teil in Schwäche und Unreifheit" — so
legt dennoch Shakespeare in der Regel die Faktoren
des Widerspruches in seine Helden. Davon ist aber
gar nicht die notwendige Folge, daß der Held ein
schwankender Charakter wird, im Gegenteile nehmen
seine Helden ihr vornehmstes Interesse daher. Übrigens
ist es nicht in der Natur, oder doch nur als Ausnahme,

daß in einem Menschen zwei völlig gleich starke Leidenschaften vorhanden sein können. Die stärkere hat dann die schwächere (auch das Gewissen kann Leidenschaft sein) als ein nicht überwundnes, aber stets unterbrücktes Moment in sich. Zu vergleichen einem Menschen, der den Wolf an sich preßt, damit dieser ihn nicht verletzen kann, ihn nicht losläßt, aber auch ihn nicht erdrücken kann. So werden die beiden Kämpfer in der Umschlingung zugleich matt, und der Tod naht als ein Befreier. Daß der Held auch das sich, seinem Wollen entgegengesetzte solchergestalt in sich hat, es nicht übergreifen läßt, es aber auch nicht überwinden kann, das ists, was ein Gefühl aus Mitleid und Bewundrung gemischt in uns erweckt.

Die Auffassung der Antike und ihr Einfluß auf unsre Kunstbetrachtung

— Eigen ist es, wie äußerliche Dinge auf die Kunstbetrachtung einwirken können. So, auf das Drama bezogen, das philologische Studium. Das antike Drama lernen wir auf der Schule unter Umständen kennen und lieben, die auf unsre Meinung vom modernen zurückwirkt. Zunächst wird unsre Bewundrung gewonnen durch die Sprache, den Klang der Verse an sich. Wir können das Stück uns nicht aufgeführt vorstellen und lernen es ansehen wie ein größres lyrisches Gedicht, in welchem mehrere Personen im deklamatorischen Vortrage abwechseln. Das Ganze wird uns eine einzige große, sogenannte schöne Stelle; d. h. wir bringen keine Anforderung von dem, was etwa uns als lebendige Vorstellung vom Dramatischen aus unserm Theater innewohnt, an das Stück. An diese Art der Betrachtung gewöhnt, wo unsre Aufmerksamkeit nur auf die Schönheiten der Sprache und des Versbaues an sich geht, müssen wir ein heutiges Drama gewissermaßen in der Vorstellung als ein altes, d. h. von allen den Zwecken losgelöstes ansehen, von denen bei den Alten nicht die Rede sein kann, um nur in ein Verhältnis zu ihm zu kommen. Wir müssen also von dem Besten, dem Lebendigen darin abstrahieren. Wer in der alten Welt mehr lebte, als in unsrer, der hat das Organ dafür gar nicht ausgebildet, ja er hat wohl gar keine Ahnung von jenem Lebendigen. Daher das, was sie die Kunstform des Dramas nennen, mit dem, was uns so heißt, nichts Gemeinsames hat. Wenn sie von der Kunstform eines Dramas sprechen, meinen sie das, was in dem Buche steht, diese Reihe von vollklingenden Versen, welche ihren Augen wohlgefällig bünkt wegen der räumlichen Symmetrie der Zeilen, ihrem Ohre durch den immer gleich beibehaltnen erhabnen Ton der schönen Verse u. s. w.; wenn wir von der Kunstform eines Dramas sprechen, so verstehen wir etwas ganz andres darunter, als was das Buch uns zeigt. Uns wird das Drama erst in der Aufführung lebendig, wir machen den dramatischen Menschen nicht zur Statue, um ihn schön zu finden; das, was in der Statue vom Menschen verloren geht, ist uns das Wichtigere. — Nun fehlen uns alle Mittelbegriffe. Wir wissen gar nicht, wie die Griechen die Menschen unsers Schlages in der Tragödie darstellten, ja wir haben durchaus keine deutliche Vorstellung von der Art ihrer Ausführungen. Nach dem, was wir wissen, sind wir geneigter, das antike Drama als ein Mittelding zwischen unserm Oratorium und unsrer Oper anzusehen, denn als ein Drama in unserm Sinne. Dennoch wird uns zugemutet, die alten Griechen ganz oder teilweise nachzuahmen! Also aufs Geratewohl, und ohne die Zwecke, die Mittel zu verstehen u. s. w. — Glaubt man denn nicht, daß wir selbst von der Skulptur der alten Griechen nur eine ganz unvollkommne Vorstellung haben? Wir haben noch Statuen, die sie geschaffen und genossen, aber wissen wir, ob wir auch das an ihnen sehen, was die Alten sahen? Es bleibt auch hier bei dem Äußerlichen. Den Griechen war das Gesicht in der Kunst nichts weiter, als ein andres Glied auch, und sie strebten, in der Gestalt ein harmonisches Ganzes herzustellen. Wir suchen im Gesichte etwas ganz andres, und suchen es fast nur im Gesichte. Natürlich; weil das uns der einzige Teil des Körpers ist, den wir genau kennen, in dem zu lesen wir gelernt haben. Aber ich bin überzeugt, daß die Griechen auch die andern Teile charakteristisch gehaltvoll zu machen wußten und da eine interessante Schrift lasen, wo wir nur die Glätte und Schönheit des Pergamentes sehen. Und sollen wir um der Glätte willen, die eben nur einen subjektiven Mangel unsers Sinnes für das Charakteristische der Alten anzeigt, unser Charakteristisches aufgeben?

Lesedrama und Schauspielerdrama

Die halbidealistische, halbrealistische Natur des Dramas resultiert aus dem Umstande, daß im Drama eine auf das Ideale und eine auf das Realistische basierte Kunst zusammenwirken müssen, Dichtkunst und Schauspielkunst. Die Künste des Raumes, die realistischen, die der Zeit, die idealistischen, das Drama zugleich Kunst im Raume und in der Zeit hat eine Doppelnatur und kann nur realistische Ideale brauchen. — Die vollkommne dramatische Kunst wird da sein, wo Poetisches und Schauspielerisches zu einem wird, wo beides in seinen Wirkungen zusammenfällt. Daher können das Lesedrama und das Schauspielerdrama nicht bestehen, wo in jedem eigentlich nur eine Seite vertreten ist. Nun kann auch stellenweise die Synthesis aufgehoben sein, nämlich wo Deklamation — schöne Stellen gehören hierher — oder äußre Bewegung, Pantomime vorübergehend das andre Element unterdrückt. Litterärdrama und Schauspielerdrama sind die schlimmsten Feinde des Dramas, denn einerseits entziehen sie dem wahren Drama durch fremde Reize und Überladung die Schlichtheit, andrerseits begünstigen sie den Verfall der Künste, deren Zusammenwirken das echte Drama schafft. Alle drei Faktoren des Dramas, Poesie, Schauspielkunst, Publikum, müssen in gleichem Rechte bestehen können, alle müssen dabei gewinnen, das ist die Probe des Dramas. —

Das dramatische Talent

Das dramatische Talent ist zugleich Dichtertalent und Schauspielertalent, und so lebendig beides, daß es nur für den Verstand unterscheidbar, eins im andern ist, daß beide in gegenseitiger, innigster, ausschließlicher, in jedem einzelnen Punkte vorhandner Durchdringung wie eine und dieselbe Kraft wirken. Durch Studium und Reflexion wird das epische wie das lyrische Talent, ja das rhetorische etwas hervorbingen können, das der Produktion des dramatischen Talentes ähnlich ist, gerade wie einzelne Partien in dieser Produktion dem epischen oder lyrischen Charakter sich annähern können, was aber doch vom innersten Kerne heraus ein andres ist. In Shakespeare tritt zum erstenmale das dramatische Talent normal auf; die Durchdringung, die bei den alten Tragikern noch eine unvollkommne war, ist hier zum erstenmale vollständig realisiert. —

Das sinnliche Moment der dramatischen Darstellung

— Motivieren muß man aus dem Charakter, der Gestalt, d. h. aus dem, was sinnlich gegenwärtig, nicht bloß aus dem, was im Gedächtnisse vorhanden, wie z. B. die Situation, das ist um so notwendiger, je weniger

die Situation sinnlich gegenwärtig zu machen ist, wie
z. B. die menschliche Isoliertheit des Othello durch
sein schwarzes Gesicht. — Je mehr die philosophische
Ästhetik sich in der poetischen Praxis geltend macht,
desto mehr schwindet das sinnliche Moment, die eigent=
liche Darstellung aus der Poesie, was für das Dra=
matische am empfindlichsten ist, weil es ohne Energie
der Sinnlichkeit gar nicht existieren kann. — Ich habe
mich gefreut, bei Solger mein ganzes Urteil über die
Braut von Messina wiederzufinden. —

Der ideale Nexus des Dramas

Die Fabel selbst muß einen kleinstmöglichen, d. h.
einen Kausalnexus von nur wenigen Gliedern haben,
dieser muß der ideale oder tragische Nexus sein, d. h.
die Glieder des Kausalnexus müssen Leiden und Handeln
zugleich sein, und zwar so, daß im ersten das Leiden,
indem es Handeln wird, die Schuld gebiert, und die
übrigen aus Leiden handelnd die Schuld vergrößernd
fortsetzen. Im erstern ist das Leiden die durch Anlaß
gesteigerte Leidenschaft, in den andern durch die Folgen
des ersten entstandnes oder gesteigertes Leiden. — Der
Dichter muß den Eindruck, den er mit dem Ganzen,
also auch den er mit jedem einzelnen Teile desselben
bezweckt, ganz genau vorausbestimmen, und mit uner=
bittlicher Konsequenz auch das Lockendste abweisen, das
eine Alteration des Ereignisses mit sich führen kann.
Dies, die höhere Motivierung, ist wichtiger, als die
kausale, die niedre. — Die Verstandeszweckmäßigkeit
des Vorganges muß in eine Vernunftzweckmäßigkeit
verwandelt werden. —

Die Handlung und die Charaktere im Drama

Die ganze Handlung mit Situation ist sozusagen
in charakteristisches Ausleben der Personen zu ver=

wandeln. Man betrachte Bilder, wie die Gesegnete, den Zinsgroschen von Tizian, die Cäcilie von Raphael, hier ist das ganze Bild zu Gestalten geworden, die Handlung zum bloßen Ausdrucke der Gestalten. Desgleichen die Hochzeit von Kana Paolos, dessen Kreuztragung. Die Handlung darf nichts sein als Anordnung, Bewegung und Ausdruck von Gestalten, die die Handlung erst wichtig machen, nicht ihr Interesse von der Handlung nehmen. Die Gestalten sind die wirkliche Existenz, die Handlung nur ein Accidens derselben, nur die Gelegenheitsmacherin für die Exposition der Gestalt, des Charakters, ihrer Formen und des Charakters der Bewegungen derselben. Der Dramatiker wie der Maler können nur Existenzen darstellen und ihre Verhältnisse zu einander andeuten. Es wäre Thorheit, wenn er die Andeutungen zur Hauptsache und die Darstellung zur Nebensache machen wollte. — Wenn anders Aristoteles Erklärung des Zweckes der Tragödie, durch Mitleid und Furcht diese und dergleichen Leidenschaften zu reinigen, die richtige ist, so sind auch die Charaktere, d. h. die Menschen, die Hauptsache darin, nicht die Handlung; denn Mitleid und Furcht knüpfen sich an die Menschen, nicht an die Handlung. Die Handlung an sich kann nur Spannung der Neugierde oder Philanthropie erregen. Die Handlung ist nur Mittel mit, den Menschen interessant zu machen. Charakter aber ist nicht bloß Besonderheit, sondern menschliche Existenz. Der Charakterlose würde die Wirkung der Handlung neutralisieren; ein bloß abstrakter Mensch ist gar keiner und kann unser Mitleid nicht erregen. — — Das dramatische Erfinden hat viel ähnliches mit dem Erfinden in den bildenden Künsten. So ist, wenn der Maler den bei Jakob statt des Esau segnenden Isaak malen will, der Gegenstand der Handlung gegeben, damit aber malerisch noch nichts erfunden. Denn die abstrakte Handlung hat keine oder, wenn man will, alle möglichen Gestalten zugleich, die aber der Maler nicht so brauchen kann. Er muß den charakteristischen Gehalt aus der zufälligen Handlung ausscheiden und ihn zu verkörpern trachten, d. h. er wird die abstrakte Handlung in typische Charaktere und in ihr charakteristisches Handeln verwandeln. Denn dem Sinne gezeigt, ist der Isaak wichtiger, als was er thut, und was er thut, wird uns nur in dem Grade wichtig, als dieses Thun seine Gestalt, d. h. sein dargestelltes Wesen zeichnen und kolorieren hilft. Erst durch die charakteristischen Beziehungen wird uns das Bild der Handlung begreiflich, die an sich nichts ist. Die bloße Handlung gemalt, gesetzt man könnte sie malen, wäre gar nichts. Schon in dem Worte: segnet ist mehr von Gestalt, d. i. Charakter, als von Handlung. Und ich möchte wohl wissen, wie Aristoteles den Gegenstand ohne Charakteristik hätte malerisch oder dramatisch versinnlichen wollen. Der Ausweg einer „charakteristischen Handlung" ist keiner; denn das Charakteristische der Handlung wird, genau besehen, immer Charakter des Handelnden sein. — Die realistische Schule hat der idealistischen gegenüber zu vermeiden: das Goldpapier, d. h. in Figuren das Theaterprinzen- und Romanprinzessinnenmäßige, das Übersichtige, im Dialoge das „sie sprechen wie die Bücher"; die Rhetorik, wo sie nicht hingehört, wo sie die Charakteristik und die Perspektive aufhebt; die Halbheit der Welt, die eine Seite wegläßt, die komische oder die ernste, die nüchterne und exaltierte; die Zusammengelesenheit der Motive, dafür einen idealen Bau, Entwicklung organischen Wachstums von innen, wie bei Goethe, zu geben, dem neben der dramatischen Kraft gegenüber Shakespeare nur die scheinbare Naivität des Vorganges fehlt. Ein Eindruck, der unverrückt durch das Ganze geht, jedes einzelne Mittel nur zu demselben Zweck. Die Bescheidenheit der Natur. —

Der poetische Organismus

Das Imposante der Gestalt wird durch Nachgiebigkeit gegen Einflüsse von außen an sich sehr beeinträchtigt, und es brauchte einen Shakespeare, den Othello in seiner imposanten Höhe zu erhalten. Ein Vorteil ist es daher, einen Vorgang zu erhalten, dessen Hauptpersonen sich aus sich selbst bewegen, mehr fremden Einwirkungen zum Trotze, als ihnen zum Gefallen. Solcher Art sind die Helden des Äschylos, Sophokles und Shakespeare; den reinsten Gegensatz davon stellen die Helden Goethes dar. — Die Existenz und das Handeln der Helden und der äußre Vorgang stellen sich bei Shakespeare in völliger Totalität dar, ohne daß eben im Dialoge jedes kleine Rädchen namhaft gemacht und aufgezeigt würde, welches bei der Wechselwirkung zwischen beiden in Umschwung kommt. Dies würde die Totalität und poetische Naivität vernichten und das organisch Lebendige zu einer Maschine machen, den Verstand von einer Seite ins Spiel ziehen, welche der Poesie fremd bleiben muß. Denn um es noch einmal zu sagen, der Verstand darf bloß negativ bei der poetischen Arbeit thätig sein, bloß vorlehrend, verhindernd, verhüllend, bloß als warnender oder billigender Ratgeber, nicht als Mitschöpfer. Er macht seinen Teil ein für allemal ab, wie der Baumeister, und entfernt sich dann. Übel ist es, wenn er mit seinem Maßstabe und Schurzfell uns durch das Bauwerk begleitet und uns überall vorrechnet, daß diese Säule stark genug, diese Decke zu tragen, und uns zeigt, welche eiserne Klammern da und da unter dem Mauerwerke stecken. Denn das Höchste, was er dadurch be-

wirken kann, ist, daß wir am Ende des Gebäudes
ihm eingestehen, es sei wirklich alles auf das zweck=
mäßigste eingerichtet, an der Festigkeit und Richtigkeit
des Gebäudes sei gar nicht zu zweifeln. — —

Der Gehalt des Dramas. Der künstlerische Ausdruck

Der Gehalt des Stückes beruht auf dem Gehalte
der Hauptcharaktere; wo dieser charakteristische Ge=
halt in Darstellung über die bloße Maschine hinaus=
wächst in einer affektvollen poetischen Selbstbefreiung,
in kontrastvollem, lebensvollem, sich scheinbar völlig
gehen lassendem Gespräche, also wo der Lebenspunkt
des ganzen Bildes souverän und gewaltig aus dem
Rahmen heraustritt, da ist der dramatische Genius!
Der poetische Text steht mit der Aufgabe des Schau=
spielers in einem Antagonismus, in einem Kontraste,
durch welche die Verbindung beider erst zu dem wird,
was sie sein soll. Der Text nämlich ist gedankenhaft,
gleichsam eine Vergeistigung des stofflichen Inhaltes;
in seiner plastisch=melodischen Gedankenhaftigkeit, in
den reflektierenden Bildern und Gleichnissen hat sich
die poetische Gestalt ihr selbst objektiviert und steht
über ihrer Situation und ihrem Zustande, solcher=
gestalt auch der Seele des Zuschauers ihre Freiheit
und Genußfähigkeit erhaltend; nun muß der Schau=
spieler durch seine Lebenswärme die Gestalt wieder in
ihre Situation vertiefen und so gleichsam einen Körper
und eine Seele schaffen zu dem Geiste, den der Dichter
im Texte ihm anvertraut. Aber dieser Geist muß so
beschaffen sein, daß er die individuellen Bedingungen
der Möglichkeit jener völligen Einfleischung durch den
Schauspieler schon in seiner sprachlichen Form besitzt;
in der jedesmaligen Mundgerechtigkeit der Sätze für
das Analogon der Wahrheit des betreffenden Affektes,
und aller Nüancen vom Geschäftstone bis zur seelen=

vollsten Melodie. Darum vergißt man bei Shakespeare,
wenn man ihn liest, zuweilen über dem Verweilen beim
Gehalte, dessen geistige Vertiefung zum Nachtauchen
auffordert, ja über einzelnen Charakterzügen, Witz-
kämpfen u. s. w. den Vorgang. Dies bei der Aufführung zu verhindern, ist Sache des Schauspielers,
der sein lebendiges warmes Blut in die geistigen Ge-
leise einbringen und darin pulsieren, und die objektive
Ruhe der Gedanken und des Gehaltes mit seiner subjektiven Lebensfülle durchbringen lassen muß. Der
Dichter hat dafür gesorgt, daß in seinen Gedanken
das mimische und naturrhetorische Moment der Aufgabe des Schauspielers entgegenkommt. Nur darf der
Dichter, um den Affekt an der theatralischen Gestalt
darzustellen, nicht selbst in den Affekt hineingeraten. —
Eine Hilfe zu der Ruhe, Kühle, Poesie, zur melodischen
Gedankenbildlichkeit ist: das Ganze mehr zuständlich,
d. h. als Darstellung von Zuständen, äußern und
innern, resp. Leiden zu fassen; das Thathandeln der
Personen ist dann nur ein Symptom des innern Zustandes, die Existenz der Personen, ihr individuelles
Sein ist die Hauptsache. — Prägnante Ausdrücke,
prägnante Situationen, prägnante Zustandsbilder.
Nie beschäftigt Shakespeare durch eine einzige Kraft
eine einzige Kraft; wo die meiste Empfindung, da ist
der meiste Geist, die üppigste Phantasie zugleich, und
zwar in innigster Durchdringung. Der prägnante
Ausdruck ist dann in allen Stufen da, die Metapher
wird zur Aktion. — Kleine Schilderungen und epische
Ausführungen, versteht sich, ganz im Geiste der naiven
Poesie, sind ein Schmuck für das Drama, sie helfen
zum Wechsel, stimmen die Phantasie und machen sie
zum Mitdichten aufgelegt, sie tragen nicht wenig zur
schließlichen Erzeugung der ästhetischen Idee bei.
Muster: Schilderung des Abgrundes an der Terrasse
(Hamlet), der Tiefe des Strandes vom Felsen (Lear),

vor allem von Ophelias Tode, von Cordelias Rührung,
wie sie den Brief Kents empfing u. s. w. Hierher gehören auch Allegorien, wie in „Was ihr wollt," wo
Viola sich mit dem Bilde der Geduld vergleicht, das
sie mit wenigen charakteristischen Zügen voll Melodie
darstellt. — Alles ist und wird bei Shakespeare Anschauung; Ahnungen und Gewissensvorwürfe verdichten
sich zu anschaubaren Geistergestalten, das Mordvor-
haben zur Vision des Dolches. Der Mord selbst
„schreitet" — die Schilderung der Mitternacht ver-
weilt mehr bei dem Sichtbaren, als bei Hörbarem,
und nicht bei bloß abstrakter Angabe der Stimmung;
die Stimmung wird indirekt genannt, indem sie durch
Anschauungen geweckt wird. Stets ein plastisch Kon-
kretes statt des abstrakten Nennens. —

Merkmale der poetischen Darstellung

Die Prosa kann dem schnellsten mimischen Wechsel,
wie die Mimik dem rapidesten Wechsel von Gefühlen
und Vorstellungen folgen, die Poesie nicht. Sie fordert
ein längres Verweilen, ein gewisses Behagen, ihre
Musik muß ausklingen. Der beste Versifikator versuche es mit Emilia Galotti. Nathan kann als War-
nungsbeispiel gelten. Das Zackige, Haltungslose, Hastige
macht einem physisch weh. Es ist, als wollte man genau in demselben Mouvement singen wie sprechen. —
Im relativ ruhigen Zustande allein kann sich die individuelle Existenz, die Persönlichkeit in ihrem habituellen Gehaben zeigen. Gut ist es daher, wenn man
das Handeln nicht aus einem hohen Grade von Affekt
herleiten muß. In der Emilia Galotti geht das meiste
aus sozusagen perennierenden Affekten hervor; daher
kommt, mit Shakespeare verglichen, die relative Armut
und Abstraktheit der Charaktere in diesem Stücke.
Ein beständiges Laden der Figuren mit Affekten und

Losbrücken oder Platzen derselben — das läßt keine Ruhe, kein poetisches Behagen aufkommen. Der Autor wie seine Figuren sind dadurch beständig absorbiert und nie gemütlich bei sich, sozusagen nie zu Hause, sondern immer auf der Jagd, immer in Geschäfts=
bewegung, die sie nicht zu sich kommen läßt. Wenn Lessing die Helden der tragédie classique hagre Ge=
rippe von Leidenschaften und Lastern nennt, so paßt der Ausdruck personifizierter Affekte nicht minder auf die Personen seiner Emilia. Diese selbst tritt gleich in vollem Affekte auf. Das ist gewiß eben so wenig ein wahres Bild des Lebens, als poetisch. Überhaupt ist diese abstrakte Armut der Personen eine notwendige Folge der sogenannten Einheiten, der Straffheit oder, wie Ed. Devrient es nennt, der Knappheit der Hand=
lung. Auch das Kombinationsdrama wird stets an dieser Misere leiden. Zum Reichtum der Gestalten hilft nicht allein der Reichtum und die Mannigfaltig=
keit ihrer Verhältnisse zu andern Gestalten, auch die charakteristische Mannigfaltigkeit der Lokalitäten, in denen wir sie auftreten sehen, wird uns zu einem Mo=
mente ihrer selbst. Zur Julia gehört die Sommer=
nacht, wie der Ball und Lorenzos Zelle, und die Fa=
miliengruft; zu unserm Gedächtnisbilde des alten Lear ist Heide und Sturm, der Blitz, Donner, Regen, Hürde, ja die Fackel Glosters, zu Glosters die vermeinte Klippe bei Dover wesentlich. In unserm Bilde Hamlets sind die dunkeln Vorstellungen der Frostmitternacht, Ter=
rasse, Klippe, heilige Zeit, Hahnschrei, Komödie, Gottes=
acker von größrer Gewalt, als wir meinen; und die Ophelia wäre nicht diese Ophelia ohne den Weiden=
baum, dem der Bach spiegelnd sein graues Laub zeigt, ohne den phantastischen Blumenschmuck, ohne ihr Schweben über der tödlichen Tiefe, das Singen alter Weisen, „als ob sie nicht die eigne Not begriffe" u. s. w. Wenn die Franzosen ihre Stoffe von dergleichen Spe=

zialitäten erst reinigen mußten, so hielten sie für nötig, die Eindrücke aus ihrem Mutterboden zu reißen und in die Luft zu hängen; für nötig, den Gedanken von seiner Poesie zu trennen; denn jene dunkeln Vorstellungen sind eben der unendliche Gehalt der wahren, d. h. der naiven Poesie zum Unterschiede von der sentimentalen, die ihrer innern Natur nach mehr Rhetorik ist als Poesie. Durch diese dunkeln Vorstellungen, welche auch der Charakter der Diktion erwecken hilft, erhält ein Stück seine eigentümliche und wesentliche Atmosphäre. Wie malt z. B. die Diktion des Kaufmannes, Romeos u. s. w. das italienische, die des Hamlet, Macbeth, Lear das nordische Klima. Dort dehnen sich all unsre Gefühle, unsre Seele selbst aus unter dem Einflusse der belebenden Wärme des heitern Himmels, hier ziehen sie sich unter der Wirkung des naßkalten Nebels zusammen. — — Der Affekt ist es eigentlich, was die Gestalt vereinzelt, d. h. in Momente zerlegt. Man muß die Personen mehr aus ihrer Totalität, aus der Notwendigkeit ihres Wesens, nicht aus einer Erregung, die so ihnen aufgezwungen ist, daß sie eben nur in diesem einen zufälligen Falle so zu handeln fähig erscheinen, man muß sie mehr aus der Notwendigkeit ihres Charakters handeln lassen, als aus eigentlichem Affekte. Der Affekt ist nur dann brauchbar, wenn er als Diener des Charakters, als erhitzter, natürlicher Zustand des Charakters, der Leidenschaft, oder wenn er im Dienste des Gewissens gegen sie auftritt, so z. B. wenn Macbeth sich verrät. Das tragische Leiden ist ein Zustand, in welchem Leidenschaft und Gewissen zugleich, aber nicht in einzelnen Akten thätig sind, entweder die Leidenschaft oder das Gewissen als nicht überwundner, aber gebundner Gegner. —

Der künstlerische dramatische Ausdruck

Eine große Verführung vom Charakteristischen hinweg ist der Glanz und Gehalt der Sprache, das Streben danach führt ins Weite und Breite, zerstört alle naive Darstellung, denn Rhetorik und Lyrik kann nur ins Allgemeine und Breite malen, unmöglich eine Charakterentwicklung begleiten, wo immer der Zustand, die Sache die Form ändert und aus sich herausgebiert. Die Sprache muß durchaus Nebensache sein, nichts sein wollen, als bloßes Darstellungsmittel, sie darf durchaus nicht so selbständig werden, daß sie dem Gegenstande als Ding für sich entgegensteht. Es ist unendlich schwer, die Sprache als bloßes bescheidnes Darstellungsmittel anzuwenden, als ein Gewand, welches der Gestalt überall enge und so passend anliegt, daß man deren Formen hindurch erkennen kann, und doch nicht dünn, hastig, unplastisch, gehaltlos zu werden. Der Gedanke muß plastisch, d. h. ein Bild sein. Jene rhetorische, lyrisch-glänzende Sprache ist wie ein ins Traben gekommnes Roß, schwer aufzuhalten im Augenblicke, wo es nötig; man muß breite Übergänge machen, die zu viel Zeit und Raum einnehmen; den feinern Zügen ist sie gar nicht anpassend zu machen, und gelänge es, so würden sie ihre Bescheidenheit und das Ganze der Momente die notwendige Perspektive verlieren. Mit solcher Sprache tritt alles gleichmäßig in den Vordergrund, es ist kein Gespräch mehr, das gelehrig den Biegungen des Weges durch die Momente folgt, sondern eine große Kunstrede aus kleinern zusammengesetzt oder in sie gegliedert. Die Rhetorik und Lyrik kann nur eine Situation und diese nur im ganzen und großen ausführen oder darstellen, aber nicht einen bestimmten individuellen Charakter darin verliefen. Sie ist ein Faltenmantel, der kaum die Hauptumrisse einer Gestalt durchscheinen lassen kann. Die Drapierung ist der Gestalt nicht untergeordnet; nur wo sie einfach und glatt anliegt, zeigt sie die Gestalt darunter, wo sie Falten wirft, hat sie für sich eine Gestalt, die oft kaum erraten läßt, welchen Zug die Linien des Körpers darunter nehmen. Die Natur der Sprache muß der Aufgabe des ganzen Dramas bis ins einzelne gerecht werden. Es ist schlechterdings unmöglich, in Schillerischer Sprache eine Shakespearische Komposition auszuführen. Der Schwung, sobald er ein lyrischer wird, ist wie ein fliegender Mantel, er kann malerisch für sich sein, aber er zeigt eine Gestalt und Gebärde für sich, nicht die Umrisse und Gebärden der Person. Die Sprache wird dann zu echauffiert, sie holt zu weit aus, rennt über das Ziel hinaus, ist nie zur Zeit, wo es nötig, beim Gegenstande, der Gegenstand muß sich nach ihr richten und seine Intentionen aufgeben; sie ahmt nicht bloß den Affekt nach, sondern ist selbst im Affekt, sie macht alle Übersicht unmöglich, wie ein Baum oder Busch, der an sich sehr schön sein kann, der aber eben das verbirgt, was ich zu sehen wünsche, den Zug der Gebirge, die Perspektive und die ganze Mannigfaltigkeit einer Aussicht. Die Sprache muß stets den objektiven Gegenstand, nicht die Gefühle und Gedanken des Dichters darüber darstellen. — Besonders in Affektsteigerungen ist der Dichter in Gefahr, selbst in einen Grad von Affekt zu geraten. Dergleichen Steigerungen sind überhaupt eine schwierige Sache, nicht an sich; aber darin poetisch zu bleiben, nicht in Rhetorik zu verfallen, oder zu dünn, zu hastig zu werden, das ist schwer. Gegen die Steigerung der Situation und Charaktere im ganzen und großen läßt sich nichts sagen, sie ist notwendig, sie ist das Dramatische selbst; hier ist nur von den einzelnen lokalen Steigerungen die Rede, welche irgend ein Thun wahrscheinlicher machen sollen. Sie müssen mit Plastik und Poesie

ausgestattet sein, nicht in nackter Naturform, sondern
im gedanken-plastischen, gedanken-melodischen und mimischen Analogon derselben. Sonst wird das Spiel
völlig zum Ernste, die Poesie zur Prosa. Wo solche
Steigerungen unentbehrlich sind, seien sie kurz, möglichst in demselben Mouvement, es steigre sich darin
das plastische und gedankliche Element, der Nachdruck
der Bilder und Gedanken, nicht der Rhythmus durch
Zuspitzung der Atemlosigkeit des Gesprächs, durch
Dünnheit und Gebrochenheit der Reden; man gebe
lieber die objektiven Gründe der Steigerung des wachsenden Affekts, als eine dünne, naturnackte Darstellung
dieses Wachstums, man verwandle lieber den Affekt
in Leidenschaft, d. h. man lasse alles Handeln nicht
aus einer Affektsteigerung, sondern aus dem Selbst des
Charakters hervorgehn. Ein schönes Muster: die Spor-
nung des Brutus durch Cassius, des Volkes durch Antonius, des Posthumus durch Giacchino, selbst die einzelnen Glieder der Hetzung Othellos durch Jago; die
Steigerung des Leidens im Lear bis zum Wahnsinne,
im Macbeth bis zur That u. s. w. Welche Ruhe in
dieser Gewalt! Wie wenig bedarf es, Coriolan bis
dahin zu steigern, wo die Tribunen ihn haben wollen!
Nicht allein sind diese Steigerungen alle zum Ausmalen
der Charaktere benutzt, sondern sie sind selbst durch
und durch charakteristisch dargestellt. Wie charakteristisch
zeigt sich die Reizbarkeit der Empfindung und die
Schwäche der Leidenschaft bei Hamlet in den raschen
Steigerungen bis zum höchsten Grade und dem noch
schnellern Sinken der Erregung! Hier kommen wir
auf die Regel zurück, die ich schon einmal gab, daß
der mittlere Durchschnitt eines Charakters schon der
Positiv sein müsse, dessen Steigerung in den Kom-
parativ und Superlativ das Stück ausmache; die Disposition muß schon sichtbar in seiner Haltung, in seinem
Wesen liegen, ehe noch ein Körnchen Sauerteig aus der

Situation in dasselbe hineinkommt; der Funke muß sichtbar sein, den die Situation unter der Hilfe der eignen Natur des Feuers zur Flamme anbläst. Besser also, wir entbehren hier der Naturtreue um der Poesie, der Haltung, des Genusses, des Gehaltes an Charakter, Plastik und Melodie des Gedankens willen. Die Unruhe, welche die Naturtreue hier wirkt, läßt nicht mit der Steigerung selbst nach, sie hindert den Genuß, die Aufmerksamkeit, die zum Verständnis nötig ist, noch lange nachher. Der Zuschauer muß sich selbst erholen, ehe er zur Weiteraufnahme fähig wird. Deshalb thut Shakespeare, wo solche Steigerung mit dem Gipfelpunkte einer That nicht zu umgehen war, alles, was möglich ist, durch das diesem Folgende diese Erholung zu befördern und abzuwarten, indem er dem Zuschauer durch eine Person des Dramas den Affekt, die Empörung u. s. w. von der Lunge losloben läßt oder sonst auf zweckmäßige Weise retardiert. — Es muß mehr auf die Natürlichkeit und Wahrscheinlichkeit der Steigerung des ganzen Vorganges in Situation und Charakteren gewendet werden, als auf die einzelnen, die nicht selbst jene ausmachen, wie sich Spannung und Interesse an das Große und Ganze knüpfen sollen, nicht an das Kleine und Einzelne. —

Der tragische Widerspruch

Man könnte sagen, das Material eines Stückes sei die Vergleichung des Handelns in einer gegebnen Situation mit einer gegebnen Natur, mit dem Handeln, welches die Situation von ihr fordert. Also im Tragischen, eine Natur in eine Situation gestellt, der sie nicht gewachsen ist, da diese gegebne Natur eben das nicht kann, was die Situation von ihr fordert, also ein tragischer Charakter ist. Dieser tragische Charakter wird nun in seiner typischen Allgemeinheit genommen, wo er nicht einen Menschen, sondern eine menschliche Charakterform bedeutet, wie wiederum eben diese gegebne Situation typisch für eine ganze Kategorie ähnlicher Situationen besteht. Der Gehalt der Tragödie ist nun die Unangemessenheit dieser typischen Charakterform in Rücksicht der Forderungen dieser typischen Situation. Das Schöne, Große und relativ Gute, das Zweckmäßige dieser Charakterform wird lobend herausgehoben und ist das, was das angenehme Ingrediens der tragischen Stimmung, oder wenn man will, des gemischten Affekts ist, dessen Erwartung und allmähliche Steigerung der nächste Zweck des Tragikers veranlaßt; das Zweckwidrige der betreffenden Charakterform trifft der Tadel in Warnung, Vorwurf, Drohung und Betrachtung und giebt so das unangenehme Ingrediens. Diese Kritik nicht als ruhige Betrachtung in Wechselreden, sondern in eine spannende Handlung verwandelt, mit charakteristischem, mehr oder weniger affektvollem Gespräche: was wir sehen mit unsern Sinnen, müssen wir zugleich auch hören; die Schuld ist das, oder geht aus dem hervor, was als das Unzweckmäßige in dieser Charakterform dieser typischen Situation gegenüber markiert wird; das Leiden ist das Produkt jener Unangemessenheit, des unauflöslichen Widerspruchs von der Richtung der Natur und den Forderungen der Situation, der Ausgang endlich ist der Abschluß der Steigerung dieses Widerspruchs durch den Tod, das Ende des kausalen und idealen Nexus, welcher diese in unmittelbar gegenwärtiges Handeln und Leiden umgesetzte psychologisch-moralische Betrachtung vollends zu einem Exempel zur Selbsterkenntnis und Warnung für den Zuschauer und Leser macht. — Das angenehme Ingrediens muß das unangenehme überwiegen, ohne es zu verdunkeln; am leichtesten wird dies dadurch erreicht, daß die tragische Anlage eben nur ein Zuviel desjenigen ist, oder eben das an der unrechten Stelle und zu unrechter Zeit, was uns an dem Helden gefällt, sobaß es unsrer Phantasie und Sinnlichkeit gefällt, indem es unsern Verstand zur Mißbilligung bewegt. Die schauspielerische Figur muß an dieser Spannung hängen: Wird er seine tragische Charakteranlage ganz oder teilweise besiegen oder nicht? So ist im Coriolan die Spannung an diese tragische Charakteranlage gebunden; wir wünschen, er möge sie besiegen, weil wir sein Glück wünschen, wir wünschen aber auch, er möge derselbe bleiben, der er ist, der Mann, den die Natur so aus dem Ganzen schuf, weil uns dieser Mann, aus dem Ganzen geschaffen, gefällt. — So verfährt der realistische Dichter; er reinigt die typische, allgemeine Bedeutung, den Gehalt eines Vorganges aus der gemeinen Wirklichkeit von allem Zufälligen und diesem Gehalte fremden und reproduziert den Vorgang dann so, daß er wesentlich nichts andres ist als Einkleidung nur dieses Gehaltes, aber auch der ganzen Summe dieses Gehalts; daß nichts im Drama ist als dieser Gehalt, aber von diesem Gehalte auch nichts darinnen fehlt. Der idealistische Dichter dagegen nimmt eine Anekdote aus der Wirklichkeit oder erfindet eine, der er alles das abstreift, was er das Gemeine nennt, und legt nun willkürlich irgend einen Gehalt hinein oder überhaupt Gehalt. Er entwickelt nicht organisch, er trägt zusammen. Wenn des realistischen Dichters Werk aus einem Samenkorn den Baum, und zwar nur den Baum allmählich entwickelt, der in dem Samenkorne unentwickelt lag, so wächst des idealistischen Dichters Werk von außen nach innen. Nicht das Notwendige mit der Bescheidenheit der Natur, sondern das, was gefällt, das Schöne mit der Anspruchsfülle der Kunst. Dort wendet die Kunst alle Mittel auf, um als anspruchslose Natur zu erscheinen; hier die Natur alle Mittel, um als glänzende Kunst Bewundrung und Liebe zu ernten. -- — Wenn Tiber als Charakterfigur wie

Coriolan behandelt werden sollte, so müßte es die entgegengesetzte sein, nämlich die immer vorschlagende Weichheit seiner Natur, wo seine Aufgabe Härte wäre, eine Weichheit, auf welche die Intriganten mit Sicherheit bauen, Weichheit und Ungewalt über sich selbst.

Unmittelbarkeit der Darstellung

Wo es nur sein kann, verwandle man die Handlung in Exposition durch die betreffende Person selbst gegeben, d. h. so, daß die Entschlüsse schon gefaßt sind. Wer fühlt nicht an Othellos Wesen, daß sein Entschluß vorhanden, sollte er ihn auch gegen sich selbst noch nicht ausgesprochen haben, lange ehe er ihn auf der Bühne ausspricht? und wie gewinnt das Ganze dadurch an Notwendigkeit, daß der Entschluß so lange als Situation feststeht und sich uns eintiefen, uns an sich gewöhnen konnte, ehe er vollzogen wird, daß, während er schon feststeht, soviel kommt, was ihn, wäre er noch nicht, hervorbringen könnte! — So Coriolan, der in Wahrheit schon vom bloßen Anblicke der Mutter als einer Bittenden besiegt ist, ehe noch die vielen Reden kommen, die alle die Gründe des Sieges bringen und ihn noch begreiflicher machen. Auch in der Tragödie des Äschylos und Sophokles liegt die Wirkung von Notwendigkeit großenteils darin, daß wir keinen Entschluß auf der Bühne fassen, alles Dahingehörige nur in Handlung exponieren sehen. Alles Starke wird daher gern hinter die Coulissen oder vor das Stück gelegt, weil wir es so gläubiger hinnehmen. Tritt die Figur mit dem unsichtbaren, aber fühlbaren Gewichte ihrer Intention auf die Bühne, so gewinnt sie selbst an Imponierendem und am Scheine von Totalität. Recht fühlbar wird dies an der Umkehrung im Hamlet, wo der Entschluß auf der Bühne gefaßt wird, der nicht vollzogen werden soll. Auch wenn er auf der Bühne,

wie im Macbeth, ausgesprochen wird, ist vermieden,
daß der Held sagt: ich will das thun. Dieser Prozeß
vollzieht sich tief-innerlich, wir erkennen sein Obschweben
nur durch seine Symptome; erst vor dem Morde tritt,
was er thun will, deutlich heraus; all das ist mehr
Exposition, daß ein Entschluß sei gefaßt worden. —
Auch bringt dies Mittel für den Dialog Vorteile; es
lassen sich dann den Personen Scherze und sonst illusorische Füllreden in den Mund legen und dadurch
eine Ganzheit des Lebens und der Gestalt ermöglichen,
die ohne dies Mittel man sich versagen müßte, weil
die dargestellte Steigerung bis zur Entschließung durch
dergleichen entkräftet werden würde. Indem die Leidenschaft, der Affekt naturgemäß gezeichnet wird, sieht
man wie im Spiegel den Prozeß des Entschlusses u. s. w.
sich wiederholen, der in die Szene fällt; nun kann
immerhin das Bild konzentrierter und kürzer gefaßt
sein, die Handlung wird doch notwendiger erscheinen.
Alles wird dadurch weniger gemein wirklich und dramatisch gedrängter und belebter. Die Person tritt
wieder auf, ihr Zustand ist einen Schritt weiter im
Prozesse, sie thut ihn scheinbar noch einmal, um damit
dem Zuschauer ein verkleinertes Bild des Entstehens zu
zeigen. In lyrischer Unordnung folgt das verursachende
Gefühl dem Entschlusse. Das ist eben wesentlich nichts
andres, als das Kunstmittel, über die wirkliche Zeit
zu täuschen, wenn irgend einem Vorgange ein andrer
in der Zeit unmittelbar zu folgen scheint, und erst
während des Verlaufs dieses andern Vorganges sich
herausstellt, daß ein Spatium dazwischen lag. —

Realistische Motivierung

Den Unterschied zwischen dem realistischen und idealistischen Dramatiker kann man auch so klar machen:
Dem realistischen ist die Motivierung die Hauptsache,

der Idealist fragt danach nicht, das heißt der Realist motiviert das Schicksal seines Helden durch dessen Schuld, die Schuld durch dessen Charakter und Situation, den Charakter durch Stand, Naturell, Gewohnheit, Zeit, Beruf, historischen Boden u. s. w. Das heißt seine Rollen sind dargestellte typische Menschen, realistische bedingte Ideale; des idealistischen Rollen sind unbedingte Ideale, von den Bedingungen der Wirklichkeit losgelöste Gedankenwesen. Was sie Charakteristisches haben, ist nicht Bedingung ihres Wesens, sondern mehr äußerlich ihnen angeblendet. Indem er ihnen Naturzüge giebt, die nicht aus ihrem innersten Wesen hervorgehen, erscheinen sie zugleich empirischer, zufälliger, näher der gemeinen Wirklichkeit. Sie sind Mischungen von Ideen und von gemein-empirischer Wirklichkeit. Was sie sprechen, ist ihm wichtiger, als was sie sind, d. h. er legt in ihre Reden den möglichsten Gehalt, nicht aber in ihre Darstellung. Der Realist giebt seine Menschen dem Urteile hin: sehet selbst, wie und was sie sind, beurteilt sie nach den Gesetzen, nach denen ihr im Leben die wirklichen Menschen beurteilt. — Romeo und Julia kann man von beiden Gesichtspunkten aus schön finden, sie machen den Eindruck poetischer Ideale und auch den von wirklichen Menschen. Schiller sagt: Um Freiheit sterben, Selbstmord um Liebe ist groß und edel; das ist das Los des Schönen u. s. w. Shakespeare sagt: Das ist das Los der Schuld auf Erden; Selbstmord ist eine Schuld, aber die Person kann eine bemitleidenswerte sein, die dieser Schuld verfällt. Das war Shakespeares Humanität, die Schuld zu verurteilen, den Menschen zu bedauern; seine Frömmigkeit war der Glaube an eine gerechte Weltordnung. Gott groß und gerecht, der Mensch schwach und darum mitleidswert in seiner Schuld; nicht der Mensch in seiner Leidenschaft groß und herrlich, und die Weltordnung eine

tückische Naturmacht, die das Edle haßt und das
Schöne untergehen läßt, weil es schön ist — Bei
Shakespeare sehen wir auch die Thorheiten und Ver-
kehrtheiten der Leidenschaft, aber seine Gestalten haben
noch etwas mehr. Schiller breitet um diese Thorheiten
den Schein des Großen und Edeln, sie werden mit
Feierlichkeit eingeführt, so Maxens Selbstmord u. s. w.
Shakespeare vermäntelt weder Thorheit noch Schuld,
er besticht unser ethisches Urteil nicht; er weiß, daß
er trotzdem seinem Helden Teilnahme schaffen kann,
daß er uns tragisch ergötzen kann ohne Gefahr für
unsre moralische Gesundheit. Daß Hamlet ein Mensch
von den schönsten Anlagen ist, das zeigt er uns; sein
philosophisches Grübeln, seinen überlegnen Witz. Im
Tasso sieht man an vielen Stellen den größten Schüler
Shakespeares, die Motivierung, die Übereinstimmung
jedes kleinsten Zuges mit den andern und dem Ganzen
ist unvergleichlich. Sein Held ist ein Künstler, wie
Macbeth ein Soldat, beide leiden sozusagen an einer
Standeskrankheit, wie man Weberkrankheiten u. s. w.
hat. Dies ganz anders als im Wallenstein. Ebenso
Hamlet, ein Prinz, ein Philosoph. Wenn er darstellen
wollte, wie Übermaß der Reflexion die Thatkraft
schwächt, wie das philosophische Grübeln entmannt, so
mußte er dieses Übermaß der Reflexion und diese philosophische Grübelei darstellen. Unsre Zeit sieht dies
nicht als dargestelltes Motiv, warum Hamlet untergehen muß, an, sondern als eine Philosophie oder
Religion, die Shakespeare uns lehren wolle. — Der
Unterschied der Zeit, der, wo man vor der Gefahr,
die in der Leidenschaft liegt, warnen zu müssen, und
der, wo man die Leidenschaft verherrlichend dazu er-
muntern zu müssen glaubt (Romeo und Julia —
Max und Thekla). — Nur was wirklich gegenwärtig,
sinnlich erscheinend auf der Bühne zu machen ist, gehört dem Dramatiker. Selbst das sittliche Urteil, die

sittliche Idee, die sittlichen Mächte müssen vollständig sinnlich dargestellt werden. Rechte sind nicht schauspielerisch darzustellen, erst wenn sie in Leidenschaften verwandelt werden, sind sie dramatisch brauchbar. Das Mittel zur Darstellung des innern Gehaltes ist die Sinnlichkeit; wenn die sinnlichen Mittel — und das Drama hat keine andern — im Zwecke nicht aufgehen, so können sie ihn nur verdunkeln. — Die tragische Notwendigkeit kann nur im Helden liegen; d. h. der Held darf nicht bloß in einer sogenannten tragischen Situation stehen; die Situation kann nur dadurch eine tragische sein, daß eben der Held, der in ihr steht, ein tragischer Charakter ist. Daß dieser Macbeth, wie er vor uns steht in sinnlicher Erscheinung, in unmittelbarer Gegenwärtigkeit, in sich selber untergehen muß, ist notwendig. Ein Mensch von solcher Stärke des Gewissens bei solcher Stärke der verbrecherischen Leidenschaft. Die geschickteste Kausalität im Äußern macht ein Stück nicht tragisch, wenn der Held nicht eine tragische Natur ist. — Die Situation ist nur darzustellen, insofern sie als Leidenschaft in den Menschen ist, an deren Gegenwirkung der Held äußerlich zu Grunde geht, und in ihm selbst als Gewissen, als Bewußtsein einer Gewalt, der er im offnen Kampfe sich nicht gewachsen fühlt. — Immer müssen uns die Menschen mehr interessieren, als die abstrakte Wirkung des Vorganges. Dieser ist bloß das Uhrwerk, welches diese, und gerade diese Menschen in Bewegung setzt, welcher sie lebendig und selbstig zu machen scheint (souverän). Unter den „diese, und gerade diese" verstehe ich nicht Sonderlinge und ganz besondre Orginale, nein! ich verstehe bloß die Illusion der Identität, das darunter, was den verkleideten Schauspieler zum illusorischen Bilde eines Wesens, was sein Auswendiggelerntes zum natürlichen Erguß dieses einen, eignen Wesens macht. Wir müssen

Bühne, ja selbst die individuelle Szene und Zeit, Dekorationen und Kostüme vergessen über dem Verkehr von typischen Menschen, über dem gegenwärtigen Menschenverkehre. Wir müssen das Stück selbst darüber vergessen. Drama ist sinnliche Gegenwart. — Zu vergleichen einer interessanten Gesellschaft, die uns Stunden zu Minuten macht, uns in steter, gleich frischer Aufmerksamkeit und Befriedigung unsrer sinnlichen Kräfte erhält und im wohlthätigen, unmittelbaren Empfinden auch unsers Lebens und Lebensvermögens, abgesehen von dem Inhalte und Gehalte der Unterhaltung. Damit ist jedoch nicht gesagt, daß dieser Inhalt und Gehalt auch wirklich, wie oft in amüsanter Gesellschaft, fehlen kann; im Gegenteile. Wenn, was wir mit großer, unmittelbarer Befriedigung unsrer sinnlichen Kräfte angeschaut, in gesammelter und kühler Stimmung noch einmal vorübergeht, so muß es nun unserm Verstande durch Zweckmäßigkeit, unserm Gefühle durch Einstimmung mit Vernunft und Sittlichkeit eben so gefallen, wie durch seine unmittelbare Gegenwart in der Aufführung unsrer Sinnlichkeit. — — Der Naturalist nennt wahr, was historisch, d. h. was als geschehen beglaubigt ist; der Idealist, was nie geschieht und, wie er meint, immer geschehen sollte; der Realist, was immer geschieht. Der Naturalist hält sich an das historische, der Idealist an das allgemeine Ideal, der Realist an den Typus. Der Naturalist sieht in der Historie lauter einzelne Fälle, Anekdoten — und vereinzelt sie noch, er individualisiert die schon individuelle Anekdote; der Idealist nähert die Menschen und Handlungen einer Anekdote, dem allgemeinen Ideale der Vollkommenheit; der Realist faßt in der Historie die typische Geschichte solcher Menschenart, wie sie es treibt, wie es ihr ergeht und ergehen muß. —

Das Indirekte

Das Indirekte ist besonders im analytischen Gange des Gespräches anzuwenden. Im Affekte, im Halbmonologe, wo der Mensch mehr mit sich selbst oder mit seinem Affekte redet, wird er einem Mitsprecher nur indirekt antworten können, da er die Gemütsfreiheit nicht hat, sich in des andern Gedanken und Meinung zu versetzen. Ebenso in Verstandesvertiefung, die von den Reden eines andern, zu sehr mit sich selbst beschäftigt, nichts oder nur einzelnes vernimmt u. s. w. Es ist denkbar, daß in einem Gespräche zwei Reihen von Betrachtungen über einen Gegenstand oder von Ausklängen einer Stimmung mit schlaffer oder gar keiner Verbindung nebeneinander herlaufen. Solche Gespräche sind in der Wirklichkeit ebenso häufig, als die Katechismusgespräche, die zwischen direkten Fragen und Antworten ohne irgend eine Freiheit sich bewegen; ja weit häufiger, denn die letzte Art gehört eigentlich nur der Buchsprache oder der Sprache an, die wie ein Buch redet. Alle Charakterdarstellung ist umso besser, je weniger direkt, d. h. absichtlich sie ist. — Genau genommen ist jenes Polyphonische, das poetische Freiwerden des Gehaltes, das scheinbare Hinauswachsen über das Gemachte, Absichtliche des lebendigen Geistes des Dramas über seine Maschine, über seinen Körpermechanismus, wie das Banner der lodernden Flamme über die Stelle ihrer Zerstörung hinaus in die Lüfte steigend, gar nicht möglich ohne dies Indirekte des Gespräches. Ein jeder verfolgt seine Gedankenreihe und ist so das lebendigste und sprechendste Bild seiner selbst; dazwischen giebt es Berührungspunkte zweier oder mehrerer Reihen, wonach sie wieder neu befruchtet auseinandergehen. Dazu gehört denn auch das Moment des Abspringens von seinem Gegenstande und des wiederum sich Darüberwerfens. So entsteht eine

Art Symphonie von kontrastierenden und doch einstimmenden Gedankenrhythmen. Einer oder einige sind wechselnd Zuschauer und Schauspieler, jeder ist sein eigner Hörer, sein eignes Publikum. Es treten Pausen ein in den einzelnen Stimmen, während eine oder mehrere andre ihre Themata weiter führen. So entsteht eine harmonische Verwirrung, ein klares Durcheinander, ein einheitlichstes Mannigfaltigstes. Solche sollte man eigentlich im Drama vorzugsweise schöne Stellen nennen, denn sie sind die vollkommenst dramatischen und können zugleich die poetischsten sein, die tiefste und künstlerischste Wirkung üben. Hier pulsiert das eigentliche Herz des dramatischen Lebens. Und hier ist denn jene kühle, gedankenplastisch-melodische, nachdrücklichste Ruhe der Darstellung nicht allein am Platze, sondern wesentlich gefordert, welche den Eindruck gewaltigster Kraft, die mehr durch die Möglichkeit dessen, was in ihr vorhanden ist, als durch wirkliche Entfaltung ihre Energie ausübt und imponiert, ohne zu erschrecken, uns bei allen Nerven packt, ohne uns unsre Freiheit der Betrachtung zu rauben, aufs tiefste erschütternd, ohne peinlich zu werden. Diese Polyphonie ist das Mittel, das Subjektivste objektiv zu machen, indem die eine Subjektivität immer der andern als Objekt basteht, und indem der Zuschauer gehindert ist, seine eigne Subjektivität in die Schale einer der sich vor ihm auslebenden Subjektivitäten zu werfen. — Mit jedem Menschen geht eine Welt zur Ruh. Eine individuelle, d. h. die für dies Individuum existierte, die nur zeigt, was es von der wirklichen Welt gewahr wurde, was es in seinem Kopfe dazu ergänzte, eine ganz andre Welt, als Gott sie sieht. —

Spannungskünste

Was besonders heutzutage auf der Bühne wirkt, gehört eigentlich der Prosa an, so die meisten Spannungskünfte, besonders in denen die Zeit und der Raum auch äußerlich mitspielen. Ein zu merklicher kausaler Nexus wirkt wie unmaskierte Symmetrie im Gemälde. Namentlich kann das sogenannte Detai leicht ins Prosaische ausarten — das gilt besonders vom psychologischen —, überhaupt alles, was an den Verstand appelliert. In der That ist er nächst der Phantasie diejenige Kraft, die bei einem Kunstwerke am meisten beteiligt ist; aber sein Wirken muß überall mehr als Verhüten, als Wegräumen des Störenden, kurz als ein Negatives sich beweisen. Und zwar im großen; nicht durch kleine Behelfe und Flicken und Leistchen. Nicht einmal objektiv, als dargestellter, wirkt er poetisch. Alle sichtbare Verstandesoperation ist prosaisch. —

Verstärkung des dramatischen Ausdrucks

Wie die Wangenröte des Schauspielers und seine Gebärde, so ist auch Ton und Rhythmus des Affektes bei Shakespeare verstärkt, ansehnlicher gemacht. Besonders bei ihm zu studieren ist die Verwachsenheit von Gedanken und Bild, dieses höchste plastische Kunstmittel, die Prägnanz des Ausdruckes, wo die Phantasie des Redenden unmittelbar der Sprache sich bemächtigt mit Übergehung des regulären Mediums des Verstandes. — Man könnte von einer Rhetorik der Gedanken sprechen im allgemeinsten Sinne. Man muß es dem Gedanken ansehn, in welchem Gemütszustande er gedacht wird, nicht allein an seiner Gebärde, sondern auch an seiner Physiognomie, sozusagen an seiner Existenz, Substanz. —

Das Charakteristische des Ausdrucks

Wenn das Charakteristische die Hauptsache sein soll, so muß die Sprache sich nicht zieren; nicht nur die

Sprache der Bildung, sondern auch die der Leidenschaften sein, das ausdrückendste, darstellendste Wort ist das rechte. Und soll die Mannigfaltigkeit durch Zusammenmischung verschiedner Stände befördert werden, so müssen die Stände auch ihre eigne Sprache sprechen ohne weichliche Rücksicht auf Bildung. Denn Bildung ist dann eben auch nur ein dargestelltes, charakteristisches Moment; und also nur den Personen zu geben, die ihrem Stande nach die Bildung vertreten. Die dramatische Poesie hat wenig schlimmere Feinde als den abgeschliffnen, gedämpften, verfeinerten, gebildet-abgeschwächten Ausdruck in der Sprache, der den Charakter der Stände und der Leidenschaften verwischt und eine schwächliche Monotonie hervorbringt. Natürlich, daß das Gemeine nicht um sein selbst willen gelten soll. — Das starke, lebensvolle Kolorit ist ohne die starken Kontraste der Stände und Charaktere auch im äußern Ausleben nicht zu erreichen, es ist selbst ein wesentlich charakteristischer Zug der dramatischen Kunstpoesie. —

Die Reflexion

Reflexion hilft zur Idealität, denn sie ist ein mächtiges Mittel, uns vor überwältigenden Eindrücken zu retten; indem wir über die Sache reflektieren, stellen wir sie aus uns heraus, wir vergessen sozusagen momentan unsern Bezug darauf. Nur darf die Reflexion nicht als roher Stoff, d. h. nicht als Reflexion des Dichters erscheinen, sondern als Reflexion der dargestellten Person, als dargestelltes Reflektieren mit dem psychologisch-mimisch-rhetorischen typischen Zubehör, an dessen Form, Richtung und sonstiger Beschaffenheit man die Person, an der es dargestellt wird, erkennen können muß. Die Leidenschaft handelt nicht allein, sie reflektiert auch; geht irgend Handlung aus Reflexion hervor, so ist es die Reflexion der indivi-

buellen Leidenschaft, aus der die Handlung hervorgeht. Leidenschaft und Affekt sind überhaupt die
handelnden Kräfte; auch der edle und gute Entschluß
muß seine Kraft von einer dieser oder von allen beiden
nehmen. Wenn Tugend die Gewohnheit guter Gesinnung ist, so wird sie nur in demjenigen Menschen
produktiv werden, der der Leidenschaft fähig ist. —
Ich werde nun Shakespeare wie die Alten von der
Seite ihrer Behandlung der Reflexion betrachten und
vergleichen. Wer die Reflexion von den Gegenständen
im Drama ausschließen wollte, der würde ebenso sehr
einer Einseitigkeit sich schuldig machen, als wer das
komische Element in der Tragödie durchaus ausschlösse;
zumal in unserm Drama, wenn das Drama überhaupt
der Spiegel des Jahrhunderts sein soll. —

Reflexion und Gefühl

Wer viel denken muß, kann nicht viel fühlen, sagt
Lessing. Ich habe schon früher auf einen kleinsten
Kausalnexus gedrungen, d. h. mit möglichst wenigen
Gliedern; auch gegen das Limitieren der einzelnen
Kausalmotive habe ich mich erklärt. Wirklich, wie ein
Drama nur ein stilistischer Satz auf höherer, mannigfaltig erweiterter Stufe ist, so gilt auch für beide das
nämliche Gesetz. Je weniger von einschränkenden,
trennenden u. s. w. Bindewörtern im Satze ist, desto
poetischer kann er sein; so, je weniger limitierend und
individualisierend die Verbindung der kausalen Glieder
im Drama ist, desto mehr eignet es sich für poetische
Ausführung, desto poetischer ist es schon als Entwurf.
Deshalb muß bei neuen Erfindungen stets auf möglichste Naivität der Verbindungen gesehn werden. Am
besten, wenn die Kausalglieder sich wie von selbst an-
einanderreihen, wie Vorder- und Nachsatz im sogenannten Zusammenhange der Rede. — Wer viel denken

muß, kann wenig fühlen. Dieser Satz ist wohl zu verstehn. D. h. das dargestellte Verhältnis, der Vorgang muß so klar sein daß er selbst ohne viel Denken aufgefaßt und richtig aufgefaßt werden kann. Demnach muß der Dichter dem Zuschauer oder Leser viel zu denken geben, nur so, daß dieses Denken unabhängig vom äußern und individuellen Vorgange sich auf das Allgemeine der Natur der Menschen und der menschlichen Dinge bezieht. Dieses Denken wird das Gefühlsvermögen nicht verdunkeln, vielmehr die Gefühle länger und stärker wirksam erhalten. —

Der Monolog

Wie sehr man über das Wesen des Dramatischen im Irrtum ist, kann die jetzt geltende Regel zeigen: so wenig als möglich Monologe! Es kann keinen größern Mißverstand geben als diesen; denn in Wahrheit lähmt ein Monolog so wenig, daß eben die Monologe das eigentlich dramatisch Belebende, also das eigentlich Dramatische sind. Nur freilich Monolog im rechten Sinne. Dieser wird nur ein wahrer werden, wenn das Ganze des Stückes darauf abgesehn ist, d. h. wenn es sich zum Zwecke nimmt, den ethischen und psychologischen Inhalt oder Gehalt eines Ereignisses darzustellen, sodaß dieser psychologisch dargestellte ethische Gehalt eben das Stück sein soll. So ist's bei Shakespeare und in Nachfolge desselben bei Lessing, deren Stücke eine Reihe von Monologen mit dazwischenliegenden Veranlassungen sind. —

Das Typische der Darstellung

Darstellung von Menschenarten, ihrer Art und Weise, zu sein, zu handeln, zu leiden, und zugleich der Schicksale, welche im Weltlaufe ihre sozusagen eigentümlichen sind, wie z. B. daß dem Scherzlügner im Ernste zu seinem Nachteile dann nicht geglaubt wird; hierher gehört die ganze Weltweisheit der Fabel, des Sprichworts. Wie nun der Inhalt der Gestalten nicht ein wunderbarer, eine Gedankenausnahme, sondern die Regel sein soll, das, was immer ist, die ewig alte und neue Geschichte — Naturgeschichte der Menschentypen und ihrer typischen Schicksale, so geht es dem, der so ist, der so handelt u. s. w. Die Darstellung muß darauf ausgehn, uns ihre völlige typische Wirklichkeit zu geben, eine vom Zufall befreite, geschloßne, stilisierte; eine poetische, höhere Wirklichkeit, nicht ein mit dem Scheine von Wirklichkeit umkleidetes Phantasieding, ein Produkt von Schwärmerei oder platonischem und sonstigem Phantasierausche von Weltverbesser- oder Weltschmerzträumereien und Überspanntheiten. Es gilt nicht darzustellen, was nur selten geschieht, sondern in dem Geschehenden und in dessen Art und Weise eben das, was wir jeden Tag sehen, nur in der gemeinen Wirklichkeit mit tausenderlei Zufälligem, dem Typus gleichgiltigen vermischt. Zur Illusion der Gestalten gehört durchaus ein verhältnismäßig liberales Maß des Dialoges, eine ausführliche Natürlichkeit, nicht ein Vollstopfen mit Stoff und mit sogenannten Handlungsmomenten, sondern ein Schein der Wirklichkeit, der durch nichts sicherer aufgehoben wird, als durch ein sozusagen geschäftseiliges Drängen. Der Dialog muß eine gewisse Behaglichkeit haben und mehr auf Darstellung der typischen Menschen und der Gesprächstypen gehn, als auf Darstellung im rhetorischen Sinne. Der Anschluß des Poeten an den Schauspieler ist dem Poeten nur nützlich. Er hat im Schauspieler einen wirklichen Menschen zum Materiale, nicht bloß eine Phantasievorstellung, mit der er souverän umgehn kann. Dadurch wird er zu realistischen Motiven gedrängt und muß alles Phantastische fahren lassen. Er wird zu einem weit höhern Grade der Naturtreue gezwungen. Ver-

blasne Motive, übersichtige Dinge u. s. w., die die bloße
Phantasiegestalt verträgt, werden ihm in ihrer Schatten-
haftigkeit und träumerischen Unbestimmtheit einleuchten,
indem er sie mit einer wirklichen Persönlichkeit von
bestimmtem Umrisse zusammenhält. Er wird zum
Typischen gedrängt, denn die individuelle Menschen-
gestalt des Schauspielers wird immer Züge haben, die
mit seiner individuellen Vorstellung nicht zusammen-
gehn. Der Schauspieler allein ist eine Realität; Dekorationen u. s. w. sind bloße Andeutungen; das zwingt
ihn, die Personen und ihre Motive real zu greifen,
dagegen Raum und Zeit ideal zu behandeln und sie
nicht mitspielen zu lassen. —

Individuelle Orts- und Zeitbestimmung

Man kann nicht scharf genug das Prosaische, Aufzählungen u. s. w., vom Poetischen trennen, wenn eine
poetische Behandlung des Dialoges möglich werden
soll. Wie z. B. individuelle Zeit- und Ortsbestim-
mungen, Beziehungen derselben aus einer Szene auf
die andre. Im Drama giebt es kein Morgen, kein
Gestern, kein Heute, keine Uhr; alles, was geschieht, geschieht jetzt; was geschah, ist irgend einmal geschehen, was
geschehn wird, wird irgend einmal geschehn; höchstens
können nachträglich ohngefähre Zeitbestimmungen stehn,
und zwar nur ganz indirekte, konkrete, wie z. B. daß
im Othello Jago einen Brief nach Venedig geschickt,
und darauf wieder etwas von da gekommen ist. Dies
alles ist ein Hauptgrund, warum die französische Form
der ganzen Behandlung eine Tendenz zum Prosaischen
giebt. Wahr ist es, durch Individualität der Zeit und
des Ortes läßt sich am leichtesten eine Spannung her-
stellen, aber eine solche ist eben weder poetisch, noch
läßt sich poetische Behandlung des Dramas damit verbinden. Es zeigt sich, daß das Drama gar keine eigent-

liche Individualität verträgt, sondern durchaus typisch, und alle scheinbare Individualität nur Modifikation des einen typischen durch das andre und dritte u. s. w. sein darf. Selbst der Erzählung und dem Romane wird diese Regel nützen.

Das Komische

— Auch das Komische im Drama muß einen allgemeinen Reflexionsgehalt haben, es muß gedankenkomisch sein, ebenso wie das Tragische aus der Region der Zufälligkeit, des einzelnen Falles in die des Typus gehoben und so selbst Gehalt sein muß. Der Gehalt der Neben aus verkehrtem Scharfsinn und Tiefsinn, indem der Witz diese beiden Kräfte sozusagen spielen, agieren will und so an die Stelle der Urteilskraft tritt. Der objektive Humor ist die humoristische Betrachtung über den Weltlauf, in einen faktischen Vorgang verwandelt, gleichsam agiert, wie im tragischen durch Aktion.

Die ethische Grundanschauung

Die Gruppierung der Charaktere, der Rollen um eine ethische Grundanschauung so, daß die Hauptgelenke des idealen, d. i. tragischen Nexus zu den poetischen und schauspielerischen Effekten zugleich anschwellen und die übrigen die Vorbereitungen derselben ausmachen — ein Planetensystem um eine Sonne; sodaß jeder Stern, indem er seinem eignen Gesetze folgt und seiner eignen Intention zu folgen scheint, mit den andern zugleich die Intention seines Schöpfers realisiert. Oder auch die Gruppierung um eine ethische Grundanschauung, ganz wie in der Musik, wo man einen cantus firmus erst harmonisch, Note gegen Note ausarbeitet, wobei das herauskommt, was die Kritiker „die Handlung" nennen; dann die einzelnen Stimmen figuriert, wo dann jede Stimme ihr besonders herrschendes rhythmisch=melodisches Motiv erhält, was am besten aus der Melodie des cantus firmus selbst genommen ist. Dies ist dann im Drama die Emanzipation der Figuren in Rollen, die Verwandlung des Katechismus in wirkliches Gespräch. Diese Rollen müssen nun möglichst vollständige Darstellungen von Menschentypen sein, die womöglich mit einer kurzen Bezeichnung zu charakterisieren sind, wobei zur Lebendigkeit hilft, wenn ein relativer Widerspruch in der Bedeutung von Art und Gattung dargestellt ist, so der Unlust und Thatenscheue, und der Rachlust im Hamlet — Rachsucht die Habsucht überschwellend, wodurch beide Leidenschaften ihren Zweck verlieren (Shylock). Auf solchem innern Kontraste beruht die Illusion eines poetisch-dramatischen Charakters.

Die Darstellung des sittlichen Unwillens

In welchem Grade ein ästhetisches Element unser Gefallen erregt, in dem Grade fördert es die poetische Illusion. Ein Moment, welches dies in hohem Grade vermag, ist die lyrische, rhetorische und dramatische Darstellung des sittlichen Unwillens. Dramatisch kommt dies besonders als ein Teil des tragischen Leidens zu seiner Geltung. Rüstige Verzweiflung, Reue, als Ausbrüche des sittlichen Unwillens gegen andre und gegen sich. Es ist ein nötiges Ingredienz, weil ohne dasselbe der leidende Mensch zum gequälten Tiere herabsänke, und ebenso, weil es von selbst zur schauspielerischen Aktion wird. Und wirklich scheint namentlich den Teutschen — eben weil sie eine gedrückte Nation waren — nichts so wohl gefallen zu haben und nach ihrem Geschmacke gewesen zu sein, als das endliche Aufbegehren des Getretnen gegen den Treter. Darin liegt zugleich ein Schein von Mut und Geradheit, und es gehört psychologisch in die ästhetische Kategorie der rüstigen Verzweiflung. Am stärksten natürlich folgt der Beifall, wenn das Schelten des Helden gegen einen Druck geht, welchen das Publikum als Nation oder sonst etwa noch kürzlich empfunden hat, den es also kennt, und der in zahllosen Assoziationshalen hängt, oder den es noch empfindet. Auch ein Analogon kann hier schon stark wirken. So ist es mit Ausartungen vom Sittlichen, besonders in den einfachsten Pietätsverhältnissen, weil da am wenigsten zu denken ist, z. B. bei Lears Leiden von den Töchtern. Wohl jeder Zuschauer hat irgendwo seinen Teil Druck; in den beredten Zeilen, worin der Held sich momentan von dem seinen löst, empfindet der Zuschauer eine momentane Lösung seines eignen Teiles. Schon Äschylos hat in seinem Gefesselten Prometheus diesen Ton sehr glücklich angeschlagen. Die christliche Mythologie gewinnt ihre Gewalt über das Gemüt hauptsächlich durch den Unwillen über Christi Peiniger, den sie in uns erregt. Wo der Held den Zorn verhält, da thut ihn der Zuschauer hinzu und wird dadurch mitthätig und durch diese Mitthätigkeit um so tiefer interessiert. Es ist nur wohl zu bedenken, daß der getretne Held nicht völlig unschuldig sein darf, er muß sein „ein Mann, der mehr leidet, als er gesündigt hat" (Lear), aber doch einer, der gesündigt hat. So geißelt und kritisiert Lear die Unnatürlichkeit seiner Töchter und darin, ohne es zu wissen, die eigne Unnatürlichkeit, welche der seiner Töchter erst die Macht gegeben hat ihn zu treffen. Daß wir aber dies wissen, das macht unsre Empfindung eben erst zur tragischen, das Drama des Dichters zur Tragödie. Man kann sagen: diese sittliche Entrüstung des Helden im Leiden oder als Leiden giebt dem Helden selbst, da er der getretne, unterliegende Teil ist, jenes Imposante, wodurch er stets über den Tretern zu stehen scheint. Aus der

Fruchtbarkeit dieses ästhetischen Elementes ist wohl auch die Entwicklung der deutschen Poesie nach der revolutionären Seite zu erklären. Da ist der Bauer oder Förster, der gegen den Amtmann, der Bürger, der gegen den Minister, der Ritter, der gegen Fürst und Kaiser, der Kaiser endlich, der gegen den Papst die Sprache der sittlichen Indignation spricht und physisch getreten, moralisch tritt; ja gar der Mensch seinem Gotte gegenüber, von dem er Rechenschaft haben will für allerlei, was ihm in dessen Weltordnung als unrecht erscheint. Hamlet hat sich wohl hauptsächlich durch seine sittliche Entrüstung und ihren beredten Ausdruck das Herz der damals wie Hamlet vielfältig getretenen und mutlosen deutschen Nation erworben; hier lernten Deutschlands Lyriker und Dramatiker der dargestellten Indignation Gewalt; nur vergaßen sie, daß der schellende Held selber Schelle verdiente, oder sie glaubten, ihre Helden dürften das nicht, um nicht diese Gewalt ihrer eignen Ausbrüche zu schwächen. Ein Element an Kraft diesem ähnlich, ist das Lob des begeisterten Mitleides, welches schon ein Recht hat, ungerecht zu sein, überhaupt die Begeisterung des Mitleides für einen Leidenden. Diese beiden sind die hauptsächlich bewegenden Mächte der Tragödie. Sie stellen die zwei Seiten oder Ingredienzien der tragischen Stimmung, wie die Idealisten sie faßten, dar: Schmerz über das Leiden eines Menschen, Freude über die Schönheit dieses Menschen. Dabei vergaßen unsre Idealisten nur, daß auch eine Freude über die Gerechtigkeit des Lebens, eigentlich des Dichters, hinzukommen muß, um den möglichst harmonischen Eindruck hervorzubringen. Diesen findet man bei Shakespeare. Das Schöne läßt er untergehen, nicht weil es schön ist, sondern weil es selbst eine Schuld enthält. —

Objektivität der dramatischen Dichtung

Wenn der dramatische Dichter hinter seinem Werke verschwinden soll, wie die Natur es thut, so muß er sich ihr auf das äußerste in seinem Verfahren ähnlich zu machen trachten. · Welchen ihrer Eigenschaften muß er daher nacheifern? d. i. worin muß er ihr gleichen? worin nicht? Das darf er nicht nachahmen, was aus der ungeheuern Expansion und der Unendlichkeit ihres großen Dramas folgt, weil sein Werk kein unendliches sein kann, aber ein geschloßnes sein muß; das letzte wird es für uns erst sein, wenn es überhaupt sein kann, am Ende des großen Dramas. Geschlossen, d. h. es muß einen gegebnen Anfang haben, alle seine wesentlichen Ursachen und Folgen müssen in das Werk fallen bis zu einer letzten Folge, die die Reihe für unser Interesse abschließt. Es liegt nun auf der Hand, daß ein Werk, welches alle seine wesentlichen Ursachen und Folgen in sich enthalten soll, und dessen Vorstellungsdauer einige Stunden nicht übersteigen soll, nicht aus der Breite des Daseins geschöpft werden darf. Dazu ist das Drama des Dichters nicht, wie das der Natur, um seiner selbst, sondern um einer Versammlung von Zuschauern und Hörern willen da. Es muß also seine Motive erkennbar machen. Zugleich muß es auf die Natur des Menschen berechnet sein. Also ein Kompromiß zwischen der Wirklichkeit der Dinge und dem Wunsche des Menschen, wie sie sein möchten. Wahre Schönheit der Darstellung. Ordnung der Schicksale nach dem moralischen Gefühle. Ist nun dies der Punkt, wo die Absicht des Dichters (im Plane) in das Spiel kommt, so muß doch die Ausführung diese Absicht wieder möglichst maskieren. Ein Stück des großen Dramas, d. h. eine Anzahl Handlungen, eine Zahl von Charakteren, aber durchsichtig und geschlossen, d. h. mit der Eigenschaft, die jenes große Drama als ein Ganzes hat, für höhere Geister; so ausgeführt, daß es, wie jenes, als gegenwärtige, absichtslose Wirklichkeit erscheint. Also ein Stück Wirklichkeit, welchem die Gesetze der ganzen Wirklichkeit und in der Fügung des Materiales die Gesetze des menschlichen Geistes, der Vernunft, zu Grunde gelegt sind, denn diese Fügung liegt gewiß auch schon im Ganzen der Wirklichkeit, das wir nur nicht übersehen können. Den Charakteren und Vorgängen, dem Dialoge darf man die Absicht des selbst individuellen Dichters nicht ansehen, er muß sich zur möglichsten Objektivität ausgebildet haben, d. h. er darf seine eignen individuellen Neigungen und Gesinnungen nicht in sein Werk hinübertragen. Zunächst darf er als Dichter gar keine individuellen Neigungen, z. B. für gewisse Arten der Charaktere, der Gegenstände, der Behandlung in sich dulden; in gleicher Unbefangenheit muß er allen diesen gegenüberstehen und nicht wählen, was er gern hat, sondern was sein Werk bedarf. Er muß jedem Stoffe gerecht zu werden versuchen, jeden Stoff nach und aus seinen eignen Bedingungen entwickeln und besonders die Grundidee unverfälscht aus dem Stoffe nehmen, nicht willkürlich eine hineinlegen; er muß nicht seinen innern Sinn mit dessen Individualitäten in den Stoff und das Werk einhauchen, sondern sein innrer Sinn muß lediglich das Haus des Werkes werden, der Mutterleib, in welchem der Keim sich nach seinen eignen Bedingungen entwickelt, welcher diesem das zuführt, was dieser braucht, und das abscheidet, was ihm nicht wesentlich ist. Der Dichter darf nicht sich in das Werk, sondern er muß dieses in sich hineinbilden. Beide müssen stets voneinander losgelöst sein. —

Inhaltsverzeichnis

Die Buchstaben hinter den einzelnen Überschriften geben den Nachweis, welchen Handschriften Otto Ludwigs die betreffenden Aufsätze und Aussprüche entnommen sind. Die weitaus größte Zahl derselben entstammt den im Vorbericht beschriebenen vier Bänden der „Shakespearestudien." Sa, Sb, Sc, Sd bedeuten die Bände 1, 2, 3, 4 der Shakespearestudien, Se das letzte einzelne Heft, das Ludwig kurz vor seinem Lebensende angelegt. Die Bezeichnung V (Vorstudien) weist nach, daß die betreffenden Abschnitte den Studienheften des Dichters vor dem Beginn der eigentlichen und von ihm ausdrücklich so betitelten Shakespearestudien angehörten, E (Einzelhandschrift) endlich bezeichnet das Vorhandensein eines besondern Manuskriptes.

Shakespearestudien

	Seite
Vorbericht. Von Adolf Stern	1
Die dramatischen Aufgaben der Zeit. Mein Wille und Weg (E)	54
Charaktere Shakespeares (V)	61
Charakter und Leidenschaft. Episch und Dramatisch (Sa) . .	62
Ideale Charaktere, Mischung, Widersprüche (Sa)	64
Dramatische Charaktere (Sc)	65
Unterhaltende Charaktere Shakespeares (Sc) . . .	66
Keine Tugendhelden. Tragische Formel Shakespeares (Sc) . .	67
Die Gesamtphysiognomie eines Charakters (Sd)	68
Die tragische Anlage des Charakters (Sd)	69
Exposition der Charaktere (Sd)	71
Stimmung der Szenen (V)	73
Behandlung der Leidenschaft bei Shakespeare (V)	74
Mäßigung in der Leidenschaft (V)	75
Shakespeares Phantasie (Sb)	76
Anforderungen der Phantasie an die Darstellung (Sb) . . .	78
Der Kosmos der Shakespearischen Dramen (Sb)	80
Das Poetische Shakespeares (Sb)	81
Der ethische Inhalt (Sb)	82
Einheit bei Shakespeare (Sb)	83
Shakespeares Komposition. Aus einem Briefe (E)	84
Dramatische Technik Shakespeares (Sa)	86

                                                                    Seite
Einfachheit der Maschinerie (Sd) 87
Das Verbergen der Maschinerie. Schuld und Charakter (Sd) . 87
Allgemeine Form der Shakespearischen Komposition (Sd) . . . 89
Entwicklung der Fabel (Sa) 93
Vorbereitung des Effektes (Sb) 93
Dramatische Stoffe (Sb) 93
Der Kontrast (Sb) 94
Entwicklung der Situation (Sb) 96
Ökonomie des Dramatikers (Sa) 100
Entwicklung, Stil und Tempo des Trauerspiels (Sa) 102
Dramatische und lyrische Steigerung (Sc) 103
Ebenmaß von Schuld und Strafe (Sa) 104
Verschuldung und Katastrophe (Sa) 105
Die innere Kritik in Shakespeares Dramen (Sd) 106
Shakespeare und die Alten (Sa) 107
Idealität, Stil (Sa) 107
Idealität von Zeit und Ort (Sa) 109
Die Call-Boys bei Shakespeare (Sb) 110
Spielszenen (Sa) 110
Gesprächsmimen (Sb) 112
Verbindung des Komischen und Tragischen (Sa) 113
Das Theatralisch-Dramatisch-Tragische (Sa) 114
Das Unterhaltende (Sc) 115
Das Schauspielerische in Shakespeare (Sa) 117
Das Schauspielerische in Shakespeares Dramen (Sb) . . . 118
Lyrisches und Rhetorisches im Drama (Sa) 123
Zur Behandlung des Dialogs (Sa) 124
Shakespeares Diktion (Sb) 125
Zum Dialoge bei Shakespeare (Sc) 127
Künstlerische Objektivität (Sb) 130
Der verschiedne Ton der Shakespearischen Stücke. Charakter der
    Diktion (Sb) 133
Eindruck der Diktion Shakespeares (Bb) 139
Behandlung des Monologs und der Dialoge (Sb) 143
Dramatische Diktion (Sd) 146
Der parenthetische Ausdruck. Die Retardation (Sc) . . . 150
Dichter, Schauspieler und Zuschauer (Sd) 159
Dichter und Schauspieler. Shakespeares Kunst (Sc) . . . 162
Scheinbare Zusammenhangslosigkeit bei den englischen Drama-
    tikern (Sd) 164
Shakespeare und Montaigne (Sd) 165
Shakespeare und Scribe (Sd) 167
Stillfierter und gemeiner Weltlauf (Sc) 168
Hegel gegen Shakespeare (Sd) 181

www.ingramcontent.com/pod-product-compliance
Lightning Source LLC
Chambersburg PA
CBHW031943290426
44108CB00011B/652